本书为国家社科基金项目"多民族语言信息资源跨语种共享策略研究"（项目号：14BTQ008）

多民族语言信息共享空间构建策略研究

赵生辉 著

中国社会科学出版社

图书在版编目(CIP)数据

多民族语言信息共享空间构建策略研究/赵生辉著.—北京：中国社会科学出版社，2020.12
ISBN 978-7-5203-7750-8

Ⅰ.①多… Ⅱ.①赵… Ⅲ.①少数民族—民族语—信息资源—资源共享—研究—中国 Ⅳ.①H2

中国版本图书馆 CIP 数据核字(2021)第 018148 号

出 版 人	赵剑英
责任编辑	宫京蕾
特约编辑	李晓丽
责任校对	冯英爽
责任印制	郝美娜

出　　版	中国社会科学出版社
社　　址	北京鼓楼西大街甲 158 号
邮　　编	100720
网　　址	http://www.csspw.cn
发 行 部	010-84083685
门 市 部	010-84029450
经　　销	新华书店及其他书店
印刷装订	北京君升印刷有限公司
版　　次	2020 年 12 月第 1 版
印　　次	2020 年 12 月第 1 次印刷
开　　本	710×1000　1/16
印　　张	30
插　　页	2
字　　数	541 千字
定　　价	168.00 元

凡购买中国社会科学出版社图书，如有质量问题请与本社营销中心联系调换
电话：010-84083683
版权所有　侵权必究

前　言

　　中国是统一的多民族国家，多语言、多文字是民族地区社会生活的基本特征。语言文字的多样性在造就中华文化丰富多彩特征的同时，也给各民族人口之间的沟通交流带来诸多不便。在保护语言文字多样性的同时，通过教育、技术和管理等手段的综合运用，打破语言文字差异性带来的沟通障碍，实现多民族语言信息资源的跨语种共享，促进全国各族人民之间的相互理解，已成为民族地区公共文化服务创新的重要内容。本书是国家哲学社会科学基金项目"多民族语言信息资源跨语种共享策略研究"（项目编号：14BTQ008）的结题成果，在研究过程中，课题组针对我国多民族语言信息资源跨语种共享的现实需求，以国内外图书情报学界研究和实践多年的"信息共享空间"（Information Commons，IC）为理论基础，提出体现我国民族地区信息资源管理特色的"多民族语言信息共享空间"的概念，研究和探讨了其内涵特征、战略定位、体系架构、实现策略、规划方法、评价体系等基础问题，旨在为我国多民族语言信息资源共享国家战略的制定和民族地区公共文化服务机构"多民族语言信息共享空间"的规划和建设提供理论指导。

　　本书涉及的所有研究成果都是在国家哲学社会科学基金项目"多民族语言信息资源跨语种共享策略研究"的资助下取得的。课题组在项目研究过程中发现，我国民族地区多语言环境下的信息共享问题不能单纯地从信息资源的组织与利用的角度来理解，它是一个涉及国家、地区、机构等多个层面，融合了法律、教育、技术与管理等多方面因素的复杂信息生态系统，而这个复杂系统正好可以用"信息共享空间"理论进行分析和解释。因此，课题组在项目核心研究内容保持不变的情况下，将研究视角从信息资源共享问题扩展到信息共享空间，希望能够从更加系统、更为开阔的视角，探索多民族语言信息资源跨语种共享的客观规律和驱动策略。此外，由于信息共享空间在图书馆领域已经有了多年的理论和实践积累，将研究视角扩展到信息共享空间之后，项目的研究对象也变得更加明确、具体，提出的对策方案更具可操作性，从而使研究更具有现实指导意义。

本书所述的"多民族语言信息共享空间"（Institutional Information Commons in Ethnic Languages of China，IIC-ELS）是指我国民族地区的公共文化服务机构，在国家民族事务治理和语言文字工作的制度框架内，以所拥有或者可以从区域、国家层面共享的空间资源、语言资源、信息资源、人力资源和技术资源为基础，通过教育、技术和管理等手段的组合应用，为使用不同民族语言和具有不同语言文字应用能力的服务对象所特别设计的多语种口语、文字信息辅助交流空间和动态协作服务体系。多民族语言信息共享空间的本质特征主要体现在开放共享（Open and Sharing）、面向用户（User Oriented）、资源集成（Resources Integration）、虚实交融（Physical & Visual Aggregation）和无障碍交流（Barrier-free Communication）五个方面。"多民族语言信息共享空间"是"信息共享空间"理论在我国民族地区公共文化服务领域的应用，是一种特殊类型的信息共享空间。

本书以民族地区公共文化服务机构"多民族语言信息共享空间"的规划与建设问题为主线，综合民族学、语言学、信息管理学、公共管理学等多学科理论和知识，围绕"什么是多民族语言信息共享空间"、"多民族语言信息共享空间如何构成"和"如何建设多民族语言信息共享空间"三个核心问题展开研究，系统论证了多民族语言信息共享空间的理论本质、战略定位、体系架构、实现策略、规划模型、评价体系、应用领域等基础问题，研究视角覆盖了战略、战术和执行三个层面，为我国民族地区公共文化服务机构围绕用户需求进行服务空间和服务体系再造，构建多民族语言信息无障碍共享和交流体系提供了新的理论视角和实践模式。全书的内容体系和主要观点如下。

第一，多民族语言信息共享空间的理论解析（第二章）。在综述国内外信息共享空间理论与实践进展的基础上，分析我国多民族语言信息共享空间的建设需求，给出多民族语言信息共享空间的准确定义，探讨多民族语言信息共享空间的理论基础、本质特征和分类方法。研究表明，多民族语言信息共享空间建设是推动民族地区公共文化服务机构服务创新，促进民族地区信息公平和数字融合的重要举措；多民族语言信息共享空间是支持少数民族相关学科科研人员跨语言信息获取和交流，与相关群体进行科研协作、提升科学研究水平的现实需要；多民族语言信息共享空间建设是进一步巩固和加强民族团结，推进民族事务治理体系和治理能力现代化的迫切需要；多民族语言信息共享空间建设是构建多民族语言和谐社会生态、丰富中华民族多元一体格局实现形式的战略需求。

多民族语言信息共享空间有多种分类方法：根据空间范围的大小可分为"多民族语言广域信息共享空间"（WIC-ELS）、"区域双语信息共享空间"（LBIC）和"多民族语言机构信息共享空间"（IIC-ELS）三种类型；根据共享对象形式的差异性，可分为"文献信息主导型 IIC-ELS"、"实物信息主导型 IIC-ELS"和"口语信息主导型 IIC-ELS"；根据多民族语言信息共享空间实体空间的大小可分为"部门级 IC"、"机构级 IC"和"机构联合级 IC"。本书所述的"信息共享空间"是基于公共文化服务机构视角的"多民族语言机构信息共享空间（IIC-ELS）"。

第二，多民族语言信息共享空间的战略定位（第三章）。基于"战略策应模型"，构建多民族语言信息共享空间的战略规划体系，主要任务包括：国家民族事务治理战略体系的系统梳理；参照国家民族事务治理战略制定多民族语言信息管理的国家战略；按照多民族语言信息管理战略确定基本原则，制定多民族语言广域信息共享空间的发展规划；根据多民族语言广域信息共享空间发展规划，确定多民族语言机构信息共享空间的建设思路。多民族语言机构信息共享空间整体上分为机构层、区域层和国家层三个层面，其中机构层的任务是利用机构所拥有的资源向用户提供多语言信息服务；区域层的任务是由区域双语信息共享支持体系对区域内的各类资源进行集成（LBIC），通过网络向机构多民族语言信息共享空间提供跨语言服务支持；国家层的任务则是通过跨区域协作支持体系（CRCSS）共享各双语信息共享区域所拥有的信息资源、人力资源、技术资源、语言资源等。

第三，多民族语言信息共享空间的体系架构（第四章）。在概述图书馆信息共享空间体系架构相关研究的基础上，构建多民族语言信息共享空间的体系架构模型，逐层介绍每个层面和模块的建设任务、发展目标和实现思路。参照图书馆信息共享空间的架构模型，多民族语言信息共享空间的理论模型整体上分为"服务层"、"实体层"、"虚拟层"和"支持层"四个层面："服务层"是公共文化服务机构围绕用户的语言能力应用特征所构建的服务体系；"实体层"所关注的是用户进入多民族语言信息共享空间之后，能够不借助信息设备直接看到和感受到的建筑空间、服务设施、工作人员、纸质文献等实体资源；"虚拟层"是指用户借助计算机网络可以访问到的各类数字资源和可以享受到的各类在线服务；"支持层"是保障信息共享空间得以正常运行的各类外部要素的总和。与图书馆信息共享空间体系架构所不同的是，多民族语言信息共享空间除了需要来自本机构的支持之外（支持层Ⅰ）还涉及所在语言区域（支持层Ⅱ）和国家层面上的共享和支持问题（支持层Ⅲ）。

第四，多民族语言信息共享空间的实现策略（第五章）。在阐释多民族语言信息资源共享系统社会信息交流模型的基础上，分别从主体、中介、客体三个维度分析实现跨语种信息资源共享策略的具体实现方式，并从系统角度探析多民族语言信息共享空间跨语言信息共享的组合策略。通过对多民族语言共享空间信息生态系统平衡机理和多民族语言信息资源跨语种共享驱动路径的分析，可以发现要在保护民族地区语言文化多样性的前提下，提高多民族语言信息共享的程度，核心策略是从主体、中介和客体三个方面推行"双语原则"，推行基于主体的双语教育（培训）策略、基于中介的双语（人工、机器）翻译策略和基于客体的双语著录（标注）策略，将民族地区使用不同语言文字的用户联结为统一的整体。多民族语言信息共享空间三类跨语言服务策略之间是"并联关系"，各类策略之间相互平等且可以相互替代，呈现出一种"多通道"结构。多民族语言信息资源跨语种共享策略按照赋值大小划分为四个等级：优先策略为"机构客体策略"；重点策略分为"区域主体策略"、"区域中介策略"和"机构主体策略"三类；基础策略分为"机构中介策略"、"国家中介策略"和"区域客体策略"三种类型；外围策略主要包括"国家主体策略"和"国家客体策略"。

第五，多民族语言信息共享空间的建设规划（第六章）。多民族语言信息共享空间的建设规划属于战术规划，即对民族地区公共文化服务机构如何实施多民族语言信息共享空间所做的整体性安排。多民族语言信息共享空间的建设规划从本质上说就是围绕信息共享空间的服务愿景进行外部需求和内部资源相互匹配的过程，最终的实施方案是在"服务愿景"、"用户需求"和"资源状况"三类要素之间通过反复协调、相互妥协而达成的共识。根据多民族语言信息共享空间建设规划的基本原理，需要经过选拔领导者、成立工作机构、用户需求调查、内外部资源梳理和能力估算、服务愿景设计、规划方案制定、外部资源协调、用户需求确认、规划报告撰写、规划报告审批等步骤。多民族语言信息共享空间建设规划常用的方法主要包括：用户需求调查过程中用到的座谈会法、问卷调查法、用户行为观察法、转介分析法、KANO-SPD 矩阵等；资源能力分析过程中的资源计划矩阵、雷达图等；服务愿景描绘过程中采用的头脑风暴法、原型系统法、哈曼模型法等；空间建设方案设计阶段用来确认项目建设优先度等级的 VDR 模型等。

第六，多民族语言信息共享空间的评价体系（第七章）。在介绍总体评价思路的基础上，从空间布局、资源能力、语言服务、信息服务四个方面分析多民族语言信息共享空间评价的内容以及综合上述评价的结果进行多民族语言信息共享空间服务等级评定的方法。多民族语言信息共享空间的评价体系以 IIC-ELS 成熟度指数 IIC-ELS-CMM 为核心，通对空间布局水平（BI）、资源能力水平（RI）、语言支持力度（LI）、核心服务质量（SI）四个维度的变量进行评测，综合计算多民族语言信息共享空间的成熟度指数 IIC-ELS-CMM 的数值，进而根据 IIC-ELS-CMM 所在的区间判断该公共文化服务机构多民族语言信息共享空间的发展水平，同时可以通过空间布局水平、资源能力水平、语言支持力度、核心服务质量四个方面的数值结构，判断机构多民族语言信息共享空间建设存在的问题和今后努力的主要方向。多民族语言信息共享空间整体成熟度指数 IIC-ELS-CMM 的取值在 0 到 1 之间增长和变化，从低到高可以划分为起步级 IIC-ELS、发展级 IIC-ELS、基础级 IIC-ELS、完备级 IIC-ELS 和成熟级 IIC-ELS 共五个发展阶段。

  第七，多民族语言信息共享空间的应用领域（第八章）。多民族语言信息共享空间是信息共享空间理论在我国民族地区公共文化服务体系的应用，其典型的应用领域包括公共图书馆、公共档案馆、公共博物馆、公共美术馆、公共纪念馆、公共文化馆等机构。作为多民族语言信息共享空间在不同行业的现实应用，上述各类机构需要遵循共同的理念和架构，同时由于机构核心业务的差异性，在诸多方面又体现出各自的特殊性。

  多民族语言信息共享空间是"信息共享空间"（Information Commons）理论在我国民族地区公共文化服务机构服务创新当中的应用，是对"图书馆信息共享空间"研究范畴的拓展和深化。本书所做研究的创新之处主要体现在以下方面：提出"多民族语言信息共享空间"的学术概念并对其理论本质进行了系统剖析；从国家战略视角进行了"多民族语言信息共享空间"的功能定位，厘清了与"多民族语言广域信息共享空间"和"区域双语信息共享空间"（BIC-ELS）的关系；构建了多民族语言信息共享空间的体系架构模型并系统论证了每个模块的实现思路；构建了多民族语言信息共享空间的"信息交流模型"、"系统动力学反馈模型"和"跨语种共享多通道策略模型"，分别从主体、中介、客体三个维度分析了实现跨语种信息资源共享策略及其组合策略；构建了多民族语言信息共享空间服务项目建设规划专用的 VDR（愿景—需求—资源）模型，并探讨了 KANO-SPD 矩阵在多民族语言信息共享空间规划当中的应用问题；构建了多民族语言信息共享空间服务成熟度的测评模型 IIC-ELS-CMM。"多民族语言信息共享空间"的研究和实践对我国民族团结与融合的整体格局将产生极为深远的影响。

  本书在写作过程中参阅了大量专著、教材、论文、报告和网络信息，在此向各位作者致以诚挚的谢意。多民族语言信息共享空间的理论研究正处在起步阶段，目前只完成了理论框架体系的构建，还有众多的细节问题有待进一步深入探索和完善。我们期待随着多民族语言信息共享空间理论研究的深入和在民族地区传播范围的扩大，越来越多的公共文化服务机构开始应用该理论对用户服务体系进行重新规划和设计。我们也期待看到在多民族语言信息共享空间的促进下，各民族同胞和谐相处、无障碍交流、各民族文化交相辉映的美好愿景早日实现。本书撰写工作的完成意味着项目研究暂时告一段落，但是多民族语言信息共享空间理论的进一步完善和实践探索的进程刚刚开始，我们恳请广大专家和读者朋友对我们的研究工作提出宝贵的意见和建议，你们的指导是让多民族语言信息共享空间发展和落地的重要力量，联系邮箱：foolbirdzsh@126.com。

赵生辉

2018年6月于西藏民族大学

目　录

第一章　绪论 …………………………………………………………（1）
  第一节　研究背景 ……………………………………………………（1）
  第二节　核心问题 ……………………………………………………（6）
  第三节　历史经验 ……………………………………………………（12）
  第四节　相关研究 ……………………………………………………（19）
  第五节　研究框架 ……………………………………………………（32）

第二章　多民族语言信息共享空间的理论解析 ……………………（37）
  第一节　国内外信息共享空间相关探索与实践 ……………………（37）
  第二节　多民族语言信息共享空间的建设需求 ……………………（50）
  第三节　多民族语言信息共享空间的概念界定 ……………………（55）
  第四节　多民族语言信息共享空间的理论基础 ……………………（70）
  第五节　多民族语言信息共享空间的本质特征 ……………………（86）
  第六节　多民族语言信息共享空间的类型划分 ……………………（91）

第三章　多民族语言信息共享空间的战略定位 ……………………（94）
  第一节　多民族语言信息共享空间的战略规划模型 ………………（94）
  第二节　国家民族事务治理的战略体系的系统梳理 ………………（100）
  第三节　多民族语言信息管理国家战略的总体框架 ………………（103）
  第四节　多民族语言广域信息共享空间的发展战略 ………………（121）
  第五节　多民族语言机构信息共享空间的建设思路 ………………（133）

第四章　多民族语言信息共享空间的体系架构 ……………………（140）
  第一节　多民族语言信息共享空间的架构模型 ……………………（140）
  第二节　多民族语言信息共享空间的服务层 ………………………（148）
  第三节　多民族语言信息共享空间的实体层 ………………………（171）
  第四节　多民族语言信息共享空间的虚拟层 ………………………（200）
  第五节　多民族语言信息共享空间的机构支持体系 ………………（218）

第六节　多民族语言信息共享空间的区域支持体系 …………（227）
　　第七节　多民族语言信息共享空间的国家支持体系 …………（241）
第五章　多民族语言信息共享空间的实现策略 ……………………（249）
　　第一节　多民族语言信息共享空间的信息交流模型 …………（249）
　　第二节　多民族语言信息共享空间的动力机制分析 …………（260）
　　第三节　多民族语言信息资源跨语种共享的主体策略 ………（272）
　　第四节　多民族语言信息资源跨语种共享的中介策略 ………（289）
　　第五节　多民族语言信息资源跨语种共享的客体策略 ………（324）
　　第六节　多民族语言信息资源跨语种共享的策略组合 ………（340）
　　第七节　多民族语言信息资源跨语种共享的策略模拟 ………（353）
第六章　多民族语言信息共享空间的建设规划 ……………………（359）
　　第一节　多民族语言信息共享空间建设规划的原理 …………（359）
　　第二节　多民族语言信息共享空间建设规划的过程 …………（364）
　　第三节　多民族语言信息共享空间建设规划的方法 …………（373）
　　第四节　多民族语言信息共享空间建设规划示例 ……………（385）
　　第五节　多民族语言信息共享空间建设规划的成果 …………（392）
第七章　多民族语言信息共享空间的评价体系 ……………………（395）
　　第一节　多民族语言信息共享空间测评模型的构建 …………（395）
　　第二节　多民族语言信息共享空间的空间布局评价 …………（400）
　　第三节　多民族语言信息共享空间的资源能力评价 …………（402）
　　第四节　多民族语言信息共享空间的语言支持评价 …………（407）
　　第五节　多民族语言信息共享空间的核心服务评价 …………（410）
　　第六节　多民族语言信息共享空间发展阶段的定位 …………（418）
第八章　多民族语言信息共享空间的应用领域 ……………………（421）
　　第一节　公共图书馆 IIC-ELS …………………………………（421）
　　第二节　公共档案馆 IIC-ELS …………………………………（425）
　　第三节　公共博物馆 IIC-ELS …………………………………（430）
　　第四节　公共美术馆 IIC-ELS …………………………………（434）
　　第五节　公共纪念馆 IIC-ELS …………………………………（438）
　　第六节　公共文化馆 IIC-ELS …………………………………（443）
第九章　结语 …………………………………………………………（448）
　　第一节　研究结论 ………………………………………………（448）
　　第二节　创新之处 ………………………………………………（451）

  第三节　政策建议 …………………………………………（454）
  第四节　研究展望 …………………………………………（457）
参考文献 ……………………………………………………（460）
后记 …………………………………………………………（468）

第一章

绪 论

我国是统一的多民族国家,多语言、多文字是民族地区社会生活的基本特征。语言文字的多样性在造就中华文化丰富多彩特征的同时,也给各民族人口之间的沟通交流带来诸多不便。在保护语言文字多样性的同时,通过教育、技术和管理等手段的综合运用,打破语言文字差异性带来的沟通障碍,实现多民族语言信息资源的跨语种共享,促进全国各族人民之间的相互理解,已成为民族地区公共文化服务的重要任务。本书是在国家哲学社会科学基金项目"多民族语言信息资源跨语种共享策略研究"(项目编号:14BTQ008)的资助下,针对我国多民族语言信息资源跨语种共享的现实需求,以国内外图书情报学界研究和实践多年的"信息共享空间"(Information Commons,IC)为理论基础,提出体现我国民族地区信息资源管理特色的"多民族语言信息共享空间"的概念,研究和探讨其内涵特征、构成原理、体系架构、规划步骤、实施策略等基础问题,为我国多民族语言信息资源共享国家战略的制定和民族地区公共文化服务机构"多民族语言信息共享空间"的规划建设提供理论参考。"多民族语言信息共享空间"的研究和实践对我国民族团结与融合的整体格局有着深远的影响。

第一节 研究背景

我国是全国各族人民共同缔造的统一的多民族国家,1949年中华人民共和国成立以来,通过识别并经中央政府确认的民族共有56个,即汉、蒙古、回、藏、维吾尔、苗、彝、壮、布依、朝鲜、满、侗、瑶、白、土家、哈尼、哈萨克、傣、黎、傈僳、佤、畲、高山、拉祜、水、东乡、纳西、景颇、柯尔克孜、土、达斡尔、仫佬、羌、布朗、撒拉、毛南、仡佬、锡伯、阿昌、普米、塔吉克、怒、乌孜别克、俄罗斯、鄂温克、德昂、保安、裕固、京、塔塔尔、独龙、鄂伦春、赫哲、门巴、珞巴和基诺族。其中，汉族人口占绝大多数，其他55个民族人口相对较少，习惯上称为"少数民族"。根据2010年第六次全国人民普查的数据，大陆31个省、自治区、直辖市和现役军人的人口中，汉族人口为1225932641人，占91.51%；各少数民族人口为113792211人，占8.49%。①

汉语是目前世界上使用人口最多的语言，也是联合国6种正式工作语言之一。汉语普通话和规范汉字是我国的国家通用语言，汉族共同语的标准语，也是我国各民族之间族际交流的共同语。20世纪50年代以来，我国各级政府在大力推广汉语普通话和规范汉字的同时，一直坚持和贯彻"各民族一律平等"的宪法原则，尊重和保护各少数民族使用和发展本民族语言文字的自由，通过一系列的法律、规划和举措，帮助和促进少数民族语言文字的学习、使用和发展。目前，中国55个少数民族中，除回族、满族已全部转用汉语外，其他53个民族都仍保留有本民族的传统语言。有些少数民族内部不同支系还使用着不同的语言。语言是一种复杂的社会现象，要准确区分某种语言具有单独的语言地位还是属于某种现有语言的方言是非常困难的事情，由于对语言文字识别和界定所使用标准严格程度不同、对语言文字谱系划分的方案不同等原因，国内相关研究机构对少数民族语言文字种类的统计数据不尽相同。根据我国中央人民政府官网和教育部网站公布的数据，由于有的少数民族内部同时使用几种不同的语言文字，我国56个民族共使用72种语言，54种文字。②根据中国社会科学院民族学与人类学研究所孙宏开、胡增益、黄行等学者推动，国内少数民族语言学界的90多位专家参与编写的《中国的语言》一书的研究结论，截至2007年6月，我国56个民族正在使用的语言总数为129种，其中的绝大多数语言的使用状况堪忧，已经濒危的21种，迈入濒危的64种，临近濒危的24种，丧失交际功能的8种。③根据国务院新闻办2009年公布的数据，我国55个少数民族中的53个民族有本民族语言，22个民族有本民族文字，22个少数民族共使用28种文字，其中壮、布依、苗等12个民族使用的16种文字是由政府帮助创制或改进的。中国少数民族约有6000万人使用本民族语言，占少数民族总人口的60%以上，约有3000万

---

① 《2010年第六次全国人口普查数据公报（第1号）》，http://www.stats.gov.cn/tjsj/tjgb/rkpcgb/qgrkpcgb/201104/t20110428_30327.html. 2018年8月1日。

② 《中国语言文字》，http://www.gov.cn/test/2005-06/16/content_6821.htm，2018年8月1日。

③ 孙宏开等主编：《中国的语言》，商务印书馆2007年版，第2页。

人使用本民族文字。① 因此，到目前为止，我国语言学界和相关政府机构对于我国境内正在使用的语言文字的种类和数量还没有完全准确、权威的数据，一般认为，56 个民族正在使用的语言在 100 种以上，正在使用的文字在 30 种左右。②

从语言的系属来看，全国 56 个民族所使用的语言分别属于汉藏语系、阿尔泰语系、南岛语系、南亚语系和印欧语系。汉藏语系又可分为汉语和藏缅、苗瑶、壮侗三个语族，属于藏缅语族的有藏、门巴、仓拉、珞巴、羌、普米、独龙、景颇、彝、傈僳、哈尼、拉祜、纳西、基诺、怒苏、阿侬、柔若、土家、载瓦、阿昌等语言；属于苗瑶语族的有苗、布努、勉、畲等语言；属于壮侗语族的有壮、布依、傣、侗、水、仫佬、毛南、拉珈、黎、仡佬等语言。阿尔泰语系分为蒙古、突厥、满—通古斯三个语族，属于蒙古语族的有蒙古、达斡尔、东乡、东部裕固、土和保安等语言；属于突厥语族的有维吾尔、哈萨克、柯尔克孜、乌孜别克、塔塔尔、撒拉、西部裕固等语言；属于满—通古斯语族的有满、锡伯、赫哲、鄂温克、鄂伦春等语言。此外，属于南亚语系的有佤、德昂、布朗等语言；属于南岛语系的是高山族诸语言；属于印欧语系的是属斯拉夫语族的俄语和属印度—伊朗语族的塔吉克语。朝鲜语和京语的系属尚未确定。

文字是语言的记音符号，有了与语言相对应的文字，语言才能在更大的范围、更长的时间周期内进行传播，语言所承载的文化元素才能得到较好的传承与发展。汉字是国际活动中代表中国的法定文字，它不仅是汉族使用的文字，也是全国各少数民族通用的文字。全民族都通用汉语的几个少数民族，很自然地以汉字作为自己的文字，没有与自己语言相一致的文字的少数民族，大多也选择了汉字作为自己的交流文字。目前，中国 55 个少数民族中，除回族、满族的主体（回辉语、满语除外）不使用自己民族的文字外，有 29 个民族有与自己的语言相一致的文字。藏、蒙古、维吾尔、朝鲜、哈萨克、柯尔克孜、彝、傣等民族都有本民族的传统文字，藏文、彝文等少数民族文字已经有一千多年的历史，其他文字也都有几百年的历史。这些少数民族文字大部分已经有比较规范的习惯用法，使用范围较广，社会影响也较大。为了支持只有语言、没有文字的少数民族保存并发展本民族文化，我国政府千方

---

① 国务院新闻办：《中国的民族政策与各民族共同繁荣发展白皮书》，2009 年 9 月 27 日。

② 戴庆厦主编：《中国少数民族语言使用现状及其演变研究》，民族出版社 2010 年版，第 23 页。

百计地帮助其创制和推广新文字。20世纪50年代，政府组织语言学专家、少数民族知识分子先后为壮、布依、彝、苗、哈尼、傈僳、纳西、侗、佤、黎10个民族制订了14种拉丁字母形式的文字方案，其中，分别为苗语的不同方言制订了4种文字方案，为哈尼语的不同方言制订了2种文字方案；后来又为景颇族的载瓦支系制订了拉丁字母形式的载瓦文方案，为土族制订了拉丁字母形式的土文方案。20世纪80年代，政府根据部分少数民族的要求，组织语言学专家学者为白、独龙、土家、羌、基诺等少数民族设计了拼音文字方案。目前，苗文和壮文等新创少数民族文字的使用人数已经较多，并已在这些民族社会生活中产生较大的社会影响。

就法律地位而言，各民族语言文字都是平等的，然而由于成熟程度、人口规模等因素的制约，少数民族语言文字的使用现状却呈现出非常复杂和多样的特征。就目前而言，我国少数民族语言文字的使用现状大致可以分为以下三种类型。第一种，高度活跃的语言文字，如蒙古、藏、维吾尔、哈萨克、朝鲜等族，有大片聚居区，人口均在百万以上，文字历史也比较悠久，他们的语言除了在家庭内部、邻里亲友间使用外，还在本民族的政治、经济、文化、教育各个领域中使用，甚至在一些邻近的或者杂居在一起的其他民族中使用。第二种，中度活跃的语言文字，如彝族和傣族，他们虽然也有成片的聚居区，有传统的文字，但是文字没有统一的规范，方言差异也较大，本民族的语言在社会上的应用不如蒙古、藏、维吾尔、哈萨克、朝鲜等民族那么广泛。例如，壮语和傈僳语、拉祜语、景颇语、载瓦语由于语言内部差别较大，全民族通用的共同语还没有形成，文字的使用范围也很小，语言使用情况与彝语、傣语接近。第三种，活力降低的语言文字。民族的语言只在本民族内部日常生活中使用，在政治生活、学校教育中往往使用其他民族的语言（主要是汉语，有些地方也使用其他少数民族语言）；没有与本民族语言相一致的文字，一般使用汉字。属于这个类型的少数民族语言相当多，占我国少数民族语言文字总数的四分之三以上，使用人口占少数民族总人口的一半以上。

从政府语言文字工作角度来看，上述三类不同的少数民族语言文字对应的管理需求和政策导向是不同的。语言并非单纯的交流工具，同时也是民族文化的载体，任何一种自然语言的产生和演进都是长期积淀的结果，是特定语言文字相对应的民族文化的载体。任何一种语言的衰亡，同时意味着蕴藏在这种语言背后的文化和知识也随之消失在历史的长河之中了，这对人类文化而言是巨大的损失。对于活力降低甚至已经濒危的少数民族语言文字，当前管理工作的主要任务是采用科学的理论和方法进行抢救性保护，采用数字化技术采集这些语言文字的语音信息，以备这些语言文字出现传承风险的时候作为恢复和研究的依据。例如，国家语言文字工作委员会2015年5月启动的"中国语言资源保护工程"（简称"语保工程"）就是一个由政府组织的大型语言文化工程，也是目前世界上最大规模的语言资源保护工程。"中国语言资源保护工程"旨在利用现代化技术手段，收集记录汉语方言、少数民族语言和口头语言文化的实态语料，通过科学整理和加工，建成大规模、可持续增长的多媒体语言资源库，并开展语言资源保护研究工作，形成系统的基础性成果，进而推进深度开发应用，全面提升我国语言资源保护和利用水平，为传承中华优秀传统文化、促进民族团结、维护国家安全服务。[①]

与此同时，对于具有高度和中度活力少数民族语言文字的管理，则更多的是要在确保国家通用语言文字法律地位的同时，保护少数民族人口使用和发展本民族语言文字的权利，促进少数民族语言文字在民族地区社会生活中的应用和发展，探索少数民族语言文字与国家通用语言文字和谐共存的政策和措施。与其他地区不同的是，我国民族地区公共信息管理需要同时兼顾推广国家通用语言文字和保护民族地区语言文字多样性的双重任务，这种特殊性就决定了我国绝大多数民族地区的信息生态必然是以多语言、多文字为基本特征的，如何通过管理和技术的变革削减语言文字多样性带来的沟通交流障碍，促进多民族语言信息资源的共享，成为民族地区公共文化服务必须面对和解决的问题。在上述过程中，承担着社会文化服务职责的公共图书馆、公共档案馆、公共博物馆、公共美术馆、公共纪念馆、公共文化馆等机构需要结合各自的业务特征，积极探索促进多民族语言信息资源共享的模式与策略，推动民族地区公共文化服务的创新。

20世纪80年代以来，伴随着全球范围的信息化建设浪潮，以蒙古文、藏文、维吾尔文、哈萨克文、柯尔克孜文、朝鲜文、壮文、彝文、傣文等为代表的少数民族语言文字计算机信息处理技术也逐步发展成熟，少数民族文字版本操作系统、文字处理软件、办公自动化系统、编辑出版系统开始在民族地区得到应用，一大批少数民族文字网站或者现有网站的少数民族文字版开始在互联网上亮相。当前，少数民族语言文字信息处理技术正在由基础代码录入、显示和排版向着基于语义信息的深度处理过渡。现代信息技术的介入，

---

① 教育部国家语委：《关于启动中国语言资源保护工程的通知》，http：//www.moe.edu.cn/publicfiles/business/htmlfiles/moe/s7067/201506/188584.html，2018年8月1日。

使传统必须依靠人工翻译等方式实现的跨语言信息交流具有了更多的实现形式，为数字化环境下中华民族多元一体架构的实现提供了更为广阔的空间。

第二节　核心问题

　　打破语言文字差异性造成的沟通交流障碍，是人类社会长久以来的梦想。《旧约·创世记》第11章记载了著名的"通天塔"（Babel）的神话故事：[①]大洪水过后，诺亚的子孙经过两三千年的繁衍，形成了分布在世界各地的大大小小的血缘氏族部落。他们遵循祖先的遗训，操着同一种语言，口口相传祖先关于伊甸园的美丽传说，向往着天堂的美好生活。其中，闪族后裔阿摩利人在征服了远亲苏美尔人之后，在底格里斯河与幼发拉底河流域定居下来，开创了举世闻名的古巴比伦文明，成为部落联盟的领导者。阿摩利人在人心稳定下来之后，决定建造一座标志性的建筑——通天塔，以昭示诺亚后裔的智慧和力量。经过一番周密部署、合理安排，来自不同部落的施工人员被分成若干个项目小组，各项目小组由各部落酋长包干负责。于是，采矿的采矿，运水的运水，和泥的和泥，拌料的拌料，制砖的制砖，烧窑的烧窑，砌墙的砌墙，指挥的指挥。虽然工程浩大，异想天开，但是由于工程建设者们血脉相连，语言相通，万众一心，步调一致，通天塔越来越高，工程竣工指日可待。上帝看到直插云霄的通天塔又惊又怒，认为这是人类想与天比高的非分之想，而正是由于人类讲同样的语言，才可以创造这样的人间奇迹。于是，他决定让人类的语言发生混乱，不同的氏族部落使用不同的语言。由于语言不通，沟通不畅，导致指挥混乱、步调不一，人们互相指责、各行其是，劳民伤财的通天巨塔工程只好半途而废。

　　通天塔的故事试图从宗教的角度为当今世界数千种语言文字共存的现状给出解释，故事本身是虚构的，但是其所蕴含的道理却是客观存在的事实。语言文字是某个语言区域的居民在长期的历史演进过程中逐渐发展并总结完善起来的沟通交流工具，是使用该语言文字的人群所共同接受的语义表达体系，使用哪种语言文字，就会形成与该语言文字所对应的心智模式。在一般情况下，如果没有中介人员的支持，使用不同语言文字的两个群体无法直接

---

　　① ［美］J. L. 赫尔伯特：《圣经的故事》，高新力、安蔷译，中央编译出版社2013年版，第16—17页。

进行沟通交流,其相互理解就会变得非常困难,建立在共同理解基础之上的协作就无从谈起。因此,跨越语言鸿沟,实现跨语言信息和文化交流,一直是人们为之努力的梦想。1887 年,波兰眼科医生柴门霍夫(L. L. Zamenhof,1958—1914)博士为了消除国际交往中的语言障碍,在印欧语系基础上创造了一种名为 Esperanto 的国际语言,即世界语。世界语简单易学、逻辑性强、易于上口而富有表现力,后来被逐步应用到政治、经济、军事、出版、旅游等各个领域,国际世界语协会(Universal Esperanto Association, UEA)于 1908 年成立,总部设在荷兰鹿特丹,拥有团体会员 62 人,个人会员遍布全球 120 余个国家。此外,全球有近百个国家成立了世界语组织,开展世界语学习、研究、宣传、推广活动,这些活动统称为"世界语运动"。时至今日,全球会使用世界语的人数大约在 1000 万人,除一些国际组织还在坚持将世界语作为一种可选的工作语言之外,世界语在世界各国政治、经济和文化领域的应用领域非常有限。与之相对的是,19 世纪以来,英国和美国在政治、经济、文化、军事等领域的领先地位使其官方语言英语逐渐演变成事实上的国际交流语言,成为联合国和多个国际组织的工作语言和迄今为止世界各国使用最为广泛的第二语言。

作为统一的多民族国家,我国绝大多数民族自治地方的社会生活都涉及两种或者两种以上的民族语言。2000 年颁布实施的《中华人民共和国国家通用语言文字法》[①]规定:国家推广普通话,推行规范汉字。各民族都有使用和发展自己的语言文字的自由。少数民族语言文字的使用依据宪法、民族区域自治法及其他法律的有关规定。作为国家的一级地方行政区域,民族自治地方必须贯彻和执行《国家通用语言文字法》,在民族地区推广和使用汉语普通话和规范汉字。与此同时,民族自治地方可以依据民族区域自治法所赋予的权力,根据本地区语言文字工作的实际需求,制定本地区的语言文字法规和工作规划。"各民族都有使用和发展自己的语言文字的自由"是宪法确定的我国语言文字发展的总原则。根据这一原则,《中华人民共和国民族区域自治法》对民族自治地方语言文字工作制定了更为详细的规定:[②] 民族自治地方的自治机关保障本地方各民族都有使用和发展自己语言文字的自由,

---

① 《中华人民共和国国家通用语言文字法》,2000 年 10 月 31 日第九届全国人民代表大会常务委员会第十八次会议通过。

② 《中华人民共和国民族区域自治法》,1984 年 5 月 31 日第六届全国人民代表大会第二次会议通过。根据 2001 年 2 月 28 日第九届全国人民代表大会常务委员会第二十次会议《关于修改〈中华人民共和国民族区域自治法〉的决定》修正。

都有保持或者改革自己风俗习惯的自由。民族自治地方的自治机关在执行职务的时候，依照本民族自治地方自治条例的规定，使用当地通用的一种或几种语言文字；同时使用几种通用的语言文字执行职务的，可以以实行区域自治的民族的语言文字为主。民族自治地方的人民法院和人民检察院应当用当地通用的语言审理和检察案件，并合理配备通晓当地通用的少数民族语言文字的人员。对于不通晓当地通用的语言文字的诉讼参与人，应当为他们提供翻译。法律文书应当根据实际需要，使用当地通用的一种或几种文字。保障各民族公民都有使用本民族语言文字进行诉讼的权利。民族自治地方的自治机关教育和鼓励各民族的干部互相学习语言文字。汉族干部要学习当地少数民族的语言文字，少数民族干部在学习、使用本民族语言文字的同时，也要学习全国通用的普通话和规范文字。民族自治地方的国家工作人员，能够熟练使用两种以上当地通用的语言文字的，应当予以奖励。招收少数民族学生为主的学校（班级）和其他教育机构，有条件的应当采用少数民族文字的课本，并用少数民族语言讲课；根据情况从小学低年级或者高年级起开设汉语文课程，推广全国通用的普通话和规范汉字。各级人民政府要在财政方面扶持少数民族文字的教材和出版物的编译和出版工作。此外，内蒙古、新疆、西藏等民族自治区先后制定和实施了使用和发展本民族语言文字的有关规定和实施细则，为本民族语言文字在民族自治区域内的使用和发展提供了制度保障。

  目前，在我国的国家政治生活中，全国人民代表大会、中国人民政治协商会议等重要会议，都提供蒙古、藏、维吾尔、哈萨克、朝鲜、彝、壮等民族语言文字的文件或语言翻译。我国通用货币人民币主币除使用汉字之外，还使用了蒙古、藏、维吾尔、壮四种少数民族文字。民族自治地方的自治机关在执行公务时，都使用当地通用的一种或几种文字。同时，少数民族语言文字在教育、新闻出版、广播影视、网络电信等诸多领域，都得到了广泛的应用和发展。截至 2009 年 9 月，民族自治地方有使用民族语言的广播电视机构 154 个，中央和地方电台每天用 21 种民族语言进行广播。民族出版社从 1978 年的 17 家发展到目前的 38 家，分布在北京等 14 个省（自治区、直辖市），出版的少数民族文字种类由 5 种发展到 26 种，2008 年出版少数民族文字图书 5561 种、6444 万册，分别比 1978 年增长 6.41 倍和 6.37 倍。为增进各民族间的了解和沟通，发展平等团结互助和谐的民族关系，促进各民族共同发展，多年来我国政府致力于在民族地区开展"双语"（民族语言和汉语）教学，并取得了良好效果。截至 2007 年，全国共有 1 万多所学校使用 21 个民族的 29 种文字开展"双语"教学，在校学生达 600 多万人。①

  语言文字的多样性，在造就中华民族多彩文化的同时，也给不同民族人口之间的相互沟通和交流带来诸多不便。尽管中华人民共和国成立以来，我国各级政府一直致力于双语教育和多民族语言信息资源的管理工作，受到语言文字传承的历史惯性和语言文字学习的复杂性等因素的影响，迄今为止仍然有部分少数民族人口没有掌握国家通用语言文字，有相当数量的民族地区各类公共机构工作的汉族干部也没有掌握当地通用的少数民族语言文字，还有一些少数民族人口只掌握了本民族的口头语言却没有掌握书面语言，因而不能识读以本民族传统文字为记录符合的信息资源。在我国民族地区图书馆、档案馆、博物馆、美术馆、纪念馆、文化馆等公共文化服务机构当中，少数民族语言信息资源的收集、管理和服务工作还缺乏系统的理论指导，制约了少数民族语言信息资源的传播和利用。上述状况导致了民族地区公共信息资源管理领域的一些问题。第一，跨语言人际交流障碍。例如，只掌握了本民族传统语言的用户无法与使用国家通用语言文字的工作人员直接进行顺畅的语言交流，无法向对方表达自己的需求，也不能理解对方所要传达的思想。第二，跨语言信息理解障碍。用户无法理解采用另外一种语言文字作为信息记录符号的信息资源，即使这种信息资源的主题与其信息需求是高度相关的。跨语言信息理解障碍既包括少数民族用户无法识读和理解国家通用语言文字的信息资源，也包括只掌握了国家通用语言文字的用户无法识读和理解少数民族语言文字信息资源，还包括只掌握了少数民族语言口头语言的用户无法识读和理解本民族书面文字信息资源的情况。第三，跨语言信息检索障碍。由于我国语言文字分布的多样性特征，针对同一主题的内容可能会产生多种语言文字的信息资源。例如，如果用户需要检索国内各民族有关"民族团结"主题的信息资源时，可能涉及蒙古语、藏语、维吾尔语、柯尔克孜语、哈萨克语、朝鲜语、彝语、傣语等语种的信息资源。如果检索系统之间没有实现相互连通，或者相互连通却缺乏跨语言信息检索软件支持，即使这些信息资源的主题与用户需求高度契合，系统也难以将其全部检索出来。

  我国民族地区公共文化服务机构当中上述问题的存在，首先影响公共文化服务机构的服务质量，无法满足当地各族用户访问和利用信息资源的需求，也没有发挥馆藏各语种信息资源的价值和潜力，造成一定程度的资源浪费。

---

① 国务院新闻办：《中国的民族政策与各民族共同繁荣发展白皮书》，2009 年 9 月 27 日。

其次，上述问题的存在影响区域各族人口之间的沟通和理解，不利于各民族群众之间的交往、交流和交融，不利于和谐民族关系的建立。最后，上述问题的存在会深刻影响少数民族用户对政府公共服务的感受，进而影响到其对政府的认同乃至对执政党和国家的整体认同。对于一些跨境少数民族而言，如果自己使用的语言在本国无法实现顺畅沟通交流，却在境外国家拥有众多的使用者，也会影响其对中华文化本身的感情，从而可能在边境地区出现"文化安全"危机。因此，从国家战略层面对我国多民族语言信息资源跨语种共享问题进行系统思考，针对我国民族地区公共文化服务机构跨语言服务的现实需求，提出体系化的理论框架和可操作的政策建议，具有极其重要的理论价值和现实意义。多民族语言信息资源跨语种共享策略的研究和实践，有助于消解语言文字异构性造成的"信息孤岛"和"信息鸿沟"，降低跨民族、跨语言信息资源共享的难度，促进全国各民族人口的相互理解，增强中华民族的"向心力"和"凝聚力"。同时，可以通过跨语种信息资源共享机制与境外机构争夺虚拟文化空间控制权，增强边疆跨境民族对国家的认同感和归属感，维护我国跨境少数民族的文化安全，促进边疆地区社会稳定和长治久安。

多民族语言信息资源共享的影响因素众多且相互制约，共同构成复杂的信息生态系统，任何从单一视角、单一层面对这一问题进行探索的结果都有可能是不全面、不客观的。多民族语言信息资源共享在国家现有法律框架内进行，与国家的民族事务管理、语言文字工作、信息技术应用、信息资源开发等方面的政策法规息息相关，必须在兼顾多种需求的前提下协调多方力量共同参与完成。推进多民族语言信息资源共享是一项复杂的系统工程，除了要考虑对多语种信息资源进行妥善管理和加工之外，还需要考虑影响读者跨语言阅读能力的双语教育体系建设、双语翻译人才培养、支持跨语言阅读和检索的信息技术开发和应用、跨区域语言文字工作协作等任务。研究多民族语言信息资源共享策略必须站在全局高度，对涉及的法律、教育、技术、管理等多方面的因素进行体系性规划，进而提出具有针对性和操作性的政策建议。

推进信息资源共享是全球图书情报工作者共同的职业目标。以 1992 年美国爱荷华大学（University of Iowa）的"信息拱廊"（Information Arcade）项目为开端，在过去的 20 多年里，"信息共享空间"（Information Commons）作为一种适应信息化环境下用户学习和研究需求的新型信息服务模式在世界范围内得到了广泛传播，全球有数百所高校图书馆在信息共享空间建设方面进行了成功实践。2005年2月，国际图书馆联合会前主席阿列克斯·拜恩（Alex Byrne）在给联合国教科文组织的一封公开信中，提出了建立全球信息共享空间（Global Information Commons）的构想，倡议世界各国和各类国际组织采取多方面的行动，保障全世界所有的人都有查询和获知信息的权利。[①]"全球信息共享空间"的构想包括多个方面，包括提供广泛的因特网访问节点，以适当的格式和语言提供用户所需的相关信息、培养用户的阅读和写作能力、确保文化遗产和文化差异的继承和发扬、培养人与人之间的尊重和理解等方面。不难看出，无论是作为物理空间意义上的图书馆信息共享空间，还是文化空间意义上的广域信息共享空间，其倡导的以用户需求为导向、多语言信息共享、文化多样性保护、推动人与人的尊重和理解等核心理念与我国多民族语言信息资源共享的战略需求是完全一致的，从"信息共享空间"视角研究我国多民族语言信息资源共享问题，有助于提高研究的系统化程度，同时可以借鉴国内外图书馆信息共享空间建设的成功经验，提高我国多民族语言信息共享空间规划和设计的科学化程度。"多民族语言信息共享空间"通过人性化设计和专业化服务，可以更好地满足语言文字应用能力千差万别的各类用户群体的信息需求，改善用户在公共文化服务机构接受服务时的主观体验，推动我国民族地区公共文化服务机构的服务创新，促进民族地区社会稳定与和谐。"多民族语言信息共享空间"的建设主体是民族地区公共文化服务机构，但是建设必须与区域语言文字工作、双语教育、双语信息技术发展统筹规划，因而是构建区域多语言和谐信息生态的"中枢环节"和"关键节点"，是推进我国多民族语言信息资源整体性共享的战略性工作。

综上所述，本书以我国民族地区公共文化服务机构多民族语言信息共享空间的构建为核心科学问题，拟针对我国多民族语言信息资源跨语种共享的现实需求，以图书馆界研究和实践多年的"信息共享空间"为理论基础，以"中华民族多元一体格局"理论为指导，提出体现我国民族地区信息资源管理特色的"多民族语言信息共享空间"概念，探讨其内涵特征、类型划分、理论基础等基础问题，按照"以用户为中心"和"随需而变"原则构建"多民族语言信息共享空间"的架构模型，分析"多民族语言信息共享空间"的组织体系、规划步骤、实施策略并进行相关领域的实证研究，为民族地区信息共享空间建设实践提供理论指导。多民族语言信息共享空间是民族地区公

---

① Alex Byrne, Promoting the global information commons: A statement by the International Federation of Library Associations and Institutions to WSIS Tunis PrepCom2. http://www.itu.int/net/wsis/docs2/pc2/subcommittee/IFLA.pdf.

共服务组织为使用不同民族语言的服务对象所特别设计的多语种信息资源无障碍交流环境，是以国家通用语言为核心的多民族语言信息资源集成共享体系建设的重要内容，具有多重价值。第一，有助于增强中华民族的凝聚力。依托教育、管理和技术等手段的综合运用，消解语言文字异构性造成的"信息孤岛"和"信息鸿沟"，降低跨民族、跨语言信息资源共享的难度，促进各民族人口的相互理解，增强中华民族的"向心力"和"凝聚力"。第二，有助于维护边疆地区的文化安全。通过"多民族语言信息共享域"的跨语种信息资源共享机制与境外机构争夺虚拟文化空间控制权，增强边疆跨境民族对国家的认同感和归属感，维护我国跨境少数民族的文化安全，促进边疆地区社会稳定和长治久安。第三，有助于推动民族地区公共机构的服务创新。通过"多民族语言信息共享空间"的人性化设计和专业化服务，更好地满足服务对象的深层次服务需求，改善用户在公共机构接受服务时的主观体验，促进民族地区社会的稳定与和谐。

第三节 历史经验

语言是文化的载体，语言多样性是文化多样性最直接的体现。全世界语言分布情况极其复杂，而且始终处在变动之中，加之语言学家对语言界定的标准不统一，对于全球究竟有多少种的研究结论也不统一，一般认为总数在6000种左右。然而，这6000种左右的语言分布情况非常不均衡，其中只有数百种语言由于历史、政治、经济、文化等方面的原因成为国际语言、国家或地区官方语言或者在区域内部具有较大影响力的语言之外，绝大多数的语言面临着使用人口较少、社会影响力较弱甚至濒临灭绝的困境，而且随着全球化进程的推进，其使用和发展的状况还在恶化之中。

保护少数族裔的语言权利，保护文化多样性，一直是联合国、欧盟等国际组织倡导的基本原则。联合国1992年通过的《在民族或族裔、宗教和语言上属于少数群体人的权利宣言》（*Declaration on the Rights of Persons belonging to National or Ethnic, Religious and Linguistic Minorities*）指出：各国应采取适当措施，在可能的情况下，使属于少数群体的人有充分的机会学习其母语或在教学中使用母语。各国应酌情在教育领域采取措施，以期鼓励对其领土内的少数群体的历史、传统、语言和文化的了解。属于少数群体的人应有充分机会获得对整个社会的了解。各国应考虑采取适当措施，使属于少数群体的人可充分参与其本国的经济进步和发展。① 1992 年，欧盟理事会通过了《欧洲区域或少数族群语言宪章》(*European Charter for Regional or Minority Languages*)，提出区域或少数族群语言保护的基本原则，主要包括：认可区域或少数民族语言是具有丰富文化内涵的表达方式；尊重每种区域或少数民族语言的地理范围；必须采取坚决行动促进此类语言的发展；支持、鼓励人们在私人及公共场合以口头或书面方式使用此类语言；在所有合适阶段为此类语言的教学与研究提供适当的形式与方法；促进相关的跨民族交流；禁止与区域或少数民族语言的使用相关、旨在打击或破坏其存在或发展的一切无理区分、排斥、限制或偏袒；各缔约国应促进各国语言群体之间的相互理解；等等。② 联合国教科文组织 2001 年发布的《世界文化多样性宣言》(*Universal Declaration on Cultural Diversity*) 指出：每个人都应当能够用其选择的语言，特别是用自己的母语来表达自己的思想，进行创作和传播自己的作品；每个人都有权接受充分尊重其文化特性的优质教育和培训。③ 20 世纪 80 年代至今，基于尊重和保护少数语言权利，抢救少数民族语言文化，促进少数族群语言文字发展的基本原则，一些国际组织和欧美发达国家相继推出相关政策和实践项目。其中，具有较大影响的项目主要有欧盟的"墨卡托网络"(Mercator Network)、新西兰的"毛利语复兴计划"、澳大利亚国家土著语言项目、加拿大"原住民语言复兴运动"、美国联邦政府《美国土著语言法案》等。

1987 年，作为欧盟前身的欧共体委员会决定建立墨卡托网络，用来收集、保存和研究欧洲区域性或少数族群语言的信息和文献。④ 墨卡托网络由五个分中心组成，分别是：位于荷兰弗里斯兰研究院 (Fryske Akedemy) 的"欧洲多语言主义和语言学习研究中心"、位于西班牙巴塞罗那的"墨卡托语言法律研究中心"、位于英国威尔士大学的"墨卡托语言媒体研究中心"、位于匈牙利布达佩斯的"匈牙利语言科学研究院"和位于瑞典的"斯德哥尔摩大学研究中心"。墨卡托网络旨在联结欧洲的多语言社群并推动知识共享，通过体系性的活动为最佳实践和前沿项目成果的结构化交流提供便利。墨卡

---

① 《在民族或族裔、宗教和语言上属于少数人群体的人的权利宣言》，http://daccess-ods.un.org/access.nsf/Get?OpenAgent&DS=E/CN.4/2004/75&Lang=C，2018 年 8 月 1 日。

② [俄] 阿列克谢·科热米亚科夫、周小进：《〈欧洲区域或少数民族语言宪章〉：保护与促进语言与文化多样性十年记》，《国际博物馆》2008 年第 3 期。

③ 范俊军：《联合国教科文组织关于保护语言和文化多样性文件汇编》，民族出版社 2006 年版，第 8 页。

④ 《欧盟墨卡托网络简介》，http://out.easycounter.com/external/mercator-network.eu，2018 年 8 月 1 日。

托网络主要聚焦于区域或少数族群语言，同时也关注移民语言和小国语言，尤其是迁徙和全球化所带来的跨语言交流需求。墨卡托网络关注的主要议题有：信息技术和媒体的应用，与少数族群语言学习相关的法律条文，语言教学领域的发展等。墨卡托网络致力于通过分析语言以及与之相关的文化、经济和社会机会提高语言活力，是语言学习和语言多样性领域研究成果、信息、经验和最佳实践交流的平台。通过墨卡托网络，政策制定者、语言规划人员、语言翻译人员和语言教育工作者可以通过年度会议、工作会、出版物、在线活动等形式开展工作交流。此外，墨卡托网络致力为各个层级的政府和行政机构、学术界和学生群体提供最为准确且可靠的资料，使其成为少数族群语言相关领域的信息参照体系。2013 年，墨卡托网络推出了"墨卡托语言与教育研究项目"LERRNME（Language and Education Addressed Through Research and Networking by Mercator）项目，其研究目标是建立对欧洲各国语言多样性挑战和问题的现实理解，制定可能的解决方案，推动教育、学术和政府当中的语言平等，并为利益相关者、实践推动者提供政策建议和指南。

新西兰的少数族群主要是毛利族和萨摩亚族，其中毛利人大约有 50 万人，约占新西兰总人口的 14%。新西兰的多元主义文化政策就是从尊重毛利文化并将其纳入新西兰现代文化体系开始的。1840 年，大英帝国王室与毛利人族长在新西兰岛湾怀伊唐镇签订了《怀伊唐条约》，该条约允许英国殖民者在新西兰居住并建立政府，而毛利人可以根据其意愿继续拥有土地、森林和渔业。《怀伊唐条约》标志着新西兰正式成为英国的殖民地，同时也确认了毛利人享有的合法权利。1955 年，毛利人第一次参加新西兰语言政策规划，建议政府重视毛利文字和毛利文化。根据当地习俗，在新西兰社会生活中的重大仪式一般需要使用毛利语致辞，即使是定居新西兰的欧洲移民也要在仪式的开始和结尾部分使用毛利语的习语。20 世纪 70—90 年代，为了保持毛利语的活力，新西兰政府制定并实施了著名的"毛利语复兴计划"。"毛利语复兴计划"提倡更多的毛利人父母、子女及其亲属学习毛利语，以便将其传承给后代。1982 年，毛利人成功创制了名为 Kohanga Reo（毛利语意为"语言巢"）的毛利语环境幼儿园，由毛利老人在幼儿园从事母语复兴教育。1985 年，名为 Kura kaupapa Māori（毛利语浸润式环境）的毛利语教育学校成立，到 2009 年这类学校已经超过 70 所，在校生 6000 多人。1987 年，新西兰议会通过《毛利语言法案》，确认毛利语成为新西兰官方语言，享有和英语一样的法律地位，并要求教育系统、法院、媒体和公共服务行业使用毛利语。新西兰教育部制定了毛利语教学大纲，政府出资培训毛利语教育师资，鼓励学生选修双语课程。2004年，新西兰成立了毛利语电视台，由国家拨款运营，全天候使用毛利语进行播音。①

澳大利亚（Australia）原意是"南方大陆"，考古研究发现，早在4万年之前澳大利亚的土著居民就在这片土地上繁衍生息。1770年，英国航海家库克船长（Captain James Cook）率领船队在澳大利亚东海岸登陆，宣布这片土地属于英国所有并将登陆地命名为"新南威尔士"（New South Wales）。英国最早将澳大利亚作为流放囚犯的地方，19世纪墨尔本等地金矿的发现，使欧洲移民大量涌入，语言也出现了多样性的趋势。1901年，英国裔澳大利亚人宣布澳大利亚建国，并对所有澳洲土著人和非欧洲裔有色人种实施强制同化政策，这就是臭名昭著的"白澳政策"。政府要求所有非欧洲后裔必须学习英语，并违背父母意愿将土著儿童强行送到教会、寄养家庭或者慈善机构接受英语教育，因此这一代人被称为"被偷走的一代"。"二战"以后，澳大利亚经济的发展吸引了大批移民，同时也使语言和文化更加多元化。1987年，澳大利亚出台了具有里程碑意义的《国家语言政策》，该政策在确保英语稳定地位的同时，承认土著语言和社群语言具有合法地位，拥有被接受、使用和尊重的权利。为落实《国家语言政策》，澳大利亚政府推出了"国家土著语言项目"，由政府出资进行土著语言的保持，包括进行土著语言识别和研究，实施双语教育，鼓励进行土著语言创作等。②澳大利亚国家土著语言项目分为四个领域：土著人社区语言项目、教育系统语言项目、监狱和拘役场所语言项目和广域社群语言项目，旨在保障土著人使用其语言文字进行社会活动的权利，同时使州政府雇员和其他社群理解支持土著语言发展不仅事关土著社群，也是澳大利亚文化传承的重要内容。为了推动土著语言的学习和使用，新南威尔士州政府出台了《告土著居民承诺书》，承认土著语言的文化遗产和文化要素地位，认为土著语言是土著学生人生经验的重要来源，必须加强土著语言的学习。新南威尔士州政府学习委员会制定了《土著语言教育试行框架》和土著语言教学大纲，以支持学校的土著语言教学活动。③

加拿大国家语言政策的调整也经历了与澳大利亚类似的由同化转向多元主义的过程。加拿大是印第安人和因纽特人的居住地，1535年由法国航海家

---

① 李桂南：《新西兰少数民族语言政策介绍》，《当代语言学》2012年第1期。
② 刘晓波：《澳大利亚语言政策的变迁及其动机分析》，《东北大学学报》2013年第6期。
③ 房建军：《澳洲土著语言政策规划研析》，《语言研究》2012年第7期。

杰克斯·卡蒂埃尔（Jacques Kartier）最先发现，此后沦为法国和英国的殖民地。1756—1763 年，法国和英国殖民者为争夺统治权进行了长达 7 年的战争，1763 年法国战败并在巴黎签署合约，承认加拿大属于英国殖民地。1982 年，英国女王签署《加拿大宪法法案》，赋予加拿大独立的制宪和修宪权，标志着加拿大正式脱离英国成为独立国家。由于历史原因，加拿大的语言问题比较复杂，20 世纪 80—90 年代，法语使用人口比较集中的魁北克省申请从加拿大独立，两次公投均未获通过。1982 年，加拿大联邦政府公布了《加拿大自由与权力宪章》，对于少数族群语言教育问题进行了规定。据此，加拿大部分原住民社群相继发起了以保护境内原住民语言为主要内容的"原住民语言复兴运动"。为了复兴印第安语，印第安人在"村落社群学校"使用印第安语进行教学，将印第安人的历史、文化和传统技艺等纳入教学内容，编撰印第安语字典并为部分没有文字的小语种创设文字。1999 年加拿大原住民语言与文学发展协会成立，旨在稳定和复兴加拿大境内的原住民语言，提倡母语学习并使用母语教授现代文化科技知识，鼓励老人参与原住民语言教育，带动家庭成员建立原住民语言交流环境。"达格黑达计划"是加拿大原住民语言复兴运动的重要内容，该计划的主要任务是复兴位于加拿大阿尔伯塔省和萨斯喀彻温省边界的德尼族所使用的苏来恩语言，主要措施包括建立苏莱恩语的语言资料档案，设计针对成年人的苏莱恩语课程，将与苏莱恩语相关的传统文化技艺运用于学校教育，建立苏莱恩语专题网站，将苏莱恩语保护相关研究成果纳入阿尔伯塔大学课程等。在因纽特人比较集中的努纳武特地区制定了《努纳武特官方语言法》，规定因纽特语、英语和法语同为该地区的官方语言，享有同等的法律地位。该法案规定，在努纳武特地区，父母有权让儿童从幼儿园到小学三年级接受因纽特语教育，政府工作人员可以将因纽特语作为工作语言，涉及公共事务的重要场合必须提供因纽特语服务。[1]

美国是多种族多语言的国家，据研究美国境内正在使用的语言达 330 余种，其中 172 种是当地土著语言。尽管美国联邦政府至今没有明确国家的官方语言，但是英语在社会生活中实际上一直在充当国家语言的角色。印第安人是美洲大陆的原住民，1492 年，哥伦布"发现"美洲大陆以后，欧洲人相继来到美洲。17 世纪，随着大英帝国的崛起，北美洲成为英国的殖民地。随

---

[1] 陈巴特尔、高霞：《文化自觉与国家权力介入——加拿大土著语言保护》，《暨南学报》2011 年第 2 期。

着讲英语移民的增多,英语逐渐在美国各种语言竞争中获得优势地位。经过 1775—1788 年的独立战争,美国正式脱离了英国的殖民统治,成为独立国家。18 世纪末期到 19 世纪中期,美国主流社会认为应鼓励全民说英语,从而兴起了"唯英语运动",许多州出台法律,规定学校只能讲英语,说其他语言的学生将会被处罚。"唯英语运动"给美国的土著语言造成严重的打击,数百种土著语言因此而消亡或者只有少数使用者。语言生态的破坏、文化生态的失衡遭到了印第安人的反对,也给美国所标榜的"自由、民主、平等"的形象造成了负面影响。1990 年,美国联邦政府颁布《美国土著语言法案》(*The Native Language Act*)来安抚社会成员对印第安语濒危所引发的焦虑情绪。《美国土著语言法案》明确了土著语言的地位,认为土著语言是土著民族文化和民族特征不可分割的部分,是美国土著文化、历史、宗教、文学、价值观念传播继承的基本手段和途径,美国政府有义务与原住居民一起采取措施保护这些特殊的文化和语言。法案规定了拨款的对象、申请条件、方式以及期限等,明确表示政府将拨款资助美国土著语言的保护工作,用于支持和建立美国土著语言传承的社区项目、人员培训、出版发行等。2001 年,美国参议院通过《美国土著语言法 2001 年修正案》,资助建立"美国土著语言挽救学校"(Native American Language Survive School),使用土著语言作为教学语言讲授各门功课,鼓励美国土著家庭参加语言挽救学校的活动,鼓励各语言挽救学校之间的沟通、交流与合作,支持围绕高水平土著语言挽救学校的土著语言文化社区建设。政府出资资助家庭或者学校面向 7 周岁以下土著儿童的"土著语言巢项目"(Native American Language Nest Program)。[①] 从《美国土著语言法案》等法律文件可以看出,美国政府在保护土著语言方面进行了大量努力,赋予了土著语言法律上的合法地位,制定了具体的实施方案,客观上遏制了土著语言消亡的趋势。

  欧美国家与我国发展历程不同,因而在处理少数族群语言问题时所面临的核心矛盾与我国有所不同。美国、加拿大、澳大利亚、新西兰等国家都是脱离英国殖民统治之后成立的独立国家,殖民统治历史对国内的语言文字状况影响深远,这些国家当前面临的语言文字方面的矛盾冲突或多或少都与殖民统治的历史有些关系。同时,这些国家的国民主体由欧洲国家的移民构成,因而其少数族群语言问题同时包括了土著语言保护和移民语言服务两个方面

[①] 郭宇:《美国语言政策和语言立法状况及发展》,硕士学位论文,广东外语外贸大学,2016 年。

的需求，由大量移民所引起发的少数族群语言问题甚至超过了对土著语言保护问题的关注。作为世居的多民族国家，我国的历史和民族关系现状与上述国家有着根本性的不同，但是这些国家在处理少数族群语言文字问题的历史教训和成功经验还是可以为我国少数民族语言文字信息共享问题提供一些参考和借鉴。总体而言，欧美国家在少数族群语言方面的法律政策反映了当前世界各国处理土著语言和少数族群语言的一些共性规律，主要有以下方面：第一，全球化时代最理想的文化生态是多元文化和谐共存，世界上所有的多族群国家都必须面对多语言的社会现实，任何企图用某一种语言文字或者单一文化建立绝对霸权的行为不仅违背文化伦理，在实践中也难以施行，强行为之有可能导致严重的社会后果。在历史上，无论是澳大利亚的"白澳政策"还是美国的"唯英语运动"都不得人心，引起少数族群社会成员的反对而无法继续推行。在已经进入信息社会的现代社会，继续按照"同化"思维制定语言政策，强行推广某种语言文字而限制其他语言文字的发展与世界潮流是背道而驰的。第二，语言文字是文化的载体，一种语言文字消亡代表着这种语言文字所蕴含的知识和文化也随之消亡，因此政府机构应该提高对少数族群语言文字保护工作重要性的认识，采取少数族群语言文字教育、培育少数族群语言社区等措施避免语言文字的消亡或者延缓其消亡的进程。同时，要针对一些濒危语言文字进行采集和记录，使这些语言文字即使消亡之后还有资料作为研究和帮助其重生的依据。第三，封闭系统必然走向衰亡，语言文字保持活力的关键在于交流。少数族群语言文字发展必须兼顾少数族群语言文化传承和少数族群人口社会融合两个方面的需求，既要延续对少数民族传统语言文字的使用，同时也要学习在更大范围内通用的语言文字，以保证少数族群人口与社会其他成员之间的良好沟通，方便其掌握现代科学文化知识以获取更多的发展机会。因此，从世界各国的实践经验来看，强势语言霸权和弱势语言孤岛都不能很好地解决语言冲突问题，"双语模式"是被广泛证明的处理少数族群语言问题的有效途径。第四，语言文字的选择与使用是复杂的社会现象，受到各类现实动因的制约，尽管政府从保护文化多样性的角度可以采取一些措施，客观上也能起到保护处于弱势的语言文字，延缓甚至遏制其走向衰亡的进程，但是从全球语言发展的总体趋势来看，强势语言的影响持续扩大和弱势语言地位日益濒危是不可逆转的大潮流，很多时候甚至不是政府倡议和资金投入就能解决问题的。因此，对于部分少数族群语言文字所面临的困境应该正确看待，既不能坐视不管，也不能违背客观规律制定过高的保护目标。第五，一个国家的少数族群语言文字问题有很多共性，也遵循基本的原则和规律，但是具体到每一种少数族群语言文字，其本身都是特殊的，发展历程不同、使用人口规模不同、语言文字复杂性不同、本族群人口对语言文字问题的情感和态度不同等因素等都会导致其管理需求具有很多特殊性。因此，少数族群语言文字问题的处理既要遵循语言和文化多样性保护的基本原则，又要具体问题具体分析，针对每一种少数民族语言文字保护和发展的特殊需求制定相应的策略和政策。总之，少数族群语言文字问题不是我国所独有，而是世界上绝大多数国家必须面对和妥善处理的问题，欧美国家在处理这些问题上的做法和成功经验不一定就能适合我国的情况，但是其所遵循的文化多样性保护等理念和原则还是可以为我国处理多民族语言信息管理问题提供参照。

第四节 相关研究

跨族群信息交流是世界所有多族群国家共同面临的问题，伴随着信息社会的演进历程，国内外多个学科的学者从不同视角相关问题进行过研究，从不同的侧面提出了应对这一问题的策略和方法。尽管所做研究的文化背景不同，需要解决的核心问题和最终达成的目标模式也不尽相同，但是国外相关领域研究所遵循的"平等、开放与包容"的价值观还是值得我国多民族语言信息管理领域借鉴。本节在介绍全球范围内跨族群信息交流相关研究的基础上，介绍我国在多民族语言信息共享相关领域的研究概况。

一 全球跨族群信息交流相关领域介绍

无论从哪个视角研究跨族群信息共享问题，都需要关注与之相关的人员、技术、信息等要素及其互动规律，不同学科研究在关注相关要素的时候，重点关注其中的某个方面。例如，多元文化信息服务（Multicultural Information Services）、社群信息学（Community Informatics，CI）、数字包容（Digital Inclusion，DI）、多语言教育培训（Multilingual Education & Training）等主要关注跨族群信息交流当中人的因素；信息技术在多语言信息交流中的作用是自然语言处理（Natural Language Processing，NLP）或计算语言学（Computing Linguistic）的研究范畴，主要关注跨族群信息交流中的技术中介因素，典型领域包括机器翻译（Machine Translation）、语言网格（Language Grid）、跨语言信息检索（Cross Language Information Retrieval，CLIR）、跨语言辅助阅读

(Computer Aided Cross Language Reading) 等；多语言文献 (Multilingual Literature)、多语言著录 (Multilingual Description)、多语言景观 (Multiple Language Landscape) 等主要关注信息本身的多语言保存问题；语言生态 (Language Ecology)、信息生态 (Information Ecology) 等主要关注上述各类因素之间的相互影响和互动问题。本节对上述领域做以简要介绍并分析其对我国多民族语言信息资源共享问题的启示。

(一) 多元文化信息服务

向多元文化人群提供公共文化服务是图书馆的基本职能之一，国际图书馆联合会、联合国教科文组织，澳大利亚、加拿大、美国等发达国家在图书馆多元文化服务领域做了大量探索性工作，我国学者也从多元文化信息服务角度探讨了我国多民族语言信息资源的共享问题。1982年，全球首个多元文化图书馆发展规范《多元文化图书馆服务规范》(*Standards for Multicultural Library Services*) 在澳大利亚维多利亚州州立图书馆诞生。此后，维多利亚州立图书馆主持起草了《多元文化社区：图书馆服务指南》(*Multicultural Community: Guidelines for Library Services*)，明确了图书馆在多元文化社会建设中的重要职能，强调要针对新移民群体、土著居民群体的需求提供专门的信息服务，该指南后来被国际图书馆联合会采纳并作为规范性文件发布。澳大利亚在图书馆多元文化服务当中主要采取了以下措施。第一，重视图书馆的多元文化馆藏建设，除了主流的英语文献之外，有针对性地收集移民群体、土著群体语言文字的信息资源以及涉及其他国家和地区的信息资源。第二，策划和开展与文化多样性相关的各类推广活动，开展诸如语言培训、教育讲座、文化庆典、多语言故事会等形式的活动。第三，重视信息技术的应用，开发数字化的多元文化信息资源，通过信息技术支持跨语言信息共享和交流。2006年8月，国际图书馆联合会 (IFLA) 通过了《多元文化图书馆宣言》，呼吁国际、国家或者地方各类图书馆应该反映、支持和促进文化多样性，并为促进跨文化服务和积极的公民意识服务，该宣言后来又得到联合国教科文组织的支持并通过。[①] 2008年2月，加拿大图书馆协会发布了《关于多样性与包容性的立场声明》，强调公共图书馆的服务人员要与多元文化人群积极沟通，识别和描述多元人群的需求特征，设计和提供针对性的服务，并与社区等机构合作，帮助他们快速融入当地社会。加拿大公共图书馆在多元文化

---

① 张涛：《澳大利亚公共图书馆多元文化服务述略》，《山东图书馆学刊》2013年第6期。

服务主要体现在多语言馆藏资源、多语言网站界面、多元文化用户教育、促进多元文化交流的文化活动等。① 受到国外相关研究的启发，我国图书馆学界也有一些学者在近年来开展了图书馆多元文化服务的研究，例如王岚霞等人认为国外图书馆多元文化服务的经验主要有："尊重差异，包容多样，平等服务"的理念；以多语言服务为核心，注重合作与营销；能够结合本地区实际，实现多元文化服务的"本土化"。

上述经验对我国民族地区多元文化服务的启示主要有：确立服务对象及其需求，建立多元文化馆藏；合理布局馆舍，加强少数民族语言文字的信息化建设；提高馆员多元文化素养，做好参考咨询工作；提倡资源共享，馆际合作，推动多元文化资源联合目录建设；等等。② 由于国情的差别，我国多民族语言信息资源共享与欧美国家的多元文化主义思想有很多共通之处，但是又不完全一样，例如我国多民族语言信息资源共享是同时要兼顾"多元性"和"一体性"两个方面的需求，多元性是在一体性框架内得到保障和实现的。但是，尊重和保护文化多样性的根本立场是一致的。

（二）社群信息学

社群信息学（Community Informatics，CI），是以研究信息化背景下社群内部知识信息形成、流转与共享理论与实践的新兴学科，其发展可以追溯到 20 世纪 80 年代美国的社区网络运动，伴随着 ICT（Information Communication Technology）在社会弱势群体和欠发达社区的推广和应用逐步发展成熟，2010 年以后在北京大学信息管理系、南开大学信息资源管理系等机构的推动下在我国开始兴起，目前主要应用于我国农民工群体信息公平、城市弱势群体信息服务等问题的研究等方面。"社群"（Community）通常是指共同利益、共同历史或经历、共同道德价值观和共同期望的个体，通过血缘、地缘、社会关系、社会网络或特定社会组织联结在一起所形成的集合体。③ 社群可以有多种类型，例如基于共同居住区域所形成的地理社群，基于共同社会处境所形成的职业社群、基于共同年龄特征所形成的老年人社群和基于计算机网络所形成的互联网虚拟社群等，其中地理社群又可以被称为社区，所以很多学者也将"社群信息学"翻译为"社区信息学"。从理论上讲，"社群"可以包括各类占据社会优势地位社群，但是从社会

---

① 赵阳：《温哥华公共图书馆多元文化服务及启示》，《图书馆学刊》2013 年第 12 期。
② 王岚霞等：《西部民族地区图书馆多元文化服务及其实现》，《情报资料工作》2010 年第 2 期。
③ 闫慧：《社群信息学：一个值得关注的领域》，《图书情报工作》2010 年第 2 期。

信息伦理的角度而言，社群信息学研究的目的还是要通过信息技术帮助社会弱势群体获得更多的信息资源和社会资源，从而减少社会两极分化的风险，因此绝大多数社群信息学研究所针对的都是处在弱势地位的社群。社群信息学的核心话语体系主要包括：社群、信息与通信技术（ICT）、社会网络、社会资本等，通过研究 ICT 在社群或者社区的应用状况，分析知识和信息在社群当中的流转规律，采取措施帮助弱势群体实现公民权利，获得更多的社会支持，最终实现信息化背景下各类社群之间的沟通理解、良性互动和数字公平（Digital Equity）。汉语当中的"民族"是一种特殊类型的社群，西方社群信息学理论对于我国多民族语言信息资源共享问题具有非常重要的借鉴价值。按照马克思主义的观点，"民族是人们在历史上形成的有共同语言、共同地域、共同经济生活以及表现在共同文化上的共同心理素质的稳定的共同体"①。因此，民族地区信息化建设必须考虑到信息通信技术在各民族人口当中的应用，尤其是要通过技术手段落实国家的民族政策，保障少数民族人口的应有权利。多民族混合居住是我国绝大多数民族地区人口分布的普遍特征，针对多民族混合型社区，则要采用多种措施，为多民族人口之间的沟通交流提供支持，促进信息和知识在不同民族之间的传播和共享。社群信息学视角之下，负责为社会提供公共文化服务的政府组织、公共图书馆、档案馆、博物馆、文化馆等机构应该建立新的服务理念，实现社会职能的战略延伸，使公共文化服务机构成为辐射整个区域，为区域内各民族人口信息共享交流提供支持和服务的重要场所。

（三）数字包容

数字包容（Digital Inclusion）或者电子包容（Electronic Inclusion）是与数字鸿沟（Digital Divide）相对应的学术概念，与社群信息学也有较为紧密的联系。"数字鸿沟"通常用来描述社会群体由于信息技术应用水平差异而导致的生存发展状态的巨大变化，属于电子政务建设需要关注的重点问题。数字包容是解决数字鸿沟问题的一种策略，它强调在社会弱势群体当中推广信息技术，将其纳入社会信息化体系当中。数字欧洲咨询组（E-Europe Advisory Group）将数字包容定义为：在知识和经济社会中，个人和团体通过基于 ICT 的信息获取和有效参与，消除和打破信息获取障碍，从而可以按照自身能力和意愿去获取社会利益。② 数字包容的概念非常广泛，除了针对最常见的由

---

① 《斯大林全集》第二卷，人民出版社 1953 年版，第 294 页。
② 宋戈：《欧洲数字包容与公共图书馆事业发展进程》，《图书与情报》2014 年第 6 期。

于信息技术应用能力差异性造成的社会分化趋势之外，还包括由于其他原因所导致的社会群体信息技术应用水平差异，例如老年人口的信息技术应用能力相对青年人群要弱化一些，生活在乡村的人口信息技术应用的基础条件就要比生活在城市的人口差一些。2002年6月欧盟提出的数字包容行动计划包括多个方面，例如Accessibility（无障碍访问）、Aging（老年人服务）、Competence（公民数字能力）、Social and Cultural Inclusion（社会文化包容）、Geographical Inclusion（跨地域包容）、Inclusive Government（包容性政府）。与社群信息学一样，数字包容关注的重点也是在社会信息化进程中处于相对弱势的群体，尤其是一些由于经济能力、技术能力和文化水平等方面的限制而被排除在信息化大潮之外的社会群体。数字包容的目的是通过教育、技术和管理措施的综合应用，使社会绝大多数成员可以享受信息化社会所带来的诸多便利，可以通过互联网等现代信息技术手段进行沟通交流，参与社会活动。数字包容的最高目标是建立全民信息社会，因此也有学者将数字包容翻译为"数字全纳"。数字包容的核心目标是通过信息技术增强社会凝聚力，防止社会成员由于经济、技术、文化、地理等方面的差异而走向分化甚至分裂。从这个意义上来说，多民族语言信息资源跨语种共享可以认为是"数字包容"的一种类型，主要通过现代信息技术在多语言信息资源管理领域的应用，降低语言文字差异性给沟通交流带来的障碍，增进不同民族人口之间的相互理解，增强中华民族的凝聚力和向心力，最终实现多民族语言信息资源在信息化条件下"多样性"和"一体性"的统一。

（四）多语言教育

由于本土语言资源的丰富性、历史上的殖民统治或者人口迁移等原因，世界上绝大多数国家都是多语言国家，多语言社会（Multilingual Society）是世界各国社会生活的现实状态而不是人为建构的结果，这种趋势在全球化推动下尤为明显。多语言社会环境下的教育旨在通过教育制度的科学设计，促进多语言社会的和谐发展，避免语言文化冲突。具体而言，多语言教育是指国家或地区的教育系统当中正式采用两种或者两种以上的语言作为教学语言，旨在培养可以在社会生活中使用两种或者两种以上语言进行交际的多语人口。多语言教育是全球化时代教育发展的主流方向，也是应对语言多样性挑战最根本的解决方案。2003年，联合国教科文组织发布了《多语世界中的教育》，制定了全球多语言教育中的基本原则，主要包括：第一，作为提高教育质量，帮助学习者和教师建立知识和经验的手段和方法，联合国教科文组织支持母语教学；第二，作为促进社会和性别平等的手段，作为语言多样化的关键组成部分，联合国教科文组织主持双语教育和多语教育；第三，作为跨文化教育的基本部分，联合国教科文组织支持语言教育，鼓励不同语言人口之间的理解，保证对基本权利的尊重。[①] 对于我国这样的多民族国家而言，比较符合实际的少数民族多语教育是"民汉为主，外语为辅"的三语教育模式，[②] 以少数民族语言作为文化传承的载体，以国家通用语言文字作为不同民族之间交流的中介和知识文化学习的工具，以外语为了解世界动态、参与国家交流的工具。此外，各民族之间还可以相互学习对方的语言文字，通过掌握多种语言增强沟通交流的能力。对多民族语言信息资源跨语种共享问题而言，多语言教育的核心任务是推广作为多民族共同语言的国家通用语言文字，使民族地区绝大多数人口可以同时掌握当地通用的少数民族语言和国家通用语言文字，从提升人的语言文字能力的角度降低跨语种信息资源共享的难度。

（五）机器翻译技术

利用技术手段辅助语言翻译，降低跨语言信息交流的难度，是人类长久以来的梦想。据研究，早在古希腊就有人提出利用机械装置进行语言翻译的设想，此后数千年一直有人在围绕这一目标进行多方面的尝试和努力。因此，这一领域最为典型的应用被称为机器翻译（Machine Translation），而目前提到这一术语的时候，通常是指计算机或者由计算机网络所联结起来的计算机集群。计算机在跨语言信息共享当中的应用不仅仅局限于机器翻译，除此之外，语音识别（Sound Recognition）、自动文摘（Automatically Abstracting）、自动分类（Automatically Classification）等方面也有大量的应用，这一领域在计算机学科称为"自然语言处理"（Natural Language Processing，NLP），在语言学科称为"计算语言学"（Computing Linguistics），两者研究范畴大体接近，研究思路和视角稍有不同。现代意义的自然语言处理起源于20世纪30年代，其代表是法国工程师阿尔楚尼（A. Artsouni）提出的"机械脑"（Machine Brain）和苏联发明家洛扬斯基（Petr Smirnov Troyanskii）有关的翻译机的设计思想。[③] 20世纪50年代，处于冷战时期的美国需要大量翻译俄文资料，美国军方急需开发出用于实现俄文和英文互译的计算机软件程序，从而推动了

---

① 联合国教科文组织：《多语世界中的教育——一份联合国教科文组织的教育立场文件》，陶剑灵译，《当代教育与文化》2012年第5期。

② 刘炜：《中国民族高等教育领域"民汉外"多语共时教育研究》，《前沿》2016年第3期。

③ 张政：《计算语言学与机器翻译导论》，外语教学与研究出版社2010年版，第98—99页。

基于计算机的机器翻译的发展。机器翻译主要研究如何通过计算机程序，将一种自然语言的文本转换成为另外一种自然语言完整的、准确的译文。在形式语言理论的指导下，最早的机器翻译系统试图把自然语言总结为若干语言学模型，基于双语词典将语言要素代入语法模型从而实现两种语言的相互翻译，即基于规则的机器翻译。实践证明，上述基于规则的机器翻译方法低估了人类自然语言的复杂性，尤其是对语义信息的模糊性、词语在不同情境下的多义性等问题无能为力。20 世纪 80 年代以后，在反思基于规则的机器翻译方法的过程中，人们逐渐形成了基于统计的机器翻译思想，也催生了计算语言学的一个新的分支——语料库语言学。语料库语言学以计算机可读的自然语言文本为基础，通过进行大规模统计分析，建立两种自然语言对照文本之间的统计学模型并应用到翻译当中。到目前为止，国内外科研机构所开发机器翻译系统绝大多数都是采用基于统计的原理开发的，其译文质量也相对基于规则的机器翻译系统更高。21 世纪以来，随着语义网（Semantic Web）的发展，基于多语言本体（Multilingual Ontology）的智能机器翻译逐步成为一种新的潮流，这种方法基于对语言要素之间关系的逻辑推理，从而使翻译具有一定程度的智能化特征。

（六）语言网格

2002 年以来，日本京都大学社会信息学系的石田亨（Toru Ishida）教授及其研究团队提出了"语言网格"（Language Grid）理论并进行了大量相关实验。"语言网格"吸收了云计算（Cloud Computing）的思想，将跨语言翻译功能视为社会公共服务，要求政府将分散在各类机构和个人手中的语言资源进行集成，建设为社会成员各种类型跨语言应用提供技术支持的公共基础设施平台。"语言网格"可以将分散的语言资源集成起来，使支持机器翻译的语料库、多语言词表、多语言本体的规模扩大到足以进行相对较高精度翻译的程度，同时也降低了社会组织单独进行跨语言应用系统开发的难度，因而代表了未来跨语言技术支持的潮流和方向。以机器翻译为代表的自然语言处理技术的研究对象主要针对使用人口较多的语言文字，其需求之所以产生就是因为跨语言交流需求超过了人工翻译所能提供的服务，因此国内外绝大多数研究主要针对国与国之间的语言文字互译。如果不考虑语言文字的法律地位和政治象征，从语言信息工程角度来看，任何两种自然语言机器翻译的技术原理和实现方案都是类似的，符合自然语言处理的一般规律。我国多民族语言信息资源跨语种共享问题涉及多种语言文字，尤其对蒙古语、藏语、维吾尔语等少数民族语言文字与国家通用语言文字之间的自动化双向互译需求较为强烈，语言网格的基本原理同样适用于我国多民族语言信息资源共享领域。

(七) 跨语言信息检索技术

跨语言信息检索（Cross Language Information Retrival，CLIR）是多语言信息资源管理最为典型的研究领域。一般而言，跨语言信息检索是指用户以自己熟悉的语言文字组成检索式，系统根据不同语种之间的对应关系，检索出符合用户需求多个语种的信息资源。跨语言信息检索的发展历史可以追溯到20世纪60年代美国康奈尔大学的Saltons基于双语受控词表所进行的英语—德语、英语—法语的双语信息检索技术实验。由于受控词表的引入，信息检索从简单的词语匹配提高到了主题匹配层面，检索精度大大提高。但是，由于使用受控词表对文献进行标注必须依靠人工完成，工作效率较低，因而基于自然语言的跨语言检索也是这一领域研究人员关注的重点。自然语言文本跨语言信息检索通常分为提问式翻译（Qurey Translation Approach）、文献翻译（Document Translation Approach）和非翻译（Non-translation Approach）三种方法：提问式翻译是将检索表达式翻译为各目标语言的文本，分别进行对应语言信息资源的检索，再将结果合并提供给用户；文献翻译是先将文献翻译为检索语言的文本，用户借助翻译后的文本进行单一语言信息检索，获得各语种信息；非翻译是计算机对一定数量的双语文档集进行分析，构建潜在语义索引（Latent Semantic Indexing），进而实现跨语言信息检索。① 由于面向的是自然语言，计算机自动分词、语义消歧等机器翻译面临的问题在跨语言信息检索当中同样必须面对和解决。为了提高多语言信息检索的效率，中间语言法（Interlingual Representation Approach）可以为多语种信息资源提供共同参照的对象而得到应用。中间语言法是将多语种信息资源转换为某一种计算机容易处理的中间语言，以这种语言为中介，可以实现任何两种语言之间的语义对照。近年来，基于多语言本体（Multilingual Ontology）的跨语言信息检索逐渐得到研究人员的关注。信息管理学视角下的本体（Ontology）是描述领域知识的形式化、规范化概念集合，在共享语义表达体系当中，词汇之间建立了明确的逻辑关联，从而避免了自然语言信息处理可能出现的语义缺失、混淆和曲解等问题，提高了信息检索的精确化、智能化程度。跨语言信息检索是我国少数民族语言信息资源跨语种共享系统建设的核心功能，可以根据应用系统的现实需求，选择合适的跨语种信息检索方法和策略，从长远来看基于本体的跨语言信息检索有可能成为一种主流模式。

---

① 任成梅：《跨语言信息检索的发展与展望》，《图书馆学研究》2006年第4期。

（八）跨语言辅助阅读技术

跨语言辅助阅读（Computer Aid Cross Language Reading，CACLR）是与跨语言信息检索紧密联系的一个领域，其根本目的在于通过计算机系统帮助用户使用自己熟悉的语言文字阅读其他语种的信息资源。跨语言辅助阅读也涉及跨语言信息检索功能，但是其核心是以用户需求为导向，更加注重用户在阅读其他语种信息资源时的心理体验和心智模式，通过词义对照、主题抽取、阅读建议等为用户检索、阅读和利用不熟悉语言文字信息资源创造数字化的支持环境。与机器翻译技术所追求的高精度互译目标不同，跨语言辅助阅读更加注重对用户需求的满足程度和用户的阅读体验。我国多民族语言信息资源共享当中，同样涉及跨语言辅助阅读问题，尤其是以国家通用语言文字为工具去查找、阅读和理解以少数民族语言文字为记录符号的信息资源。

（九）多语言文献、多语言著录和多语言景观

社群信息学、数字包容、多语言教育主要从人的视角探讨促进多语言信息资源共享的理论和政策，机器翻译、语言网格、跨语言信息检索、跨语言辅助阅读主要从技术的视角探讨促进多语言信息资源共享的中介手段，除此之外，还可以通过对信息资源本身的多语言化保存和管理来促进信息资源共享，可以采取的措施主要包括多语言文献、多语言著录和多语言景观等。

多语言文献（Multilingual Literature）是指在区域信息资源管理过程中，需要根据当地的语言状况，尽可能选择采用多个语言文字版本对照保存的情况。多语言文献在我国民族地区信息资源管理过程中最典型的应用是双语文献，例如民族地区来源机构生成少数民族语言文字信息资源的同时，为了扩大其传播和利用的范围，可以根据实际情况将该信息资源的国家通用语言文字版本一起保存。同样，民族地区文化机构在出版一些宣传国家大政方针的文献时，为了保证传播的效果，也可以专门编译和出版少数民族语言文字版本。多语言文献必须以同时存在同一内容两种以上语言文字版本为前提，因而对翻译工作的质量和水平有着较高的要求。如果没有对照版本，也没有足够的翻译人才，可以采取对照程度比较低的多语言著录模式。

多语言著录（Multilingual Descprition）是指同时采用两种或两种以上的语言文字对同一信息资源进行描述和记录，多语言著录的结果是多语言元数据。我国民族地区信息资源管理当中的双语著录主要是采用国家通用语言文字和少数民族语言文字对信息资源进行著录，生成两个版本的元数据。

语言景观（Language Landscape）是指特定公共区域内构成视觉景观的书

面语言符号,例如街道标识、店铺标牌、大型户外广告等。① 多语言景观(Multilingual Landscape)是指多语言地区公共标识同时采用多种语言文字,以便进入公共区域使用不同语言文字的人口都可以理解其含义。多语言景观本质上也是基于信息资源本身的共享策略,在制作公共区域文字标识的时候就要考虑到当地人口语言文字多样性带来的理解障碍,尽可能使绝大多数人口可以理解公共标识的含义。我国民族地区多语言景观通常采用国家通用语言文字和当地通用的某种少数民族语言文字两种文字标识,在有些旅游区为满足国际游客的需求,还会增加英文标识。

(十) 语言生态学与信息生态学

生态学(Ecology)是研究有机体之间的关系有机体与周围环境之间关系的科学领域。20世纪后半期以来,基于社会系统与有机体发展和演进规律的相似性,国内外一些学者提出用生态学视角研究社会系统问题的观点,从而产生了一些交叉性的学科领域,例如语言生态学(Language Ecology)、信息生态学(Information Ecology)等。语言生态学旨在探讨语言对人类行为的影响以及语言之间的互动关系,动员全社会保护语言文字多样性,维护语言公平,消灭语言歧视,阻止和减缓语言消亡趋势,保障语言功能和语言的健康进化。② 信息生态学是用生态学理论和方法研究社会信息系统的构成要素、结构特征、运行机制和演进规律的学科领域,通过研究信息生态位、信息生态链、信息生态群落、信息生态平衡等问题,构建以互利共生为核心理念的和谐信息生态系统。③ 我国多民族语言信息资源共享问题同时涉及语言生态和信息生态问题,需要从生态学视角,对涉及的人、技术和多语种信息资源之间的关系进行统筹规划,构建国家通用语言文字与各少数民族语言文字和谐共存,各族人口可以顺畅地进行思想文化交流的局面。多民族语言信息生态系统相关研究构成多民族语言信息共享空间的理论基础,对于多民族语言信息共享空间建设具有重要的指导意义。

二 我国多民族语言信息共享问题的相关研究概况

多民族语言信息资源跨语种共享是多学科交叉问题,国内学者相关成果

---

① 尚国文、赵守辉:《语言景观研究的视角、理论与方法》,《外语教学与研究》2014年第3期。
② 范俊军:《我国语言生态危机的若干问题》,《兰州大学学报》(社会科学版)2005年第6期。
③ 娄策群、桂晓苗、杨小溪:《我国信息生态学学科建设构想》,《情报科学》2013年第2期。

主要见诸少数民族语言学、少数民族语言信息技术和少数民族信息管理等多个学科领域的文献中。在少数民族语言学领域，中央民族大学的戴庆厦教授等学者针对国家通用语言文字与少数民族语言文字关系问题进行了系统梳理，有着非常丰富的著述。戴庆厦教授认为中华民族多元一体格局的形成过程同时也是各语言之间"多元一体"关系的形成过程，作为国家通用语言文字的汉语是维系各民族沟通交流的"族际共同语"，而各少数民族语言文字以汉语为中介联结为统一的整体。这种多元一体的语言关系是在历史发展过程中逐渐形成的，也是未来相当长的时期内国家语言关系的基本特征，我国的语言文字工作、语言文字政策都必须从这一点出发。① 在少数民族双语问题上，戴庆厦教授认为"两全其美"是解决问题的最佳模式，既要保护少数民族母语的使用和发展，也要帮助少数民族更好地学习作为国家通用语言的汉语，要保证少数民族母语与国家通用语言分工互补、和谐发展，正确认识新时期少数民族语言的功能变化，科学地处理好社会语言生活、文化教育中的国家通用语言文字和少数民族母语之间的关系。② 中国社会科学院民族学与人类学研究所的黄行研究员认为我国民族地区普遍存在着多种语言文字并存的局面，这种情况构成一个复杂的语言关系系统，其复杂性主要体现在少数民族语文和汉语文之间的关系上，最终系统的输出有良性的可持续发展和非良性的不可持续发展两种情况，要实现少数民族社会语言生活的可持续发展，一是要在民族地区推广和普及国家通用语言文字，二是要充分尊重和保障少数民族使用和发展本民族语言文字的权利。③

少数民族语言文字信息技术是多民族语言信息资源共享的技术基础，目前国内这一领域研究力量比较集中的机构主要有西北民族大学、中央民族大学、西南民族大学、清华大学、新疆大学、内蒙古大学、西藏大学、延边大学等。2004年，教育部语言文字信息管理司、国家语言文字工作委员会编制下发了《民族语言文字规范标准建设与信息化课题指南》，分批启动了93项目科研项目，内容涉及少数民族语言文字字符集及平台建设、民族语言文字规范标准建设、民族语言文字资源库建设和民族语言保护与应用等。2006年，国家高技术研究发展计划（863计划）信息技术领域"以中文为核心的

---

① 戴庆厦、何俊芳：《多元一体与中国少数民族语言》，《山西大学学报》2002年第4期。
② 戴庆厦：《解决少数民族双语问题的最佳模式：两全其美、和谐发展》，《贵州民族报》2017年5月6日。
③ 黄行：《中国少数民族社会语言生活的可持续发展》，《语言科学》2016年第7期。

多语言信息处理技术"重点项目启动，旨在突破多语言语音信息处理、跨语言跨媒体网络搜索等关键技术，研制出若干多语言智能信息处理系统、产品和综合性多语言信息服务应用示范，建立多语言信息处理的基本技术体系，保持我国在中国多民族语言文字信息处理领域的总体领先态势。2013年，国家科技支撑计划"少数民族语言文字信息处理共性关键技术研究与示范应用"项目通过验收，该项目着重研究开发少数民族语言文字信息处理技术，开发与汉语兼容的少数民族语言文字软件体系，规范少数民族语言文字信息处理，通过项目实施，突破了基于云平台的少数民族语言文字资源服务技术、融合自然语言处理的藏语/蒙古语/维吾尔语的短文本语义检索技术、民族语言资源网络实时监测技术、多编码的民族文字输入显示技术等一系列少数民族语言文字信息处理共性关键技术，建立了藏语/汉语远程教育平台、藏文数字图书馆平台、藏维语言资源监测平台、少数民族特需品展示与招商平台等。① 此外，针对民族地区多语言信息处理问题，国内多家研究机构的专家学者进行了大量探索。例如，西北民族大学中国民族信息技术研究院的于洪志教授研发了藏汉双语信息系统，戴玉刚教授研发了以中文为核心的多语言基础资源库；清华大学的丁晓青教授成功研制出少数民族语言文字识别系统，可以对蒙古文、藏文、哈萨克文、柯尔克孜文、维吾尔文、朝鲜文文档进行计算机智能识别；中央民族大学的赵小兵教授提出了我国多民族语言本体知识库的建设构想；内蒙古大学的塔娜构建了面向跨语言信息检索的蒙汉语义词典；新疆大学的艾斯卡尔·艾木都拉开发了基于维吾尔语和汉语的双语档案信息管理系统等。

少数民族语言信息管理是与多民族语言信息资源共享问题联系最为紧密的学科领域，其中最有代表性的研究主题主要有少数民族数字图书馆、民族信息学、民族档案学等。包和平、刘斌在《中国民族数字图书馆建设研究》一文中提出本着全方位开发利用少数民族文献的原则，建设公益性、多语种、标准化的民族数字图书馆。② 崔德志在《中国民族数字图书馆建设探讨》一文提出以中国民族图书馆为依托，发挥其馆藏少数民族语言文字文献和少数民族语言专业人才集中的优势，建设中国民族数字图书馆的建设构想。③ 赵

---

① 《"十一五"国家科技支撑计划"少数民族语言文字信息处理共性关键技术研究与示范应用"项目通过验收》，http://www.most.gov.cn/kjbgz/201309/t20130906_109210.htm，2018年8月1日。
② 包和平、刘斌：《中国民族数字图书馆建设研究》，《图书情报工作》2003年第12期。
③ 崔德志：《中国民族数字图书馆建设探讨》，《内蒙古民族大学学报》2014年第1期。

生辉研究了少数民族语言电子文件集成管理问题并按照"中华民族多元一体架构"思想构建了民族信息学（Minzu Informatics）理论体系。中国少数民族语言电子文件集成管理就是要在满足电子文件管理的一般性规律的基础上，将中国境内丰富多样、高度分散、技术异构的少数民族语言电子文件看作一个整体进行管理，通过建立一体化的制度体系、技术平台、组织架构、流程规范，平衡少数民族语言电子文件管理中多元化需求和一体化需求，整合电子文件形成机构、档案管理机构、语言文字工作机构和统一协调管理机构的理论，化解各民族地区分散管理所无法有效解决的诸多矛盾，为我国各族人民提供一体化、便捷、高效的电子文件利用服务，满足多层次的利用需求，促进民族团结与社会和谐。①民族信息学主要研究社会信息化条件下中国民族地区人口、信息、技术和环境之间的互动关系与演进规律，特别是利用信息技术降低语言文字多样性带来的沟通障碍，促进多民族人口信息共享的理论和方法。②郑文、张昌山、华林、陈子丹等人的民族档案学成果中多处提到促进少数民族档案信息资源共享的观点。

此外，一些研究和实践尽管不是针对少数族群语言文字信息资源共享问题提出的，但是其原理和思路对中国多民族语言文字信息共享具有重要的参考价值。例如，北京市人民政府 2011 年出台的《首都国际语言环境建设工作规划（2011—2015 年）》中就将城市的国际语言环境是衡量城市国际化的尺度和标准的重要元素，为在京外国友人营造更为友好、便利的语言环境，将使北京更具亲和力和感染力。③四川省成都市提出提高旅游从业人员的多语种服务能力，规范城市和景区的标识系统，设立多语种公共服务热线，完善国际化网络营销平台，逐步推进商务服务英语考核，为国际旅游组织和知名旅游运营商提供国际语言文化服务体系，把成都市建设成为语言无障碍的国际旅游城市。④上述探索主要针对城市国际语言信息共享交流问题提出，在实践中探索出的多语言电话系统、多语言标识、跨语言志愿者服务等模式在解决民族语言信息共享问题时同样适用。

---

① 赵生辉：《数字纽带：中国少数民族语言电子文件集成管理的体系架构研究》，陕西师范大学出版社 2014 年版，第 1—3 页。
② 赵生辉：《民族信息学的学科定位与理论体系初探》，《图书情报工作》2012 年第 5 期。
③ 《首都国际语言环境建设工作规划》，http：//learning.sohu.com/20100708/n273376447.shtml，2018 年 8 月 1 日。
④ 《成都将打造为语言无障碍旅游城市》，http：//news.sina.com.cn/o/2012 - 02 - 03/135923877557.shtml，2018 年 8 月 1 日。

国内外相关学科学者在少数族群语言文字信息保护领域所做的研究和实践探索奠定了我国多民族语言信息资源共享问题研究的理论基础，具有重要的学术价值，尤其是社群信息学、数字包容、跨语言信息检索、多语言著录等领域为我国多民族语言信息共享问题研究提供了较为系统的研究思路。然而，受到多种因素的制约，目前这一领域总体上没有引起学界的足够重视，现有的研究主要是从语言学、计算机科学等学科视角出发进行的，从信息资源管理学科视角对多民族语言信息资源共享过程中人、信息、技术和环境之间的互动关系和演进规律关注不够。就信息资源管理类学科而言，目前的研究还处在基础问题探索阶段，现有的研究成果数量少且主题分散，对各类信息资源跨语种共享各类策略之间的依存和替代关系认识不深刻，对涉及的人、信息和技术等要合理组合和优化配置问题的关注相对不足，解决问题思路相对单一，例如在机器翻译技术面临巨大难度的情况下，完全可以用双语教育或双语保存等方式达到同样的效果，而目前这类思考相对较少。此外，目前绝大多数研究关注的是领域的基础问题，能够从多民族语言跨语种共享的现实需求出发，实现理论与实践紧密结合，推动理论成果大范围应用的研究相对较少。因而，基于系统思维和管理实践视角探索"多民族语言信息共享空间"的理论和实践具有极其重要的社会价值。

多民族语言信息共享空间建设是涉及民族学、语言学、教育学、计算语言学、信息管理学甚至建筑空间设计等学科在内的多学科理论和方法的交叉性、综合性、复杂性研究领域，需要研究者具有系统工程思维，要综合应用大量上述学科的知识和技能深入分析现象背后人、信息、技术和环境等各类要素之间相互影响、相互制约的复杂关系，最终提出能够实现全局性优化的整体性解决方案。本书所做研究，正是以上述相关学科理论和技术为基础，从构建多民族语言和谐信息生态的视角出发，对多民族语言信息资源共享问题所做的一种探索和尝试，最终目的是通过信息共享空间建设促进各族人口之间的沟通交流，促进民族团结与融合，实现共同繁荣与进步。

第五节 研究框架

多民族语言信息共享空间的研究视角主要集中在民族地区公共图书馆、档案馆、博物馆、美术馆、纪念馆、文化馆等公共文化服务机构，是信息空间理论在我国民族地区公共文化服务当中的应用，要遵循信息共享空间建设的理念和方法，更要考虑到民族地区语言文字多样性给信息资源共享造成的挑战和影响，探索出适合民族地区公共信息资源共享的新模式。与此同时，多民族语言信息共享空间是在我国民族事务治理的总体框架下进行的，其规划和建设不能脱离我国民族地区多语言信息交流的现实环境。因此，多民族语言信息共享空间研究和实践就必须同时关注"公共文化服务机构"和"社会语言文化环境"两方面的因素，并且通过技术和管理措施的综合应用，使多民族语言信息共享空间成为策应国家民族事务治理策略、反映社会语言和信息环境发展现状，驱动多语言社会信息交流的中枢环节。按照上述思路，本书围绕我国多民族语言信息共享空间规划和建设问题，按照"是什么"（what is it）、"建设什么"（what to do）和"如何建设"（how to do）的思路，探讨多民族语言信息共享空间的概念内涵，明确多民族语言信息共享空间在国家民族事务治理体系当中的功能定位和战略需求，从用户视角进行多民族语言信息共享空间的架构设计，探讨多民族语言信息共享空间的实现策略及其组合关系，分析进行多民族语言信息共享空间规划的工具和方法，最后探讨多民族语言信息空间在民族地区各类公共机构当中的应用策略。因此，本书研究需要回答三个核心问题：多民族语言信息共享空间是什么？多民族语言信息共享空间包含哪些要素，其依存和互动关系如何？多民族语言信息共享空间如何建设？第一个问题属于核心术语的探讨，第二个问题属于多民族语言信息共享空间的体系"构造"问题，第三个问题属于多民族语言信息共享空间的"建设"策略问题，正好呼应了本书的主题"多民族语言信息共享空间构建策略"。

  本书研究思路和章节结构如图1-1所示，全书围绕多民族语言信息共享空间规划和建设问题，内容涉及多民族语言信息共享空间的概念、内涵、理论基础、战略规划、体系架构、实现策略、规划方法和应用领域等内容，包括绪论在内共分九章。第一章绪论为研究背景和研究思路的概要介绍，第二章对作为全书核心学术概念的多民族语言信息共享空间进行理论解析（what is it）；第三章、第四章和第五章从理论层面上研究多民族语言信息共享空间的构成要素及其相关关系，即多民族语言信息共享空间的体系架构（what to do）和语言服务层的结构；第六章、第七章和第八章主要从实践层面探讨实现多民族语言信息共享空间规划模型、评价体系和应用领域（how to do）；第九章对全书进行总结和展望。此外，如果按照管理学基本原理将多民族语言信息共享空间的规划与建设问题划分为"战略层"、"战术层"和"执行层"三个层面，则第二章、第三章是从国家战略层面上思考多民族语言信息共享空间的内涵和功能问题，属于"战略层"；第三章、第四章是按照战略层提出的目标和方向设计出多民族语言信息共享空间更为具体的体系架构和实现策略，属于"战术层"；第五章、第六章、第七章和第八章是将战术层的具体方案落实到实践当中，推动多民族语言信息共享在公共文化服务机构的具体实践，属于"执行层"。"战略层"、"战术层"和"执行层"相互作用、相互制约，上层指导下层，下层支撑上层，共同构成完整的管理体系。

```
                    第一章  绪论
        ●研究背景  ●核心问题  ●历史经验  ●相关研究  ●研究框架

             第二章  多民族语言信息共享空间的理论解析
  ●实践综述 ●建设需求 ●概念界定 ●理论基础 ●本质特征 ●类型划分    What is it?
                                                              （对象）
战
略          第三章  多民族语言信息共享空间的战略定位
层   ●规划思路 ●民族事务战略 ●语言战略 ●广域IC战略 ●机构IC思路

             第四章  多民族语言信息共享空间的体系架构               What to do?
        ●架构模型●服务层 ●实体层 ●虚拟层 ●支持层（机构、区域、国家）   （构造）
战
术          第五章  多民族语言信息共享空间的实现策略
层  ●交流模型●动力机制●主体策略●中介策略●客体策略●策略组合●策略模拟

             第六章  多民族语言信息共享空间的建设规划
        ●规划原理  ●规划过程  ●规划方法  ●规划报告  ●规划成果      How to do?
                                                              （建设）
执          第七章  多民族语言信息共享空间的评价体系
行      ●评价原理  ●评价过程  ●评价方法  ●评价报告  ●改进计划
层
             第八章  多民族语言信息共享空间的应用领域
        ●图书馆  ●档案馆  ●博物馆  ●美术馆  ●纪念馆  ●文化馆

                    第九章  结语
        ●研究结论  ●创新之处  ●政策建议  ●研究展望
```

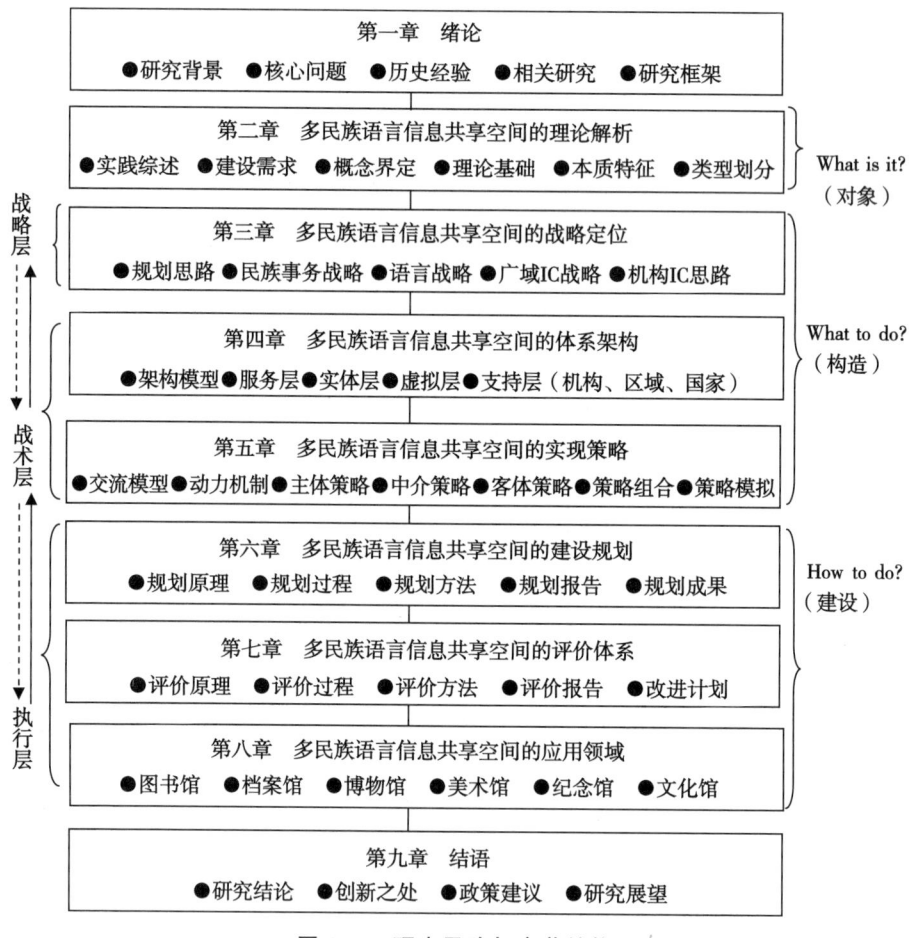

图 1-1 研究思路与章节结构

本书各章的主要内容安排如下。第一章，绪论，主要介绍多民族语言信息共享空间研究的背景和意义、国内外在少数族群信息管理领域的经验教训、多民族语言信息共享空间相关研究、本书所采用的研究思路以及章节安排等内容。第二章，多民族语言信息共享空间的理论解析，主要在介绍国内外信息共享空间领域理论和实践的基础上，提出具有我国民族地区信息管理特色的"多民族语言信息共享空间"的学术概念，并探讨多民族语言信息共享空间的建设需求、术语内涵与本质特征等问题。第三章，多民族语言信息共享空间的战略定位，主要按照"战略策应"模型的原理，采用"自顶向下"的视角，分析多民族语言信息共享空间与所在语言区域、行政区域、国家民族事务治理体系之间的战略关系，由国家民族事务治理战略、多民族语言信息国家战略指导多民族语言广域信息共享空间的发展战略，最终得到多民族语言机构信息共享空间的建设策略。第四章，多民族语言信息共享空间的体系架构，在综合考虑外部战略需求的基础上，参考信息共享空间的成熟架构，按照"用户导向"和"随需而动"的理念，构建"多民族语言信息共享空间"的层次架构模型。第五章，多民族语言信息共享空间的实现策略，探讨实现跨语言信息共享的主体、客体和中介三大基本策略，以及在多民族语言信息共享空间层次架构模型每个层面可能的策略选择空间以及组合方式，以及多民族语言信息共享空间由简到繁的阶段性过程。第六章，多民族语言信息共享空间的建设规划，主要从机构建设多民族语言信息共享空间的实际需求出发，研究多民族语言信息共享空间规划的原理和模型，构建科学、系统的规划工具，为机构进行多民族语言信息共享空间规划工作提供方法支持。第七章，多民族语言信息共享空间的评价体系，主要探讨多民族语言信息共享空间的评价原理、评价过程、评价方法、评价报告以及持续进化策略等。第八章，多民族语言信息共享空间的应用领域，主要探讨多民族语言信息共享空间在民族地区公共图书馆、档案馆、博物馆、、美术馆、纪念馆、文化馆等机构的规划与建设问题。第九章，结语，总结全书的研究结论和创新之处，并对后续研究进行展望。

　　根据多民族语言信息共享空间规划与建设问题研究的内容特点，本书所进行的研究整体上以理论演绎法为主，以实证归纳法为辅，通过对多民族语言信息共享空间的理论解析、战略规划、架构设计和实施策略等问题的理论分析，为国家、地区和机构三个层面协同推进多民族语言信息共享空间建设提供理论指导。研究过程遵"自上而下规划、自下而上建设"的原则，总体上分为"自上而下"（Top to Bottom）和"自下而上"（Bottom to Top）两个阶段。自上而下阶段需要从多民族语言信息共享国家战略的视角进行整体性分析和规划，明确各类主体在多民族语言信息共享中的职能定位，最终落脚到民族地区公共文化服务机构如何采取措施，为各族群众提供跨语言信息服务问题上来。自下而上阶段则是站在公共文化服务机构的立场上，分析如何综合利用本机构的跨语言服务资源、语言区域的技术和人力资源、国家的跨区域协作和相关法律政策资源，采取更为科学系统的方法进行多民族语言信息共享空间的规划和建设。此外，研究过程中根据内容不同，灵活运用文献分析法、理论推导法、政策模拟法、案例研究法等研究方法，最终为我国多民族语言信息共享空间的构建提供科学、系统、严谨、可行的思路和方案。

第二章

多民族语言信息共享空间的理论解析

Information Commons 简称 IC，国内一般译作"信息共享空间"，也有学者将其译为"信息共享中心"、"信息共享室"、"信息共享域"等，是 20 世纪 90 年代以来在计算机网络等现代信息技术革命推动下出现的一种以信息无障碍交流和共享式学习为主要特征的新型信息服务模式。本章在对国内外信息共享空间研究与实践概况进行梳理的基础上，提出并界定多民族语言信息共享空间的核心概念，介绍与多民族语言信息共享空间紧密联系的基础理论并剖析多民族语言信息共享空间内涵特征。

第一节 国内外信息共享空间相关探索与实践

信息共享空间（Information Commons）是伴随着 20 世纪 90 年代全球范围内的信息化浪潮开始起步的新兴发展领域，至今仍然在指导图书馆空间再造、资源建设、服务创新等方面发挥着重要的作用。本节在梳理 Information Commons 在西方国家的发展脉络的基础上，介绍 Information Commons 在我国的实践和探索概况。

一 Information Commons 在国外的起源与发展

要梳理 Information Commons 在西方国家的发展脉络，首先需要理解 Common 一词的内涵与特征。《牛津高阶英汉双解词典》当中对 Common 一词有四种解释：①常见的；通常的；普遍的；②共有的；共享的；共同的；③普通的；平常的；寻常的；④粗俗的；庸俗的。[①] Information Commons 语

[①] ［英］A. S. Hornby：《牛津高阶英汉双解词典》（第 6 版），商务印书馆 2004 年版，第 329 页。

境下的 Common 一词与第二种解释较为接近：由群体当中的两个或两个以上的人共同创造或者共同所有。作为名词的 Commons 专指公共用地或者公地，即城镇或村庄当中任何人都可能使用的公开地域（An area of open land in town or village that anyone may use），例如温布尔登公地（Wimbled Commons）。在美国高校当中，Commons 一词还被用来指学生公共餐厅（a large room where students can eat in a school, college）。经济学当中"公地悲剧"（The tragedy of commons）是 Common 一词的典型应用。"公地悲剧"是美国加利福尼亚大学圣巴巴拉分校生态经济学家加勒特·哈丁（Garrett Hardin）教授1968年在《科学》杂志上提出的一种理论模型。"公地悲剧"理论假设：牧场作为公地具有众多的拥有者，且每个牧羊人都对其具有使用权而无法限制其他人的使用。本着自身收益最大化原则，每个牧羊人都会不顾公地的承受能力而增加羊的数量，从而导致牧场状况迅速恶化，所有人都无法继续从公地获取收益，悲剧就此发生。公地悲剧所针对的是自然公共资源，其消费过程中具有竞争性，通常情况下某一具体个体的消费就会制约其他具有同样消费需求的个体。信息资源与自然资源不同，个体的消费并不会影响其他个体对这一资源的消费，且进行消费的个体数量越多，信息资源的价值实现程度就越高，因此"公地悲剧"对信息共享空间是不适用的。但是，我们可以通过这一理论，更好地把握 Common 的理论本质，即 Commons 是一个特定群体共同拥有和共同使用的特殊地域。

Information Commons 是在信息技术革命、互联网普及的社会背景下出现的。20世纪80年代后期，随着 TCP/IP 技术的成熟和应用，计算机网络开始由最初支持研究机构和科研人员信息沟通和交流的工具逐步转变为社会生活领域的通用技术，为社会大众之间的信息交流开辟了新的空间，这种新变化引起了美国贝尔实验室执行总监罗伯特·拉奇（Robert Lucky）的关注。罗伯特·拉奇在他的专著《硅谷之梦》（*Silicon Dreams*）中指出：人类社会传统的公共空间（Village Commons）只能对少数人开放，计算机网络作为信息共享空间（Information Commons），可以凭借其技术优势，突破政治边界的限制，为世界上的任何人所使用，他预言，激发人类智慧的新时代就要到来。[1]因此，罗伯特·拉奇被认为是最早提出 Information Commons 这个术语的学者之一。[2] 罗伯特·拉奇在书中所描述的 Information Commons 实际上是由计算机

---

[1] Robert W. Lueky, *Silicon Dreams: Information, Man and Machine*, St. Martin's Press, 1989.
[2] 任树怀：《信息共享空间实现机制与策略研究》，上海人民出版社2011年版，第11页。

网络所创造的虚拟网络空间,与加拿大科幻小说家威廉·吉布森(William Gibson)提出的"赛博空间"(Cyber Space)含义类似。罗伯特·拉奇认为,计算机网络的普及为商业信息和科研信息的传输提供了便利,更为重要的是它构建了基于计算机网络的新型信息聚会场所。它允许物理上处于不同地理位置的人们借助网络进行各种非正式的业务往来、交流思想并建立与传统社会类似的人际关系。20世纪90年代以后,基于计算机网络空间的Information Commons理念呈现出两种不同的发展路径,第一种是把网络空间的开放共享特性与社会的民主自由文化相结合,发展成为一种以计算机网络为基础覆盖全球的宏观社会文化环境;第二种是与全球范围内的开放存取运动和公共图书馆服务创新需求相结合,发展为一种为读者提供更加优质便捷信息服务的图书馆建筑空间的微观理论和实践。

社会文化空间视野下的信息共享空间是以国际互联网为基础,推进社会民主化,促进社会公平正义的一种宏观文化环境。1996年,美国电子前沿基金会(Electronic Frontier Foundation)创始人约翰·P. 巴洛(John Perry Barlow)发表了著名的《赛博空间独立宣言》(*A Declaration of the Independence of Cyberspace*),在罗伯特·拉奇Information Commons的基础上提出了更多与民主自由文化相联系的观点。例如,《赛博空间独立宣言》写道:"我们正在创造一个世界:在那里,所有人都可加入,不存在因种族、经济实力、武力或出生地点生产的特权或偏见;我们正在创造一个世界,在那里,任何人,在任何地方,都可以表达他们的信仰而不用害怕被强迫保持沉默或顺从,不论这种信仰是多么的奇特。"此外,《赛博空间独立宣言》提出了反对知识产权限制,促进信息自由传播和共享的思想,例如"在美国和其他地方,你们日渐衰落的信息工业靠着推行那些在全世界鼓噪的法律而苟延残喘。那些法律竟宣称思想是另一种工业产品,并不比生铁更高贵。而在我们的世界里,人类思想所创造的一切都毫无限制且毫无成本地复制和传播。思想的全球传播不再依赖你们的工厂来实现"[①]。2004年,美国学者大卫·鲍尔(David Bollier)认为,Commons一词包含了众多与民主相联系的核心价值观,例如开放和反馈(Openness and Feedback)、协同决策(Shared Decision Making)、多样性(Diversity in Commons)、社会平等(Social Equity)等,公民应该能够平等地使用公共基础设施和媒体,不论何种阶层的人都能够自由地使用公共

---

① [美]约翰·P. 巴洛:《网络空间独立宣言》,李旭、李晓武译,《清华法治论衡》2004年第1期。

资源，并且能够得到平等对待；公民应该是公共资源的拥有者，并能够参与管理这些公共资源。简单地说，信息共享空间为探讨与新型的数字化市场并存的民主文化的结构提供了一种非常有价值的途径。它是一种获得智慧和清醒的必要工具，有助于在市民的、创新的和非商业的地域内形成一种新的公共身份，能够在面对威严的市场秩序时彰显公民社会的力量。①2005年2月，国际图联前主席阿列克斯·拜恩（Alex Byrne）在信息社会世界高峰论坛筹备会议上，提出了建立全球信息共享空间（Global Information Commons）的倡议，使所有社会成员都能够以无所不在的存取方式，通过足够的带宽、最新的通信技术和无障碍的多语言环境查找和传递各类信息资源。为促进全球信息共享空间的实现，阿列克斯·拜恩倡议世界各国和国际组织共同合作，提供广泛的因特网访问服务点；要以适当的格式和语言提供用户所需要的相关信息；培养用户的阅读能力和写作能力；支持健康和教育；提升妇女的地位；为儿童提供学习机会，保障其终生学习的权利；促进改革和经济发展；保护文化遗产的传承和保护文化多样性；培养人与人之间的尊重和理解。②作为社会文化空间来理解，信息共享空间延续了计算机网络空间的开放性、共享性等特征，代表了人类社会发展国际互联网的伦理和价值追求，但是由于这种视角较为宏观，几乎涉及社会生活的各个层面，因而在实践过程中存在目标和任务不清晰，难以有效施行，对其实现程度难以进行准确评价和测度等问题。因此，宏观社会环境视角下的信息共享空间更多是作为互联网发展的价值体系和激励人们为之奋斗的美好社会愿景来看待。

与社会文化视角不同，图书馆信息共享空间则是在将计算机网络的公开性、便捷性与全球范围内的开放获取运动（Open Access）相结合，创造出一种读者获取信息和开展交流提供最大化支持的公共建筑空间，这种以大学图书馆为主要依托机构的信息共享空间也是迄今为止信息共享空间研究领域最为普遍和流行的一种研究视角。美国北卡罗来纳大学图书馆前负责人唐纳德比格（Donald Beagle）是公认的图书馆信息共享空间研究的先驱，他在1987—1988年密歇根州李郡（Lee Country）公共图书馆担任计算机系统总监时，曾与杰克逊社区学院（Jackson Community College）合作策划了一个叫作

---

① David Bollie, Why We Must Talk about the Information Commons, http://www.ala.org/offices/oitp/publications/infocommons0204/brollier, 2018年8月1日。
② Alex Byrne, Promoting the Global Information Commos, www.itu.int/net/wsis/docs2/pc2/subcommittee/IFLA.pdf, 2005年2月22日。

"学习共享空间"的项目。该项目旨在通过计算机网络连接图书馆内部的各类电子设备和多媒体设施，使学生的学习活动可以基于一体化的平台进行。由于种种原因，学习共享空间项目最终未能获得资助，因此并没有得到实施。然而，"学习共享空间"却为图书馆信息共享空间的产生提供了理论雏形。1990年美国南加州大学图书馆的菲利普·汤普金斯（Philip Tompkins）在《大学图书馆员电子信息战略》（Campus Strategies for Librarian and Electronic Information）一书中详细介绍了南加州大学学术信息服务部（Division for Academic Information Services，AIS）的情况。[1] 据介绍，AIS旨在推动所有与电子信息利用相关的服务项目，为师生访问和利用学术信息提供一体化支持，其角色已经超越了传统图书馆自动化的范畴，覆盖到图书馆集成信息系统的选型、安装和维护等领域。同年，他在《图书馆行政与管理》杂志发表论文，讨论了基于计算机共享空间和学习工作站的新型图书馆组织结构，并预见由图书馆技术环境变化所引发的协作式学习方式的变化。他的这些思想虽然没有明确使用Information Commons这样的词语，实际上已经包含了以计算机网络等现代信息技术驱动图书馆信息服务变革的思想，为图书馆信息共享空间的最终出现奠定了理论基础。

1992年8月，美国爱荷华大学图书馆建成并开放了一个名为"信息拱廊"（Information Arcade）信息共享空间，成为全球第一个真正意义上的图书馆信息共享空间。爱荷华大学的信息拱廊项目最初名为"互动信息学习中心"（Interactive Information Learning Center），最终定名为"信息拱廊"，寓意支撑教师教学活动和学生独立学习活动的基础设施。信息拱廊项目以图书馆为中心，整合传统印刷型信息和新型电子资源来支持跨学科的教学和研究，通过这种方式存取、收集、组织、分析、管理、创造、记录和传递信息资源，促进新技术与教育、学习和研究的整合。"信息拱廊"位于一楼的入口处，初期面积6000平方英尺，包括电子教室、信息工作站、小型课程准备实验室、信息咨询台等设施。信息拱廊可以为用户提供丰富的电子文献资源和相关的软件分析工具，提供诸如信息和参考服务、用户咨询服务、用户教育、研究和发展计划等类型的信息服务。[2] 爱荷华大学的信息拱廊项目对于全球图书馆信息共享空间的发展做出了开创性贡献，为此爱荷华大学还专门为信

---

[1] Margaret L. Johnson, Peter Lyman, Philip Tompkins, Campus Strategies for Librarians and Electronic Information, Elsevier, 1990, pp. 176-192.

[2] 张力、肖平：《衣阿华大学"信息走廊"（IA）的发展历程及其对IC发展的影响》，《图书馆杂志》2009年第5期。

息拱廊注册了专用商标。1994年，美国南加州大学信息共享空间（Information Commons）投入使用，这是全球第一个正式以"Information Commons"命名的图书馆信息共享空间。信息共享空间由南加州大学信息技术办公室（OIT）和南加州大学图书馆联合建设，其目标是通过信息技术和资源为学生的协作学习提供支持。信息共享空间提供诸如计算机工作站、图片扫描仪、彩色打印机等设备，建有信息共享空间实验室（Information Commons Lab）、协同计算实验室（Collaborative Computing Lab），供教师和学生预定和使用。[①] 爱荷华大学的"信息拱廊"和南加州大学的"信息共享空间"是图书馆信息共享空间建设的早期探索，虽然其体系架构较为简单，能够提供的服务项目也相对较少，但是他们已经为图书馆信息共享空间的发展探索出了基本的模式，即通过信息共享空间实现信息资源的高度集成，向用户提供更为便捷和全面的信息检索服务。

20世纪90年代中期以后，由图书馆信息共享空间所推动的"以读者为中心"和"以学习为中心"的新型信息服务模式在北美和欧洲、澳洲迅速传播，多家大学图书馆重新定义图书馆的功能和使命，进行信息共享空间的规划与建设，出现了一股信息共享空间建设的潮流。根据美国新泽西州布鲁克达尔社区学院（Brookdale Community College）教师大卫·莫雷（David Murray）建立的信息共享空间目录网站（Information Commons: a directory of innovative services and resources）提供的数据，截至2004年12月10日，该网站共收集到全球121所大学信息共享空间建设的相关资料，其中美国88所，加拿大15所，爱尔兰2所，澳大利亚和新西兰6所。[②] 除美国爱荷华大学图书馆1992年建立的Information Arcade和南加州大学图书馆1994年建立的Information Commons之外，较为著名的还包括美国艾莫雷大学伍德拉夫图书馆（Emory University Woodruff Library）1997年建立的InfoCommons、加拿大萨斯卡温彻大学图书馆（University of Saskatchewan Library）1998年建立的Information Commons、美国纽约州立大学水牛城洛克伍德纪念图书馆（State University of New York at Buffalo Lockwood Memorial Library）1999年建立的Cybrary、美国加州理工大学肯尼迪图书馆（California State Polytechnic University Kennedy Library）1999年建立的Learning Commons、美国芝加哥大学克雷拉尔

---

① 《南加州大学图书馆：信息共享空间建设》，http://www.sc.edu/beaufort/library/IC/facilities.htm，2018年8月1日。

② David Murray, Information Commons: A Directory of Innovative Services and Resources in Academic Libraries, http://ux.brookdalecc.edu/library/infocommons/ic_home.html.

图书馆（University of Chicago Crerar Library）2000 年建立的 Cyber-café，加拿大达尔豪西大学图书馆（Dalhousie University Library）2002 年建立的 Learning Commons，美国布鲁克林学院（Mortom and Angel Tofer）2003 年建立的 Library Café，加拿大麦基尔大学图书馆（MeGill University Library）2003 年建立的 Information Commons，美国印第安纳大学图书馆（Indiana University Library）2003 年建立的 Information Commons，南非开普敦大学图书馆（University of Cape Town Library）2005 年建立的 Knowledge Commons 等。可以看出，国外 Information Commons 的研究与实践主要是围绕图书馆的服务创新而进行的。图书馆信息共享空间是由欧美国家大学图书馆推动并普及的一种以用户为中心、多种服务资源高度融合的新型信息服务模式，尽管各个高校在规划和建设过程中采用的具体名称并不是全部采用 Information Commons，建筑空间布局各不相同，但是其遵循的面向用户、一站式服务、团队学习、无障碍沟通等核心理念和所提供的学习空间、参考服务台、开放式实验、研讨室、电子教室等服务功能都是类似的。

二 Information Commons 在我国的实践与探索

信息共享空间在我国的传播是从香港地区开始的。1998 年，由香港特别行政区政府资助建设的我国第一个信息共享空间——知识导航中心（Knowledge Navigation Center）在香港大学图书馆建成，这是我国第一个真正意义上的图书馆信息共享空间。21 世纪初期，香港地区的高校基本上都进行了图书馆信息共享空间的规划和设计：2001 年香港教育学院建成电子研习中心（E-Learning Center）；2003 年香港中文大学建成以"资讯廊"；2005 年香港城市大学建成"资讯坊"；岭南大学建成"蒋震信息坊"；2006 年香港科技大学建成"综合信息坊"，这些都是以具有地域文化特色的术语对信息共享空间所做的命名，相对于信息共享空间而言更加形象具体。在信息共享空间服务类别大体接近的基础上，香港各高校图书馆信息共享空间所提供的服务也是各具特色，例如香港中文大学图书馆"资讯廊"主要分为咨询廊、图书馆研讨室、研讨间、小组讨论室、24 小时研读室、夜读室、教员研读室、视听影音室等部分构成。香港城市大学的"资讯坊"主要由椭圆厅、图书馆休闲室、休闲角、多媒体视频区、特殊需要房间、半开架书库等部分组成。岭南大学"信息坊"主要由创新服务区、协作工作室、写作指导室、多媒体制作室、参考工具书库、咖啡厅等功能区构成。① 总体而言，香港各高校信息共享空间的建设吸收了欧美国家图书馆信息共享空间建设的成功经验，遵循"面向用户，随需而变"的核心理念进行规划和设计，同时在其中融入本地文化特色，为师生教学和学习创造了良好的环境。

我国台湾地区引入信息共享空间的时间相对较晚，大部分是在2005年以后才陆续启动的，比较有代表性的图书馆信息共享空间主要有台湾师范大学的"SMILE多元学习区"、台湾大学的"学习开放空间"、中正大学的"数字学习环境"等，其中，台湾师范大学"SMILE多元学习区"最具特色。SMILE由五个英文单词的前缀组成，分别是：Searching（检索）、Multimedia（多媒体）、Information（参考咨询）、Leisure（休闲）、E-Learning（数字化学习）。因此，SMILE多元学习区在本质上是一个综合了五种图书馆信息服务新趋势的复合形态学术信息服务空间。根据台湾师范大学图书馆的解释，命名为SMILE的另外一层含义，就是希望读者在进入学习区以后能够享受到微笑服务，能够对提供的服务项目露出满意的笑容，最后带着需要的信息或者学习成果微笑着离开学习区。SIMLE多元学习区的运营遵循五大核心理念，分别是：①SMILE多元学习区是大学各社团成员会面、探索学术和交流思想的主要场所；②SMILE多元学习区提供定向服务，即针对用户提问，帮助用户解决问题；③SMILE多元学习区是教学辅助设施，为学生将来进入社会做提前准备；④SMILE多元学习区坚持根据用户需要改进服务方式，提高服务质量；⑤SMILE多元学习区是一种综合设施，为用户识别、定位、检索和操作信息提供必要的技术培训。SMILE多元学习区位于台湾师范大学图书馆总馆二楼，总面积大约200平方米，分为参考资源阅览区、多媒体数字学习区、休闲阅读区。其中，多媒体学习区是整个区域的核心，配置有视听室、学习室、多媒体工作站、信息检索工作站等，可以提供语言类、计算机类、教学资源类、图书和古籍典藏等数字信息服务以及英文能力课程、信息素养课程、图书资源利用课程、教学资源与教材制作等课程。②

我国大陆地区学者对图书馆信息共享空间关注始于2005年，目前已经发展成为高校图书馆建设规划和设计的一种主流模式，先后有多所高校启动并建成了信息共享空间。2005年，上海大学图书馆的吴建中馆长在《国家图书

---

① 盛兴军、任树怀：《整合与变革：香港地区大学图书馆信息共享空间的发展与启示》，《图书情报工作》2009年第2期。

② 尚建翠、房金宝、吉久明：《台湾师范大学图书馆SMILE共享空间解读》，《图书与情报》2008年第1期。

馆学刊》发表了《开放存取环境下的信息共享空间建设》一文，率先将图书馆信息共享空间的理念介绍到国内。此后，国内多位学者针对图书馆信息共享空间规划与建设问题进行了探索，发表学术论文数百篇。2007 年由上海大学图书馆副馆长任树怀主持的国家社科基金项目"信息共享空间实现机制与策略研究"立项，2011 年通过结题验收，专著《信息共享空间实现机制与策略研究》入选当年的国家哲学社会科学成果文库。此外，由阳国华编著的《图书馆信息共享空间建设》一书是我国学者出版的另外一部专门研究信息共享空间建设问题的学术专著。在图书馆信息共享空间实践领域，复旦大学图书馆、北京大学图书馆、清华大学图书馆、中国科学院国家科学图书馆等机构都规划设计了各自的信息共享空间。据统计，截至 2013 年，我国 112 所"211 工程"入选高校图书馆提供信息共享空间相关服务的共有 78 所，占全体 211 高校的 69.6%，已经建成信息共享空间的共有 15 所，占 13.4%。在这 15 所高校图书馆信息共享空间当中，直接采用 Information Commons 或者信息共享空间命名的共有 7 所，分别是清华大学、浙江大学、中国人民大学、南京理工大学、大连理工大学、苏州大学、兰州大学；称为"学习共享空间"的共计 3 所，分别是武汉大学、电子科技大学、南京航空航天大学；称为"信息共享大厅"的共计 2 所，分别是南京大学、山东大学。此外，华中师范大学将信息共享空间称为"共享空间"；上海交通大学将其称为"IC^2 创新交流社区"；西安交通大学将其称为"iLibrary Space"。上述的高校信息共享空间提供的服务设施主要包括 IC 咨询台、电子阅览区、音像视听区、报告厅、研讨室、学习室、资源区、自助区、休闲区、体验区、培训室等。①

  清华大学信息共享空间位于人文社科图书馆一层总服务台东侧大厅，由学习创作区、多媒体创作区、自携电脑区、自助文印区和 IC 咨询台等部分构成。信息共享空间综合提供高性能计算机、A3/A4 幅面无边框扫描仪、超大屏苹果电脑、大尺寸双屏电脑、高速多功能文印机等多种专业设备，为读者的学习创作和研究提供一站式服务，同时又提供灵活多样的自携电脑座位，满足不同读者的需求。学习创作区配置近 70 台电脑设备，安装有多种常用软件。读者可在此自行检索、浏览、下载电子资源和网络资源，包括在线访问图书馆多媒体资源管理与服务平台，亦可联机打印。清华大学人文社科图书馆为读者提供集打印、复印于一体的自助文印服务。自助文印系统与校园一

---

① 谢瑶：《我国 211 高校信息共享空间建设现状与特色分析》，《图书馆学研究》2013 年第 8 期。

卡通结合，实行全程无人化管理。读者只需在校园一卡通中充值，即可轻松自如地进行自助打印和自助复印。自携电脑区方便读者携带个人电脑使用，提供桌椅、电源插座、显示器、网络接口等辅助设施。多媒体创作区提供2台高配置苹果一体机与4台双屏电脑，并配备3台A4规格和1台A3规格的扫描仪；电脑安装有常用视频软件、Photoshop编辑软件，为读者进行视频资料编辑、图像制作处理提供专业的软硬件环境。IC咨询台由图书馆员解答读者遇到的问题。①

浙江大学图书馆将信息共享空间（InfoCommons）定义为一种新型的图书馆、一种创新的学习模式、一种共享的交流社区，配置了计算机、网络、有线电视、投影仪等设施及常用的专业软件，打通了信息载体、内容分类、物理空间的界限，提供资源的一站式服务，使读者在享受最新的阅读体验的同时进行多信息的交互和共享。浙江大学信息共享空间总体上分为研究空间、文化空间、创新空间、系统体验空间、学习空间、外文特藏研修室等部分。浙江大学信息共享空间提供电子图书、数据库、公开课等网络资源，配置办公自动化软件、多媒体制作软件、网页制作软件、专业化工具应用软件等各类最新软件；配置各类大屏幕、多屏电脑、打印机、复印机、扫描仪、非线性编辑设备、投影仪、摄像头等硬件，为个人学习和团队创意提供支撑。浙江大学信息共享空间遵循合作共享的理念，从功能设计、空间构造、提供服务、细节关注等方面创造共享学习、共享研究的环境；以用户为导向，提供创新型的学习环境，重复发挥学习的自主性和创造潜能，支持个人学习、团队协作、项目建设、用户培训、信息咨询等活动，并通过举办名家讲座、艺术展览、文化沙龙等活动，为用户营造浓厚的文化氛围，促进跨学科的协同创新思维。浙江大学信息共享空间可以提供的服务包括借阅服务、多媒体制作服务、视听教育服务、信息素质教育培训、参考咨询服务、学科导航服务和信息交流服务等。②

上海师范大学信息共享空间位于奉贤校区图书馆六楼，是国内最早、规模最大、拥有全新服务理念的新型服务平台。信息共享空间整合了互联网络、计算机硬件设施及各种类型文献资源（包括纸质资源和数字资源），以可伸缩性电子教室，促进小组研究的讨论室，指导读者学习和提高研究技能的咨

---

① 清华大学人文社科图书馆："Information Commons"，http://hs.lib.tsinghua.edu.cn/service/ic，2018年8月1日。

② 《浙江大学信息共享空间 InfoCommons》，http://ic.zju.edu.cn/ClientWeb/xcus/zd/space_info.aspx，2018年8月1日。

询区、帮助读者开发教学作品的多媒体制作室等形式。信息共享空间在布局上遵循"聚集实体与虚拟空间、交错个体与群体空间、分离安静与喧闹空间、并存纸本与数字空间"的原则，分为个人电脑区、自由交流区、经典阅读区、文献资源区、个人学习区、视听演示区和研讨区。个人电脑区为读者提供使用电脑及无线上网的个人学习空间。为读者提供桌椅、电源、无线网络等，方便读者携带个人电脑上网、查阅电子资源和学习。仅限于与学习相关的上网使用，网络游戏等不在使用范畴之列。自由交流区为读者提供自主学习、交流讨论的自由空间，便于读者随时捕捉、分享、探讨思维中闪现出来的小灵感。经典阅读区为读者提供走近经典、阅读经典、品味经典的舒适阅读空间。书架排架以中外知名学者或著名大学推荐的经典阅读书单为主，为读者展现享誉古今中外的经典力作，配备各类文学奖项获奖图书和上年度本馆借阅、预约排行榜榜单图书，旨在为学生提供经典阅读指导。文献资源区为读者提供纸质资源和数字资源阅览服务。文献资源区配备36台计算机，供读者查询与阅读电子图书、数据库文献、自助联机打印等。根据用户需求，安装了办公自动化软件、多媒体制作软件、分析统计等课程教学配套的最新软件。个人学习区主要提供读者个人自修或者阅览书刊报纸的安静空间。视听演示区提供外语学习、文学素养、经典电影等视频资源。此外，学生自己拥有的各类视频资源，可在视听演示区播放或推荐。研讨区为师生提供了11间可进行课程教学、学术研讨、课外交流和创新体验的独立空间，并配备了可自由组合的桌椅、互动触摸屏、投影仪、苹果电脑、掌上阅读设备等。互动触摸屏 EasiNote 软件提供了强大的课程教学和交流研讨的支持功能（包括书写、擦除、批注、绘画、漫游等），充分结合智能平板交互式多媒体功能，提供分学科教学工具、多媒体演示等互动教学与演示体验。根据功能设置的不同，研讨区的研讨室分为小组研讨室、团队研讨室、多功能研讨室、创新体验室等类型。小组研讨室为学科研究提供了一个协作、研究的讨论空间，供3—6人使用。团队研讨室支持团队项目合作交流与小型研讨，配备可自由组合的讨论桌椅和液晶互动触摸屏，供7—15人使用。多功能研讨室支持小型教学与研讨，配有投影仪、液晶互动触摸屏、网络接口等，自由组合的讨论桌椅可以根据形式需要随意变换交流形式，供7—20人进行教学以及团队活动交流、研讨及展示。多媒体教室支持课程教学和团队项目展示，为师生提供了一个整合资源咨询服务、鼓励知识创造、支持协同学习与交流活动的学习型社区。教师可根据课程需要选择集中授课、小组讨论、上机操作等多种形式进行教学。多媒体教室最多可容纳70人，配有投影仪、液晶互动触摸屏等教学设备，课程教师可安排全部课程或课程中的某几节放在信息共享空间多媒体教室进行。该教室以提供嵌入式教学服务为特色，馆员为教师的课程教学提供各种支持，包括课前的资料准备、课后小组讨论以及课程中的信息检索辅助教学等。在已预订的课程时间之外，学生通过指导老师可进行教室预约。创新体验室为师生提供了学习和体验新技术、新设备的场所和空间。体验室配置 2 台 iMac 一体电脑、编辑机、电子书阅读器、平板电脑以及高品质蓝牙耳机，方便师生学习和体验新技术、新设备。专业的编辑机为读者提供编辑音视频体验，掌上阅读器体验电纸书阅读，iPad 为读者体验图书馆移动阅读和服务。

南京农业大学"1902 共享空间"位于南京农业大学图书馆北五楼，内设五个与学校重要历史时间节点吻合的大小不等、风格各异的独立研讨空间，有一百余个立体多元、不同文化背景的阅读座位，所有座位实行网络预约与现场派位相结合的管理模式，以期向师生和读者提供集信息共享、学习共享、休闲共享于一体的新型服务模式。"1902 共享空间"，整层使用面积约 1000 平方米，内设独立研修小间、休闲学习区、多功能区以及信息体验区等，共有大小讨论间 6 个，50 平方米会议室 1 个，休闲卡座沙发、圈椅座位 160 多个，整个场所内装修一新，空调、网络、投影、音响、消防、监控、背景音乐等设施齐备，配有网上研修间和休闲座位预约、现场电脑触摸屏派位、自动门禁系统等，并提供咖啡茶饮、蛋糕甜品、果汁冷饮等饮食服务，可以满足师生和读者学习阅读、研讨交流、饮食休闲等多方面的服务需求。[①]

上海交通大学"IC^2 创新交流社区"是在信息共享空间（Information Commons）的基础上融合了创新社群（Innovative Community）的服务理念，将"培育创新人才，助力协同创新"的大网覆盖到了整个校园。"IC^2 创新交流社区"由上海交通大学图书馆联合教学指导委员会、团委和科研院等单位共同建立，为本科生提供学业辅导、经验分享和学术交流，营造开放的学习空间。图书馆作为"创新交流社区"的基地，为全校师生和团队提供个性化的创新支持服务；搭建创新经验交流与成果展示的平台；在学校主页、BBS 和微博上，建立虚拟创新交流社区；为有需求的师生和团队提供深层情报分析服务。在"创新交流社区"，师生可以亲身体验和参与创新俱乐部、创新沙龙、创新竞赛、开放学习空间、个性化创新支持服务、创新经验交流与成果展示、虚拟创新交流

[①] 南京农业大学图书馆：《1902 共享空间概览》，http://202.195.243.23/nclient/space_info.aspx，2018 年 8 月 1 日。

社区建设、创新深层服务等以创新为主题的活动。①

西安交通大学"iLibrary Space"位于图书馆北楼三楼,是图书馆为读者全新设计的一个集新技术体验、数字阅读、社交休闲为一体的综合活动场所。师生可以在这个空间中,亲身体验移动图书馆、开放网络课程等各种新技术支持下的学习平台、分享数字阅读、开展各种沙龙和学术论坛等。iLibrary Space将为学生打造大学生活的第二课堂,成为学生的成长空间。iLibrary Space功能主要有新技术体验、数字阅读、学术交流、学习分享、出借移动设备、休闲社交、作品展览、读者沙龙、音乐欣赏等。西安交通大学iLibrary Space由iLibrary俱乐部负责运行维护,该组织是由西安交通大学图书馆指导的社团组织,主要职能包括iLibrary Space的日常管理和环境维护;管理、维护和借还iLibrary Space内所有的电子设备和iPad;参与未来图书馆各种创新服务的宣传、推广和培训活动;参与图书馆组织的外出交流活动等。②

除多家高校图书馆相继建成信息共享空间之外,中国科学院国家科学图书馆、中国科学院兰州文献情报中心等科研机构也建成基于信息共享空间建设理念和规划原理"信息交流学习室"。例如,中国科学院兰州文献情报中心信息交流学习室是以全新的理念和服务模式,为读者全面打造新型的集成化服务平台。信息交流学习室分为书刊阅览区、PC高级应用区、在线浏览区、个性化培训区、交流与研讨区和多媒体视听区六部分,提供的服务包括书刊阅览、数字资源在线浏览、PC高级应用、交流与研讨、多媒体视听和个性化服务等。书刊阅览区提供时事新闻、科普教育、艺术修养、娱乐休闲等多种类型的期刊和报纸近200种以及最新出版的人文与社会科学(包括历史、文学、艺术、经济、管理等类型)的图书3000余册,品种齐全,精彩纷呈,以飨读者的阅读兴趣和借阅需求,为读者提供一个放松身心、愉快学习的场所,有助于读者自主培养和提升自身的人文素养。数字资源在线浏览区提供丰富的电子资源,免费开放的使用环境,是读者在线浏览查阅信息和获取知识、开展研究的良好平台。PC高级应用区提供OriginLab8、MatLab、Simulink、SPSS、ArcGIS、ArcInfo等专门的工具软件方便读者工作和学习,同时支持论文写作、制作电子课件和演讲PPT等。交流与研讨区使图书馆从单纯的"静态"环境转变为"静中有动、动中有静"的师生互动、团队学习、图书馆员与读者开放交流的重要场所,成为研究生启发式教学和研讨式学习

---

① 王春:《上海交大"创新交流社区":实现创新N次方》,《科技日报》2013年1月7日。
② 西安交通大学图书馆:《iLibrary Space介绍》,http://www.lib.xjtu.edu.cn/custom.do?id=370,2018年8月1日。

的第二课堂。多媒体视听区常年提供精选的科学文化教育方面的影视资料、世界经典影片系列和面向读者信息技能培训的多媒体课件，供免费点播，并配备专业馆员进行讲解答疑。个性化培训区定期组织咨询馆员及有关专家就资源使用、工具利用、服务获取等方面提供多样化、针对性的专业咨询和培训。同时提供论文写作、投稿、就业招聘等方面的指导和信息推荐。[①]

总体而言，2005年至今的十余年时间里，经过部分学者的推动和一些高校图书馆的积极实践，信息共享空间已经被我国图书情报学界广泛接受，一批经过精心设计和周密运营的高校图书馆信息共享空间所创造的人性化学习环境已经得到了用户的充分肯定，在推动学生协作式学习和创新方面发挥着日益重要的促进作用，其推动整个社会信息共享的潜力正在被认识和发掘当中。

第二节　多民族语言信息共享空间的建设需求

多民族语言信息共享空间是在国家推进民族事务治理体系和治理能力现代化的社会背景下提出的学术概念，其规划与建设对于我国民族地区社会治理方式转变、公共文化服务机构服务创新和民族学相关学科学术研究水平的提升具有重要促进作用，也是社会信息化背景下中华民族多元一体架构的实现途径之一。

第一，多民族语言信息共享空间建设是推动民族地区公共文化服务机构服务创新，促进民族地区信息公平和数字融合的重要举措。公共信息资源是所有公共部门生产、采集、加工、组织的，进入公共领域、为公众开发利用的，反映和维护公共利益活动的信息集合及其他相关要素。[②] 构成公共信息资源主体的是政府信息资源（除了政府自身运转所需要的那部分外），还包括图书馆、档案馆、博物馆、文化馆等公共部门公开提供的、供公众无偿利用的信息资源。有所不同的是，我国民族地区的公共图书馆、公共档案馆、公共博物馆、公共美术馆、公共纪念馆、公共文化馆等机构或多或少都会涉及少数民族语言信息资源的管理和服务问题，需要考虑如何采集和组织少数民族语言文字信息资源并为各类群体提供信息服务的问题。目前，跨语言信

[①] 中国科学院兰州文献情报中心：《兰州文献情报中心信息交流学习室》，http://www.llas.ac.cn/InfoService.aspx?cid=104500，2018年8月1日。

[②] 傅荣校、叶鹰主编：《公共信息资源管理》，科学出版社2011年版，第12页。

息服务主要是通过人际中介方式，由专职或者兼职的翻译人员协助完成沟通交流。这种服务方式受到翻译人员知识水平和语言水平的影响很大，服务质量难以得到稳定和持续的保障，客观上需要对跨语言信息服务资源进行体系性规划，创造一个可以支撑多语言无障碍交流的信息环境，带动民族地区公共文化服务机构的服务创新。与此同时，多民族语言信息共享空间建设也是发挥公共文化服务机构调节社会信息不平等问题的公益性职能，促进社会信息公平和数字包容的重要手段。信息公平（Information Equity）是信息社会建设的核心话题之一，旨在保障和促进信息在社会成员之间的尽可能的均匀分布，使经济状况、社会地位千差万别的各类社会成员平等地享有获取和使用公共信息资源的权利。信息公平问题在我国民族地区有着特殊的体现形式，由于绝大多数科学文化信息和社会生活信息的记录文字都是国家通用语言文字，如果少数民族群众没有掌握国家通用语言文字，则无法直接读取和利用上述信息资源，从而在文化水平、思维能力和发展机遇方面处于相对劣势，即出现了信息不平等问题。信息不平等问题的直接后果是社会成员在生存发展状态上的差别，更为严重的后果是处在相对劣势的社会群体由于不能及时学习和吸收先进文化和知识，无法与外界进行较为有效的沟通和交流，从而使这个群体整体上游离在社会发展主流之外，无法融入主流社会生活。上述问题如果与民族问题联系起来，则可能导致社会群体之间无法建立相互信任，社会开始走向分化甚至导致分裂问题的产生。因此，多民族语言信息共享空间作为利用现代信息技术促进信息资源跨语言传播的一种模式，将通过数字技术跨越语言障碍，将社会当中的各类成员群体连接为统一的整体，即数字融合（Digital Inclusion）。由此可见，多民族语言信息共享空间建设不仅是民族地区公共文化服务机构的一项工作内容，而且是通过这项工作促进所在区域社会信息公平和各民族人口社会融合的重要问题。

第二，多民族语言信息共享空间建设是支持少数民族相关学科科研人员跨语言信息获取和交流，与相关群体之间的科研协作，提升科学研究水平的现实需要。民族学是研究民族历史、现状及其文化现象的一门社会科学，其学科内涵极其丰富，涉及与民族相关的社会经济结构、政治制度、社会生活、家庭婚姻、风俗习惯、宗教信仰、语言文字、文学艺术、道德规范、思想意识等问题。与此同时，社会科学甚至自然科学中的一些学科也将少数民族或者民族地区的某类问题纳入其研究范畴，例如民族地区的地理学、生态学、体质人类学、考古学、历史学、语言学、社会学、经济学、心理学、宗教学、艺术文学等，都和民族学有一定的交叉或边缘关系。无论研究主题是什么，从哪个视角展开研究，几乎无一例外的是，研究过程中或多或少要涉及少数民族语言文字文献的阅读和理解，与少数民族人口之间的沟通交流等问题。因此，学习和掌握与研究领域相关的少数民族语言文字是进行民族问题相关研究的基本功。然而，由于语言文字学习需要长期的过程，目前国内真正能够做到精通某一门或某几门少数民族语言文字的学者总体数量非常有限。在不能很好地进行少数民族语言文字文献信息资源阅读的情况下，很多学者不得不退而求其次，采用此前学者在相关问题上已经做过研究、以国家通用语言文字版本发表的成果，即"二手资料"。这种研究方法，在大多数情况下是有效的，确实也有助于加深对某些科学问题的理解，然而在研究历史、文学、哲学等学科相关问题的时候，由于没有通读文献的全部内容，对于个别语句的理解难免存在"断章取义"的问题。此外，即使少数民族语言文字文献当中有大量研究者需要的内容，由于不能进行检索和阅读，这些内容也不能很好地被利用。图书馆、档案馆、博物馆等公共文化服务机构如果能够提供对应语种少数民族语言文字文献的跨语言阅读服务，则可以部分地解决语言文字差异给民族问题相关学科学术研究造成的障碍，提高学科的研究水平。另外，如果来自某少数民族的研究人员只掌握了少数民族语言文字，而没有掌握国家通用语言文字，其作为研究基础和依据的文献来源一定是非常有限的，大量以国家通用语言文字作为记录符号的文献信息资源被排除在外，研究的全面性、可靠性就会受到影响。如果公共文化服务机构可以提供跨语言信息服务，使其用少数民族语言文字作为工具来阅读国家通用语言文字甚至其他少数民族语言文字的信息资源，则可以大幅提高其所做研究的水准。此外，随着信息技术在社会生活当中渗透程度的加深，人们的学习和科研行为正在经历巨大的变化，学习活动、学术活动、社群生活、社会工作的边界不再清晰，而是基于网络交织成一体，科学研究变得更加具有互动性和社会性。由于民族相关研究的复杂性，在研究涉及多个学科知识的时候，相关学科科研人员之间的沟通交流就显得特别重要。多民族语言信息共享空间可以为民族相关学科领域研究人员创建相互学习、交流和协作的平台，为科研人员构建学术共同体，支持其参与讨论和交流，共享思维和智慧。

第三，多民族语言信息共享空间建设是进一步巩固和加强民族团结，推进民族事务治理体系和治理能力现代化的迫切需要。中国共产党十八届三中全会通过的《中共中央关于全面深化改革若干重大问题的决定》，提出要将"推进国家治理体系和治理能力现代化"作为全面深化改革的重要目标。民族事务作为国家公共事务与政治管理的一项重要内容，是国家治理体系中重要的组成部分，具有较强的政策性、政治敏感性和广泛的社会涉及面。围绕民族事务的治理而形成的制度体系构成了国家的民族事务治理体系，民族事务治理能力则是国家治理民族事务、处理民族问题绩效的体现。推进国家治理体系和治理能力现代化，这一全面深化改革的总体目标在民族事务治理方面的具体体现与贯彻落实，就是要推进民族事务治理体系与治理能力的现代化。2014年召开的中央民族工作会议正是为了应对我国民族事务治理中面临新的阶段性特征，全面推进民族事务治理体系与治理能力现代化的重要会议。会议指出，民族团结是我国各族人民的生命线。做好民族工作，最关键的是搞好民族团结，最管用的是争取人心。要正确认识我国民族关系的主流，多看民族团结的光明面；善于团结群众、争取人心，全社会一起做交流、培养、融洽感情的工作；加强各民族交往交流交融，尊重差异、包容多样，让各民族在中华民族大家庭中手足相亲、守望相助；创新载体和方式，引导各族群众牢固树立正确的祖国观、历史观、民族观；用法律来保障民族团结，增强各族群众法律意识；坚决反对大汉族主义和狭隘民族主义，自觉维护国家最高利益和民族团结大局。[1] 要进一步巩固和加强各民族团结互助、共同繁荣发展的大好局面，首先需要面对和解决语言文字差异性所带来的沟通交流障碍。语言文字是沟通交流的工具，语言相通是人与人心灵相通的重要保障，语言不通就难以沟通，难以达成理解和形成认同。因此，国家要求少数民族群众学习国家通用语言文字，这对于少数民族群众接受现代科学文化知识、就业和参与社会活动都有利。与此同时，国家提倡在民族地区工作的汉族干部也要争取会讲少数民族语言，以便在工作中增进与少数民族群众的情感，了解少数民族群众的真实想法，从而有助于工作的顺利开展和推进。然而，由于语言文字学习的复杂性和时间周期等原因，迄今为止在我国民族地区还有部分少数民族人口不会使用国家通用语言文字，而汉族干部也不会使用当地通用的少数民族语言文字进行交流，在没有翻译人员帮助的情况下，上述的两个群体之间的沟通和交流就会出现障碍。因此，在汉族和少数民族相互学习语言文字的基础上，针对还没有掌握汉语文字的少数民族群众和没有掌握当地少数民族语言文字的汉族人口的实际困难，综合使用各类跨语言信息服务设施和方法，构建跨语言无障碍交流环境，满足他们的跨语言信息交流和共享需求，就成为新时期促进各民族人口交往、交流和交融的重要途径。

---

[1] 新华社：《中央民族工作会议召开，习近平发表重要讲话》，《人民日报》2014年9月30日。

第四，多民族语言信息共享空间建设是构建多民族语言和谐社会生态、丰富中华民族多元一体格局实现形式的战略需求。我国是统一的多民族国家，汉族和各少数民族生活在同一块土地上，在长期的历史演进过程中逐步形成了"多元一体"的社会格局。中华民族多元一体格局反映在语言关系上，就是作为国家通用语言文字的汉语在客观上承担着族际共同语的角色，维系着不同民族之间的联系、沟通和交流，体现了格局中"一体"的一面；少数民族语言作为格局中"多元"的一面在历史上、现阶段和今后相当长的历史时期内都将与"一体"并存，这是由我国的社会文化条件所决定的，是在长期的历史过程中形成的，不以人的主观意志为转移。多民族语言并存是我国民族地区语言关系的基本特征，构建多民族语言和谐社会生态，是涉及国家安定、民族团结、社会和睦的大问题，不容忽视。语言和谐是指不同的语言在一个社会里能够和谐共处，协调有序，互补互利，既不相互排斥，也不发生冲突。例如，少数民族语言文字主要承担传承民族文化、维系民族情感、参与地方行政等功能，而国家通用语言文字承担族际交流、传播科学文化知识和推行国家政策等功能，两种语言文字相互补充、和谐共存。例如，中央民族大学戴庆厦教授通过对基诺族语言文字使用情况的调研发现，基诺族双语使用已经形成了合理、有效的互补体系[①]，基诺族在家庭和村寨主要使用基诺语；自治乡的政府和行政机构，汉语和基诺语根据需要转换使用；在学校教育中，除了学前教育和低年级使用基诺语外，都使用汉语。基诺人的男女老少，双语转换自如、和谐。双语转换使用，基本上满足了基诺族在现代化建设中对语言的需求。在以少数民族语言文字为主要交际工具的民族地区，少数民族语言文字仍然有着广泛的群众基础、较大的使用空间和重要的使用价值，它肩负着传承少数民族文化、振兴少数民族教育的历史责任，在未来很长的历史时期内仍将发挥着重要的、不可替代的作用。然而，从思想交流和社会发展的视角来看，在学好本民族语言文字的基础上，各少数民族人口还应该学习国家通用语言文字，甚至为了满足国际交流的需要还需要学习外语。与此同时，为了更好地进行思想交流和开展工作，在少数民族聚居地区工作的汉族人口也应该学习当地通用的少数民族语言文字。在双语还没有广泛普及或者另外一种语言文字能力还不足以满足深层次思想交流的情况下，公共机构以公共服务的形式为各语种信息交流提供支持就成为一种现实需要。

[①] 戴庆厦：《构建我国多民族语言和谐的几个理论问题》，载《2009年民族语言文字国际学术研讨会论文集》，民族出版社2009年版，第10—12页。

作为一项公共语言服务设施，多民族语言信息共享空间系统角度思考和规划多民族语言信息交流问题，除了在人口当中推行双语教育之外，还需要考虑信息资源本身的双语问题，借助信息技术构建双语机器翻译和辅助阅读等问题，将为各族人口跨语言信息交流提供体系化的支持环境，使语言文字应用能力不同的各类人口的交流需求得到有效满足，有利于民族团结与社会和谐，有利于各民族的共同发展和繁荣。

第三节　多民族语言信息共享空间的概念界定

"多民族语言信息共享空间"是"信息共享空间"理论在我国民族地区公共文化服务机构的应用和发展，具备"信息共享空间"的基本特征，同时也体现了我国民族地区公共文化服务的特殊性，是实现民族地区公共文化服务创新的重要途径。要准确界定"多民族语言信息共享空间"，首先需要对 Information Commons 的概念进行梳理。

一　信息共享空间的术语定位

就本质而言，Information Commons 一词最为确切的翻译应该是"信息公地"，即强调在特定地理空间内信息的自由流动和对所有人的开放共享。"信息公地"的理念之所以产生，与欧美国家以私有制为主的社会体制有着紧密的联系，正是因为社会资源的私人所有与大众共享之间存在矛盾，构建一个可以为大众信息获取提供保障的场所就显得非常必要。与欧美国家不同的是，我国的社会管理体制以公有制为主体，因而"信息公地"的理念对我国公共文化服务的影响相对较小，学术界对 Information Commons 的理解更多的是强调其作为"信息空间"（Information Space）的属性，而"空间"的范围可大可小，可以是实体空间，也可以是虚拟空间，客观上造成了对"信息共享空间"一词理解上差异性。总体而言，国内外学者对"信息共享空间"的理解主要分为"网络信息共享空间"、"社会信息共享空间"和"图书馆信息共享空间"三种。如前文所述，图书馆"信息共享空间"是20世纪90年代初期以美国爱荷华大学（University of Iowa）为代表的一批北美高校图书馆，为了适应信息技术革命对传统图书馆服务的挑战而探索和发展出的一种新型图书馆信息服务模式。尽管"信息共享空间"是通过在图书情报学界的成功实践而被学术界广泛接受，其对应的 Information Commons 一词的内涵并不是完全局限于图书馆信息服务范畴。从术语发展的脉络来看，发端于欧美国家的 Information Commons 一词最初是指由计算机网络所形成的"网络信息空间"，随着国际互联网 Internet 的普及与民主、自由等政治理念相结合，形成了更为宏观的"社会信息共享空间"的概念，著名的全球信息共享空间（Global Information Commons）就属于社会信息共享空间的典型代表。与此同时，在思考如何利用信息技术推动图书馆信息服务转型的过程中，图书情报学界形成了特定的"图书馆信息共享空间"的概念。"网络信息共享空间"、"社会信息共享空间"和"图书馆信息共享空间"之间的关系如图 2-1 所示。

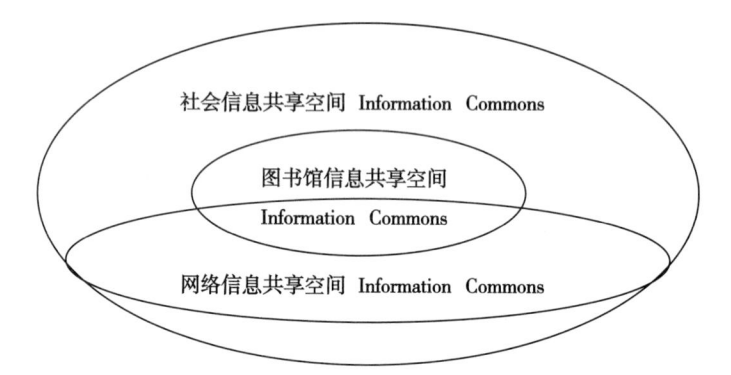

图 2-1　信息共享空间概念的三个层级及其关系

图 2-1 所示的 Information Commons 概念三个层级之间既相互联系又相互区别，三者都是以计算机网络尤其是国际互联网在全球的普及为社会背景，是用信息技术整合多种类型资源的过程中形成的，具有鲜明的社会信息化特征。但是，"网络信息空间"更加侧重技术手段的应用；"社会文化信息空间"更加关注技术与社会要素之间的互动关系；"图书馆信息共享空间"则是一种较为具体的信息服务模式，其范围较前者更容易把握和界定。同时，"网络信息共享空间"、"社会信息共享空间"和"图书馆信息共享空间"三者又有着紧密的联系，社会信息共享空间可以理解为网络信息共享空间渗透到社会系统之后，与相关社会要素相互作用而形成的更大的信息共享体系，图书馆信息共享空间可以理解为网络信息共享空间在图书馆信息服务当中的应用而催生出的一种新型服务模式。因此，图书馆信息共享空间就范畴而言比前两者都要小，需要解决的问题和发展目标更加清晰和具体，在其实现过程中需要借助网络信息共享空间构建虚拟层，最终作为社会信息共享空间的一个"细胞"单位，促进和影响社会信息共享空间的建设和实现。"Information Commons"在国外最早是由图书馆领域的实践推动的，在国内最

早也是由图书情报学界的学者引入的,绝大多数信息共享空间领域的成功案例是来自图书馆信息共享空间。因此,目前我国学术界对"信息共享空间"的理解主要是基于"图书馆信息共享空间",即由图书馆推动建设的公共文化服务空间。

上述关系与美国学者罗素·贝利(Donald Russell Bailey)和芭芭拉·提尔内(Barbara Tinerney)于2002年提出的信息共享空间的三种分类思想相类似。按照他们发表在《学术图书馆职业杂志》(Journal of Academic Librarianship)上的研究成果,Information Commons 可以分为三种类型。①巨型信息共享空间(Macro Commons),即整个信息世界,尤其是基于互联网和通过 Web 获取的数字信息及环境。巨型信息共享空间本质上是由计算机网络所构建的覆盖全球的虚拟信息交流空间,即图2-1中所述的网络信息共享空间。巨型信息共享空间代表了信息共享和传播的世界潮流,但是由于其虚拟性,往往很难对其范围和边界进行准确界定。②微型信息共享空间(Micro Commons)是指由计算机硬件、计算机软件、数字技术设备和网络设施高度集中的区域,通常是机构当中的一部分物理空间或者机构的一个组成部分。微型信息共享空间强调 Information Commons 所在的实体空间,即机构当中专门用来为信息共享活动提供支持的专用空间。微型信息共享空间是可以看得见、摸得着的实体空间,其范围和边界可以准确划定,便于进行管理和控制,但是可供共享的信息资源数量有限。③整合型信息共享空间(Integrated Commons)是一个经过整合的,为研究、教育和学习活动提供支持的特定场所,尤其强调数字信息的共享。整合型信息共享空间整合了"巨型信息共享空间"和"微型信息共享空间"的优点,即在有限的实体空间内,通过一站式服务平台,共享实体空间内的信息资源和无限的虚拟空间的信息内容。他们通过研究认为,美国绝大多数高校的图书馆信息共享空间实际上采用的是第三种视角的信息共享空间,即将计算机网络技术和图书馆资源相结合,将馆藏资源、人力资源、技术资源和网络资源整合到统一的信息平台,为用户的一站式获取和协作式学习提供支持。① 因此,图书情报学界所说的"信息共享空间"属于"整合型信息共享空间",即在经过特别设计的实体空间内,在计算机网络支撑下,可以共享交流空间内纸质文献信息资源以及本地和远程数字信息资源的综合服务环境。

---

① Donald Russell Bailey and Barbara Tinerney, "Information Commons Redux: Concept, Evolition and Transcending the tradedy of the Commons", The Journal of Academic Librarianship, No. 5, 2002, pp. 277–286.

通过以上对信息共享空间的概念梳理，我们可以得出如下结论。第一，信息共享空间的本义是"信息公地"，是随着计算机网络（尤其是国际互联网）的应用和普及在欧美国家催生的学术概念，最初主要用来描述基于计算机网络所构建的虚拟信息共享空间，类似于通常所说的赛博空间。第二，基于网络的信息共享空间与西方民主和自由文化相结合，演变为基于国际互联网，打破各类社会壁垒，促进信息在社会空间广泛传播的社会信息共享空间概念，社会信息共享空间的范围扩大到全球，就产生了全球信息共享空间（Global Information Commons）的概念。第三，图书情报学界对 Information Commons 的理解则相对更为微观，通常认为信息共享空间是建立在图书馆内部提供信息共享服务的公共场所或建筑空间（Building Space），这个场所构成"网络信息共享空间"和"社会信息共享空间"的中介环节，在信息共享空间内部可以通过计算机网络访问到各类远程的信息资源，其运营本身也会对社会信息共享程度的提高有所促进。本书所采用的主要是第三种视角，主要从机构视角探讨信息共享空间规划和建设问题，将信息共享空间理解为一种社会机构经过专门设计和再造的一站式信息服务场所。

尽管"信息共享空间"的实践起源于"图书馆信息共享空间"，国内绝大多数文献提到"信息共享空间"时默认为是指"图书馆信息共享空间"，但是两者并不存在严格的同一关系。如果从广义的角度来理解，信息是任何社会组织运行和发展的基础资源，几乎所有的社会机构都有在一定范围内共享信息的现实需求，从理论上讲信息共享体系的依托机构可以是任何社会组织，只不过图书馆在所有社会组织当中是信息密集程度最高的，因而会成为信息共享空间最早的实践者和推动者。随着信息共享空间理论的发展和成熟，其建设主体不断拓展是一种必然趋势。就其本义而言，"信息共享空间"的范围要比"图书馆信息共享空间"更加广泛，与图书馆有着类似社会功能的档案馆、文献信息中心等信息服务机构，甚至其他各类公共服务组织都可以建设信息共享空间。需要注意的是，信息共享空间建设的推动机构需要分为两种情况：第一种，机构的核心业务本身就是信息服务，因而其推动机构就是机构本身，例如图书馆、档案馆等文献信息机构就可以直接推动本机构的信息共享空间建设；第二种，机构的核心业务并不是信息服务，但是也有建设信息共享空间的需求，这种情况下的推动力量主要来自机构下设的信息管理部门，其服务范围是整个机构，例如博物馆的核心业务是藏品展示，信息共享空间主要由其下设的信息中心等机构承担。综上所述，本书对"信息共享空间"的理解定位于"机构信息共享空间"，是信息服务机构或者其他机构下设的信息管理部门的信息共享空间,其内涵包括但不局限于"图书馆信息共享空间"。由于"机构信息共享空间"与"社会信息共享空间"的紧密联系,本书在后续章节的论证过程中也会涉及"社会信息共享空间"的内容,但是整体上是定位于"机构信息共享空间"。

二 信息共享空间的概念界定

在图书馆信息共享空间20余年的发展历程中,国内外多位学者曾经对信息共享空间的概念进行过界定,其中提出比较有代表性定义的学者主要有美国的唐纳德·比格,我国学者任树怀、阳国华等人。美国北卡罗来纳大学图书馆的唐纳德·比格是全球信息共享空间研究领域的代表性学者,他在1999年发表的《定义信息共享空间》(Conceptualizing an Information Commons)一文系统论证了"信息共享空间"的概念和架构,对信息共享空间理论体系的建立做出了重要贡献,他对"Information Commons"所做的定义也被国际学术界认为是较为经典的表述方式。唐纳德·比格认为,"信息共享空间"(Information Commons)是"一种作为教育空间实体的新型基础设施,它通过从印刷型到数字型信息环境的重新调整、技术和服务功能的整合形成集成化的数字化环境,并围绕该环境经过特别设计构建新的组织和服务空间,这种空间可以是图书馆的一个部门、一个楼层或者一个独立的大楼"。唐纳德·比格认为,Information Commons涉及两个平行的层面:一方面,Information Commons可以看作一种专门的在线环境,用户可以通过统一的用户界面(Graphical User Interface,GUI)或者通过网络平台支持的搜索引擎,尽可能多地获取多种数字服务和数字资源;另一方面,Information Commons可以定义为一种新型的物理实体空间,围绕上述整合的数据环境和资源,专门设计或组织的学习、工作和服务传递的空间。唐纳德·比格有关Information Commons可以划分为在线环境和实体环境的思想后来被罗素·贝利和芭芭拉·提尔内总结巨型信息共享空间和微型信息共享空间及其整合模式。唐纳德·比格强调信息共享空间建设的重点在于通过整合的、动态的服务模式为学生提供服务,创造一个合作的工作空间,将用户的需求和期望纳入一个整体当中,创造一种全力支持整体性学习和研究过程的环境,推动知识的创造和发展。唐纳德·比格通过与传统大学图书馆的对比分析,解读了图书馆信息共享空间的概念、内涵、构成元素、功能以及服务方式等,奠定了信息共享空间的理论基础,在信息共享空间发展历程中具有里程碑意义。

据研究,"图书馆信息共享空间"的概念最早是由上海图书馆吴建中研究员介绍到国内图书情报学界的,其发表在《国家图书馆学刊》2005年第3期的《开放存取环境下的信息共享空间》一文被认为是我国学者关注图书馆信息共享空间的开端。在该文中,吴建中研究员参考芝加哥洛约大学(Loyal University Chicago)学者罗伯特·希尔(Robert Seal)的观点,将信息共享空间定义为:一个动态的服务模式,为图书馆员、计算机专家、多媒体工作者以及各类用户提供交流的空间;提供学习和使用信息技术的场所;使用和检索信息的场所;在新的学术环境中测试软件和硬件的场所;促进学术发展和创造合作机会的场所以及支持交叉学科研究的场所。[①] 此后,国内有多位学者对信息共享空间做过定义,例如学者阳国华认为,图书馆IC(信息共享空间)就是将分散各处的服务集成起来,在相对集中的空间内、以一站式、无缝的形式,将技术、资源、咨询、信息素质、学习指导等服务整合起来,以满足用户的学习、研究与教学的需求。[②] 上海大学图书馆的任树怀教授是我国图书馆信息共享空间建设研究领域最为权威的学者之一,他在《信息共享空间实现机制与策略研究》一书中将信息共享空间定义为:一个经过特别设计、确保开放存取的一站式服务设施和协作学习环境,它整合使用方便的互联网络、功能完善的计算机软硬件设施以及内容丰富的知识库资源(包括印刷型、数字化和多媒体等各种形式),在技能熟练的图书馆参考咨询员、计算机专著、多媒体工作者和指导教师的共同支持下,培育读者信息素养,促进读者学习、交流、协作和研究。[③] 这个定义是目前为止国内图书情报学界对"图书馆信息共享空间"的概念所作的较为经典的一种表述方式,也是被国内图书情报学界学者们引用较多的一种定义方式。

上述定义方式采用的是国内学术界信息共享空间定义的主流视角,即从图书馆信息共享空间的视角所下的定义,尽管术语当中没有提到图书馆,但是定义的内容全部是围绕图书馆的核心业务展开的。笔者对"信息共享空间"的定位已经由"图书馆信息共享空间"扩展为"机构信息共享空间",为了保持逻辑一致性,本书对"信息共享空间"一词界定如下:"信息共享空间"是指信息服务机构或者其他机构的信息服务部门围绕机构职能,以其拥有的空间资源、语言资源、信息资源、人力资源和技术资源为基础,根据服务对象的需求特征和变化规律,所特别设计和建设的旨在推动领域信息资

---

① 吴建中:《开放存取环境下的信息共享空间》,《国家图书馆学刊》2005年第3期。
② 阳国华:《图书馆信息共享空间建设》,海洋出版社2010年版,第15页。
③ 任树怀:《信息共享空间实现机制与策略研究》,上海人民出版社2011年版,第15页。

源沟通交流、协作共享和集成创新的一站式基础服务环境。这里的"一站式"是指服务对象的大部分需求可以在同一场所一次性满足，即空间当中的所有资源已经实现了高度集成。

三　信息共享空间的本质剖析

信息共享空间一词起源于图书情报领域，所以迄今为止我们能够看到的对于信息共享空间的定义方式大多数从图书馆信息共享空间的角度进行的。然而，如果仅仅把"信息共享空间"理解为"图书馆信息共享空间"，为什么这一领域的开创者最初提出这个术语的时候没有称为更为贴切和准确的"Library Commons"而要用"Information Commons"呢？笔者认为，学者在创造 Information Commons 这个术语之初，一定是预感到这是一个具有普遍性的领域，对于所有相关机构的信息管理活动同样具有指导意义。"Commons"意为"公地"，"Information Commons"就是群体成员或者社会大众可以自由进出、获取信息服务的地方。因此，"Information Commons"的依托机构必然是为群体或者社会大众提供公共服务的场所，图书馆正是这样的机构。"Information Commons"的实践探索最早从图书馆开始，主要是因为图书馆是最有代表性的公共信息机构，客观上也有利用信息技术实现服务创新的需求，且图书馆的用户服务理念与信息共享空间所倡导的"信息共有，资源共用"理念完全契合。因此，可以肯定的是，"图书馆信息共享空间"是"信息共享空间"的子领域，是"信息共享空间"在图书馆服务领域的应用。

那么，具有普遍指导意义的"信息共享空间"的本质特征是什么呢？我们不妨先分析一下图书信息共享空间出现的社会背景。"图书馆信息共享空间"从 20 世纪 90 年代开始萌芽，到 21 世纪前 10 年在全球范围内出现了高校图书馆信息共享空间建设的浪潮。与之对应的社会背景就是，自 20 世纪 90 年代初期开始蓬勃发展并深刻影响了人类生存状态的计算机网络技术，尤其是国际互联网。互联网的出现给几乎所有的社会组织带来诸多的机遇，同时也形成了巨大的挑战。在图书馆领域，数字图书馆（Digital Library）的出现使人们可以足不出户就下载和阅读巨量的信息资源，有人甚至得出纸质图书将要消亡，图书馆这个行业将会被淘汰的悲观结论。然而，图书馆服务的用户群体具有多样性，在一部分用户习惯了使用数字图书馆、少去甚至不去传统图书馆的同时，仍然有大量用户习惯在传统图书馆的实体空间接受服务。这就带来了如何应对数字图书馆的挑战，充分利用数字图书馆的资源整合优势，充分发挥实体图书馆的空间优势，为传统图书馆的用户提供更好服务的问题。这一点从图书馆信息共享空间理论的先驱美国北卡罗来纳大学的唐纳德·比格对信息共享空间的表述中可以清晰地看到其思考的逻辑。唐纳德·比格认为,以大学图书馆为比较的整合型信息共享空间,是围绕整合的数字环境而特别设计的组织和服务空间,它作为一个概念上的教育空间实体,涉及从印刷型到数字型信息环境的重新组织与调整,以及技术与服务功能的整合。[①] 按照上述理解,数字时代传统图书馆并不会消失,而是会演变为一个融合了实体和数字资源的新型服务机构。

笔者认为,信息共享空间的本质就是围绕整合的数字环境进行实体服务空间的改造,实现数字环境与实体环境相互交叉重叠、相得益彰的融合型服务环境,是一种融入了数字化元素的新型实体环境(见图2-2)。

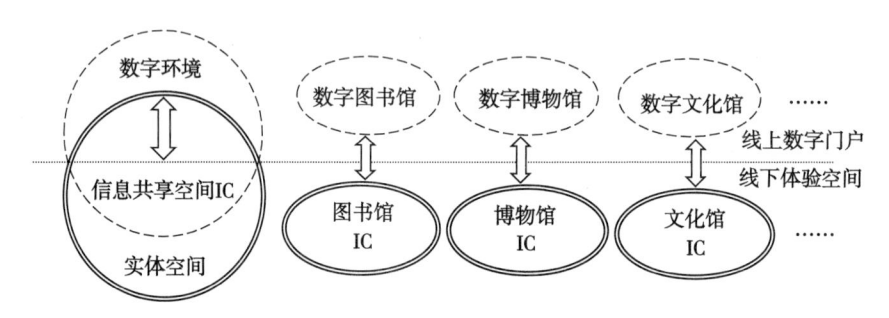

图2-2 信息共享空间的理论本质

图2-2中,实体空间为实线圆表示,数字环境用虚线圆表示,信息共享空间用双实线圆表示,箭头表示实体空间与数字环境的互动关系。需要说明的是,实体空间与数字环境之间并不是单向的影响,而是一种双向互动关系,一方面数字化要素会融入实体空间当中,例如通过计算机实现信息检索,通过电子显示屏显示信息等;另一方面实体空间要素也会融入数字环境当中,例如纸本图书馆经过扫描加工成为数字图书;一台已经联网的打印机在远程终端看来就是可利用的数字资源。因此,"实体空间"与"数字环境"之间是一种"你中有我,我中有你"的复杂互动关系。这种关系特别适合用中国传统文化当中的"太极双鱼图"来表示,两者既相互区别,又相互贯通,一方的发展同时会带动另一方的发展,使机构整体上呈现出持续性创新的态势。

由图2-2可见,信息共享空间并不是在传统服务机构之外增加的新实体,而是一种指导对传统实体空间进行信息化改造的理论,信息共享空间建成后

---

① Donald Beagle, "Conceptualizing an Information Commons", *The Journal of Academic Librarianship*, No. 2, 1999, pp. 82-89.

机构原有的实体空间并没有消失，而是成为"虚实结合、互动交融"的新空间。以图书馆为例，图书馆信息共享空间建成以后，作为实体的图书馆并没有发生变化，只是其实体空间环境已经融入了大量数字化元素，是传统服务环境的"升级版"。因此，图书馆信息共享空间建设实践当中，有很多机构应用信息共享空间理论对图书馆实体空间进行改造之后，对外名称改为大学信息共享空间，实际上就是大学图书馆的升级版。与此同时，更多的图书馆名称并没有发生变化，但是其实体空间已经经历了大规模改造，本质上已经建成了信息共享空间却没有对外宣传，这类情况往往导致信息共享空间实际统计的数据存在误差。

实际上，20世纪90年代至今的全球范围内的信息化浪潮对社会组织形成的挑战是普遍的，几乎没有哪个组织能够置身事外。在数字图书馆的发展对传统图书馆服务带来冲击的同时，数字博物馆、数字文化馆的发展同样给传统博物馆、文化馆的发展提出诸多挑战（见图2-2）。信息共享空间理论正是调和这种矛盾的"中间路线"，信息共享空间理论承认信息技术对社会的巨大影响力，但是又不过于激进地认为数字化服务可以"一统天下"的标准模式，基于实体空间的服务符合用户的使用习惯，在多个方面仍然具有数字化服务所无法替代的优势；另外，信息共享空间理论又认为传统服务机构不能故步自封，要积极拥抱现代信息技术，应用现代信息技术改造传统服务。因此，信息服务并不是单一模式的，选择"线上服务"（Online Services）还是"线下服务"（Off Services），取决于用户的使用习惯和服务偏好。图2-2中可以得到的另外一个启示是，信息共享空间起源于图书馆信息共享空间，图书馆信息共享空间是其最为典型的应用。但是，信息共享空间并不是图书馆的专利，任何试图围绕集成化数字资源改造传统服务场所的服务机构都可以建设信息共享空间，无论其是否以信息共享空间来命名。因此，信息共享空间是对各类行业信息共享空间的总称，其具体实现形式可以包括"图书馆信息共享空间"、"档案馆信息共享空间"、"博物馆信息共享空间"等，为了表述方便，有的机构会将信息共享空间与其承担的功能相结合，将其称为"学习共享空间"（Learning Commons）、"研究共享空间"（Research Commons）、"档案共享空间"（Archive Commons）、"博物共享空间"（Museum Commons）或者将所有文化机构整合在一起称为"文化共享空间"（Cultural Commons）。无论其对外采用哪一种名称，只要符合信息共享空间"围绕数字环境改造实体空间"的本质特征，都可以认为是信息共享空间的一种类型。

四　信息共享空间的概念辨析

随着图书馆信息共享空间实践的推进，国内外多家图书馆在规划和建设信息共享空间的过程中，结合自身对 Information Commons 的理解，演变出不同的表现形式，其中最有代表性的模式有"学习共享空间"（Learning Commons）、"研究共享空间"（Research Commons）、"知识共享空间"（Knowledge Commons）、"媒体共享空间"（Media Commons）、"文化共享空间"（Cultural Commons），还有些机构采用了智慧空间（I-Space）、电子空间（E-Space）、知识空间（K-Space）、信息池（Information Pool）、信息港（Information Port）等，如图2-3所示。

衍生概念群
- 知识共享空间（KC）
- 智力共享空间（IC）
- 媒体共享空间（MC）
- 智慧空间（I-Space）
- 电子空间（E-Space）
- 知识空间（K-Space）
- 信息池（Information Pool）
- 信息港（Information Port）
- ……

信息共享空间 IC

- 业务共享空间（TC）
  - [学习共享空间（LC）]
  - [研究共享空间（RC）]
  - [创新共享空间（IC）]
  - ……

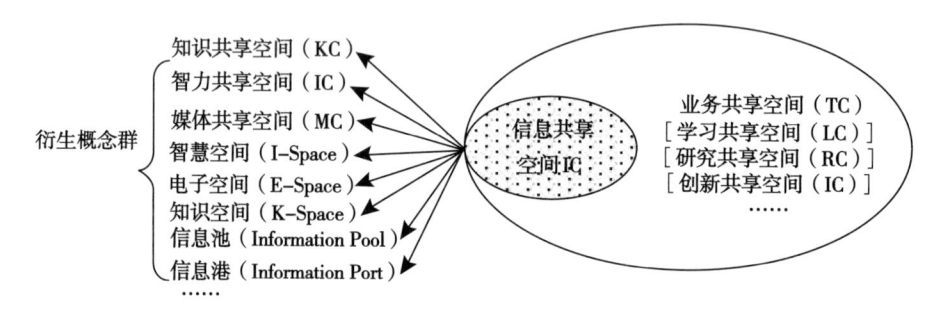

图 2-3　信息共享空间相关概念之间的关系

图2-3中，"学习共享空间"是信息共享空间在高校图书馆实践当中普遍采用的一种表述方式，以强调信息共享空间建设过程中以用户为导向，由为学生提供信息支持转向为其学习过程提供全方位支持，术语背后其实代表了设计者理念的差异性。任树怀等学者认为，"学习共享空间"是一个以学生为中心和支持开放获取的协同与交互式学习环境，一个为教育和学习（包括做功课、写作、研究、辅导、群组项目、多媒体制作等）提供学术支持的学习场所，一个引人入胜、充满活力与温馨的学习、协作和交流社区。① 与"学习共享空间"类似，"研究共享空间"强调以信息资源为基础，对科研人员科学研究活动所提供的全方位支持，例如在满足常规的信息检索服务、参考咨询服务之外，还要增加学术研讨、学术会议、科研社群服务等环节的支持。为了进一步梳理相关术语之间的关系，本书引入"业务共享空间"（Transaction Commons）的概念。"业务共享空间"是为支持组织某项职能的

---

① 任树怀：《信息共享空间实现机制与策略研究》，上海人民出版社2011年版，第18页。

实现，所特别规划和建设的促进对应领域信息沟通交流的专门场所，"信息共享空间"是"业务共享空间"的内核，"业务共享空间"体现了"信息共享空间"的功能和建设目的。因此，"信息共享空间"成为"业务共享空间"最为基础的支撑，辅助机构完成学习、研究和业务处理等业务活动。无论怎么表述，这类"业务共享空间"的共同的特征是，其内核都是"信息共享空间"。

此外，一些机构根据所要共享对象的区别，衍生出诸如"知识共享空间"、"智力共享空间"、"媒体共享空间"等术语。"知识共享空间"强调空间内进行共享的不仅仅是传统意义上的信息资源，而是囊括了纸质文献、数字信息以及蕴藏在专家大脑中智力资源在内的知识资源的总体，可以基于知识管理体系进行深层次共享。"媒体共享空间"则强调在空间范围内打通了纸张、文本、音频、视频、图形、图像等媒体形式之间的间隔，可以基于统一的信息知识库进行共享。"智力共享空间"则是从知识管理的视角，将共享的对象由外化的纸质文献和数字信息资源转移到对人的关注上，强调以人为中心，推动人的智力资源充分外化、外部信息资源充分内化所构建的一体化的知识和信息共享环境。上述术语对空间内共享对象的界定各不相同，但是其规划建设都是要以"信息共享空间"为基础的，故可以认为是"信息共享空间"的拓展与深化。

图 2-3 中的"智慧空间"（I-Space）、"电子空间"（E-Space）、"知识空间"（K-Space）等名称与"信息共享空间"的内涵基本相同，只是各自所强调的是信息共享空间某一方面的属性：I-Space 是 Information Space 的缩写，强调空间以信息的传递和共享为主要职能；E-Space 是 Electronic Space 的缩写，强调空间建设以电子技术（计算机网络技术）为支撑；"知识空间"与"知识共享空间"的内涵基本相同，可以视为知识共享空间的另外一种表达方式。信息池（Information Pool）、信息港（Information Port）属于对信息共享空间功能的不同表述，信息池强调空间对信息资源的集中和保存功能，信息港则强调各类信息资源拥有者基于信息共享空间进行各类信息资源的交换活动。

五 多民族语言信息共享空间的定义

信息共享空间是信息服务机构为其服务对象专门设计和构建的一站式服务环境。多民族语言信息共享空间是为了有效解决我国民族地区语言文字多样性所带来的沟通交流障碍而提出的一种新理论，是信息共享空间在我国民族地区信息管理活动中的应用。要对"多民族语言信息共享空间"做出准确的界定，首先需要对以下几个相关的基础问题进行探讨。

（1）"多民族语言信息共享空间"中"多民族语言"的内涵。语言是人类社会用以沟通思想和记录文化的工具，一般认为语言同时包括用来表达思想的语音符号和用来记录思想的文字符号。文字在本质上是一种用来记录语音信息的代用符号，语言采用哪种文字作为记音符号没有必然性，只要相关社会群体都能接受和认可即可。因此，在没有做特别说明时，本书所述的"多民族语言"即"多民族语言文字"，就是同时包括了我国各民族语言的语音信息和文字信息的综合体。我国共有 56 个民族，但是各民族语言文字情况非常复杂，目前共使用 120 余种语言，约 30 种文字。由于历史原因和语言文字发展的客观规律的制约，我国少数民族语言的发展并不均衡，除了部分语言文字在社会生活领域发挥着重要作用之外，有相当数量的少数民族语言使用人口较少，在重要社会领域应用较少，其中有的语言甚至处于濒危状态，亟待进行保护。按照分类管理的思想，"多民族语言信息共享空间"中的"多民族语言"主要是指国家通用语言文字和部分使用人口较多、有较大社会影响力的少数民族语言文字，例如蒙古语、藏语、维吾尔语、哈萨克语、壮语、朝鲜语、彝语等。根据科学保护各民族语言文字的思想，使用人口较少甚至处于濒危状态的少数民族语言文字管理工作的主要任务不是促进其跨语种共享而是进行抢救和保护，该主题不属于本书讨论的主题范畴。当然，"多民族语言信息共享空间"的发展需要充分尊重各少数民族群众的意愿，随着少数民族语言文字信息处理技术的不断发展，可随时将条件成熟的语言文字纳入共享体系。

（2）"多民族语言信息共享空间"中"信息"的内涵。信息是内涵非常丰富的词语，不同学科对信息会有不同的定义方式。从认识论的角度来理解，信息就是对客观事物的属性和运动状态的描述。马费成教授在其著作《信息管理学基础》中将信息定义为："为了特定的目的产生、传递、交流并应用与人类社会实践活动，包括一切由人力创造的语言、符号和其他物质载体表达和记录的数据、消息、经验、知识。"[①] 可见，信息可以分为多种类型，除了通常意义上说的以文字、数字和其他符号描述和表达，通过纸张或者数字媒体进行存储和传播的文献信息之外，以文物、艺术品为载体的历史文化信息，人与人之间通过口头交流传播的口语信息都属于信息的范畴。信息管理

---

① 马费成：《信息管理学基础》，武汉大学出版社 2002 年版，第 7 页。

学科一般将其称为"语音信息"或"口语信息",即通过人的语言系统来表达和传播的信息。由于口语信息传播距离短且不易保存,人类才发明了文字,作为记录语音信息的辅助符号。从图书馆信息共享空间的发展历程来看,其非常显著的变化就是在"人与文献"之间交流的基础上增加了"人与人"之间的交流,而人与人之间的交流必然是以口语信息交流为主体的。因此,"信息共享空间"当中所共享的信息应该是全方位的信息概念,除了通常所说的以文献信息之外,还包括以实物为载体的"实物信息"和以语音为载体的"口语信息"。"多民族语言信息共享空间"的"信息"具有两个特殊之处:第一,用来表达和记录内容的语言文字不一定都是国家通用语言文字,还包括了至少一种当地通用的少数民族语言文字;第二,信息的存在形式不一定是用文字记录的文献信息,同时包括以实物形式反映出的信息和信息共享空间各类人员所表达和交流的口语信息。因此,"多民族语言信息共享空间"当中的"信息"应该按照广义信息来理解。

(3)"多民族语言信息共享空间"中"共享"的内涵。图书馆"信息共享空间"中的"共享"主要包括两个方面的内涵:第一,信息人人可及,进入空间的用户都可以非常方便地访问到各类信息资源;第二,信息皆可利用,用户可以阅读和理解信息的内容,即使在不能完全读懂,可以通过用户之间的沟通交流,达成一种对信息内容的共同理解。图书馆信息共享空间的"可及性",主要是以技术方式来解决的,通过计算机网络技术打破信息资源存储载体的制约,使用户可以在同一空间一站式获取和共享。然而,民族地区的多语言环境决定了公共文化服务机构的信息共享空间建设必须解决一些其他地区所没有的特殊问题,其中最为突出的矛盾就是多民族语言信息资源与用户语言文字应用能力之间的矛盾。当用户不具备识别和理解某种语言文字能力的时候,即使信息触手可及也不会对他产生真正的影响。同样的情况是,如果不同用户之间分别使用不同的语言,他们的直接交流就无法进行,基于沟通交流而建立的"共同理解"就无从谈起。因此,"多民族语言信息共享空间"当中的"共享"一词,除了保障和解决信息可及性的问题以外,更重要的是要通过多种措施和方法,为用户的跨语言信息理解和沟通交流创造条件,尽可能消除多语言环境下的信息交流障碍。

(4)"多民族语言信息共享空间"中"空间"的内涵。由前文分析得知,信息共享空间可以分为"社会信息共享空间"、"网络信息共享空间"和"图书馆信息共享空间"三类,本书将其定位于以"图书馆信息共享空间"为代表的"机构信息共享空间",即在机构内部实体建筑空间的基础上,通过综合调配各类资源所构建的集成服务体系。到目前为止，国内外信息共享空间的建设机构绝大多数都是高等院校的图书馆，其目的是借助信息技术手段，按照信息共享空间的理念对图书馆传统空间和服务进行改造，实现图书馆服务的升级，为师生的教学、学习和学术活动提供支持。与高校建设"信息共享空间"的动因有所不同，"多民族语言信息共享空间"需要解决的核心问题是多语言环境下的跨语言信息共享问题。从目前的情况来看，跨语言信息沟通障碍主要处在公共社会生活领域，这是一个不容回避的现实问题，政府及其他相关部门有责任和义务采取措施降低跨语言交流难度，促进多民族人口之间的沟通和交流。如果按照"Information Commons"的本义"信息公地"来理解，"信息共享空间"无疑是要具有公共属性的，也就是说它必须为所在区域的所有社会成员服务的，不能因为服务对象在社会地位、经济能力、技术能力等方面的差别就将其排除在外，其管理和运营不能以营利为目的。"信息公地"视野下的"信息共享空间"的依托机构就应该是承担社会公共服务职能的机构，其中最具有代表性的就是为社会提供公共文化服务的图书馆、档案馆、博物馆、美术馆、纪念馆、文化馆等机构，本书将其统称为"公共文化服务机构"。

综合上述对"多民族语言信息共享空间"所做的分析，本书认为，"多民族语言信息共享空间"是指我国民族地区的公共文化服务机构，在国家民族事务治理和语言文字工作的制度框架内，以所拥有或者可以从区域、国家层面共享的空间资源、语言资源、信息资源、人力资源和技术资源为基础，通过教育、技术和管理等手段的组合应用，为使用不同民族语言和具有不同语言文字应用能力的服务对象所特别设计的多语种口语、文字信息辅助交流空间和动态协作服务体系。"多民族语言信息共享空间"是"信息共享空间"理论在我国民族地区公共服务领域的应用，是一种特殊类型的信息共享空间。由于我国民族地区经济社会发展水平的制约，以及我国少数民族语言文字的复杂性，绝对意义上的共享只能是一种理想状态，这里的"共享"是相对于"语言障碍"而言的，是指信息交流可以获得某种形式的跨语言支持，不会因为语言文字的差异性而被完全阻断。"多民族语言信息共享空间"是"信息共享空间"理论在我国民族地区公共文化服务机构的实践和应用，为体现这种传承关系，本书将"多民族语言信息共享空间"译为 Institutional Information Commons in Ethnic Languages of China，简称 IIC-ELS。

严格地说，本书所述的"多民族语言信息共享空间"的全称是"多民族语言机构信息共享空间（IIC-ELS）"，是一种在公共文化服务机构内部规划和建设的专业信息共享区域。与之相对，如果从社会信息共享空间的角度进行考察，还有一种更为宏观的理解视角，即"多民族语言广域信息共享空间（WIC-ELS）"。"多民族语言广域信息共享空间"是指我国民族地区所建设的支持跨语言信息共享和交流的宏观社会环境。"多民族语言广域共享空间"是一项复杂的巨型社会系统工程，跨越民族学、语言学、教育学、计算机学科、信息资源管理等多个学科门类，涉及社会双语教育、语言信息技术、翻译人才培养与使用、多语言信息资源管理等多个领域的建设任务，在发展到成熟状态时，我国民族地区社会整体性跨语言信息共享和交流程度会得到显著提高。与信息共享空间类似，无论是"多民族语言机构信息共享空间（IIC-ELS）"还是"多民族语言广域信息共享空间（WIC-ELS）"，其建设都要以由现代通信技术所构建的虚拟网络空间（NIC）为依托。上述关系如图 2-4 所示。

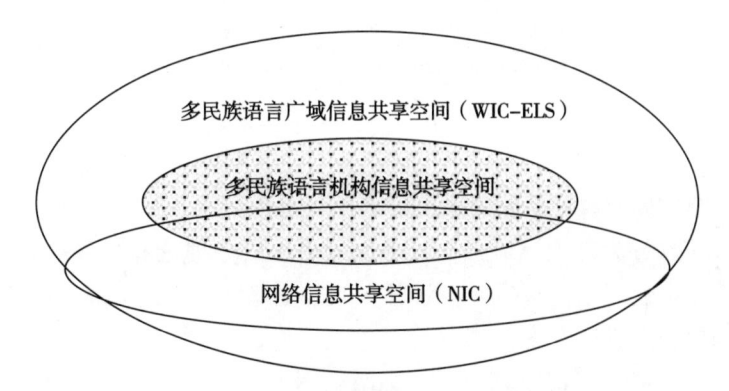

图 2-4 多民族语言信息共享空间的层次

图 2-4 中，"多民族语言信息共享空间"被划分为"多民族语言机构信息共享空间"和"多民族语言广域信息共享空间"两种类型。"多民族语言机构信息共享空间"是由公共文化服务机构推动的，但是作为联通"网络信息共享空间"和"社会信息共享空间"的中间环节，它的规划和建设要依赖的是整个社会的资源，所影响和改变的也是整个社会信息生态体系。一方面，"多民族语言机构信息共享空间"的规划与建设离不开计算机网络技术和语言信息技术等现代信息技术的支撑，需要通过信息技术实现各类资源的优化配置与组合，通过网络将高质量的信息服务传递给远程服务对象；另一方面，"多民族语言信息共享空间"可以成为促进民族地区社会信息交流的推进力量，当民族地区众多的公共文化服务机构建立起"多民族语言信息共享空间"时，整个社会跨语言信息共享和交流的能力就能得到整体性提高，从而

为"多民族语言广域信息共享空间"的实现提供支持。为了保证研究视角的一致性，本书对"多民族语言信息共享空间"的定义总体采用"多民族语言机构信息共享空间"的视角，关注的是民族地区公共文化服务机构如何规划和建设多民族语言信息共享空间的问题，而将"多民族语言广域信息共享空间"视为"多民族语言机构信息共享空间"的外部环境进行战略规划，因此在战略规划部分会涉及"多民族语言广域信息共享空间"的内容。为了表述方便，本书后续章节如果没有特别说明，所述的"多民族语言信息共享空间"，通常情况下就是指"多民族语言机构信息共享空间"。

第四节 多民族语言信息共享空间的理论基础

多民族语言信息共享空间是一个涉及多个学科知识的综合性领域，其规划与建设应该遵循相关基础理论和原则并从中得到启示。就本质而言，多民族语言信息共享空间是专门设计的用来维持多民族语言信息生态平衡，为用户提供多语言信息服务，支持多民族语言信息交流的公共空间，与多民族语言信息共享空间建设联系较为紧密的基础理论主要有信息共享理论、信息生态理论、信息行为理论、信息交流理论、信息服务理论和公共空间理论等。本节在介绍上述理论的基础上，分别分析这些理论对多民族语言信息共享空间规划和建设的启示意义。

一 信息共享理论

信息共享理论的主要倡导者是中山大学的程焕文教授，他在其著作《信息资源共享》一书中论证了信息资源共享的意义，并提出了信息资源共享的"五个任何理论"（5A）理论和信息资源共享的四大定理。[1] 程焕文教授指出，相对于人类社会的信息需求而言，信息资源总是有限的，同时信息资源的分布又往往是不均衡的，信息资源的这种有限性和不均衡性使信息资源的有效利用必须最大限度实现信息资源共享。所谓信息资源共享是指图书馆在自愿、平等、互惠的基础上，通过建立图书馆与图书馆之间、图书馆与其他相关机构之间的各种合作、协作、协调关系，利用各种技术、方法和途径，开展共同揭示、共同建设和共同利用信息资源，以最大限度地满足用户信息

---

[1] 程焕文、潘燕桃主编：《信息资源共享》，高等教育出版社2009年版。

资源需求的全部活动。

作为一种梦寐以求的崇高理想,信息资源共享的最终目标可以概括为:任何用户(Any User)、在任何时候(Any Time)、任何地点(Any Where)、均可以获得任何图书馆(Any Library)拥有的任何信息资源(Any Information),即"五个任何理论"或者"5A理论"。5A理论的内涵主要包括:任何用户平等地享有利用信息资源的基本权利,图书馆应该不论种族、肤色、国籍、年龄、性别、宗教、语言、地位或者受教育程度,向任何用户提供平等的信息资源服务;图书馆用户在利用信息资源时不应该受到图书馆开放时间的限制,图书馆应该提供一天24小时,一年365天全天候开放;图书馆用户在利用信息资源时不应该受到自己所处地理位置的限制,同时不应该受到图书馆所处地理位置的限制;用户应该有机会利用任何图书馆的信息资源,图书馆与图书馆之间应该建立尽可能广泛的信息资源共享关系;图书馆用户拥有自由利用图书馆信息资源的基本权利,图书馆在提供信息资源服务时应该在法制的前提下自觉地抵制对各种信息资源的审查。

在此基础上,程焕文教授提出了信息资源共享的四大定理,分别如下。定理一,一切信息资源都是有用的。资源是有用的,没有无用的信息资源,保存信息资源是图书馆的基本职能。定理二,一切信息资源都是为了用的。利用信息资源是图书馆的根本目的,信息资源共享是图书馆的最终目标,"为人找书,为书找人"是图书馆职业最简明最精辟的表述。定理三,人人享有自由平等利用信息资源的权利。平等利用信息资源是用户的基本权利,自由利用信息资源是用户的基本权利,免费服务是自由平等利用的保障。定理四,用户永远是正确的。用户决定图书馆的一切,最大限度地吸引用户是图书馆一切职能的集中体现,对用户永远不要说"不",用户的一切过错都是有益的。

程焕文教授的"五个任何理论"(5A理论)和"信息资源共享四大定理"所描述的是一种理想的境界,在现实社会生活当中,阻碍信息资源共享的因素在任何领域无一例外地存在,图书馆学正是研究如何消除或者减弱这些障碍因素的影响,实现信息资源最大化共享的一门学科。对于多民族语言信息共享空间建设而言,除了我们在其他领域所能体会到的由用户身份、开放时间、服务地点、访问权限等方面的因素造成的信息共享障碍之外,语言文字差异性所造成的障碍同样是非常重要的制约因素。我国民族地区丰富多样的语言文字体现了中华文化的多样性特征,但是由于语言文字不同,即使信息资源的内容是对方迫切需要的,也因为无法沟通和交流、无法直接读取而使信息资源无法在更大范围内进行共享。因此，民族地区信息资源共享工作要在常规的任务之外，考虑如何通过教育、技术和管理手段的综合运用，削减语言文字差异性造成的沟通交流障碍，促进各民族人口之间的交往、交流和交融，巩固和发展民族团结和共同繁荣的社会局面。

二　信息生态理论

信息生态学（Information Ecology）20世纪末期随着信息技术的发展而出现的一个新兴的交叉学科，其理论来源主要有"信息学"和"生态学"两个学科。根据研究侧重点的不同，信息生态学在实践中形成了"生态学"和"信息学"两个不同的路径。从生态学角度理解"信息生态学"，可以将其看作通过计算机等技术手段采集、保存、集成和分析生态学信息，从系统角度探索自然和社会生态的发展规律并为生态问题的解决提供体系化的解决方案。[1] 信息生态学不仅具有信息科学的高科技与信息理论的优势，而且继承和发展了生态学的传统理论，强调对人类、生态系统及生物圈生存攸关的问题的综合分析、研究、模拟与预测，并着眼于未来。[2] 从信息学角度理解"信息生态学"，则可以理解为应用成熟的生态学原理研究人类生存的信息环境、社会及组织（企业、学校及机构等）与信息环境的互动过程及其规律的科学。信息生态学从人、信息、信息技术和信息环境之间协调发展的理念出发，研究它们之间的互动关系以及如何通过信息应用促进社会可持续发展。信息生态系统由人、信息、信息技术和信息环境四种要素构成。信息生态学认为，人是信息生态系统的主体，是信息生态学关注的关键因素。人通过对信息的获取、开发和利用，能动地改变自己、改变环境甚至改变整个社会。根据人在信息生态链接当中分工的不同，一般可以将其分为信息生产者、信息分配者、信息消费者和信息分解者等角色：信息生产者创造并向系统中注入新的信息；信息分配者根据一定的规则将信息传递给不同类型的消费者；信息消费者通过阅读信息，增强对外部世界的理解能力，从而做出更为明智的决策；信息分解者是对系统当中的冗余、垃圾信息进行清除，纠正和惩治信息违法和违纪行为，创造良好的信息环境。信息资源是信息生态系统的客体，是指人们经过采集、组织和序化所形成的信息集合。信息技术是拓展人信息器官功能的所有技术手段的总称，包括信息的生成、收集、检测、处理、

---

[1] 岳剑波：《信息环境论》，书目文献出版社1996年版，第25—26页。
[2] 张新时：《信息生态学研究》，科学出版社1997年版，第8—9页。

存储、传递、变换、显示、识别、提取和控制等技术。信息生态系统的结构如图 2-5 所示。①

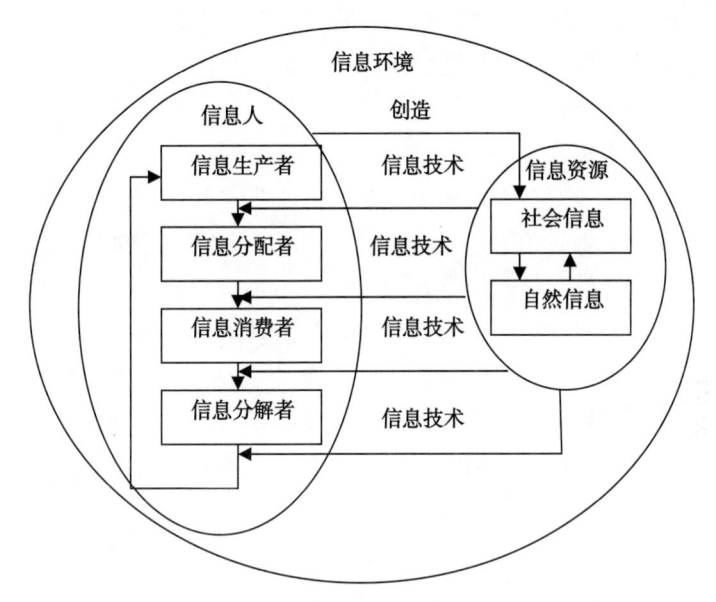

图 2-5　信息生态系统的结构

信息环境是社会环境的一部分，是人类在自然环境的基础上经过加工形成的一种人工环境。与自然生态系统一样，信息生态系统也是一个具有多样性、复杂性的系统，信息主体借助信息技术，不断与外界环境进行着信息交换。图 2-5 中，如果各构成要素之间能够实现协调互补，系统整体结构优化，系统运行平稳有序，系统可以可靠地实现预定功能，则可以认为该信息生态系统处于平衡状态。② 其中，信息生态系统结构优化主要表现在信息人之间合理匹配，各种类型的信息人比例适当，互惠共生，共同构成庞大的信息生态网；信息运行平稳有序主要是指系统能够正常地与外界进行能量和信息的交换，即使其中某个因子发生较大的变化，其他因子也能在较短的时间内进行适应性调整，从而使系统继续处在平稳的状态；系统功能良好是指信息渠道畅通、信息流转迅速、信息转化准确。当信息生态系统达到平衡状态时，系统中各类信息的比重、数量整体上趋于合理，信息流向和流动趋于稳定，与信息环境之间的互动关系整体上实现动态平衡，进而由信息资源驱动

---

① 靖继鹏、马费成、张向先主编：《情报科学理论》，科学出版社 2009 年版，第 403 页。
② 娄策群、赵桂琴：《信息生态平衡及其在构建和谐社会中的作用》，《情报科学》2004 年第 11 期。

社会资源，实现资源配置效率的提高，实现社会效益的最大化。总而言之，信息生态学理论强调人、信息、信息技术和信息环境之间的协调发展，强调信息生态系统各类构成要素之间的相互支持和协同作用，从而避免因信息生态系统失衡导致的各类社会问题，促进社会的可持续发展。

信息生态学理论对我国多民族语言信息共享空间建设的启示意义在于以下方面。第一，多民族语言信息共享空间应该遵循是生态学的"多样性共存"理念，摒弃以效率为导向的单一化语言文字工作导向。生态学认为每一种生物都有其存在的价值，不能因为人为原因导致某类生物的灭绝或消亡。人类的语言与此类似，每一种语言文字都是相关族群的人口在长期的历史发展过程中逐步提炼和总结出来的，其中积淀了大量有关这个族群的历史和文化，如果灭绝则其中的文化信息就一起消失了。语言文字的多样性会带来沟通交流的障碍，如果单纯从沟通效率的角度而言，只采用一种语言文字就可以实现效率的整体性提高。但是，语言文字工作不能以效率为政策导向，而是要综合考虑少数民族语言文字所承载的文化多样性保护、少数民族人口的族群认同等因素，在保护语言文字多样性的前提下，通过推行双语教育、进行信息资源双语著录等方式，降低跨语言信息交流的难度。第二，我国民族地区的信息环境具有相对于其他地区更为复杂、更为多样化的特征，必须从生态系统的角度进行综合分析，提出体系化的管理和应对策略。民族地区信息生态的复杂性首先体现在信息主体语言能力的差异性，尽管我国政府在推进民族地区双语教育方面已经取得了令人瞩目的成就，由于历史原因，部分少数民族人口至今不能使用国家通用语言文字进行社会交流。与此同时，部分汉族干部和汉族居民也不能很好地使用当地通用的少数民族语言进行交流。因此，民族地区信息主体呈现出高度的多元化特征，语言文字应用能力不同的各类社会群体都存在。在文献信息交流当中，作为信息客体的信息资源同样呈现出多元化特征，只采用国家语言通用文字，采用少数民族文字与国家通用文字双语对照，只采用少数民族文字等情况都存在。在信息主体和信息客体均呈现出多样性特征的情况下，如何构建各类信息主体之间直接顺畅交流的环境，如何为语言文字应用能力不同的群体提供文献信息资源跨语言阅读服务，就成为多民族语言信息共享空间建设必须面对和解决的问题。第三，多民族语言信息生态平衡的关键在于充分尊重各类主体的语言权利，考虑各类信息主体实际的信息需求，通过人口的双语化、信息的双语化以及语言文字信息技术的支持，降低跨语言信息交流的障碍，化解跨语言信息交流当中可能产生的社会风险。民族地区信息生态系统平衡的关键在于实现各构成要素之间的协调和互补，使处在同一社会环境当中的各类人口各得其所，可以用自己熟悉的语言文字与外界直接进行信息沟通，或者在翻译人员、翻译设备的支持下与使用不同语言文字的人群进行沟通，从而使社会当中各类群体之间建立紧密的联系，防止社会走向相互分割的局面。第四，多民族语言信息生态系统是具有自组织、自适应能力的动态系统，信息主体、信息客体和信息技术之间相互协作构成信息生态网络，其中一个方面的支持措施失效而无法跨语言服务时，另外两个方面的应对措施应该及时"补位"，防止出现信息生态链接的"断链"问题，从而形成动态适应的生态系统。

三　信息行为理论

信息行为（Information Behavior）是人类与信息之间实现互动的过程中，所表现出的心理和行为特征的总称。用户信息行为研究是信息管理学的重要研究内容，通常涉及信息行为内在机理和信息行为外在表现两个方面。信息行为内在机理通常是指由用户信息需要到信息行为的心理过程。心理学认为，人的任何行为都是受动机支配的，而动机产生于个体的实际需要和外界对个体的影响和刺激。信息需求是指用户在工作或者生活中意识到自己缺少信息并期望得到满足或者支持的心理状态。对于公共文化服务机构而言，用户信息需求分为对信息本身的需求、对信息获取途径的需求和对信息服务的需求三个层面。用户对信息本身的需求又可以细分为对已知文献资料的需求、对已知主题文献资料的需求以及对其他非文献形式的信息资源的需求；用户对信息获取途径的需求通常包括对信息检索工具、资料库系统以及人际信息网络的需求；用户对信息服务的需求是指用户在信息检索和获取服务的过程中，希望能够获得良好的服务体验。用户信息需求是时刻受到外界影响而动态变化着的复杂体系，通常情况下用户可以意识到自己是否存在需求或者需求是否已经得到满足，但是很难非常清晰准确描述自己的需求，甚至没有意识到自己在某方面存在信息需求。当个体的信息需求强烈到一定程度，就会产生信息动机，引导个体进行信息查找等行为，以满足自身的信息需求。

作为外在表现的信息行为是指个体为满足信息需求而进行的一系列社会活动，通常包括信息搜寻行为、信息选择行为、信息保存行为、信息传播行为和信息利用行为等方面。信息搜寻行为是指用户自己或者委托专门机构进行信息的查找、采集等行为。信息搜寻过程中，用户一般会遵循"由近及远，先易后难"的原则，最先通过网络搜索、个人藏书、单位资料室等途径查找，需求没有满足时可能转向同事、同行或朋友，通过人际渠道进行查找；

最后可能委托给专业机构进行查找或者暂时将现有需求搁置。信息选择行为是指从收集到的大量相关信息中选择自身适用,可以满足信息需求的信息资源的过程。信息保存行为是指用户将采集到的信息按照一定的规则进行妥善保存的行为,例如选择适合的载体、进行信息备份、进行信息的分类和著录等。信息传播行为是指个体将收到或者产生的信息向周围人群进行传播过程中表现出的行为特征,通常需要保证信息的真实、快捷,防止信息传播过程中发生畸变。信息利用行为是指用户利用信息解决自身问题的过程,包括问题提出、问题空间确立、问题空间搜索、问题解决等步骤。①

在用户信息行为基本规律研究领域,国外学者曾经提出众多的理论成果,其中有代表性的规律主要有"穆尔思定律"、齐夫的"最小努力原则"、戴维斯的"技术接受模型"(TAM)和查特曼的"圆周生活理论"等。美国科学家开尔文·穆尔思(Calvin Northrup Mooers)在研究信息检索系统时发现:"如果一个信息检索系统过于复杂,用户觉得取得信息比不取得信息更伤脑筋和麻烦的话,这个系统就不会得到利用。"这一结论被称为"穆尔思定律",如果用户感觉获取信息所要付出的精力和成本要大于获取信息可以得到的收益,那用户就会放弃这一信息需求。美国哈佛大学语言学家乔治·齐夫(George Kingsley Zipf)在他的专著《人类行为与最小努力原则》当中指出,每一个人在日常生活中都必定要在他所处的环境里进行一定程度的运动。如果这样的运动可以视为在某种道路上行走,其必然受到一个简单的基本原则的制约,即"最小努力原则"②。根据"最小努力原则",人们在工作中力图使自己可能付出的平均精力、体力或经济方面的消耗最小化。因此,在信息服务过程中,用户会希望服务机构尽可能提供全面、准确的信息资源,以避免用户自己进行查找和选择所要付出的劳动,因而"一站式服务"模式会成为信息服务未来发展的主流模式。技术接受模型(Technology Acceptance Model, TAM)是美国学者戴维斯(F. D. Davis)1989年在研究计算机技术大众接受问题时提出来的,其原理对于用户的信息接收行为同样适用。TAM模型认为用户对信息的接受态度主要受到感知的有用性(Perceived Usefulness)和感知的易用性(Perceived Ease of Use)和外部变量三个方面因素的影响。其中,外部变量主要包括任务目标、信息环境、信息资源、信息技术、需求

---

① 司有和:《行政信息管理学》,重庆大学出版社2003年版,第426—428页。
② 胡昌平、胡潜、邓胜利:《信息服务与用户》,武汉大学出版社2015年版,第139页。

结构、认知规范、行为态度、经验积累、偏好习惯和信息素养等。① 美国佛罗里达州立大学的艾孚达·查特曼（Elfreda Chatman）教授是研究社会边缘群体信息行为的著名学者，她根据对处于社会弱势群体信息行为的研究提出了"圆周生活理论"（Life in the Round）。查特曼认为当人群生活在极度贫困环境下时，通常只关注与自己日常生活直接相关的信息而忽视其他类型的信息，即使这种信息对于改善生活状况会有所帮助。即使没有外部信息的输入，处在"小世界"（Small World）当中的社群仍然可以正常运转，其生活具有高度的稳定性和可预见性，这种由于缺乏信息互动而使社会生活处于低水平重复的状态，就是所谓的"圆周生活"②。

信息行为理论对多民族语言信息共享空间建设指导和启示意义在于以下方面。第一，相对于其他地区，我国民族地区用户信息需求呈现出语言需求和内容需求相互叠加而出现的复杂结构，用户不仅仅需要获得信息本身，还希望获得能够理解信息的内容。在用户所能掌握的语言文字与信息所使用的语言文字之间不能匹配时，就需要提供信息服务机构同时提供跨语言支持服务，例如提供人工翻译、机器翻译或者提供对应版本摘要、目录等信息。第二，用户对信息的接受，除了对有用性和易用性的判断之外，语言文字的可理解性也重要的影响因素。在用户不能直接识读某语种信息资源的时候，如果信息服务机构可以提供相应的跨语言支持服务，则用户也可能选择接受和利用该信息。因此，多民族语言信息环境下的跨语言服务系统可以构成多语言信息交流的基础实施，为社会各类群体之间的跨语言沟通交流提供统一的支持平台。如果公共文化服务机构可以提供跨语言服务支持，用户选择和接收不熟悉语言文字信息的意愿会提高很多。第三，根据"最小努力原则"，用户在信息行为当中倾向于选择最为容易接触和使用的服务方式。在多民族语言信息共享空间建设过程中，真正长久有效地解决跨语言信息交流问题的策略还是要依靠双语教育或者双语培训，只有民族地区人口同时掌握了国家通用语言文字和当地通用的少数民族语言文字的时候，日常生活和阅读过程中所遇到的语言障碍才会相对少一些。然而对用户而言，要重新学习一门新的语言意味着巨大的时间和精力的投入，只有极少数人在成年之后会去下决心从零开始学习新语言，为此公共文化服务机构跨语言信息服务首先需要依赖介于中介和基于信息翻译的策略来实现。在机器翻译和人工翻译两种服务

---

① 鲁耀斌、徐红梅：《技术接受模型及其相关理论比较研究》，《科技进步与对策》2005年第10期。

② 张菁：《我国小世界理论研究述评》，《情报科学》2008年第9期。

方式都具备的情况下，用户极有可能首选人工翻译方式，通过更有亲和力、更加灵活的翻译人员来了解相关信息。但是人工翻译工作效率相对较低，可以与机器翻译相互结合，充分发挥各种服务资源的优势，给用户打造一个简单易用、信息全面、服务到位的"一站式"信息服务环境。第四，多民族语言信息共享空间的建设，必须从实际出发，对民族地区社会发展的现实情况有充分的认识，通过培养民族地区社会群体的信息意识，提高其应用信息解决社会问题的能力和素养，鼓励其走出重复性的"圆周生活"，进而提高民族地区社会的包容和开放程度，由信息驱动民族地区经济社会发展与改革。

四　信息交流理论

信息交流（Information Communication）通常是指两个或两个以上的个体借助共同的符号系统所进行的信息传递、交换与共享。信息是用某种符号系统是对客观世界各类事物运行和发展变化状态的表征，符号系统对于信息交流至关重要。一般而言，当某一事物替代另一事物某方面属性的表征时，它的功能就被称为"符号功能"，而承担这种功能的事物被称为"符号"。简而言之，符号就是一种表达思想、进行指挥或者表示意愿的通用记号或者标志。语言文字是人类社会创造出来的表意符号，它将世界上错综复杂的事物简化称为表意的声音符号或者文字符号，从而使人类区别于其他生物的本能生活，开启了文明时代。在信息交流过程中，使用共同的符号系统是进行有效沟通交流的前提，如果双方使用的是不同的语言文字，而两者之间又缺乏相应的中介机制，则这种交流就无法进行。因此，在多语言环境下，要实现跨语言交流，就必须建立语言之间的参照体系，使其中的一种语言文字所要表达的含义可以稳定地转换成为另外一种语言文字，被对方所理解和利用。

信息交流是信息学、传播学等学科共同关注的重要问题，多位学者先后提出过对信息交流模式的研究成果。1949 年，美国贝尔电话实验室的申农（Shannon）及其合作者韦弗（Weaver）联合提出了一个通信系统的模型。在该模式中，信源发出讯息，经过发射器，把讯息变换为信号，信号在信道中传递的过程，会受到噪声的干扰，所以接收到的信号实际上是"信号＋噪声"。经过接收器，把信号还原成讯息，传递给信宿。申农和韦弗模式提出了"噪声"的概念，表示信息在传递过程中受到干扰的情形，说明由于可能受到噪声的干扰，信号不是稳定不变的，这可能会导致发出的信号与接收的信号之间产生差别。因此，信息系统的基本问题是要解决有效性与可靠性两方面的问题，即以最大速率准确无误地传递信息。"申农-韦弗"模式后来被人们视作信息论的基本模式而得以广泛引用。1948年，美国政治学家拉斯维尔（Harold D. Lasswell）在其发表的《传播在社会中的结构和功能》一文中对人类社会的传播活动进行了系统分析，提出了著名的信息交流"5W模式"理论。拉斯维尔的"5W"模式分别为：传播者（Who）、传播内容（Say What）、传播渠道（In Which Channel）、传播受众（To Whom）、传播效果（With What Effect），这五个要素后来演变为传播学学科的五大支柱领域：控制研究、内容分析、媒介研究、受众研究和效果研究。拉斯维尔的"5W"模式和"申农-韦弗"模式都是线性的，没有考虑到反馈因素的存在。1954年，美国爱荷华大学的威尔伯·施拉姆（Wilbur Schramm）在《传播是怎样进行的》一文中指出，信息会产生反馈，并为传播双方所共享，这种模式被称为"施拉姆循环模式"。在该模式中，传播双方都被进一步细分为"编码者"、"释码者"和"译码者"三种角色，其中传播方需要传播的信息被接收方接收并处理以后，再将反馈的信息传播给传播方，传播者和接收者的角色实现互换。"施拉姆循环模式"考虑了反馈因素的存在，表现了人际传播的本质特征，但是不能用来解释大众传播领域的问题。

  情报学领域有关信息交流的理论主要有"维克利模式"、"高夫曼模式"和"门泽尔-米哈伊诺夫模式"等。1987年英国学者维克利（B. C. Vickery）在布鲁克斯（B. C. Brooks）知识方程的基础上提出了"信息传递的社会学模式"，揭示了信息源与信息接收者之间相互寻求的关系，并指明了反馈在信息交流当中的重要作用。1964年美国著名情报学家高夫曼（W. Goffman）在《自然》（Nature）杂志上发表了《传染病理论的普遍化：思想传播的应用》一文，把思想的传播和疾病的传播进行了类比，提出了信息交流的扩散模式，即"高夫曼模式"。"高夫曼模式"主要的着眼点是人际信息交流，而没有考虑基于文献的间接交流的情况。1958年，美国社会学家门泽尔（H. Menzel）提出了科学信息交流过程中"非正式交流"和"正式交流"的区分，这种理论后来被苏联情报学家米哈伊诺夫所采纳，并在其著作《科学交流与情报学》一书中进行了系统阐述，因此这种模式被称为"门泽尔-米哈伊诺夫模式"。科学信息交流的"门泽尔-米哈伊诺夫模式"分为非正式交流和正式交流两种类型。非正式交流是指学术共同体成员之间的人际交流，这种交流具有针对性强，交流形式灵活等特点，但是交流的范围有限，交流内容的准确和可靠程度也较难保障。科学信息的正式交流是指基于文献系统的交流，作者通过图书、期刊等载体将自己的研究成果与同行进行交流。由于交流载体可以大规模复制，因为这种交流的范围较大，是目前科学信息交流的主流模式。此外，由于图书和期刊在出版过程中会有严格的审稿制度，正式发表或出版的学术信息内容通常情况下是较为可靠的。由于正式交流和非正式交流各有所长，也各有所短，因此实践中结合两者的特点，灵活运用，功能互补，以最大化扩大科学信息的传播范围，提高科学信息交流的效果。"门泽尔-米哈伊诺夫模式"，如图2-6所示。①

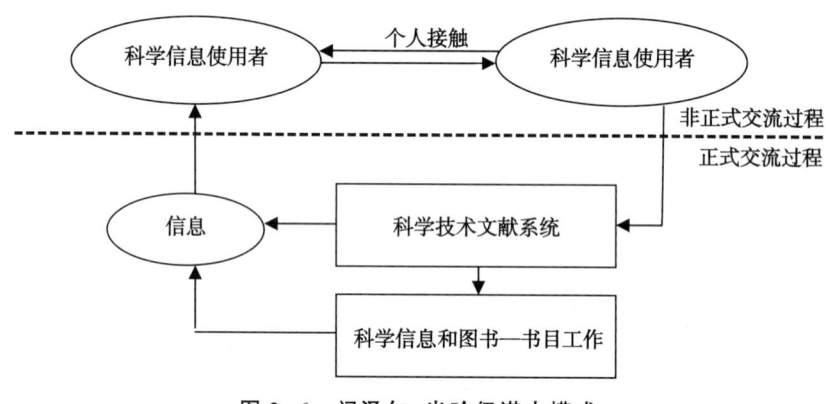

图 2-6　门泽尔-米哈伊诺夫模式

促进多民族语言信息无障碍交流是多民族语言信息共享空间建设的目标之一，信息交流理论对多民族语言信息共享空间的指导和启示意义主要体现在以下方面。第一，信息交流的关键在于构建起共同的符号系统，如果交流双方所使用的是不同的语言文字，则相当于是两套不同的符号系统，要实现跨语言交流，就必须在两套符号系统之间建立关联，是共同描述的事务的符号可以通过其中一套系统转换为另外一套符号系统。具体而言，就是要建立双语的语言资源，包括双语词表、双语词典、双语本体等。我国民族地区多语言信息交流的情况非常复杂，除了国家通用语言文字和当地通用的少数民族语言文字之间的转换和共享之外，还要考虑各语种少数民族语言文字之间的共享问题。因此，较为科学、稳妥的方法是参照国家通用语言文字，建立各少数民族语言文字的语言资源，使我国境内各民族语言文字之间建立统一的语义关联，同一表达对象所使用的语义代码是一致的，从而可以非常方便地实现跨语言的信息检索和转换。从发展趋势来看，构建多民族语言通用语义本体模型将是实现多民族语言符号体系整合的主流模式。第二，根据施拉姆的循环交流模式，多民族语言信息共享空间建设过程中，可以通过组建互

---

① 王伟：《医药信息管理基础》，吉林大学出版社2005年版，第134页。

助小组的方式来降低跨语言信息交流的障碍。例如，图书馆信息共享空间当中，可以将用户、专业翻译人员、学科专家和技术专家等组合成为若干个小组，每个小组内部成员具有不同的专长，有的擅长语言翻译，有的擅长信息内容的研究和解释，有的擅长技术问题，通过这种形式的组合，则可以优势互补，形成可以解决绝大多数跨语言信息交流问题的集体，实现跨小组、跨语言双向互动交流。第三，根据"门泽尔-米哈伊诺夫模式"信息交流模式，多民族语言信息共享空间旨在打造跨语言无障碍交流环境，因此在规划和设计其基本功能的时候，必须综合考虑传统文献信息服务、数字信息资源服务、服务人员与用户的互动、用户之间的互动交流等多方面的服务需求，为相关人员和信息资源之间的良性互动创造更好的环境，满足用户多方面的信息需求。为此，在多民族语言信息共享空间实体空间设计时，要考虑到用户之间进行信息交流的需要，使空间功能划分、房间设施配备、家具位置摆放等都体现出为用户信息交流提供支持的理念，使用户在信息共享空间中得到良好的交流体验。

五 信息服务理论

服务是一种复杂的社会现象，是服务的提供方为了满足服务消费方的需求并使其在服务过程中具有良好服务体验的一系列行为的集合。信息服务是以信息为内容的服务业务，其服务对象是对服务具有客观需求的社会主体。[1]信息服务是机构信息管理工作价值实现的最终途径，如果机构内部信息管理基础工作做得很好，但是没有为用户提供高质量的服务，则为采集和保存信息资源所付出的所有努力都会失去意义。相对于实体产品的质量管理，信息服务质量控制更加复杂，必须克服诸如服务产品无形性、易变性、易替代性等特殊属性的挑战。由于信息服务是实践性很强的领域，工商企业管理理论当中的客户关系管理理论、卡诺模型、服务质量缺口模型顾客满意度等都可以为提高信息服务质量提供一定的参考和启示。

客户关系管理（Customer Relationship Management，CRM）是一种以客户为中心的经验管理策略，它强调通过信息技术搜集和管理客户相关信息并与客户进行互动，分析和预测客户需求，围绕客户需求组织生产和营销活动，在维护客户忠诚度的同时获得最大的收益率。对于从事公共文化服务的机构而言，由于其服务对象的广泛性，一般很难照搬企业客户关系管理的做法，

---

[1] 胡昌平、乔欢：《信息服务与用户》，武汉大学出版社2001年版。

因此最大的启示实际上在于服务理念的更新上。客户关系管理理念要求提供公共文化服务的机构要意识到其存在的社会价值就是为社会大众提供信息服务,如果服务质量不能令用户满意,则机构存在的合法性就会受到质疑。因此,公共文化服务机构应该主动开展对服务对象信息需求调研,通过了解社会大众的服务期望和服务需求,有针对性地改善服务过程,实现与服务对象的良性互动。

借鉴客户关系管理思想进行信息服务,首选需要做的是进行服务对象群体的细分,将服务对象按照年龄、职业、文化程度等特征划分为不同的群体,研究调查研究这些群体的信息需求,为有针对性地提供服务奠定基础。在进行服务对象需求调研过程中,卡诺模型是一种较为有效的分析工具。卡诺模型(Kano Model)是日本质量管理专家狩野纪昭(Noritaki Kano)教授于1984年提出的一种客户对产品质量需求的分析工具。Kano模型将顾客对产品质量的需求分为三个层次:基本型需求(Must-be Quality)、期望型需求(One Dimensional Quality)和兴奋型需求(Attractive Quality)。基本型需求就是顾客认为必须达到的质量属性,如果不能达到,他们就会非常不满意从而放弃对该产品的使用。期望型需求是一种线性增长的需求,随着产品提供的这类属性增多,顾客的满意度也会相应增加。兴奋型需求或者称为魅力型需求,是指超越了客户期望值的质量属性,顾客没有想到会提供这类属性因而有一种喜出望外的感觉。客户对同一产品或同一服务的三类需求结构呈现出复杂性特征,不同的人群对一些属性的需求层次认识不一致,而且三类需求总体上是处于向下移动的趋势当中的,客户最初觉得惊喜的质量属性在经过一段时间的熟悉和适应之后就会成为期望型需求,甚至成为必须提供的基本型需求。

服务质量缺口模型又称为服务质量差距模型、5GAP、PZB模型,是由美国营销学家帕拉休拉曼(A. Parasuraman)、赞瑟姆(Valarie A Zeithamal)和贝利(Leonard L. Berry)等人于1985年提出的。服务质量缺口模型认为企业在为用户提供服务的时候,无论其主观意愿如何,客观上存在无法彻底消除的服务的设计与提供与客户需求不一致的情况,即服务质量缺口(Gap),提高服务质量的关键在于尽可能缩小这些缺口。导致服务传递偏差的原因主要有五个方面,即五个服务质量缺口,如图2-7所示。[1]

---

[1] [美]森吉兹·哈克塞弗(Gengiz Haksever)等:《服务经营管理学》(第2版),顾宝炎、时启亮等译,中国人民大学出版社2005年版。

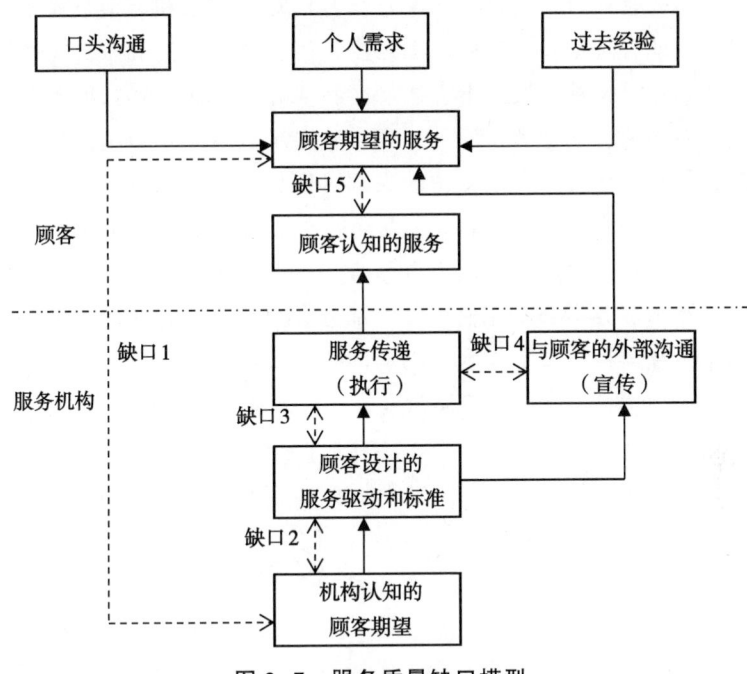

图 2-7　服务质量缺口模型

服务质量缺口模型认为服务质量难以准确测量的原因在于服务是复杂的传递过程，每个环节都可能对顾客的期望以及顾客对服务的实际感知造成影响，从而导致顾客不满意。图 2-7 中，服务机构在向顾客提供服务的过程中，存在着五个影响服务质量的缺口，任何一个缺口的服务环节出现疏漏，都会使顾客对服务质量的最终判断造成影响。缺口 1 表示顾客对服务质量的真实期望与机构对顾客期望的理解之间存在差距，需要改进顾客需求调查和分析的方法；缺口 2 表示机构由对客户需求的理解转向服务设计的过程中，所规划和设计的服务项目与所了解的顾客需求之间存在差距，也就是说服务项目并不一定真正可以满足客户的需求；缺口 3 表示机构所设计的服务项目和标准没有得到很好的实施，并没有将高质量的服务设计方案变为现实；缺口 4 表示机构对外宣传的服务水平与实际能够提供的服务水平之间存在差异，这种差异可能导致顾客接受服务时期望值过高。总之，服务质量缺口模型表明服务的提供是一项复杂的系统工程，多个因素之间相互影响，只对其中的一部分进行改良而其余部分仍存在差距将导致服务水平无法提升，要从根本上提高服务质量，服务提供机构必须从体系角度进行整体性的优化。

客户满意度（Customer Satisfaction Index，CSI）是另外一种指导服务质量

提升的理论。通常而言，客户满意度是指客户对其需求和期望被满足程度的主观感受。企业管理学界认为客户满意度是客户接受产品和服务时的期望值与实际绩效的差异函数，期望小于绩效，客户就会非常满意；期望等于绩效，客户就会感到满意；期望大于绩效，客户就会不满意。客户满意度受到多种因素的综合影响，任何一种因素的缺失都可能导致客户的预期落差，从而产生不满意。客户满意度具有差异性，同样的产品或服务，对不同年龄、职业、文化程度、价值观等差异很大的人群而言产生的效果是不同的，令一部分客户满足的产品和服务未必就能使另外一部分客户满意。客户的期望值处在动态变化当中，在某种情境下令客户满意的产品或服务，过一段时间以后未必就能继续让他满意。因此，客户满意度是一个非常难以准确把握的社会现象，作为提供公共文化服务的机构，显然不能照搬企业的做法，但是时刻以服务对象满意作为工作的核心理念，保持对服务内容和服务形式的动态调整，是维护服务对象满意度的重要思路。

当然，上述理论和模型是对企业经营管理领域基本规律的分析和总结，公共文化服务机构要应用时必须仔细分析与自身实际的相似之处和不同之处，将"以用户为中心"的理念贯穿到工作实际当中，以用户需求作为服务项目设计的主要依据，而不是基于机构现有哪些资源就提供哪类服务。同时，需要注意的是与企业客户服务不同的是，公共文化服务机构在提供服务的时候是不能人为选择服务对象的，不能重点关注某类群体而忽视其他群体的需要，要在设计服务项目时，尽可能体现公共机构在调节社会信息平等问题方面的作用，要为社会当中处于相对弱势地位的群体提供信息服务。用户服务理论对多民族语言信息共享空间建设的借鉴意义主要在以下方面。第一，公共文化服务机构要走出"重管理、轻服务"的传统服务模式，意识到对信息资源的采集、保存、整理等工作最终的目的还是提供更好的信息服务，从思想意识上重视服务工作，并将其作为驱动业务创新的动力源泉。要做好信息服务工作，信息服务机构必须加强与用户的互动，通过开展用户调查，主动走访，听取用户意见和建议等方式尽可能收集更多的用户需求信息，并通过综合分析，在结合对信息服务领域发展趋势预测的基础上，制定完备的用户工作方案，将用户满意度作为衡量工作业绩的重要指标。第二，在具体服务项目设计上要引入专业的设计团队，采用科学的程序和方法，提高服务设计的整体水平。多民族语言信息共享空间建设在具体服务项目设计方面应该按照"高起点、高标准"的原则，委托专门的服务设计机构进行专业化设计。图书馆、档案馆和博物馆等公共文化机构尤其应该改变长期以来养成的以提供信息查询和参观等业务为主题的单向服务理念,从促进相关群体知识信息共享的角度对原有业务流程进行再造,按照"以人为本、以用户为中心"的理念构建新的服务体系,使用户在接受服务时能够有便捷、舒适、友好、有益的感受。第三,多民族语言信息共享空间服务提供涉及多种语言文字,在常规服务质量缺口模型提出的五种质量缺口之外,还需要注意由于语言文字差异性造成的服务质量缺口。在缺少任何跨语言服务的情况下,用户无法直接识读或者理解工作人员用另外一种语言文字传递的信息,则服务质量无从谈起。只有在语言文字应用能力不同的人和不同语言文字信息资源之间建立了辅助转换机制,多语言服务才能真正得以实施。由于语言文字的复杂性,任何翻译和转换都会使信息原有的内容发生一定程度的缺损或者偏差,公共文化服务机构需要通过各类措施将这种偏差降低到最低程度。因此,多民族语言信息共享空间用户服务质量实际上是要以跨语言服务工作的质量为基础和保障的,只有在空间信息服务质量和跨语言服务质量两者都较高的情况下,空间整体服务质量才能得到保障。

六 公共空间理论

"公共空间"(Public Space)又称为公共场所(Public Place),是政治学和城市规划学都在使用的术语,是指对全体社会成员开放的地理空间。政治学视角下的"公共空间"与"公共领域"(Public Sphere)的含义接近,所指的并不是有明确边界的物质实体空间,而是一个体现着明确价值观的判断,用来描述空间资源与相关人群之间相对关系的概念范畴。美籍德裔犹太女性哲学家汉娜·阿伦特(Hannah Arendt,1906-1975)是最早提出公共领域问题的学者。在《人的条件》一书中,她区分了"私人领域"、"社会领域"和"公共领域",提出公共领域不是以国家的名义而进行集中和支配的场所(社会领域),也不是以个人或者集体的名义而追求经济利益的场所(私人领域),而是人们围绕所共通的事情,能够自由的表明和交换不同意见的开放的共同场所(公共领域)。[①] 公共空间的政治价值在于体现自由与平等,实现参与表达,因此是一类具有非排他性的场所。公共空间是对所有社会成员开放的,不能因为个体生理或者社会属性的差异性将部分成员排除在外。公共空间的建设遵循平等和无歧视原则,所能提供的服务内容也应该满足绝大多数社会成员的需求,使其在参与公共空间活动的过程中获益。同时,公共空

---

① 敬海新:《阿伦特的公共领域思想研究》,《攀登》2007年第1期。

间也是社会成员建立联系和认同，促进交流与融合的重要场所。公共空间可以容纳异质的社会人群，促进多元化的社会活动，为差异化的社会个体和趋于疏离的社会结构提供相互了解、相互交流和相互融合的机会，减少因为差异性所带来的社会隔离、两极分化等负面作用。城市规划学视角下的"公共空间"通常是指市民日常生活当中共同使用的场所，例如街道、广场、公园、图书馆、体育场等。从经济学视角来看，上述公共空间具有非排他性，但是具有竞争性，因此是一种拥挤的公共产品。在空间设计时，应该尽可能把所有相关社会群体的需求考虑进去，尽可能满足各类社会群体的需求，但是在空间使用上，这些空间要遵循先到先得原则，在特定时间点上部分群体服务。公共空间理论对我国民族地区公共文化服务机构的启示在于，作为一种特殊类型的公共空间，"多民族语言信息共享空间"必须为所在区域的所有社会成员提供服务，不能因为服务对象语言文字应用能力的差异性而将其排除在外，既要为只掌握了少数民族语言文字的公民提供国家通用语言文字信息服务，也要为只掌握了国家通用语言文字的公民提供其需要的少数民族语言文字信息服务，同时要为上述两类语言文字应用能力不同的社会群体之间跨语言沟通交流提供支持，建立"多民族语言无障碍沟通交流环境"。

第五节　多民族语言信息共享空间的本质特征

　　信息共享空间是为促进信息共享和交流专门设计建设的公共服务空间，其本质与名称之间并没有直接联系。也就是说，某机构所提供的服务体系是否属于信息共享空间是由其是否符合信息共享空间的本质特征所决定的，而不是看其名称是否叫作 Information Commons。例如，某些高校的信息中心所提供的服务完全符合信息共享空间的特征，而在名称上却沿用较为传统的 Information Center。相反，如果由机构建立的信息共享空间只对外提供上网服务，就不能称其为信息共享空间。因此，信息共享空间的本质特征是什么，究竟一个信息机构服务设施的设计要符合哪些特征才能称为信息共享空间，就成为信息共享空间规划和建设过程中必须分析和解决的问题。

　　关于信息共享空间的特征，国内外有多名学者曾经进行过系统的研究。美国芝加哥洛约大学学者罗伯特·希尔认为信息共享空间具有四大特征，分别是：泛在性（Ubiquity）、适应性（Utility）、灵活性（Flexibility）和群体性（Community）。泛在性是指信息共享空间当中的每一台计算机都使用相同的界面和相同的电子资源检索软件；适应性是指信息共享空间的规划应该适应各类用户的需求；灵活性是指信息共享空间可以根据环境和技术的变化而进一步发展；群体性是指信息共享空间为群体的共同协作提供支持。① 澳大利亚图书馆员菲奥娜·布拉德利（Fiona Bradley）认为信息共享空间符合以下特征。第一，开放性。信息共享空间通常在图书馆建设或翻新时进行设计，在计算机使用、墙报、连线和照明方面几乎没有限制和条件，允许对其实体结构做较大的变更，空间内的资源除文本之外，还包括音频、视频和多媒体资源。第二，人性化。信息共享空间是鼓励读者长时间逗留和工作的地方，通常由参考咨询部门和技术部门联合创建集成化的参考咨询技术环境以支持读者。第三，集成化。信息共享空间强调对各类服务的整合，以满足深层次参考咨询对图书馆员提出的更高要求。② 我国学者任树怀教授认为图书馆信息共享空间和学习共享空间的基本特征包括：开放获取、空间共用、以人为本、服务集成、技术泛在、交流互动、虚实融合、组织联盟、集体智慧、合作协同、伸缩灵活、共同参与、资源丰富、支持学习、社区生态、温馨安逸、彰显文化、素养培育以及支持知识创新等。③ 我国学者阳国华认为信息共享空间与传统图书馆服务相比，具有四个明显的特征：第一，服务功能更加多元化，整合了图书馆传统服务并将其拓展到了 IT 支持服务、专业化学习指导服务、计算机软硬件使用、多元化学习空间、团体协作与交流等领域；第二，服务方式一站式、集成化，在一个平台上向用户提供各种服务，将用户的需求和期望纳入一个整体中，帮助用户完成信息识别与检索、分析与处理、集成和综合等一系列用户信息行为；第三，服务空间更加灵活与人性化，打破图书馆原有的功能区分，喧闹区与安静区相分离，个人学习空间与团体学习空间并存，休闲区与主控机相结合，为用户提供多样化的空间选择；第四，资源配置更具弹性，根据用户不同学习阶段的需求对所提供的服务、技术和资源环境进行动态调整，以增强其针对性、适用性和实用性；第五，管理更强调协调与合作，尤其是与信息技术部门、数字资源发布部门、学习中心和学科专家的合作等。在总结信息共享空间基本特征的基础上，阳国华指出图书馆信息共享空间的本质特征主要包括：第一，共用是 IC 的理念基础；第

---

① Seal, Robert A., "The Information Commons: New Pathway to Digital Resources and Knowledge Management", http://www.nlc.gov.cn/culc/cn/lwzj.htm, 2005.

② Fiona Bradley, "Eanbling the Information Commons", http://arizona.openrepository.com/arizona/handle/10150/106186. 2004.

③ 任树怀：《信息共享空间实现机制与策略研究》，上海大学出版社 2011 年版，第 27 页。

二,"用户为主导"是 IC 服务的基石;第三,"一站式服务"是 IC 的灵魂;第四,技术与合作是 IC 成功的催化剂。①

"多民族语言信息共享空间"是信息共享空间在我国民族地区公共文化服务当中的应用,是一种具有特殊功能的信息共享空间,因此要在遵循信息共享空间建设基本原则,符合信息共享空间基本特征的基础上,重点解决我国民族地区多语言环境下的信息交流问题。综合国内外学者对信息共享空间特征所做的研究,本书将我国多民族语言信息共享空间的本质特征总结为以下五个方面。

第一,开放共享(Open and Sharing)。多民族语言信息共享空间是由我国民族地区的图书馆、档案馆、博物馆、美术馆、纪念馆、文化馆等公共文化服务机构为促进各自业务领域内多民族语言信息资源的沟通和交流而专门建设的公共服务设施,其建设资金主要来自由企业和公民纳税积累起来的各级财政,因此从产权性质上属于全体公民共同所有,其运营管理要以为当地公民服务为最高宗旨,不能以公民的年龄、性别、经济情况、健康情况、社会地位等为原因拒绝为某一部分公民服务,即非排他性。从公共物品理论来看,多民族语言信息共享空间具有弱竞争性,由于实体空间容量有限,同时进入信息共享空间接受服务的用户数量是有限的,在特殊情况下可能出现拥挤和排队等候等情况。由于信息技术的介入,如果有些业务不是非要到实体空间办理的话,也可以通过网络空间进行访问,从而使竞争程度降低。由于信息资源具有使用的非消耗性,一个用户对阅读并不会影响另外一个用户的正常阅读,这一点与物质产品的竞争性是完全不同的。因此,总体而言信息共享空间具有非排他性和弱竞争性,属于拥挤的公共产品。按照公共经济学基本原理,公共产品应该由政府负责生产,面向全体公民开放提供。因此,在一定范围内对所有利益相关者开放共享是多民族语言信息共享空间的首要特征,如果某机构建立的信息共享空间只能为特定的群体服务,则从本质上丧失了作为 Commons 的公共属性。需要说明的是,信息共享空间最早是从高校图书馆的应用起步的,对高校信息共享空间而言,Commons 的服务范围就是全体师生,如果高校图书馆建立了信息共享空间,是不能因为学生或教师的某项外在特征就将其排除在服务对象之外的。

第二,面向用户(User Oriented)。面向用户或者用户导向思想源于企业,其初衷是希望通过对用户需求的分析和研究,设计和开发出更能满足用户需

---

① 阳国华:《图书馆信息共享空间建设》,海洋出版社 2010 年版,第 53—54 页。

求的产品或者服务,从而在市场竞争中占据优势。与企业不同的,多民族语言信息共享空间的建设主体是以公共文化服务机构,其提供的服务不能以营利为目标,因此对面向用户原则的理解更多是从服务理念的角度进行的。多民族语言信息共享空间建设过程中遵循"面向用户"原则,就是要充分认识到信息服务机构与用户之间的依存关系,考虑一切问题首先要关注用户而不是公共文化服务机构自己,以用户需求作为提供服务的出发点和最终归宿,根据用户需求设计、提供理想的服务,最终实现用户满意。同时,要加强与用户的直接互动,通过多种形式不断理解用户的期望,分析用户的需求,并将其作为服务改进的方向和依据。以用户为导向的多民族语言信息共享空间需要建立一整套严密有效的运行机制,重点解决好服务对象确认、服务需求分析、服务方法措施制定、服务提供、服务评价和服务发展等问题,根据对服务对象及其需求的认识,建立新的方法措施体系,以获得更好的服务绩效,赢得服务对象的满意。多民族语言信息共享空间的服务用户主要是本地使用不同语言文字的社会群体,特别是只能使用国家通用语言文字和少数民族语言文字两者之一的人口,需要对这类用户跨语言服务需求进行细致调研与分析,明确跨语言信息服务重点需要解决的问题,围绕用户需求进行整体性规划和精细化、人性化设计。

第三,资源集成(Resources Integration)。资源集成是指信息共享空间之内的纸质文献、数字信息、服务支持人员以及信息共享空间之外的数字信息资源、语言基础设施、知识基础设施和专家团队等资源通过计算机网络整合为一个整体,可以通过统一的平台向用户提供服务。用户只需要在服务平台上进行一次检索,就可以得到物理上保存在不同的计算机服务器中,类型功能各异的信息资源,同时可以与空间内外的工作人员和专家团队进行在线沟通,获得人工服务,即我国学者任树所说的经过特别设计、可以确保开放存取的"一站式"(One Stop)服务设施。"一站式"服务是由计算机网络和数字资源整合所催生的新型信息服务模式,它打破了机构、载体和地理位置的界限,使原本分散保存的各类资源集成到统一的平台。从用户的视角来看,除信息检索速度的细微差异外,用户对信息服务的体验和所有资源保存在本地没有太大的差别。资源集成的范畴既包括各类信息资源,也包括支持信息资源利用的技术系统、工作人员和专家等,因此是信息资源、技术资源、人力资源和空间资源的整体性集成。就信息资源集成而言,还包括数据集成、信息基础和知识集成等层次,信息共享空间的发展趋势是各类信息资源的内容之间建立语义关联,实现真正的深度集成。多民族语言信息共享空间的资源集成任务非常艰巨，需要按照双语著录原则将不同语种的信息资源整合起来，同时要通过网络整合各类语言机构的语言资源，通过建立多语言信息共享基础设施平台，为跨语言信息管理提供基础服务。由于少数民族语言信息处理技术还没有完全成熟，多民族语言信息共享空间提供信息服务时对各类双语翻译人员、双语志愿者等人力资源的综合调配使用，也是提高跨语言信息服务质量的重要途径。

第四，虚实交融（Physical & Visual Aggregation）。多民族语言信息共享空间可以分为线上的虚拟空间（Visual Space）和线下的实体空间（Physical Space），用户可以通过两种方式体验公共服务机构所提供的服务。既可以到实体空间接受服务，也可以足不出户通过计算机或者移动通信终端来访问公共文化服务机构的数字门户就可以获取各类服务。信息共享空间主要是侧重于实体空间服务，但是并不是机构传统服务的延续，而是融入了数字化的元素，按照"以用户为导向"和"一站式"服务的要求对原有服务空间的布局结构进行调整，基于实现高度整合的数字化平台进行各类服务活动。在这种环境之下，用户可以非常方便地线上和线下进行切换和活动。例如，用户到公共图书馆去听一场学术报告，可以一边听报告一边进行评论，或者通过手机软件向演讲人提问；到公共美术馆去看艺术品展览时，可以随时就某一幅作品的价值与一同参观的人进行虚拟讨论甚至争论；或到公共文化馆去欣赏戏剧演出时，可以一边看演出，一边收集与该戏剧主体有关的图书、档案、文物等相关信息。总之，多民族语言信息共享空间是一个"虚拟层"和"实体层"相互交融，你中有我、我中有你的集成动态服务体系，可以为每个用户按照自己感觉舒适的方式访问空间资源和服务提供最大化的支持。

第五，无障碍交流（Barrier-free Communication）。无障碍交流可以从三个层面来理解：其一是打破常规服务设施对特殊人群接受服务可能造成的限制，为社会当中由于各种原因导致身体功能障碍的残障人士提供信息服务，例如为有视力障碍的人群提供语音信息引导服务，考虑行动不便的人群专用的轮椅通道、专用电梯等。其二是在信息共享空间内部打通载体分隔、地理分隔、技术分隔等造成信息无法共享的状况，实现纸质文献、数字信息、人工服务信息等信息资源的立体化协同交流，使进入空间的用户可以非常便捷地获取所需要的任何信息资源。其三是打通由于语言文字差异性和用户语言文字应用能力差异性可能造成的沟通交流障碍，使进入空间的用户可以通过人工翻译、机器翻译、跨语言检索、双语元数据浏览等方式当中的一种或多种进行信息的跨语言阅读，以熟悉的语言文字为工具，阅读和了解其他语言文字的信息资源。同时，空间可以为使用不同语言文字用户之间的沟通交流提供支持，使其在人工翻译、机器翻译或者辅助交流系统的支持下就某一主题进行沟通交流。总之，多民族语言信息共享空间是实现多民族人口跨语言信息交流的基础服务环境，民族地区的人口可以借助这个公共服务平台就学习、研究、商务、文化等领域的问题进行跨语言沟通和交流。

总之，多民族语言信息共享空间延续了高校图书馆信息共享空间的开放共享、一站式服务、人性化设计等特征，但并不是只为支持学生的协作式学习活动而构建，而是一种由公共文化服务机构推动建设，可以实现全方位、跨语言信息沟通交流的公共服务场所。多民族语言信息共享空间对社会开放，可以支持读者的跨语言学习、跨语言探讨，可以支持民族学相关专业学者利用信息共享空间进行跨语言科学研究，可以为民族地区群众提供跨语言政府信息的查询和咨询服务，也可以支持企业基于空间进行跨语言合作探讨、商务谈判等。无论我国民族地区公共文化服务机构所建立的信息交流支持场所如何命名，只要符合开放共享、用户导向、资源集成和无障碍交流的特征，就可以将其纳入多民族语言信息共享空间的范畴，将其视为多民族语言信息共享空间的一种类型。

第六节　多民族语言信息共享空间的类型划分

本书将"信息共享空间"的概念由"图书馆信息共享空间"扩展为"公共文化服务机构信息共享空间"，术语范围的调整使信息共享空间的研究对象从图书馆扩大到包括档案馆、博物馆、美术馆、纪念馆、文化馆等类型众多的机构。同时，在"信息共享空间"术语当中增加了作为定语的"多民族语言"，表明"信息共享空间"当中需要共享的信息的多语言特征。总之，术语界定的变化要求研究的内容也随之变化。为了研究和应用的方便，本节先对"多民族语言信息共享空间"的分类问题做出简要综述，相关细节内容本书的其他章节还会加以论证。

第一，根据空间范围的大小可将"多民族语言信息共享空间"分为"多民族语言广域信息共享空间"、"区域双语信息共享空间"和"多民族语言机构信息共享空间"三种类型。其中，"多民族语言广域信息共享空间"是从国家战略层面上所做的定义，即覆盖到我国所有民族地区、能够促进多民族语言和谐相处、交流、交融的社会文化环境。"区域双语信息共享空间"是指覆盖到某一少数民族语言的母语使用区域，为区域内国家通用语言文字和少数民族语言文字双语信息共享和交流提供支持的技术和文化环境。"多民族语言机构信息共享空间"是指民族地区公共文化服务或者其他机构的信息服务部门为其语言文字使用具有多样性特征的用户群体特别设计和构建的多语言无障碍辅助交流环境和一站式集成服务体系。"多民族语言广域信息共享"、"区域双语信息共享空间"和"多民族语言机构信息共享空间"之间紧密联系，相互支撑才能最终实现。本书主要采用的第三种视角，即"多民族语言机构信息共享空间"，为了行文方便在多处直接简称为多民族语言信息共享空间。

第二，根据共享对象形式的差异性，将"多民族语言信息共享空间"分为"文献信息主导型 IIC-ELS"、"实物信息主导型 IIC-ELS"和"口语信息主导型 IIC-ELS"。信息具有多种类型，按照其载体可以分为口语信息和文字信息两类，多民族语言信息共享空间是要同时实现口语信息和文字信息无障碍交流的综合性服务环境，口语信息和文字信息都是其关注的目标对象。其中，"文献信息主导型 IIC-ELS"是指多民族语言信息共享空间当中需要共享的信息主要是文字信息，例如图书、期刊、报纸、档案以及实物信息资源的文字性介绍信息，典型依托机构主要有图书馆、档案馆、美术馆等。"实物信息主导型 IIC-ELS"是指多民族语言信息共享空间当中需要共享的信息同时包括文字信息和口语信息，例如用户在博物馆参观时，除了看到藏品之外，会看到大量有关藏品的介绍信息，还会听到博物馆讲解人员所做的口语讲解，因此将其称为"实物信息主导型 IIC-ELS"。"实物信息主导型 IIC-ELS"的典型依托机构是博物馆、美术馆和纪念馆。"口语信息主导型 IIC-ELS"是指公共文化服务机构所提供的服务存在多种形式，但是主要以口语信息存在的，进入空间的用户主要通过听觉器官接受和处理信息，"口语信息主导型 IIC-ELS"的典型依托机构是公共文化馆，其核心职能是组织开展各种文化活动。上述三类多民族语言信息共享空间信息存在形式及其比例不同，因而在构建信息共享空间时需要解决的核心问题也会不同，需要分别进行论证、分析和应对。

第三，根据多民族语言信息共享空间实体空间的大小将其分为"部门级 IC"、"机构级 IC"和"机构联合级 IC"。"部门级 IC"是指将多民族语言信息共享空间的依托单位定位于某个公共文化服务机构下设的部门，在类似"计算机室"之类的建筑空间建设信息共享空间。"机构级 IC"是指将多民族语言信息共享空间的依托单位定位于某个公共文化服务机构，信息共享空间覆盖到机构的全部范围。此时,机构与信息共享空间具有同一性,无论其是否对外宣称为信息共享空间,只要用户服务体系围绕一站式数字服务需求进行了改造与升级,就可以认为该机构建成了信息共享空间。"机构联合级 IC"是指信息共享空间的范围扩大到若干个有业务联系的机构,在物理空间上通常覆盖到一整栋办公大楼。"部门级 IC"代表了信息共享空间的过去,机构联合级 IC 是信息共享空间未来发展的趋势。本书采用第二种视角,即多民族语言信息共享空间覆盖到整个公共文化服务机构。

第三章

多民族语言信息共享空间的战略定位

多民族语言信息共享空间是公共文化服务机构建设的多语言信息服务场所，其规划和运营要在国家民族事务治理和语言文字工作的制度框架内，通过为社会大众提供跨语言信息利用和交流服务，策应国家的相关战略。本章按照战略策应模型的基本原理，面向国家战略构建我国多民族语言信息共享的战略框架，进而对多民族语言广域信息共享空间和多民族语言机构信息共享空间的构成进行分析和规划。

第一节 多民族语言信息共享空间的战略规划模型

战略（Strategy）一词原本是军事术语，是指将领率领和指挥军队进行作战的谋略，后引申为在一定时期内指导全局的计划和策略。战略管理在企业竞争中应用较为广泛，企业制定战略的目的在于通过一系列综合的、协调一致的行动形成自身的核心竞争力，从而在市场竞争中取得优势。战略一般具有以下特征。第一，全局性。全局性是指制定战略时要综合考虑所有相关领域的要素和需求，在空间上可能涉及较大的地理范围，在时间上可能涉及较长的时间周期。制定战略时，领导者要把握全局，处理和协调好全局中的各种关系和矛盾，抓住主要矛盾，解决主要问题，同时需要注意解决好对全局可能产生重大影响的局部问题。第二，预见性。预见性要求领导者在制定战略是要充分掌握相关领域的各类信息，尤其是要把握宏观环境的变化和趋势，分析环境对领域可能造成的影响，以及相关各方可能采取的应对措施，从而对决策领域一定时间周期内的发展做出相对准确的预测和把握，在此基础上，在确定组织应该如何行动才能获得最大化的竞争优势。第三，方向性。战略就是明确组织在未来一段时期内所要重点努力的方向，决定要做什么和不做什么，从而为组织所有人员的努力确立参照体系。战略一旦制定完成，除了指导人员的行动之外，还可以起到凝聚人心、团结各方力量的激励作用。

战略规划（Strategic Planning）是从全局视角确立机构的发展方向和长远目标并制定实施方案的过程。多民族语言信息共享空间的战略规划就是从国家民族事务治理体系的视角来审视多民族语言信息共享空间建设，通过空间为社会提供多语言信息服务，策应我国民族事务治理目标体系的实现。由于信息共享空间离不开信息技术的应用，也可以将多民族语言信息共享空间的规划看作信息化规划的一种类型。信息系统规划领域有众多的理论和模型可以借鉴，例如战略集转化法（SST）、关键成功因素法（CSF）、价值链分析法（VCA）、业务系统规划法（BSP）、战略栅格法（SG）等，其中最有代表性的就是战略策应模型（Strategic Alignment Model，SAM），如图3-1所示。[①]

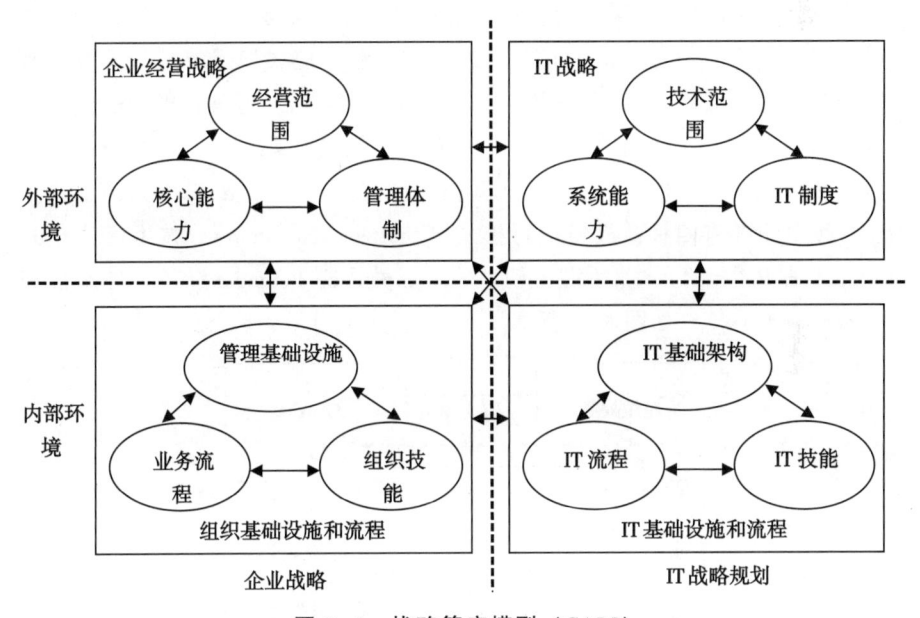

图 3-1 战略策应模型（SAM）

图 3-1 中的战略策应模型又称为"战略一致模型"、"战略匹配模型"，是美国学者亨德森（John Henderson）和文卡特拉曼（Venkatraman）于20世纪90年代提出的一种用来确保企业经营战略（BP）和企业信息系统战略（ISP）一致性的理论模型。战略策应模型认为，企业信息化战略要以企业经营战略为指导，需要根据企业经营目标确立企业信息化建设要实现的目标，

---

① 李卓伟主编：《管理信息系统》（第2版），中国铁道出版社2014年版。

这种关系被称为"战略策应"。战略策应模型按照企业内外部环境以及企业经营\信息化战略规划两个维度将模型分为"企业经营战略"、"组织基础设施和流程"、"IT战略"和"IT基础设施和流程"共四部分，战略一致性包含两方面的含义：一是企业要确保外部环境与内部环境的一致性，确保组织现有的基础设施、流程和技能都是支持企业经营管理战略的；二是企业要确保信息化战略与企业经营管理战略的一致性，确保IT领域所建设的基础设施、开发的软件系统和响应的IT管理制度都是有助于组织经营管理战略实现的。企业通过维持内外部战略一致性、IT战略与企业经营战略的一致性，最终确保企业制定的经营管理战略切实得到执行和落实，投资建立的信息化系统确实有助于企业经营管理目标的实现，而不是单纯追求技术手段的先进程度。

战略策应模型的价值在于形成一套制定IT战略规划的思考框架，帮助企业检查经营战略与信息架构之间的一致性。战略策应模型反映了外部战略和内部资源、经营战略与IT战略之间的协同与互动关系，但是在不同的组织内部或者同一组织处在不同的发展阶段其主导性的战略是不同的。亨德森和文卡特拉曼经过研究发现，根据四个模块之间的优先顺序，战略策应模型当中的主导模式主要有四种：战略执行模式（Strategy Execution）、技术潜力模式（Technology Potential）、竞争潜力模式（Competence Potential）和服务水准模式（Service Level），如图3-2所示。

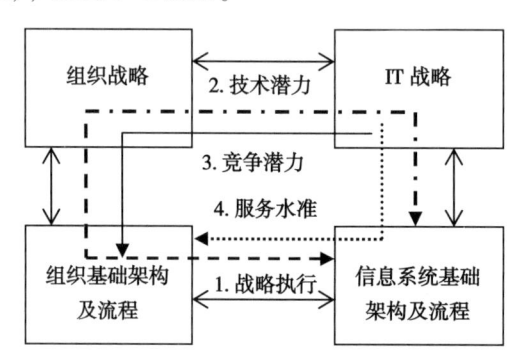

图3-2 战略策应模型的主导模式

图3-2中所示的四种战略策应主导模式的含义如下："战略执行模式"是指以组织战略指导企业基础架构及流程规划，信息系统基础架构及流程完全按照适应组织基础架构的思路进行设计；"技术潜力模式"是指用组织战略指导IT战略，信息系统基础架构及流程按照IT战略进行设计；"竞争潜力模式"是用IT战略修正组织战略，进而进行组织基础架构和流程的

调整;"服务水准模式"强调 IT 战略的重要性,用 IT 战略指导信息系统基础架构及流程,组织基础架构及流程按照适应信息系统基础架构及流程的思路进行重新调整。通过对比可知,"战略执行模式"和"技术潜力模式"强调组织战略高于 IT 战略,IT 战略是为组织战略服务的,在"战略执行模式"当中甚至可以放弃单独的 IT 战略,完全服从组织战略的需要。"竞争潜力模式"和"服务水准模式"则强调 IT 战略的重要性,认为 IT 战略是体现信息社会组织生存和发展模式的根本战略,要用 IT 战略对组织战略进行修正,在"服务水准模式"中甚至可以放弃组织战略,由 IT 战略主导进行信息系统架构和流程设计,对阻碍 IT 战略实施的组织架构和流程进行根本性改造。具体采用哪种战略主导模式,取决于组织领导层对信息化建设本质的认识,也与领导者对决策风险的偏好有关,通常而言后两种主导模式的决策风险要大一些。

战略策应模型尽管是针对企业经营管理问题提出的,但是它的基本原理对于几乎所有的社会信息化领域都是适用的。战略策应模型对公共服务组织的启示在于以下方面。第一,组织战略必须基于组织外部的政策环境和内部的实际情况做出,做出后需要对原有的组织架构和业务流程进行重新组合与设计,以确保组织的运行规则与组织的战略方向是一致的,组织所从事的业务活动在客观上有助于组织战略目标的实现。第二,在实施组织战略的过程中,现代信息技术可以发挥非常重要的作用,尤其是通过信息共享所带来的业务流程和组织结构的变化最为典型。在进行信息化建设过程中,必须克服单纯的技术主义导向,确保信息化建设与组织战略方向是一致的,信息化领域所从事的工作客观上有助于组织战略目标的实现。多民族语言信息共享空间建设的直接动因是推动提升民族地区公共文化服务机构的跨语言服务能力,促进民族地区公共文化服务的发展和创新。但是,其社会影响并不局限于信息机构内部,它会对所在地区甚至国家民族事务治理的整体格局产生影响,是促进民族地区信息公平和数字融合,进一步巩固和加强民族团结,推进民族事务治理体系和治理能力现代化的迫切需要。因此,多民族语言信息共享空间的战略规划就不能仅仅局限在公共文化服务机构内部,而是要从国家民族事务治理的宏观视角进行整体规划,构建起民族地区多语言信息服务的整体网络,最终回到公共文化服务机构内部,审视作为整体网络的一个节点,多民族语言信息共享空间应该承担怎样的社会功能,应该如何进行规划和建设。

由于从国家民族事务治理视角进行的多民族语言信息共享空间规划与

前文所述的"多民族语言广域信息共享空间"内涵基本相同，而后一种从公共文化服务机构视角进行的规划与"多民族语言机构信息共享空间"基本相同，本章对多民族语言信息共享空间的规划就从三个层面展开：首先，在系统梳理我国民族事务治理和语言文字信息工作制度体系的基础上，明确我国多民族语言信息共享的核心战略；其次，以我国多民族语言信息共享核心战略为指导，进行多民族语言广域信息共享空间（WIC-ELS）的战略规划；最后，从机构视角，分析多民族语言信息共享空间（IIC-ELS）与多民族语言广域信息共享空间（WIC-ELS）的关系，进行多民族语言机构信息共享空间（IIC-ELS）的战略规划。参照图 3-1 所示的战略策应模型，对我国民族地区多民族语言信息共享空间的战略规划思路进行总结梳理如图 3-3 所示。

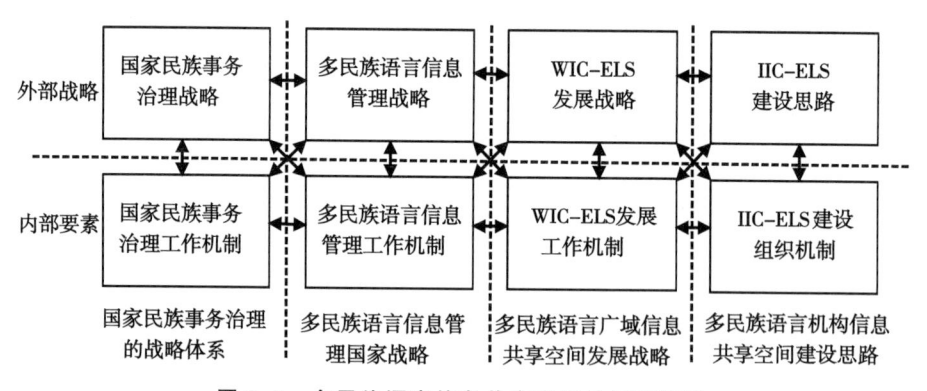

外部战略	国家民族事务治理战略	多民族语言信息管理战略	WIC-ELS发展战略	IIC-ELS建设思路
内部要素	国家民族事务治理工作机制	多民族语言信息管理工作机制	WIC-ELS发展工作机制	IIC-ELS建设组织机制
	国家民族事务治理的战略体系	多民族语言信息管理国家战略	多民族语言广域信息共享空间发展战略	多民族语言机构信息共享空间建设思路

图 3-3　多民族语言信息共享空间的规划模型

由图 3-3 可知，与高校图书馆信息共享空间不同的是，多民族语言信息共享空间的规划与建设要考虑所在民族区域和国家宏观政策等因素的影响，因此对其规划时采用先"自上而下"进行全局规划，再从机构视角"自下而上"地进行多民族语言信息共享空间的详细规划。根据图 3-2 对战略策应模型主导模式的分析，多民族语言信息共享空间的战略规划涉及四个层面的战略体系：第一个层面是国家民族事务治理的战略体系，这是由《宪法》和《民族区域自治法》等根本性法律所决定的国家处理民族事务的基本方针和原则；第二个层面是多民族语言信息管理的国家战略，这是相关机构制定的从信息管理工作角度，对如何执行国家民族事务治理战略的宏观原则和实施路径所做的战略性安排；第三个层面是多民族语言广域信息共享空间的战略体系，也就是如何通过建立相应的基础设施和服务体系，促进多民族语言信息资源在民族地区的广泛、充分共享；第四个层面是多民族语言机构信息共享空间的战略体系，主要探讨公共文化服务机构如何发挥自身优势，按照多民族语言广域信息共享空间的总体安排，在机构内部进行机构信息共享空间的规划和建设。

按照战略策应模型的基本原理，多民族语言信息共享空间的战略规划就是要从横向和纵向两个角度进行战略一致性的分析与维护。从横向而言，四个层面的战略规划都要体现内部与外部的一致性原则，制定战略时要充分考虑国家民族事务治理的战略需求和本领域的实际情况，战略制定完成时要对机构内部各类要素进行综合协调配置，确保进行该项工作的组织机构、管理制度和业务流程等有助于促进战略目标的实现而不是阻碍它的实现。从纵向而言，多民族语言信息共享空间的战略规划就是要确保四个规划层面之间的战略一致，需要进行三个轮次的战略一致性规划：第一轮确保多民族语言信息管理战略与国家民族事务治理战略的一致性；第二轮确保多民族语言广域信息共享空间发展战略与多民族语言信息管理国家战略的一致性；第三轮确保多民族语言机构信息共享空间建设思路与多民族语言广域信息共享空间发展战略的一致性。从整体来看，如果体系较好地实现了外部战略与内部要素的一致性，以及各层次战略体系之间的一致性，则多民族语言信息共享空间各方面需求都得到了策应。

根据图 3-2 所示战略策应模型的主导模式，多民族语言信息共享空间战略规划战略一致性匹配工作前两轮主导模式采用"技术潜力模式"，最后一轮采用"战略执行模式"。在图 3-3 所示的多民族语言信息共享空间的战略规划当中，国家民族事务治理战略是处于最高位置的战略，是不容变更与修正的根本性战略，其余所有层面的战略规划本质上都要服从这一根本战略，而不能违背其包含的任何原则。由于信息技术所拥有的诸多优势，其应用组织管理过程中会带来管理体系的根本性变革，因此在规划过程中由"组织战略"指导"IT 战略"，再由"IT 战略"指导机构内部信息系统建设是一种兼顾战略稳定性和技术手段先进性的科学路径，这种路径即战略策应当中"技术潜力模式"。在多民族语言信息共享空间战略规划过程中，可以"国家民族事务治理战略"指导"多民族语言信息管理战略"，再由"多民族语言信息管理战略"指导多民族语言广域信息共享空间的战略规划。图 3-3 中最后一轮战略策应与前两轮不同的是，"多民族语言广域信息共享空间"规划是一个整体规划，"多民族语言机构信息共享空间"是构成整体的组成部分，为了确保整体与部分之间的一致性，"多民族语言机构信息共享空间"的基础架构和业务流程要按照"多民族语言广域信息共享空间"所设定的功能和要求来执行，只是在具体的实现策略上，可以根据各机构的实际进行变通性执行，这种模式就是前文所述的"战略执行模式"。

综上所述，多民族语言信息共享空间的战略规划本质上就是按照战略策应模型的基本原理，"由上而下"地将国家民族事务治理战略落实和体现到多民族语言信息共享空间建设方案当中的过程。按照上述思路，多民族语言信息共享空间的战略规划分为四个步骤：第一步，国家民族事务治理战略体系的系统梳理；第二步，参照国家民族事务治理战略制定多民族语言信息管理的国家战略；第三步，按照多民族语言信息管理战略确定基本原则，制定多民族语言广域信息共享空间的发展规划；第四步，根据多民族语言广域信息共享空间发展规划，确定多民族语言机构信息共享空间的建设思路。多民族语言信息共享空间的战略规划就是通过以上步骤，最终实现通过民族地区公共文化服务机构多民族语言信息共享空间建设策应国家民族事务治理战略，促进我国民族地区社会长期稳定和繁荣发展的战略目标。

第二节 国家民族事务治理的战略体系的系统梳理

多民族语言信息共享空间是在我国多民族国家公共治理框架下进行的，其战略规划必须符合国家对民族关系和民族事务处理的基本原则；同时，多民族语言信息共享空间是促进多民族交流与融合的重要途径，其建设必须在国家民族事务管理、语言文字管理和信息资源管理相关法律和政策制定框架内进行，其中最为典型的就是"中华民族多元一体格局"的战略思想。

"中华民族多元一体格局"理论是已故著名社会学家费孝通先生1988年11月应香港中文大学邀请进行"Tanner"讲演时提出的观点。费孝通先生经过严密论证认为：[1] 中华民族是指中国疆域里具有民族认同的11亿人民，它所包括的50多个民族单位是多元，中华民族是一体，它们虽然都称"民族"，但层次不同。中华民族作为一个自觉的民族实体，是近百年在与西方列强对抗过程中形成的，但是作为一个自在的民族实体则是几千年的历史过程所形成的。距今3000年前，在黄河中游出现了一个由若干民族集团汇集和逐步融合的核心，被称为华夏，像滚雪球一般地越滚越大，把周围的异族吸收进了这个核心。它在拥有黄河和长江中下游的东亚平原之后，被其他民族

---

[1] 费孝通：《中华民族多元一体格局》，中央民族学院出版社1989年版，第1—2页。

称为汉族。汉族继续不断吸收其他民族的成分而日益壮大，而且渗入了其他民族的聚居区，构成起着凝聚和联系作用的网络，奠定了这个疆域内许多民族联合而成的不可分割统一体的基础，成为一个自在的民族实体，经过民族自觉而称为中华民族。中华民族的主流是由许许多多孤立存在的民族单位，经过接触、混杂、联结和融合，同时也有分裂和消亡，形成一个你来我去、我来你去，我中有你、你中有我，而各具个性的多元统一体。①

费孝通先生认为中华民族多元一体格局具有以下特点。第一，中华民族多元一体格局始终以汉族为凝聚的核心。汉族主要聚居在农业地区，除了西北和西南外，可以说凡是宜耕的平原几乎全是汉族的聚居区。同时在少数民族地区的交通要道和商业据点一般都有汉人长期定居。这样汉人就大量深入到少数民族聚居地区，形成一个点线结合、东密西疏的网络，这个网络正是多元一体格局的骨架。第二，少数民族聚居地区占全国面积一半以上，主要是高原、山地和草场，所以少数民族中有很大一部分人从事牧业，和汉族主要从事农业形成不同的经济类型。中国的五大牧区均在少数民族地区，从事游牧业的人都是少数民族。第三，除个别少数民族（如回族）已经用汉语作为民族共同语言外，大多数少数民族都有自己的语言。不同少数民族间通话的媒介多种多样，有以汉语交谈，有各用自己语言交谈，也有用对方的语言交谈，也有用当地通用的某一种少数民族语言交谈。这方面还缺乏具体的调查，但一般来说，汉语已逐渐成为共同的通用语言。第四，导致民族融合的具体条件是复杂的，主要出于社会和经济的需要，政治的原因也不应当忽视。第五，中华民族成员众多，是个多元的结构。第六，中华民族成为一体的过程是逐步完成的，在统一体之中存在着多层次的多元格局，各个层次的多元关系又存在着分分合合的动态和分而未裂、融而未合的多种情况。

"中华民族多元一体格局"战略思想提出后，立即在学术界引起巨大反响。虽然近年来相关学科的一些学者对这种理论也提出了部分质疑，总体而言，"中华民族多元一体格局"战略思想是从当代中国各民族关系现状和大局来探讨如何构建中国各民族之间和谐关系这一重大战略问题的理论创新。它为如何理解中国各民族之间的互动关系提供了一个富有创见的参照体系和战略框架，为中华民族凝聚力的增强提供了理论基础，对中国民族学相关学科的学术研究和民族工作的开展都具有深远的启发性和指导意义。笔者认为，"中华民族多元一体格局"当中的"多元性"和"一体性"是辩证统一的关

---

① 费孝通：《中华民族多元一体格局》，中央民族学院出版社1989年版，第32—36页。

系，多元性是在一体性的框架内实现的，一体性以体现多元性为前提条件。"中华民族多元一体格局"战略框架本质上是在"多元性"和"一体性"之间找到战略平衡点，既反对任何民族脱离一体性单纯强调多元性，也反对国家违背多元性原则单纯追求同质化的一体性。"中华多民族多元一体格局"是指导我国民族事务治理的核心战略框架，其核心价值在于它为民族关系处理过程中系列矛盾和焦点问题提出了较为妥善的解决方案，是一种兼顾各民族基本权利和国家整体利益的"两全之策"。"中华民族多元一体格局"理论可以从两个方面理解：一方面，中华民族是由56个民族共同构成的更高层级的族群，充分尊重每个民族的权利，接受和尊重民族之间的差异性，保持族群内部多样性是中华民族繁荣和创新的动力源泉；另一方面，要看到上述的各民族的多元性是以中华民族的一体性为前提的，不存在脱离一体性单独存在的多元性。因此，各民族之间需要求同存异，加强民族之间的沟通和交流，增强中华民族的整体向心力和凝聚力。

结合"中华民族多元一体格局"战略框架以及我国《宪法》《民族区域自治法》等法律的相关规定，我国政府处理民族事务的基本原则可以总结为以下三个方面。第一，民族平等。《宪法》规定："中华人民共和国各民族一律平等。国家保障各少数民族的合法权利和利益维护和发展各民族的平等、团结、互助关系。禁止对任何民族的歧视和压迫。"民族平等是马克思主义的基本观点，是中国共产党民族政策的基石。具体而言，我国的民族平台是指各民族不论人口多少，居住地域大小，经济发展程度如何，语言文字和宗教信仰、风俗习惯是否相同，社会地位一律平等，享受相同的权利，承担相同的义务；汉族和少数民族一律平等，各少数民族之间也一律平等；任何民族都没有特权，任何民族的权利也没有被限制。第二，民族团结。民族团结是指各民族平等相待，友好相处，互相尊重，互相学习，互相帮助，为祖国的社会主义现代化建设而团结合作、努力奋斗。按照民族团结原则，各民族之间要相互尊重对方的语言文字、风俗习惯、宗教信仰和文化传统，在相互学习、取长补短过程中共同进步。我国的56个民族都是中华民族不可分割的组成部分，汉族离不开少数民族，少数民族不离开汉族，各少数民族之间也相互离不开，国家在反对民族压迫和民族歧视的基础上，反对民族分裂，维护祖国统一，维护各民族之间和本民族内部的团结，各民族齐心协力，共同促进国家的发展和繁荣。第三，民族互助。民族互助是指各民族之间相互帮助，尤其是汉族要帮助少数民族发展经济和社会事业，走共同致富、共同繁荣的发展道路。《民族区域自治法》规定：上级国家机关应当组织、支持和鼓励经济发达地区与民族自治地方开展经济、技术协作和多层次、多方面的对口支援，帮助和促进民族自治地方经济、教育、科学技术、文化、卫生、体育事业的发展。总之，我国民族事务治理策略的核心是通过体现民族平等、民族团结、民族互助的政策体系引导各民族在社会生活和交往中营造平等相待、互相尊重、互相帮助、友好相处的和谐氛围。

"促进各民族交往、交流、交融"是近年来党和政府在民族工作实践当中提出的一项新的政策措施。[①] 民族交往是指民族与民族之间的接触、交流和往来以及族际关系的协调，即民族联系中的互动和民族关系的整合过程，也就是民族生存和民族发展的一种方式。民族交流涵盖了民族生存与发展所需物质资料生产、精神产品生产以及民族自身生产的政治、经济、文化、社会等领域的交流。民族交融是指各民族在长期交往交流、尊重差异的基础上，形成的民族关系相对稳定的状态，并非不同民族及其文化简单的合而为一，而是经过承认和尊重彼此差异，实现的共处共生的和谐状态。加强各民族交往、交流、交融，促进各民族和睦相处、和衷共济、和谐发展，是我国民族关系发展的大势所趋，也是增强中华民族凝聚力，实现各民族共同繁荣进步的战略举措。

总之，我国民族事务治理核心战略是"中华民族多元一体格局"战略框架以及由我国《宪法》《民族区域自治法》等法律所确立的"民族平等"、"民族团结"和"民族互助"的基本原则。上述框架和原则是我国制定民族政策，管理民族事务的核心准则，已经在我国民族工作的历史实践中发挥了重要作用，也是未来需要长期坚持的基本方略，对我国多民族语言信息管理工作同样有着重要指导意义。

第三节 多民族语言信息管理国家战略的总体框架

多民族、多语言、多文字是我国绝大多数民族地区社会生活的普遍特征，语言文字的多样性给民族地区信息管理工作带来了诸多挑战。我国绝大多数民族自治地方的信息资源管理工作是在多语言环境中进行的，面临着如何妥

[①] 金炳镐、肖锐、毕跃光：《论民族交往交流交融》，《新疆师范大学学报》（哲学社会科学版）2011年第1期。

善处理国家通用语言文字与少数民族语言文字关系以及各语种少数民族语言文字之间的关系，如何促进多民族语言信息资源之间的共享，如何促进各民族人口之间的沟通和交流等问题。由于我国民族事务的整体性特征，上述问题往往不是一个或者几个民族自治地方的努力就能有效解决的，需要从国家层面就相关问题做出整体性的制度安排，即制定多民族语言信息管理的国家战略。本节在系统梳理我国语言文字政策的基础上，从多民族语言信息共享的角度，分析我国多民族语言信息管理的核心问题，构建国家战略的理论框架和模型。

一 我国多民族语言文字政策概述

多民族语言信息管理国家战略是落实国家民族事务治理战略体系的具体措施，必须在国家语言文字工作法律和政策框架内进行，必须符合《宪法》和相关法律制度的原则和规定。我国多民族语言信息管理国家战略的法律环境主要是由《宪法》《民族区域自治法》的相关条款，《国家通用语言文字法》以及各民族自治地方制定的语言文字工作条例组成，国家民委文化科技司、教育部语言文字信息工作司制定的相关管理制度也对少数民族语言文字管理工作有一定的指导作用。

由全国人民代表大会2004年修订通过的《中华人民共和国宪法》第四条规定："中华人民共和国各民族一律平等。各民族都有使用和发展自己的语言文字的自由，都有保持或者改革自己的风俗习惯的自由。"[①] "各民族都有使用和发展自己的语言文字的自由"，这是宪法确立的我国语言文字工作的基本原则，即语言文字工作要充分尊重各民族的意愿，尊重各民族使用和发展本民族传统语言文字的权利，任何人与任何组织不得进行干预和阻挠。在尊重语言文字使用权的基本原则之下，我国的语言文字政策主要包括两个方面：一是如何选择和确立国家通用语言文字，二是如何处理国家通用语言文字与少数民族语言文字之间的关系。

国家通用语言文字的选择是国家语言规划的重要内容。从理论上说，一个国家选择通用语言文字或官方语言文字应该充分考虑到本国、本民族或本国各民族的长远利益，应该选择国内多数人使用的语言，或者是国内经济文化发展水平较高、影响力较大民族的语言。中国是一个多民族、多语言的国家，境内除汉族以外还有55个少数民族，而且绝大多数的少数民族拥有或者

---

① 《中华人民共和国宪法》，中国法制出版社2015年版。

曾经有过自己民族的语言。作为56个民族共同组成的大家庭，出于各民族、各地区经济文化交流的需要，必须有一种能够共同使用的交际工具。汉族是中国的主体民族，占全国人口的94%，使用汉语人口的居住区域几乎覆盖全国，汉语对各民族语言的影响也最大，历史上各少数民族之间进行跨民族沟通交流也一直有以汉语作为"中介语言"的先例，把汉语作为中国的唯一官方语言同时也作为56个民族的共同语言，既是一种自然的选择，也符合全国各民族的共同利益。2001年1月1日，《国家通用语言文字法》颁布实施，其中规定："国家通用语言文字是普通话和规范汉字"，"国家机关以普通话和规范汉字为公务用语用字，法律另有规定的除外"[①]。《国家通用语言文字法》第十三条规定："公共服务行业以规范汉字为基本的服务用字。因公共服务需要，招牌、广告、告示、标志牌等使用外国文字并同时使用中文的，应当使用规范汉字。提倡公共服务行业以普通话为服务用语。"第五条规定："国家通用语言文字的使用应当有利于维护国家主权和民族尊严，有利于国家统一和民族团结，有利于社会主义物质文明建设和精神文明建设。"由此可见，汉语和规范汉字不仅仅是汉民族共同使用的语言文字，也是我国56个民族实现族际沟通交流的工具，在民族团结和社会文化发展过程中发挥着双重作用。

如何确立少数民族语言文字的法律地位，如何处理少数民族语言文字与国家通用语言文字的关系，是多民族国家语言政策的核心内容。《中华人民共和国宪法》第一百二十一条规定："民族自治地方的自治机关在执行职务的时候，依照本民族自治地方自治条例的规定，使用当地通用的一种或者几种语言文字。"《国家通用语言文字法》第八条规定："各民族都有使用和发展自己的语言文字的自由。少数民族语言文字的使用依据宪法、民族区域自治法及其他法律的有关规定。"《中华人民共和国民族区域自治法》第十条规定："民族自治地方的自治机关保障本地方各民族都有使用和发展自己的语言文字的自由，都有保持或者改革自己的风俗习惯的自由"；第二十一条规定："民族自治地方的自治机关在执行职务的时候，依照本民族自治地方自治条例的规定，使用当地通用的一种或者几种语言文字；同时使用几种通用的语言文字执行职务的，可以以实行区域自治的民族的语言文字为主"；第四十七条规定："民族自治地方的人民法院和人民

---

① 《国家通用语言文字法》，http://www.gov.cn/ziliao/flfg/2005-08/31/content_27920.htm，2018年8月1日。

检察院应当用当地通用的语言审理和检察案件,并合理配备通晓当地通用的少数民族语言文字的人员。对于不通晓当地通用的语言文字的诉讼参与人,应当为他们提供翻译。法律文书应当根据实际需要,使用当地通用的一种或者几种文字。保障各民族公民都有使用本民族语言文字进行诉讼的权利";第四十九条规定:"民族自治地方的自治机关教育和鼓励各民族的干部互相学习语言文字。汉族干部要学习当地少数民族的语言文字,少数民族干部在学习、使用本民族语言文字的同时,也要学习全国通用的普通话和规范文字。民族自治地方的国家工作人员,能够熟练使用两种以上当地通用的语言文字的,应当予以奖励。"①

在国家层面上以《宪法》《国家通用语言文字法》和《民族区域自治法》明确国家语言文字工作的总体思路,尤其是尊重和保护少数民族语言文字的使用和发展等法律原则的基础上,西藏自治区、新疆维吾尔自治区、内蒙古自治区和一些少数民族自治州也制定了地方语言文字工作条例,广西壮族自治区等其他民族自治地方初步制定了少数民族语言文字使用和管理的规章制度。例如,西藏自治区人民代表大会2002年5月通过的《西藏自治区学习使用和发展藏语文的若干规定(修正案)》规定:"藏语文是自治区通用的语言文字。自治区各级国家机关在执行职务时,藏语文和国家通用语言文字具有同等效力。自治区各级国家机关的重要会议、集会,同时使用藏语文和国家通用语言文字或者其中一种语言文字。自治区企事业单位的工作会议,根据需要使用通用的一种语言文字或者两种语言文字。各级国家机关的普发性文件应当同时使用藏文和国家通用文字。自治区各级司法机关在司法活动中根据需要使用当地通用的一种语言文字或者几种语言文字,保障各民族公民使用本民族语言文字进行诉讼的权利。义务教育阶段,以藏语文和国家通用语言文字作为基本的教育教学用语用字,开设藏语文、国家通用语言文字课程,适时开设外语课程。自治区应当采取措施,扫除藏族公民中的中青年的藏文文盲。自治区鼓励和提倡各民族相互学习语言文字。藏族干部职工在学习使用藏语文的同时,应当学习使用国家通用的语言文字;汉族和其他少数民族干部职工也应当学习使用藏语文。自治区积极发展藏语文的教育、新闻、出版、广播、影视等事业。重视出版藏文少儿、通俗、科普读物。鼓励和支持科研机构、科技人员、文艺工作者用藏语文进行科普宣传、文艺创作和演

---

① 《中华人民共和国民族区域自治法》,http://www.gov.cn/test/2005-07/29/content_18338.htm,2018年8月1日。

出。自治区采取措施培养藏文教师、编辑、记者、作家和秘书等人才，重视培养研究藏语文的专门人才。自治区各级国家机关、事业单位录用国家公务员和聘用技术人员时，对能够同时熟练使用藏语文和国家通用语言文字的，在同等条件下优先录用。自治区各级国家机关、人民团体、企事业单位以及驻区外常设机构的公章、证件、牌匾应当同时使用藏文和国家通用文字。城市公共场所设施、招牌、广告等用字应当同时使用藏文和国家通用文字，并应书写规范、工整，译文准确。自治区企业生产的在区内销售的商品包装、说明等应当同时使用藏文和国家通用文字。自治区内的各类服务行业的名称、经营项目、标价、票据等同时使用藏文和国家通用文字。县级以上人民政府藏语文工作部门，应当加强对藏语文学习、使用的监督管理，加强对藏语文的科学研究，促进藏语文的发展。自治区应当采取措施培养翻译人才，重视和加强藏语文和国家通用语言文字的翻译工作。自治区人民政府藏语文工作部门统一规范并颁布藏语文名词术语，促进译文的规范化、标准化。自治区各级国家机关、人民团体、企事业单位，根据需要设置翻译机构或者配备翻译人员。"①

在西藏自治区之外，四川省、青海省、甘肃省的一些藏族自治州先后依据国家法律法规制定并颁布了藏语文工作条例。例如，四川省甘孜藏族自治州1998年颁布实施的《甘孜藏族自治州藏族语言文字使用条例》规定："自治州内通用藏语文和汉语文。鼓励各民族公民互相学习语言文字。提倡藏民族在学习、使用本民族语言文字的同时，学习、使用汉语文。鼓励其他民族学习、使用藏语文。自治州内各级国家机关在执行职务时，使用藏、汉两种语言文字；根据实际情况，也可以使用其中的一种。自治州内各级国家机关公布法规和重要文告，应当同时使用藏语文和汉语文。下发文件和学习宣传材料，可以同时或者分别使用藏语文或汉语文。自治州内召开各种会议，根据实际需要，可以同时或分别使用藏语文和汉语文。自治州内以藏族群众为主的各种会议，应当使用藏语文，同时做好汉语文翻译工作。自治州和州内藏族聚居的县、乡（镇）制定或颁布的选举文件、选民名单、选民证、代表候选人名单和代表当选证书等，应当同时使用藏、汉两种文字。自治州各级人民法院和人民检察院，根据实际需要，同时或分别使用藏、汉两种语言文字审理和检察案件、送达法律文书、发

---

① 《西藏自治区学习使用和发展藏语文的若干规定（修正）》，2002年5月22日西藏自治区第七届人民代表大会第五次会议通过。

布法律文告，应为诉讼参与人提供必要的翻译。"① 青海省玉树藏族自治州1995年颁布实施的《玉树藏族自治州藏语文工作条例》规定："藏语文是自治州实行区域自治的民族行使权利的主要语言文字之一。自治州自治机关执行职务的时候，通用藏汉两种语言文字。自治州自治机关教育和鼓励各民族干部职工互相学习语言文字。藏族干部职工在学习、使用本民族语言文字的同时，要学习全国通用的普通话和汉语文。汉族和其他少数民族干部职工也要学习藏语言文字。自治州制定、发布的单行法规和地方国家机关下发的文件和布告、公告等主要公文，使用藏汉两种文字；下发农村牧区的宣传材料以藏语文为主。自治州地方国家机关和企业事业单位的公章、牌匾、证件、公文头、会标、信封、广告等，同时使用藏汉两种文字。自治州内县城、乡镇的主要街道名称、门牌、路标、界碑、公用设施和汽车门徽等，同时用藏汉两种文字标明。自治州内服务行业的经营项目、商品名称、价格表、发票、收据等，可用藏汉两种文字书写。自治州自治机关召开的大型会议，必须同时使用藏汉两种语言文字；自治州内的工作部门和企业事业单位召开的会议，根据需要，同时或者分别使用藏汉两种语言文字。自治州内的藏族公民可以用藏文书写各类文书。自治州地方国家机关和企业事业单位在受理和接待各民族公民来信来访时，使用来信来访者所通晓的语言文字。自治州各级人民法院和人民检察院在审理、检察案件时，同时或者分别使用藏汉两种语言文字。对于不通晓汉语文或者藏语文的诉讼参与人，应当为他们提供翻译。自治州各级人民法院和人民检察院的起诉书、判决书、布告和其他法律文书，根据需要，同时或者分别使用藏汉两种文字。"② 甘肃省甘南藏族自治州1995年颁布实施的《甘肃省甘南藏族自治州藏语言文字工作条例》规定："藏语言文字是自治州行使自治权的主要语言工具，也是自治州通用的主要语言文字之一。自治州的各级国家机关在执行公务时，使用藏汉两种语言文字，两种语言文字具有同等效力。自治州的各级国家机关在开展藏语言文字工作中，要为促进各民族平等、团结、互助和共同繁荣，促进自治州的经济发展和社会进步服务。自治机关在录用干部和晋升职务时，对具备藏、汉语言文字同

---

① 《甘孜藏族自治州藏族语言文字使用条例》，1997年11月21日甘孜藏族自治州第七届人民代表大会第五次会议通过，1998年4月6日四川省第九届人民代表大会常务委员会第二次会议批准。

② 《玉树藏族自治州藏语文工作条例》，1994年5月13日青海省玉树藏族自治州第八届人民代表大会第五次会议通过，1995年5月31日青海省第八届人民代表大会常务委员会第十八次会议批准，1995年7月1日起施行。

等学历和水平者，平等对待，反对任何语言文字上的歧视。自治州的自治机关提倡自治州境内各单位、各企业的职工学习和使用藏语言文字；鼓励藏族职工在学习、使用藏语言文字的同时，也要学习全国通用的普通话和汉文。自治州各级国家机关发至乡、村的重要文告和宣传材料，根据实际需要使用藏语文或同时使用藏汉两种文字；县、乡级的上行文书，使用藏、汉两种文字的任何一种，也可同时使用藏、汉两种文字。自治州国家机关召开重要会议或集会，悬挂藏、汉两种文字会标；会议用语、会议材料使用藏汉两种语言文字。自治机关各部门和企事业单位召开的工作会议，根据实际需要使用藏汉两种语言文字。自治州自治机关保障藏族公民用藏语言文字进行诉讼的权利。当事人用藏语口头或文字提出起诉、申诉、上诉的，司法机关应当接受，不得拒绝。自治州各级人民法院、人民检察院、公安机关在侦查、起诉、审判案件时，对藏族当事人使用藏语，或为他们翻译，法律文书使用藏、汉两种文字。藏族和其他民族公民在自治州内可用藏文填写各种申请书、志愿书、登记表以及撰写其他各类文书。自治州各级国家机关、企业、事业单位及省属驻本州各单位的公章、文头、标牌、奖状、标语、证件、布告、车辆的单位名称以及城镇、街道、界牌等名称，使用藏、汉两种文字。自治州内生产的产品名称、商标，各类商店、摊点的商品价格标签以及商品广告等，使用藏、汉两种文字。自治州内的邮电、银行、粮店、车站、饭馆、旅店、商店、书店、医院等服务机构的工作人员要用藏语接待藏族顾客及病员，或提供翻译服务。自治州内的藏语文报刊、广播、电视和电影译制工作部门要担负藏语言文字规范使用的责任，对藏语言文字的发展做出贡献。自治州的自治机关鼓励科技人员、文艺工作者使用藏语言文字从事科学研究和发明创造，撰写论文和著作，进行文艺创作和演出。"①

新疆维吾尔自治区2002年5月通过的《新疆维吾尔自治区语言文字工作条例（修正案）》规定："语言文字工作必须坚持各民族语言文字平等的原则，保障各民族都有使用和发展自己的语言文字的自由，提倡和鼓励各民族互相学习语言文字，使语言文字更好地为自治区改革开放和政治、经济、文化事业的全面发展服务，促进各民族团结、进步和共同繁荣。自治区的自治机关执行职务时，同时使用维吾尔、汉两种语言文字；根据需要，也可以同时使用其他民族的语言文字；自治州、自治县的自治机关执行职务时，在使

---

① 《新疆维吾尔自治区语言文字工作条例》，2002年9月20日新疆维吾尔自治区第九届人民代表大会常务委员会第三十次会议通过。

用自治区通用的维吾尔、汉语言文字的同时，使用实行区域自治的民族的语言文字，也可以根据需要，同时使用当地通用的其他民族的语言文字；同时使用几种语言文字执行职务的，可以以实行区域自治的民族的语言文字为主。机关、团体和事业单位的公章、门牌、证件和印有单位名称的信封，以及自治区境内上报下发的各种公文、函件，都应同时使用规范的少数民族文字和汉字。发行的学习材料和宣传品应根据需要，使用当地通用的一种或几种文字。少数民族文字、汉字同时使用时，应当大小相称，用字规范，其排列顺序按照自治区人民政府有关规定执行。公共场所、公用设施以及从事公共服务，凡需要使用文字的名称标牌、公益广告、界牌、指路标志、交通标志和车辆上印写的单位名称、安全标语，区内生产并在区内销售的产品的名称、说明书等，都应当同时使用规范的少数民族文字和汉字。机关、团体、企业和事业单位召开会议，根据与会人员情况，使用一种或几种语言文字。重要会议的会标应当同时使用少数民族文字和汉字。机关、团体、企业和事业单位，在招生、招工、招干和技术考核、职称评定、晋级时，必须同时或分别使用当地通用的少数民族语言文字、汉语言文字，应考人员或参与人员可以自愿选用其中的一种语言文字。国家或自治区另有规定的除外。各族公民都有使用本民族语言文字进行诉讼的权利。人民法院、人民检察院在少数民族聚居或者多民族杂居的地区，应当用当地通用的语言审理、检察案件，对于不通晓当地通用的语言文字的诉讼参与人，应当为他们翻译。法律文书应当根据需要，使用当地通用的一种或几种文字。各级国家机关、司法机关、人民团体在受理或接待各民族公民来信、来访时，应当使用来信来访者通晓的语言文字进行答复和处理问题，或为他们翻译。其工作人员对自己不通晓的文字书写的信函、批件和其他材料，应当及时处理，不得积压或拖延。各级人民政府应当促进使用少数民族语言文字的教育、科技、文化、新闻、出版、广播、影视、古籍整理等项事业的发展。教学、广播、文艺演出、教材、报刊、图书、电影、电视必须使用规范的语言文字。各级人民政府应当保障少数民族科技人员、文艺工作者使用本民族语言文字从事科学研究、发明创造、撰写论文、著述，进行文艺创作和演出。邮政、金融等部门应当做好少数民族文字邮件的收寄、投递和信贷、储蓄等工作。"[①]

  内蒙古自治区 2004 年 11 月通过的《内蒙古自治区蒙古语言文字工作条

---

 ① 《内蒙古自治区蒙古语言文字工作条例》，2004 年 11 月 26 日内蒙古自治区第十届人民代表大会常务委员会第十二次会议通过。

例》规定:"蒙古语言文字是自治区的通用语言文字,是行使自治权的重要工具。自治区各级国家机关执行职务时,同时使用蒙汉两种语言文字的,可以以蒙古语言文字为主。各级人民政府应当推广蒙古语标准音和统一蒙古文标准写法,自治区以正蓝旗为代表的察哈尔土语为蒙古语标准音。各级人民政府应当保障蒙古族公民学习、使用、研究和发展蒙古语言文字的权利,鼓励各族公民学习、使用、研究蒙古语言文字。各级国家机关、人民团体的公文应当使用蒙汉两种文字。在各级国家机关、人民团体和企事业单位中,使用蒙汉两种语言文字开展工作并达到自治区规定标准的工作人员,享受蒙古语言文字津贴。具体办法由自治区人民政府制定。各级国家机关、人民团体和事业单位应当加强蒙古语言文字翻译机构和队伍建设,配备翻译人员。各级国家机关、人民团体和事业单位的蒙古语言文字翻译工作人员,享受蒙古语言文字翻译工作岗位津贴。各级国家机关、人民团体中从事蒙古语言文字翻译工作,并获得专业技术职务的,在医疗保险、住房和差旅费等方面享受同等专业技术职务人员待遇。各级国家机关、人民团体和事业单位召开大型重要会议时,应当使用蒙汉两种语言文字;召开一般性会议时,应当根据与会人员的情况,使用蒙汉两种语言文字。各级司法机关在司法活动中,应当保障各民族公民有使用蒙古语言文字进行诉讼的权利。各级信访部门对使用蒙古语言文字的群众来信来访,应当使用蒙古语言文字接待和处理。自治区行政区域内的社会市面用文应当并用蒙汉两种文字。公共服务行业向使用蒙古语言文字的公民提供服务时,应当使用蒙古语言文字。各级国家机关、人民团体和事业单位应当合理配备蒙汉兼通的工作人员。各级国家机关、人民团体和企事业单位录用、选拔国家公务员和聘用工作人员及晋升专业技术职务等各种考试,应当提供蒙古文试题,应试人员可以使用蒙古语言文字进行笔试和面试。在同等条件下,优先录用蒙汉兼通的人员。各广播、电视、电影机构应当加强蒙古语演职人员队伍建设,编播和制作满足公众需求、内容丰富的蒙古语节目和影视作品,增加播放时间和次数。各级文艺团体应当增加蒙古语文艺节目。各级人民政府应当扶持蒙古语言文字教材、课外读物、音像制品、蒙古文报刊的出版发行工作和蒙古语言文字网站的建设。各级人民政府应当开辟多种发行渠道,鼓励商业、供销等机构代销蒙古文图书,提倡集体和个人开办蒙古文书店,并予以政策扶持。各级新华书店应当做好蒙古文图书的发行工作,并设置销售专柜。各级人民政府应当逐年增加蒙古语言文字广播、电视、电影、报刊、图书出版、网站的投资和补贴。蒙古族聚居地区的基层文化站和图书室应当提供蒙古文图书、报刊,放映蒙古语影视作品。"①

2018年8月1日，广西壮族自治区《广西壮族自治区少数民族语言文字工作条例》已经正式颁布施行。《广西壮族自治区少数民族语言文字工作条例》对广西壮族自治区少数民族语言文字的使用做了如下规定："各级人民政府应当在少数民族聚居地区机关、学校、乡村（社区）推行使用少数民族语言文字，促进少数民族语言文字在社会各领域的广泛应用。鼓励和支持散居地区的少数民族公民学习、使用本民族语言文字。县级以上人民政府在少数民族聚居县（市、区）、乡村（社区）开展少数民族语言文字推行使用示范点建设，推进少数民族语言文字和国家通用语言文字和谐发展。各级人民政府应当大力推进少数民族语言文字和国家通用语言文字双语教育。鼓励和支持民族聚居地区的学校或者以少数民族学生为主的学校（班级）在学前教育和中小学教育阶段，实行少数民族语言文字和国家通用语言文字双语教学。民族、师范和有条件的高等院校应当设置少数民族语言文字方面的文学、教育、艺术、翻译、广播影视等相关专业，其他高等院校可开设少数民族语言文学课程。自治区人民政府教育行政部门应当制定少数民族语言文字和国家通用语言文字双语教师的培养、培训规划和计划，加强双语教师队伍建设。少数民族语言文字教材实行统一编写、审查、使用。自治区人民政府应当加强少数民族语言文字教材建设，制定教材建设发展规划。教育行政部门应当牵头负责少数民族语言文字教材建设，工商、出版、版权等部门应当负责少数民族语言文字教材出版管理，财政部门应当支持少数民族语言文字教材建设。宣传部门应当牵头负责少数民族语言文字教材的政治把关，其他有关部门应当负责少数民族语言文字教材相关内容的审查把关。鼓励和提倡在少数民族聚居地区工作的汉族干部学习使用少数民族语言文字；少数民族干部在学习使用少数民族语言文字的同时，应当熟练掌握国家通用语言文字。少数民族聚居地区的国家机关应当加强领导干部和工作人员少数民族语言文字的学习和使用工作，适当增加配备熟悉少数民族语言文字的领导干部和工作人员，鼓励和支持工作人员同时使用少数民族语言文字和国家通用语言文字执行公务。各级人民政府应当加强对少数民族聚居地区干部双语学习工作的领导。各级教育、民族、人力资源和社会保障、公务员工作部门应当把少数民族聚居地区干部双语学习纳入本部门工作规划。民族、民语部门应当牵头负

---

① 《内蒙古自治区蒙古语言文字工作条例》，2004年11月26日内蒙古自治区第十届人民代表大会常务委员会第十二次会议通过。

责干部双语学习培训工作，建立双语干部测试制度。组织部门应当重视双语干部的培养和使用，把双语能力纳入干部考核体系，同等条件下优先安排使用双语干部。有以下情形之一的，应当同时使用壮文和规范汉字：国家机关、企事业单位、人民团体的印章、牌匾和门户网站名称；地名、公用设施标识；自治区、设区市、县（市、区）大型会议、重大活动的会标、横幅标语；法律、行政法规规定的其他情形。自治县、享受自治县待遇的县、民族乡可以同时使用当地主体民族文字。各级人民法院、人民检察院、公安、司法行政和其他国家机关应当根据实际需要，配备通晓少数民族语言文字和国家通用语言文字的工作人员，为不通晓国家通用语言文字的少数民族公民提供翻译服务。少数民族聚居地区的公共文化服务机构、公共场所、公共交通工具或者其他人员密集场所管理部门应当提供少数民族语言文字和国家通用语言文字双语服务。各级人民政府在组织开展少数民族重大节庆和文化体育活动时，应当同时使用少数民族语言文字和国家通用语言文字。支持结合民族传统文化活动学习使用少数民族语言文字，鼓励国家机关工作人员在少数民族聚居地区的重大活动，特别是以民族名义开展的活动中，使用当地主体少数民族语言主持活动和发表讲话。自治区和少数民族聚居市县人民政府应当扶持广播电台、电视台、互联网开设少数民族语言文字频率、频道或者专题节目、栏目，并逐步增加播出语种和播放内容、时间。公务员考录、事业单位招聘人员时，每年应当从录用计划总数中，划出一定职位招录兼通少数民族语言文字和国家通用语言文字的考生。少数民族聚居县（市、区）、乡（镇）国家机关、事业单位录用国家公务员和聘用专业技术人员时，对兼通少数民族语言文字和国家通用语言文字的，在同等条件下优先录用。有下列情形之一的，在评聘专业技术职称时除专业技术水平要求外其他条件可给予适当放宽和照顾：经过少数民族语言文字水平和能力测试合格，熟悉掌握和运用少数民族语言或文字的；从事少数民族语言文字科研、教学、编辑、新闻、出版、翻译、广播、影视、古籍整理、信息处理等相关专业技术工作的；在县乡企事业单位和农村长期从事少数民族语言文字学习推广、抢救保护和传承发展等相关工作的。具体评聘办法由自治区人力资源部门会同自治区少数民族语言文字工作管理机构制定。鼓励和扶持开展少数民族古籍整理翻译事业，加强少数民族语言文字图书、影视作品与国家通用语言文字、外文图书和影视作品的互相翻译工作。少数民族语言文字和国家通用语言文字相互翻译或者转写时，应当符合少数民族语言文字和国家通用语言文字的特点及规律，禁止使用带有歧视和不尊重少数民族的语言文字。"[1]

云南省是我国民族数量最多的省份，除汉族以外有彝、白、哈尼、壮、傣、苗、傈僳、回、拉祜、佤、纳西、瑶、藏、景颇、布依、普米、怒、阿昌、德昂、基诺、水、蒙古、布朗、独龙、满等少数民族共计25个。2013年3月，云南省人民代表大会通过了《云南省少数民族语言文字工作条例》，对省内各少数民族自治地方的语言文字工作进行了统一规定，主要涉及以下内容："少数民族都有使用和发展自己语言文字的自由。鼓励各民族公民互相学习语言文字，推广和使用国家通用语言文字，规范使用少数民族语言文字。少数民族语言文字工作应当坚持实事求是、分类指导、积极稳妥、科学保护的原则，尊重各民族群众意愿和语言文字自身发展规律。各民族公民都有使用本民族语言文字进行诉讼的权利。各级人民法院、人民检察院、公安、司法行政和其他国家机关应当根据实际需要，为不通晓国家通用语言文字的少数民族公民提供翻译服务。少数民族语言文字和汉语言文字相互翻译或者转写时，应当符合少数民族语言文字和汉语言文字的特点和规律，不得使用带有歧视和不尊重少数民族的语言文字。"[2]

吉林省延边朝鲜族自治州2004年通过的《延边朝鲜族自治州朝鲜语文工作条例（修正案）》（以下简称《条例》）对朝鲜族传统语言文字的使用和管理做出了详细规范。《条例》规定："朝鲜语言文字是朝鲜族公民行使自治权利的主要语言文字工具。自治州自治机关在执行职务的时候，通用朝、汉两种语言文字，以朝鲜语言文字为主。自治州自治机关在朝鲜语言文字工作中，坚持各民族语言文字平等的原则，认真贯彻执行党和国家的有关法律、法规，保障朝鲜族公民使用和发展自己的语言文字的自由，促进朝鲜语言文字的健康发展。自治州内国家机关、企事业单位召开会议和下发文件、布告等文字材料，应当同时或者分别使用朝、汉两种语言文字。自治州内国家机关、企事业单位、社会团体和个体工商户的公章、牌匾、奖状、证件、标语、公告、广告、标志、路标等均并用朝、汉两种文字。书写标准按自治州人民政府有关规定执行。自治州内朝鲜族公民，可用朝鲜文填写各种申请书、志愿书、登记表以及撰写其他各类文书。自治州内国家机关、企事业单位在用工、录用国家公务员或招聘专业技术人员和管理人员、招生、技术考核、晋

---

[1] 《广西壮族自治区少数民族语言文字工作条件》，广西壮族自治区第十三届人民代表大会常务委员会第三次会议通过，自2018年8月1日起施行。

[2] 《云南省少数民族语言文字工作条件》，云南省第十二届人民代表大会常务委员会第二次会议审议通过，自2013年5月1日起施行。

级、职称评定时，除国家和省规定的之外，通用朝、汉两种语言文字，应考者根据本人意愿任选其中的一种语言文字。自治州各级人民法院和人民检察院应当用朝、汉两种语言文字审理和检察案件，保障朝鲜族公民用本民族语言文字进行诉讼的权利。对于不通晓汉语言文字的诉讼参与人，应当为他们提供翻译。法律文书应当根据实际需要使用朝、汉两种文字或者其中一种。自治州内国家机关、企事业单位，在受理和接待朝鲜族公民来信来访时，应使用来信来访者所使用的语言文字。自治州自治机关重视对朝鲜族幼儿进行本民族语言文字的训练工作。自治州内朝鲜族中、小学校应当加强朝鲜语言文字的教学研究。自治州自治机关保障居住分散的边远山区朝鲜族学生进入用朝鲜语授课的民族中、小学校或民族班学习本民族语言文字。自治州自治机关应当加强朝鲜文图书的编辑、出版、发行工作，逐步增加朝鲜文图书、报刊的种类，保障朝鲜文教材、教学参考资料、课外读物以及科技图书、科普类读物的编译和出版。自治州自治机关重视以朝鲜语为主的广播、电视节目，加强对影视片的朝鲜语译制工作。自治州自治机关提倡和鼓励创作和演出朝鲜语言文字的文学作品和文艺节目。自治州自治机关加强对朝鲜语言文字的翻译工作。自治州人民政府设翻译机构，指导全州朝鲜语言文字翻译工作。县（市）地方国家机关要设翻译机构，配备专职翻译人员；朝鲜族职工较多的大中型企业和朝鲜族聚居或杂居的乡（镇），可根据需要配备专职或兼职翻译人员。自治州翻译机构翻译上级机关和同级机关的公文、会议材料和有关资料，承担同级机关召开的各种会议的翻译工作。自治州内国家机关、企事业单位的公章、牌匾等的文字翻译，由州、县（市）翻译机构负责核准。"[1]

四川省凉山彝族自治州 2009 年颁布实施的《凉山彝族自治州彝族语言文字工作条例》对彝语和彝文在自治州内的使用做了具体规定，主要包括以下内容："彝族语言文字是彝族的重要特征之一，是凉山彝族自治州（以下简称自治州）的一种主要语言文字。使用、规范和发展彝族语言文字是自治州的一项重要的自治权。自治州内通用彝族语言文字和汉族语言文字。自治州各级国家机关教育和鼓励各民族公民互相学习语言文字。提倡彝族干部在学习、使用本民族语言文字的同时，学习、使用全国通用的普通话和汉文；鼓励汉族干部学习、使用彝族语言文字或者当地其他少数民族语言文字。自治

---

[1] 《延边朝鲜族自治州朝鲜语文工作条例》，1988 年 1 月 11 日延边朝鲜族自治州第九届人民代表大会第一次会议通过，1988 年 7 月 21 日吉林省第七届人民代表大会常务委员会第四次会议批准。

州各级人民法院、人民检察院、人民政府办公室、信访、民族事务、民政、工商、公安、广播电视等有关部门，应当配备彝族语言文字专业人员。自治州企事业单位可以配备彝族语言文字专业人员。自治州各级国家机关在执行职务的时候，使用彝、汉两种语言文字；根据实际情况，也可以使用其中一种。自治州国家机关公布法规和重要文告，应当同时使用彝文和汉文，下发文件和宣传学习材料，根据实际需要，可以同时或者分别使用彝文和汉文。自治州召开重要会议、举行重大集会时应当同时使用彝、汉两种语言文字；一般会议，根据实际需要，可以同时或者分别使用彝族语言文字和汉族语言文字。自治州和各县（市）以及彝族聚居乡（镇）举行人民代表大会，应当同时或者分别使用彝族语言文字和汉族语言文字。自治州内以彝族群众为主的各种会议，主要使用彝族语言文字，同时做好汉语文翻译工作。自治州内制定或者公布的选举文件、选民名单、选民证、代表候选人名单和代表当选证书等，应当同时使用彝、汉两种文字。自治州各级人民法院和人民检察院，应当同时或者分别使用彝、汉两种语言文字审理和检察案件，应当为不通晓彝、汉语言文字的诉讼参与人提供翻译，法律文书应当根据实际需要，使用当地通用的一种或者几种文字。自治州各级国家机关，在受理和接待彝族公民的来信来访时，应当使用来信来访者所使用的语言文字。自治州各级档案部门，应当做好彝文文书的立卷存档和彝文档案材料的收集、整理、利用和管理工作。自治州人民政府应当将彝族语言文字列入考录国家公务员、聘用工作人员、招生考试等的内容，具体办法由有关部门制定。自治州各级国家机关、社会团体、企事业单位及其他组织考录国家公务员、聘用工作人员或者晋升专业技术职务职称，优先录用或者晋聘能够熟练使用彝、汉两种语言文字的人员。自治州在考录国家公务员、教师等人员时，应当按比例录用各级各类学校彝族语言文字专业的毕业生。自治州各级国家机关重视开展彝族语言文字教学。以招收彝族学生为主的中、小学校和班级实行彝、汉双语教学，完善两类模式并重并举的双语教学体制；州内大中专院校、职业技术院校、中小学校等彝族学生占一定比例的学校，应当开设彝族语言文字课或者彝语会话课。自治州重视和加强彝文教材建设，满足双语教学发展的需要。自治州各级国家机关重视在成人教育中开展彝族语言文字教育。州内各级国家机关、社会团体、企事业单位及其他组织，要对彝族职工进行彝族语言文字教育；在彝族村民和居民中，首先用彝文扫除文盲，并加以巩固提高；彝族领导干部要提高自己使用彝族语言文字执行职务的能力。自治州国家机关重视彝族文化事业，加强彝文报刊、图书编译出版工作，发展彝语广播、电视、电影、电子政务和网络建设，鼓励和支持使用彝族语言文字进行文学创作。自治州各级文化、广播、影视机构应当开办彝语广播影视频道、频率，制作和编播满足公众需求、内容丰富健康的彝语节目和影视作品，加强彝语演职人员队伍建设。自治州各级人民政府及有关组织，要有计划地收集、整理、编译、出版彝文纸质、镌刻、口碑等典籍作品。自治州新华书店、邮政和电信部门应当做好彝文图书、报刊的征订发行工作；开设彝族语言文字电报、电话、书信和邮件的传送业务。旅游、交通运输等行业应当同时或者分别使用彝、汉两种语言文字提供服务。自治州各级国家机关、社会团体、企事业单位及其他组织的公章、单位名牌、会标、文件版头、证照、奖状、公告、公益性广告、永久性标语、个体工商户招牌、公共活动场所的牌匾、灯箱、交通标识、城市建设中具有一定规模的建筑物名称、明确行政区域界线走向的界桩、街路巷地名标牌、有重要意义的碑文、汽车门徽等社会用字应当同时使用彝、汉两种文字。驻州中央、省属行政单位和民航、铁路、邮政、通讯、金融、保险、连锁店等服务机构的单位名牌、证照、广告、灯箱等社会用字应当同时使用彝、汉两种文字；提倡使用彝族语言服务。自治州内生产的工农业产品的商品名称和商品说明书，可以同时或者分别使用彝、汉两种文字。"①

2010年5月，国家民族事务委员会印发了《国家民委关于做好少数民族语言文字管理工作的意见》（以下简称《意见》）（民委发〔2010〕53号），对各地进一步做好少数民族语言文字管理工作提出了若干指导意见。《意见》指出："我国是统一的多民族国家，目前仍有一部分少数民族人口使用着本民族的语言和文字。少数民族语言文字不仅是少数民族日常生产生活重要的交际工具，而且是民族文化的载体，是民族情感的纽带，是国家宝贵的资源。少数民族语言文字政策是我国民族政策的重要组成部分，少数民族语言文字工作是我国民族工作和语言文字工作的重要组成部分。做好少数民族语言文字管理工作，对于保障少数民族的平等权利，继承和弘扬少数民族传统文化，提升国家软实力，维护国家文化安全，促进民族团结和民族地区经济社会发展具有重要的意义。坚持依法管理、依法办事，促进国家通用语言文字的规范、丰富和发展，保护、使用和发展少数民族语言文字；坚持以人为本，尊重群众意愿，保障各民族公民选择学习使用语言文字的自由；坚持实事求是，

---

① 《凉山彝族自治州彝族语言文字工作条例（修订）》，2009年3月21日凉山彝族自治州人民代表大会第四次会议修订通过。2009年5月27日四川省第十一届人民代表大会常务委员会第九次会议批准。

分类指导，推动少数民族语言文字工作科学发展；坚持鼓励各民族互相学习语言文字，促进民族关系和谐发展。民族自治地方的少数民族语言文字工作机构应积极贯彻执行国家关于民族语言文字管理的法律法规，保障少数民族语言文字的依法使用。为不通晓国家通用语言文字的公民提供翻译等方面的公共服务；协调有关部门，依法用规范汉字和本民族文字印制少数民族公民的身份和资格证件；依法规范公共领域的文字使用；协调配合有关部门，切实做好少数民族语言文字新闻出版和广播影视工作，加强少数民族语言广播影视节目的制作、译制和播出能力；支持少数民族语言文字网站和新兴传播载体有序发展。加强跨省区少数民族语言文字协作工作。跨省区少数民族语言文字协作组织的建立、办事机构的设置、具体的协作工作等，由参加协作的省区（市）协商决定。本着平等协商、自愿协作、互利互惠、共同发展的原则，充分发挥协作机构的议事协调功能，促进跨省区少数民族语言文字协作工作的可持续发展。国家民委对协作工作给予宏观指导和必要支持。"①

二 我国多民族语言信息管理的核心问题

多民族语言信息管理工作必须在我国现有的语言文字工作法律框架内进行，民族地区语言文字相关法律和政策实际上就体现了我国多民族语言信息管理战略的核心思路。从我国政府和涉及少数民族语言文字管理的各级民族自治地方所制定的语言文字工作法规来看，我国在多民族语言信息管理领域的政策框架可以总结为以下方面。第一，国家尊重和保障所有民族使用和发展本民族语言文字的自由，在推行国家通用语言文字的同时，保障和支持少数民族语言文字在各民族自治区域内的应用和发展。第二，汉语普通话和规范汉字是占人口绝大多数的汉族所使用的共同语，也是汉族与少数民族之间、各少数民族之间进行沟通交流的族际共同语，是国家的通用语言文字，学习和推广国家通用语言文字，既是公民融入社会、获得发展的基本权利，也是中华人民共和国全体公民的共同义务。第三，在各民族自治区域内部，当地通用的少数民族语言文字依法享有和国家通用语言文字同等的法律效力，民族自治地方应该保障国家通用语言文字和少数民族语言文字在执行公务、教育系统、新闻出版、社会生活等领域的协同使用，创造双语和谐共存的社会氛围。通过对上述关系的梳理，可以发现国家通用语言文字在我国民族地区

---

① 《国家民委发布关于做好少数民族语言文字管理工作的意见》，国家民族事务委员会网站，http://www.seac.gov.cn/gjmw/xwzx/2010-06-18/1276764065091825.htm，2018年8月1日。

社会语言生活中发挥着非常关键的作用:一方面,国家通用语言文字是汉族和少数民族之间沟通的主要工具,通过语言相通,进而实现心灵相通、情感相通,从而在各类相关事务当中能够做到相互尊重、相互理解,国家的整体凝聚力就能增强;另一方面,国家通用语言文字是实现少数民族之间沟通交流的"中介语言",如果全国所有少数民族都学习和掌握国家通用语言文字,则在国内任何地区都不会有沟通和交流的障碍问题。如果缺少了作为桥梁的"中介语言",则整个民族地区社会语言生活就会出现非常混乱的情形,少数民族为了与其他民族沟通必须同时掌握多种语言文字,而这往往会超出大多数人语言文字学习能力的极限。有了国家通用语言文字,这个问题就迎刃而解了。因此,我国多民族语言信息管理的国家战略,本质上是"以国家通用语言文字为核心的多民族语言信息交流和共享体系",通过国家通用语言文字将少数民族人口和少数民族语言信息资源联结为统一的整体,如图 3-4 所示。

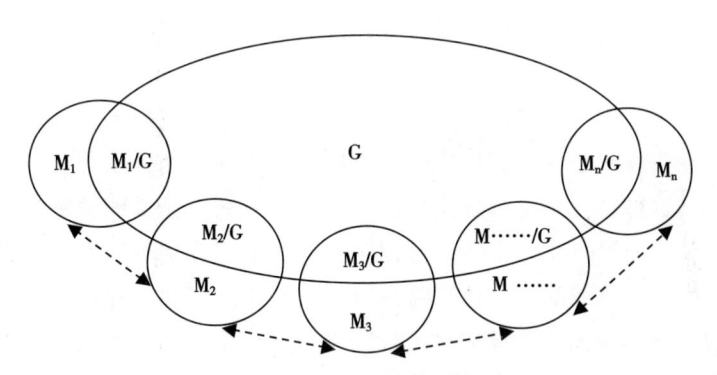

图 3-4 项链模型:以国家通用语言文字为核心的多语言中信息交流体系

图 3-4 展示了"以国家通用语言文字为核心"的多民族语言信息交流体系的基本原理,由于其整体形态有些像用线串起来的珍珠项链,本书称为"项链模型"。图中 G 表示国家通用语言;M_1—M_n 表示我国使用人口较多,社会影响力较大的几种少数民族语言文字,例如蒙古语(Mongolian)、藏语(Tibetan)、维吾尔语(Uigur)、哈萨克语(Kazakh)、柯尔克孜语(Kirghiz)、朝鲜语(Korea)、彝语(Yi)、壮语(Zhuang)等;M_1/G—M_n/G 表示少数民族语言和国家通用语言共存的双语现象。上述共存现象可以分别从主体、客体、中介三个视角来分析,从主体视角看就是少数民族人口同时学会了本民族语言和国家通用语言文字,或者一部分汉族人口同时学会了国家通用语言文字和某种少数民族语言文字;从客体视角来看,就是少数民族

语言信息资源保存的同时，同一内容的国家通用语言为版本也得到了保存，或者国家在发布某份需要广泛告知文件时，同时发布了国家通用语言文字和少数民族语言文字两种版本；从中介的视角来看，$M_1/G—M_n/G$代表了可以为M_1和G提供语言翻译服务的人员或者技术系统。无论从哪个角度来看，$M_1/G—M_n/G$在整个体系当中都是至关重要的，正是这种双语现象的存在，使各少数民族语言区域与国家通用语言文字使用区域联结为一个整体；同时，各少数民族语言区域之间也能够以国家通用语言文字为中间语言进行信息交流。

三　多民族语言信息管理的国家战略

我国多民族语言信息管理的国家战略就是"以国家通用语言文字为核心的多民族语言信息交流体系"，促进少数民族语言文字信息资源的开发与利用和加强国家通用语言文字的推广和普及工作是两项并行不悖的工作任务，两者需要同时兼顾不能偏废。在少数民族语言文字保持活力的同时国家通用语言文字的推广范围应该尽可能扩大，才有可能真正实现少数民族语言文字和国家通用语言文字和谐共存，相得益彰。图3-4中国家通用语言文字的椭圆区域和少数民族语言文字所代表的小圆区域出现了部分重合，但是还没有完全重合。这种重合是整个国家多民族语言信息交流体系的关键环节，之所以还有部分区域没有完全重合，是因为受到历史、自然等因素的制约，目前我国民族地区的整体双语化任务还没有完全完成，有相当数量的少数民族人口只能使用本民族传统语言文字进行交流，同时在民族地区工作和生活的汉族人口中的很多人也不能使用当地通用的少数民族语言与当地居民进行深度沟通；有些场合的信息资源还不能完全做到双语保存，有的双语化程度很低，只限于对标题和关键词的双语著录；一些少数民族语言机器翻译技术发展滞后，还没有有效承担起语言文字转换的任务；有些地区专职或者兼职翻译人员数量较少，还不能满足跨语言交流服务的任务。而我国少数民族语言文字工作的任务就是逐步消除阻碍语言文字发展的因素，持续扩大双语人口的比例，尽可能做到信息资源的双语保存，培养高素质的双语人才队伍，开发少数民族语言文字和国家通用语言文字之间的双向机器翻译系统，最终使双语现象成为民族地区的普遍现象，这种情形之下"项链模型"的改变如图3-5所示。

在国家语言文字和信息管理工作的推动下，图3-4中G所代表的国家通用语言文字的覆盖范围持续扩大，与此同时$M_1/G—M_n/G$所代表的民族地区

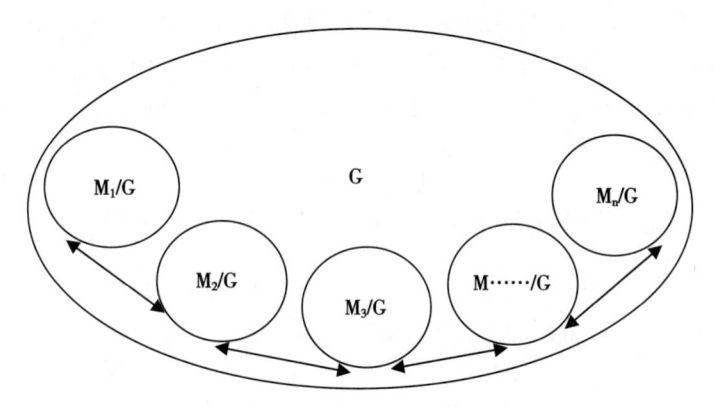

图 3-5　理想状态：多民族语言信息无障碍交流环境

双语现象也在持续发展，直到国家通用语言文字覆盖到全部的民族地区，如图 3-5 所示。图 3-5 中，少数民族语言文字得到保护，在主要的民族自治地方内部，少数民族人口之间还是通过民族传统语言文字进行交流，以体现少数民族传统文化的传承关系。与此同时，绝大多数的少数民族人口可以使用国家通用语言文字，在当地工作和生活的汉族人口也可以使用当地通用的少数民族语言文字；民族自治地方社会生活中产生的绝大多数信息资源也可以通过双语形式提供或保存；少数民族语言文字与国家通用语言文字之间的机器翻译技术也发展到相对成熟的状态，可以为少数民族人口或者在当地生活的汉族人口提供跨语言翻译服务。在上述状态下，民族自治地方内部、民族自治地方与中央政府、民族自治地方与其他相关行政区、民族自治地方与其他民族自治地方之间都可以建立起有效的信息沟通渠道，建立起多民族语言无障碍沟通交流的社会环境。当然，这只是一种理想状态，由于语言文字学习的长期性和复杂性，民族地区人口居住的分散性，由民族地区农牧业产业结构决定的人口的流动性等因素都会导致全部双语人口的实现面临绝大困难。同时，机器翻译技术短期内还无法满足双语高精度翻译的需求，社会生活中需要的大量双语信息主要依赖人工翻译，工作效率较低。因此，要真正实现图 3-5 所示的多民族语言信息无障碍交流环境，还需要经历相当长的历史时期，还有相当多的支持性任务需要完成。

第四节　多民族语言广域信息共享空间的发展战略

多民族语言广域信息共享空间（WIC-ELS）是以多民族语言信息管理国

家战略为指导，地理上覆盖到绝大多数少数民族自治地方的广袤区域，可以借助现代信息技术实现区域内多民族语言信息共享和无障碍交流的社会空间。本节在分析我国语言文字分布规律的基础上，研究多民族语言广域信息共享空间的总体结构和各部分的组成原理。

一 我国多民族语言文字使用人口的分布规律

中华人民共和国成立以来，关于中国少数民族语言的数量和分布的研究一直在持续和深化当中。20世纪50年代的中国语言大调查共调查和识别了60多种语言；1988年《中国大百科全书·语言文字》在吸收了最新研究成果的基础上，认为中国55个少数民族共使用80多种语言；到了2007年，商务印书馆出版大型语言国情报告《中国的语言》一书时，根据当时的研究资料，中国56个民族使用包括5种混合语言在内的共129种语言；而2008年出版的《中国语言地图集》当中所包括的语言数量已经增加到130多种。① 语言数量的差异性主要来自对语言划分标准的细致程度，即某一种现实中使用的少数民族语言到底属于独立的语言，还是属于已有语言的某个分支甚至只是其方言，不同的学者可能会得出不同的结论。无论我国少数民族语言具体的种类数有多少，可以达成共识的是少数民族语言的分类和地理分布呈现出非常复杂的特征，主要体现在以下方面。

第一，少数民族语言的使用范围和使用层次不同，因而面临的管理和服务需求也各不相同。根据《中国语言地图集》中所采用的分类方法，中国少数民族语言的应用状态大致可以分为四类。①有传统文字并且在民族地区通用的蒙古语、藏语、维吾尔语、哈萨克语、朝鲜语五种语言的使用人口接近2000万人（蒙古族和藏族的一部分人口不使用母语），占蒙古、藏、维吾尔、哈萨克、朝鲜等民族2280万总人口的90%以上。②1949年以后政府帮助创制文字或者改革文字的13个少数民族所使用的壮、苗、布依、侗、哈尼、黎、傈僳、拉祜、佤、纳西、羌、土、景颇、载瓦等语言，以及有传统文字的彝语、傣语、柯尔克孜语、锡伯语等18种语言的使用人口接近3400万人（苗、侗、羌、土、锡伯等民族中较多的人口以本民族传统语言文字为母语），占17个民族总人口4548万人的3/4左右。③上述民族以外的29个少数民族共使用大约100种语言，使用人口约500万人，占29个民族总人口1515万人的1/3左右。各少数民族当中都有部分人转用

---

① 戴庆厦：《语言调查教程》，商务印书馆2013年版，第321页。

其他语言,其中转用汉语比例比较高的民族主要有土家族、赫哲族、鄂伦春族、仫佬族、保安族、毛南族、瑶族、白族。有的汉族说的是少数民族语言,例如,海南的临高、琼山、澄迈、昌江、东方等县市的临高语、村语;广东肇庆的标语,广西临桂县的茶侗语等。④满族、回族、畲族、仫佬族的全部或者绝大多数人口历史上已经使用或者转用汉语,这四个民族总人口2179万,仍然保留传统民族母语的人口较少,总数不到1万人。①以上四类使用少数民族语言的人数5800多万,约为全国少数民族人口的一半。上述分类当中,只有第一类和第二类的部分少数民族语言在民族地区社会生活中存在较为广泛影响力,而且由于有成熟的文字,历史上遗留下来的文献和当今社会产生的新信息总量相对较多,具备进行大范围信息共享和交流的实际需求和现实条件。第三类少数民族语言由于没有成熟的文字,仅限于少数民族人口的口口相传,使用范围较小,社会影响力较弱,部分语言已经处于活力衰退甚至濒危的状态。这类语言文字工作的重点是进行语言记录和保护,并非促进其大范围传播和共享。第四类情况较为特殊,由于满族、回族等少数民族在历史上已经放弃本民族的传统语言而转用汉语,因而基本上不存在跨语言信息交流的问题,不在多民族语言信息共享空间建设的规划范围之内。例如,宁夏回族自治区是我国五个少数民族自治区之一,但是由于回族没有跨语言信息交流的问题,因而不需要考虑跨语言信息交流和服务的问题。

第二,少数民族语言文字的使用地域地理上呈现出总体稀疏性的分布特征。我国是统一的多民族国家,根据2010年全国人口普查数据,少数民族人口大约为1.14亿人,占全国总人口的8.49%,② 然而少数民族聚居地区的面积却占到国土总面积的64%左右,③"地广人稀"的人口分布特征也带来少数民族语言的高度分布性。由于少数民族主要分布在边疆省区,受到自然、地理等因素的限制,少数民族语言文字的使用主要在少数民族聚居区域内,呈现出少数民族语言地理分布的区域性特征。具体而言,除部分居住较为临近的少数民族之间互相掌握对方的语言文字或者以汉语为中介进行沟通交流之外,绝大多数的少数民族之间直接跨语言交流的需求相

---

① 张振兴:《方言研究与社会应用》,商务印书馆2013年版,第12页。
② 中华人民共和国国家统计局:《2010年第六次全国人口普查立安数据公报》,2011年4月28日。
③ 国务院:《"十三五"促进民族地区和人口较少民族发展规划》,2016年12月24日。

对较少，因而民族地区多语言信息交流主要还是关注国家通用语言文字与某种少数民族语言文字之间的跨语言信息交流问题，以多个少数民族语言和国家通用语言双语应用区域并存为主要特征，兼顾少数民族语言之间跨语言交流需求。

第三，我国少数民族语言分布的复杂性体现在少数民族语言的使用区域与少数民族自治地方的行政区划不能简单对应。上述关系也可以在商务印书馆 2012 年出版的《中国语言地图集：少数民族语言卷》当中得到印证。[1]

由《中国语言地图集：少数民族语言卷》可知，我国的少数民族语言分布呈现出以民族自治地方为核心辐射周边地区的特征。例如，藏语最主要的使用区域是西藏自治区，但是在青海省、甘肃省、四川省、云南省也有大量使用藏语的人口；蒙古语最主要的使用地区是内蒙古自治区，但是在吉林省、辽宁省、黑龙江省和新疆维吾尔自治区也有大量人口以蒙古语为母语。因此，少数民族语言分布总体上与少数民族人口的分布相对应，而与民族自治地方的行政区划存在较大差异性。

第四，我国少数民族语言分布的复杂性主要体现在少数民族语言与少数民族人口之间并不能简单对应，而是呈现出非常复杂的交错关系。一方面，同一个民族内部存在使用多种语言文字的情况，例如藏族使用的藏语、嘉戎语、木雅语等语言多达 15 种，瑶族使用勉语、布努语、拉珈语等共 8 种语言，景颇族使用景颇语、载瓦语、勒期语、浪峨语、波拉语共 5 种语言，蒙古族、壮族分别使用 3 种语言，阿昌族、门巴族、哈尼族、拉祜族、傣族、布依族、苗族、土族、仫佬族、仡佬族等使用 2 种语言。另一方面，还存在不同的民族使用同一语言的情况，例如新疆维吾尔自治区的部分柯尔克孜族、俄罗斯族人口在使用维吾尔语交流；青海、甘肃的部分蒙古族、土族在使用藏语交流；广西壮族自治区的部分瑶族、毛南族人口使用壮语交流。

二 多民族语言广域信息共享空间的总体结构

"多民族语言广域信息共享空间"建设必须与我国少数民族语言的分布特征相匹配，采用体现我国少数民族语言文字应用实际情况相对应的体系架构，具体而言需要重点关注以下方面。第一，我国的少数民族语言种类繁多，实

---

[1] 中国社会科学院、香港城市大学语言资讯研究中心：《中国语言地图集：少数民族语言卷》，商务印书馆 2012 年版。

际使用情况极为复杂，面临的管理需求也各不相同，多民族语言信息共享空间主要关注使用历史较长，使用人口较多，有成熟文字，在历史上和当前产生的文献和信息总量较多，在所在区域公共事务和社会生活中影响力较大的几种少数民族语言文字的跨语言信息交流问题，主要包括藏语、蒙古语、维吾尔语、哈萨克语、柯尔克孜语、壮语、朝鲜语、彝语、傣语等，其他少数民族语言当前面临的主要任务是对这些语言文字进行全面采集和记录，建立起语言文字的科学保护体系，该问题不属于本书讨论的核心问题。第二，我国少数民族语言文字种类极为丰富，但是由于语言文字分布的总体稀疏性特征，这些语言文字的应用区域很少出现交叉与重叠，在同一较小的区域内同时使用多种语言文字的情况还是不多，绝大多数的跨语言信息交流需求发生在国家通用语言文字和某种少数民族语言文字之间。尽管"多民族语言信息共享空间"并没有限制用户语言和信息资源记录语言的数量，但是在实际生活中，其主要解决的还是国家通用语言文字和某种少数民族语言文字的跨语言信息交流问题。因此，多民族语言跨语种信息交流体系总体上呈现出多个少数民族语言和国家通用语言双语信息共享区域并存的特征，例如藏语/国家通用语言文字共享区域、蒙古语/国家通用语言文字共享区域、维吾尔语/国家通用语言文字共享区域、哈萨克语/国家通用语言文字共享区域、柯尔克孜语/国家通用语言文字共享区域、壮语/国家通用语言文字共享区域、朝鲜语/国家通用语言文字共享区域、彝语/国家通用语言文字共享区域、傣语/国家通用语言文字共享区域等。第三，少数民族人口的分布区域、少数民族自治地方的行政区域与少数民族语言的分布区域并不完全对应，为了便于研究可以将这一问题做适度简化，即多民族语言广域信息共享空间主要关注的是少数民族语言的分布区域，假设同一区域内部语言文字应用情况是类似的，通过在区域内建立国家通用语言文字和当地通用的少数民族语言文字之间的跨语种信息服务机制就可以满足绝大多数情况下的跨语言沟通交流需求。"多民族语言广域信息共享空间"规划阶段可以只关注语言使用区域，不用考虑民族自治地方行政区划对语言区域的影响，只有在实施和建设阶段才需要考虑如何协调处于不同行政区划之内各类语言文字工作机构的力量，共同为语言区域内的双语信息共享提供支持。此外，由于少数民族语言还存在复杂的方言现象，即使在同一语言区域之内，使用同一种语言进行交流也会产生交流障碍，为了研究方便，多民族语言信息共享空间在战略规划阶段可以暂时忽略考虑方言可能的影响，在假定同一区域内语言文字应用情况具有同质性的前提下进行信息共享空间的宏观规划，而在民族地区公共文化服务机构进行具体建设方案规划时再考虑如何妥善处理和解决方言差异性对信息共享空间的影响。参考图 3-4 中"项链模式"所示的多民族语言信息管理的国家战略,按照分布式架构所构建的"多民族语言广域信息共享空间"整体上由国家层、区域层和机构层三个层面组成,如图 3-6 所示。

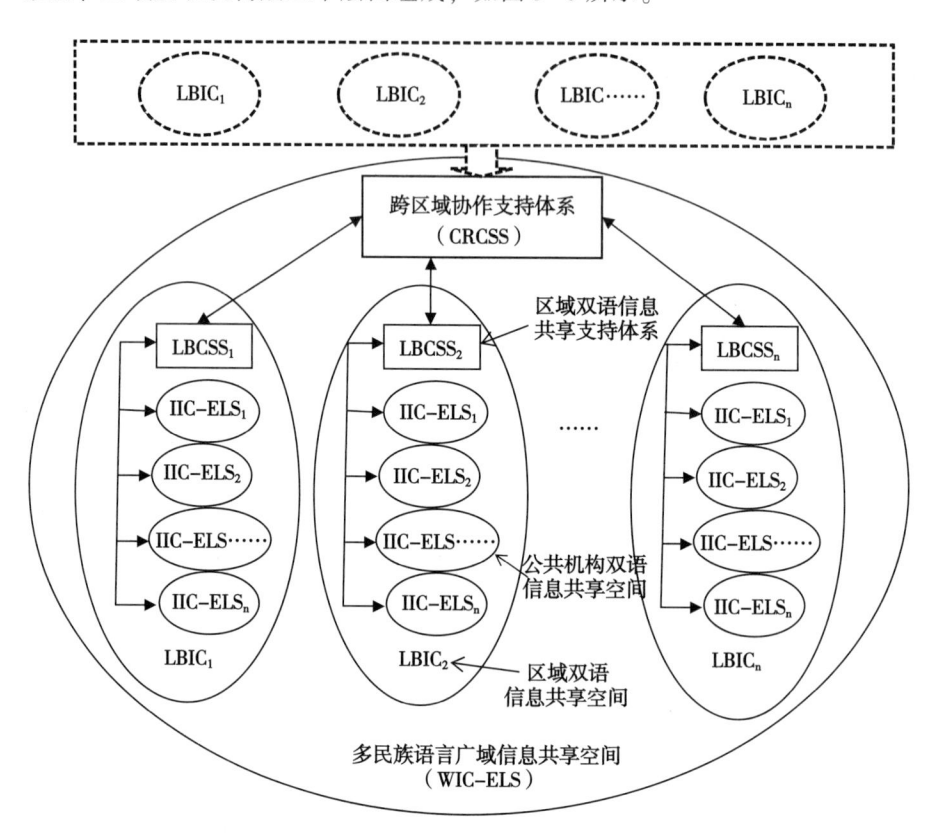

图 3-6　多民族语言广域信息共享空间的总体结构

资料来源:赵生辉:《多民族语言信息共享空间的体系架构与构建策略研究》,《图书情报知识》2016 年第 2 期。

图 3-6 中,国家层面的"多民族言信息共享空间"由分布在各民族地区的若干个少数民族语言、双语信息共享区域(Local Bilingual Information Commons,LBIC)和负责跨区域信息交流和服务协作的"跨区域协作支持体系"(Cross-Region Cllaboration Support System,CRCSS)构成。其中,双语信息共享区域是以少数民族语言的地理分布为划分标准建立的若干区域,例如藏语/国家通用语言双语信息共享域、蒙古语/国家通用语言双语信息共享域、维吾尔语/国家通用语言双语信息共享域、朝鲜语/国家通用语言双语信息共享域

等。按照前文所分析的结果，多民族语言跨语言信息共享需求主要发生在国家通用语言文字和特定语种少数民族语言文字之间，因而绝大多数的跨语言信息共享任务在双语信息共享区域内就可以完成。当然，由于我国少数民族语言文字应用情况的复杂性，在某些情形之下用户也会产生跨区域信息共享的需求，对于少量需要其他双语信息共享区域提供其拥有的资源和服务的情况，通常由"跨区域协作支持体系"负责协调完成。例如，用户需要根据某一主题查询各语种少数民族文献的相关内容，或者本地采集和保存的信息资源却没有高水平的翻译人员和专家队伍辅助服务，需要借助该语言对应的双语信息共享域的资源来提供服务，如果西藏自治区某图书馆信息共享空间保存了少量蒙古文文献，无法凭借机构自身资源进行服务，则通过网络求助于内蒙古自治区相关翻译人员和领域专家提供服务。由于各"双语信息共享区域"（LBIC）之间可以通过计算机网络相互连通，因而可以通过"跨区域协作体系"（CRCSS）访问对方的信息资源，也可以通过网络寻求语言翻译和信息内容专家解读等服务。按照这种结构，处在任何一个双语信息共享域当中的公共文化服务机构，在向网络共享自己采集和保存的资源的前提下，可以通过网络得到整个体系的信息资源和服务，就像这些资源和服务保存在本地一样（图 3-7 中将这种虚拟共享行为用虚线表示）。由于少数民族语言文字信息资源分布的复杂性和人口的流动性，某些特殊情况下，民族地区公共文化服务机构也需要进行不属于本区域语言文字的信息进行著录，或者要为使用不同语言文字的用户提供服务，则可以通过各语言区域之间的在线动态协作支持体系来完成。

三　多民族语言广域信息共享空间的组成原理

图 3-6 中的"双语信息共享区域"（LBIC）是由"区域双语信息共享支持系统"（Local Bilingual Communication Support System，LBCSS）和若干个公共文化服务机构建立的"机构信息共享空间"（Instiutional Information Commons in Ethnic Languages of China，IIC-ELS）构成。"公共机构信息共享空间"是在民族地区公共文化服务机构内部围绕用户需求所专门构建的集成信息服务环境，是多民族语言信息共享最终效果的体现，由于少数民族语言跨语言信息服务的区域性特征，在大多数情况下，机构信息共享空间的服务对象是区域内使用特定语种少数民族语言的用户，所采集和保存的信息资源也是特定语种少数民族文字信息，因而图 3-6 中的"多民族语言信息共享空间"的主要职能是"双语信息共享空间"（Bilingual Information Commons，BIC）。例如，藏语/国家通用语

言双语信息共享空间主要解决藏语和国家通用语言文字之间的双向互译和跨语言信息服务问题，蒙古语/国家通用语言信息共享空间的服务对象主要是只会说蒙古语却不会说国家通用语言文字的蒙古族用户，或者只会说国家通用语言文字但是在工作当中需要阅读蒙古语文献的汉族用户。"区域双语信息共享支持体系"（LBCSS）是为了弥补民族地区公共文化服务机构在少数民族语言和国家通用语言双语跨语言服务能力方面的不足，提供必要的支持服务。例如，少数民族语言和国家通用语言文字之间的双语语料库、双语机器翻译系统等需要较大规模资金、时间和专业知识投入的大型技术系统一般的信息机构无力完成，则可以通过区域中心提供必要的支持服务。"区域双语信息共享支持体系"的建设可以采用云计算（Cloud Computing）架构，由区域双语信息服务支持中心采集和保存用于双语信息处理的各类语言资源，经过集成和封装之后为区域内的各类公共文化服务机构提供双语信息服务支持。基于中心的双语服务平台，公共文化服务机构可以不用自己投资构建双语翻译系统，只需要在平台服务之上根据业务系统的实际需求进行服务定制，双语核心转换功能由中心云服务中心完成。这对于信息化基础较为薄弱的民族地区公共文化服务机构而言具有非常重要的意义，可以使这些机构在短期内通过"踩在巨人的肩膀上"（双语转换云服务）将公共服务提升到较高的水平。此外，在少数民族语言信息共享策略当中，通过教育提高用户的双语能力是解决跨语言信息共享问题的有效途径。然而，民族地区人口的基础双语教育需要较长的时间周期，不是图书馆等公共文化服务机构的业务范畴，而是应该在区域范围内由各级行政机关统筹推进。

  图 3-6 中，"公共机构信息共享空间"是多民族语言广域信息共享空最终的落脚点，是跨民族语言信息服务体系与用户接触、向用户提供服务的"接口"（Interface），因而在整个体系建设中发挥着最为重要的作用。此处的"公共机构信息共享空间"由于主要是为语言区域内的用户提供国家通用语言文字和少数民族语言文字的双语信息服务，故称为"双语信息共享空间"（BIC）。实际上，通过机构双语信息共享空间是可以访问到其他语种少数民族语言信息资源和服务的，因此图 3-7 中的"机构双语信息共享空间"就是作为本书核心概念的"多民族语言机构信息共享空间"，为了行文方便，除在战略规划章节特别强调"多民族语言广域信息共享空间"和"多民族语言机构信息共享空间"的区别之外，其余章节所述的"多民族语言信息共享空间"绝大多数情况下是"多民族语言机构信息共享空间（IIC-ELS）"。由于"多民族语言机构信息共享空间"是下一节和全书论证的重点内容，其体系架构和实现策略会在后续章节进行更加详细的展开，此处不再进行赘述。

此外，图3-6中"跨区域协作支持体系（CRCSS）"承担的另外一项职能是以国家通用语言文字为中介，为任意两种少数民族语言信息交流建立支持。某种少数民族语言与另外一种少数民族语言之间的信息沟通和交流需求在实践中虽然不多见，但也是存在的，例如某位只会说藏语的用户希望与另外一位只会说蒙古语的用户进行交流，或者某位只能看懂维吾尔文的用户希望能够阅读用哈萨克文书写的信息资源，这种情况下就需要跨区域协作支持体系的帮助。例如，如果将国家通用语言文字用 N 表示，把目前社会影响力较大的 7 种少数民族语言文字（藏语、蒙古语、维吾尔语、哈萨克语、柯尔克孜语、壮语、韩语）称为 M1—M7，当民族地区只能使用国家通用语言文字或当地通用少数民族语言文字当中的任何一种的用户在公共文化服务机构接受服务时，除了可以看懂本民族语言文字的信息资源或者可以与使用相同语种的用户和机构工作人员进行口语信息交流之外，其余的各种情况都可能面临跨语言信息交流障碍问题，如图3-7所示。

	N	M1	M2	M3	M4	M5	M6	M7
N	N/N	N/M1	N/M2	N/M3	N/M4	N/M5	N/M6	N/M7
M1	M1/N	M1/M1	M1/M2	M1/M3	M1/M4	M1/M5	M1/M6	M1/M7
M2	M2/N	M2/M1	M2/M2	M2/M3	M2/M4	M2/M5	M2/M6	M2/M7
M3	M3/N	M3/M1	M3/M2	M3/M3	M3/M4	M3/M5	M3/M6	M3/M7
M4	M4/N	M4/M1	M4/M2	M4/M3	M4/M4	M4/M5	M4/M6	M4/M7
M5	M5/N	M5/M1	M5/M2	M5/M3	M5/M4	M5/M5	M5/M6	M5/M7
M6	M6/N	M6/M1	M6/M2	M6/M3	M6/M4	M6/M5	M6/M6	M6/M7
M7	M7/N	M7/M1	M7/M2	M7/M3	M7/M4	M7/M5	M7/M6	M7/M7

图3-7　民族地区跨语言信息交流障碍示意图

图3-7中，列代表只能使用单一语种进行语言文字信息交流的人，行代表能够使用单一语种进行语言文字信息交流的人或者采用单一语种作为记录语言文字的信息资源。在公共文化服务机构或其他社会组织不提供任何支持的情况下，除图中阴影部分之外，其余情况都会面临语言沟通障碍，或者无法用对方可以听懂的语言文字进行信息交流，或者是无法识别和理解用其他民族语言文字所形成的信息资源。要解决这个问题，大致面临以下几种选择。①对所有用户进行其他语言文字的培训，例如要求民族地区只能使用国家通用语言文字 N 的用户，必须同时掌握 M1—M7 共 7 种语言文字或者要求只掌握了一种少数民族语言文字的用户，必须同时掌握国家通用语言文字和另外

6种语言文字。②对民族地区公共文化服务机构的工作人员进行多语言文字应用能力培训，使其在掌握国家通用语言文字的基础上，还要同时具备M1—M7共7种少数民族语言文字的应用能力。③对公共文化服务机构所采集的所有信息资源，进行多语种著录，要求除了采用与其内容使用语言文字相一致的语言文字进行元数据著录之外，还要采用其他7种语言文字进行逐一著录。如果上述三方面的措施都落实到位，则进入公共文化服务机构信息共享空间接受服务的用户，无论使用的是国家通用语言文字还是M1—M7当中任何一种少数民族语言文字，都可以得到适当的服务方式，使其可以用自己熟悉的语言文字与他人交流，或者通过浏览元数据了解信息资源的主题和内容梗概。然而，上述三个方面的解决措施都是不可行的，主要原因如下。①尽管国内外教育学研究表明人具备同时掌握多种语言文字的潜力，但是通常情况下，由于精力有限或者错过语言学习最佳生理年龄等因素，普通大众能够熟练掌握的语言文字不超过3种，因此要求民族地区所有少数民族人口同时掌握7种第二语言的要求无疑是不现实的。此外，需要注意的是，国外普通民众多语言能力的养成是本身生活在多语言环境下自然形成的，而我国少数民族聚居区大多地广人稀，语言环境大多体现为国家通用语言文字和当地通用少数民族语言文字两种，缺乏其他距离较远少数民族语言文字的学习和应用环境，要达到双语难度太大。②与我国民族地区用户多语言教育困境相似，对民族地区公共文化服务机构工作人员的多语言要求也是不合理的，几乎没有哪个机构的工作人员可以完成同时掌握国家通用语言文字和另外7种少数民族语言文字的情况。此外，即使掌握了多种语言文字，真正在工作中能够用到的，其实就国家通用语言文字和当地通用少数民族语言文字两种，其余语言文字应用能力会随着使用的减少而逐渐退化。③由于信息资源的跨语言著录必须以具备多语言能力的工作人员为前提条件，这个条件不具备，信息资源的多语言著录工作就无从谈起。即使机构已经拥有足够数量的多语言人才，真正要对信息资源进行多语言著录的工作量是极大的，需要耗费数年才能完成，而真正出现两种少数民族语言之间跨语言信息共享需求的概率又非常小，公共文化服务机构从事这项工作的经济性是值得质疑的。总之，要按照简单多语言原则解决我国多民族语言信息资源跨语种共享问题基本上是行不通的，这就需要应用"中间语言"（Interlingual）的办法来解决。以国家通用语言文字为中间语言，实现少数民族语言文字之间信息交流的原理如图3-8所示。

"中间语言"或者"中介语言"是语言学术语，是指在信息交流体系当中为其他语言文字之间的相互翻译和转换担当中介作用的语言文字，中间语

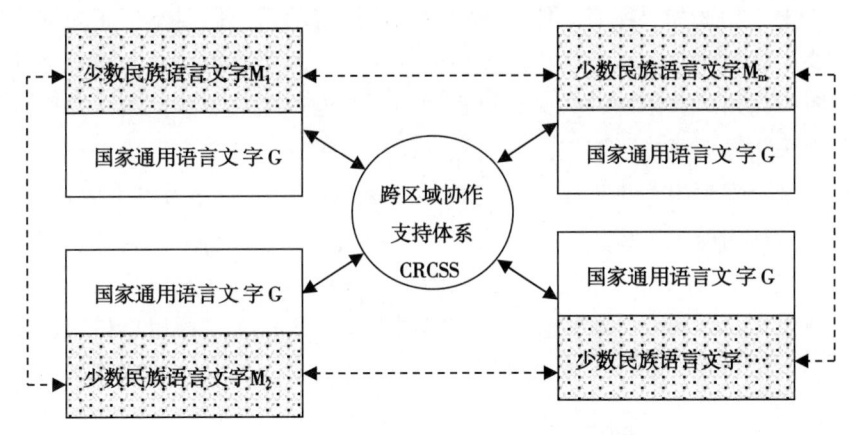

图 3-8 多民族语言跨区域协作支持的原理

言在翻译系统中不会出现，但是由于中间语言的存在，其他采用多种语言文字作为记录符号的信息资源之间就有了统一的语义和逻辑参照体系，就可以将其整合为统一的整体。根据我国民族地区语言文字的分布特点及国家通用语言文字的法律地位，我国多民族语言文字信息交流的最佳中间语言就是作为国家通用语言文字的汉语和规范汉字。如果民族地方生成的少数民族语言信息资源有了国家通用语言文字的对照版或者有了国家通用语言文字的元数据目录，则该信息资源就与我国浩如烟海的汉语信息资源体系联结为一个整体，可以支持跨语言的信息检索和智能信息处理。按照以国家通用语言文字作为中间语言的技术原理，对图 3-7 所示的信息交体系进行改造，构建的以国家通用语言文字为核心的多民族语言跨语种信息沟通交流体系如图 3-9 所示。

	N	M1/N	M2/N	M3/N	M4/N	M5/N	M6/N	M7/N
N	N/N	N/M1	N/M2	N/M3	N/N/M4	N/M5	N/M6	N/M7
M1/N	M1/N	M1/M1	M1/N/M2	M1/N/M3	M1/N/M4	M1/N/M5	M1/N/M6	M1/N/M7
M2/N	M2/N	M2/N/M1	M2/M2	M2/N/M3	M2/N/M4	M2/N/M5	M2/N/M6	M2/N/M7
M3/N	M3/N	M3/ N/M1	M3/N/M2	M3/M3	M3/N/M4	M3/N/M5	M3/N/M6	M3/N/M7
M4/N	M4/N	M4/ N/M1	M4/N/M2	M4/N/M2	M4/M4	M4/M5	M4/N/M6	M4/N/M7
M5/N	M5/N	M5/ N/M1	M5/N/M2	M5/N/M3	M5/N/M4	M5/M5	M5/N/M6	M5/N/M7
M6/N	M6/N	M6/ N/M1	M6/N/M2	M6/N/M3	M6/N/M4	M6/N/M5	M6/M6	M6/N/M7
M7/N	M7/N	M7/ N/M1	M7/N/M2	M7/N/M3	M7/N/M4	M7/N/M5	M7/N/M6	M7/M7

图 3-9 以国家通用语言文字为中介的多民族语言信息共享体系

图3-9中，如果所有只能使用少数民族语言的用户同时掌握了国家通用语言文字，公共文化服务机构的工作人员在掌握国家通用语言文字的基础上再掌握一门当地通用的少数民族语言文字，各地产生的少数民族语言信息资源同时采用国家通用语言文字和当地通用少数民族语言文字双语著录，则整个体系都会发生根本性改变，信息沟通交流的方式主要分为以下四种情况。①用户所使用的本民族传统语言文字与公共文化服务机构工作人员、其他用户之间使用的第一语言完全一致，或者信息资源的语言文字就是用户第一语言，则直接进行沟通交流。②只能使用国家通用语言文字的用户使用国家通用语言文字与其他少数民族语言用户进行沟通交流，或者通过浏览信息资源国家通用语言文字版本元数据的方式了解少数民族语言信息资源的内容以便判断是否符合需求。③掌握了国家通用语言文字的各少数民族用户以第二语言为工具阅读和理解国家通用语言文字新资源的内容并与使用国家通用语言文字的用户进行沟通交流。④当信息交流双方使用的是不同的少数民族语言文字或者信息资源采用的表达文字是其他少数民族的传统文字，则沟通双方都以国家通用语言文字作为沟通交流的工具，以国家通用语言文字浏览和阅读其他少数民族语言信息资源的元数据，了解该信息资源的主题和内容。在这种情况下，国家通用语言文字的作用就是"族际共同语"。总之，在图3-9所示的以国家通用语言文字为核心的多语种信息资源沟通交流和共享体系当中，如果能够从用户角度、工作人员角度和信息资源角度都落实双语原则，民族地区绝大多数人口掌握了国家通用语言文字和当地通用的少数民族语言文字，信息资源采用国家通用语言文字和当地通用的少数民族语言文字进行双语著录，则以国家通用语言文字为中介和凝聚核心，全国各民族传统语言文字信息资源被联结和凝聚为统一的整体，这正是多民族语言信息共享空间建设所要达到的长远目标和所追求的理想状态。

"跨语言协作支持体系"是按照"以国家通用语言文字为核心的多民族语言信息交流体系"的原理进行设计的，在需要进行少数民族语言之间的信息交流的时候，通常是要以国家通用语言文字为中介语言来完成。例如，只会说藏语和只会说蒙古语的两位用户如果要借助跨区域协作支持体系进行沟通，中心会从藏语/国家通用语言双语信息共享域、蒙古语/国家通用语言双语信息共享域当中分别抽取一位翻译人员，两位用户和两位翻译人员通过计算机网络同时在线，用户说藏语时，藏语翻译人员将其转换成为国家通用语言，蒙古语翻译人员再将国家通用语言文字信息转换成为蒙古语提交给用户。用户说蒙古语时体系提供的语言服务顺序与此相反，从而通过信息的双向互动,在两位语言完全不同的用户之间建立沟通机制。同样地,如果只能看懂维吾尔文的用户需要阅读哈萨克文文献,服务系统的处理顺序是通过哈萨克文/国家通用语言文字翻译系统先将哈萨克文文献的著录元数据甚至全文的内容转换为国家通用语言文字版本,再通过国家通用语言文字/维吾尔文翻译系统将国家通用语言文字版本转换为维吾尔文版本提交给用户阅读。当然,相对于在两种少数民族语言之间直接进行转换,系统的工作效率会有所降低,而且由于中间经历了两次翻译,信息内容的准确性会因此而丧失一部分,但是以国家通用语言文字为核心的处理方式极大简化了多民族语言信息体系性共享的难度,每一种少数民族语言信息资源管理和保存时只关注其与国家通用语言文字版本的双语保存问题,就可以建立适应各种复杂性跨语种信息共享需求的动态适应性服务体系,因而还是一种较为科学有效的解决方案。此外,从服务实现角度而言,要建立任意两种少数民族语言文字直接翻译的工作人员队伍或者机器翻译系统,所需要的整体成本过高,而现实当中具有此类服务需求的用户数量又非常有限,因此以国家通用语言文字为中介进行任意两种少数民族语言文字的翻译和转换服务,同时也是一种较为经济可行的实现方案。图3-6中,跨语言区域协作支持体系按照"以国家通用语言文字为核心的多民族语言信息交流体系"的原理进行设计,任意两种少数民族语言之间的信息交流可以通过国家通用语言文字为中介进行。根据服务方式的不同,可以是由两位不同的翻译人员的协作完成服务链的传递,也可以是由机器翻译系统自动完成两轮信息转换,最终把信息资源以用户可以识读和理解的方式提交给用户。正是因为国家通用语言文字发挥了中介语言的作用,我国类型极为丰富的少数民族语言文字可以聚合为统一的整体。

第五节 多民族语言机构信息共享空间的建设思路

由于"多民族语言机构信息共享空间"的服务职能主要体现为所在区域国家通用语言文字和少数民族语言文字的跨语言信息服务,图3-6中的"多民族语言机构信息共享空间"的作用主要体现为"区域双语信息共享空间"。本节在分析多民族语言机构信息共享空间内涵的基础上,参考多民族语言广域信息共享空间体系架构,构建多民族语言机构信息共享空间的理论模型和信息模型,分析多民族语言信息共享体系的实现原理,并探讨多民族语言机构信息共享空间建设的动力机制。

一　多民族语言机构信息共享空间的内涵分析

参照前文对"多民族语言信息共享空间"所下的定义，"多民族语言机构信息共享空间"是指我国民族地区公共文化服务机构在国家民族事务治理和语言文字工作的制度框架内，以所拥有或者可以从区域、国家层面共享的空间资源、语言资源、信息资源、人力资源和技术资源为基础，通过对教育、技术和管理等手段的组合应用，为使用不同民族语言和具有不同语言文字应用能力的服务对象所特别设计的多语种信息辅助交流空间和动态协作服务体系。上述定义的内涵至少包括以下层面。第一，多民族语言信息共享空间的建设主体是民族地区公共文化服务机构，以图书馆、档案馆、博物馆等公共文化服务机构为代表。但是，多民族语言信息共享空间建设并不是依靠公共文化服务机构就能独立完成，其成功运作还要依靠所在语言区域和国家层面的支持和辅助，其中最为典型的是通过语言资源集成建立云服务架构，使多语言信息系统应用可以在基础云平台进行。第二，多民族语言机构信息共享空间建设要遵守国家《宪法》《民族区域自治法》《国家通用语言文字法》和各民族自治地方制定的地方语言文字工作条例等法规的规定，遵循民族平等、民族团结和民族互助原则，按照以国家通用语言文字为核心的多民族语言信息共享和交流体系的战略框架进行规划和设计。第三，多民族语言机构信息共享空间建设依托的资源主要有空间资源、信息资源、人力资源、技术资源和语言资源五类。其中，空间资源主要是指多民族语言信息共享空间所依赖的建筑实体空间，信息资源是公共文化服务机构所采集、组织和保存的各类文献信息资源和数字信息资源。对多民族语言信息共享空间而言，除常规的国家通用语言文字信息资源之外，更重要的是要采集和保存少数民族语言信息资源，并对其进行双语著录或者经过翻译后双语保存，为跨语言信息交流提供支持。人力资源是多民族语言信息共享空间最为重要的资源，包括为用户提供常规服务的日常工作人员、为用户提供跨语言支持服务的翻译人员以及为用户提供内容解读的参考咨询人才和专家队伍等。技术资源是为信息共享空间建设提供网络通信服务、信息资源管理系统开发、用户服务系统开发等支持的软硬件设备。语言资源是指为工作人员进行信息资源跨语言管理和为用户提供跨语言服务的语料库、双语词典、双语本体等基础语言资源。多民族语言机构信息共享空间建设的核心任务是对上述资源进行优化配置，充分开发和发挥各类资源的潜力，为用户提供高质量的跨语言信息支持服务。第四，多民族语言机构信息共享空间实现跨语言服务的主要手段分为教育手段、技术手段和管理手段三类。其中，教育手段旨在提高服务对象双语应用能力，使其可以掌握和使用另外一门语言。教育手段是解决跨语信息交流问题最为彻底的方式，但是也存在耗时长、难度大的问题。技术手段就是依靠计算机等现代信息技术，将跨语言转换任务交给机器翻译和计算机辅助交流系统等来完成，通过技术中介手段，降低跨语言信息交流的难度。技术手段如果发展到成熟状态，可以满足绝大多数场合的跨语言信息交流需求，但是这种手段也存在难度大、难以实现高精度互译等问题。管理手段主要是指在信息管理当中，通过双语采集、双语著录、双语保存等方式，使少数民族语言文字信息始终可以建立对应的国家通用语言文字版的目录、摘要甚至全文对照版信息，从而可以基于国家通用语言文字，实现多种少数民族语言信息资源的集成检索和共享。教育手段、技术手段和管理手段各有所长也各有所短，多民族语言机构信息共享空间建设当中，需要结合机构的实际情况，实现三种管理手段的组合应用，从而为用户创建可以从多个途径满足需求的动态服务体系。第五，多民族语言机构信息共享空间建设的服务对象是语言文字应用能力千差万别的各类用户。根据我国民族地区人口语言文字应用能力的实际情况，大致包括以下情况：只能使用本区域少数民族语言口语进行交流、可以同时使用本区域少数民族语言口语和文字信息进行交流、只能使用国家通用语言文字进行交流、可以同时使用国家通用语言文字和本区域少数民族语言口语进行交流、只能使用其他语言区域少数民族语言口语就行交流、可以同时使用其他语言区域少数民族语言口语和文字进行交流等，每一种语言文字应用能力的用户的服务需求都是不同的，必须围绕用户需求设计和提供对应的服务项目，使其可以跨越语言障碍进行信息共享和交流。第六，多民族语言机构信息共享空间建设要体现"随需而动"的原则，根据用户的语言文字应用能力和不同的应用需求，动态调整服务策略，通过网络整合来自机构内部、所在语言区域支持机构以及其他语言区域支持机构的资源，为用户提供灵活、便捷的高质量跨语言信息服务。第七，多民族语言机构信息共享空间在本质上是一种经过专门设计和建设的跨语言辅助交流驱动设施，旨在让进入空间的用户不再感受到语言文字差异性带来的沟通交流障碍，可以在空间内以自己熟悉的语言文字阅读以各类语言文字记录的信息资源，可以与使用不同语言文字的各类用户进行沟通交流。尽管跨语言信息交流发生在公共文化服务机构内部，但是它可能给用户带来的尊重、平等、友善、自由的服务体验，将会对民族地区的社会文化氛围和民族团结的整体格局产生深远影响。

二 多民族语言机构信息共享空间的理论模型

图 3-6 所示的"多民族语言广域信息共享空间"从我国多民族语言信息管理国家战略需求出发,按照"自顶向下"的思路分别进行国家层、区域层和机构层的规划,最终形成我国多民族语言信息共享空间建设的总体框架。如果从民族地区公共文化服务机构的视角出发,按照"自底向上"(Bottom to Top)的思路对图 3-6 所示的框架进行重新梳理,就会形成一个以公共文化服务机构为中心,以"区域双语信息共享支持体系"和"国家跨区域协作支持体系"为依托的服务体系,在向多民族语言信息共享网络开放本地拥有的各类资源的同时,可以通过网络共享区域内的资源和其他少数民族语言区域内的资源,如图 3-10 所示。

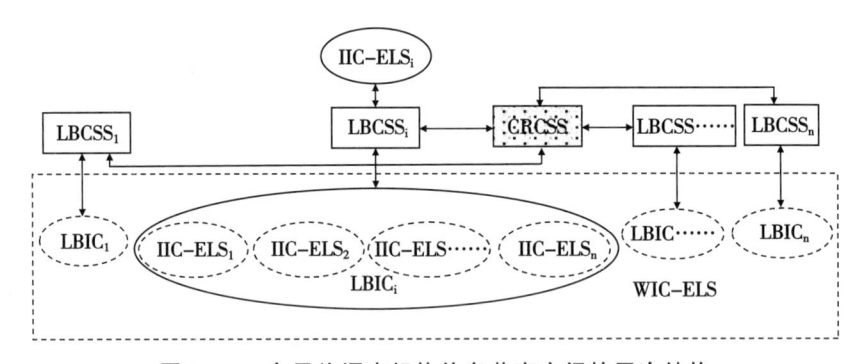

图 3-10 多民族语言机构信息共享空间的层次结构

图 3-10 中,多民族语言机构信息共享空间整体上分为机构层、区域层和国家层三个层面。机构层的任务是利用机构所拥有的资源向用户提供多语言信息服务($IIC-ELS_i$);区域层的任务是由区域双语信息共享支持体系对区域内的各类资源进行集成($LBIC_i$),通过网络向机构多民族语言信息共享空间($IIC-ELS_i$)提供跨语言服务支持;国家层的任务则是通过跨区域协作支持体系(CRCSS)共享其他双语信息共享区域所拥有的信息资源、人力资源、技术资源、语言资源等。如果图 3-8 所示的多民族语言机构信息共享空间各部分建设都完成的情况下,用户只要走进我国民族地区任意一家公共文化服务机构所建成的多民族语言信息共享空间,就可以看到联结到服务网络的所有信息共享空间和区域信息共享支持体系所能提供的各语种信息资源,在远程辅助技术的支持下,得到其他信息共享空间专业翻译、内容解读、参考咨询等服务项目,并可以在人工或者机器辅助系统的支持下与使用不同语言的用

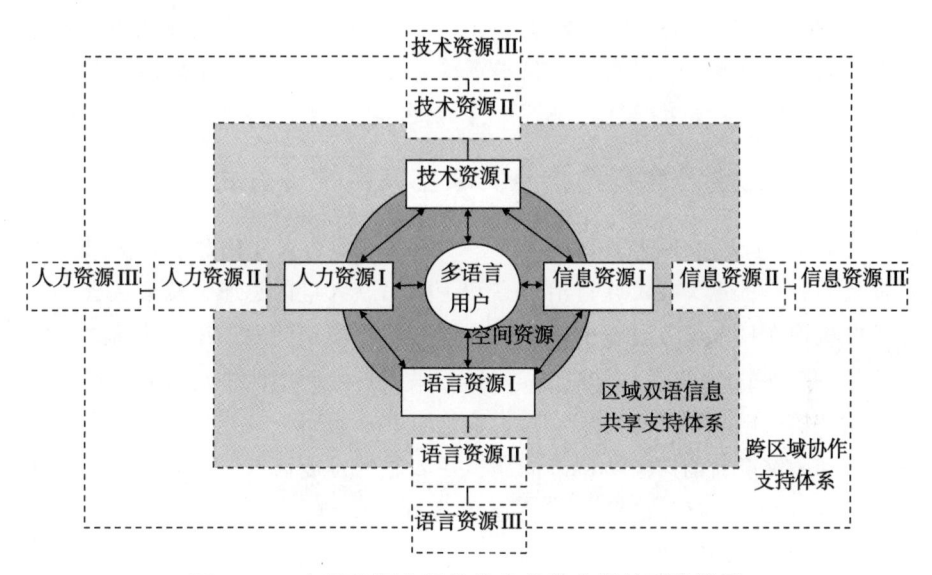

户进行沟通交流。因此，虽然"多民族语言机构信息共享空间"的建设主体是公共文化服务机构，其实体空间一般坐落于某栋建筑当中，但是它所能访问的网络空间是可以无限拓展的，通过网络空间所搭建的服务项目也是种类极为丰富的，可以真正做到"着眼一隅，洞悉全局"，享受到来自整个体系通过协同工作而提供的高质量整合服务。如果将区域层和国家层的建设任务看作机构多民族语言信息共享空间的支持体系，则多民族语言机构信息共享空间总体上可以分为机构信息共享空间建设、区域支持体系建设、国家支持体系建设三个方面的任务。根据以上对"多民族语言机构信息共享空间"层次结构和概念内涵所做的分析，构建的"多民族语言机构信息共享空间"的理论模型如图3-11所示。

图3-11 多民族语言机构信息共享空间的理论模型

图3-11中，多民族语言机构信息共享空间的理论模型整体上分为机构内部多语言信息共享空间（Ⅰ）、区域双语信息共享支持体系（Ⅱ）和跨区域协作支持体系（Ⅲ）三个层次，所依托的资源分为人力资源、信息资源、技术资源、语言资源和空间资源共五类。由于区域双语信息共享支持体系、跨区域协作支持体系都是借助计算机网络实现的远程虚拟共享，因此只有机构信息共享空间涉及需要依托实体的建筑空间资源。因此，图3-9当中民族地区公共文化服务机构内部的语言资源、人力资源、信息资源和技术资源Ⅰ加以区分；可以通过计算机网络共享的所在语言区域的语言资源、人力资源、信息资源和技术资源用Ⅱ加以区分；可以通过计算机网络共享的其他语言区

域的语言资源、人力资源、信息资源、技术资源用Ⅲ加以区分。多民族语言机构信息共享空间的实体空间是IIC-ELS建设必不可少的组成部分,区域双语信息共享支持体系和跨区域协作支持体系是根据多民族语言信息共享空间建设总体规划逐步完善的,尚不具备来自所在语言区域的跨语言信息服务支持和来自国家层面的跨区域协作支持的情况下,机构也可以根据自身实际先行建设功能相对单一的简化版的多民族语言信息共享空间,再根据区域双语信息共享支持体系建设的进度,对机构多民族语言信息共享空间的服务项目进行升级改造,使其与外部环境相匹配。与此同理,在国家层面上的跨区域信息共享协作机制还没有建立的情况下,语言区域内部也可以暂时只提供国家通用语言文字和当地通用的少数民族语言文字之间的跨语言信息共享和交流。因此,"区域双语信息共享支持体系"和"跨区域协作支持体系"及其所涉及的人力资源、信息资源、技术资源、语言资源都是用虚线表示,意为可选功能模块。

三 多民族语言机构信息共享空间的推进方式

由于少数民族语言文字的特殊性,少数民族语言文字信息管理和共享工作需要充分尊重各少数民族自治地方和少数民族人口的意愿,从解决公共文化服务机构在日常服务过程中面临的跨语言信息交流问题入手逐步推进,而不能像一般性的国家信息共享工程一样,采用自上而下的推进方式,由国家级机构开始层层落实。多民族语言机构信息共享空间涉及机构自身、所在语言区域和国家层面的沟通协调等问题,从实施的难度而言,机构自身建设相对容易,所在语言区域的整合服务面临跨行政区域、行政层级整合等挑战,而国家层面上的沟通协调需要在各少数民族语言区域双语信息共享空间建设达到一定规模才可能启动。因此,"多民族语言信息共享空间"建设总体上需要采用"自上而下规划,自下而上建设"的思路,在制定出"多民族语言广域信息共享空间"的宏观规划和顶层架构之后,由各类公共文化服务机构参照宏观规划制定本机构的服务定位和服务策略,进行本机构"多民族语言机构信息共享空间"的规划和设计。在上述过程中,各少数民族语言区域发挥着非常关键的作用,如果整个语言区域的人力资源、信息资源、语言资源、技术资源可以得到很好的整合,区域内的各级公共文化服务机构就可以非常便捷地基于云服务平台搭建自己的应用系统,构建机构自身的多语言服务环境。由于多民族语言信息共享问题的特殊性,信息共享空间建设并不适合依靠国家公共权力机构的强制力进行推动,更为适合的组织形式是超越现有的行政区域和机构的行政级别,建立一种类似于信息共享联盟的网络协作组织,所有参与到联盟的公共机构在向网络共享自身资源的同时,也从网络当中获取所需要的资源,从而形成一种"优势互补、协作共赢"的合作关系。相关问题将在本书后续章节进行详细论述。

第四章

多民族语言信息共享空间的体系架构

多民族语言信息共享空间（第三章所述的"多民族语言机构信息共享空间"）是图书馆信息共享空间理论在我国民族地区公共文化服务机构的实际应用，其体系架构遵循图书馆信息共享空间的基本规律，同时也会根据多民族语言信息共享交流的特殊需求在具体实现方式上有所差别。本章在概述图书馆信息共享空间体系架构相关研究的基础上，构建多民族语言信息共享空间的结构模型，并逐一介绍其服务层、实体层、虚拟层、支持层、区域支持体系和国家支持体系的主要内容、发展目标和建设思路等内容。

第一节 多民族语言信息共享空间的架构模型

自信息共享空间（Information Commons）20世纪90年代提出并在全球多所高校成功实践以来，有关信息共享空间体系架构的研究也一直在持续，国内外多位学者针对信息共享空间的内部结构提出过多种理论模型，本节在对上述理论模型进行综述和评析的基础上，提出多民族语言信息共享空间的架构模型。

一 国内外信息共享空间架构模型的综述

国外学者对信息共享空间体系架构的研究主要围绕图书馆信息共享空间展开，其中最为著名的是信息共享空间先驱、美国学者唐纳德·比格所做的系列研究。1999年，唐纳德·比格发表了其具有里程碑意义的《信息共享空间的概念界定》一文，提出信息共享空间一词的内涵可以分为两种：一种是指专门设计的在线数字环境，另一种是围绕上述数字环境而特别设计的物理设施。① 可见，他在界定"信息共享空间"内涵的过程中已经包含了将"信息共享空间"划分为"虚拟层"和"物理层"的思想。此后，有多位学者对信息共享空间的结构模型进行了探索，例如美国爱荷华大学的吉姆·邓肯（Jim Duncan）提出"物理+虚拟+支持"的三层次结构模型；新西兰学者亚力克·库奇曼（Alec Couchman）提出"物理+虚拟+社会"三层次结构模型；美国学者戴维·博立尔（David Bollier）提出"物理+逻辑+内容"的三层次结构模型等，这些模型大体上延续了唐纳德·比格的将信息共享空间划分为"物理空间"和"虚拟空间"的思想，只是对支持上述两个空间运作的要素表达方式各不相同，有的强调内容属性，有的强调社会属性，有的强调支持性的功能属性。在后续研究当中，唐纳德·比格对"物理层"和"虚拟层"划分的思想进行了扩展，在2006年出版的《信息共享空间建设手册》一书中，提出了系统的信息共享空间分层理论，将信息共享空间的架构划分为"实体共享空间"（Physical Commons）、"虚拟共享空间"（Virtual Commons）和"文化共享空间"（Cultural Commons）三部分，其中虚拟共享空间是通过互联网获取信息和传播知识的网络环境，实体共享空间是综合了数字环境而特别设计的物理设施和开放获取区域，文化共享空间是包括政治、法律和法规在内的相关社会环境。② 到目前为止，国外学者对于信息共享空间的层次结构模型的具体表述还没有完全统一，但毋庸置疑的是，将信息共享空间划分为"物理空间"和"虚拟空间"的思想已经对信息共享空间的研究和实践产生了巨大影响，学者们对信息共享空间层次结构所做的各类研究本质上是对这一思想的补充和完善，总体上没有超越"物理+虚拟"的逻辑框架。

　　国内学者对信息共享空间架构模型的相关研究可以分为宏观、中观和微观三个层面，例如宏观层面上的全球信息共享空间（GIC）理论模型、中观层面的社会信息共享空间的理论模型和微观层面上有关机构信息共享空间的各种理论模型等。陆宝益认为信息共享空间的内部结构可以划分为IC物理空间、IC虚拟空间、IC政策空间和IC情感空间四个方面，信息共享空间可以划分为宏观层次的全球/巨型IC、中观层次的区域/系统IC和微观层次的机构/组织IC三种类型，每一种类型的信息共享空间内部结构中四类空间要素

---

① Beagle Donald, "Conceptualizing a Information Commons", *The Journal of Academic Librarianship*, No. 2, 1999, pp. 82-89.

② Beagle Donald Robert, Donald Russell Bailey and Barbara Gunter Tierney. *The Information Commons Handbook*, Neal-Schuman Pubblishers, 2006.

的比例和互动关系都是不同的,全球信息共享空间追求的是全球的信息流通、交流与共享,促进各国公民享有平等的知情和利用信息、获得知识和接受终身教育的权利,以提高每一位地球公民的生活质量和尊严,以具有独立主权的国家或者具有国家性质的国际组织协同进行信息资源管理,构建政策空间、情感空间和虚拟空间,并为各个国家具有信息需求和信息利用能力的世界公民服务。[①] 韩海涛、谷乐阳认为"社会信息共享空间是按照以用户为中心原则建立的惠及全民的一站式集成服务模式,如果将生活在社会大环境中的公民看作图书馆的读者,则实质上公民生活在一个更大范围的 IC(信息共享空间)当中,在通过社会机制使用 IC(信息共享空间)"。社会信息共享空间的核心要素包括空间要素、技术要素和服务要素三类,由公众信息保障机构、自媒体网站机构、人力资源和信息服务审核评价机构共同协作,为公民构建一站式学习、协作、交流和互助的社会环境,以上六个方面分别由社会 IC 模型的一个角来表示,模型共有六个角,与雪花图案有些类似,故称"六角模型"或"雪花模型"[②]。机构信息共享空间是我国学者关注的重点,国内有多位学者曾就图书馆信息共享空间的架构模型问题进行过探索,提出的信息共享空间的结构模型有十多种以上,本节只列举其中较有代表性的几种。例如,陈进和郭晶提出一种 IC^2 的服务理念,即通过各类措施实现信息共享空间(Information Commons)和创新社区(Innovation Community)的融合,信息共享空间 IC^1 设置开放式学习空间、休闲交流区域、协同工作平台、展览导读区域等,创新社区 IC^2 设置主题学研社区、创新实验社区、个性定制社区和情境学习社区等,通过"实体+虚拟"服务支持平台,使图书馆成为主动生长和不断创新的服务机构。[③] 王戈非提出了一个面向用户的信息共享空间的结构模型,模型的核心模块分为"资源建设"、"功能服务"和"技术服务",三个模块由"管理协调"模块进行统一调度,同时可以从"外部支持"模块当中获取外部资源,所有模块协同运作的目的是为用户提供更好的服务。[④] 佘志虹、周宁等人将移动通信技术与信息共享空间建设相结合,提出了"3G·

---

① 陆宝益:《Information Commons 的结构及其模型研究》,《图书情报知识》2011 年第 5 期。

② 韩海涛、谷乐阳:《公民艺术素养视角下的社会信息共享空间理论模型构建研究》,《农业图书情报学刊》2015 年第 1 期,第 108 页。

③ 郭晶、陈进:《IC^2:一种全新的大学图书馆服务模式》,《图书情报工作》2008 年第 8 期。

④ 王戈非:《网络环境下我国高校图书馆信息共享空间构建研究》,硕士学位论文,辽宁师范大学,2008 年。

IC"的概念，提出"3G·IC＝服务（虚拟）＋空间（虚拟）＋资源（虚拟）"的结构模型，应用3G技术实现基于移动通信终端的信息共享空间。[①] 魏辅秩和周凤飞结合知识管理领域著名的SECI模型（社会化、外化、整合化、内化）提出了知识服务型信息共享空间（KSIC）的概念，将信息共享空间分为"创新空间"、"传递空间"、"咨询空间"和"服务空间"四类知识空间，通过知识需求、解决策略、新知识和新疑问等将四类知识空间连接起来，从而将知识、信息和实体空间联系起来，在不同的空间进行不同类型的知识活动，从而为知识的创新、传播、共享和交流构建完整的生态系统。[②] 上述模型大多数是针对图书馆信息共享空间建设需求提出的，虽然在表述上有所差别，建模思路也各不相同，但是其基本思路都是通过在图书馆等机构当中推广信息技术，以计算机网络为中介整合机构资源，消减用户信息交流的各种障碍，实现资源的优化配置，围绕用户需求构建新的服务体系。在众多的关于信息共享空间体系架构研究当中，上海大学任树怀、盛兴军等人提出的"实体＋虚拟＋支持"三层次环状理论模型是一种较为系统和完备并受到广泛认可的理论模型，如图4-1所示。

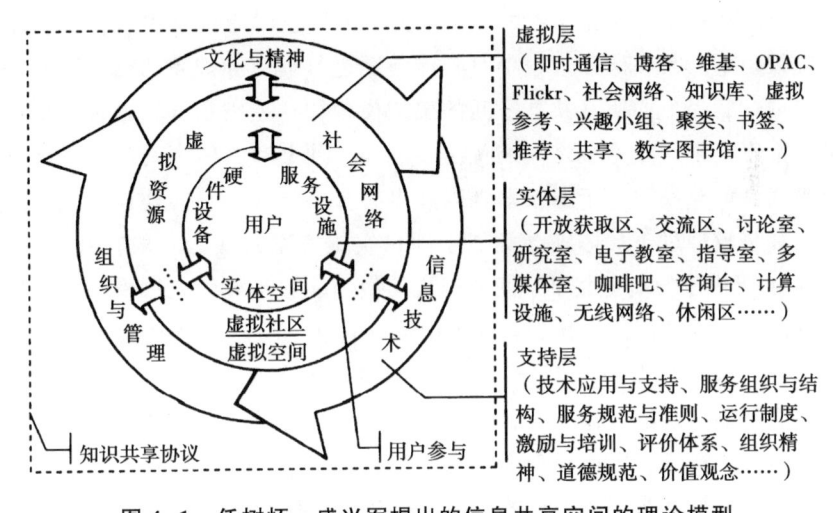

图4-1 任树怀、盛兴军提出的信息共享空间的理论模型

资料来源：任树怀、盛兴军：《信息共享空间的理论模型与动力机制研究》，《中国图书馆学报》2008年第4期。

[①] 佘志虹、周宁：《论普通高校3G信息共享空间的构建》，《情报资料工作》2010年第5期。
[②] 魏辅秩、周凤飞：《基于SECI模型的高校图书馆知识服务型信息共享空间》，《图书情报工作》2010年第5期。

图 4-1 中，信息共享空间是用户进行学习、活动和交流的物理场所，整体上分为"实体层"、"虚拟层"和"支持层"三个层面：实体层就是信息共享空间所在的建筑空间、硬件设备和服务设施的总和，例如按照功能划分的开放获取区、交流区、讨论室、研究室、电子教室、指导室、多媒体室、咖啡吧、咨询台、计算设施、无线网络、休闲区等；虚拟层就是通过计算机网络所构建的虚拟信息共享和虚拟交流等空间，主要包括虚拟资源、虚拟社区和社会网络等，例如即时通信、博客、维基、OPAC、Flickr、社会网络、知识库、虚拟参考、兴趣小组、聚类、书签、推荐、共享和数字图书馆服务等；支持层是支持信息共享空间运行的信息技术、组织与管理、文化与精神等要素，例如技术应用与支持、服务组织与结构、服务规范与准则、运行制度、激励与培训、评价体系、组织精神、道德规范和价值观念等。其中，"知识共享协议"覆盖到整个信息共享空间，成为信息交流和共享的前提条件；"用户参与"是信息共享和交流的重要驱动力量，无论是实体环境下的用户讨论和交流，还是通过计算机网络进行的虚拟活动，都要依靠用户的积极参与才能真正发挥其作用。

由于研究时在具体课题当中的研究需求不同，学者的学科背景和所采用的研究视角不同，在研究过程中对具体问题进行提炼和抽象的程度不同等原因，国内学者提出的信息共享空间的架构模型往往差别很大，且很难使用统一的标准去衡量这些模型之间的优劣。例如，抽象和具体之间的关系就非常难以平衡，如果模型过于抽象则难以看出其与信息共享空间建设实践之间的联系，如果模型过于具体则会类似于项目实施方案，缺乏一般性和通用性。而图 4-1 所构建的信息共享空间的理论模型则能够很好地兼顾模型的抽象性和内容的具体性之间的关系，整体上把信息共享空间抽象为"实体层"、"虚拟层"和"支持层"三大部分，这与唐纳德·比格的理论相衔接，同时列举了每一层可能实现的具体方式，使模型具备科学性的同时也能感受到模型实践和执行的可行性，因而模型在提出之后得到了学界的广泛认可，已经成为指导图书馆信息共享空间建设的一种经典理论模型。

图 4-1 所示的图书馆信息共享空间的架构模型是迄今为止我国学者在综合国内外信息共享空间研究成果的基础上提出的一种综合模型，代表了信息共享空间领域众多专家学者的共识，对于我国图书馆信息共享空间的规划与建设具有极为重要的指导意义。然而，如果我们结合本书第三章中图 3-6 所示的多民族语言信息共享空间的理论模型进行分析，就会发现，图书馆信息共享空间当中的"实体层"、"虚拟层"和"支持层"本质上只是对机构内部和外部所能获

取的各类资源所进行的一种分类,在这三类要素都具备的情况下,如果没有了对资源的有效调度和配合使用,各类资源的潜力就无法发挥,信息共享空间就无法建成,这种可以起到集聚资源的核心要素就是服务。服务本质上就是信息共享空间的工作人员通过合理调配各类资源满足用户需求并使用户具有良好服务体验的过程,人力资源在资源组合与调配中起到了核心作用。此外,信息共享空间建设实践当中,"实体层"、"虚拟层"和"支持层"的界限并不是完全清晰和固定的,"实体层"的一些功能需要借助"虚拟层"来完成,而"虚拟层"的内容也可能转换成为"实体层"而存在,例如图书馆参考咨询服务人员如果借助互联网远程进行服务,这种服务就变成了"虚拟层"的内容,而电子公文由于阅读不便,如果打印出来以纸质形式供用户查阅,则本来属于"虚拟层"的资源就会成为"实体层"。总之,"虚拟层"和"实体层"并不是完全孤立的两个层面,而是围绕用户的服务需求可以灵活调用、相互依赖、相得益彰的两个层面。因此,任树怀和盛兴军等人在其著作《信息共享空间实现机制与策略研究》中,对图4-1所示的信息共享空间架构模型进行了补充和完善,增加了"知识场"的概念,即学习、研究、信息共享和知识创造等活动场所及场景的总称,包括实体、虚拟和精神的各个层面,包括创始场、对话场、系统场和练习场等类型。[①] 可以认为,"知识场"是一种能够综合实体层、虚拟层和支持层的相关要素而构建出来的独特的信息共享和交流环境,用户只要进入这个环境就能感受到与常规建筑空间的不同之处。传统的信息服务认为用户是被动接受服务的一方,而在"信息共享空间"当中,用户在与别的用户进行交流的时候,既是在获取服务,也是在提供服务,尤其是虚拟社区的服务项目当中,用户参与程度成为项目成败的关键因素。综上所述,笔者认为在"实体层"、"虚拟层"和"支持层"当中还应该增加一个"服务层",以表示信息共享空间工作人员、用户、实体层各类资源、虚拟层各类资源和支持层支撑因素之间的关系。

二 多民族语言信息共享空间架构模型的构建

在国内信息共享空间的主流研究都是基于图书馆信息共享空间的情况下,要构建多民族语言信息共享空间的架构模型,必须明确图书馆与信息共享空间的关系,即搞清楚信息共享空间究竟是为图书馆所独有的一种服务活动,还是其基本原理对于所有公共文化服务机构具有普遍的适用性。如果信息共

[①] 任树怀等:《信息共享空间实现机制与策略研究》,上海人民出版社2011年版,第83页。

享空间是图书馆所独有的，则其体系架构设计过程中就可以结合图书馆的业务特征来进行，用信息共享空间理论来指导图书馆传统服务业务的创新。如果信息共享空间适用于所有公共文化服务机构，则其体系架构必须具有通用性，不同类型的机构在规划和建设自身信息共享空间的时候，可以在保持总体框架不变的情况下，结合业务实际对信息共享空间的基础体系架构进行适当调整。笔者认为，信息共享空间并不是图书馆所独有的一种信息服务模式，只不过图书馆作为保存和传播人类文明知识的专门场所，是承载信息共享空间的最佳场所，因而也成为规划和建设信息共享空间所有机构当中最具代表性的机构。除图书馆以外，承担社会文化服务职能的档案馆、博物馆、美术馆、纪念馆、文化馆等机构都可以结合业务实际构建信息共享空间。因此，多民族语言信息共享空间体系架构的设计应该尽量体现服务功能的通用性，能够代表信息共享空间的主体结构，而不是仅限于信息共享空间具体实现的细节问题。笔者参考信息共享空间理论模型构建的多民族语言信息共享空间的架构模型，如图4-2所示。

服务层：
机构双语服务（信息服务、咨询服务、传播服务、教育服务、交流服务、业务服务、语言服务、技术服务）、跨区域语言服务（集成检索、远程协作等）

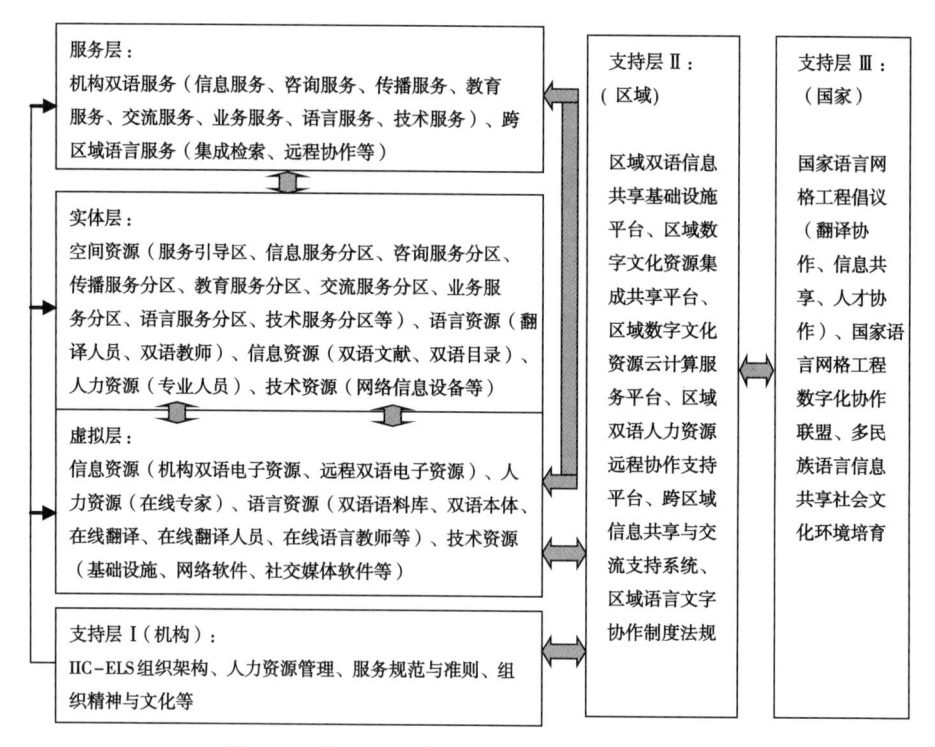

实体层：
空间资源（服务引导区、信息服务分区、咨询服务分区、传播服务分区、教育服务分区、交流服务分区、业务服务分区、语言服务分区、技术服务分区等）、语言资源（翻译人员、双语教师）、信息资源（双语文献、双语目录）、人力资源（专业人员）、技术资源（网络信息设备等）

虚拟层：
信息资源（机构双语电子资源、远程双语电子资源）、人力资源（在线专家）、语言资源（双语语料库、双语本体、在线翻译、在线翻译人员、在线语言教师等）、技术资源（基础设施、网络软件、社交媒体软件等）

支持层Ⅰ（机构）：
IIC-ELS组织架构、人力资源管理、服务规范与准则、组织精神与文化等

支持层Ⅱ：（区域）
区域双语信息共享基础设施平台、区域数字文化资源集成共享平台、区域数字文化资源云计算服务平台、区域双语人力资源远程协作支持平台、跨区域信息共享与交流支持系统、区域语言文字协作制度法规

支持层Ⅲ：（国家）
国家语言网格工程倡议（翻译协作、信息共享、人才协作）、国家语言网格工程数字化协作联盟、多民族语言信息共享社会文化环境培育

图4-2 多民族语言信息共享空间的架构模型

"多民族语言信息共享空间"本质上是围绕具有不同语言文字应用能力用户的信息需求,以公共文化服务机构自身的空间资源、语言资源、信息资源、人力资源、技术资源为基础,以区域少数民族语言和国家通用语言文字双语信息共享体系为依托,以跨语言区域协作信息服务为补充所构建起来的动态服务体系。参照图书馆信息共享空间的架构模型,多民族语言信息共享空间整体上分为"服务层"、"实体层"、"虚拟层"和"支持层"四个层面。其中,"服务层"是公共文化服务机构围绕用户的语言能力应用特征所构建的服务体系。一般而言,民族地区公共文化服务机构的用户可以分为"只使用区域少数民族语言的用户"、"同时使用区域少数民族语言和国家通用语言文字的用户"、"只使用国家通用语言文字的用户"和"只使用区域外某种少数民族语言文字的用户"四类。根据其服务需求,一般可以提供的服务有信息服务、咨询服务、传播服务、教育服务、交流服务、业务服务、语言服务、技术服务等类型,同时还要为用户提供非本区域少数民族语言的跨地域远程服务。"实体层"所关注的是用户进入多民族语言信息共享空间之后,能够不借助信息设备直接看到和感受到的建筑空间、服务设施、工作人员、纸质文献等实体资源。"虚拟层"是指用户借助计算机网络可以访问到的各类数字资源和可以享受到的各类在线服务,例如电子图书、远程资源、远程翻译、用户在线社区等。实际上,"实体层"和"虚拟层"是相伴相生的关系,离开了实体资源,虚拟资源就无法进行保存和处理,而没有了数字资源,数字化信息设备就会失去存在的价值。图4-2中"实体层"和"虚拟层"并没有做明确的划分,而是将其合并成为相互区分又紧密联系的两个模块。此外,在多民族语言信息共享空间发展到成熟状态时,用户完全可以不到公共文化服务机构的实体空间来接受服务,只需要通过计算机网络,以计算机或者移动电话为工具直接访问空间,享受空间所能提供的虚拟资源或者在线新服务,图4-2中,"服务层"和"虚拟层"之间有一条相互连通的箭头,代表用户可以通过网络直接访问虚拟信息资源和服务。

"支持层"是保障信息共享空间得以正常运行的各类外部要素的总和。与图书馆信息共享空间体系架构所不同的是,多民族语言信息共享空间除了需要来自本机构的支持之外(支持层Ⅰ),还涉及所在语言区域(支持层Ⅱ)和国家层面上的共享和支持问题(支持层Ⅲ)。第一,国家层和区域层面上民族事务治理、语言文字工作、公共文化服务等方面的法律法规是多民族语言信息共享空间存在和发展的制度基础。第二,多民族语言信息共享空间建设过程中需要来自区域和国家层面的协调和支持。例如,用户双语能力培养是提高多民族语言信息共享水平的重要途径，然而系统掌握一门语言往往需要较长的时间周期且最好在基础教育阶段就开始学习，民族地区基础教育当中的双语教育政策显然不是图书馆这样的公共文化服务机构可以决定的，必须由民族地区教育主管机关来负责推动。此外，多民族语言信息共享空间的主要推动者是民族地区公共文化服务机构，但是很多外部条件不是这些机构自身能够解决的，必须由所在少数民族语言使用区域通过构建区域性协作机构来协调。例如，如果所在语言区域已经建成了高水平的双语机器翻译系统，则可以通过网络将双语翻译任务作为一项公共服务来提供，民族地区各类公共文化服务机构可以直接采用区域集成管理机构所提供的技术支撑服务，而不用自身从头开始搭建双语处理体系。假设用户需要检索本区域之外的少数民族语言信息资源，则需要通过国家层面上的信息共享空间集成管理机构进行跨区域、跨语言信息检索。鉴于构建区域语言文字信息共享协作机构的复杂性和长期性，民族地区公共文化服务机构必须在缺乏来自区域和国家层面集成技术支持的情况下，也能够基于本机构的各类资源构建双语信息共享空间，所能提供的资源和服务也仅限于本机构内部。

多民族语言信息共享空间是信息共享空间理论在我国民族地区多语言信息管理工作当中的应用，在与图书馆信息共享空间的基础架构保持大体一致的情况下，规划者必须在每个层面都考虑语言文字的共享和交流问题，要对用户的跨语言信息交流需求做出响应。例如，在服务层需要强调双语或者多语言信息服务和跨语言信息交流，在实体层要考虑双语文献、双语目录、翻译人员等，在虚拟层要考虑双语电子资源、远程专家协助等，在支持层需要专门关注支撑多民族语言信息共享空间运行的语言文字工作政策、民族事务治理政策等。总之，"多民族语言信息共享空间"最终目的是给区域内各类语言文字应用能力不同的用户群体提供跨语言公共文化服务，使他们可以了解和访问不熟悉语言文字所记录的文献资源、实物信息资源，与使用其他语言的用户进行沟通交流。为了实现这个目标，多民族语言信息共享空间必须依赖区域内的双语共享服务资源，必要时通过跨区域协作体系来远程访问保存在其他语言区域内的资源和服务。

第二节　多民族语言信息共享空间的服务层

信息服务是以信息的传播和利用为核心内容的服务业务，是信息服务的提供机构或者个人为满足社会成员客观存在的信息需求而采取的各类管理和技术措施的总和。就本质而言,信息服务是从社会现实出发,以充分发挥信息的社会作用、沟通用户的信息联系和有效组织用户的信息活动为目标,以"信息运动"各环节为内容的一种社会服务。从信息用户和社会信息资源与信息流的综合利用角度来看,社会化信息服务通常包括信息资源开发服务、信息传递与交流服务、信息加工和发布服务、信息提供与利用服务、用户信息活动组织与保障服务等。① 本节从服务组织的视角,探讨多民族语言信息共享空间的服务理念、服务对象、服务类型、服务组合、服务等级和服务质量等问题。

一 IIC-ELS 的服务理念

图书馆、档案馆和博物馆等公共文化服务机构是以文化资源为核心建立的机构,因而这些机构的传统运营理念存在"重藏轻用"的问题,各机构以采集和保存数量更为庞大的馆藏资源作为其核心目标,在服务方面通常只关注阅览和借阅等传统流通服务,较少关注用户在上述机构接受服务时的真实体验。信息共享空间的出现正是针对上述问题,其推动者希望能够通过对信息共享空间的规划和设计,彻底扭转传统公共文化服务的理念,真正用"以人为本"(Human Centered)和"以用户为中心"(User Oriented)的理念重新组织信息服务体系。"以人为本"就是要看到人是信息共享空间当中最为核心、最不可或缺的核心资源,再好的信息资源,再大的馆藏规模,如果没有用户去访问和利用,则为采集和管理馆藏所付出的成本和精力就完全失去了意义。因此,信息共享空间的规划和建设必须时刻树立资源是由人调度和调配的,资源的最终价值实现要依靠为人的需求而服务的理念,而不能本末倒置,一切以机构藏品为核心,要求工作人员和用户去被动适应信息资源的应用规则。"以人为本"就是要看到处在信息共享空间当中的人不是单纯的服务提供者和服务接受者的机械式关系,而是一个可以相互促进、合作共赢的群体,都是具有开发潜力的资源。对于公共文化服务机构内部的工作人员而言,机构需要提升工作人员的素质和能力,激发其做好服务工作的动力,同时在机构当中培育相互协作、做好协同信息服务的文化氛围,使每个人的潜能得到充分发挥。从用户视角来看,一切"以人为本",就是要"以用户为中心",使用户用最为简单便捷的方式,花费尽可能少的时间成本和精力

---

① 胡昌平、胡潜、邓胜利:《信息服务与用户》,武汉大学出版社 2015 年版,第 6 页。

成本，最有效地获取其最为需要的信息资源，同时在接受服务的过程中获得良好的服务体验。为了达到上述目标，信息共享空间建设最主要的转变就是实现各类资源的"一站式集成"（One Stop Integration）和"无缝隙服务"（Seamless Services）。一站式服务是信息共享空间的灵魂，要求用户在空间内可以一次性检索到所有相关主题的信息资源或者服务资源，同时在接受服务的过程中，无须自己动手进行不同服务类型的切换，而是在计算机系统控制下自动完成切换，对用户而言就像这些资源是保存在同一存储空间一样，这就是信息共享空间强调的"无缝隙服务"原则。最后，信息共享空间在服务设计方面要体现"人性化设计"原则，尽可能按照人体工程学原理，进行空间规划和服务设施的设计，使用户能够在空间中感受到尊重、舒适和温馨的感觉，形成用户的"空间依赖感"。在用户可以通过网络就访问馆藏资源甚至是远远超出馆藏规模的外部信息资源的时候，用户对于图书馆实体空间的依赖感会持续降低，甚至有的用户会感觉到实体图书馆查询信息非常烦琐而且耗时耗力，进而不去实体图书馆。"信息共享空间"是一种比数字图书馆更加人性化的服务方式，用户在信息共享空间当中所能获取的不仅仅是信息资源本身，还有与其他用户平等交流的氛围，以及在接受服务的过程中所能体验到的尊重感，这些带着人文关怀的"有温度"的服务，都是网络信息服务所不能提供的。"空间依赖感"对于图书馆等信息机构非常重要，而信息共享空间建设正是应对图书馆生存危机的重要机遇。在信息共享空间上述信息服务理念之外，多民族语言信息共享空间所能提供的信息服务还要遵循"民族平等、民族团结、民族互助"的民族事务治理理念，营造一种各民族多元一体、和谐共存的服务氛围，通过跨语言支持体系，降低语言文字差异性造成的沟通交流障碍，在人力资源、技术资源、语言资源的共同支撑下，构建"多民族语言无障碍信息交流环境"。

二 IIC-ELS 的服务对象

信息共享空间致力于建设的是以用户需求为导向的一站式动态服务体系，因而对用户群体及其需求特征的分析与总结就成为信息服务规划的前提条件和主要依据。一般而言，信息服务的用户研究主要包括用户类型研究、用户信息需求研究、用户信息心理研究、用户信息行为研究、用户教育培训研究等。用户类型研究是用户研究的基本内容，需要识别和分析服务对象群体的基本类型和主要特征，以及用户群体之间的联系等内容。用户信息需求研究主要分析不同类型用户群体信息需求的产生机理、信息需求的主要内容、信息需求的演变规律等问题。用户信息心理主要应用心理学理论研究社会信息化环境下用户的心理状态和心智模型，分析影响用户信息心理的各类因素，探索用户的信息心理与信息行为之间的互动关系。用户信息行为主要研究用户在信息查询、信息吸收、信息利用过程中的行为特征和变化规律，以便有针对性地改善用户的服务。用户教育服务则是从提高用户信息素养的实际需求出发，探讨解决信息共享空间服务功能与用户接受服务能力之间差距的理论和方法。

根据所属民族、语言能力、文化程度、年龄阶段等方面的差异性，多民族语言信息共享空间的用户群体具有多种分类方法。按照民族划分，多民族语言信息共享空间的用户群体可以划分为56个类别，如汉族用户、藏族用户、蒙古族用户、回族用户等。按照民族划分用户群体可以大致判断该群体的语言文字能力，但是在实践中并不准确，尤其是同一民族内部的不同分支存在使用不同语言文字的情况下，即使是同一民族的用户群体之间也无法利用少数民族语言直接沟通和交流。相反，由于历史原因，我国的回族和满族人口整体上放弃了本民族传统语言文字而转用汉语，通常情况下回族和满族人口之间可以直接使用作为国家通用语言文字的汉语进行沟通交流，虽然分别属于不同的民族却并不存在语言文字沟通障碍问题。按照语言能力进行用户群体划分，可以简单地将其划分为120多种语言文字使用人口，例如汉语用户、藏语用户、蒙古语用户、维吾尔语用户、柯尔克孜语用户、哈萨克语用户等。在实践当中，按照不同语种语言文字应用能力的差别进行用户群体划分会面临非常复杂的情况。一方面，我国民族地区广泛存在"兼语"现象，民族地区汉族会使用少数民族语言文字、少数民族会使用作为国家通用语言文字的汉语是一种普遍现象，同时少数民族人口之间也存在相互学习对方语言文字的情况，因而按照所使用语种来划分，会存在大量的重叠和交叉的情况，人口总数肯定会大于各民族人口总数之和。另一方面，民族地区人口语言文字应用能力还存在程度上的差异，到目前为止不是所有的用户都可以做到同时掌握某种语言的口语和书面语，有的用户可以使用某种少数民族语言进行口语交流，但不能识读和理解这种语言的文字信息，有的用户可以识读和使用某种少数民族文字生活类词汇，却并没有掌握少数民族文字专业类的词汇，因而无法直接阅读使用该少数民族文字的专业书籍、期刊和论文等信息资源。按照文化程度进行用户群体的划分，可以大致将多民族语言信息共享空间的用户群体划分为未接受系统教育的用户群体、最高接受了基础教育的用户群体、最高接受了高等教育的用户群体等。一般情况下，接受了基础教育和高等教育的少数民族人口在国家通用语言文字应用能力方面具有较为坚实的基础，可以流利地使用汉语口语进行交流，也可以使用汉字进行书面交流。同时，由于其生活的家庭环境和基础教育阶段的双语教育，这部分用户群体保持了较好的少数民族语言文字应用能力，是真正意义上的"双语人群"，在保持社会联系方面有着极为重要的作用，是保持我国多民族多元一体格局的中坚力量。对于没有接受任何系统教育的用户群体而言，其语言文字应用仅限于某语种少数民族语言的口语交流，在多民族语言信息跨语种共享过程中需要公共文化服务机构或者其他个人的帮助和支持才能完成的。与之相对，还存在另外一种需要重点服务的用户群体，就是只能使用国家通用语言文字，无法识读和理解少数民族语言文字的人口，无论其属于汉族还是其他少数民族。对于完全不具备少数民族语言文字应用能力却又在民族地区工作或生活，与少数民族人口之间具有较多的接触，除了自身努力学习少数民族语言文字之外，借助图书馆等公共文化服务机构或者具有双语能力其他个体的帮助，也是解决其跨语言信息共享和交流能力的一种途径。按照年龄阶段来划分，多民族语言信息共享空间的用户群体可以大致分为青少年群体、中年群体和老年群体等类别，按照一般性的规律，青少年和部分中年用户群体易于接受新事物，愿意进行一门新语言的学习，因而可以同时使用两种甚至两种以上的语言文字进行交流，而老年人群体通常情况下双语应用能力要弱一些。当然，上述分类只是一种较为粗略的分类，每一种群体当中都存在一些与群体整体性语言文字应用能力特征不符的特例存在。

  信息需求是指用户在职业活动和社会生活中意识到自身缺乏某一方面的信息并希望能够尽快得以满足的心理状态。信息需求是一种复杂的社会心理现象，用户为了完成工作任务或者安排个人生活需要某方面的信息是一种客观存在，但是用户能够认识到自身存在信息需求并将这种需求予以精确化表达的情况却并不多，绝大多数情况下，用户对信息需求的认识都是模糊的，或者是并没有意识到自己需要通过查找某方面的信息来解决工作或生活中的问题，或者即使意识到了自己存在信息需求却无法将其准确地表达出来。因而，信息服务并不一定是单向的用户信息需求，对用户需求进行适当引导或者通过与用户的互动，帮助其更加清晰地认识和表达自己的需求，也是信息服务机构需要提供的服务功能。多民族语言信息共享空间的用户需求与信息共享空间用户需求绝大部分都是一致的，其区别主要体现在对多种语言文字信息资源的采集和提供以及跨语言信息交流支持等方面。例如，对于从事民族学研究的学者群体而言，多民族语言信息共享空间应当采集和提供相关主题、多个民族语言文字信息资源，并通过跨语言检索和一站式服务，使用户可以一次性获得需要的所有信息资源，而无论这种信息资源采用的是国家通用语言文字还是少数民族语言文字。在跨语言检索需求之外，多民族语言信息共享空间最为重要的服务功能是提供跨语言辅助阅读服务，使从来没有学习过少数民族语言文字的学者可以在系统的提示下，完成对不熟悉语种信息资源的阅读和理解。在信息服务之外，民族学相关学科研究人员群体需要多民族语言信息共享空间提供跨语言信息交流服务，使研究人员之间或者研究人员与使用特定语言的少数民族用户之间可以就学术问题进行跨语言交流。总之，用户希望多民族语言信息共享空间可以为语言文字应用能力千差万别的各类用户群体构建跨语言无障碍信息交流环境，在这个环境的支持之下，任何一位走进信息共享空间的公民都会得到相应的服务，不会因为语言文字差异性就将其排除在社会公共文化服务体系之外。

按照用户到信息共享空间寻求服务的核心目的，可以将到多民族语言信息共享空间的用户需求划分为信息查找需求、信息接收需求、信息交流需求、信息娱乐需求和信息设施需求等类型。信息资源需求就是希望能够在信息共享空间当中找到对自己工作生活有价值的信息资源，通过对这些信息资源的阅读和理解，从而为自己的相关决策提供参考。对信息资源的需求是信息共享空间用户信息需求的主要类型，也是用户到图书馆、档案馆等机构寻求支持的主要原因。信息接收需求是指用户有目的地接收某方面信息的需求，例如通过听取学术报告获得知识增长的需求。信息交流需求是指用户希望在信息共享空间当中可以与参考咨询工作人员、专家学者、其他用户就某一问题进行深度沟通和交流，可以通过灵活性的提问快速得到相关人员对自己所关心问题的看法和认识，也可以快速反馈自己的观点和理解，从而得到对某一领域知识和问题的较为全面、灵活的认识。信息娱乐需求是指通过阅读或观看某方面信息使身心得到愉悦的需求，例如阅读小说、看电影等。用户对信息设施的需求是指用户在信息查找和利用的过程中，需要借助信息共享空间的某种硬件设施，例如打印机、复印件、传真机等设备，或者公共网络存储空间、常用工具软件下载等服务功能。多民族语言信息共享空间是指导我国民族地区公共文化服务机构构建无障碍信息交流环境的一种理论，公共图书馆、档案馆多民族语言信息共享空间的用户需求以信息查找需求、信息接收需求和信息交流需求为主，用户进入图书馆的根本目的是查找信息；公共博物馆、公共美术馆、公共纪念馆等机构的用户需求以信息接收需求和信息交流为主，进入上述机构的目的就是通过参观和学习，增长对专业领域知识的了解；公共文化馆等机构的多民族语言信息共享空间的用户需求则主要是信息娱乐需求、信息接收需求、信息交流需求，主要希望通过参与文化活动获得愉悦。

根据本书前文所述的卡诺模型（KANO-SPD矩阵），用户的信息需求可以分为基本型需求、期望型需求和兴奋型需求三种不同的层次：基本型需求就是用户觉得信息服务机构必须提供的服务项目或者必须达到的服务水准，一旦没有达到用户预期，用户就会对服务极度不满；期望型需求就是用户希望信息服务机构可以提供某类信息资源或者信息服务项目，如果能够提供更好，如果没有提供或者没有达到用户期望的服务水平，用户一般也能够接受；兴奋型需求就是信息服务机构所提供的服务项目超出了用户的预期，使用户产生了喜出望外的感受，对信息服务的满意度迅速提升。多民族语言信息共享空间规划过程中应该特别注意对用户基本需求的识别和满足，例如如果在信息共享空间在工作时间不开放或者没有提供任何跨语言信息交流的支持措施，用户就会非常不满。如果多民族语言信息共享空间可以提供信息资源的双语翻译，将国家通用语言文字信息资源自动翻译为少数民族文字信息资源，或者将少数民族语言信息资源自动翻译为国家通用语言文字信息资源，则用户满意度会随着增加。如果多民族语言信息共享空间所提供的双语翻译系统翻译质量极高，可以瞬间完成信息资源的高精度翻译，翻译结果通顺且内容完全对应，则用户就会产生惊喜之感，因为到目前为止，世界上任何两种自然语言之间的自动机器翻译的技术瓶颈还没有攻克，绝大多数机器翻译系统的翻译结果距离人工翻译结果还有相当大的差距，一般情况下是作为人工翻译的辅助手段而使用的。总体而言，用户的信息需求是在动态调整和变化当中的，一定时期内用户认为的兴奋型需求在满足之后，会逐步演变为期望型需求，用户在接受这一类型服务的时候不再产生喜出望外的惊喜感，随着时间的推移，用户甚至会感觉这是信息共享空间的基本功能，如果连这项服务都提供不了，用户则会对整体服务质量给予较低的评价。多民族语言信息共享空间必须适应这种变化，在创新和发展中不断提升服务质量。

三 IIC-ELS 的服务类型

对于信息共享空间应该提供哪些类型的服务，国内外学者的研究成果虽然在表述上有所不同，但是总的结论是类似的。2002年，唐纳德·比格的同事北卡罗来纳大学的拉塞尔·贝利和芭芭拉·蒂尔妮（Barbara Tierney）公布了北卡罗来纳大学图书馆信息共享空间的功能集成架构，该架构是唐纳德·

比格对"物理+虚拟"逻辑框架的一种具体实现,如图4-3所示。

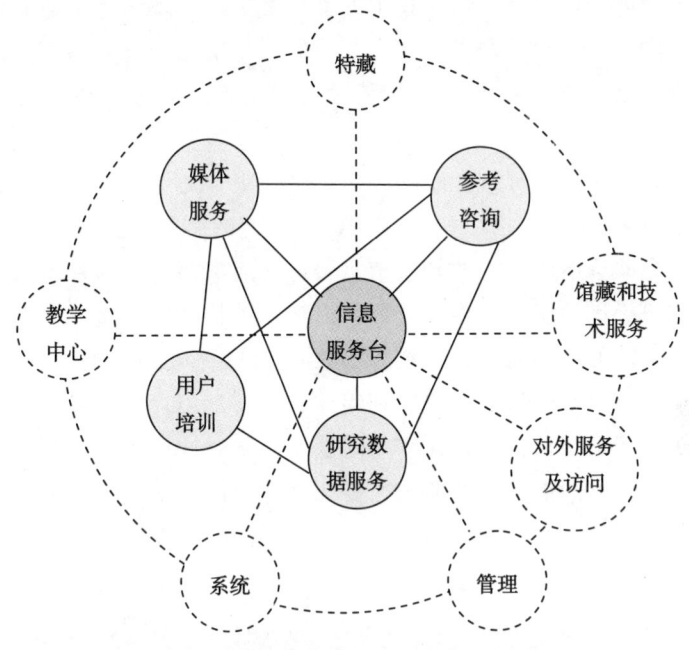

图4-3 图书馆信息共享空间的功能模型

资料来源:Russell Bailey and Barbara Tierney, Information Commons Redux:Concept, Evolution', and Transcending the Tragedy of the Commons. *The Journal of Academic Librarianship*, No. 5, Vol. 28, 2002, pp. 277-286。

图4-3所示的图书馆信息共享空间采用以"信息服务台"为核心的功能架构,通过"信息服务台"把研究数据服务、参考咨询、媒体服务和用户培训等功能联结起来,形成新型共享空间的核心功能。同时,以"信息服务台"为核心将教学中心、馆藏和技术服务、对外服务及访问、系统、管理和特藏等外部功能联结起来,通过协作共同为信息共享空间的用户提供集成信息服务。图4-3所示的图书馆信息共享空间功能架构的核心思路就是整合图书馆传统服务中的各类资源,以集成与融合方式向用户提供信息服务。例如,早期的图书馆服务当中流通部门、参考咨询部分和媒体服务部门是各自为政的,资源分散存在于图书馆的各个独立的部门当中。伴随着计算机在图书馆的应用,数字资源成为代表图书馆未来趋势的重要资源,但是数字资源管理工作还是独立于其他部门之外的。信息共享空间的提出,则是以数字资源为核心整合其他各类资源的一种整体性的尝试,是图书馆信息服务的一种再造。信息共享空间的通过对内部资源的集成和共享,可以为用户提供一种应需而

变的动态信息服务体系。因此，图书馆信息共享空间建设并不是要放弃图书馆传统服务功能，而是要在信息技术的支持之下，实现图书馆原有资源的集成、拓展与融合，建立一种以用户为中心的新型信息服务体系，是对图书馆传统信息服务功能的继承与发展，是对图书馆信息服务的体系性的改造与提升。

图书馆信息共享空间作为提供一站式信息服务的综合设施空间，能为用户提供的信息服务是多种多样的，既有基于现代信息技术的传统信息服务，也有顺应信息共享潮流产生的新型信息服务。通常而言，图书馆信息共享空间可以为用户提供的服务主要涉及以下六类。①信息资源服务。信息资源服务是传统图书馆的核心功能，主要通过文献信息资源的采集、整理和加工，为用户提供一整套有序的信息资源利用体系，满足用户的服务需求。与传统信息资源服务不同的是，信息共享空间更加强调对计算机和网络等设施的应用，因而除了传统的纸本图书期刊等资源之外，还会涉及大量的以数字化形式存在的信息资源。②参考咨询服务。参考咨询服务也是图书馆传统服务的重要形式，主要针对用户在信息资源查询和利用过程中遇到的各类问题，提供尽可能完备和有效的建议或者帮助。与图书馆传统参考咨询不同的是，信息共享空间强调基于计算机网络的协作式参考咨询，可以把相关领域的专家学者纳入参考咨询服务体系当中，以提高服务的专业化水准。同时，在用户大数据等技术的支持之下，图书馆通过对用户信息检索记录和信息查询行为的综合分析，明确用户的专业领域和信息需求特征，有针对性地提供高质量的参考咨询服务。③基于空间的自主学习和交流服务。这是信息共享空间与传统图书馆服务的最大区别，信息共享空间支持用户自主开展学习并与其他用户之间就某些内容进行深度沟通和交流。因此，与传统图书馆服务所追求的"安静"空间氛围不同，信息共享空间的用户讨论交流区域则会呈现出非常"喧闹"的气氛，鼓励身处其中的用户就学习内容大胆表达自己的观点。④信息共享空间用户教育服务。用户教育服务是针对图书馆用户在信息利用过程中的各类需求专门开设的一些学术讲座或者专题培训，例如用户信息素养教育、用户写作能力培训等。⑤信息共享空间的技术支持服务。信息共享空间的技术支持服务主要涉及计算机及网络的运行维护服务，用户计算机等信息设备的维修服务，录音笔、电子白板等设施的租借服务，信息的打印、复印、扫描、传真等自助式设备服务等。⑥信息共享空间的非核心服务。信息共享空间提供的部分服务项目不属于图书馆等机构的核心业务，但是可以满足用户更为多样的需求，从而使用户获取更加良好的服务体验，例如有些图书馆的信息共享空间内部提供的咖啡吧、茶座、外语角等服务功能都不属于图书馆传统服务项目，但是由于为用户提供了方便而得到极大的欢迎，用户愿意在信息共享空间当中停留更多的时间。

多民族语言信息共享空间是一种特殊类型的信息共享空间，其服务功能模型在遵循信息共享空间功能分布一般性规律的基础上，还需要考虑多民族语言信息共享和交流的特殊需求。根据前文所做分析，多民族语言信息共享空间与图书馆信息共享空间的共同之处主要体现在两者都是信息共享空间的子概念，属于信息共享空间在不同领域的应用，因而必须遵循信息共享的"开放共享"、"资源共用"和"集成服务"的特征，所能提供的服务主要围绕公共服务所拥有的空间资源、信息资源、人力资源和技术资源展开，主要提供信息资源服务、信息咨询服务、沟通交流服务、用户教育服务、技术支持服务和其他类型的服务项目。但是，多民族语言信息共享空间与图书馆信息共享空间属于信息共享空间两种不同的分类方法，图书馆信息共享空间按照建设主体所在的行业划分，是一种纵向的切分方法；多民族语言信息共享空间根据信息共享空间当中信息共享和交流所涉及语言文字的类型和差异化程度来区分，是一种横向的切分方法。所以，多民族语言信息共享空间与图书馆信息共享空间在服务功能上有一部分会是重合的，民族地区公共图书馆是多民族语言信息共享空间建设最为典型的应用领域。图书馆信息共享空间是为高校师生教学和科研活动提供支持，与此不同的是，多民族语言信息共享空间在服务功能方面需要解决的主要问题是多民族语言的跨语言信息共享和沟通交流问题，通过对实体空间和虚拟空间的综合利用，为用户构建多民族语言无障碍信息共享和沟通交流环境才是其核心社会价值。除此以外，信息共享空间所倡导的信息开放共享、用户参与、协作式学习创新等理念也会在多民族语言信息共享空间服务功能方面有所体现。为了更加系统地分析多民族语言信息共享空间的服务功能，笔者通过对多民族语言信息共享空间各类要素之间的关联关系分析如图 4-4 所示。

图 4-4 所示的要素关联模型将多民族语言信息共享空间的要素划分为"多语言用户 U"和为其提供服务的各类资源，主要包括"空间资源 S"、"语言资源 L"、"信息资源 I"、"技术资源 T"和"人力资源 H"共计五种类型。公共文化服务机构内部所拥有的上述所有模块联合起来，相当于多民族语言信息共享空间架构模型当中的"实体层"（见图 4-2）。图 4-4 当中，"语言资源 L"在整个要素关联模型中发挥极为重要的中枢作用，是构建多民族语言信息无障碍交流环境的关键因素。"语言资源"（Language Resources）是语

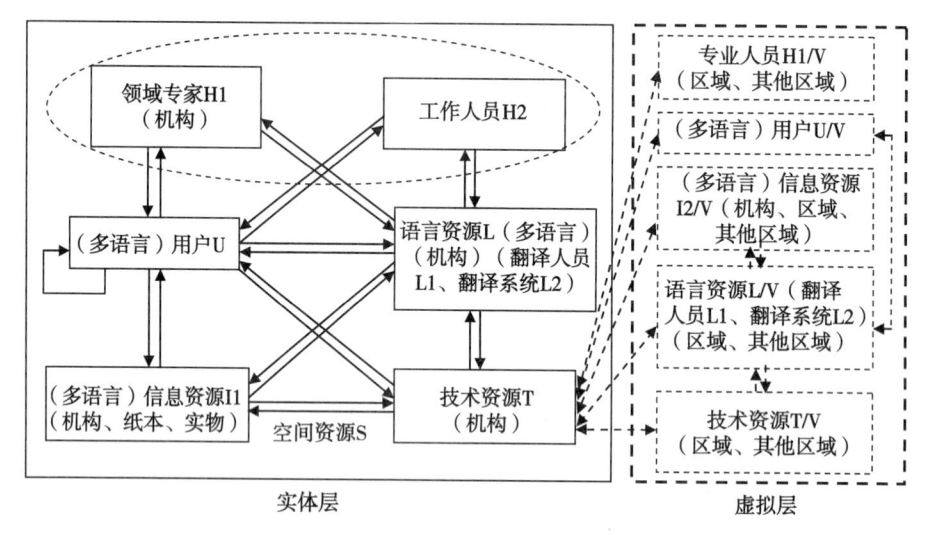

图 4-4 多民族语言信息共享空间的要素关联模型

言学术语,通常是指在语言学研究和应用当中具有使用价值的各类资料和工具的总称,例如语言记录、语料库、词典、本体词网等。图4-4中的"语言资源"采用的是广义语言资源概念,是指可以为多民族语言信息共享空间提供语言翻译和转换服务的所有资源的总称,通常包括翻译专业人才、机器辅助翻译系统及支撑其运行的语料库、词典、本体等语言要素等。可见,多民族语言信息共享空间当中的语言资源要比语言学当中的语言资源范围更大,同时专业翻译人才并没有被纳入人力资源管理体系,而是作为语言资源的一部分进行统筹安排。图4-4当中,"人力资源H"又可以分为"领域专家H1"和"工作人员H2","领域专家"是指公共文化服务机构当中具备较为全面知识结构、能够为用户提供信息咨询服务的工作人员,"工作人员"是指维持信息共享空间服务要素正常运转的各类人员。图4-4当中,"信息资源"分为两类:第一类是保存在公共文化服务机构内部的实体信息资源,例如纸质图书、期刊、研究报告和作为实物信息资源的藏品、艺术品等;第二类是以数字资源形式存在的各类电子信息资源,包括保存在机构内部存储设备上的电子信息资源,可以从所在语言区域共享的电子信息资源以及通过跨区域协作从其他语言区域获取和共享的电子信息资源。此外,多民族语言信息共享空间当中,用户可以通过计算机网络与远程的各类资源进行关联,从而将各类资源的共享范围从机构内部扩展到所属语言区域甚至是其他语言区域。图4-4中,多民族语言信息共享空间可以远程访问和共享的资源主要有

"领域专家 H1/V"、"信息资源 I/V"、"语言资源 L/V"、"技术资源 T/V"、"异地用户 U/V",可见除了建筑空间资源无法通过计算机网络进行虚拟共享以外,公共文化服务机构所需要的人力资源、信息资源、语言资源和技术资源都可以通过网络进行共享,上述模块与多民族语言信息共享空间架构模型(见图 4-2)当中的"虚拟层"相对应。

服务本质上是综合使用多种资源满足用户需求的过程,多民族语言信息共享空间架构模型(见图 4-2)当中的"服务层"主要通过公共文化服务机构拥有和远程共享的各类资源与多语言用户之间的互动关系来体现。对图 4-4 各类要素之间的关系进行梳理和分析后,有多少条面向用户的要素链接路径,则理论上说多民族语言信息共享空间就可以提供多少类型的服务项目。图 4-4 中面向用户的要素链接模型涉及的服务策略主要有以下六种类型。

第一类,基于信息资源的服务策略。基于信息资源的服务就是为用户提供信息资源的检索和阅读服务,是公共信息服务机构当中最为典型的一类服务,其主要提供的机构包括图书馆、档案馆、博物馆等;由于信息资源可以分为纸本信息资源、实物信息资源和电子信息资源,同时根据用户语言文字能力与信息资源所使用语种的匹配关系可以将阅读分为"直接阅读"和"中介阅读"两类,直接阅读就是用户已经掌握了信息资源所使用的语言文字,可以不经过其他中介环节直接阅读和理解信息资源的内容;"中介阅读"是指必须借助专业翻译人员或者机器辅助翻译系统间接进行信息资源的阅读和理解。根据上述关系,多民族语言信息共享空间可以为用户提供的服务方式可以分为四种类型:①用户直接阅读纸本(实物)信息资源(U—I1);②用户通过计算机和其他阅读设备直接阅读电子信息资源(U—T—I2/V);③用户在人工翻译或者机器翻译系统帮助下查阅纸本信息资源的内容(U—L—I1);④用户通过计算机设备、语言服务人员或者设备间接阅读电子版信息资源(U—T—L/V—I2/V)。如果上述关系当中信息传播的路径相反,即由信息传播给用户而不是用户主动寻求信息,则又可增加四种类型的服务路径:①纸本(实物)信息资源的直接传播(I1—U);②通过计算机和其他阅读设备的电子信息资源直接传播(I2/V—T—U);③基于人工翻译或者机器翻译系统的纸本(实物)信息资源间接传播(I1—L—U);④基于计算机设备、语言服务人员或者设备的电子版信息资源间接传播(I2/V—T—L/V—U)。以上关系如图 4-5 所示。

第二类,基于人力资源的服务策略。基于人力资源的服务就是主要依靠机构内外的领域专家和工作人员向用户提供服务。根据沟通方式和驱动方向

	纸质（实物）信息资源	电子信息资源
直接阅读	路径1：U—I1(查找) 路径2：I1—U（传播）	路径3：U—T—I2/V（查找） 路径4：I2/V—T—U（传播）
中介阅读	路径5：U—L—I1（超找） 路径6：I1—L—U（传播）	路径7：U—T—L/V—I2/V（超找） 路径8：I2/V—T—L/V—U(传播)

图 4-5 基于信息资源的服务路径

两个维度的分类，可以组合出 12 种不同的服务方式，如图 4-6 所示。

	用户驱动	专业人员驱动	工作人员驱动
直接沟通	路径1：U—H1（咨询） 路径2：U—T—H1/V（远程咨询） 路径3：U—H2（业务申请）	路径4：H1—U（教育） 路径5：H1/V—U （远程教育）	路径6：H2—U （业务告知）
间接沟通	路径7：U—L—H1（咨询） 路径8：U—T—L/V—H1/V （远程咨询） 路径9：U—L—H2（业务申请）	路径10：H1—L—U（教育） 路径11：H1/V—T—U （远程教育）	路径12：H2—L—U （业务告知）

图 4-6 基于人力资源的服务路径

图 4-6 中，与基于信息资源查阅方式不同的是，基于人力资源的服务整体上是以用户与服务提供者的面对面沟通交流为服务特征。根据服务是由用户还是由服务人员发起，基于人力资源的服务可以分为"用户驱动"、"领域专家驱动"和"工作人员驱动"三种类型。与信息资源服务类似的是，如果用户和服务人员两方的语言可以直接交流，则属于"直接沟通"，如果双方使用的是不同的语言文字，则必须借助与翻译人员或机器辅助交流系统来完成，属于"间接沟通"。

图 4-6 所示的基于人力资源的服务路径共有 12 种，主要涉及的服务如下。①由用户驱动的咨询服务，包括图书馆的参考咨询服务和其他机构的业务咨询服务等。咨询服务可以在公共文化服务机构内进行，也可以通过计算机网络咨询远程的专业人士。②由领域专家驱动的信息传播和用户教育等服务方式，分为在公共文化服务机构内部举办的用户讲座以及通过计算机网络

进行的远程教育讲座等。③由用户和工作人员互动而出现的业务服务，通常是用户提交申请，工作人员处理完成后将结果告知用户。多民族语言信息共享空间提供以上服务项目时，如果用户和服务人员使用相同的语言文字就可以直接沟通，否则就要以专业翻译人员或者机器辅助翻译系统为中介进行间接沟通。

第三类，基于语言资源的服务策略。基于语言资源的服务就是将语言资源视为独立的模块，单独为用户提供的服务。基于语言资源的服务主要分为两类：一类是由专业翻译人员为用户提供的信息资源翻译服务或者口语交流信息翻译服务（服务路径：U—L1），另一类是由机器辅助翻译系统及其相关语言要素所提供的信息资源概要翻译服务或者语音信息识别和翻译服务（服务路径：U—L2）。此外，基于语言资源的服务还可以通过计算机网络借助公共文化服务机构之外的语言资源，例如邀请区域的专业翻译人员进行远程翻译服务（服务路径：U—T—L1/V），或者通过国家多语言信息共享支持体系访问其他语言区域的语料库、语言数据库等资源（服务路径：U—T—L2/V）。此外，如果将用户和专业翻译人员之间的驱动关系进行区分的话，就会发现另外一种服务路径，即专业翻译人员主动为用户提供服务，开展语言文字教育培训工作。由于少数民族语言文字翻译人才的稀缺性，如果公共文化服务机构不需要聘任专门语言教师，可以由专业翻译人员兼任用户语言教育培训课程的任课教师，民族地区公共文化服务机构自身的翻译人员提供用户语言教育，其服务路径为 L1—U，如果是其他机构的翻译人员通过计算机网络提供语言文字教育，则其服务路径为 L1/V—T—U。上述关系如图 4-7 所示。

	专业翻译人员	翻译技术系统
机构资源	路径 1：U—L1（翻译） 路径 2：L1—U（教育）	路径 3：U—L2/V（翻译）
异地资源	路径 4：U—T—L1 路径 5：L1/V—T—U（教育）	路径 6：U—T—L2/V（翻译）

图 4-7 基于语言资源的服务路径

第四类，基于技术资源的服务策略。基于技术资源的服务就是利用公共文化服务机构拥有或者可以共享的技术资源为用户提供技术类服务，例如为用户提供数字资源阅读器租借服务，为用户提供打印机、复印机、传真机等办公设备服务，为用户提供信息安全检测与数据恢复服务等。与基于语言资源的服务策略相类似，基于技术资源的服务也可以同时利用本地资源和异地资源，所以服务路径主要有两条：一是利用本地技术资源为用户开展服务（服务路径：U—T），二是利用计算机网络远程共享其他机构的技术资源为用户进行技术服务（服务路径：U—T—T/V）。

第五类，基于用户资源的服务策略。信息共享空间与公共文化服务机构传统服务的最大区别就在于服务理念由"以资源为中心"转向了"以用户为中心"。多民族语言信息共享空间按照"以用户为中心"的理念进行规划建设：一方面是要分析研究用户需求，尽最大的努力采取多方面的措施满足用户的需求；另一方面是要把用户看作具有主观能动性的资源，鼓励用户在参与服务的同时向其他用户提供服务，这种服务就是用户之间的沟通、讨论和交流服务。多民族语言信息共享空间应该为用户的讨论交流和协作式学习提供良好的条件，使参与讨论的各方可以非常方便地表达观点并倾听对方的观点。

根据图4-4中所涉及的要素关联关系，多民族语言信息共享空间可以为用户沟通交流提供的服务支撑方式主要有以下的六种类型。①本地同语言线下交流。使用相同语言文字的用户在同一空间内面对面直接交流（服务路径：U—U）。②本地跨语言线下交流。使用不同语言文字的用户在同一空间内借助跨语言交流支持体系开展间接交流（服务路径：U—L—U）。③本地同语言在线交流。使用相同语言文字的用户在同一空间内通过计算机网络进行在线交流（服务路径：U—T—U）。④本地跨语言在线交流。使用不同语言文字的用户在同一空间内通过计算机网络和跨语言服务体系进行在线交流（服务路径：U—T—L—U）。⑤异地同语言在线交流。使用相同语言文字的用户通过计算机网络进行在线交流（服务路径：U—T—U/V）。⑥异地跨语言在线交流。使用不同语言文字的用户通过计算机网络和跨语言辅助交流系统进行在线交流（服务路径：U—T—L/V—U/V）。多民族语言信息共享空间用户交流服务的路径如图4-8所示。

第六类，基于空间资源的服务策略。基于空间资源的服务策略就是通过对公共文化服务机构内部建筑空间进行合理规划与设计，使用户在接受服务的过程中，能够体验到专业、便捷和舒适的感觉，获得良好的服务体验。由于空间资源无法通过虚拟手段进行共享，基于空间资源的服务路径只有一条，即U—S。

多民族语言信息共享空间各类要素及其互动关系反映了服务层的总体框

	相同语言交流	跨语言交流
机构用户交流	路径1：U—U（线下） 路径2：U—T—U（在线）	路径3：U—L—U（线下） 路径4：U—T—L—U（在线）
异地用户交流	路径5：U—T—U/V （在线交流）	路径6：U—T—L/V—U/V （在线交流）

图 4-8　基于用户资源的服务路径

架，即公共文化服务机构通过对所掌握的空间资源、信息资源、人力资源、语言资源、技术资源这五类资源的综合调配满足用户多个层面的需求，同时将用户也视为资源的一种类型，为用户之间的沟通交流提供支持，为用户构建一个无障碍信息共享和交流的环境。综合对图 4-4 当中各类服务途径的分析结果，多民族语言信息共享空间所能提供的服务项目主要有以下八种类型：①信息资源服务；②信息咨询服务；③信息传播服务；④用户交流服务；⑤用户教育服务；⑥用户业务服务；⑦语言资源服务；⑧技术资源服务。根据服务提供方式的不同，上述每一类服务都可以通过实体空间服务和网络虚拟两种服务形式来提供，在没有语言文字沟通障碍的情况下可以直接进行，否则就需要借助专业的语言文字翻译人员或者借助信息共享空间所提供的双语辅助翻译系统来完成。用户在接受服务过程中，也并不是一成不变的，而是会随时根据需要在多种服务方式、线上和线下来回切换。当然，上述所列举的多民族语言信息共享空间的常见功能，对于具体的民族地区公共文化服务机构而言，受到建筑空间、人力资源和资金预算等方面因素的制约，通常情况下不可能同时提供种类如此多样的功能，而是根据行业实际、本机构发展现状和当地用户需求的特征，从中重点选择若干项服务提供给用户。

多民族语言信息共享空间所能提供的信息服务总体上分为两种类型：第一种是重点满足公共文化服务机构所在语言区域国家通用语言文字和少数民族语言文字跨语言信息共享需求的区域双语信息服务体系；第二种是满足本地区用户对非本地少数民族语言信息资源和信息服务需求的跨区域信息服务。本区域双语信息服务体系与跨区域协作信息服务体系之间相互联系，跨区域协作服务是以各语言区域已经具备的双语信息共享体系为基础的，本质上要为其他区域提供请求的跨语言服务支持的同时，在其他语言区域提供的信息资源和人力资源的支持下构建远程协作服务体系，满足本区域内用户对区域外少数民族语言信息资源的检索、访问、阅读和理解需求。其中，机构双语信息服务体系绝大多数服务功能的实现可以同时基于信息共享空间的实体层资源和虚拟层资源，按照两种路径进行服务提供，由用户根据各自的信息行为习惯从中选择。例如，少数民族语言信息资源服务可以提供传统的纸本文献服务，也可以通过计算机网络或者电子书阅读设备阅读电子版的信息资源，用户在使用过程中甚至可以根据阅读内容的不同进行两种服务方式相互切换。多民族语言信息共享空间要实现跨区域协作资源共享，就不能依靠机构内的实体资源，而必须借助数字化信息资源或者以网络为中介进行相关人力资源的互助协作，以上虚拟层的支撑关系在图中用虚线进行表示。根据上述分析，多民族语言信息共享空间服务功能的结构模型如图4-9所示。

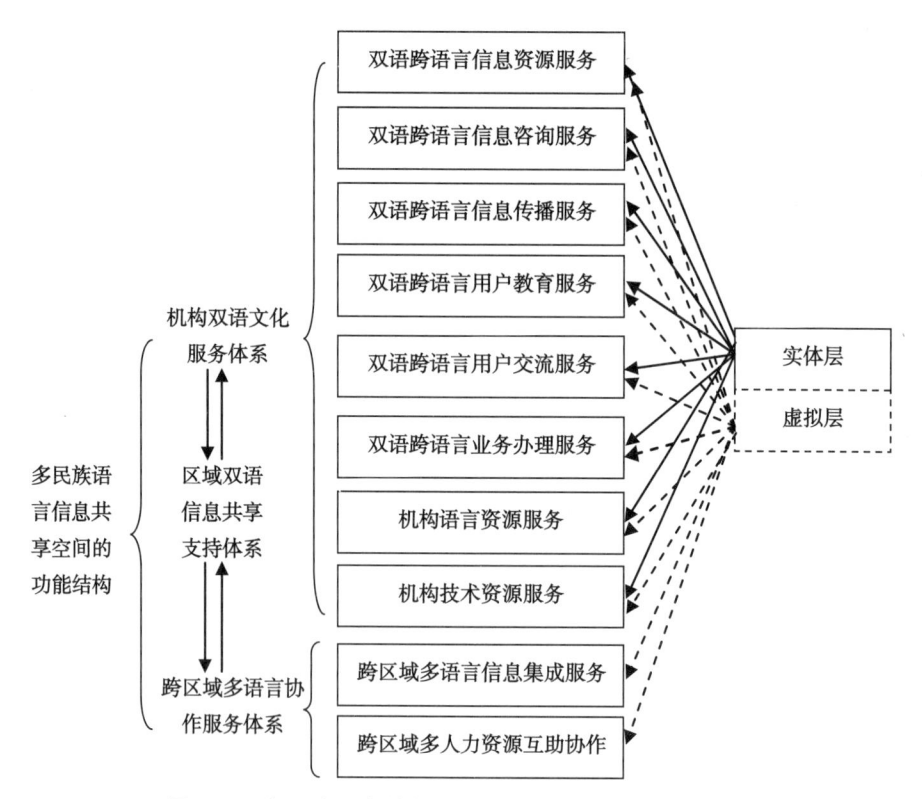

图 4-9 多民族语言信息共享空间服务功能的结构模型

图4-9所示的多民族语言信息共享空间功能模型各模块内容包括以下方面。第一，机构双语信息服务体系。具体而言，公共文化服务机构双语信息

服务体系的主要形式包括跨语言信息资源服务、跨语言信息咨询服务、跨语言信息交流服务、跨语言信息技术服务、跨语言用户教育服务等，涉及的主要服务功能如下。①跨语言信息资源服务就是为本地区只会使用国家通用语言文字的用户或者只会使用当地通用的某种少数民族语言文字的用户提供跨语言信息资源集成检索和辅助阅读服务，其目标是使用户可以对自身不熟悉语言文字的信息资源做到概要了解，以便判断该信息资源是否有继续深度解读的价值。如果该信息资源的主体和内容确实非常重要，则可以进一步委托专业翻译人员进行全文的高精度翻译。例如，只掌握了国家通用语言文字的用户可以通过阅读少数民族语言信息资源的国家通用语言文字元数据项，通过对题名、作者、章节目录、摘要、关键词等内容，判断该少数民族语言文字信息资源的适用性。与之相对，多民族语言信息共享空间应当为掌握了某语种少数民族文字信息资源的用户提供国家通用语言文字信息资源的少数民族语言文字版元数据目录服务，使其通过少数民族文字检索和浏览所需要的信息资源，如果对某国家通用语言文字文献的内容非常感兴趣，则可以进一步请专业翻译人员进行内容的高精度翻译。②跨语言信息咨询服务就是由同时掌握了国家通用语言文字和当地通用少数民族语言文字的咨询人员为只掌握了其中一种语言的用户提供参考咨询服务，根据用户的需求对其查找所需信息资源的方法和策略进行咨询和指导。③跨语言信息传播服务是多民族语言共享空间当中通过印刷品、文艺节目、讲座报告等方式向用户提供服务的方式，在这种信息服务方式当中，公共文化服务机构处于主动地位，用户处于相对的被动地位。④双语跨语言用户教育服务是指公共文化服务机构围绕用户信息素养和双语信息能力的提升，为用户群体设计和开设的培训类课程，对于用户双语能力能够有一定帮助，但是真正意义上的双语用户需要依靠基础教育阶段采用少数民族语言文字和国家通用语言文字的双语教育来实施。⑤跨语言用户交流服务是指在多民族语言信息共享空间当中，公共文化服务机构的双语专业服务人员、双语志愿者群体或者双语机器翻译系统作为服务的中介，为使用不同语言文字的用户提供少数民族语言和国家通用语言之间的辅助沟通交流。由于跨语言文字处理的复杂性，机器系统能够实现的辅助交流都是简单的和低精度的，信息共享空间的双语辅助交流主要还是要依靠人工方式，由具有双语能力的工作人员或者志愿者作为中介为双方的沟通交流提供支持。⑥跨语言业务办理服务是公共文化服务机构为了便于管理而设置的一些基础业务的办公工作，例如读者证件办理、信息共享空间相关设施的租借等。⑦机构语言资源服务是指机构的专业翻译人员或者机器翻译系统为用户直接提供的信息资源翻译、口语信息翻译等服务工作。⑧机构技术资源服务是指多民族语言信息共享空间提供少数民族语言文字和国家通用语言文字的机器翻译系统、语音识别系统、少数民族语言文字电子词典、少数民族语言文字网站管理系统、少数民族语言文字字库、操作系统等基础技术服务，由用户在空间内对需要的信息资源进行翻译和加工处理，或者进行相关软硬件设备的租借或下载服务。第二，跨语言协作信息服务体系。由于民族地区人口分布的分散性特征，区域内双语信息服务是多民族语言信息共享空间主要的功能，能够满足本地区用户绝大多数情况下的信息需求，与此同时对于部分用户跨语言区域的信息需求，则需要通过求助对应区域信息共享空间管理机构的方式，通过远程协作来满足。例如，如果西藏自治区某公共文化服务机构收藏有一批蒙古文信息资源，而该机构和所在语言区域都缺乏专业的语言处理系统和高水平翻译人员，则可以通过网络申请蒙古语和国家通用语言文字信息共享区域的远程协助，完成对信息资源的元数据著录等操作。再如，假如上述机构的用户需要查找国内各少数民族语言文字版本的有关民族文化的信息资源，本地所保存的藏文民族文化主题信息资源就只是用户需要信息资源的一部分，除此之外的其他少数民族语言文字版本的民族文化主题信息资源需要通过国家多民族语言共享协调机构和协作网络的支持，由分布在全国各民族地区的双语信息共享支持机构共同完成，通过在全局信息资源库当中进行检索并把结果反馈给用户。在系统采用"分布式"架构的时候，用户只需要提出需求，整个协作式处理的过程对用户是透明的，就像所有少数民族语言信息资源都保存的同一位置一样。除了信息资源之外，各个语言区域的信息共享机构之间可以通过计算机网络共享其他区域所拥有的人力资源、语言资源和技术资源，在为其他区域提供必要服务的同时，获取来自其他区域信息共享机构所提供的跨语言支持服务。总之，多民族语言信息共享空间是以用户需求为主导的一站式服务信息服务模式，以上只是对多民族语言信息共享空间功能架构的一种概要性介绍，只列举了各项服务功能的总体框架，并非所有地区、所有类型的多民族语言信息共享空间都要提供这些功能。上述信息共享空间的服务功能也不是一成不变的，公共文化服务机构要随着结合自身业务特征以及所在区域少数民族语言文字信息处理技术的发展水平进行全面系统的规划，并根据用户需求和技术环境的变化不断进行服务内容和服务模式创新。

四　IIC-ELS 的服务组合

图 4-9 所示的多民族语言信息共享空间服务功能的结构模型是针对所有

公共文化服务机构而言的，是对民族地区公共文化服务机构信息共享空间内部要素的抽象和总结，反映了各类公共文化服务机构在服务活动中的一般性规律。然而，在多民族语言信息共享空间的建设实践中，不同的建设主体所面对的用户群体不同，需要解决的核心问题不同，因而在通用架构的执行方面会表现出不同领域的差异性。例如，多民族语言信息共享空间主要提供的服务类型有信息服务、咨询服务、传播服务、教育服务、交流服务、业务服务、语言服务、技术服务等，但是不同行业主导建设的信息共享空间对每一类服务的重视程度是不一样的，通常会有一个主导型的服务项目（核心服务），两到三个辅助型服务项目（支撑服务），若干个可选服务项目（可选服务），有的公共文化服务机构会提供诸如饮食服务等非核心功能的服务项目（附加服务）。根据公共文化服务机构信息共享类型的不同，对多民族语言信息共享空间的性质划分为"文献信息主导型 IIC-ELS"、"实物信息主导型 IIC-ELS" 和 "口语信息主导型 IIC-ELS" 三种类型，如表 4-1 所示。

表 4-1　　基于信息类型的多民族语言信息共享空间分类

	核心服务	支撑服务	可选服务	附加服务	典型应用
文献信息主导型 IIC-ELS	（文字）信息服务	咨询服务、交流服务、语言服务	技术服务、教育服务、传播服务、业务服务	餐饮服务、休闲服务、购书服务	公共图书馆 IIC-ELS
实物信息主导型 IIC-ELS	（实物）信息服务	咨询服务、传播服务、语言服务	教育服务、技术服务、业务服务、交流服务	餐饮服务、休闲服务、纪念品服务	公共博物馆 IIC-ELS
口语信息主导型 IIC-ELS	（口语）传播服务	交流服务、教育服务、语言服务	技术服务、咨询服务、信息服务、业务服务	餐饮服务、休闲服务	公共文化馆 IIC-ELS

根据建设主体所属行业的不同，多民族语言信息共享空间服务层的实现方式也是多种多样。表 4-1 中，多民族语言信息共享空间根据主导服务类型的不同划分为三种类型。第一类，以图书馆、档案馆为代表的"文献信息主导型 IIC-ELS"，其核心服务是向用户提供纸质和电子版本的信息资源，围绕信息服务可以增加诸如参考咨询、用户交流等服务，语言服务是多民族语言信息共享空间的基础模块，是构建多民族语言无障碍交流环境必不可少的功能模块。除此之外，技术服务、教育服务、业务服务属于可选服务，餐饮、休闲和购书等服务可以作为附加服务来提供。第二类，以公共博物馆、美术

馆、纪念馆为代表的"实物信息主导型IIC-ELS"。博物馆是以展示藏品的方式向大众提供历史文化信息和知识服务的文化服务机构,其服务主要涉及藏品展示、藏品文字信息和藏品专业讲解三个层面,空间中对共享的所有形式的信息都是围绕实物信息资源展开的。"实物信息主导型IIC-ELS"的支撑服务为咨询服务、传播服务、语言服务,可选服务为教育服务、技术服务、业务服务,同时可以提供餐饮、休闲和纪念品等附加服务。第三类,以公共文化馆为代表的"口语信息主导型IIC-ELS"。文化馆是负责组织群众公共文化活动的专业场所,其服务主要以语言类的群众文化活动为主,因此是以口语信息共享为主,其余类型信息共享为辅。"口语信息主导型IIC-ELS"的核心服务是"传播服务",支撑性服务是"交流服务"、"教育服务"和"语言服务",可选服务有技术服务、咨询服务、信息服务和业务服务,同时可提供餐饮、休闲等附加服务。

五 IIC-ELS的服务等级

图4-4和图4-9所示的多民族语言信息共享空间服务功能是指各类支持性要素均具备的情况下才能全部实现的,而在实践过程中,来自区域双语信息共享的集成支持体系和国家层面上的跨语言区域信息资源共享协作支持体系需要较多的机构协同参与,且需要较长的建设周期,短期内发展到成熟状态的难度较大。但是,公共文化服务机构信息共享空间又不能坐等区域和国家支持体系建成之后再进行规划建设,而是应该首先调动机构内外可以调动和利用的一切资源,构建起多民族语言信息共享空间的体系框架,今后随着技术发展和外部条件的成熟不断进行功能的扩展和服务的优化,实现信息共享空间所追求的面向用户需求的一站式动态服务体系。为了更好地体现多民族语言信息共享空间由简单到复杂、由双语扩展到多语的发展过程,本书将多民族语言信息共享空间服务层的实现程度划分为基础级、完备级和成熟级三个等级。

一是多民族语言信息共享空间的基础级服务(IIC-ELS-Ⅰ)。多民族语言信息共享空间的基础级服务主要是指民族地区公共文化服务机构基于本机构所掌控的资源,为用户所构建的跨语言信息共享和交流环境。由于基础级服务主要针对本语言区域的用户进行,因而IIC-ELS的基础级信息服务主要是针对国家通用语言文字和当地通用的少数民族语言文字之间的信息共享和交流问题。基础级服务的功能较为简单,通常只需要按照信息共享空间思维从至少两个方面的共享途径采取措施即可,例如对机构内的少数民族语言信息资源建立双语元数据目录体系,在接待少数民族群众的场合采用国家通用语言文字和少数民族语言文字对照版的指示标语,至少安排一位可以熟练掌握国家通用语言文字和当地少数民族语言的工作人员,建立国家通用语言文字信息资源的双语元数据目录,对内容非常重要的国家通用语言文字信息资源进行翻译并将少数民族语言文字对照版一起保存等。受到资金预算、人力资源、工作习惯等多种因素的影响,处在基础级服务的多民族语言信息共享空间主要以双语信息资源服务为主,对双语咨询服务、双语交流服务等功能考虑较少。多民族语言信息共享空间基础级服务尽管简单,但由于它为语言文字应用能力不同的用户和工作人员之间建立了至少一种可以沟通的渠道,已经建立了多民族语言信息共享的体系框架,对民族地区多语言和谐共存、开放交流的社会氛围的培育也具有重要的促进作用。

二是多民族语言信息共享空间的完备级服务(IIC-ELS-Ⅱ)。多民族语言信息共享空间的完备级服务是指公共文化服务机构在基础级服务的基础上,进一步完善服务功能,通过区域双语信息交流支持体系扩展虚拟数字信息资源的规模和范围,同时借助计算机网络实现区域内语言文字专家、信息管理专家和各相关领域专家的虚拟社会网络,借助虚拟社会网络为用户提供范围更大、质量更高的服务。此外,在区域内的语言资源实现高度集成的时候,通过网络提供的国家通用语言文字和区域少数民族语言文字之间的自动化翻译和信息处理工作的精度会大大提高,这对提高机构信息共享空间跨语言信息处理自动化程度将起到巨大的推动作用。基于区域双语信息共享支持的云计算平台,各类公共文化服务机构可以在其上搭建自己的双语应用系统,借助区域内各类机构集体的力量,为用户提供高质量的双语转换服务。

三是多民族语言信息共享空间的成熟级服务(IIC-ELS-Ⅲ)。所谓成熟级服务,就是信息共享空间可以实现现阶段能够实现的几乎所有的信息服务功能,即图4-4所示的功能结构模型所示的各类服务功能。多民族语言信息共享空间达到完备级的主要标志是国家层面上已经建立跨区域信息资源共享协作组织,通过该机构的信息平台将分布在各语言区域内的信息资源、语言资源、技术资源甚至人力资源联结为一个整体,用户通过分布在各民族地区的任何一个公共文化服务机构内的多民族语言信息共享空间,就可以访问到全国各地区、各民族、各类语言文字的信息资源,可以与连接到网络当中的各类专家学者以及用户群体进行互动和交流。多民族语言信息共享空间发展到完备阶段并不是到了最高阶段,就本质和而言是实现信息资源的集成化服务，未来的发展会朝着知识化方向发展，即基于各民族语言文字语义体系进行多语种信息资源知识体系的深度整合与共享。由于信息共享空间外部支持条件要求的复杂性，按照自底向上、由低到高、由"基础级服务"到"发展级服务"再到"完备级服务"的建设路径，比较适合民族地区公共文化服务机构多民族语言信息共享空间的发展规律。

六　IIC-ELS 的服务质量

多民族语言信息共享空间的服务质量是指用户在接受服务之后对服务的总体感受和评价，用户对服务的满意程度（Customer Satisfaction Index）是评价服务质量高低的重要指标。多民族语言信息共享空间的服务质量取决于用户进入空间前后其需求被满足的状况，如果用户依靠自身的语言文字能力无法识读和理解少数民族语言文字信息资源，进入空间之后可以通过双语目录了解信息资源的概要信息，可以与其他用户讨论该信息资源的内容，甚至可以将需要的信息资源请专业翻译人员进行精确翻译，则他或她对多民族语言信息共享空间就会有较为正面的评价。

多民族语言信息共享空间是在解决常规信息共享障碍问题的基础上重点解决语言文字差异性造成的信息交流障碍，通常涉及对跨语言信息服务的粒度（Granularity）、精度（Accuracy）和即时性（Timeliness）等方面的评价。多民族语言信息服务的粒度是指跨语言信息辅助交流体系所针对的信息处理单元的大小，例如针对整本图书进行元数据描述就属于粗粒度；如果针对图书章节进行双语元数据描述，粒度就要细一些；如果针对图书当中的句子和词汇进行双语元数据描述，则属于细粒度，生成的描述信息已经与双语对照翻译非常接近了。一般情况下，跨语言信息服务的粒度越大，意味着很多细节信息被忽略，则其服务精度就会越低。然而，跨语言信息服务的粒度是与需要投入的成本成反比的，要对信息资源的细节内容进行准确标注，须将跨语言信息服务的粒度调整到词汇和句子一级，通常意味着需要更多的人员参与到标注工作当中，所需要的时间成本和人力成本就会随之上升。因此，公共文化服务机构需要结合信息资源内容的重要性、各语种信息资源的结构和数量、机构双语工作人员数量和能力等情况进行综合权衡，在跨语言服务粒度和精度之间找到平衡点。

根据图 2-6 所示的服务质量缺口模型，多民族语言信息共享空间要提高服务质量，必须关注模型当中的五个质量缺口并采取措施予以弥补。例如，加强对用户跨语言信息需求的调查研究，深刻理解用户在多语言环境下的信息心理和信息行为特征，根据用户需求特征设计跨语言服务项目，制定跨语言服务规范并在实践中予以切实执行，同时做好针对多语言用户的宣传和教育，使其了解多民族语言信息共享空间的重大意义和所能提供的服务介绍，鼓励用户积极参与服务的评价和设计过程，通过公共文化服务机构各类工作人员和多语言用户群体共同努力，从根本上解决用户的跨语言信息服务困难，使其能够在空间内方便地获取多种民族语言的信息资源并与公共文化服务机构工作人员、使用各类民族语言的用户群体进行无障碍的沟通交流，从公共文化服务的角度，促进多民族人口之间的交往、交流和交融，进一步巩固和发展民族团结与融合的民族事务治理格局。

总之，服务层是多民族语言信息共享空间社会价值的最终体现，多民族语言信息共享空间的实体层、虚拟层和支持层的所有内容，最终都是为了支撑服务层的实现，最终目的是满足用户跨语言信息共享和交流需求。如果多民族语言信息共享空间的硬件设施和网络资源都建设得很好，却不能为用户提供更好的服务，不能为用户解决自己工作和生活中遇到的实际问题提供支持，则为公共文化服务机构为建设信息共享空间付出的所有成本就会失去意义。因此，以服务层为中心，以服务层建设带动实体层、虚拟层建设，是我国多民族语言信息共享空间建设应当采取的重要策略。

第三节 多民族语言信息共享空间的实体层

实体空间是信息共享空间虚拟层的物质载体，是信息共享空间体系架构当中最为直观的组成部分，用户进入多民族语言信息共享空间之后，首先接触到的是实体层的各类服务设施，对信息共享空间服务质量的体验也绝大部分来自对实体层的感受，因而实体层的设计和建设水平直接影响到整个信息共享空间建设的成败。本节在分析多民族语言信息共享空间实体层内涵的基础上，分别就实体层的实体空间范围、实体空间划分、实体空间布局、实体空间设计、实体空间填充和实体空间导航等问题进行探讨。

"实体层"即唐纳德·比格所述的"Physical Commons"，也有学者将其翻译为"物理层"、"物理空间"、"实体空间"。唐纳德·比格在1999年发表的著名论文《定义信息共享空间》当中将信息共享空间分为两种类型：一种是专门设计的在线数字环境（虚拟空间），另一种是围绕综合数字环境特别设计的物理设施以及特别组织的服务队伍和服务环境。[①] 从字面意思来看，"实体层"就是指信息共享空间当中用户可以通过感觉器官实际感受到的所有事物，例如所在的建筑、空间内部的布局、可供用户使用的服务设施、和蔼可亲的工作人员、礼貌友好的其他用户等。由于信息共享空间当中用户能够看到和感受到的事物中最为显眼的是所在的建筑空间以及填充建筑空间的各类设施和设备，容易让人只关注这类没有生命的元素而忽略人在空间当中的作用。实际上，人是实体空间当中最为重要的因素。正是因为服务人员的工作，才将用户与信息资源、用户与用户、用户与设备之间建立了关联，使信息共享空间真正运作起来；正是因为有高素质用户群体的积极参与，图书馆服务由"以藏为主"转向"以用为主"才真正成为可能。综上所述，多民族语言信息共享空间的实体层是指用户可以直接感知的经过专门设计和组织的建筑空间、服务设施、服务设备、信息资源、服务人员以及其他用户群体等环境要素的总和。

图4-2所示的多民族语言信息共享空间架构模型当中，"实体层"可以利用的资源分为四类。第一类，空间资源，主要表现在根据服务功能划分的服务区域，例如信息服务分区、咨询服务分区、交流服务分区、教育服务分区、语言服务分区、技术服务分区等。由于门窗、家具、标识牌等设施客观上对空间的划分与使用起到支持作用，因而本书将服务设施也纳入空间资源当中。第二类，信息资源，信息资源主要是指能够在信息共享空间内部看到的纸质文献以及为方便对纸质文件利用而专门制作的纸质版目录。在多民族语言信息共享空间当中，信息资源涉及多种语言文字，其中最主要的是国家通用语言文字和当地通用的少数民族语言文字。第三类，人力资源，主要是公共文化服务机构当中为用户提供各类服务的工作人员，其中最有代表性的是可以为用户提供专业领域咨询服务的领域专家。由于本书将具有跨语言服务能力的翻译人员和语言教师等纳入语言资源当中，这里的人力资源通常是指不具备跨语言工作能力的服务人员。当然，在实践当中服务人员同时掌握多种语言文字的情况确实存在，这就属于资源的重叠现象，也就是说这部分工作人员同时属于人力资源，又属于语言资源。第四类，语言资源，语言资源是指信息共享空间中可以为用户提供跨语言服务的所有人员和技术系统的总和。跨语言机器翻译、语料库、多语言本体库等资源都必须依赖计算机设

[①] Donald Beagle. Conceptualizing an Information Commons. *The Journal of Academic Librarianship*, No. 2, 1999, pp. 82-89.

备进行存取，故属于虚拟层的内容。实体层的语言资源就只有为用户提供文字或语音信息翻译的专业翻译人员或者是为用户开展语言教学的双语教师。上述这两类人员同样可能出现重叠的情况，有的机构由翻译人员承担双语教师的工作，或者由人力资源当中具有跨语言服务能力的工作人员担任双语教师。第五类，技术资源，技术资源是指多民族语言信息共享空间当中为用户提供某类专门技术类服务或者为工作人员完成任务提供支持的专用设备，例如计算机、网络设备、打印机、复印机、传真机等。多民族语言信息共享空间的实体层建设就是公共文化服务机构通过对上述资源的合理规划与调配，最终为建立多民族语言跨语言信息服务体系奠定物质基础。

在多民族语言信息共享空间服务层设计已经完成的前提下，与其他信息共享空间实体层的实现流程一样，多民族语言信息共享空间实体层的规划设计大致要经历以下步骤。第一步，实体空间的定位，即确定实体空间的大小和范围，是某个地理区域，还是整栋建筑或者是建筑当中的某个房间。第二步，实体空间的划分，即合理划分建筑空间的功能，将其划分为不同的子区域。第三步，实体空间的布局，即将功能布局合理地安置在实体建筑空间当中，使用户能够非常方便地享受各种服务项目。第四步，实体空间的设计，即在确定了信息共享空间整体布局的基础上，通过室内空间各个环节的细节设计，真正体现以人为本的理念，使用户能够获得较好的空间体验。第五步，实体空间的整合，即在建筑空间已经具备的情况下，通过对信息资源、人力资源、语言资源、技术资源的合理调配，实现各类要素之间的协调配合、优势互补，使纳入信息共享空间的所有资源融合为统一的整体。第六步，实体空间的导航设计。即为用户在信息共享空间内的活动提供导航支持，使其可以尽快熟悉信息共享空间的内部结构和可以提供的服务项目，快速找到所要查找的信息资源或者提供其他服务的分区。第七步，实体空间的氛围营造。在信息共享空间实体层各类要素都具备的情况下，要根据用户心理和用户行为的规律，在信息共享空间当中营造出与机构核心服务职能匹配的空间氛围，使空间当中的各类服务人员和用户都能有良好的氛围体验。

由于各类公共文化服务机构承担的社会职能不同，所在建筑空间的结构不同，领导者对信息共享空间设计理念的理解不同、信息共享空间的资金预算和成本控制要求不同，信息共享空间实体层设计实际上是一项非常能够体现机构个性的工作。即便是在全球已经取得成功的图书馆信息共享空间建设当中，没有哪两所高校图书馆的信息共享空间设计方案是完全相同的。因此，本书对多民族语言信息共享空间实体层建设的所有分析，只能是对信息共享空间实体层规划建设基本原则、通用规律以及现有图书馆信息共享空间在相关问题上的经验、教训的介绍。如前文所述，多民族语言信息共享空间可以根据核心服务的不同划分为"文献信息主导型 IIC-ELS"、"实物信息主导型 IIC-ELS"和"口语信息主导型 IIC-ELS"三类，这三类信息共享空间在实体层规划建设当中有很多共性，其差异性也非常明显，本节在讨论多民族语言信息共享空间实体空间范围界定、空间划分、功能布局、环境设计、资源集成、标识设计、氛围营造等问题的时候，也会根据三类空间的差别分别予以介绍。

一 IIC-ELS 实体空间的范围界定

多民族语言信息共享空间实体空间的定位，实际上是决定信息共享空间与公共文化服务机构的关系问题。根据图书馆信息共享空间的实践经验，两者的关系通常有以下三种情况：IC 的范围小于机构的范围，IC 的范围等于机构的范围，IC 的范围大于机构的范围。美国学者苏珊·比蒂（Susan Beatty）和乔安妮·亨宁将其分别称为"计算机室型 IC"、"图书馆整合型 IC"和"大楼型 IC"。我国学者任树怀对上述两位学者所公布的北美 48 个信息共享空间的数据进行了进一步分析，发现在 48 个案例当中，计算机室型 IC 为 3 个，占 6%；大楼型 IC 为 9 个，占 19%；图书馆整合型 IC 为 36 个，占 75%。[①] 由此可见，图书馆整合型 IC 已经成为北美地区信息共享空间建设的主流模式。由于多民族语言信息共享空间的建设主体可能是图书馆，也可能是民族地区的其他公共文化服务机构，为了体现术语上的差异性，本书将"计算机室型 IC"称为与之类似的"部门级 IC"，"图书馆整合型 IC"称为同等级的"机构级 IC"，而将"大楼型 IC"称为"多机构联合级 IC"。上述三个等级 IC 发展模式的内涵特点如下。

第一级，部门级 IC。所谓部门级 IC 是指将信息共享空间看作公共文化服务机构业务的拓展，将其定位为机构的新增部门。部门级 IC 通常规模较小，通常只占到建筑的一个或少数几个房间，大一些的最多占到整栋建筑的一层或者几层。例如，国内外图书馆信息共享空间建设过程中，有的图书馆就专门开辟新的建筑空间建设信息共享空间，不同的图书馆在划定区域时的做法也各不相同，例如有的将原有的电子阅览室或者大开间的阅览室开辟出来专

---

① 任树怀等：《信息共享空间实现机制与策略研究》，上海人民出版社 2011 年版，第 129 页。

门建设信息共享空间，有的将图书馆新楼的某一层专门开辟出来建设信息共享空间。这类信息共享空间与机构传统服务部门是并列关系，而且要在组织机构当中安排专门的人员负责信息共享空间的管理和维护。部门级IC通常会在机构当中有非常明确的标识，空间的主入口会有"某某机构信息共享空间"的标识牌，建筑内部的布局图上也会准确标识出信息共享空间所在的位置。

第二级，机构级IC。所谓机构级IC是指将信息共享空间是指导机构进行空间再造和服务创新的一种科学理论，因而信息共享空间实体空间范围会覆盖到整个机构。按照这种观点，整个机构需要按照信息共享空间的建设原则进行重新规划与设计，等信息共享空间建成的时候，机构也完成了自身的升级改造，服务水平上升到一个新的高度。机构级IC与所在的公共文化服务机构存在同一关系，在信息共享空间建成以后，机构内部所有资源都是属于信息共享空间的组成部分，机构即IC，IC即机构。机构级IC最为典型的应用是图书馆信息共享空间，很多高校图书馆应用信息共享空间理论对图书馆进行整体性改造，通常图书馆所在的整栋大楼都是信息共享空间的覆盖范围。由于涉及范围较广，机构级IC通常没有专门的标识，用户进入信息共享空间之后，不能看到类似于"某机构信息共享空间"的标识，因为机构本身就是信息共享空间。因此，机构级IC类似于一种隐藏在公共文化服务机构背后的一种管理和服务体系，尽管他没有明确标识为信息共享空间，但是真正了解信息共享空间的人还是会处处看到信息共享空间的影子，用户也会感受到由信息共享空间带来的服务体验的提升。正是因为机构级IC与所在公共文化服务机构之间是一种类似于抽象与具象的关系，机构是否建成了IC主要看用户服务体系是否遵循信息共享空间的基本原理，与其外在的名称并没有必然联系。

第三级，多机构联合级IC。所谓多机构联合级IC，是指根据业务需要将有业务关联的多个机构整合成为一个更大规模的IC。机构联合级IC的典型应用就是IC大楼。例如，高校将图书馆、档案馆、网络中心、数字媒体中心等机构安排在同一栋大楼当中，按照信息共享空间的建设思路对大楼进行整体性规划设计，对所涉及的业务流程进行重新改造，最终为教师和学生提供一站式的服务环境。与机构级IC相比，机构联合级IC的建设难度更大，涉及对所有部门信息资源的整合、业务流程的再造等任务。由于信息共享空间涉及范围较广，通常情况下也不会专门进行信息共享空间的名称标识。

信息共享空间由"部门级IC"到"机构级IC"再到"多机构联合级IC"

反映了信息共享空间范围由小到大，涉及因素由简单到复杂的发展历程。"部门级 IC"是信息共享空间建设实践的最初形态。信息共享空间概念的出现顺应了传统图书馆借助现代信息技术寻求创新的历史潮流。在信息共享空间建设的早期阶段，一些高校图书馆想进行信息共享空间建设，但是资金预算有限或者担心整体性改造的风险又太大，所以单独开辟出部分空间进行信息共享空间建设的尝试。应该说"部门级 IC 模式"对于信息共享空间理念的传播和建设经验的积累确实起到了一定的促进作用，但是这种模式的弊端也是非常明显的，主要有以下几个方面：第一，建筑空间太小，不允许做太大的变动，有的部门级 IC 更像是一个计算机房或者网吧；第二，能够支配的信息资源、人力资源都非常有限，只能依靠少数人的力量为用户提供服务，服务的内容和深度也非常有限；第三，建筑空间有限，在空间划分方面无法实现"动静分离"，无法满足用户多样性的服务需求。所以，后期进行规划和建设的图书馆信息共享空间大多采用了"机构级 IC"，实践证明这种模式能够很好地调动各类资源支持信息共享空间建设，原有的服务空间、服务流程对信息共享空间的制约也最小，因而也最容易取得成功。而"多机构联合级 IC"是西方国家部分信息化基础设施较好的高校从更大的范围进行信息共享空间建设的一种尝试，代表了信息共享空间物理空间范围不断扩张的趋势，但是这种模式涉及多机构的协作和业务流程的再造，面临来自经济、技术、管理和文化等方面的多重阻力，短期内还无法广泛推广。从以上图书馆信息共享空间的发展历程当中，我们可以得出以下结论："部门级 IC"是信息共享空间的早期形态，"机构级 IC"是信息共享空间的成熟形态，而"多机构联合级 IC"代表了信息共享空间的发展趋势。

显然，多民族语言信息共享空间作为信息共享空间的一种特殊类型，应该以主流的"机构级 IC"作为其实体空间的定位。"多民族语言信息共享空间"是对"多民族语言机构信息共享空间"的简称，如果定位为"机构级 IC"，其实体空间的范围就要覆盖到整个公共文化服务机构。按照"机构级 IC"的含义，多民族语言信息共享空间是一种指导民族地区公共文化服务机构进行空间再造和服务创新的理论，而与这个机构建成的信息共享空间的标识或者是否有名称标识都没有关系。"多民族语言信息共享空间"与所在的公共文化服务机构具有同一关系，应用信息共享空间理论对机构的空间和服务进行改造之后，机构的名称没有发生变化，但是其服务社会的能力已经有了本质性的变化。多民族语言信息共享空间最典型的应用领域是民族地区公共图书馆、公共档案馆、公共博物馆、公共美术馆、公共纪念馆、公共文化馆等信息类行业。理论上说，只要民族地区某类机构的核心职能是为社会大众提供公共文化服务，其服务对象的语言文字应用能力具有多样化特征，在服务过程中可能面临沟通交流障碍，就可以规划建设该机构的多民族语言信息共享空间。

当然，在将多民族语言信息共享空间定位为"机构级IC"的同时，我们必须认识公共文化服务机构推动信息共享空间建设会受到多种因素的影响。即便是从理论角度讲，"机构级IC"在多个方面都要优于"部门级IC"，迫于资金预算和建设风险等方面的阻力，有些机构还是会启动"部门级IC"的建设，以电子阅览室、电子教室等空间为基础建设小范围的图书馆信息共享空间，或者以"少数民族语言文献特藏库"或"少数民族语言文献特藏室"为基础建设多民族语言信息共享空间。同时，在将多民族语言信息共享空间定位于"机构级IC"的同时，也并不影响机构对一些重点部门的特别关注。例如，在基于多民族语言信息共享空间进行空间再造之后，多民族语言无障碍交流功能会在"特藏库"或"特藏室"等馆内部门得到更多的体现。但是，这并不意味着这里的"特藏室"或"特藏库"就成了"多民族语言信息共享空间"，由于跨语言服务要依赖全馆各方力量的支持，所建设的信息共享空间仍然是"机构级IC"。

二 IIC-ELS实体空间的功能划分

多民族语言信息共享空间是按照"面向用户、应需而变"的理念对公共文化服务机构的实体空间进行的功能再造。由于信息共享空间服务功能的丰富性和差异性，通常很难在单一空间内完成如此多的服务项目，为了保障每项服务的质量，需要对公共文化服务机构内部的实体建筑空间进行进一步划分。根据服务专业化原则，每一项服务最好在专门的空间内进行，多民族语言信息共享空间可以为用户提供的服务类型主要有信息服务、咨询服务、传播服务、交流服务、教育服务、业务服务、语言服务和技术服务等，则对应的服务区域就可以划分为信息服务分区、咨询服务分区、传播服务分区、交流服务分区、教育服务分区、业务服务分区、语言服务分区、技术服务分区。此外，当用户对多民族语言信息共享空间的功能分布不熟悉的时候，会在空间的入口处感到无所适从，为了减轻用户初次到信息共享空间接受服务时的不适感和焦虑感，可以在接近入口的位置增加一个"服务引导区"，以帮助新用户尽快熟悉环境，根据老用户的需求将其分流到合适的服务分区。另外，在不影响核心服务功能实现的情况下，公共文化服务机构可以开辟一些诸如餐饮服务、购物服务、新闻服务等附加分区，根据服务对象和服务项目的特点，提供并非信息共享空间常规服务的附加类服务项目。上述的多民族语言信息共享空间每个分区所承担的服务内容及特征如下。

第一，服务引导区。服务引导区是用户进入多民族语言信息共享空间的第一个接触的区域，通常位于信息共享空间入口之后的迎客大厅处，是一个以信息服务台（Help Desk）为中心的区域。用户进入欢迎大厅以后，通常可以看到有关信息共享空间结构和服务项目的介绍展板或表达欢迎意愿的标语等，如果用户习惯通过文字信息了解服务情况，则可以在大厅内阅读了解相关信息之后自行找到要去的服务分区。如果用户不习惯通过文字信息了解服务情况，或者在阅读完文字信息之后还有不清楚的地方，则可以到迎客大厅尽头的信息服务台向领域专家咨询。服务引导区的功能主要体现在以下四个方面。第一，通过服务引导区的环境装饰、服务设施和工作人员的服务态度营造一种友好和谐的氛围，使用户初次进入信息共享空间，能够体验到舒适感与亲和力。第二，为初次到信息共享空间的用户提供有关空间结构、服务项目、可用资源、注意事项等方面的基本信息，供用户进行参考和选择。第三，作为连接用户与各分区的中枢环节，通过了解用户到信息共享空间来的主要目的，根据需求的不同将其分流到对应的服务分区。第四，根据用户语言文字能力进行服务分流，如果用户可以使用国家通用语言文字和当地通用的少数民族语言文字，则进入空间后不会遇到语言障碍，可是如果使用上述两种语言之外的任何少数民族语言的用户进入空间之后，为其服务就不能借助本地区的力量，而是通过网络向其他语言区域语言文字工作者服务。信息服务台要根据用户所说的语言进行判断，确定其使用的具体语种或者大致判断是属于哪个语系，再由专业的语言文字工作者进行确认，寻求外部语言文字工作机构的帮助。第五，服务引导区的信息服务台通常情况下还需要承担非常规事项处理的任务，例如用户在信息共享空间内突发疾病，需要应急救援时，用户首先联系的应该是信息服务台的工作人员。

为了保证用户能够尽快找到信息服务台，服务台在空间内的位置特别关键，应该尽可能设置在距离各分区接近的点上或者设置在大多数用户进出频繁的通道旁边。"信息服务台"也要经过特别设计，处在几个服务分区中心位置的信息服务台最好采用环绕式圆桌设计，以使信息服务台随时处在各个分区用户的视野当中，方便他们随时寻求帮助。有的图书馆信息共享空间的"信息服务台"设置在比各服务分区稍微高一些的位置，目的是使工作人员可以随时观察各个服务分区当中的用户是否有需要帮助的情况，如果有则及时联系各服务分区的工作人员主动为其提供帮助。

与一般的信息共享空间服务引导区有所不同的是,多民族语言信息共享空间的服务引导区要在设计阶段就考虑到语言文字多样性的差异,从多个方面采取措施,保障用户在服务引导区沟通交流不会出现障碍。多民族语言信息共享空间可以采取的跨语言服务措施主要包括以下方面。第一,在信息共享空间的入口之外设置国家通用文字和少数民族文字的双语标识,以便用户了解公共文化服务机构的社会职能,决定是否需要进入空间接受服务。第二,在欢迎大厅设置国家通用文字和当地通用少数民族文字的双语展板,用户只要掌握其中一种语言节能阅读和理解相关信息。第三,在"信息服务台"安排同时通晓国家通用语言和当地通用少数民族语言的工作人员负责用户接待,或者同时安排两名工作人员,一名负责接待会使用国家通用语言文字的用户,另一名专门接待只会说少数民族语言的用户。如果遇到使用上述两种语言文字之外少数民族语言的用户,则由信息服务台通过远程视频方式向其他区域信息共享空间的工作人员求助。总之,用户在服务引导区如果可以非常顺畅地与工作人员交流,可以阅读相关信息材料,他/她才可能对信息共享空间其他服务分区的服务项目产生兴趣。相反,如果用户进入信息共享空间之后由于语言不通而感到焦虑,他/她就会放弃对其他服务项目的体验。

第二,信息资源服务分区。信息服务区是信息共享空间当中为用户提供信息资源服务的主要区域,包括纸质文献信息资源服务和电子版的数字信息资源阅览服务。根据多民族语言信息共享空间核心服务的不同,信息服务区的规模和服务方式也会有所不同。如果是"文献信息主导型IIC-ELS"或"实物信息主导型IIC-ELS",通常信息服务区会占据信息共享空间绝大多数的建筑空间。例如,民族地区公共图书馆所建立的IIC-ELS绝大部分空间是要用来采集和保存图书、期刊、报纸等纸质信息资源,同时也要设置阅读终端较为集中的电子阅览室或者将计算机终端分散设置于图书保存空间周围。同样,民族地区公共博物馆绝大部分建筑面积是用来保存文物和布置展览的,其他功能的服务即使存在通常面积也不大。然而,如果是"口语信息主导型IIC-ELS",信息资源服务通常被认为是一种辅助性服务,所占建筑空间较小,能够提供查询的信息资源的数量也非常有限。"口语信息主导型IIC-ELS"信息服务区比图书馆信息共享空间要小,可以是一个独立的房间、大厅的角落甚至只是几个供用户查阅信息的书架或一台供查阅信息的计算机。除了提供纸质版本信息资源供公民阅读之外,还可以在该区域设置若干台信息查询终端供用户查询所关心的信息。

多民族语言信息共享空间除了要提供信息共享空间的常规服务，还要考虑跨语言信息服务问题，通常可以采取以下措施：在对用户需求进行综合分析的基础上，按照双语原则进行文献信息资源的采集和组织。如果公共文化服务机构的服务对象中有大量的用户，只会使用国家通用语言文字或者当地少数民族语言文字当中的一种，则信息资源就必须按照双语原则进行组织。具体包括以下方面。①在信息资源采集阶段，如果该信息资源同时有国家通用语言文字版本和少数民族语言文字版本，则应该同时采集，按照"双语成套"原则进行统一管理，统一上架。为了避免散失，甚至可以将两本同一内容、不同文字的信息资源再加装封面重新装订成为一整册，以册为单位进行借阅和流通。②对于内容非常重要的信息资源，在采集过程中如果只找到国家通用语言文字版本或者少数民族语言版本，应该由信息共享空间负责语言服务的部门进行翻译，补充所缺失的语言文字版本。③所有的信息资源全部按照双语原则进行著录，尤其是对于只有国家通用语言文字版本或者少数民族语言文字版本的信息资源，要严格按照双语对照原则建立图书信息目录，在每一本纸质信息资源制作双语对照信息卡，使用户通过浏览双语对照版的书目信息卡，了解该信息资源的题名、作者和主题，以便决定是不是要进一步了解其细节内容。考虑到国家通用语言文字和当地通用少数民族语言文字信息资源数量存在不对等的情况，双语著录应该在著录内容详略上有所不同，如果少数民族语言文字信息资源数量较少，则可以采取"细粒度"的著录方法，对信息资源的内容做全面、细致著录。由于国家通用语言文字信息资源数量较多，如果要采用通用粒度等级的著录方法，即便是经过经年累月的著录也难以对所有信息资源完成双语著录，整体成本高昂。此外，从利用的角度来看，可能利用双语著录成果的潜在人群相对较少，在综合考虑时间和成本等因素之后，可以对国家通用语言文字采用"粗粒度"的著录方法，对标题、作者、主题词等关键因素进行双语著录即可。④纸质信息资源服务、实物信息资源展示与数字化信息查询相结合，开发双语一体信息检索系统，使用户以国家通用语言文字和少数民族语言文字当中任何一种输入检索词的时候，可以检索到信息共享空间当中同一主题的所有信息资源，无论其采用的是哪种语言文字。⑤信息服务分区设置应该和语言服务分区临近，使用户在查阅双语信息资源遇到问题的时候，可以随时去找工作人员求助，由专业翻译人员解答用户提问，帮助用户解决实际困难。"口语信息主导型IIC-ELS"的跨语言服务功能与"文献信息主导型IIC-ELS"类似，只是涉及少数民族语言信息资源的数量较少，相应地建立双语文献、双语目录、双语信息卡的工作量要小一些，其工作重点应该放在重要政府文献的双语翻译上，为国家通用语言文字版本配备少数民族语言文字版本或者为少数民族语言版本增加少数民族语言文字版本。总之，多民族语言信息共享空间信息服务区实体层的主要任务就是要使采集和保存在信息共享空间中的信息资源，尽可能按照双语文献和双语目录的方式提供利用，使用户可以利用国家通用语言文字和少数民族语言文字当中的任何一种进行信息资源的阅读和理解。

第三，信息咨询服务分区。咨询服务分区是信息共享空间当中由掌握一定专业领域专业知识、对收藏信息资源情况较为熟悉或者对业务较为熟悉的领域专家为用户提供一对一咨询服务的服务区域。不同类型的信息共享空间，咨询服务分区承担的服务功能各有不同。例如，图书馆信息共享空间"咨询服务分区"的功能就是传统服务当中的"参考咨询服务"，由专业工作人员解答用户提出的问题，例如信息资源的查找、检索、获取和利用过程中遇到的各类问题，还可以结合个人学习或科学研究过程中遇到的问题进行深层次咨询。如果是基于政府政务大厅建设的信息共享空间，则主要涉及政策和业务咨询，例如要办理某项业务需要符合哪些条件，经过哪些流程，准备哪些材料等。"咨询服务区"可以采用开放式的咨询柜台，也可以采用较为封闭的"咨询室"，主要取决于咨询服务的类型，如果仅仅是一般性事务的咨询可以在开放空间进行，如果需要咨询的事务涉及个人隐私、国家机密，或者需要进行深度咨询，占用时间较长，可以在专门的咨询室内完成。咨询服务的质量取决于咨询服务领域专家的素质和水平：一方面要求他们要有扎实的专业基础，对所咨询领域的专业问题非常熟悉；另一方面要求掌握咨询服务工作的技巧，要了解各种类型的用户在寻求帮助时的心理状态及其核心需求，通过自己的咨询服务帮助其解决问题，即使不能解决问题，也可以为用户提供进一步寻求解决方案的思路。咨询服务可以分为三种类型：第一种是线下面对面直接咨询，是由工作人员与用户进行面对面交流和咨询，这是咨询服务的主流模式；第二种是在线同步视频咨询，用户在远程咨询计算机辅助平台的支持下，与咨询专家进行远程沟通，向专家提出问题，由专家进行在线解答；第三种是在线异步咨询，由用户访问专门的咨询服务网站或者咨询服务页面，通过表单提交问题，专家在线回复。第一种是实体咨询，第二种、第三种是虚拟咨询，要依靠计算机网络和专门设备才能完成。为了支持在线同步视频咨询的进行，可以将深度咨询需要的"咨询室"与在线视频咨询功能结合起来，在咨询室安装远程视频会议系统，以便完成远程咨询工作。

多民族语言信息共享空间当中的咨询工作还要考虑到符合提供多语言信

息咨询的问题，通常是要求承担咨询服务的工作人员需要同时掌握国家通用语言文字和当地通用的少数民族语言文字，这样就可以较好地理解用户的真正需求，有针对性地提供服务。在双语人才比较缺乏的情况下，可以同时安排两位咨询专业工作人员，其中一位负责使用国家通用语言文字开展咨询服务，另一位负责使用当地通用的少数民族语言文字开展咨询。如果在实践中，遇到使用其他语种少数民族语言文字的用户前来咨询，则可以通过国家多民族语言信息共享协调中心向对应语种信息共享中心求助，由对方的工作人员远程为该用户提供远程咨询服务。随着人工智能智能技术的发展，越来越多的重复性工作将会被"机器人"取代，多民族语言信息共享空间的咨询服务未来也会是这种发展趋势。由"人工咨询"走向"机器咨询"，再走向"智能咨询"，是信息咨询服务发展的大趋势。简而言之，目前由工作人员承担的绝大部分咨询工作是重复性的，用户提出的问题是类似的，咨询人员给出的解答方案也是类似的，例如用户询问空间内哪里有打印机，这样的问题如果去问计算机，肯定也会给出准确的答案，而且计算机还可能根据用户所在位置、打印机是否被占用的情况给出选择建议。这类重复性的咨询工作将来会主要由计算机来完成，人只负责那些超出常规问题范围、需要人有创造性思维的咨询工作。信息技术还在不断向前发展，目前看来是只有人才能处理的智能化、个性化的咨询工作，在大数据、专家系统等技术的支持之下，未来有可能会由计算机来承担。在计算机对人的智能模拟水平越来越高的情况下，用户甚至可能与咨询机器人开展一些具有创造性的对话和交流。多民族语言信息共享空间建设过程中，需要关注咨询服务领域的技术动态，在实体空间中给"咨询室"留出位置，关注并适时启动咨询领域"机器人"的研究与开发。

第四，信息传播服务分区。传播服务分区是多民族语言信息共享空间当中专门用来传播知识和文化的区域，也是文化馆等以口语信息为主导的多民族语言信息共享空间最主要的服务功能区域。信息传播有多种形式，与信息资源服务相比，主要的差异在于信息活动中的驱动方和被动方不同。信息传播是将已经确定内容的信息传递给尽可能多的受众人群，信息资源服务是从机构采集和保存的信息资源库当中找到用户需要的信息。信息传播服务与信息资源服务的界限并不清晰，例如公共文化服务机构将印制好的内部宣传期刊放置在公开存取区域供用户浏览，从形式上同时具有信息传播和信息服务的性质。多民族语言信息共享空间当中的信息传播主要有三种方式：其一，通过内部期刊、宣传手册等纸质传媒方式传播；其二，通过具备报告会、演讲会、讲座等形式进行人际传播；其三，通过计算机网络进行虚拟传播。因此，传播服务分区的设置会与信息服务分区有较多的交叉和重叠，能够体现传播服务特色的有"报告厅"、"演说厅"、"表演厅"、"剧场"或者"多功能厅"等场所。多民族语言信息共享空间为用户提供传播服务的实体场所主要是面向大规模交流的报告厅、演艺厅和多功能活动厅等。通常设置超过100个座位，配置相应的投影、灯光、音响、中央控制系统等技术装备与设施，供用户与报告人、文化工作者、演艺团体之间进行文化交流。以报告厅为例，多民族语言信息共享空间的"报告厅"设置需要考虑到跨语言信息服务的需求，例如采用内部期刊、宣传手册等方式进行传播时，需要同时采用国家通用文字和少数民族文字两种版本，在工作量较大时也可以只选择对关键性内容进行双语对照；报告厅内的方位引导标识同时采用国家通用语言文字和当地通用的少数民族语言文字进行双语标注；在讲座或者演讲过程中，为了帮助对演讲人所使用语言不熟悉的用户理解，可以采用双语演示文稿、双语摘要等方式为其提供服务；在演讲结束后的用户提问环节，可以请专业翻译人员代为翻译问题，再将演讲人回答的内容翻译成用户能够听得懂的语言。在报告会等大型交流活动中，海报同时使用国家通用语言文字和少数民族语言文字，以便用户及时了解到相关信息。如果参加报告会的用户中有相当数量的人听不懂国家通用语言文字，可以由专业翻译人员在报告会进行过程中间隔一段时间使用少数民族语言进行内容的概要翻译和解释。在"剧场"或者"表演厅"等举行戏剧、曲艺等传统文化活动场所，为了满足观众的跨语言理解需求，也需要按照双语原则提供服务，如果表演的内容使用的是少数民族语言，则需要将其对应的国家通用语言文字的内容显示在投影屏幕上。

第五，用户交流服务分区。"交流服务分区"是多民族语言信息共享空间当中为用户之间的沟通交流提供支持的专用区域。"口语信息主导型 IIC-ELS"的核心职能是促进用户之间的信息交流，通常"交流服务分区"所占的建筑空间较大。"文献信息主导型 IIC-ELS"当中，"交流服务分区"的重要程度正在被越来越多的机构所认知，有些图书馆建设的信息共享空间当中"交流服务分区"和"信息服务分区"所占实体空间的比例已经相当，甚至有超过"信息服务分区"的趋势。在传统的图书馆"藏、阅、借"三段式服务模式之外，尽可能多地增加"交流服务"类的服务项目，代表了图书馆发展理念的巨大转型。未来的图书馆将不仅仅是人类知识信息的保存场所，更重要的是如何通过人与知识信息的互动、人与人之间的互动，激发知识信息的活力，最大化发挥其社会价值。正是经历了发展理念的重大变革，图书馆信息共享空间建设过程中已经摒弃了传统图书馆追求的"静、雅、和"的空间氛围，转向了一种"动静结合"的复合型文化氛围。

多民族语言信息共享空间用户交流分区的实体场所通常有以下类型。第一类，面向小组交流的专用讨论室、小型会议室等。小组讨论室是图书馆信息共享空间当中受到用户欢迎度较高的服务功能，通常在建筑空间当中隔离出若干个小的空间，配备投影仪、电子白板、显示屏等设备，可以为2人以上、10人以下的用户小组提供讨论服务。如果人数超过10人，在小组讨论室就比较拥挤，可以到空间更大一些的小型会议进行讨论。小型会议上通常可以容纳30人左右，配备计算机、投影仪、音响、视频会议系统等设备，可供用户召开小型学术会议或者与远程的会议室召开异地视频会议。第二类，面向用户之间非正式交流的茶座、咖啡吧等。简餐吧、茶座、咖啡吧等场所虽然是信息共享空间的附加服务类型，但也为用户之间的沟通交流创造了良好的条件。用户可以在上述场合一边品着茶或者咖啡，一边与其他用户探讨感兴趣的话题。此外，信息共享空间还可以为用户建立诸如社交群体群组、建立专门的网络论坛等形式开展线上交流，这属于下节要讨论的内容。

多民族语言信息共享空间在促进用户跨语言沟通交流方面可以采取以下几类措施。其一，在小组讨论室和小型会议室用户如果需要语言翻译服务，可以向语言资源服务部门提出申请，由其安排专业翻译人员或者翻译志愿者提供语言翻译服务。其二，茶吧、咖啡吧等场所用户之间的沟通交流属于私人交流，是否需要由专业翻译人员提供语言翻译服务，取决于用户之间达成的共识。但是，为其提供服务的工作人员应当同时掌握国家通用语言和当地的少数民族语言，以便为不能使用国家通用语言的用户提供餐饮服务。餐饮服务不属于公共文化服务机构必须提供的服务，用户消费是要收取费用的，可以为其提供国家通用文字和少数民族文字双语版本菜单。

第六，用户教育服务分区。"教育服务分区"是信息共享空间所提供的开展用户教育，提高用户文化素质、信息素养和语言能力的专门场所。公共文化服务机构提供教育服务是为了弥补社会基础教育和高等教育的不足，围绕具体的读者教育目标所开展的教育活动，在性质上属于短期的培训活动。"文献信息主导型IIC-ELS"当中，"教育服务分区"是在"信息服务分区"、"交流服务分区"之后的另外一个重要的服务区域，通常以传统教室、电子教室、培训室等服务形式组成。传统教室是开展讲授式课程的专门场所，通常有黑板、讲台、桌椅等教学设施，可以为20—50位用户开展教育培训。电子教室是进行用户信息素养类课程教学的专门场所，通常配备 50 台左右的计算机，有讲台、投影仪、显示屏等教学设施，用户可以在教学过程中根据任课教师的演示一边操作计算机一边进行学习。培训室是专门用来开展插花艺术、传统刺绣、雕刻泥塑等手工制作类课程的场所，相比传统教室，留给学员个人实践的空间相对较大。如果机构需要开展的教学培训活动人数超过 50 人，则应该到可容纳更多学员的报告厅进行。"口语信息主导型 IIC-ELS"中"教育服务分区"的设置与"文献信息主导型 IIC-ELS"的情况基本类似，也是通过教室、培训室等形式开展学习和交流。"实物信息主导型 IIC-ELS"也可以设置专门的教育服务分区，如果有相对明确的教育培训需求，也可以委托给专门的教育机构来承担。与实体层的教室教育相对应，信息共享空间"教育服务分区"还可以利用电子教室开展远程教育或者网络教育，让学员通过网络课程来自我学习和提高。

多民族语言信息共享空间当中的"教育服务分区"在跨语言服务方面主要是开设语言文字类的课程，帮助用户提高语言文字应用能力。例如，向汉族用户讲授少数民族语言文字课程，向少数民族用户讲授国家通用语言文字课程。由于语言文字教学并不是公共文化服务机构的核心职能，师资力量、教材配备等方面都面临较大的困难，因此信息共享空间所能开设的语言文字类课程通常是非常有限的，只能是进行一些扫盲级的教育或者入门级的教育，是作为社会教育的一种补充。信息共享空间用户双语应用能力的提高最终还是要依托社会教育体系当中的各类学校，尤其是基础教育阶段的小学和中学。只有整个民族地区的双语教育水平提高了，在公共信息共享空间中有沟通交流障碍的用户才会少一些，这也是最终解决多民族语言信息共享问题的出路和希望所在。

第七，用户业务办理服务分区。"用户业务办理服务分区"是指信息共享空间当中为用户提供特定业务办理的服务区域。这里的办公业务通常是指社会组织为了便于对其职能领域进行有效管理，对涉及的相关工作所制定的处理程序、处理标准和处理要求的总和。根据信息共享空间核心服务的不同，其办公服务分区的规模和作用也不同。通常情况下，图书馆、博物馆、文化馆等公共文化服务机构的核心服务是信息服务、传播服务、交流服务等类型，因而面对用户的办公业务相对简单。例如，用户到图书馆的主要目的是查找、阅读和利用信息资源。因而，图书馆的办公服务职能相对较弱，主要限于图书馆内部行政管理业务和读者证件办理、图书的借阅和归还等业务。办公服务分区通常需要有办公使用的桌椅、办公文具、计算机、打印机、复印机等服务设施，由办公工作人员按照固定的流程和标准对用户的申请进行逐项办理。与专业人员不同的是，工作人员的工作有非常明确的标准和固定的流程，因而对其专业知识水平方面的要求要低一些，通常能够做到礼貌服务、照章办事即可。到民族地区公共文化机构申请办理业务的公民群体语言文字使用能力不同，需要采取一些措施使所有用户能够享受同等的服务。多民族语言信息共享空间的"办公业务分区"在跨语言信息共享方面可以采取的措施主要有以下方面。第一，提高工作人员的语言文字能力，最好能够同时掌握国家通用语言文字和当地通用的少数民族语言文字。第二，在业务申请中，同时准备国家通用语言文字版本的申请表格和当地少数民族语言文字版本的申请表格，根据用户的语言文字能力选择为其发放适合的版本。第三，与多民族语言信息共享空间的语言服务部门协作，安排一定数量的双语专业人才承担"办公业务引导员"的角色，通过类似于专业翻译的中介性工作，实现政府工作人员和公民之间的跨语言信息交流。如果高水平翻译人才较少，而政务处理过程中需要的跨语言援助人员需求又很多，可以利用实习生、志愿者等形式，面向民族地区高等教学和社会招收掌握国家通用语言文字和少数民族语言文字的人员补充进服务人员队伍。第四，实体服务与虚拟服务相结合，开发双语业务处理系统，利用多民族语言信息共享空间语言服务部门的机器翻译系统或者其他语言资源进行语言转换，允许用户端使用少数民族文字版的界面，而机构工作人员看到的是经过转换后的国家通用语言文字版本。技术发展在不断地为办公业务提供支持，同时也在改造传统的业务模式。以图书馆为例，以前必须由工作人员完成的证件办理、图书借阅、图书归还等操作，现在全部可以通过用户自助式设备来自动完成了，用户与机构工作人员之间的互动关系，已经改变为用户与办公设备之间的互动关系。总之，在多民族语言信息共享空间的"用户业务办理分区"，用户可以从公共服务机构所提供多个跨语言服务途径得到援助，可在使用本民族传统语言的情况下按要求完成相关业务的办理。

第八，机构语言服务分区。"语言服务分区"是多民族语言信息共享空间相对其他类型信息共享空间而言所独有的一个服务功能分区。在多民族语言信息共享空间的体系架构当中，"语言资源"的服务通常是作为中介模块出现的，可以为信息服务、咨询服务、交流服务、教育服务提供跨语言支持，因而是多民族语言信息共享空间当中非常重要的模块。"语言服务分区"可以面向机构内部其他服务分区，也可以直接面向用户提供语言服务，例如为用户翻译信息资源或者接受用户关于语言文字问题的直接咨询。

"语言服务分区"通常由为用户提供语言文字服务的服务台、语言文字专业翻译人员队伍、语言文字信息处理专用设备和辅助工作人员进行翻译的机器翻译系统以及语料库等支持性资源构成。如果所在语言区域双语资源服务体系已经建立,公共文化服务机构内部的"语言服务区"的主要构成就是为用户提供服务的翻译人员和辅助其工作的相关设备。"文献信息主导型 IIC-ELS"、"实物信息主导型 IIC-ELS"和"口语信息主导型 IIC-ELS"语言服务分区的设置是类似的,只是各自的服务内容有些差别,例如"文献信息主导型 IIC-ELS"和"实物信息主导型 IIC-ELS"更加侧重于建立双语文献和双语目录,"口语信息主导型 IIC-ELS"更加侧重于对人际交流过程中的跨语言中介翻译服务。

第九,机构技术服务分区。技术服务区是多民族语言信息共享空间当中为整个空间提供技术支持服务并为用户直接开展服务的专门区域。技术服务区通常由技术服务台、专业技术支持人员团队以及支持空间各类功能实现的设备共同构成。信息共享空间涉及的技术设备主要有公共查询工作站(计算机)、个人工作站(计算机)、信息存储服务器、网络通信服务器、数据库服务器、多媒体制作设备等。此外,还可以建立专业的打印及扫描工作站,提供打印机、绘图仪、扫描仪、刻录机等办公设备的维护。

上述对多民族语言信息共享空间实体空间的划分方案只是根据其服务的功能结构做出的一般性划分,并不代表所有的服务分区都必须具备,也不代表已有的服务分区重要程度都是一样的。民族地区公共文化服务机构在规划和设计多民族语言信息共享空间的时候,一方面要以信息共享空间建设的基础理论和一般规律为指导;另一方面要因地制宜,采取最适合机构实际情况、也最能解决用户跨语言信息服务困难的实施方案。因此,多民族语言信息共享空间服务功能分区的设置一定要符合本地区、本机构的实际情况,不能忽视用户的实际需求而片面追求信息共享空间功能的完整性和先进性。

三 IIC-ELS 实体空间的功能布局

多民族语言信息共享空间的空间划分是服务机构根据所提供服务的需要对建筑空间的功能分区进行的划分,而对不同类型的信息共享空间而言,各种类型的功能分区如何排列和布置,则体现了信息共享空间设计者对用户需求和信息共享空间服务功能发挥方式的综合理解。相对于功能分区的划分,实体空间的整体布局是非常具体的、体现建设机构自身资源条件和特色的问题,由于建筑机构的不同、能够调度和利用的资源不同,因此每个机构规划建设的信息共享空间的布局结构都可能是不同的。遵循不陷入细节讨论的原则，本书在讨论多民族语言信息共享空间结构布局的基本原则的基础上，分别就"文献信息主导型 IIC-ELS"、"实物信息主导型 IIC-ELS"和"口语信息主导型 IIC-ELS"功能分区布局的主要特点进行讨论。

（1）多民族语言信息共享空间布局的总原则。多民族语言信息共享空间功能分区布局的总体原则是"以人为本"，围绕如何提升用户的空间体验进行功能布局设计。所谓用户体验（User Experiences）是指用户对于针对使用或期望使用的产品、系统或者服务的认知印象和回应。美国学者伯尔尼·施密特（Bernd Schmitt）认为用户体验是一个层级结构，从基础体验到深度体验共分为五层，分别是：感官体验（sense）、情感体验（fell）、认知体验（think）、行为体验（act）和关联体验（related）。[①] 通常情况下，用户只有在基础层级获得良好的体验之后才会继续向上发展到较高层级的体验：感官体验就是用户通过某项产品或服务的直接接触所产生的体验；情感体验是在直观体验基础上产生的对产品或服务的好恶等情感倾向；认知体验是经过理性思考后对产品或者服务产生的感觉和认识；行为体验是指用户基于对产品或服务的体验而产生的行为改变；关联体验是指用户对某项产品与服务产生的依赖感。空间体验是指用户对所处空间环境中各类要素所产生的主观感受。多民族语言信息共享空间建设的最终目的是使进入空间接受服务的各类用户产生良好的服务体验，在空间中能够感受到平和与舒适，并愿意将空间与自己的生活相关联，使其成为生活的组成部分。总之，多民族语言信息共享空间实体空间的布局就是要遵循"以人为本"的原则，处处为用户着想，使用户在空间内可以将绝大部分精力投入需要处理的核心任务当中，将用户为获取信息和服务所耗费的成本降到最低的程度，即信息服务的"最省力原则"。

（2）"文献信息主导型 IIC-ELS"的空间布局。本着最大限度提升用户空间体验的目的，"文献信息主导型 IIC-ELS"在功能区布局方面应该注意以下方面。第一，功能布局"三分开原则"。"三分开原则"并不是新的说法，而是传统图书馆空间设计的原则，这些原则对于信息共享空间的空间规划仍然有着一定的指导意义。所谓"三分开"是指："办公区与服务区分开"、"不同类型的用户功能区分开"和"安静区和喧闹区分开"[②]。"办公区与服务

[①] ［美］伯尔尼·H. 施密特：《体验营销：如何增强公司及品牌的亲和力》，清华大学出版社 2004 年版。

[②] 杨文建、李秦：《现代图书馆空间建设的原则、理论与趋势》，《国家图书馆学刊》2015 年第 5 期。

区"的划分是指针对图书馆而言的,即图书馆自身办公业务处理区域与为用户服务的区域相互分开,以避免可能产生的相互干扰。"不同类型的用户功能区分开"的目的是提升每个功能区的专业性,使用户能够享受到更为精准专业的服务,这也是要进行多民族语言信息共享空间实体空间划分的主要原因。"安静区和喧闹区"相互分开目的也是使用户在图书馆当中不至于相关干扰,在适当的空间做适当的事情。第二,"柔性模块"设计原则。所谓"柔性模块"设计原则是指空间总体上既要遵循功能分区原则,划分为若干个服务区域,又要考虑用户需求的多样性和可变性。所以信息共享空间功能模块的划分是柔性的而不是刚性的,功能分区之间并没有完全清晰的分界线,且允许各功能分区存在重合区域。采用"柔性模块"设计原则的目的在于使用户感到空间范围较大且可以在多个功能区之间灵活切换。按照"柔性模块"设计,多民族语言信息共享空间应该尽可能采用开放式空间设计,功能分区之间不设置隔墙,以方便用户的走动与转换。第三,功能分区服务效果与建筑空间属性相匹配原则。例如,具有较高承重能力的区域可以用来作为书库使用;通风采光较好的区域可以用作用户阅览区;为避免大多数人需要穿越别的服务分区才能进入用户讨论区,可以将用户讨论区安排在较低楼层,而将个人自主学习区安置在较高的楼层。第四,功能分区的适度交叉原则。信息共享空间各功能分区采用的是"柔性模块"设计原则,不仅模块之间的边界是模糊的,模块之间也允许相互交叉。例如,图书馆的开放式书库不一定就只能保存图书,在书库当中也可以融入其他功能分区的元素,例如放置部分体现阅览区功能的桌椅,安装体现数字阅览区功能的计算机工作站,甚至可以在除电子阅览区之外任何服务分区的合适位置安装计算机终端。采用这种交叉式结构的目的在于使用户可以快速切换到别的服务功能上,例如从书架上拿下一本书,如果附近就有桌椅可以省去专门到阅览区阅读的麻烦,阅读过程中想要通过计算机查询某个词条,如果书库附近没有计算机,则需要到专门的电子阅览区去,如果旁边随时有计算机就很快可以满足其需求,而且最终服务效果与到电子阅览区去是一样的。

国家标准《公共图书馆服务规范》对图书馆空实体空间做了如下规定:公共图书馆建筑功能总体布局应遵循以读者服务为中心,与图书馆的管理方式和服务手段相适应,做到分区明确、布局合理、流线通畅、安全节能、朝向和通风良好。少年儿童阅览区应与成人阅览区分开,宜设置单独的出入口,有条件的可设室外少年儿童活动场地。视障阅览室宜设在图书馆本体建筑与社会公共通道之间的平行层。① 现以内蒙古图书馆为例，介绍文献信息主导型 IIC-ELS 的功能分区布局。内蒙古图书馆是内蒙古自治区建立最早、规模最大、功能齐全、设施先进的公共图书馆。1998 年建成的新馆地址位于呼和浩特市乌兰察布西路，占地 2.8 万平方米，总建筑面积 2 万平方米，2008 年 1 月内蒙古图书馆改扩建工程正式启动，历时近两年的时间，2010 年 5 月 1 日正式开放。改扩建后的图书馆馆舍面积近 3 万平方米，为读者提供了大型阅览室和休闲区，改变了传统图书馆的借阅方式，使读者和图书实现零距离接触。内蒙古图书馆新馆共有四层，每层的功能分布如下：①一层设置为"少儿图书馆"和"草原印象展厅"。"少儿图书馆"主要提供各种少儿类图书、期刊、报纸、多媒体光盘和数字资源的阅览服务；"草原印象展厅"面积 600 平方米，主要举办各种展览业务，如书法作品、绘画作品、摄影作品及个人成就展等。②二层设有"综合咨询台"、"办证处"、"计算机公共检索目录（OPAC）服务处"、"自学阅览厅"、"期刊阅览室"、"多功能报告厅"和"电子阅览室"。其中，综合咨询台为到馆读者提供综合业务咨询工作，解答读者的一般咨询，辅导查找馆藏；办证处办理内蒙古图书馆读者卡的借阅功能，并办理证卡挂失、补办、退卡、增减功能、超期罚款、证卡充值、退费等相关业务；计算机公共检索目录（OPAC）服务处提供 OPAC 联机公共目录检索，实现内蒙古图书馆馆藏文献目录检索及馆藏文献续借、预约等服务；自学阅览厅为办理了内蒙古图书馆读者证的读者，提供自学服务；期刊阅览室提供近当年中国大陆出版的中文期刊 200 余种的全部开架阅览服务；多功能报告厅面积 800 平方米，设备齐全、环境优雅不定期举办各种名家讲座，同时承揽各种会议；电子阅览室为读者提供访问互联网，阅览馆藏的各种电子期刊、电子图书、视频资源等数字资源服务。③三层为"中文图书借阅室"和"报纸期刊阅览室"，中文图书借阅室提供近几年出版的 20 余万册，近 10 万种中文图书的开架借阅服务；报纸、期刊阅览室提供近当年中国大陆出版的中文期刊 300 余种、报纸 200 余种的全部开架阅览服务。④四层设有"工具书阅览室"、"蒙文图书、期刊借阅室"和"民族地方文献阅览室"。工具书阅览室提供近年中国大陆出版的中文工具书 9000 余册、外文工具书 1000 余册的全部开架阅览服务；蒙文图书、期刊借阅室提供蒙文图书 3 万余册、7000 余种的借阅和期刊 10 余种、报纸 50 余种、过刊 5000 余册合

---

① 国家质量技术监督局、国家标准化委员会：《GB/T 28220—2011 公共图书馆服务标准》，2011 年 12 月 30 日发布，2012 年 5 月 1 日起实施。

订本的阅览服务；民族地方文献阅览室 提供民族地方文献约 6 万册图书的闭架阅览服务。[①]

（3）"实物信息主导型 IIC－ELS"的空间布局。博物馆是收藏和保存考古、科学、生物等领域的实物藏品并向社会大众提供免费展览服务的非营利机构。在我国，绝大多数的博物馆是隶属于文物行政部门管理的，其藏品以文物为主，因此大多称为"历史文化博物馆"。传统博物馆建筑空间布局一般分为三部分：以收藏和保存藏品为主要功能的"藏品库区"、以陈列和展示藏品为主要功能的"陈列展示区"和为藏品保存和展示提供支持的技术保障和办公服务区。其中，"陈列展示区"是博物馆最主要的服务区域，通常是按照年代或者专题的顺序细分为多个展厅。

现以青海藏文化博物院为例介绍博物馆信息共享空间实体空间的布局。青海藏文化博物院又称青海藏医药文化博物馆，是收藏、保护、展示、研究藏文化的综合型博物馆。青海藏文化博物院总占地面积 200 亩，建筑面积 1.2 万平方米，目前内设藏医史、曼唐器械、古籍文献、藏药标本、天文历算、彩绘大观、藏族民俗、藏文书法八大展馆，及世界上最大的千尊药师佛殿和古籍藏书阁，馆内布局如图 4-10 所示。

图 4-10　青海藏文化博物院藏书阁内景

青海藏文化博物院馆藏文物达 20000 余件（张），各展区的藏品情况如

[①]《馆藏介绍》，内蒙古图书馆官网，http：//www.nmglib.com/ntgk/gqjs/，2018 年 8 月 1 日。

下。①"彩绘大观展馆"。彩绘大观展馆展出的镇馆之宝《中国藏族艺术彩绘大观》荣获吉尼斯世界纪录并受国家版权保护。它长618米、画面达1500平方米,内容囊括藏族对宇宙的认识、青藏高原的形成、天文、地理、历史、宗教、医学、民俗、文化艺术、生活等诸多方面,堪称藏族文化的百科全书。②"藏医史展馆"。藏医史展馆通过珍贵丰富的史料,展现了世界四大传统医学之一的藏医学悠久的历史和博大精深的文化底蕴。③"曼唐器械展馆"。曼唐器械展馆展出的80幅医学唐卡和180多件古代藏医使用的外科手术医疗器械,为世界医学史上绝无仅有。④"古籍文献展馆"。古籍文献展馆陈列有藏医药文献1000余部。特别是展出的《四部医典》采用非物质文化遗产传统制作工艺,长2米,宽1.2米,重达1.5吨,是目前世界上最大的一部《四部医典》。⑤"藏药标本展馆"。收藏有动物、植物、矿物藏药标本3000余种,其中有典型的、被誉为"甘露精华之王"的"佐太"样品。⑥"天文历算展馆"。天文历算展馆介绍了作为藏文化重要组成部分的天文历算。天文历算与人们的日常生活密切相关,这里用现代手法展现了其在医疗保健、农牧业生产、藏历推算、测定方位等方面的作用与推算方法。⑦"藏族民俗展馆"。通过复原和展示藏族民居、服饰文化、民间工艺、马具文化、卡垫文化、宗教法器和生活用具,形象而生动地再现了藏民族在不同历史时期独特的民俗民情。⑧"藏文书法展馆"。藏文书法展馆通过一百多种不同风格的藏文书法,介绍了历史悠久的藏文化丰富内涵。藏文书法是祖国艺术宝库中的瑰丽珍品,展厅通过藏文书法艺术的展示和宣传,以促进优秀传统文化得到继承和弘扬。①

信息共享空间理论强调"面向用户"的服务理念,要求公共服务机构为用户提供集成化的服务支持。按照信息共享空间进行博物馆空间布局,可以按照用户的需求,在原有各功能区的基础上增加更多用于互动功能的分区。例如在"信息传播服务分区"播放与藏品主体相关的影视资料,举办相关主题的学术讲座,在"用户交流分区"为用户的讨论和交流提供支持,在"用户教育分区"举办相关主题的教育培训活动,还可以增加如茶吧、咖啡吧等服务功能,供有需求的用户进行休息。总之,信息共享空间就是要以满足用户的多层次需求为目标,通过以藏品展示为主、其他服务类型为辅的综合服务,为用户的学习、科研和文化素养的提升提供全方位

---

① 青海藏文化博物院:《博物院介绍》,http://www.tibetanculturemuseum.org/index.php,2018年8月1日。

的支持。

（4）"口语信息主导型 IIC-ELS"的空间布局。"口语信息主导型 IIC-ELS"的典型应用领域是公共文化馆。公共文化馆是县和县级以上人民政府设立的，以组织群众文化活动、开展文化艺术教育培训和基层群众文化辅导为主要职能的公益性文化事业机构。文化馆的基本职能是组织开展演出、展览等公益性群众文化展示活动，指导下级文化馆（站）的群众文化业务工作，培训基层队伍和业余文艺骨干，辅导群众文艺作品创作，开展时政、法制、科普、教育等服务，以及为保障基本职能而提供的一些辅助性服务。文化馆实现无障碍、零门槛进入，公共空间设施场地实行免费开放，所提供的基本服务项目全部免费。国家标准《GB32939—2016 文化馆服务标准》对文化馆实体空间布局规定如下：文化馆的选址宜以方便使用、安全环保为原则，应选址在人口集聚、位置适中、交通便捷、环境及地质条件良好的地点，以便于为公众开展公共文化服务。文化馆馆舍的建筑面积应根据其服务人口确定功能用房包括：群众活动用房、业务用房、管理用房和辅助用房。文化馆建筑的总平面布局应达到功能组织合理、动静分区明确、空间构成紧凑、日照通风良好。群众活动用房使用面积比例应不低于76%，应包含：门厅、展览陈列用房、报告厅、排演场所、文化教室、计算机与网络教室（数字文化服务空间）、多媒体视听教室、舞蹈排练室、琴房、美术书法教室、图书阅览室、游艺用房等。文化馆馆舍内外应设有无障碍设施，馆外应设有室外文化广场。文化馆应在主体建筑外设立明显的单位标识和导向标识，在各楼层、各活动厅室应设有醒目的标识，且标示清晰。文化馆入口处应设置场所布局图，各功能用房应设有醒目的标识。文化馆的专用设施设备应在醒目位置标明使用方法和注意事项。文化馆应设置无障碍设施的专用标识。文化馆应配备计算机、照相机、摄像机、录音机以及网络设备、数字文化服务设备等。文化馆应配备适合广场和室内舞台演出的灯光、音响等基本设备。文化馆应配备包括绘画、书法、雕塑、非物质文化遗产在内展品的挂置、展示灯光等布展设备及相关系统。文化馆应配备多媒体投影演示、视听播放、课桌椅、电教设备、远程培训等能满足培训活动所需的设备。文化馆应配备流动文化车等流动文化设备。文化馆根据当地文化特色和群众文化需求宜配备表演艺术、视觉艺术、民间工艺等开展艺术活动所需的相关设备，宜配备活动舞台、流动展览、娱乐器材、电影放映等设备。文化馆服务场所环境应做到整洁美观，室内舒适干净，环境布置应体现地方特色和文化传统，室外活动场地应符合公共文化设施的环境要求。①

以上是对三类多民族语言信息共享空间实体空间布局的原则和特点的探讨,由于民族地区公共文化服务机构的多样性,其社会职能不同、建筑空间结构不同、用户参与习惯不同,都有可能导致空间布局结构的差异性,因此,多民族语言信息共享空间实体空间的布局模式不存在适用于各类机构的"通用模式",只能是由各类公共文化服务机构根据自身业务特征和所在建筑空间的特点,在遵循"用户导向"的总体原则的前提下,从用户视角去思考各功能分区的设置及其相互关系,根据实际需求进行个性化的规划与设计。

四 IIC-ELS 实体空间的设计

多民族语言信息共享空间实体空间功能划分和布局模式是从宏观层面对"以人为本,面向用户"原则的实践,确保从机构整体视角而言是合理的,不会因为结构设计缺陷导致用户的来回奔波。同时,尽可能做到根据建筑空间的特点分配服务功能,使空间的利用效果得到最大化发挥。在确保结构整体优化的情况下,多民族语言信息共享空间的细节设计就成为影响用户体验的重要因素。一般情况下,用户进入一个新的建筑空间,首先影响其印象的还不是整体结构,而是细节设计是否精细、是否能够带给用户良好的感觉和体验。能够让用户感到愉悦并愿意在其中停留的信息共享空间通常符合以下特征。①亲和感:空间装饰装修风格庄重大方,让人走进空间能够感受到一种吸引力和亲切感。②舒适感:空间建筑面积大小适宜,通风采光良好,空间内各种家具和设施设计较为人性化,使用非常舒适。③现代感:空间内根据功能分布合理设置电子显示屏、计算机等设备,给人以信息时代的感觉。④便捷性:空间内相关服务功能尽可能集中,能够在同一位置完成多项功能,用户不需要在多个服务分区之间穿插。⑤清晰性:空间的各种标识清晰完整,不会给用户造成困扰,使用户可以尽快找到自己要求的服务功能分区。⑥灵活性:空间内没有过多地设置隔断,服务功能分区可以根据用户需求定期调整,且空间应该留给用户更多自由选择的机会。多民族语言信息共享空间要实现以上效果,必须做到室内设计错落有致、色彩明快、简约大方、富于变化。当然,民族地区公共文化服务机构究竟采用什么样的室内装饰装修风格,最主要的还是取决于机构的核心职能是什么,公共图书馆的室内设计要追求

---

① 国家质量技术监督局、国家标准化委员会:《GB/T 32939—2016 文化馆服务标准》,2016 年 8 月 29 日发布,自 2017 年 3 月 1 日起实施。

平和宁静，使人进入图书馆内心就感到非常平静，能够完成沉浸式学习和深度思考；公共档案馆的装修要与历史文化结合起来，让走进档案馆的人能够感受到历史的厚重感；公共博物馆的装修风格取决于藏品的年代和类型，要使藏品的文化内涵和装修风格相互匹配；公共文化馆室内装修应该体现地域文化特色，给人以丰富绚烂之感；公共纪念馆的室内装修要根据纪念馆的主题来确定，为烘托主题服务。多民族语言信息共享空间的室内设计还涉及是否要采用少数民族文化装修风格的问题。民族地区公共机构装修中用到体现少数民族传统文化的元素，是对本地区传统文化的一种展示，身处少数民族文化装修风格的空间中的用户对少数民族文化会有更为直观和切身的感受，从而更容易理解保存在空间内的少数民族文字典籍的内容。图书馆的少数民族文化装修风格的案例可以参见西南民族大学史密斯藏学文献馆，如图4-11所示。

图 4-11　西南民族大学史密斯藏学文献馆装修风格

资料来源：《西南民族大学史密斯藏学文献馆》，藏人文化网，http://people.tibetcul.com/mrzf/201606/39205.html，2018年8月1日。

多民族语言信息共享空间是不是需要采用体现少数民族文化的装修风格，主要取决于室内空间的功能定位，如果属于图书馆信息共享空间当中的区域，是用来保存少数民族古籍、少数民族文字图书、期刊等信息资源的少数民族文化特藏库或者特藏室，则采用少数民族文化风格装修是非常合适的。如果该区域保存的是国家通用语言文字版本的信息资源，还是尽量采用简约大方的现代装修风格。此外，公共博物馆可以较多地使用少数民族文化风格的装饰。

总之，多民族语言信息共享空间室内空间究竟应该如何设计，并没有完全统一的标准。需要建设信息共享空间的机构深入调研，分析用户对服务空间的需求和期望，同时结合自身业务实际，设计出优化、科学、实用、便捷的室内空间。要高质量地完成多民族语言信息共享空间室内空间的细节设计，考验的是设计人员的艺术功力，同时也在考验机构是否能够真正做到以用户为导向，是否能够对用户需求做到深刻的理解。

五 IIC-ELS 实体空间的集成

多民族语言信息共享空间是民族地区公共信息机构为用户构建的集成服务空间，IIC-ELS 的空间基础是以空间资源为载体，将与之相关的各类资源配置到合适的服务功能分区的过程。空间资源就是公共文化服务机构内部已经经过合理分配的建筑空间，在服务功能分区划分已经清晰的情况下，就需要将相关的设施和设备安置或装配到空间的特定位置，具体包括以下方面。①各类家具。多民族语言信息共享空间当中涉及的设施主要有桌椅、书柜、工作台、沙发、书架、隔断等，这些设施的选择要保证美观实用，且色彩、风格与所在的功能分区相一致。②信息设备。多民族语言信息共享空间当中的设备主要包括公共查询计算机、个人用台式计算机、打印机、复印机、扫描仪、传真机、数字摄像设备、有线及无线网络设备、电子显示屏、视听音响设备、多媒体教学设备等。具体选用哪些类型的设备，取决于空间的服务功能。如果是图书馆信息共享空间，还应该能够提供支持群体讨论的可移动显示屏、电子白板等设备，空间的技术部门可以提供常用电子设备的租借服务，主要包括笔记本电脑、照相机、摄像机、平板电脑、GPS 导航仪、闪存盘、计算器、录音笔、电子书阅读器等。③双语专业人才队伍。语言资源是多民族语言信息共享空间当中的核心资源，是实现多语种信息共享的关键，实体层的语言资源主要是具有国家通用语言文字和当地通用少数民族语言文字的专业翻译人员、可以给用户讲授语言学课程的双语教师等，这两类角色也可以由同一群人承担。高素质的双语专业人才是多民族语言信息共享空间建设成功的根本保障，为此民族地区公共信息机构可以通过专业院校毕业生录用、社会招聘等形式选拔高素质人才从事双语翻译工作，也可以将机构现有工作人员选派到民族语言学专业进修。在人才队伍数量有限的情况下，机构还可以向社会发布通告，招收双语翻译专业志愿者，从民族地区高校在校生中再选拔一批充实到专业人才队伍当中。总之，双语专业人才必须制定长期发展规划，确保多民族语言信息共享空间对双语人才的需求可以得到保障。④双语实体信息资源。对图书馆信息共享空间而言主要是纸本信息资源，包括图书、期刊、报纸、学位论文、研究报告等。实体信息资源是传统图书馆赖以生存的根基，随着信息时代的到来，其重要性正在日益下降，一些图书馆已经通过使用密集架的方式减少纸本图书的数量，为信息共享空间的各类互动功能留下更多的空间。但是，纸质文献也有它的优点，在短期内不可能完全消失。纸本阅读更容易进入深度沉浸状态，多学科纸本图书排列在一起本身就创造了很多跨学科浏览和阅读的机会，如果通过计算机系统进行检索，系统会把与检索词不相关的信息资源严格排除在外，而其中文献包含的内容对用户的学习和研究可能是有启发意义的。与其他图书馆信息共享空间有所不同的是，多民族语言信息共享空间的纸本信息资源要经过双语化信息组织，即少数民族语言文献信息资源需要进行国家通用语言文字的全面著录，国家通用语言文字的信息资源也要在图书卡片上对其关键字段采用少数民族文字著录。在所收藏少数民族语言信息资源数量不多的情况下，也可以专门制作少数民族语言信息资源的双语目录手册，供用户进行浏览选择。⑤信息共享空间专业运维人员，主要包括咨询服务人员、技术服务支持人员、信息资源管理人员等，这些专业人才通常对自己专业领域的理论和实践有着较为全面的了解，能够为用户提供专业领域问题的咨询服务，也可以为用户进行相关专业内容的培训。总之，多民族语言信息共享空间实体空间的集成，就是以空间资源为基础，向空间资源当中投入各类服务设施、信息设备、纸本文献，再为信息共享空间的运行配备必要的专业技术人员和语言翻译服务人员，初步构建起多民族语言信息共享的生态系统。

六 IIC-ELS 实体空间的标识

多民族语言信息共享空间实体层各类资源安装到位以后，需要在空间内设置合理的标识导航系统（Signage System），以帮助初到空间的用户尽快熟悉空间的功能分区和建筑内部结构，可以方便地找到要去的功能分区。建筑空间标识导航系统通常分为全局导航标识、楼层导航标识、楼梯导航标识、房间导航标识和特殊功能标识五种类型，每一种标识的功能如下。①全局导航标识设置在信息共享空间的入口大厅内，通常以"建筑楼层分布图"的形式体现,对建筑的整体结构、每一层的局部结构以及每个建筑空间的服务功能进行详细标注。全局导航标识的作用在于使对建筑空间不熟悉的用户很快形成对建筑的整体性认识,以便其尽快找到对应的服务分区。②楼层导航标识是指对每一楼层的整体结构做出整体标识,供用户到达对应楼层后选择进一步进入对应服务分区的方向和路线。③楼梯导航标识就是在楼梯的每一层平台处标识出当前所处的楼层,以及前后左右分别可以到达的服务功能分区。④房间导航标识就是对房间内的服务设施进行标识,以便用户快速了解服务资源的分布情况。例如,在图书馆的实体馆藏区,需要给每一个书架进行标识,标明书架上所陈列图书的学科分布情况。在业务服务大厅中,需要对整个大厅的服务柜台的功能进行标识,以便用户迅速找到对应机构服务受理窗口的位置。⑤特殊功能标识,在建筑空间的特殊位置需要特别标识以防止用户因为疏忽而导致事故。例如,在配电室门上需要张贴"有电危险"的标识,在较低的通道旁边需要设置"小心碰头"等标识,在非开放区需要设置"用户止步"等标识。总之,多民族语言信息共享空间内部需要根据每一个服务空间的特点设置体系化的标识,标识系统的用字、颜色等风格要与建筑空间风格相匹配且不同位置的标识风格保持一致。标识系统的设计要充分体现"用户导向"的原则,站在用户视角考虑问题,为用户提供方便。标识系统设计完成之后,也可以请部分用户进行现场实验,以便发现标识系统没有考虑到的问题,进一步优化和改进。

  与其他信息共享空间不同的是,多民族语言信息共享空间需要使用双语标识系统,也就是要同时使用国家通用文字和当地通用的少数民族文字,以便只掌握了其中一种文字的用户识读和理解,以尽快找到要去的服务功能分区。双语标识系统的制作需要符合少数民族语言文字管理的相关规范,做到翻译准确、布局美观。例如,西藏自治区山南市2016年出台的《山南市社会用字管理办法》规定,"社会用字必须符合以下规范标准:藏、汉文翻译必须准确;藏、汉文字规范、工整、易于辨认;藏、汉文书写、打印、刊刻、喷绘等不出现错字、别字、造字;藏、汉文字规范,大小比例一致,颜色和原材料应当统一;藏、汉两种文字书写应按下列规则排列:横写的藏文在上,汉文在下或者藏文在前,汉文在后;竖写的藏文在左,汉文在右;环形排列的,从左向右,藏文在外环、汉文在内环,或藏文在上半环、汉文在下半环;藏、汉文字分别写在两块牌匾上的,藏文牌匾挂在左边,汉文牌匾挂在右边,或藏文牌匾挂在上边,汉文牌匾挂在下边;需要使用外国文字的,按藏文、汉文、外文的顺序排列"①。

七　IIC-ELS 实体空间的氛围

建筑空间的馆藏、设施、设备、人员都到位以后，多民族语言信息共享空间的实体空间建设基本就绪。但是，要把空间内各类资源的作用发挥到最大，还需要营造与信息共享空间的装饰装修风格相一致的空间氛围。氛围通常是指作为主体的人对外围环境特征的综合判断。氛围是一个难以定量表达和规定的东西，但是用户走进空间的时候的确能够感受到空间氛围的存在。多民族语言信息共享空间为用户营造的氛围因公共文化服务机构的性质而异，例如，图书馆需要营造"学术气息"，让用户感受到知识和文化在空间内的存在。多民族语言信息共享空间的氛围营造通常可以从以下方面着手。①信息共享空间工作人员要有良好的精神风貌。人是信息共享空间当中最为重要的资源，即使在设施先进、装修精细的环境中，如果工作人员萎靡不振，对待用户的进入和提问态度冷淡，则用户很难对空间服务留有好印象。一般情况下，具备热情、主动、积极、敬业等特征的工作人员会给人留下深刻印象，进而对整个信息共享空间的服务质量给出较高的评价。②注意建筑空间的通风和采光。通常情况下封闭、阴暗的建筑空间给人一种压抑之感，而明亮、整洁的环境则会让人身心愉悦，愿意在空间长久停留。对图书馆信息共享空间而言，这个问题需要在空间设计阶段就考虑，尽可能把通风采光条件较好的空间留给用户活动，而将通风采光条件相对差一些的空间留作集中式书库或者储藏室。③可以根据空间功能的划分，适当播放一些背景音乐。例如，在图书馆信息共享空间当中，可以播放较为舒缓的背景音乐，帮助用户进行精神放松。背景音乐的音量大小以似有似无为宜，既不能对用户在空间的活动造成干扰，又能让用户感到舒适和放松。总之，空间氛围的营造是一门艺术，需要信息共享空间的设计者真正从用户的角度去体验，在一些细节问题上加以特别设计，以达到氛围营造的目的。

总之，多民族语言信息共享空间的"实体层"建设的总体思路是遵循"面向用户"的根本原则，深入分析和理解用户对空间建设的期望和需求，从功能分区的设置和布局方面进行整体性、根本性的设计和改造，在空间环境的细节设计、空间环境的导航设计以及空间环境的氛围营造等方面采取多

---

① 《山南市人民政府关于印发社会用字管理办法的通知》，西藏自治区人民政府官网，http://www.xizang.gov.cn/zwgk/xxgk/201705/t20170512_127701.html，2018 年 8 月 1 日。

种支持性措施,按照"人性化"要求进行设计,尽可能满足用户的需求,提高其对信息共享空间服务的满意程度。此外,多民族语言信息共享空间的"实体层"需要借助各类设备和设施,组建专业高效的工作人员队伍,从硬件设施和人力资源等方面为多民族语言用户的沟通交流提供支持。

第四节 多民族语言信息共享空间的虚拟层

多民族语言信息共享空间的虚拟层(Visual Layer)是民族地区公共文化服务机构利用现代信息技术为用户构建的虚拟服务空间。此处的"虚拟"并不是不存在,而是指借助计算机网络技术而存在,当用户不去考虑技术实现原理的时候,所能感受到的一种与现实社会生活相类似的存在感。例如,用户通过网络向使用同一邮件系统的另外一位用户发送了一份电子邮件,如果从技术原理上来说,就是用户的邮件信息上传到邮件服务器,同时给接收用户一个链接的地址,接收用户通过点击地址打开邮件并阅读其中的内容,整个过程中邮件信息的保存位置是没有发生变化的。然而,如果用户不去考虑上述原理,他会感觉到自己发出的邮件是经过长途传递最后到达对方的,正如他在现实生活中所体验到的纸质邮件的传递过程一样。实际上,用户所体验到的这种活动在技术上并不存在,只是借助互联网构建出的一种用户体验到的活动而已,这就是所谓的"虚拟空间"。"虚拟空间"是在信息技术支持之下构建出来的一种用户体验空间,尽管真实的技术原理与用户的体验并不一致,但是虚拟空间确实深刻地改变了人类的社会生活,我们在现实生活中所能进行的活动,绝大多数可以在虚拟空间中进行。而且由于虚拟空间所具有的打破时间、空间的限制远程交互,文本、图像、声音多媒体融合,资源跨地域、跨系统集成等优势,已经成为人类社会活动的重要依托。本节分析多民族语言信息共享空间虚拟层的整体结构和功能模块的内容,分别介绍"文献信息主导型 IIC-ELS"、"实物信息主导型 IIC-ELS"和"口语信息主导型 IIC-ELS"虚拟空间的组成。

一 IIC-ELS 虚拟空间的功能定位

多民族语言信息共享空间的"虚拟层"与"网络信息空间"之间是重叠和交叉的关系,一方面 IIC-ELS"虚拟空间"的建立必须基于计算机网络;另一方面公共文化服务机构所构建的 IIC-ELS 的"虚拟空间"是"网络信息空间"的组成部分,其最终目的是集成机构内部和外部一切可以集成的资源,为用户提供高质量的网络服务。多民族语言信息共享空间的"虚拟空间"是在资源虚拟集成的基础上构建的,相对其"实体空间"而言具有相对的独立性,当各类资源可以实现高度集成的状态下,用户可以不用去实体空间,甚至足不出户轻点鼠标就可以享受与在实体空间相当甚至优于实体空间水平的服务。然而,虚拟空间是对实体空间各类资源进行虚拟集成所形成的,是实体空间在网络信息空间的一种"映射",没有实体空间各类资源的存在,虚拟空间的服务功能也将无法实现,如图4-12所示。

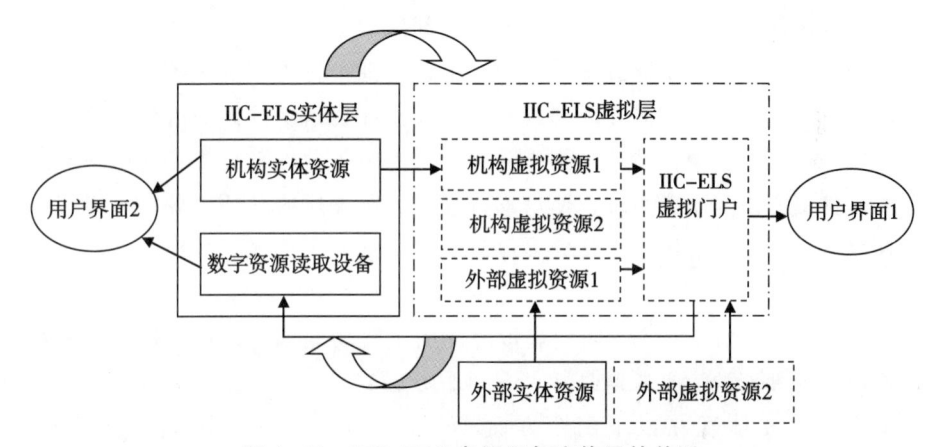

图4-12　IIC-ELS虚拟层与实体层的关系

实体空间也有自身的优势,尤其是实体空间良好的服务氛围、人与人之间面对面交互的亲近感,都是虚拟空间服务无法实现的。信息共享空间建设就是协调"实体空间"与"虚拟空间"矛盾的一种理论,是在实现机构内部和外部各类资源虚拟集成的基础上,再按照一站式服务的要求,对公共文化服务机构实体空间进行再造和升级。因此,可以认为多民族语言信息共享空间的"虚拟空间"是在"实体空间"之外新增的用户服务界面,是"实体空间"映射的结果,形成之后可以相对独立地存在,也可以对"实体空间"构成反馈和增强。图4-12当中,多民族语言信息共享空间IIC-ELS整体上由实体层和虚拟层两部分构成。其中,虚拟层以"IIC-ELS门户"为中心,资源主要有四个来源:一是对公共文化服务机构内部实体资源的数字化集成,例如图书馆对纸本图书进行数字化加工;二是机构直接新建的虚拟资源,例如自建专题数据库;三是对公共文化服务机构外部实体资源的数字化集成,例如将外部专家纳入虚拟咨询工作人员队伍当中;四是通过购买访问权方式或者直接从网络当中将链接加入门户网站,实现对机构数字资源的扩充。由此可以看出，IIC-ELS 的虚拟层核心功能就是实现资源集成，类型包括信息资源、人力资源、语言资源和技术资源，范围包括内部资源、外部资源、网络资源。

多民族语言信息共享空间虚拟层的构建要经历以下步骤。第一，多民族语言信息共享空间"虚拟层"的基础设施建设，主要包括通信基础设施、存储基础设施和安全基础设施等。第二，公共文化服务机构实体资源的数字化。按照一站式服务的要求，用户需要通过网络访问机构的各类资源，这就意味着能够在实体空间利用的资源，也应该可以在虚拟空间利用，对于以实体存在的资源应该将其数字化，以便在网络空间中共享。第三，机构内部和外部数字资源的集成。需要通过统一的网络平台实现机构内部资源各类资源的集成，同时将资源的范围向互联网延伸，将其他社会组织提供的信息资源或者服务纳入机构的资源体系。第四，开发专门的服务软件系统或者利用现有的公共软件资源搭建服务系统，使信息共享空间服务层的各项服务功能都可以在网络环境下实现。第五，建立多民族语言信息共享空间门户网站，开发移动端 App 门户软件，使用户可以通过单一界面找到对应服务。

多民族语言信息共享空间"虚拟层"的主要功能是通过现代信息技术集成组织内外部资源，支持信息共享空间服务层的实现，为用户提供一站式集成服务。主要体现在以下四个方面。一是内外部资源的集成整合平台。IIC-ELS 的虚拟层要通过计算机局域网技术实现机构内部各类资源的集成，包括信息资源、人力资源、技术资源、语言资源都集成在统一的信息平台上。同时，IIC-ELS 的触角还要向互联网延伸，采集各类信息资源或者购买各类相关信息服务，并将其纳入 IIC-ELS 可用资源体系当中。二是各类人员的集成互动平台。IIC-ELS 虚拟层旨在通过计算机网络将与公共文化服务机构核心职能相关的各类人员连接起来，可以进行多种形式的互动，例如专业咨询、在线培训、虚拟社群等。三是外部用户的集成服务平台。借助网络浏览器、社交软件、移动 App 等工具，将机构服务的范围不断向互联网拓展，当 IIC-ELS 虚拟层建设达到成熟水平时，用户可以通过单一入口访问到所有信息资源和服务。四是提升 IIC-ELS 实体空间服务水平的支持平台。多民族语言信息共享空间虚拟层的另外一个重要功能是对实体层形成反馈效应，弥补实体空间服务的一些不足，实现实体层和虚拟层的同步发展和提高。

二 IIC-ELS 虚拟空间的整体结构

多民族语言信息共享空间的"虚拟层"是一个基本结构清晰、边界却可以无限拓展、动态变化的开放式网络空间,总体上分为四层,自底向上分别是基础设施层、服务资源层、服务应用层和服务门户层,各层次之间是相互支撑关系,底层支撑上层,上层由低于其层级的所有层联合形成支撑。底层的任何一层出现问题导致功能未能发挥,都会导致上层服务功能的实现。多民族语言信息共享空间虚拟层的整体结构如图4-13所示。

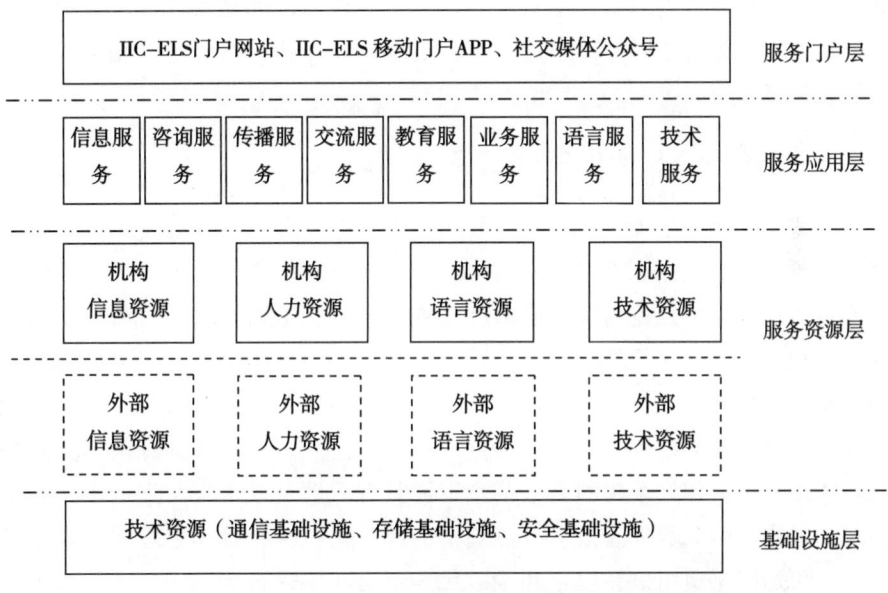

图4-13 多民族语言信息共享空间虚拟层的整体结构

图4-13中,多民族语言信息共享空间虚拟层大致由以下四个方面构成。①支持本地资源集成和外部通信的计算机局域网,与机构信息系统建设相关的存储基础设施、安全基础设施等。②为机构的各类服务提供统一支持的集成资源库,通过计算机网络将机构内部和外部的信息资源、人力资源、语言资源和技术资源整合起来。③支持机构各类服务业务的业务应用子系统,主要包括信息服务、咨询服务、交流服务、教育服务、技术服务等类型的应用系统。④支持集成化业务和服务的机构IC门户、移动端App软件或者大众社交媒体软件平台。可以看出,在互联网时代,公共文化服务机构并不需要亲自动手完成业务的数字化,只要从网络中能够获取的优质资源就应该尽可能用已有的资源。这类资源通常是由其他社会组织提供,机构通过购买服务等方式获取使用权的各类信息资源和服务。例如,国家建有信息资源共享基础设施工程CNKI,这是迄今为止国内规模最大、内容最全的数字学术资源共享平台,如果图书馆可以通过购买使用权的方式进行使用,就没有必要每个机

构都进行重复性信息资源的数字化加工和处理了。在多民族语言信息共享空间虚拟层构建过程中，一定要具备"拿来主义"的互联网思维，网络当中已经存在且可以通过付费方式利用的信息资源，就直接从网络共享即可。公共文化服务机构的数字化加工主要针对网络中没有的特色信息资源。此外，在以 IIC-ELS 门户网站或者移动 App 软件作为虚拟层中枢模块的同时，要注意利用互联网当中常见的软件工具，允许用户通过网络浏览器软件获取的可以无限延伸的各类网络服务，通过各类社交媒体软件获取的动态变化的人际交流信息和服务等。

三　IIC-ELS 虚拟空间的资源体系

多民族语言信息共享空间可供利用的资源主要有以下类型。①双语电子信息资源。双语电子信息资源是"文献信息主导型 IIC-ELS"的核心资源，主要包括机构内部自建的双语信息资源和可以通过网络共享的双语信息资源。与 IIC-ELS 实体空间的纸质版双语信息资源一样，电子信息资源也要按照双语原则进行组织和保存。如果采集的信息资源同时具有国家通用语言文字版和少数民族语言文字版则应该同时进行保存，按照同一资源两种版本方式进行整体性管理。如果采集的电子信息资源只有少数民族语言文字版本，则应该对其进行双语元数据著录，按照规范的元数据模型，对其主题和内容等信息分别采用国家通用语言文字和少数民族语言文字进行著录。考虑到两种信息资源数量的差异性，可以对少数民族语言信息资源的国家通用语言文字版本元数据进行较为详细的著录，而对国家通用语言文字信息资源的少数民族语言文字版本元数据只进行标题、作者、主题词等关键要素的著录。双语电子信息资源可以采用人工方式进行著录，安排同时掌握国家通用语言文字和少数民族语言文字的专业人才进行著录。为了提高工作效率，也可以通过区域双语支持体系提供的双语在线翻译系统进行初步翻译，然后由领域专家进行确认后著录。"文献信息主导型 IIC-ELS"当中，图书馆双语电子信息资源建设工作量最大，如果是机构自建的信息资源库，则从开始建设之时就要考虑双语信息组织的需求，按照双语要求一次性建设成功。如果是从机构外部获取的信息资源，其双语化程度很低，则需要机构组织人员进行二次开发，为其提供所缺少语种的元数据。档案馆的数字资源只涉及内部实体档案资源的数字化成果，因此在数字化加工时就要考虑双语组织问题，及时为数字扫描件添加国家通用语言文字和少数民族语言问题版本的元数据。如果机构采集的某项电子信息资源内容非常重要，可能需要对全文进行翻译。"实物信息主导型 IIC-ELS"和"口语信息主导型 IIC-ELS"也涉及双语信息资源建问题，但是信息资源的数量要比"信息服务型 IIC-ELS"相对少一些。②双语语言资源。语言资源是指 IIC-ELS 当中可以为机构工作人员或者用户提供双语辅助翻译的人和数字资源的总和。在 IIC-ELS 的实体层，语言资源主要是具备双语服务能力的工作人员，而虚拟层主要是各类支持双语在线翻译的数字资源，例如在线双语词典（Bilingual Dictionary）、双语词网（Bilingual Word Net）、双语语料库（Bilingual Corpus）、双语领域本体库（Bilingual Domain Ontologies）、双语在线翻译系统（Online Bilingual Machine Translation）、双语信息抽取系统（Bilingual Information Distraction）等。双语在线词典是语言资源当中较为简单的类型，通过将具有同等语义的词汇相互关联，可以对信息资源进行较为简单的双语转换。双语词网是对双语词典的发展，在词语语义对应的基础上，还要考虑词语之间的深度语义关联。双语语料库是把收集到的现实发生的两种语言文字的真实语言材料进行规范化标注后形成的基础资源库，可以为语言学研究和双语跨语言翻译提供基础的支撑资源。双语领域本体库是对特定领域内两种语言文字术语及其关系进行规范化标注形成的语义参照体系，可以支持基于本体的智能化检索，也可以通过双语本体进行两种语言文字信息资源的双语翻译。双语在线翻译系统是通过网络提供国家通用语言文字和少数民族语言文字双语自动化辅助翻译的系统，可以为用户和公共文化服务机构工作人员进行信息资源的双语跨语言辅助翻译。双语信息抽取系统是从较长文档中自动抽取其主题词和主题内容的计算机系统，可以在双语信息资源的自动化著录方面发挥重要作用。除了以数字资源形式存在的语言资源之外，具有双语能力的在线语言教师、在线翻译人员也可以纳入虚拟资源的范畴。尽管上述个人是真实存在的，但是所在地点并不在机构内部，只是因为信息技术的支持使其可以通过网络提供服务，服务的效果与在机构内部大致是一样的。因此，本书将这种通过信息技术实现虚拟整合的人力资源也纳入"虚拟资源"范畴。③在线人力资源。在多民族语言信息共享空间当中，以计算机系统或者移动通信终端为中介，而不是面对面为用户提供服务，这种人力资源就可以成为一种以虚拟形态存在的人力资源。在线人力资源主要有两种情况，一种是公共文化服务机构的工作人员，另一种是来自机构外部的远程专家。由于他们都是基于网络平台开展工作，从用户的角度来看，可以认为都是一样的，就像在机构内部现场提供服务一样。④技术资源。技术资源是指多民族语言信息共享空间当中除数字信息资源、数字语言资源之外，可以用来为用户提供服务的各类技术因素的总和，例如基础设施、网络软件、社交媒体软件等。其中基础设施主要包括网络基础设施、存储基础设施和安全技术设施等。多民族语言信息共享空间虚拟层以门户网站为核心，需要安装必备的软件系统才能正常运行。在自主开发软件之外，公共文化服务机构利用目前已经具有较大用户群体的社交媒体软件开展讨论、交流和培训也是一种较为有效的技术方案。总之，除实体建筑空间之外，多民族语言信息共享空间的"虚拟层"可以实现其他各类资源的网络虚拟利用，可以共享和利用机构之外的人力资源、信息资源、语言资源和技术资源等，共同为用户开展服务。

四 IIC-ELS 虚拟空间在线服务的实现方式

以国际互联网为代表的现代信息技术在民族地区公共文化服务机构的应用，将进一步开拓机构实体服务的空间，无论是可以依托的资源还是服务，传递、传播的范围都会较之前有较大幅度的拓展。多民族语言信息共享空间的虚拟层依托网络通信技术为用户提供的服务，从功能角度进行分类主要有信息服务、咨询服务、传播服务、教育服务、交流服务、业务服务、语言服务、技术服务共八大类型，覆盖了多民族语言信息共享空间服务层的所有类型，即公共文化服务机构可以在实体空间提供的服务，通常可以通过网络平台来提供，其服务的具体实现方式如下。

（一）虚拟信息服务的实现方式

信息服务就是通过网络向用户传播信息或者为用户的信息检索活动提供支持。"文献信息主导型 IIC-ELS"虚拟层信息服务的主要实现形式有数字图书馆、数字档案馆、数字博物馆；"实物信息主导型 IIC-ELS"和"口语信息主导型 IIC-ELS"信息服务的方式主要是通过门户网站主动发布信息或者供用户进行信息检索。数字图书馆（Digital Library）并不是实体图书馆在互联网上建立的门户网站，它不仅仅是将传统图书馆资源数字化通过网络对外提供服务。数字图书馆的本质在于分布式信息资源共享，它可以把分布在不同地理位置、存储在不同载体上的信息资源通过统一的集成界面对外提供服务，对用户而言就像面对的是一个超大规模的信息资源库一样。因此，数字图书馆所能提供的信息资源的数量、种类会远远大于实体图书馆的纸质馆藏量。对多民族语言信息共享空间而言，数字图书馆通过网站向用户提供的信息资源主要包括电子图书、电子期刊、光盘数据库、联机数据库、网络数据库、Internet 信息资源，以及通过数字镜像、远程访问、网络导航、学科导航、信息链接方式提供给用户使用的数字化信息资源。因此，数字图书馆当中可以包含一部分体现图书馆特色的信息资源，但是绝大部分数字信息资源来自远程的信息服务商，公共文化服务机构只要通过购买服务的方式亦能取得信息资源的使用权。数字图书馆信息服务与传统图书馆信息服务相比，在多个方面有所改进，例如通过信息集成技术使信息资源的范围从本馆扩大到海量信息资源；多途径组合智能检索，比传统图书馆的卡片目录、索引目录等方式更加全面和精准；可以根据用户的检索记录和阅读记录判断用户兴趣类型，从而可以根据不同用户的需求结构、阅读习惯等为用户提供个性化的信息服务。对于多民族语言信息共享空间而言，除了通常意义的整合信息资源服务之外，虚拟层还应该提供跨语言信息服务功能，为使用不同语种的用户跨语言检索信息资源提供支持。例如，西藏民族大学图书馆西藏文化特色数据库可以输入汉字查询藏文图书，系统会自动转换，将同一主题的藏文图书和国家通用语言文字图书一起检索出来供用户选择，如图4-14所示。

图4-14 图书馆跨语言信息服务示例

资料来源：西藏民族大学图书馆：《西藏文化特色数据库》，http://202.200.16.53:8000/xzmz/index.htm，2018年8月1日。

档案馆是"信息主导型IIC-ELS"的另外一个典型应用领域，档案馆IIC-ELS的虚拟层主要由数字档案馆构成。数字档案馆（Digital Archives）的概念有广义和狭义之分，广义的数字档案馆是一种实现跨越多个机构的分布式档案数据库集群；狭义的数字档案馆是档案管理机构用来保存接收到的电子文件和纸质档案数字化成果的计算机信息系统。与数字图书馆不同的是，档案具有唯一性，无法进行大规模复制和传播，不存在类似"中国知网"这样的可供领域共享的大型数字化资源基础设施。因此，数字档案馆的数字信息资源全部要来源于机构的档案数字化加工成果。数字档案馆主要提供机构馆藏档案目录检索、档案数字版复制件的网络下载、档案证明在线开具等用户服务。与图书馆有所不同的，档案信息服务通常对精准性的要求较高，往往有非常明确的需求，并不像数字图书馆那样看重命中相关主题信息资源的数量。此外，档案的传播会有较多的限制，因而数字档案强调对用户的权限管理，会严格控制档案的非授权传播。民族地区档案管理机构建立的信息共享空间也会涉及少数民族语言数字档案资源的共享问题，在数字档案资源采用国家通用语言文字和少数民族语言文字双语著录的情况下，数字档案馆就可以为用户提供跨语言数字档案检索服务。

博物馆是为社会大众提供公共文化服务的机构，博物馆 IIC-ELS 虚拟层的主要实现形式就是数字博物馆。数字博物馆（Digital Museum）是一种利用计算机网络、图形图像处理、虚拟现实等现代信息技术，将实体博物馆的建筑和藏品通过网络进行展示的一种综合信息服务系统。数字博物馆是实体博物馆服务的延伸，是实体博物馆通过互联网提供大众服务的窗口，是广泛传播博物馆文化的重要渠道。数字博物馆打破了时空的阻隔，用户可以在千里之外点击鼠标参观博物馆，同时可以对藏品的背景信息进行详细介绍，例如在某件文物显示页面上同时可以添加与该文物相关历史电影场景的视频，用户在浏览该文物页面时就可以点击视频进行观赏，从而加深对该文物历史背景的认识。此外，数字博物馆相比实体博物馆而言其互动性能更强，数字博物馆允许用户就藏品信息和博物馆服务进行评价，还可以为用户进行专业讨论开辟论坛。博物馆的藏品是实物，但是关于该藏品的介绍文字还有讲解人员使用的语言文字都是涉及语言文字问题的。民族地区博物馆信息共享空间建设当中同样涉及少数民族语言文字信息的使用问题，例如数字博物馆藏品介绍的页面可以同时使用国家通用语言文字和当地通用的少数民族语言文字，通过网站提供的博物馆介绍视频也可以采用双语方式，无论采用哪种语种文字，其字幕则采用国家通用语言文字和少数民族语言文字双语对照版本。

在多民族语言信息共享空间信息服务当中，跨语言辅助阅读（Computer-Aided Cross Languages Reading，CACLR）是一个值得关注的领域。跨语言辅助阅读就是在不对信息资源全文进行翻译的情况下，按照"远距离阅读"的原理，提取信息资源的关键内容，并以另外一种语言文字提交给用户进行阅读。尽管按照另外一种语言文字进行的信息资源描述成果与原来的内容会有所损失,但是可以满足绝大多数情况下的粗粒度阅读的需求,因而在民族地区双语信息服务系统当中具有广泛的应用前景。

数字文化馆(Digital Cultural Center)是文化馆信息共享空间虚拟层的主要组成部分,旨在利用计算机网络和数字化技术,实现文化馆线上服务和线下服务的连通互动。用户可以到实体文化馆去接受服务,也可以通过计算机或者移动通信终端来访问文化馆的门户,可以在线参加文化讲座、观看文艺演出,还可以与在现场的文化名家进行网络交流,为用户提供更加优质、便捷的公共服务服务。数字文化馆系统主要由"线上数字门户"和"线下体验空间"组成,"线上数字服务平台"是以集成了的文化馆资源为基础,为用户提供各类数字化服务的信息平台,主要功能包括在线参加公共文化活动、在线预定公共文化场地设施、在线观看文化馆文艺演出、在线参加文化艺术理论培训、在线观赏群众文化活动的成果展示等。在通过计算机网络参加上述活动的同时,还可以与在现场的嘉宾、工作人员等进行实时互动。"线上数字门户"是数字文化馆资源集成的中枢,文化馆的场地资源、设施资源、节目资源、藏品资源、人力资源等都要通过统一的流程和规范集成到后台信息资源库,所有的业务流程、资源利用、用户管理,包括线下实体馆的内容推送和管理都依托"线上门户"来实现。"线上门户"分为"移动门户"和"PC 门户"两种类型,按照发展趋势来看,基于移动通信设备的数字文化馆 App 门户是主流模式。"线下体验空间"是按照集成化、一站式服务的要求,对文化馆原有设施进行数字化升级改造以后形成的新型服务环境,包括按照用户需求科学布局并配备各类信息采集、加工、处理和展示设备的功能空间。"数字文化馆"的核心就在于"线上线下的连通互动",为用户提供多种类型的文化服务,满足用户多层次的文化需求。

(二) 虚拟咨询服务的实现方式

多民族语言信息共享空间"虚拟层"的咨询服务是指由信息共享空间的领域专家基于计算机网络为用户提供专业领域问题的咨询服务,即开展"虚拟咨询"。之所以要选择"虚拟资源"主要原因有两个:一是领域专家与用户地理上相隔遥远,无法直接面对面交互;二是用户只想通过"足不出户"的虚拟方式接受服务,不愿意或者没有时间去公共文化服务机构的实体服务空间,领域专家则可以通过网络为其提供服务。"虚拟咨询"是一种以信息技术为中介的咨询活动,尽管用户和提供咨询服务的领域专家没有面对面交流,但是由于信息技术的支持,可以获取与面对面交流相近的服务效果。虚拟咨询的实现方式有多种形式,根据所使用咨询信息的类型可以分为"文字信息虚拟咨询"、"口语信息虚拟咨询"和"综合信息虚拟咨询"。"文字信息虚拟咨询"是指用户通过计算机网络将自己的问题以文字形式提交给领域专家,由领域专家通过文字予以答复;"口语信息虚拟咨询"是指用户与领域专家均使用口语信息进行在线交流;"综合信息虚拟咨询"是指咨询过程中文字信息和口语信息并重,既有书面信息交流也有口语信息交流。根据信息咨询服务当中用户与领域专家是否在同一时间交流,虚拟咨询可以分为"同步虚拟咨询"和"异步虚拟咨询"两类。"同步虚拟咨询"是指用户与领域专家同时在线,双方就某一领域问题进行提问和回答;"异步虚拟咨询"是指用户与领域专家上线时间不一致,通常是用户通过网络提交问题,领域专家在时间允许的情况下再回复或者选择多人一起集中回复。"同步虚拟咨询"可以是同步口语信息咨询,也可能是同步文字信息咨询;"异步虚拟咨询"大多数情况属于文字信息咨询,但是也可能是语音和视频信息咨询。计算机的出现使非实时语音信息交流成为可能,用户或者咨询可以把自己提问或回复的内容用音频或多媒体方式记录下来传送给对方,由对方选择在适当的时候进行播放。虚拟咨询服务的实现方式主要有:电话咨询、电子邮件咨询、社交软件咨询、咨询论坛等方式。电话咨询是通过语音通信方式进行咨询,属于实时咨询的一种模式,也是使用较多的一种咨询方式。电子邮件咨询是通过发送和回复电子邮件的方式开展咨询服务。电子邮件通常是一种异步咨询模式,其中电子邮件以文字信息为主,也可以选择语音邮件进行咨询。社交软件咨询是指借助国内普及率较广的QQ、微信等大众社交软件进行咨询,咨询的方式可以选择文字留言,也可以选择语音咨询,甚至在征得领域专家同意的情况下也可以使用视频咨询方式。多民族语言信息共享空间的虚拟交流服务还需要考虑用户语言文字差异性的问题。为此,多民族语言信息共享空间对专业领域咨询人员的选拔应该尽量考虑可以熟练使用国家通用语言文字和当地通用少数民族语言文字的双语型人才。如果咨询人员不具备这样的能力,则可以采用"一岗双人"的办法解决,同时安排两位咨询工作人员提供服务,一位负责国家通用语言文字咨询服务,另一位负责当地通用少数民族语言文字咨询服务。在机构内部的咨询人才队伍人数不足、跨语言服务能力不强或者用户咨询的问题超出机构人员可以回答的范围,则可以通过网络寻求其他机构甚至其他语言区域公共文化服务机构领域专家的帮助。

(三) 虚拟传播服务的实现方式

虚拟传播服务是指在多民族语言信息共享空间当中通过计算机网络发送电子报刊、直播文艺节目、开展网上讲座等活动。由于数字信息复制的便捷性，网络信息传播具有比实体空间传播范围更大、速度更快、更容易互动等方面的优势，也是多民族语言信息共享空间要关注和实现的重要功能。网络虚拟传播的途径有多种，例如通过电子邮件推送电子报刊，通过专门的直播软件进行文艺活动直播或者通过大众社交媒体软件建立群组进行相关活动。虚拟传播服务的关键在于实现线上和线下的连通互动，使用户不论身处何地，都能获得跟在活动现场相类似的服务体验。多民族语言信息共享空间网上虚拟传播服务也要考虑双语服务问题，如果所在区域用户中有不能识读国家通用文字的情况，应该尽可能为其提供少数民族语言版本的文字介绍或者由专业翻译人员为其提供口语版的信息介绍。

（四）虚拟交流服务的实现方式

虚拟交流服务是指多民族语言信息共享空间为用户之间的非正式沟通交流所提供的支持性软硬件环境。与虚拟咨询服务相似，虚拟交流服务的对象也可以分为文字信息服务、口语信息两种类型，同步交流、异步交流两种交流方式。虚拟交流服务常见的实现方式主要包括社交媒体虚拟群组、网络直播软件、虚拟现实交互系统、网上用户论坛、群体电子邮件等方式。社交媒体虚拟群组主要是借助QQ、微信等社交媒体软件的群组交流功能将用户群体聚合起来，使其通过社交媒体服务提供商的公共平台进行群组内的沟通交流。目前，这种基于社交媒体虚拟群组的交流方式成为用户交流的重要途径，信息交流的形式也从最初的文字交流发展到文字、图片、语音和视频等多种媒体形式的交流。网络直播交流是近年来随着移动互联网的发展而出现的新型用户交流方式，其中一方可以开通直播用语音表达观点，其他用户进行互动和评价，这种虚拟交流方式信息传播速度快，互动性强，代表了未来人际虚拟交流的一种趋势。虚拟现实交互（Visual Reality Communication）是人际虚拟交流的前沿领域，具体而言就是借助计算机和多媒体信息处理等技术构建的人工模拟环境辅助用户交流，人在穿戴专用视听设备的情况下，跟远程的用户进行虚拟交流，会有对方就在眼前的感觉，可以获取和在现实生活中进行交流类似的体验。网络用户论坛即BBS（Bulletin Board System），是出现时间较早的一种用户在线沟通方式，其特点是用户论坛当中通过发帖和回帖的方式利用文字信息进行交流。网络用户论坛通常是以非实时的方式进行异步信息交互，用户在论坛中发帖之后，其他用户的回帖时间没有规律，有的会非常及时，有的帖子甚至在几年后还在讨论。群组电子邮件是指在电子邮件系统中设置群组，通过群发邮件的方式征集用户对某事件的看法，用户则通过回复电子邮件表达自己的观点，实现信息交流的交流。群组电子邮件方式沟通效率稍低，但是在一些诸如文本征求意见等领域还是非常有效的一种交流方式。互联网给用户之间的沟通交流提供了非常便捷的平台，而交流的具体实现方式始终在发展过程中，总的方向是向着高仿真、实时、多媒体互动交流的方式发展。多民族语言信息共享空间为用户提供的沟通交流方式不一定追求技术上的先进，而是始终以让用户感觉便捷高效为宗旨。多民族语言信息共享空间的核心价值在于为使用不同语种用户之间的沟通交流提供跨语言支持，其中可以为用户的跨语言沟通交流提供支持的方式主要有以下类型。第一，在虚拟用户群组当中配备双语翻译人员，根据用户的要求进行其他语种语音信息和文字的翻译工作。第二，为用户提供国家通用语言文字和当地通用少数民族语言文字在线翻译服务，帮助用户通过在线辅助翻译系统大致了解信息的主题和内容。第三，开发国家通用语言文字和当地少数民族语言文字双语电子邮件交流系统，用户在使用其中一种文字生成邮件的同时，系统会根据主题等信息生成另外一种语言文字的版本，对方就可以用自己熟悉的语言文字为工具进行阅读。总之，跨语言信息交流是目前语言文字信息工程研究的前沿领域，还有众多的问题有待研究人员探索和突破。多民族语言信息共享空间建设过程中，公共信息机构可以根据自身实际，选择相对较容易实现的人工辅助交流方式。

(五) 虚拟教育服务的实现方式

虚拟教育服务是民族地区公共文化服务机构在多民族语言信息共享空间建设过程中，为提高用户的信息素养、语言素养和文化素养，依托计算机网络进行的教育类课程服务。虚拟培训属于"远程教育"或"网络教育"的一种形式，是指用信息技术打破时空阻隔进行的教育活动。教育服务通常是公共文化服务机构的可选服务，课程时间周期相对较短，涉及的教学以专题形式居多，内容相对较为浅显，因此称为教育服务。虚拟教育服务是用户到信息共享空间实体教室参加现场培训之外的一种补充形式，其组织可以分为以下几种情况。第一，围绕教学过程进行的虚拟培训。围绕教学过程进行的虚拟培训是针对公共文化服务机构正在举办的培训项目中，部分用户无法到现场培训或者主办方希望扩大课程的影响范围而通过网络进行直播和互动的教学活动。如果用户无法按时到教室参加培训，则可以通过网络直播形式向远程用户提供教学服务。与传统实体空间组织的教学不同的是，虚拟培训可以进行多种形式的互动，用户在听课过程中有问题可以随时留言，教师根据学生的反馈情况随时调整教学内容。在部分功能比较完备的远程软件当中，用户学习过程会被记录下来，教师通过分析系统后台的学生记录就可以掌握教学的效果和存在的问题，这些功能都是传统面对面讲授所难以实现的。目前，国内远程教育支持技术已经比较成熟，有多款虚拟教学支持软件可以选择，在用户安装了客户端软件之后就可以通过 PC 机或者手机来实时获取课程教学的实况信息。此外，微信等社交媒体软件也可以用来组织虚拟课堂，只要处在同一微信群组当中的用户，就可以通过微信终端在线共享教学过程。第二，通过教学资源进行的虚拟培训。围绕教学资源进行的虚拟培训是指教育机构通过网络公布有关的学习资源，用户通过在线学习教学课件、观看教学视频、参与教学活动、参加在线测试和结业考试等方式完成网络学习。网络教学最典型的例子就是慕课（Massive Open Online Course）。慕课是近年来兴起的另外一种在线课程开发模式，用户只要有一台连接网络的计算机，就能在线学习全球各大高校在互联网上提供的在线课程。为了配合教学过程的进行，还可以模拟实体教育的方式，将用户分成不同的班级，以便组织相关的小组讨论、集体课程设计等任务。民族地区公共文化服务机构在组织教学活动面临困难的情况下，也可以选择适合的慕课课程，通过网络平台向用户进行推荐。民族地区公共文化服务机构可以为用户提供的虚拟培训课程主要有以下类型：第一，用户语言能力提高类课程。主要针对只能使用少数民族语言文字的用户和在民族地区生活却不能用少数民族语言交流的汉族用户，开设国家通用语言文字或者当地通用的少数民族语言生活交流口语和文字类课程，通常只能作为民族地区双语基础教育体系的一种补充。公共文化服务机构可以根据双语专业人才的储备量，安排专业翻译人员担任双语教师或者外聘其他机构的专业教师从事这项工作。第二，用户信息素养提高类课程。技术素养提高类课程是民族地区公共文化服务机构为提高用户群体的现代信息技术素养和信息化设备使用能力而开设的培训课程，例如计算机操作、信息检索、信息利用类的课程。第三，用户文化素养提高类课程。文化素养提高类课程是民族地区公共文化服务机构根据用户需求开设的有关本地区历史文化相关主题的讲座或者课程。第四，专题政策讲解类课程。政策讲解类课程是民族地区政府机关围绕当前重点工作进行全面解读和宣传的课程，例如民族团结教育课程、国家精准扶贫专题课程等。我国民族地区经济社会发展相对滞后，开展虚拟培训面临比其他地区更大的挑战和阻力，需要各类公共文化服务机构结合用户的实际需求和信息化服务的发展趋势设计出科学合理，能够真正提高用户的综合素质和能力的虚拟培训课程来。

（六）虚拟业务服务的实现方式

虚拟办公服务是多民族语言信息共享空间当中基于计算机网络进行机构

日常行政事务处理,为用户提供业务处理服务的功能模块,是在办公自动化(Office Automation,OA)的基础上发展而来的,其目标模式是"一站式"(One Stop)业务处理体系。多民族语言信息共享空间一站式业务系统包括多款办公软件,例如公文流转系统、档案管理系统、信息发布系统、物资管理系统和日常管理系统等,在涉及多机构异地协作业务的时候还需要远程在线会议系统的支持。多民族语言信息共享空间需要重点关注少数民族地区语言文字多样性问题,为不能使用国家通用语言文字的少数民族用户提供必要的语言文字支持,虚拟层可以采取的措施主要有以下方面。第一,根据机构业务工作的实际需要,逐步建立国家通用语言文字和少数民族语言文字双语信息资源体系,要求所有业务处理系统同时支持国家通用语言文字和当地通用的少数民族语言文字,按照双语业务数据库的要求对政务数据库当中的地名、人名等必要字段增加少数民族语言文字标注字段。第二,进行信息资源的双语著录,少数民族语言文字信息资源按照细粒度要求进行详细双语著录;国家通用语言文字信息资源按照粗粒度要求进行概要双语著录,保证同一主题两种语言文字的信息资源都可以被检索到。第三,在业务在线处理系统当中设置双语页面,按照双语对照表单方式提供服务,或者提供国家通用语言文字和少数民族语言文字两个不同的服务入口链接,在统一界面、统一要求的前提下,分别设计两种语言文字的服务页面。第四,为满足移动办公时代的要求,开发国家通用语言文字和少数民族语言文字的双语业务 App 软件,用户下载安装后就可以通过手机进行相关业务的在线申请和办理。

(七)虚拟语言服务的实现方式

虚拟语言服务是指民族地区公共文化服务机构 IIC-ELS 当中利用网络平台对外提供语言文字信息服务的功能体系。虚拟语言服务是对实体机构语言文字服务的一种补充,尤其在少数民族语言文字数字信息资源和国家通用语言文字之间的在线翻译方面发挥着非常重要的作用。多民族语言信息共享空间的虚拟语言服务主要有以下三种形式。第一,开展国家通用语言文字和少数民族语言文字信息资源的在线机器翻译服务。由于语言文字信息处理工作的复杂性,目前国家通用语言文字和少数民族语言文字的机器翻译技术还没有发展到成熟状态,网络在线翻译系统转换后的译文精度较差,但是有了这种在线翻译平台,用户至少可以通过翻译了解另外一种文字信息的主题和大致内容,如果确实属于需要的信息资源,可以再请专业翻译人员进行高精度翻译。第二,在虚拟交流服务项目进行过程中,专业翻译人员以在线服务方式参与到跨语言交流过程中,为其提供必要的翻译服务。第三,专业翻译人员通过在线咨询方式，为用户解答遇到的语言文字问题。如图4-15所示的是有西藏大学信息化研究所开发的藏汉双语在线机器翻译系统。

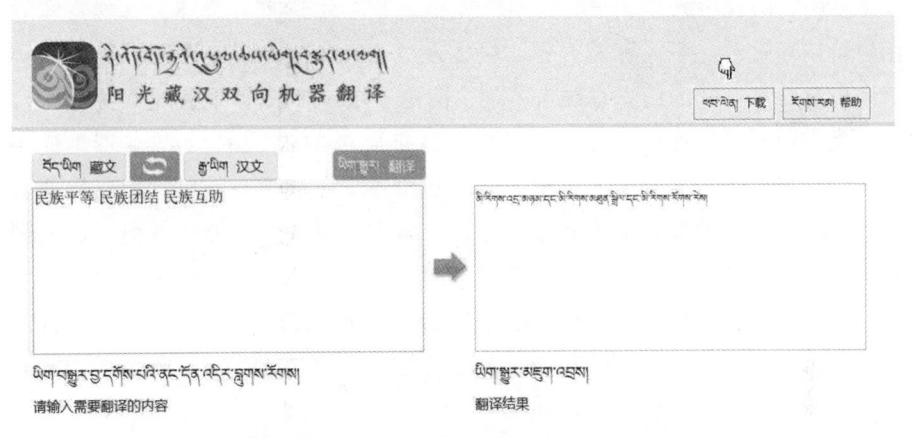

图4-15　西藏大学信息化研究所藏汉双向在线机器翻译系统

资料来源：西藏大学信息化研究所：《藏汉双向在线机器翻译系统》，http://mt.utibet.edu.cn/，2018年8月1日。

图4-15中的藏汉双语机器翻译系统可以进行藏语和汉语的双向翻译，短语翻译的准确率较高，为了帮助用户识别翻译结果的正确性，研究所还专门开发了单词拼写正确性的自动检查和纠错系统。

（八）虚拟技术服务的实现方式

多民族语言信息共享空间虚拟层的运行都是在数字环境下的，必须依托于由通信技术设施、安全基础设施、存储基础设施所构建的技术环境。虚拟技术服务就是在为信息共享空间技术体系的运行提供保障的同时，针对用户遇到的技术问题进行在线解答或者帮助解决。例如，用户在远程访问信息共享空间某项虚拟服务页面时由于技术设置的原因，页面资源不能正常显示，此时通过网络社交软件或者电话在线向技术人员求助，由机构的计算机技术人员进行在线解答。为了避免多民族语言信息共享空间虚拟技术服务提供过程中，技术人员与用户出现语言沟通障碍，最好配备即精通技术问题又具备双语交流能力的工作人员。如果没有这样的人才储备，如果遇到用户只能用少数民族语言表达的时候，可以由机构的专业翻译人员为其提供翻译服务，将用户需求转述给技术人员，同时把技术人员的解答转述给用户。与日常性交流有所不同的是，技术问题翻译涉及较多的专业术语，对于翻译人员的词汇功底和翻译经验都是巨大的考验。总之，虚拟技术服务就是在确保信息共享空间技术系统正常运行的同时，通过网络或者电话方式向用户提供的技术服务。

五 IIC-ELS 虚拟空间的集成门户

多民族语言信息共享空间为用户提供的是一站式整合服务，这就意味着用户可以通过单一服务界面方便、快捷地找到所关注的信息和服务，这就要借助信息共享空间的门户系统来实现。门户（Portal）是互联网当中为用户访问各类资源而提供的统一入口，其功能在于通过 Web Services 的虚拟集成特性，为用户构建一个囊括各类相关信息和服务的集成平台。尽管用户所能看到的信息和接受的服务实际上是由分布在多个地点的服务器和各类人员共同提供的，但是这种资源之间的"缝隙"用户是体会不到的，从用户的感觉来看就像所有的资源都集中保存在本地的巨型资源池当中一样。多民族语言信息共享空间门户系统的实现方式主要有三类。

（一）门户网站（Portal Website）

门户网站是互联网上实现资源集成的传统方式，主要通过门户网站的主页面（Home Page）将其他用于服务的页面和相关资源都链接起来，用户访问网站时首先访问的是主页面，再从主页面进入各类实现服务的二级页面。网站可以分为静态发布型和动态交互型两类，前者简称为静态网站，网站只提供机构信息共享空间的一些静态信息，供用户了解信息共享空间的概况。但是，这种网站本质只是信息传播的工具，并没有真正把后台的资源集中到主页。多民族语言信息共享空间的门户网站应该采用动态服务型网站，不仅能够通过网站浏览信息，同时可以直接通过链接访问机构内外的各类信息资源，进行信息查询、讨论交流、问题咨询、网络学习等在线活动。多民族语言信息共享空间依托机构的类型不同，其门户系统的特点就会有所不同。图书馆 IIC-ELS 通常都会建有门户网站，通过门户网站向用户介绍图书馆的馆藏分布、服务指南、读者活动等内容，通常都会设置资源的集成检索界面，只需要输入一次检索词，就可以检索到所有馆藏资源和相关的外部资源的目录信息，真正做到"一站式"，如图 4-16 所示为广西壮族自治区图书馆门户网站首页。

（二）IIC-ELS 移动门户 App

随着移动互联网的到来，用户信息浏览和阅读的界面迅速由 PC 端向移动通信设备端迁移。虽然通过手机、平板电脑等移动通信工具也能进行多民族语言信息共享空间门户网站的浏览，但是网站在界面设计方面可能没有充分考虑到在移动端阅读的需求，例如，屏幕文字过多、字号过小等导致阅读不方便。为了解决这一问题可以专门设计开发 IIC-ELS 的移动 App 软件，用户

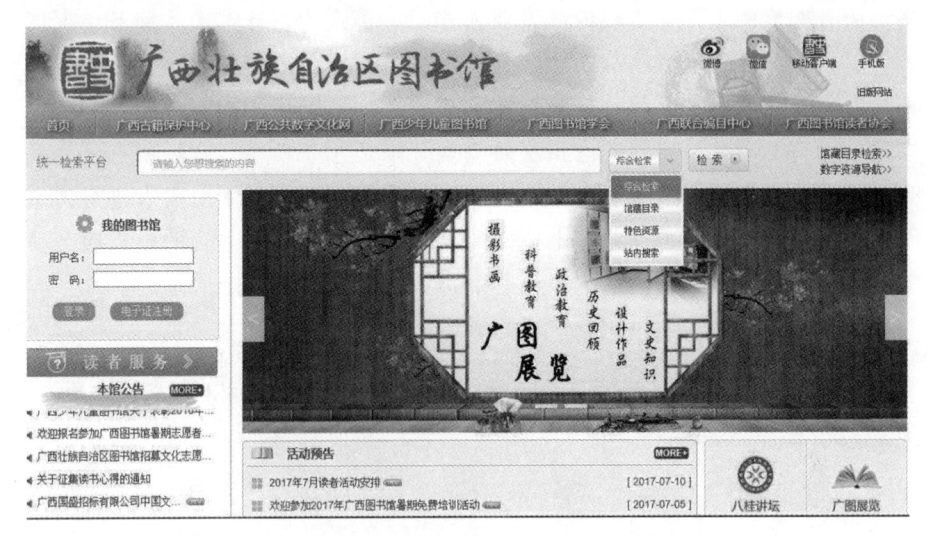

图 4-16　广西壮族自治区图书馆门户网站首页

资料来源：广西壮族自治区图书馆门户网站主页，http://www.gxlib.org.cn/，2018年8月1日。

下载安装以后就可以在手机桌面上看到专用图标，打开就可以浏览相关信息、使用信息共享空间提供的各类服务。

（三）社交媒体公众号

以 QQ、微信为代表的大众社交媒体已经成为社会信息交流的重要渠道，多民族语言信息共享空间门户系统构建过程中可以借用社交媒体信息服务提供商的平台，为完成信息共享空间的虚拟信息服务、虚拟交流、虚拟培训等任务服务。微信公众号是近年来较为流行的移动端门户构建方式，民族地区公共机构可以通过申请注册公众号，进行内容推送和相关活动的组织，以集成方式为用户提供信息服务。微信公众号所能提供的信息和服务虽然没有门户网站那么丰富，但是移动端有接近用户的优势，因而同样对用户群体具有较强的影响力。

总之，多民族语言信息共享空间"虚拟层"建设的任务就是通过计算机网络实现机构内部和外部资源的虚拟集成，构建"一站式"服务门户，按照"一站式服务"和"无障碍交流"的要求，对机构实体空间的各类要素进程改造和升级，最终形成实体空间与虚拟空间高度融合、相得益彰的集成服务环境。为了论证方便，本节对多民族语言信息共享空间虚拟层的分析和介绍都属于一般性的讨论，只是对该领域所勾勒的大致框架。实践证明，信息共享空间是一个伸缩性很大的服务体系，所依托的公共文化服务机构所处行业核心服务职能的不同，机构内部专业人才、语言人才、技术人才储备情况的不同，机构领导者对待改革创新风险的态度不同等各方面的差异性都会导致机构在建设信息共享空间时采取的具体方案会有很大的差异性。这就意味着，多民族语言信息共享空间的虚拟层并没有什么适用于所有行业、所有机构的通用模式，需要机构按照信息共享空间的基本原则，在对用户需求进行透彻分析的基础上，结合本行业、本机构的实际情况制定真正适合的虚拟服务分类体系和组织体系，灵活选用各种类型的实践方式予以实现。

第五节　多民族语言信息共享空间的机构支持体系

多民族语言信息共享空间是"实体层"和"虚拟层"深度融合形成的综合服务体系，要实现两者的融合，必须依靠公共文化服务机构有效的组织和管理，其中最主要的是设计合理的 IIC-ELS 组织架构，配备高素质的人才队伍，制定体系化的服务规范与准则，倡导有利于信息资源共享的组织文化，等等。本节对从公共文化服务机构层面支持多民族语言信息共享空间建立、运行和服务的各类因素进行分析和探讨。

一　IIC-ELS 的组织架构

多民族语言信息共享空间建设的过程同时也是民族地区公共文化服务机构用信息技术驱动机构改革的过程。到目前为止，我国绝大多数地区的公共文化服务机构组织结构是按照"层级—职能"制的原理构建的，其优点是责权清晰、控制严密，特别适合落实自上而下的政策和制度，因而是一种以"行政"为核心理念的组织架构。但是，这种结构体现在公共文化服务机构当中却面临很多问题，尤其是对于用户的需求响应不及时，不利于提高公共服务的质量。多民族语言信息共享空间建设过程中，为了配合信息共享空间的建设，公共文化服务机构在组织结构上也要做出相应的调整，建立一种以"面向用户的动态协作服务体系"为核心理念的新型组织架构。尽管多民族语言信息共享空间的依托机构具有多种类型，在用信息共享空间理论指导下进行机构服务体系再造的过程中，可以采用的组织机构千差万别，但是也有一些共有的规律。多民族语言信息共享空间要体现"面向用户"的思想，在组织架构当中就要增加"用户委员会"。"用户委员会"是从用户群体当中产生的代表用户权益的部门，在公共文化服务机构当中设立常设机构，主要职责是负责调查和分析用户的需求，与公共文化服务机构就服务事宜进行沟通和协调，参与多民族语言信息共享空间重大决策的制定等。在通过"用户委员会"所体现的用户需求进入决策机制并经过信息共享空间总体负责人支持和确认之后，由信息共享空间发展规划部门制定落实决策的具体方案，再交给"IIC-ELS 运行管理部"去执行。多民族语言信息共享空间的运行以"IIC-ELS 实体空间管理部"、"IIC-ELS 信息（技术）中心"和"IIC-ELS 语言支持中心"三个机构为核心，下设咨询服务组、信息服务组、交流服务组和教育服务组当中的若干个服务组。上述结构如图 4-17 所示。

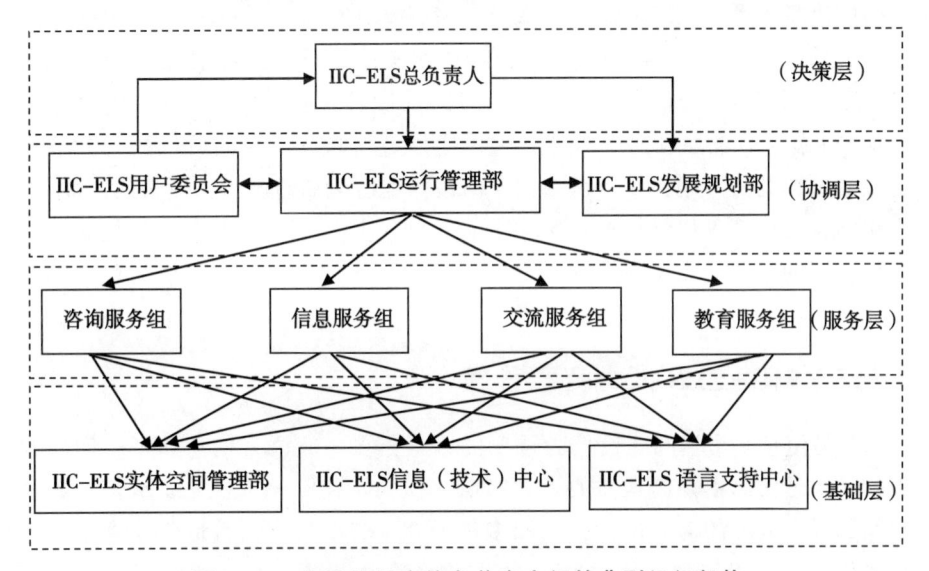

图 4-17　多民族语言信息共享空间的典型组织架构

图 4-17 中，IIC-ELS 实体空间管理部主要负责机构实体建筑空间的运行和维护，IIC-ELS 信息（技术）中心主要负责多民族语言信息共享空间虚拟层的构建与管理，同时为机构其他部门、用户群体提供信息技术支持服务；IIC-ELS 语言支持中心主要为信息共享空间当中各个服务组涉及的线上、线下跨语言信息共享提供人力资源或者语言技术支持。咨询服务组、信息服务组、交流服务组和教育服务组根据 IIC-ELS 运行管理委员下达的工作目标和工作任务，通过与 IIC-ELS 实体空间管理部、IIC-ELS 信息（技术）中心和 IIC-ELS 语言支持中心的协调联络共同完成预定服务体系的构建。

多民族语言信息共享空间的管理机构总体上分为"决策层"、"协调层"、"服务层"和"基础层"四层。"决策层"就是多民族语言信息共享空间的总体负责人，由于机构信息共享空间与机构具有同一性，公共文化服务机构的负责人自然就成为该机构 IIC-ELS 的负责人。"协调层"由"IIC-ELS 用户委员会"、"IIC-ELS 运行管理部"和"IIC-ELS 发展规划部"组成，负责落实信息共享空间的决策，将其转换为具有可行性的实施方案。"服务层"由咨询服务组、信息服务组、交流服务组和教育服务组构成，其功能为落实运行管理部下达的任务和目标。基础层由"IIC-ELS"实体空间管理部、IIC-ELS 信息（技术）中心、IIC-ELS 语言支持中心构成，负责为整个信息共享空间的运作提供实体空间、虚拟空间以及跨语言服务支持。按照该架构的设计原理，公共文化服务机构通过用户委员会所了解的用户需求进入信息共享空间的决策体系，最终通过各个服务服务组的工作得以实现，且各服务组之间的关系并不是完全固定的，会随着服务项目、服务内容的变化由"IIC-ELS 运行管理部"进行动态协同和调度，因而同时体现了"面向用户"和"动态协作"的管理理念。当然，多民族语言信息共享空间所依托的公共文化服务机构类型不同，在组织结构方面进行重组面临的挑战各不相同。而且，组织结构设计不仅仅是机构内部事务，还涉及其与上级、下级单位之间关系如何协调的问题，需要在发挥信息共享空间优势的同时，找到较为稳妥的衔接方案。

二 IIC-ELS 人力资源管理

人是信息共享空间建设最为重要的因素，多民族语言信息共享空间的建设和成功运营离不开高素质的人才团队。公共文化服务机构需要从信息共享空间建设对人才的需求出发，采取多种措施，为多民族语言信息共享空间建设提供人才保障。多民族语言信息共享空间建设需要的人才主要包括以下类型。

（一）信息资源管理类人才

信息资源管理类人才是多民族语言信息共享空间当中从事纸质和数字信息资源管理和服务的专业人才，通常需要其已经掌握管理学、信息资源管理、管理信息系统等方面的基础理论和基本知识，受到过信息资源组织和文献信息整理分析方法的系统训练，具备系统化的信息技术知识与应用能力，具备各类信息资源进行收集、整理和开发利用的系统化知识与能力。对于图书馆、档案馆等具体的公共文化服务机构而言，信息资源管理类人才还需要掌握该领域信息资源管理的特点，熟悉该领域的法律法规和标准规范，能够为用户提供达到专业化水准的信息资源服务。

（二）管理咨询类人才

管理咨询类人才是在多民族语言信息共享空间当中为用户提供各类咨询

服务的专业人才。管理咨询类人才分为两种，一种是提供某专业领域知识咨询的人才，另一种是在信息共享空间当中为用户提供业务咨询的工作人员。专业咨询类人才应当具备扎实的专业功底，系统学习过信息资源管理类理论或者与机构核心职能相关的力量知识，同时对实践领域的发展动态有着较为全面系统的认识，能够快速判断用户咨询问题背后的症结，从而为其进行解答或给出解决问题的建议方案。除了专业知识和技能之外，从事咨询服务的人员还应该掌握较为丰富的人际交流技巧和经验，熟悉咨询服务当中用户的心理特征，能够采取有效的回应方式，满足用户的需求。业务咨询服务人员需要对机构的核心业务了如指掌，同时具有耐心和敬业精神，在提供咨询服务过程中做到心态平和、不急不躁。

（三）教育服务类人才

教育服务类人才主要是多民族语言信息共享空间当中的用户教育服务而开展工作的，其核心任务是通过在实体空间和网络空间进行相关领域课程的讲授和学习，提高用户的语言素养、技术素养和文化素养。教育服务类人才可以分为语言类培训教师、技术类培训教师和文化类培训教师三种类型，其中语言类培训教师要求在语言文字学习和应用方面具有扎实的功底，同时也有丰富的教学培训经验，了解用户培训工作的特点，能够根据学员的实际情况因材施教，使其通过培训活动真正得到提升；技术类培训教师通常需要有较扎实的专业技术功底和较强的动手操作能力，在教学活动中能够通过实战方式，提高用户的技术操作和实践能力；文化类培训较少通常要求在某一文化领域有着长期的学术积累，同时具有较强的口头表达能力，能够激发用户学习文化知识的兴趣。

（四）语言服务类人才

语言类人才是多民族语言信息共享空间建设的核心要素，多民族语言无障碍沟通环境的形成离不开高素质的双语人才的支持。多民族语言信息共享空间建设过程中需要的语言人才通常是指系统学习过某一特定语种少数民族语言，能够流利应用该语言进行阅读、写作和交流。同时，国家通用语言文字应用水平也相对较高，可以较为顺畅地进行国家通用语言文字和少数民族语言文字的双向翻译。此外，除了满足多民族语言信息空间人工翻译工作的需求，在国家通用语言文字和少数民族语言文字双语机器翻译开发中，也需要语言服务类人才的支持，例如具备利用语料库、多语言本体等语言资源开发多语言信息系统的能力。

（五）技术服务类人才

多民族语言信息共享空间建设过程中需要大量的技术类人才，其中最主要的负责信息共享空间信息中心建设和维护的信息技术类人才。技术服务类人才通常需要系统学习计算机科学与技术方面的基本理论和基本知识，接受从事研究与应用计算机的基本训练，具有研究和开发计算机系统的基本能力，能够胜任计算机网络、软硬件设备的运行管理、故障检测、维护维修等工作。同时，技术服务类人才还应当具备将计算机技术、网络技术与公共文化服务机构核心业务相融合的能力，可以应用现代信息技术帮助用户解决遇到的问题。

人才缺乏是民族地区各类机构普遍存在的问题，为了保障多民族语言信息共享空间的人才需求，民族地区公共文化服务机构可以从以下方面采取措施。第一，有针对性地开展工作人员的培训工作，以在职人员岗位培训、新员工入职培训、老员工知识更新培训等形式提高机构工作人员整体工作能力和水平，尤其是要满足多民族语言信息共享空间建设对工作人员知识和技能的新要求。第二，针对专业双语翻译人才队伍建设需求，可以按照由相关院校进行定向培养方式，逐步建设扩充高素质双语人才队伍的规模。第三，与区域内其他机构签订人才共享协议，开展部门专业领域高水平专业人才的共享，充分利用网络优势，开始在线虚拟翻译、在线虚拟教学、在线虚拟咨询等形式的远程服务。第四，开拓用人渠道，除了提高机构内部工作人员的整体实力和水平之外，可以通过多种形式补充多民族语言信息共享空间建设的人才缺口，例如面向社会招聘合同制工作人员、向社会征集双语志愿者、招募实习生等。总之，公共文化服务机构应该根据多民族语言信息共享空间建设的人才需求，在实现内部人力资源优化组合、提升内部工作人员的整体水平的前提下，同时积极开拓用人渠道，通过与外部机构实现高水平人才共享、招募制合同制工作人员、志愿者、实习生等方式，为信息共享空间的人才需求提供保障。

三 服务规范与准则

多民族语言信息共享空间是以用户为导向构建的综合服务体系，为保障服务质量的稳步提升，需要制定相关的服务规范与准则，对服务环境、服务设施、服务过程、服务行为、服务语言、服务环境等因素做出相对清晰、明确的要求。公共文化服务机构可以在多民族语言信息共享空间建设过程中，参考国家相关机构制定的服务规范，制定适用于本机构的服务规范与准则。现对我国主要公共文化服务机构建设和服务标准情况做出概要梳理。①公共图书馆服务规范。例如，图书馆IIC-ELS建设过程中可以参照国家标准

《GB/T 28220—2011 公共图书馆服务规范》的要求做好服务资源建设、服务效能建设、服务宣传和服务监督与反馈等方面的工作。《公共图书馆服务规范》指出，公共图书馆服务应体现以人为本的原则，通过就近、便捷、可选择、温馨的服务，不断改进服务质量，统筹兼顾服务资源、服务效能、服务宣传、服务监督与反馈，促进服务的全面协调可持续发展。①《公共图书馆服务规范》对少数民族地区公共图书馆的服务要求也做了明确规定，例如，公共图书馆应配备数量适宜的工作人员。具有相关学科背景的专业技术人员应占在编人员的75%以上，少数民族自治地区公共图书馆要配备熟悉少数民族语言文字的专业技术人员。少数民族集聚地区的各级公共图书馆应承担该地区少数民族文字文献资料的收藏和服务的职能。其他地区各级公共图书馆也应收藏与本地少数民族状况相适应的少数民族语言文献。公共图书馆导引标识系统应使用标准化的文字和图形建立，通用符号根据需求可采用双语或多语言对照。因此，《公共图书馆服务规范》有关少数民族文字的相关条款，明确了民族地区公共图书馆在少数民族文字文献资料收藏、服务方面的职能，也为民族地区图书馆多民族语言信息共享空间的建设提供了制度依据。②博物馆服务标准。国务院2015年颁布实时的《博物馆条例》对博物的社会服务活动做了如下规定：博物馆应当根据自身特点、条件，运用现代信息技术，开展形式多样、生动活泼的社会教育和服务活动，参与社区文化建设和对外文化交流与合作。国家鼓励博物馆挖掘藏品内涵，与文化创意、旅游等产业相结合，开发衍生产品，增强博物馆发展能力。国务院教育行政部门应当会同国家文物主管部门，制定利用博物馆资源开展教育教学、社会实践活动的政策措施。博物馆应当对学校开展各类相关教育教学活动提供支持和帮助。②博物馆应当发挥藏品优势，开展相关专业领域的理论及应用研究，提高业务水平，促进专业人才的成长。博物馆应当为高等学校、科研机构和专家学者等开展科学研究工作提供支持和帮助。因此，博物馆不仅仅是一个提供藏品展示的场所，它同时是促进文化和知识传播与交流的空间，要承担社区文化、教学培训、社会实践、科学研究、文化创意、旅游规划等多方面的职能。博物馆多民族语言信息共享空间建设过程中，要摒弃只关注陈列展览，而忽略其他功能的做法，从实体空间的功能划分入手，为用户到博物馆开展与展品

---

① 王世伟：《关于〈公共图书馆服务规范〉编制的若干问题》，《中国图书馆学报》2011年第3期。

② 《博物馆条例》，中华人民共和国中央人民政府官网，http：//www.gov.cn/zhengce/2015-03/02/content_ 2823823.htm，2018年8月1日。

主体相关的教育、科研、产业和社区文化活动提供必要的支持。同时，要发挥现代信息技术的优势，促进博物馆相关群体之间的沟通交流，促进博物馆文化创意产品和设计与开发，形成博物馆与所在地区社会生活相互融合、良性互动的局面。我国民族地区有着丰富灿烂的文化资源，民族地区博物馆应当主动作为，将博物馆信息共享空间建设成为促进当地文化事业和文化产业协同发展的孵化器。③文化馆服务标准。2016年8月，国家标准《GB/T 32939—2016文化馆服务标准》颁布，对文化馆服务条件、服务能力和服务水平的基本要求做了明确规定，是文化馆公共文化服务绩效评价的重要依据。《文化馆服务标准》指出，文化馆的服务对象包括所有公众。应注意开展少年儿童的文化艺术活动，并努力满足残障人士、老年人、城市低收入者、进城务工者、农村和边远地区公众的文化艺术需求。在文化馆人员配备方面的规定：文化馆应当配备与其工作职责相适应的专业技术人员和管理人员。文化馆应配置音乐、戏剧、舞蹈、美术、数字化服务等专业技术人员，并根据工作需要配备非物质文化遗产有关专业技术人员。少数民族自治地区文化馆应配备熟悉少数民族语言文字的专业技术人员。对文化馆数字服务方面规定：文化馆应利用互联网等信息技术手段和载体，开展数字文化馆建设，实现信息服务，开发艺术鉴赏、展览以及远程艺术培训和辅导等数字化服务功能。文化馆网站信息服务内容至少一个月更新一次。艺术鉴赏、展览、演出及艺术评比活动、艺术培训和辅导等数字文化服务内容应不断调整、充实、更新。①《文化馆服务标准》对文化馆信息共享空间建设的支持主要体现在以下方面。第一，明确了公共文化馆服务的公共属性，强调文化馆是为社会成员提供无差别文化服务的场所，服务对象覆盖到所在地区所有居民，尤其是要有针对性地为一些弱势群体开展文化服务，这就要求民族地区公共文化服务机构的工作要有主动性，要考虑到民族地区居民居住分散的特点，利用信息技术的传播优势，满足农牧区居民的精神文化需求。第二，明确规定文化馆必须配备专门从事数字化服务的专业技术人员，将数字化服务作为公共文化馆工作的重要内容，利用互联网等信息技术手段，实现远程信息服务、艺术鉴赏和文化辅导等功能，这与信息共享空间建设的思路是完全契合的。第三，明确规定民族地区文化馆必须配备熟悉少数民族语言文字的专门人才，这为文化馆多民族语言信息共享空间跨语言信息共享体系的建立提供了制度保障。

---

① 国家质量技术监督局、国家标准化委员会：《GB/T 32939—2016文化馆服务标准》，2016年8月29日发布，自2017年3月1日起实施。

此外，我国部分地方政府研究制定了博物馆、纪念馆、美术馆等行业的地方性服务规范，例如，北京市文物局2011年颁布了《博物馆接待服务规范》，上海市2015年推出《博物馆、美术馆服务规范标准》等，对于博物馆、纪念馆、美术馆等机构的用户接待、服务流程、藏品展示、专业讲解等方面的要求做了规定，这些标准和规范性文件对民族地区公共文化服务机构多民族语言信息共享空间建设具有重要的借鉴意义。

四　组织精神与文化

多民族语言信息共享空间建设是民族地区公共文化机构在信息技术驱动之下进行的机构再造，除了虚拟层的资源数字化整合与实体空间的升级改造之外，决定机构信息共享空间建设能否取得成功的关键还有组织内部的精神和文化。有的组织成员没有从思想上接受信息共享空间所倡导的价值体系时，尽管机构的基础设施和技术水平已经具备，但是工作人员会缺乏对所从事工作的认同，会导致信息共享空间无法实现预期的效果。所谓组织精神与文化，就是组织成员在长期的实践中摸索和形成的价值观、情感与态度的总和，是使一个社会组织与其他社会组织相互区分的重要因素。组织精神和文化的形成与其发展历程相关，但是一旦形成并被加以总结形成体系化表述的时候，它就会具备一定的独立性，会对组织成员的行为形成一定的制约作用，从而使组织文化得到进一步强化。

多民族语言信息共享空间的建设需要民族地区公共文化服务组织的所有成员要认同并实践以下的价值体系。

（一）"以人为本"

所谓以人为本就是公共文化服务机构在决策和管理过程中要理解工作最终的目的是什么。以公共图书馆为例，判断某一所公共图书馆建设运营是否成功的标准不是看其建筑空间有多大，藏书量有多少，拥有哪些先进的设施和设备，而是看图书馆所有的空间资源、文献资源、技术资源、人力资源融合在一起的时候，是否能够真正为用户提供更好的服务。作为公共服务类机构，要认识到图书馆存在和运行的合法性就在于图书馆为社会创造了价值。如果图书馆的藏书和其他服务没有用户使用，那么藏书管理再好、技术设施再先进也就失去了价值，且投入成本越高，意味着造成的社会资源浪费越严重。因此，公共文化服务机构的工作人员必须明确用户对于整个组织生存和发展的意义，实际上用户并不是公共服务机构的管理对象，而是机构存在的逻辑前提。用户进入公共文化服务机构接受服务是基本的公民权利，尽最大的可能帮助用户解决问题是所有公共服务机构工作人员的使命所在。总之,在公共服务类机构工作,一定要"眼里有人",以为用户服务为最高宗旨,而不能本末倒置去片面追求藏书量的大小和图书馆基础设施是否现代。

(二)"开放包容"

作为公共文化服务机构,其基本职责就是为社会提供基本文化服务,而这种服务是具有"非排他性"的。公共文化服务机构的工作人员必须意识到整个机构的运行都是要依靠财政资金,来源于企业和个人缴纳的税款。因此,公共文化服务机构所提供的服务对象是不能设置任何条件的,任何机构或个人都不能以用户的年龄、学历、经济状况、社会地位等因素将一部分人排除在服务对象之外,更不能以服务的民族、种族、肤色、语言、宗教等因素拒绝对某些群体提供服务。在对服务对象不设限的同时,公共文化服务机构还要主动作为,积极为儿童、老年人、残疾人等群体提供服务。例如,机构应该为盲人提供盲文阅读服务,在机构空间设计时考虑行动不便的社会群体如何无障碍接受服务的问题,例如设置盲道、残疾人专用电梯等。这一点对民族地区公共服务机构尤为重要,尽管进入公共服务机构寻求服务的用户群体在文化素质、技术能力、语言能力等方面都还有待提高,为其提供服务意味着更多的付出和组织协调工作,但这是公共文化服务机构的责任所在,公共文化服务机构有义务帮助他们更好地获取信息和服务。

(三)勇于创新

信息共享空间建设意味着用信息技术集成资源,也意味着用信息技术改造传统服务空间,之前已经运行数十年之久的业务流程可能会因此而被彻底改变。以图书馆为例,当自助式图书馆借阅和归还设备发明和应用以后,之前已经存在几十年的图书馆流通服务岗位就会因此消失,类似的还有读者自动办证系统使以前的办证业务流程也被取代。但是,创新是信息时代的主题,以互联网为代表的现代信息技术无时无刻不在改变我们的生活,接受变化、习惯变化可能是这个时代生存的基本状态。信息共享空间建设是实现公共服务机构发展模式转型的重要机遇,只有顺应信息时代公共服务机构发展的趋势,在传统服务当中尽可能多地融入信息化元素,组织才能跟上时代的步伐,不被潮流淘汰。当然,任何改革与创新都意味着对原有模式和格局的调整,甚至会在原有秩序被破坏而新秩序尚未建立时带来一段时间的无序,但是这些都是创新的必然挑战。只有敢于迎接新技术、新文化的挑战,拥抱创新,拥抱变化,在重组过程中实现升级换代,组织才能真正具有长久的生命力。

(四)止于至善

公共服务机构信息共享空间建设并不是一次性工程,而是一个持续性改进和提高的过程。在多民族语言信息共享空间实体空间和网络空间基础设施建设完成之后，并不意味着信息共享空间建设已经成功，只是表明信息共享空间已经具有基础的实体和虚拟架构，接下来需要结合空间规划的内容对每一项服务进行细化和深化，能够为用户提供精细化的服务。例如，如果用来为用户提供跨语言翻译服务的技术系统精度不够，翻译结果不能令人满意，则要进一步进行分析研究，尽可能使跨语言服务精度有所提高。此外，如果由于人力资源有限等原因造成信息资源双语著录"粒度"过大，则应该继续深化，争取用更小的"粒度"，对信息资源进行更为详细深入的著录。

总之，多民族语言信息共享空间建设过程中，民族地区公共文化服务机构需要将职业道德规范、核心价值观、团队协作精神与信息共享空间所倡导的"以人为本、开放包容、勇于创新、止于至善"的理念结合起来，形成全员支持创新的良好氛围。

第六节　多民族语言信息共享空间的区域支持体系

多民族语言信息共享空间建设是涉及多个层面的复杂性工程。受到民族地区经济社会发展阶段的限制，通常情况下，公共文化服务机构的人力资源、技术资源、语言资源相对其他地区而言较为缺乏，仅仅依靠机构自身的力量实现高水平跨语言服务还存在诸多挑战。如果能够从所在语言区域获取必要的支持，则可以大幅度降低信息共享空间在民族地区公共文化服务机构推广的难度，加快我国多民族语言广域信息共享空间实现的进度。本节在分析区域双语信息交流支持体系功能定位的基础上，分别从技术和制度两个方面探讨区域双语信息交流支持体系的主要内容。

一　区域双语信息交流支持体系的功能定位

双语信息交流支持体系的建设主体是分布在我国民族地区的各双语信息共享区域，而这种语言区域是在长期的历史进程中自然形成的，与现有的行政区域并不完全对等。例如，藏语是我国藏族人口的传统民族语言，但是藏语的分布区域并不限于西藏自治区。除了西藏自治区，青海省的海北藏族自治州、黄南藏族自治州、海南藏族自治州、果洛藏族自治州和玉树藏族自治州，甘肃省甘南藏族自治州，云南省迪庆藏族自治州，四川省甘孜藏族自治州、阿坝藏族自治州，都大量分布着使用藏语的人口。我国蒙古语的使用人口主要分布在内蒙古自治区,此外青海省的海西蒙古族藏族自治州、新疆维吾尔自治区的巴音郭楞蒙古自治州也以蒙古语作为传统民族语言。维吾尔语、哈萨克语、柯尔克孜语的使用人口主要分布在我国的新疆维吾尔自治区。壮语是我国壮族的传统民族语言,主要分布在我国广西壮族自治区、云南省文山壮族苗族自治州等地。朝鲜语在我国的分布区域主要是吉林省延边朝鲜族自治州、长白朝鲜族自治县。彝语的使用人口主要分布在四川省的凉山彝族自治州、云南省的楚雄彝族自治州、红河哈尼族彝族自治州等地。傣语主要分布在云南省的西双版纳傣族自治州、德宏傣族景颇族自治州等地。由此可见,我国少数民族语言文字分布区域呈现出多样化特征,涉及的行政级别包括了自治区、自治州、自治县等各种情况,这就决定了要建立区域性的语言文字共享协作组织,必须参考行政级别因素,建立只以语言文字使用情况作为划分依据的协作区域。由于我国使用人口较多的少数民族语言大多具有跨行政区域的特征,要完成区域双语信息共享空间的构建工作,显然不能只依靠政府的行政力量去推动,而是要由各民族自治地方本着平等自愿、互惠互利的原则,自下而上地构建类似语言文字工作协作联盟的机构。目前,我国已经建立并成功运转的跨地区民族语言协作组织主要有两个:一是蒙古语八省区协作委员会,简称"蒙八协";二是藏语文五省区协作委员会,简称"藏五协"。上述机构在少数民族语言文字报刊发行、教材编写、语言文字标准化和规范化、语言文字人才培养等方面已经开展了广泛的合作。多民族语言信息共享空间建设需要建立由区域内公共文化机构自愿参加的超越行政层级的协作组织。

  区域双语信息共享支持体系是参照国家多民族语言信息共享战略体系的需求在现有行政层级之外增设的一种区域信息共享协作组织,可以在现有民族语言文字工作机构、公共文化行政机构及其他相关机构的基础上,按照平等协商、自愿协作、互利互惠、共同发展的原则进行筹建,通常分为以下几种情况。①语言区域大于行政区域的以使用人口最集中行政区域的民族语文工作机构、公共文化行政机构牵头建立协作组织,其他机构和地区民族语言文字工作机构作为成员加入,区域双语信息共享支持体系涉及的办公机构和各类基础设施建设也可以在该行政区域中心城市进行建设。例如蒙古语使用区域涉及 8 个省区,但是以内蒙古自治区为核心,则可以由内蒙古自治区民族语文工作委员会、区文化厅等单位牵头筹建蒙古语信息共享协作组织,协作组织的管理和技术支持中心可以设在内蒙古自治区的呼和浩特市。与之类似的是藏语信息共享区域覆盖到 5 个省区,但是以西藏自治区为核心,可以由西藏自治区民族语言文字工作委员会、区文化厅等单位牵头建立藏语信息共享协作组织,机构的管理和技术支持中心可以设在西藏自治区的拉萨市。②语言区域与行政区域大致相当的,由行政区域民族语言文字工作机构承担区域双语信息共享协作组织的职责。例如,柯尔克孜语的使用人口主要分布在新疆维吾尔自治区的克孜勒苏柯尔克孜族自治州,则由克孜勒苏自治州民族语言文字工作委员会、州文化局等机构承担区域双语信息共享协作组织的职责,区域协作组织管理和技术支持中心可以设在克孜勒苏自治州的阿图什市。③同一少数民族语言文字使用区域内部由最高行政级别的民族语言文字工作机构、公共文化行政机构联合其他相关单位构建区域双语信息共享协作组织,例如,广西壮族自治区各级政府都有负责民族语文工作和公共文化行政的专门机构,但是要以自治区民族语言文字工作委员会、自治区文化厅作为核心成员,联合其他机构成立壮语信息共享协作委员会。上述区域双语信息共享协作组织的筹建要按照自下而上的原则,由相关机构就协作内容达成共识后报国家民族事务委员会批准。根据第三章所做的战略规划,我国多民族语言信息共享的核心战略是构建"以国家通用语言文字为核心的多民族语言信息资源共享体系",如图4-18所示。

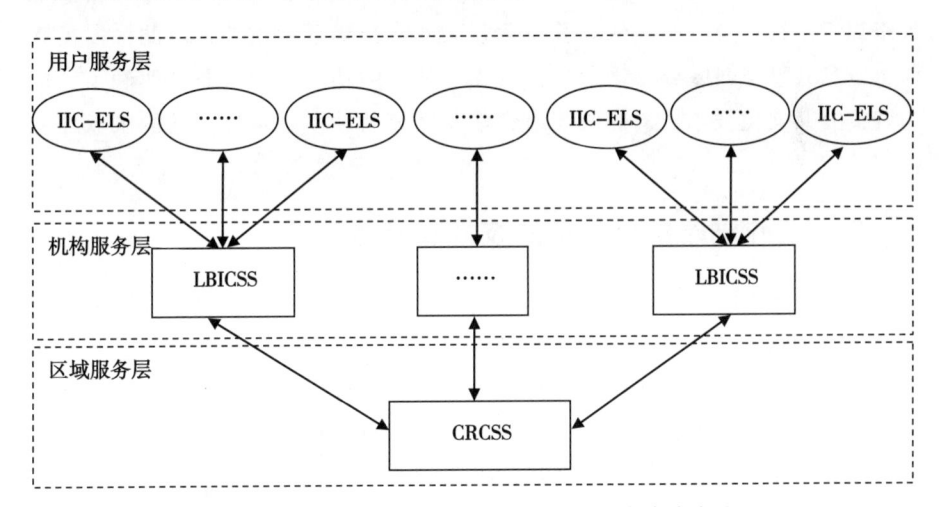

图 4-18　区域双语信息交流支持体系的功能定位

该体系由三个层面构成:第一,国家层面的多民族语言广域信息共享空间,主要由若干个分布在全国各少数民族语言文字使用区域的双语信息共享空间和跨区域协作支持体系构成;第二,区域层面的双语信息共享空间由分布在区域内的若干个公共文化服务机构多民族语言信息共享空间和区域双语信息交流支持体系构成；第三，机构层面的多民族语言机构信息共享空间是基于机构自身资源、区域共享资源和国家共享资源为用户提供多语言服务的综合服务环境。图4-18中，"用户服务层"、"机构服务层"和"区域服务层"三个层面是相互支撑、紧密联系的有机整体；分布在各民族地区的多民族语言机构信息共享空间是用户界面；区域双语信息共享空间实现本地支持；多民族语言广域信息共享空间实现跨区域支持，最终目的是为用户提供高质量的多语言信息服务。多民族语言信息共享空间的服务体系由三个层面构成。机构多民族语言信息共享空间是为民族地区使用不同语言文字、具有不同语言文字应用水平的用户群体直接提供服务的，是多民族语言信息共享空间的"用户服务层"。区域双语信息交流支持体系是为区域内的多民族语言机构信息共享空间提供服务的，是将同一语言区域内具有共性的问题集中到区域层面上集中解决，以数字化方式向多民族语言机构信息共享空间提供服务，从而使各机构的多民族语言信息共享空间建设能够站在相对较高的起点上，不用从零开始进行相关技术系统的开发。跨语言协作支持体系则是为各语言区域服务的，主要通过网络平台实现各类资源的交叉匹配，各取所需，互助互惠。因此，用户进入民族地区公共文化服务机构所能享受到的服务其实不仅仅来源于机构本身，而是依靠其身后强大的支持体系完成的。由此，多民族语言信息共享空间区域双语信息交流支持体系的功能定位就非常明确了，即为各类公共文化服务机构提供跨语言信息交流共性问题解决方案的区域性协作组织。

二 区域双语信息共享的技术支持体系

根据多民族语言信息共享空间跨语言服务功能的实现需要，可以由区域双语信息交流支持体系共同提供的技术系统服务主要有区域双语信息共享基础设施平台、区域数字文化信息资源集成共享平台、区域数字文化云计算平台、区域人力资源远程协作支持平台、跨区域数字化协作支持平台等，以下对上述每项功能的实现原理作概要介绍。

（一）基于"群体智慧"的区域双语信息共享基础设施平台

民族地区公共文化服务机构多项服务功能需要区域内的双语信息交流支持体系提供当地少数民族语言文字和国家通用语言文字双向在线信息处理的技术支持，例如将国家通用语言文字翻译成为少数民族语言文字，或者将少数民族语言文字翻译为国家通用语言文字。由于语言文字信息处理和机器翻译的复杂性，高水平的机器翻译系统建设需要大规模的语料库和其他语言资源的支持，而任何一个深度标注的语料库建设都需要较长的时间，在大规模团队的集体工作之下才能实现。显然，民族地区公共文化服务机构的核心职能是为公共文化服务，通常情况下，语言文字工作人才的数量非常有限，凭借机构自身的力量来开发高水平的双语信息处理系统难度较大。如果区域双语信息交流支持体系可以将分散在各公共文化服务机构中的人力资源、语言资料集成起来，就可以在相对较短的时间内完成大规模语料库建设，上述过程就是"群体智慧"的一种实现方式。

"群体智慧"（Collective Intelligence）并不是一个新词，在计算机网络出现之前，国外有多位生物学家就在观察生物群体生存模式的时候探讨过类似的问题。例如，生物学家在观察蚂蚁种群的时候发现了一个有趣的现象，从表面上看，蚂蚁种群由一个个的个体组成，似乎每个个体都是独立的，可以与其他个体相互区分的，然而仔细观察就会发现，每个蚂蚁都有集体协作行为的存在，就类似于更大生物体的一个个细胞，这些个体通过协作组成了一个更大的"超有机体"。20世纪末期以后，随着计算机网络的出现，如何利用计算机网络实现人类智慧的集成开始得到多个领域学者的关注，而这个领域最成功的应用案例就是维基百科。维基百科（Wikipedia）是一个以强调"自由内容、协同编辑"（Collaborative Editing）为主要生成方式的多语言版本的网络百科全书，该网站以互联网作为媒介而扩展成为一项基于Wiki技术发展的世界性百科全书协作计划。维基百科由非营利性质的维基媒体基金会负责相关的发展，其内容并不是由某个专业机构的工作人员来提供，而是由来自世界各地的志愿者合作编辑而成。维基百科的内容与规则由志愿者所共同决定，维基媒体基金会大多仅作为辅助的角色，不干涉百科全书的内容。访客只需要依据方针，便能够改善维基百科、修正百科解释。任何年龄、来自何种文化或社会背景的人，都可以参与维基百科的编辑。任何人只要能连上互联网都可按下"编辑"的链接来修改多数条目的内容，而世界上的确有上百万人正在这么做。每个人只需要符合维基百科的编辑方针，都能够自由添加信息、参考资料或者是注释。[①]

"群体智慧"的另外一项应用就是"众包"（Group Souring）的出现。所谓"众包"就是将原来需要由少数个体经历较长时间才能完成的任务，通过互联网提交给众多的人在短时间内共同完成。例如，国内的"译言网"就是一个典型的网络翻译社区平台，在线注册的翻译人员已经超过50万人，成立

[①]《自由的百科全书》，维基百科官网，https://www.wikipedia.org/，2018年8月1日。

9 年来通过集体协作式翻译方式已经完成超过 2000 个主题、35 万篇文献的英汉互译。"译言网"平台并不负责具体翻译工作的安排,而是全部借助于在线翻译人员的自组织,由翻译人员集体评价选题、推荐翻译材料、进行翻译竞赛、相互检查翻译成果、相互纠错等方式激发翻译人员参与翻译的热情,完成依靠个体短时间难以完成的任务。①

区域双语信息交流支持体系的构建也可以应用"群体智慧"模式,由分散在区域内的各类机构的语言文字工作者或者双语志愿者共同努力,协作开发区域双语信息共享基础设施平台。从技术角度而言,跨语言信息交流的关键在于构建具有足够翻译精度的机器翻译(Machine Translation)系统,而这项工作是极具挑战性的。从计算机技术发展的初级阶段开始,人类对于利用计算机技术辅助人类语言交流的探索就一直没有停止过。从 20 世纪 50 年代开始,人们希望对语言进行精确化编程,建立源语言和目标语言之间的词汇、语法和语义的数学模型,希望通过算法自动实现语义的转换,进而完成跨语言翻译的任务,这种技术被称为"基于规则"(Rule-Based)的机器翻译技术。基于规则的机器可以快速实现两种语言文字的转换,使用户从完全看不懂内容到大致明白信息资源的主题,取得一定程度的进步。然而,由于人类语言的复杂性,计算机程序无法囊括所有的语法规则和语言现象,因而早期的机器翻译成果精度很差,与原文需要表达的意思有较大差距。此后,相当长一段时间内,机器翻译技术处于低水平缓慢发展状态。直到 20 世纪 80 年代,语料库语言学(Corpus Linguistics)的出现才改变了这种局面。语料库(Corpus)是指用来采集、加工和处理语料的电子数据系统,而语料则是指经过了规范化标注的人类自然语言文字的数字化文本。语料库语言学解决机器翻译问题的思路与基于规则的方法完全不同,它主张放弃对语言结构的微观研究,而将注意力放到对语言外部规律的关注上,通过发现语言要素之间的统计学规则,辅助完成两种语言的自动化翻译。目前,语料库语言学已经成为机器翻译领域的主流方法,这种技术也被称为"基于统计"(Statistics-based)的机器翻译技术。由于语料库语言学依赖的是统计学规律,语料库规模的大小和加工深度就成为决定机器翻译精度最为关键的因素。

近年来,基于本体的(Ontologies)的机器翻译技术也取得了较大的进展,但是决定机器翻译质量的领域本体(Domain Ontologies)模型仍然是需要借助统计学规律并经过长期的进化才能完成。因此,无论是基于语料库的机

---

① 贾立平:《众包翻译模式下的群体智慧》,《中国科技翻译》2016 年第 3 期。

器翻译方法，还是基于本体的机器翻译方法，都需要积累大量的真实语料，同时由为数众多的专业人员对语料进行深度加工之后才能完成。这些工作显然不是民族地区公共文化服务机构中少数的双语专业人才能够胜任的，必须由语言文字共享协作组织从区域层面进行协同规划与推进。基于"群体智慧"区域双语信息共享基础设施平台就是要充分发挥区域内分散于各类机构的双语专业技术人才的潜力，在对区域内分散保存的语言资源进行整合和拓展的基础上，对各类语言资源进行梳理和加工，构建区域大规模语料库、本体库，为区域双语信息资源的双向翻译提供基础支撑，其实现原理如图 4-19 所示。

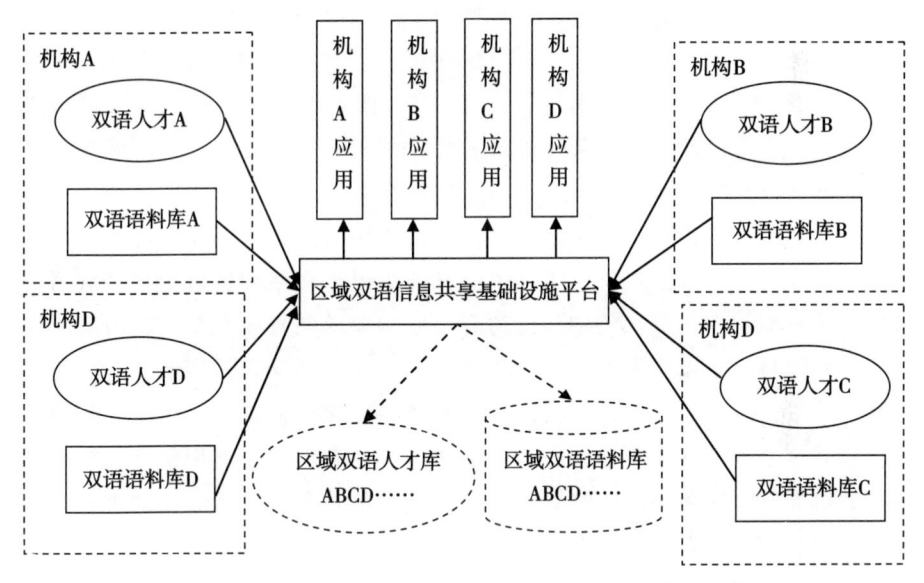

图 4-19 基于"群体智慧"的区域双语信息共享基础设施平台

图 4-19 中，由区域语言文字共享协作组织负责建立"区域双语信息共享基础设施平台"，区域内各类公共机构作为成员单位进行注册后，由机构的双语专业技术人才负责将本机构内部可以采集到的语言资源以数字化形式上传到基础设施平台，并按照区域语言文字共享协作组织制定的同一规范对这些语言资源进行标注和深度加工，经过验收合格之后进入"区域双语语料库"。在从各类机构采集到的语料库达到一定规模时，就可以发挥区域双语语料库在语言转换过程中的作用，对外提供跨语言信息服务。在区域建成大规模双语语料库的时候，就可以通过双语信息共享基础设施平台对外提供语言转换服务了。区域内的各类公共机构只需要在双语应用系统当中增加语言

转换接口模块，即可通过网络享受由双语信息共享基础设施平台提供的语言转换服务，而不用自己搭建独立的语言转换系统，也不用关心语言文字在后台转换的基本原理和技术细节。在这种环境下，区域内各机构开发双语信息系统将会变得更加容易，只需要基于双语信息共享基础设施平台，类似于"搭积木"一般开发前台应用系统界面即可。

图4-19中，每一个机构的双语专业技术人才向区域双语信息共享基础设施平台上传的语言资源规模都是有限的，对语言资源加工处理的工作量也是有限的，但是将多个机构的工作成果整合在一起的时候就能发挥出巨大的潜力，使国家通用语言文字和当地通用少数民族语言文字之间的翻译和转换可以基于大规模双语语料库进行，其转换的精度和准确性得以大幅度提高。因此，网络当中相关各方都是以相对较少的投入，获取了产出的最大化，使区域内语言资源和人力资源集成共享的"集群智慧"成为可能，同时使区域内语言资源、人力资源的潜力获得了最大化地利用和开发。此外，区域双语信息空间的建设并不是就此止步了，而是还会在平台基础上持续性增加语料的规模，增加双语语料加工的深度，使双语信息转换的精度不断提高。当区域双语语料库达到大数据规模，同时"国家通用语言文字和区域少数民族语言文字"通用双语本体模型的构建也达到了应用要求的规模和精度，国家通用语言文字和当地通用少数民族语言文字之间的双语翻译和转换就会进入智能化翻译阶段，译文的质量可以接近人工翻译的准确程度。由此可见，区域双语信息共享基础设施平台建设就是一个构建可以实现国家通用语言文字和区域少数民族语言文字双向转换的"智能系统"的过程，随着时间的推移，随着语料库规模、语料加工深度的持续增加，能够基于双语信息交流基础设施平台，实现国家通用语言文字和区域少数民族语言文字双语智能化翻译的时刻终将到来。

（二）基于OAI-PMH协议的区域数字文化信息资源集成共享平台

区域双语信息交流支持体系的核心功能是为国家通用语言文字和区域少数民族语言文字之间的双向转换提供技术支持。除此之外，区域双语信息交流支持体系的另外一个重要功能是实现区域内双语信息资源的共享，使用户在某个公共服务机构内部进行信息资源检索的时候，所能收集到的信息资源范围不再局限在机构内部，而是覆盖到整个区域加入信息资源共享协作网络所有机构的信息资源。从这个意义上来说，区域双语信息资源共享体系不仅是可检索信息资源范围的扩大，而且包括了不同行业数字化信息资源的集成，最终会带动不同领域数字化服务的融合。由前文分析可知，多民族语言信息共享空间的建设主体是民族地区公共文化服务机构，其中最有代表性的机构是公共图书馆、公共档案馆、公共博物馆、公共文化馆等机构。这些机构虽然隶属于不同的行政部门，但是其管理模式和服务理念方面有很多相似之处。公共图书馆、公共文化馆的主管机构是国家各级文化行政机构，即国家文化部、省区级的文化厅和市县级的文化局；公共档案馆的主管机构是国家档案行政机构，即国家、省区、市县各级档案局；公共博物馆的主管机构是各级文物行政机构，即国家、省区、市县各级文物局。近年来，在国家信息化建设浪潮当中，上述各类机构都建立了各自的数字化信息资源集成应用系统，例如，图书馆行业建有数字图书馆（Digital Library，DL）、档案馆行业建有数字档案馆（Digital Archives，DA）、博物馆行业建有数字博物馆（Digital Museum，DM）、文化馆行业建有数字文化馆（Digital Cultural Center，DCC）。如何在充分利用现有数字化基础的前提下，实现区域公共文化信息资源的集成共享，成为一个颇具挑战性的议题。

在国家社科基金重大课题"图博档数字化服务融合策略研究"（10ZD&134）的资助之下，笔者曾经对我国图书馆、档案馆、博物馆数字化资源的集成共享问题进行过研究，并提出了图书馆、档案馆、博物馆数字化协作的 D-LAM 框架，其核心思想如下：图书馆、档案馆、博物馆数字化要立足实际，按照集成为主、再造为辅的原则，使每个机构原有的数字化应用系统在协作当中获得强化，而不是被替代，整体上实现"1+1+1>3"的效果，为此可以借助 OAI-PMH 协议模型来实现。OAI-PMH 协议的英文全称为 Open Archives Initiative Protocol for Metadata Harvesting，简称 OAI-PMH 协议，它是一种独立于具体应用的，能够提高 Web 上资源共享范围和能力的网络信息资源互操作协议标准。[1] OAI-PMH 协议的基本思想是信息服务提供者通过收割数据提供者的元数据实现数据资源的虚拟集成，其技术原理如图 4-20 所示。

图 4-20 中，OAI-PMH 协议涉及三类角色：服务申请者、服务提供者和数据提供者。在 OAI-PMH 协议当中，服务提供者通过元数据收割程序将保存在数据提供者服务器上并将已经公开发布信息资源的元数据采集到本地，并以集成服务界面提供给服务申请者，服务申请者点击服务提供者在元数据中给出的 URL 链接，访问保存的数据提供者一方的数据。在上述过程中，从

---

[1] 赵生辉、朱学芳：《我国图书馆、档案馆、博物馆数字化协作框架 D-LAM 研究》，《情报资料工作》2013 年第 5 期。

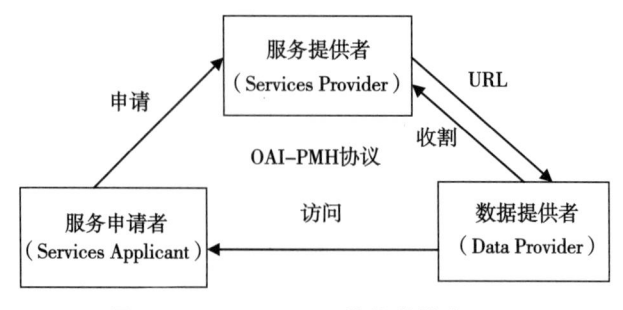

图 4-20　OAI-PMH 协议的技术原理

服务申请者角度来看，服务提供者所提供的是完整的服务，就像数据都保存在本地一样。而实际上，服务申请者所访问的数据还是来自它的原始提供者，服务提供者只是给出了数据资源的 URL 链接而已。按照这种原理，针对民族地区公共服务机构的数字信息资源，可以构建如图 4-21 所示的集成共享体系。图 4-21 中，区域数字化文化资源集成共享体系由分布在各机构内部的信息化应用体系和区域双语信息交流支持体系中心平台构成。其中，图书馆的数字化应用系统是数字图书馆 DL，档案馆的数字化应用系统是数字档案馆 DA，博物馆的数字化应用系统是数字博物馆 DM，文化馆的数字化应用系统是数字文化馆 DC，这些系统都支持其业务运行的数字资源库。在区域数字文化资源集成共享体系当中，上述数字资源库的元数据被中心平台收割，并转换为统一的 RDF（Resources Description Format）格式。接下来，参照多领域本体模型库进行语义映射，使元数据当中的所有内容都按照统一的语义参照体系，使用本体描述语言 OWL 进行标注，最后提交给用户用使用 SPARQL 语言进行语义检索。

图 4-21 中，区域数字文化资源集成共享体系中，图书馆、档案馆、博物馆、文化馆都向集成共享体系公开了机构数字资源的元数据目录，使基于元数据的全局信息检索成为可能。从用户角度来看，就像区域已经建成了一个超大规模、可以囊括图书馆、档案馆、博物馆和文化馆所有数字文化资源的超级资源库一样（如图 4-21 虚线部分所示）。而对于参与数字化协作的这四类机构而言，每个机构在维持原有数字化应用系统运行模式基本不变的情况下，可以访问的数字资源从机构内部扩大到整个区域，每个机构应用系统的实力都得到了增强。因此，图 4-21 所示的基于 OAI-PMH 的区域数字文化资源集成共享是兼顾了各机构利益和区域数字资源集成共享需求的双赢方案，每个参与协作的机构都从中获得了发展。图 4-21 中，

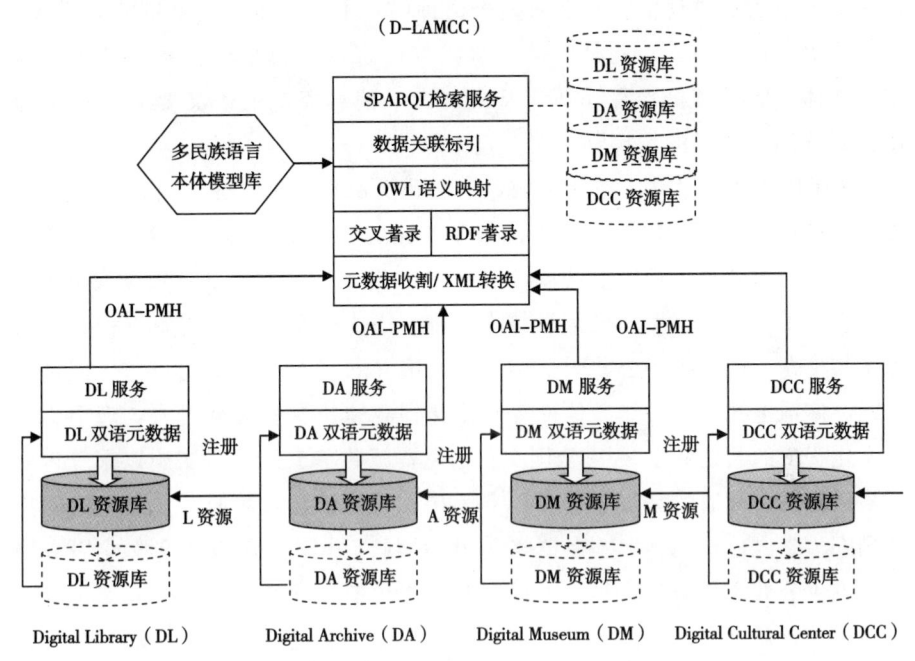

图 4-21 基于 OAI-PMH 的区域数字文化资源集成共享平台

区域双语信息资源共享是通过各个机构数字资源的双语元数据和共享中心平台的双语本体模型映射来实现的。每个机构都对本领域数字化资源进行国家通用语言文字和少数民族语言文字的双语著录，形成了双语信息资源或者双语元数据，在区域内进行集成检索时，就可以用国家通用语言文字和区域通用少数面语言文字当中的任何一个作为检索表达式的语言进行检索，得到的结果是类似的，这是基于元数据的信息检索。如果用户对跨机构信息检索的智能化水平有更高的要求，则基于双语元数据的检索就无能为力。例如，当用户以"民族"为检索词进行信息检索时，系统是无法判断用户的真实意图究竟是指"少数民族"还是"中华民族"。如果将元数据进行了语义标注，则对于同样包含"民族"这个词的文献，系统是可以识别出哪些是与用户需求相符的，哪些不是，即实现智能化的信息检索。多民族语言信息共享空间中，双语智能检索的关键在于构建"多民族语言本体模型库"，使同一语义、不同语言的词汇得到统一的语义标记。参照"多民族语言本体模型库"进行统一语义标注可以实现跨语言信息检索，使用国家通用语言文字或者少数民族语言文字当中的任何一种进行信息检索，系统会对照参照统一标准标注的语义代码，找出该词汇在另外一种语言文字当中的对应词汇,从而将多个语种同一主题的所有文献都检索出来,实现跨语言信息检索。此外,基于多民族语言本体模型库,系统还可以为基于本体的跨语言机器翻译奠定基础。由于信息资源的语义要素都做了标注,系统翻译结果的准确性也会更高。

多民族语言信息共享空间区域数字文化资源集成平台建设可以与"全国文化信息资源共享工程"等已有的数字文化资源共享项目相互结合。"全国文化信息资源共享工程"是我国政府于2002年其推动实施的一项国家级重大文化惠民工程,它应用现代信息技术,将中华优秀文化信息资源进行数字化加工与整合,依托各级公共图书馆、文化馆(站)等公共文化设施,通过互联网、广播电视网、无线通信网等新型传播载体,在全国范围内实现中华优秀文化资源的共建共享。①"全国文化信息资源共享工程"自实施以来,得到了各级党委和政府的高度重视,建立了层次分明、互联互通、多种方式并用的国家、省、地市、县区、乡镇(街道)、村(社区)六级数字文化服务网络,推进公共文化服务均等化,提升全民文化信息素质,保障广大人民群众基本文化权益等方面发挥了重要作用。与"全国文化信息资源共享工程"采用的基于行政层级建立信息共享网络不同的是,多民族语言信息共享空间区域数字文化资源共享是采用以少数民族语言使用人口分布区域为基本单位建立的文化资源共享体系,其推动机构是区域双语信息共享协作组织,侧重点是通过对区域内少数民族语言和国家通用语言文字数字文化资源的双语著录等手段,实现区域内数字文化资源的跨语言信息共享。多民族语言信息共享空间区域数字文化资源共享体系建设过程中,可以由区域语言文字共享协作组织基于OAI-PMH协议从全国文化信息资源共享工程各层级节点当中采集部分元数据,并按照双语著录原则进行加工处理之后,纳入区域数字文化资源共享的范畴,从而使各类公共文化服务机构信息共享空间通过虚拟层可以访问的数字资源更为丰富。

(三) 区域数字文化资源云计算服务平台建设

我国民族地区经济社会发展相对滞后,部分基层公共服务服务机构信息化基础较为薄弱,信息化人才数量缺乏,在建设多民族语言信息共享空间过程中面临较多的困难和阻力。利用云计算技术为基层文化服务机构提供信息化基础设施平台,就成为降低多民族语言信息共享空间建设难度的一种举措。

---

① 《全国文化信息资源共享工程介绍》,国家数字文化网,http://www.ndcnc.gov.cn/gongcheng/jieshao/201212/t20121212_495375.htm,2018年8月1日。

云计算是 2008 年以后发展起来的一种信息化基础架构,其核心思想是改变由信息化应用系统依托机构自行搭建网络环境,自行组织信息系统维护的模式,由统一的云计算中心为其提供服务,接受服务的机构只需要按照使用量付费即可。在云计算模式之下,信息化应用机构不再需要设立专门的信息化基础设施维护机构,只需要与云计算服务提供商进行简单的交互就可以完成以前需要专业的信息技术团队才能完成的任务。云计算模式使信息化应用系统依托机构可以从繁重的技术维护工作中解脱出来,将精力投放到如何更好地为用户提供服务上来。对于云计算服务提供商而言,也可以提高各类 IT 基础设施的利用率,实现资源的优化配置。云计算服务通常有三种模式:第一,基础设施即服务(Infrastructure as a Services, IaaS),即云计算服务提供商为客户提供网络和存储基础设施服务,例如网络服务器空间的租用服务;第二,平台即服务(Platform as a Services, PaaS),即云计算服务提供商为客户供软件平台服务,客户可以基于软件平台搭建自己的应用系统;第三,软件即服务(Software as a Service, SaaS),即云计算服务提供商为客户提供软件服务,客户不用购买软件只需要登录云计算服务商的软件平台,进行业务和资源的管理。多民族语言信息共享空间建设过程中,公共文化服务机构可以根据自身的实际情况,选择自行搭建网络基础设施,也可以在保障信息安全的前提下,选择适合的云计算服务提供商的平台来完成信息共享空间虚拟层的构建。由于民族地区大多数公共文化服务机构信息共享空间建设还涉及国家通用语言文字和少数民族语言文字的跨语言信息共享问题,按照平台即服务模式,基于由区域语言文字共享协作组织建立的双语信息交流基础设施平台,由公共文化服务机构搭建各自的信息化业务系统是一种比较理想的解决方案。

(四)区域双语人力资源远程协作支持平台建设

多民族语言信息共享空间是一个多层次、多机构动态协作体系,其中重要的一项协作内容就是开展跨机构的人才协作。区域双语信息共享协作组织可以建立所有加盟机构的人才资源库,将各类专业技术人才的专业背景、学科特长、专业工作经历等信息做详细记录,供所有参与协作的公共文化服务机构进行共享。当某项文化服务超出机构自身人力资源的能力范围时,机构可以通过区域双语信息共享协作体系在区域内寻找合适人选,在远程视频会议、远程网络教学等软件系统的支持之下为本地用户提供服务。因此,区域双语信息交流支持体系不仅通过计算机网络实现了"群体智慧"的聚合与集成,同时通过人才信息的共享,实现人力资源的合理调配,使资源利用效率得到优化,公共文化服务的专业化程度得到提升。

(五) 跨区域文化信息资源共享和协作支持平台建设

我国少数民族语言使用人口分布的区域性特征，使双语信息交流支持体系可以满足绝大部分用户的跨语言信息共享需求。然而，在双语信息交流支持体系之外，部分用户的跨区域文化信息资源共享需求依然存在。例如，在藏语文使用区域某公共文化服务信息共享空间服务的用户当中，有的用户出于学习或者研究的目的，需要查找同一主题以蒙古语文为记录语言的信息资源。这就要启动跨语言信息资源共享和协作机制，由国家层面上的跨区域协作支持体系在更大的范围内实现双语元数据的整合与共享，使各个语言区域的用户都能够在本地就实现全国范围内相关主题、不同语种信息资源的一体化检索，相关技术原理在本章的第七节还要做进一步探讨。

三 区域双语信息共享的制度支持体系

公共文化服务机构多民族语言信息共享空间的规划与建设需要来自国家和地方层面制度体系的支持。2010年5月，国家民族事务委员会印发了《国家民委关于做好少数民族语言文字管理工作的意见》（民委发〔2010〕53号）（以下简称《通知》），对我国少数民族语言文字工作的指导思想、基本原则、主要任务和政策措施做了全面指导。《通知》指出，要加强跨省区少数民族语言文字协作工作。跨省区少数民族语言文字协作组织的建立、办事机构的设置、具体的协作工作等，由参加协作的省区（市）协商决定。本着平等协商、自愿协作、互利互惠、共同发展的原则，充分发挥协作组织的议事协调功能，促进跨省区少数民族语言文字协作工作的可持续发展。国家民委对协作工作给予宏观指导和必要支持。[①] 上述指导意见为各少数民族语言使用区域语言文字信息共享协作组织的筹备和建立提供了政策依据。此外，各民族自治地方通过地方立法方式制定和颁布的地方语言文字工作法规也是区域双语信息共享体系建立的制度基础。从中华人民共和国成立至今，我国各民族自治地方制定的少数民族语言文字工作法规列举如下：省和自治区一级的民族语言文字工作法规主要有《内蒙古自治区蒙古语言文字工作条例》《内蒙古自治区社会市面蒙汉两种文字并用管理办法》《内蒙古自治区学习、使用蒙古语文奖励办法》《西藏自治区学习、使用和发展藏语文工作的规定》《西藏自治区学习、使用和发展藏语文工作的规定实施细则》《新疆维吾尔自

---

① 《国家民委关于做好少数民族语言文字工作的意见》，国家民族事务委员会官网，http://www.seac.gov.cn/gjmw/zwgk/2010-06-18/1276764065074843.htm，2018年8月1日。

治区语言文字工作条例》；自治州一级的民族语言文字工作法规主要有：《延边朝鲜族自治州朝鲜语言文字工作条例》《延边朝鲜族自治州朝鲜语言文字工作条例实施细则》《凉山彝族自治州彝语言文字工作条例》《甘孜藏族自治州藏族语言文字使用条例》《甘肃省甘南藏族自治州藏语言文字工作条例》《甘肃省甘南藏族自治州藏语言文字工作条例实施细则》《海南藏族自治州藏语文工作条例》《黄南藏族自治州藏语文工作条例》《海北藏族自治州藏语文工作条例》《海西蒙古族藏族自治州语言文字工作条例》《果洛藏族自治州藏语文工作条例》《玉树藏族自治州藏语文工作条例》等。

  上述有关我国少数民族使用区域双语信息共享空间和双语信息交流支持体系的所有分析和论证是基于每个区域都可以顺利组建区域性的双语信息共享协作组织为前提的，是在国家多民族语言信息共享战略架构之下所做的一种建设构想。从理论上说，语言区域一级的协作组织在整个国家多民族语言信息共享体系当中发挥着非常重要的作用，尤其是在实现区域语言资源的集成、构建超大规模语料库方面有着单一机构无法比拟的规模优势。然而，由于要在现有行政层级之外构建一个跨区域的协作组织，这项任务必然面临着非常多的挑战，需要做大量的协调工作。如果有来自所在少数民族语言区域的语言、技术和人力资源的支持，民族地区公共文化服务机构所能提供的跨语言服务的质量会有大幅度的提升，但是如果这些外部支持条件都不具备，多民族语言信息共享空间还是可以在本机构现有资源的基础上进行建设。在区域双语信息共享协作机构还没有成立，无法从区域层面上获取国家通用语言文字和少数民族语言文字双向转换服务和其他跨机构资源共享服务的时候，公共文化服务机构需要结合机构实际自力更生，充分激活本机构内部各类资源的潜力，满足用户的跨语言服务需求。

第七节　多民族语言信息共享空间的国家支持体系

  按照多民族语言广域信息共享空间的战略规划，国家层面上的多民族语言信息共享空间支持体系主要是解决各少数民族语言区域之间的跨语言信息共享问题，为各区域之间的协作提供支持。多民族语言信息共享空间国家支持体系的核心任务就是构建"国家语言网格工程"，具体任务涉及多民族语言跨区域信息资源共享体系、多民族语言跨区域翻译协作体系、多民族语言跨区域人才协作体系等方面。同时，为了配合国家语言网格工程的实施，需要启动多民族语言信息共享机构联盟的组建工作,并采取多种措施促进多民族语言信息共享良好社会文化环境的形成和发展。

一 "国家语言网格工程"的建设倡议

网格（Grid）具有多重含义,计算机信息学科视角下的"网格"是指一种按照分布式（Distributed System）原则构建的信息资源集成共享系统。在计算机网格当中,地理上分散在各地的多台计算机在软件系统控制下构成一个虚拟的"资源池",用以支持需要更多资源才能完成的计算任务。在计算机网络当中,信息资源在物理上是分散保存在各地的存储设备上的,但是从用户的角度而言,资源都是集中的,就像拥有一个配置极高的超级计算机系统一样。网格技术可以消除信息孤岛,将原本分散保存的资源以整体方式提交给用户使用,因而在信息资源共享领域得到了广泛的应用。网格技术的另外一个特点是实现了从"为用户提供资源"到"为用户提供服务"的转变,通过软件系统将软硬件资源进行"封装",用户不用关心技术实现的细节,只需要享受网格通过虚拟化技术构造出来的超大规模"资源池"即可。正是由于网格技术有如此之多的优点,它成为作为信息基础架构变革大趋势的云计算技术的支撑技术之一。

21世纪以来,日本京都大学（Kyoto University）社会信息学系的石田亨教授（Prof. Toru Ishida）将计算机网格技术成功应用到了跨文化协作领域,提出了"语言网格"（Language Grid）的概念。京都大学"语言网格"研究起源于2001年美国"9·11"恐怖袭击事件之后。"9·11"事件之后,日本京都大学认为导致这场惨剧的原因之一是以欧美为代表的西方文化和以本·拉登等人为代表的阿拉伯文化之间缺乏有效沟通,于是启动了一个名为"跨文化协作行动"（Intercultural Collaboration Initiative）的长期研究项目。石田亨教授带领的科研团队认为,实现跨文化协作的关键在于建立实现不同语言之间的机器翻译系统。2002年,在石田亨教授的主持下,日本京都大学进行了著名的"破冰实验"（Intercultural Collaboration Experiment, ICE）项目,开发了一个可以实现日语、英语、汉语、韩语和马来西亚语共计五种文字的机器翻译系统。在开发该系统的过程中,研究人员发现,每个语种都存在大量的语言资源,但是这些资源是分散保存在多个机构或个人的计算机系统当中,无法有效地进行共享,而这些语言资源对于普通用户而言根本没有什么价值,用户不知道该如何更好地利用这些资源构建机器翻译系统。因此,研究团队提出了将为"用户提供语言资源"转向"为用户提供语言服务"的思想,通过在互联网上构建一个可以实现语言资源集成的基础设施,将由众人共同生成、分散保存的语言资源基础到统一的平台,为用户提供一个可以用来搭建各自多语言应用系统的基础环境。石田亨教授提出的语言网格的概念模型如图 4-22 所示。

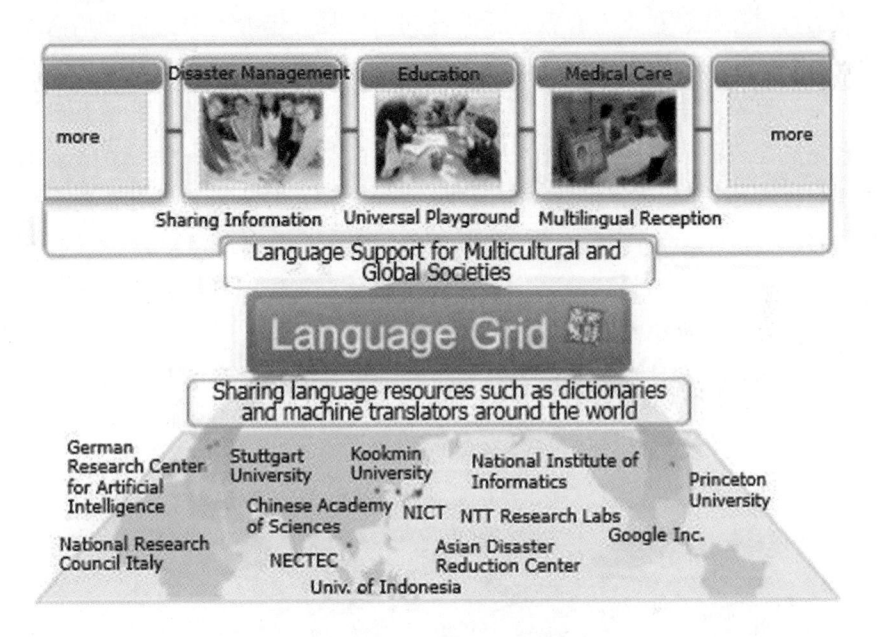

图 4-22 "语言网格"的概念模型

资料来源:Toru Ishida, *Language Grid*:*Service-oriented Collective Intelligence for Language Resources Interoperability*, Springer-VerlagBerlinHeidelberg, 2011。

图 4-22 中的"语言网格"是一种通过网络向大众提供跨语言信息服务的基础设施,它将世界范围内保存于各类机构和个人手中的数字词典、机器翻译系统等资源整合到统一平台去支持多元文化国际社会构建过程中的语言需求,用户可以基于平台定制自己的应用系统,例如跨语言医疗服务支持系统、跨语言教育支持系统、跨语言管理支持系统等。"语言网格"实际上同时用到了"群体智慧"(Collective Intelligence)和"计算机网格"(Grid),目的是将语言处理问题封装到后台,为用户提供一个可以自由定制多语言版本应用软件的技术平台。按照石田亨教授的说法:"我们认为,亿万人所造就的语言障碍将同样依靠这亿万人来消除。"(We think that the language barriers created by billions of people will be overcome by the very same people.)从 2006 年开始,日本京都大学开始建设用来支持世界范围内跨语言交流的基础

设施"语言网格",到目前为止已经在亚洲四个地点架设了服务器,有200余语种语言在该服务框架中完成了注册。在"语言网格"的支持下,日本东京大学已经在为多个国际非政府组织提供跨语言服务。

日本京都大学的"语言网格"所针对的是跨国语言交流问题,与我国多民族语言信息共享和交流有着本质的不同。但是,作为一项支持跨语言交流的技术,"语言网格"同样可以应用到我国多民族语言信息共享空间建设当中。京都大学语言网格模型采用的是无中心结构,所有在语言网格基础设施平台完成注册的语言的定位都是一样的,没有"中心语言"的存在,所有的语言交流都是基于双语对其语料库进行的,只有具备了两种语言正向和反向的语料库之后,两种语言文字的机器翻译才能进行。与这种架构不同的是,我国的"国家语言网格工程"的目标模式是"以国家通用语言文字为核心的多民族语言信息资源共享和交流体系",因此是一种以国家通用语言文字为中心的架构。参考日本京都大学语言网格,我国的"国家语言网格工程"的概念模型如图4-23所示。

图4-23 国家语言网格工程的概念模型

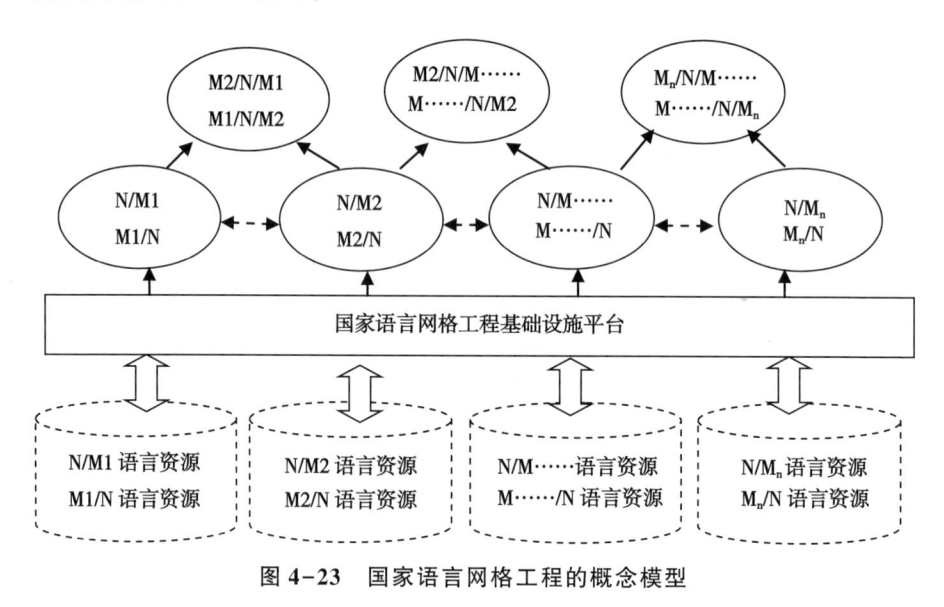

图4-23中,各少数民族语言分布区域都建成了"区域双语信息共享空间",通过虚拟化集成方式建立了国家通用语言文字和少数民族语言文字之间的双语语言资源,通常分为两种类型:一种是支持国家通用语言文字(N)向少数民族语言文字(M)转换的语言资源;另一种是支持少数民族语言资源(M)向国家通用语言文字转换的语言资源。上述语言资源通过国家语言

网格工程基础设施在平台实现互联互通,则用户提交的体系内任何两种语言文字之间翻译需求都可以得到支持。国家语言网格工程支持的跨语言信息翻译主要分为两种类型:第一,国家通用语言文字和各地通用少数民族语言文字之间的双向翻译,这个功能已经由各语言区域的双语信息工程支持体系完成;第二,任意两种少数民族语言信息资源的双向翻译,这种情况通常是分为两个步骤执行,先将源语言转换成为国家通用语言文字,再将国家通用语言文字转换成为目标语言。

在上述过程中,国家通用语言文字是作为中介语言(interlingua)出现的,尽管经历了两次转换后,语义信息会有所损失,但是这种模式可以在不用新增任何语言资源的情况下完成,而且适用于具有不确定性翻译需求的场合。只要国家语言网格工程建设完成,纳入共享体系的所有语言文字之间都可以通过国家通用语言文字为中介进行翻译。

"国家语言网格工程"对多民族语言信息共享空间的支持主要体现在三个方面。第一,跨区域语言翻译协作体系。这是国家语言网格工程的核心功能,可以直接实现各少数民族语言文字与国家通用语言文字之间双向翻译系统,间接实现各少数民族语言文字之间的翻译。同时,在机器翻译系统之外,可以通过计算机网络实现各区域翻译人才之间的交流与合作。例如,当某个公共文化服务机构采集到的信息资源采用都不是本地区通用的语言文字,而是其他区域的通用少数民族文字,则可以通过国家语言网格工程中心平台向对应区域寻求帮助,由对方的专业翻译人员帮助进行元数据著录等信息加工任务。第二,跨区域文化信息资源共享体系。在国家语言网格工程基础设施建设当中,同时可以考虑跨区域文化信息资源共享问题,实现原理与区域数字文化信息资源集成共享类似。例如,将各区域双语信息共享空间中心平台采集到的文化信息资源的元数据进行二次集成,整合到统一的中心平台当中供用户进行更大范围的检索。如果各少数民族语言区域进行双语元数据加工时采用的标准和规范是一致的,则可以非常容易地实现各少数民族区域双语信息资源的共享。第三,跨区域人才共享与协作体系。与跨区域信息资源共享的原理类似,在区域和机构相关各方自愿的前提下,可以将区域双语信息共享空间当中区域人才信息库的数据提交给"国家语言网格工程"中心平台,这些数据将对所有参与合作的机构开放,供各地的公共文化服务机构在信息共享空间建设过程中从中选择适合的外部协作人才,使各区域、各机构的存量人才的潜力得到最大化的发挥。

二 国家语言网格工程数字化协作联盟的组建思路

"国家语言网格工程"是从国家层面上促进我国多民族语言信息共享和交流的基础设施建设工程,为了保障国家语言网格工程各项目标的实现,可以从组织层面上予以支持,由国家民族事务委员会联合相关各方组建"国家语言网格工程数字化协作联盟"。"国家语言网格工程数字化协作联盟"是多民族语言信息共享相关各方本着平等自愿、互惠互利的原则所构建的公益性业务协作组织,其目标是通过信息化手段促进我国通用语言文字和各语种少数民族语言文字之间的信息共享和交流,促进各民族人口之间的交往、交流和交融,进一步巩固和加强民族团结和繁荣的局面,增强中华民族的凝聚力和向心力。"国家语言网格工程数字化协作联盟"可以采取"区域级联盟"和"国家级联盟"两级联盟的方式组建:区域级联盟是国家通用语言文字和当地通用少数民族语言文字的双语信息共享机构联盟,主要由特定语种少数民族语言文字使用区域内的民族事务委员会、语言文字工作委员会、教育行政机关等共同发起,区域内各层级公共图书馆、公共档案馆、公共博物院、公共美术馆、公共纪念馆、公共文化馆等机构共同加入成为联盟成员,共同参与完成区域双语信息共享空间的构建、国家通用语言文字和少数民族语言文字语料资源采集、加工和共享等任务,为区域内的公共文化服务机构提供国家通用语言文字和少数民族语言文字双向自动化翻译支持、区域内公共文化机构数字资源集成共享、区域内双语专业技术人才协作共享等任务。国家级联盟是在区域级联盟的基础上构建的,主要推动机构是国家民族事务委员会,相关机构主要有国家语言文字工作委员会、文化部、教育部等国家部委,主要职责是为各语言区域之间的信息共享和交流提供支持。"国家语言网格工程数字化协作联盟"以互联网为协作的技术基础,所有加入联盟的机构通过网络进行沟通交流和业务协作,在享受其他成员提供的跨语言服务的同时,也根据要求为其他机构的工作人员和用户提供服务。在联盟成员机构实现互联互通的基础上,更为重要的是机构成员之间要达成战略一致,明确所有参与协同的机构在国家多民族语言信息共享战略中的定位和作用。只有在所有成员机构战略一致、目标一致的情况下,联盟才可能正常发挥其功能。

与区域双语信息共享体系一样,国家层面的"国家语言网格工程"和"国家语言网格工程数字化协作联盟"的建设都是非常复杂的系统工程,受到多方面社会因素的制约。本节是笔者站在国家战略的视角,对"以国家通用语言文字为核心的多民族语言信息资源共享体系"建设过程中,国家层面所应该承担职能及其实现方式的一种理论分析。在实践当中,无论是国家语言网格工程基础设施平台的建设,还是数字化协作联盟的组建,都比上述分析更为复杂和困难,可以理解为一种需要在较长时间周期内完成的规划方案。在来自区域层面的双语信息共享体系和来自国家层面的跨区域协作机制尚未建立的时候,公共文化服务机构信息共享空间建设就不能贪大求全,而是要立足本机构的现有资源,深入研究用户群体在跨语言信息共享方面的各类特征,采取更为简单、有效的方式,满足用户的服务需求。这也是公共文化服务机构多民族语言信息共享空间建设要采取"自下而上"的原则,通过对跨语言信息共享现实问题的研究和解决进行推动,而不是采取依靠行政机构的力量"自上而下"予以推行的原因所在。

三 "多民族语言广域信息共享空间"社会文化环境的培育

"多民族语言机构信息共享空间"是"多民族语言广域信息共享空间"的组成部分,同时其功能的实现又受到"多民族语言广域信息共享空间"的制约。因此,从社会信息共享空间的视角进行"多民族语言广域信息共享空间"的宏观规划,推动多民族语言社会信息共享空间建设,可以为"多民族语言机构信息共享空间"创造更好的发展环境。2005年2月,国际图书馆联合会主席阿列克斯·拜恩(Alex Byrne)提出了建立"全球信息共享空间"(Global Information Commons)的倡议,呼吁世界各国政府及国际组织可以保证每个人平等地用于查询和获取信息的权利。[①] 阿列克斯·拜恩的倡议主要包括以下内容:提供广泛的互联网访问节点并在每个节点提供必要的咨询和培训服务;以适当的格式、语言和为用户提供相关信息;提高用户的素养和能力;支持健康和教育;促进经济发展;确保文化的保存和发展;强化人与人之间的相互尊重和理解。上述尽管建议是面向全球信息共享空间的构建需求而提出的,但是对于多民族语言广域信息共享的构建也有一定的借鉴价值。多民族语言广域信息共享空间是社会文化空间,可以从以下方面进行构建。①进一步加强我国民族地区信息化基础设施建设,提高互联网的普及率,使更多的民族地区居民可以享受信息时代的文明成果。②发展少数民族语言文

---

① Alex Byrne. "Promoting the information Commons: A commentary on the library and information implications of the WSIS Declaration of Principles" Building the information society: a global challenge in the new millennium, https://www.ifla.org/files/assets/wsis/Documents/wsis070604.pdf, 2018年8月1日。

字信息处理技术，尤其是国家通用语言文字和少数民族语言文字的双语自动化翻译技术，为民族地区人口跨语言信息交流提供技术支持。③兼顾和平衡国家通用语言文字推广和少数民族语言文字保护之间的矛盾，在民族地区公共社会生活领域尽可能以国家通用语言文字和少数民族语言文字双语形式提供信息资源，或对信息资源进行元数据的双语著录。④通过教育和培训，提高民族地区用户的双语信息交流能力，提高其信息素养和技能。⑤在民族地区经济社会发展过程中，确保传统文化遗产的传承和发扬。⑥培育人与人相互尊重和理解的社会氛围和具有包容性的社会环境。总之，多民族语言广域信息共享空间建设就是要在"中华民族多元一体格局"理念的指导下，既尊重和保护民族地区的文化差异性，又强化多元文化的整体性特征，构建多语言和谐共存、无障碍交流、共同繁荣发展的良好社会环境。

第五章

多民族语言信息共享空间的实现策略

多民族语言信息共享空间（IIC-ELS）的核心功能是为民族地区使用不同语言文字且语言文字应用能力差异很大的用户群体提供跨语言服务交流环境。因此，如何实现多民族语言信息资源的跨语种共享，就成为多民族语言信息共享空间建设的关键策略。本章在阐释多民族语言信息资源共享系统社会信息交流模型的基础上，分别从主体、中介、客体三个维度分析实现跨语种信息资源共享策略的具体实现方式，并从系统角度探析多民族语言信息共享空间跨语言信息共享的组合策略。

第一节 多民族语言信息共享空间的信息交流模型

我国是统一的多民族国家，多民族、多语言、多文字是民族地区公共文化服务必须面对的现实环境。民族地区语言文字的多样性特征在彰显中华文化丰富多彩特征的同时，也会给语言文字应用能力不同的用户接受服务造成一定的障碍。多民族语言信息资源共享就是以"中华民族多元一体格局"理论为指导，在尊重和保护民族地区语言文字多样性的基础上，为强化多民族语言文字之间的一体性特征而提出的一种战略构想。所谓多民族语言信息资源跨语种共享，是指我国各民族人口可以借助公共文化机构所提供服务体系，以自己熟悉的语言文字为工具，获取、阅读和理解其他民族语言文字信息资源内容的信息生态体系。由于信息资源既包括用文字作记录符号的文献信息资源，也包括由人的语音信息作为记录符号的口语信息资源，如果每个民族产生的信息资源都可以被其他民族的人口识读和理解，则多民族人口之间就实现了无障碍交流。这是各民族人民共同的愿望，也是多民族语言信息共享空间建设必须解决的核心问题。

一 多民族语言信息共享空间的信息交流系统分析

"信息共享"(Information Sharing)与"信息交流"(Information Communication)是密不可分的两个学术概念。"信息共享"是指不同主体之间共同拥有的可以访问和利用特定信息资源的权利,通常情况下共享的对象是指以图书、期刊、报纸、数据库等有特定保存载体的文献信息资源。"信息交流"则是一个内涵非常丰富的概念,从信息交流的视角来看,用户阅读图书、期刊、报纸和各类电子信息的过程就是在与这些信息资源的作者进行跨时空交流的过程。除了这种跨越时空的交流方式之外,人与人之间以口语信息为媒介进行的交流也是人类社会信息交流的重要形式。因此,"信息共享"可以看作"信息交流"的一种形式。从另外一个角度分析,信息交流的过程实际上也是参与交流的双方共享所交流的信息内容的过程,"信息交流"是一种广义的共享行为。总而言之,"信息共享"重点在强调用户与信息之间的关系,而"信息交流"则范围更大,要同时强调用户与作者、用户与信息、用户与用户、用户与工作人员等多重关系,是一种全方位的信息共享,而这种广义范畴的"信息共享"正是"信息共享空间"所要追求的目标。

为了分析多民族语言信息资源共享系统的构成和机理,我们首先需要建立多民族语言信息共享空间的社会信息交流模型。社会信息交流(Social Information Communication)通常是指不同认知主体(个人或组织)之间传递或交换信息的过程。按照不同的视角,人类的社会信息交流行为可以分为多种类型。①按照交流行为的时间特征,信息交流可以分为"共时交流"(Synchronic Communication)和"历时交流"(Diachronic Communication)两种。"共时交流"是指信息发送者和信息接收者处在同一时间点上进行的交流。"共时交流"又分为两种类型:如果双方处于同一空间,这就是我们一般意义上所理解的人与人之间的面对面交流;如果信息发送方和接收方不在同一空间,而是借助信息技术克服空间障碍实现的交流,就是以信息技术为中介的共时交流,例如通过互联网、传真、电话等进行的交流就是这种情况。"历时交流"是指信息的发送者和信息的接收者处于不同的时间点的交流行为。由于人的语音信息无法以其自身的物理形态进行保存,必须借助某种信息存储载体才能实现,例如将信息通过文字书写于纸张或者将信息刻录于光盘。"历时交流"所经历的时间长短不一,可以短到若干分钟,例如人们在工作和生活当中普遍使用的留言条;也可以长到数千年,例如古籍、档案等。"历时交流"的特点是人与人之间不直接使用口语交流,因而必须将信息表达清楚，以防对方不能理解或者产生误解。我们日常生活当中所接触到的图书、期刊、报纸等都属于"历时交流"。②根据信息交流对象的不同，可以分为"文献信息交流"（Document Communication）和"口语信息交流"（Oral Communication）。文献是以文字、图像、公式、声频、视频、代码等手段将信息、知识记录或描述在一定的物理介质之上并作为传播和共享基础的一切载体，现在通常理解为图书、期刊、报纸、档案等各种出版物的总和。文献是记录、积累、传播和继承知识的最有效手段，是人类社会活动中获取信息的最基本、最主要的来源，文献信息交流也是社会信息交流的基本手段。文献信息交流主要通过用户阅读文字、图片获取信息内容的方式实现信息交流，此处的文献不仅仅是以纸张作为信息存储载体的信息资源，还包括通过计算机等设备读取的数字信息资源。文献信息交流通常有出版社、期刊社、报社等出版机构的干预，因而交流的信息内容经过多重审核，可信度较高。"口语信息交流"是指通过人类语音信息的传播和接收所完成的信息交流行为，相比"文献信息交流"而言，口语信息交流更加随意，可以在多个主题之间灵活穿插，信息发送者和信息接收者的角色可以进行动态切换，并且可以随时获得对方的反馈信息，因而具有较强的时效性。因此，文献信息交流是一种"历时交流"，而口语信息交流通常是"共时交流"。③根据社会信息交流过程中信息是否要经历中间环节，可以将社会信息交流分为"零栈交流（直接交流）"和"栈交流（中介交流）"两种。"栈"（Stack）信息学术语，是指计算机系统当中用来临时存放数据的空间。"零栈交流"就是指信息在发送者和接收者之间直接交流，没有经过任何的中间环节。"栈交流"是指信息由发送者发出后无法直接发送给接受者而要经过在信息栈进行暂存之后，由信息栈发送给接收者。参照上述社会信息交流的分类方式，多民族语言信息共享空间中用户的信息交流行为存在以下特征：根据公共文化服务机构核心职能的不同，其构建的多民族语言信息共享空间的信息交流方式也有所不同。例如图书馆、档案馆等"信息主导型 IC-ELS"，博物馆、美术馆、纪念馆等"实物主导型 IC-ELS"的信息交流方式以历时交流、文献交流和栈交流为主，而文化馆等"口语主导型 IC-ELS"的信息交流方式以共时交流、口语交流和零栈交流为主。无论是采用哪种交流方式，深刻理解用户在消息交流过程中的需求，消除用户信息交流过程中可能遇到的障碍因素，是民族地区公共文化服务机构的义务与责任。

信息交流行为通常包括信息发送者、信息接收者、信息通道、符号体系、知识库和支持体系共六个方面的基本要素，任何一个方面都有可能成为造成信息交流无法进行的原因。①信息发送者（Sender）是信息交流中处于主动地位的一方，也是信息交流链条的初始端，如果信息发送者采用的是信息吸收者无法理解的符号体系，则信息交流中断。②信息接收者（Receiver）是信息交流当中接收利用信息的一方，通常处于被动地位。如果信息接收者的语言文字能力与接收到的信息属于不同的符号体系，而机构又无法为用户提供必要的支持和帮助，则信息交流被迫中断。③信息通道（Channel）是指信息由发送者发出到达接受者所经历的渠道。人类信息交流行为当中最基本的信息通道就是交流双方的感官系统，即视觉、听觉、味觉、嗅觉和触觉等，现代信息技术的出现使人类感觉系统的功能得到了拓展，例如可以在信息技术辅助下看到远程的事物、听到远方的声音等。如果信息发送者和信息接收者之间的信息通道由于技术或者其他原因不能正常运行，信息交流中止。④符号体系（Symbol System）。即信息交流双方共同约定用来表达语义的符号体系，例如语言、文字、手势、表情、旗语等。如果信息发送者和信息接收者采用的不是同一符号体系，则信息即使传递出去，对方也无法理解，信息交流中断。⑤知识库（Knowledge Repositories），即人脑中所存储的知识和信息的总称。如果信息接收者可以识别和理解信息发送者所使用的语言文字，但是他的知识结构不足以理解信息发送者所要传递的内容，信息交流无法继续进行。⑥支持条件（Support System），即保障信息交流行为进行的外界条件，包括计算机通信、存储和处理等技术条件，促进社会信息交流的经济、法律、政策等条件。当外部环境处于特殊时期，受到法律、政策等方面的制约，信息发送者所发送的信息被视为不合法信息而被屏蔽或者拦截，则信息接收者无法接收，信息交流活动中止。多民族语言信息资源跨语种共享体系是社会信息交流的一种特殊类型，在整体架构符合社会信息交流基本模式的前提下，会有一些特殊的问题需要妥善处理和应对。信息交流过程中的语言障碍，从理论上说就属于信息发送方和接收方之间的"信息符号体系错位"现象，即信息交流的双方并未约定统一的符号系统或者其中一方无法识别和理解另外一方所使用的符号体系。信息交流符号体系的错位是造成信息交流无法进行的重要原因，这要求民族地区公共文化服务机构在提供公共信息服务时，必须采取措施避免这种现象的发生，这也是多民族语言信息共享空间致力解决的主要问题。

二 多民族语言信息共享空间的信息交流系统建模

模型是通过信息流动规律分析组织行为的理论工具，是通过一定程度的简化来表达研究对象本质特征的科学方法。构建"多民族语言机构信息共享空间（IIC-ELS）"信息交流模型的关键是通过某种形式的抽象和简化，获得对其构成要素和组合关系的全面认识，进而将其通过形式化方法进行表达，作为多民族语言信息共享和服务体系规划的基本依据。通常情况下，信息交流模型的构建需要经过以下步骤：确定系统涉及的要素实体；确定要素实体之间的整体关系；对要素实体进行细分，再根据细分后的复杂关系确定对其规划和管理的策略和方法。其中，最为关键的步骤是信息模型顶层架构的设计。从信息交流的角度来看，"多民族语言机构信息共享空间"主要由使用不同语言的用户群体、多语言信息资源、跨语言服务的支持体系和实体空间环境构成，各类要素相互协作共同构成多语言信息共享环境，其信息交流模型如图5-1所示。

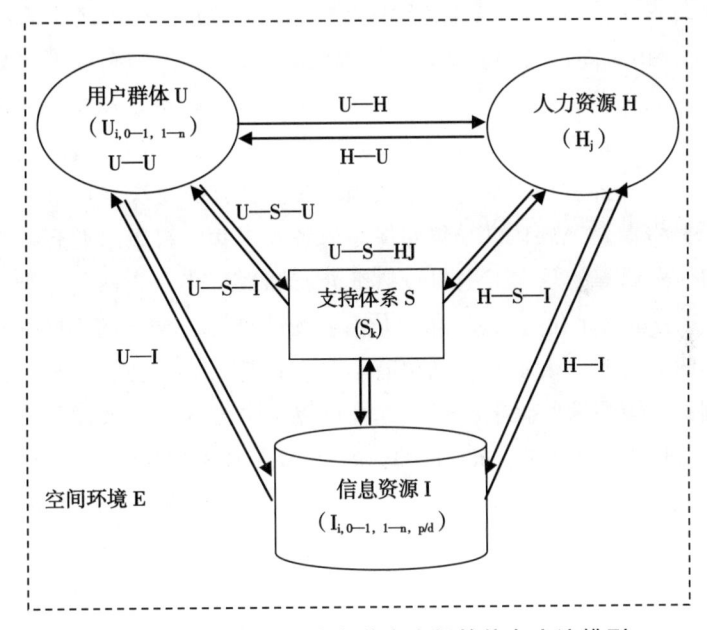

图5-1 多民族语言信息共享空间的信息交流模型

图5-1中，多民族语言机构信息共享空间的信息模型由用户群体（U）、人力资源（H）、信息资源（I）、支持体系（S）和空间环境（E）组成，用户可以访问熟悉的语言文字生成的信息资源，也可以与使用同种语言文字的其他用户直接交流，这两种方式属于信息直接交流。由于语言文字差异性的存在，用户需要访问不熟悉语言文字的信息资源或者与使用不同语言的其他用户进行交流的时候，就需要借助与IIC-ELS所提供的跨语言支持体系。因

此，跨语言支持体系是"多民族语言机构信息共享空间"的核心部分，其科学性、完备性决定了整个 IIC-ELS 建设的成败。

图 5-1 所示的多民族语言机构信息共享空间信息模型各模块的内涵及其分类如下。①用户群体模块（U_i，0—1，1—n）。根据其使用的语言文字的种类不同，用户可以分为多个群体。例如，以国家通用语言文字作为主要交流工具的用户群体、以特定语种少数民族语言作为主要交流工具的用户群体，同时使用两种以上语言（1—i）但是熟悉程度不同的用户群体。同时，用户应用语言文字的能力有所不同，有的用户可以同时使用口语和文字进行交流而另外一些用户只能用口语进行交流，而无法识别文字信息，应该分为不同的用户群体（0 表示只能用口语交流，1 表示同时可以用口语和文字交流）。此外，属于同一语言但是方言差别极大的情况下，也应该继续细分为不同的用户群体（1—n）。例如，只能使用藏语安多方言进行口语交流的藏族人口可以表示为 Utibetan，0，3。②人力资源模块（H_j）。人力资源模块分为三种情况：H_1 代表公共文化服务机构的业务工作人员，即办公人员；H_2 代表公共文化服务机构的专业技术人员，主要包括参考咨询服务人员和教育服务人员；H_3 代表可以从外部机构共享的人力资源。③信息资源模块（I_i，0—1，1—n，p/d）。信息资源是民族地区采集和保存的各类书籍、报纸、期刊、文件、报告、多媒体资源等的总和，主要包括纸介质和数字化介质两种类型（p 表示纸介质，d 表示数字化介质）。按照信息资源生产语言文字的不同（1—i）可以分为不同的类型 0 表示只包括语音信息，1 表示同时包括语言信息和文字信息。例如某图书馆所收集的安多方言口传文化的数字化录音及其文字转写资料，就可以表示为 I tibetan，1，3，d。④支持体系模块（S_k）。服务体系是构建"多民族语言信息共享空间"的关键环节，通过某种形式获取来自外界的帮助，使用户可以在不学习和掌握某种语言文字的情况下，获知该语言信息资源的内容。基于中介的支持策略主要有三种形式："人工中介"、"文献中介"和"技术中介"。"人工中介"就是通过与同时熟悉两种语言的专业人员交流获取其帮助，实现跨语言支持，具体的实现方式主要有人工翻译队伍（S1）等；"文献中介"就是提供跨语言交流的工具类文献，帮助用户进行跨语言阅读和交流，主要的实现方式有"双语词典（S2）"、"跨语言索引（S3）"等；"技术中介"则是提供跨语言信息交流的技术系统，用户通过人机交流方式获得跨语言支持，具体的实现方式主要有：跨语言信息检索系统（S4）、跨语言自助查询系统（S5）、计算机辅助跨语言阅读系统（S6）、机器翻译系统（S7）、多语言信息系统（S8）、多语言交流论坛（S9）等。

⑤空间环境模块（Es）。空间环境是"多民族语言信息共享空间"存在的实体环境，布局要尽可能考虑用户信息习惯，便于及时获得服务支持。例如在入口附近设置多语言导航服务台（E1）、空间信息的多语言提示（E2）、空间广播的多语言提示（E3）、多语言用户留言板（E4）等。总之，多民族语言机构信息共享空间建设的重点是通过对机构内部实际拥有或可以从外部共享的资源进行合理组合与配置，构建一个可以满足国家通用语言文字和当地通用的少数民族语言文字之间信息无障碍共享和交流的服务环境。这里的多民族语言信息交流不仅是指人与人之间的"口语交流"，而是一种全方位信息交流（Universal Information Communication）的概念，人与计算机设备之间的"人机交流"，用户通过阅读纸质文本获取信息的文献信息交流也包括在内。

三 多民族语言信息资源跨语种共享的支持途径

多民族语言机构信息共享空间通过多种类型的跨语言信息交流支持策略和手段，降低语言文字差异性对信息交流构成的障碍，使用户获得更好的信息服务体验。图 5-1 中，U—I 是用户直接访问和阅读用熟悉的语言文字记录的信息资源，U—U 是用户直接与和自己使用同样语言的其他用户进行交流，U—H 和 H—U 是用户与公共文化服务机构工作人员使用的是同一种语言文字；H—I 是指公共文化服务机构的工作人员可以直接识读信息资源使用的文字，对信息资源进行著录。这些都是信息交流的理想状态，如果不考虑用户知识储备对信息资源利用可能构成的影响，信息交流基本可以顺利完成，此时信息交流的障碍程度最低。然而，在现实环境中，除上述情况之外，用户不能直接识读信息资源的语言文字、用户与公共文化服务机构工作人员不能使用同一种语言文字进行交流，用户之间不能使用同一种语言文字进行交流、公共文化服务机构工作人员不能识别信息资源的文字，因而难以对其进行分析和著录等操作。通常情况下，如果公共文化服务机构不提供相应的支持机制，则信息交流活动就此中止，即使信息资源的内容对用户而言非常重要他也无法知道。要使信息交流得以顺利进行，需要借助公共文化服务机构的跨语言信息交流支持体系，其支持路径主要分为 U—S—I、U—S—U、U—S—H 和 H—S—I 共计四种情况。

（一）U—S—I 跨语言信息交流的支持途径

U—S—I 是指用户在跨语言支持体系的帮助之下访问和阅读自己不熟悉的语言文字生成的信息资源。根据图 5-1 中各类要素的内涵分析，用户需要访问自己不熟悉的语言文字生成的信息资源，包括汉族人口访问少数民族语言信息资源，少数民族人口访问国家通用语言文字信息资源，少数民族人口访问其他民族语言文字信息等情况。国家通用语言和少数民族语言之间的跨语言支持是"多民族语言机构信息共享空间"的核心功能。例如，汉族用户需要检索和访问不熟悉语种的少数民族语言信息资源，可以从 IIC-ELS 当中可能得到的支持途径主要有：参加该少数民族语言文字的培训课程；参加少数民族语言文字信息处理技术培训课程；通过跨语言信息检索系统获得多语言信息资源的相关信息；浏览该信息资源的国家通用语言文字版本元数据以了解其概要内容；访问与该信息资源同时保存的国家通用语言文字版本；通过查询 IIC-ELS 提供的跨语言文献索引进行信息查找；通过查询 IIC-ELS 提供的双语词典自助阅读；通过专职人工翻译人员进行翻译讲解；通过跨语言检索系统进行信息查询；将信息需求提交给计算机辅助跨语言阅读系统，根据系统自动生成的阅读建议进行取舍；把少数民族语言信息资源的电子版本提交给机器翻译系统进行全文翻译；通过自助查询系统帮助理解不熟悉的术语；向专职咨询人员咨询不理解的术语；通过双语环境提示信息获得相关帮助。反之，如果少数民族用户需要访问国家通用语言文字信息资源，同样可以获得上述支持，所不同的是阅读和咨询使用的是本民族的语言文字，通过参加国家通用语言文字培训、阅读国家通用语言文字信息资源的少数民族语言版本著录信息和全文信息，求助于专职翻译人员和咨询人员，将信息资源提交到计算机辅助阅读系统或者机器翻译系统等。总而言之，"多民族语言机构信息共享空间"就是要在用户跨语言信息访问过程中各个环节提供相应的支持服务，帮助用户克服语言障碍，进行信息资源跨语言检索、访问和阅读。

由于我国语言文字的丰富性，针对任意两种语言文字的跨语言交流进行直接支持则意味着极度庞大的服务支持体系和极端高昂的成本。如果用户希望访问另外一种少数民族语言文字的信息资源，则可以通过国家通用语言文字作为"中间语言"，实现两种语言文字之间的转换。在人工中介方式当中，可以通过翻译第一种少数民族语言的翻译人员将其翻译为国家通用语言文字版本，再由主要翻译第二种少数民族语言的翻译人员将其转换成为目标语言信息资源。在机器翻译支持方式当中，从源语言到目标语言的翻译分为两个独立的阶段进行：第一阶段由源语言转换为中间语言，第二阶段由中间语言转换为目标语言。上述两个阶段独立进行，第一阶段不用考虑目标语言，第二阶段不用考虑源语言。例如，要将藏语翻译为蒙古语，第一阶段可以使用"藏语/汉语双语对齐语料库"将藏语翻译为汉语，第二阶段使用"汉语/蒙古语双语对齐语料库"将由藏语翻译而来的汉语再次翻译成为蒙古语，实现了两者的互译。

(二) U—S—U 跨语言信息交流的支持途径

U—S—U 跨语言信息交流是指用户在跨语言支持体系帮助下与使用另外一种语言文字的其他用户进行信息交流。根据交流的时间范围，U—S—U 跨语言信息交流可以分为"同步交流"和"异步交流"两种情况："同步交流"是指双方的交流处于同一时空，面对面的沟通交流；"异步交流"是指双方的交流有一定的时间差，采用一先一后方式轮流发布信息完成交流。U—S—U 异步交流可以获得的跨语言支持途径主要有：参加对方语言文字的培训课程；获得多语言邮箱账号，给对方发生邮件，系统自动翻译；登录用户交流平台发布信息，系统自动翻译；在用户多语言留言板留下纸条，IIC-ELS 专业翻译人员负责将其转换为目标语种信息等。U—S—U 信息交流模式对机器翻译系统依赖较重，尽管机器翻译的质量难以令人满意，毕竟提供了一种跨语言交流的可能性，相对于彻底无法沟通交流的困境而言也是一种优化和进步。与 U—S—I 方式相比，U—S—U 的"同步交流"属于实时口语交流，IIC-ELS 的工作人员没有足够的时间进行信息资源的双语著录，基于客体的支持策略基本上无法发挥作用，因而可能获得的支持途径相对较少。根据图 5-1 所示的 IIC-ELS 的模型及其内涵，如果使用国家通用语言文字的用户需要和另外一位使用少数民族语言文字的用户需要进行交流，可能从 IIC-ELS 当中获取的支持方式主要有：参加对方语言文字的培训课程；得到人工翻译人员的口译服务；以计算机为中介进行交流，机器翻译系统将用户输入的语言文字转换成为另一种语言文字，供对方了解其概要思想。与 U—S—I 方式类似，如果两个使用不同语种少数民族语言的用户需要进行跨语言交流支持，同样需要以国家通用语言为中间语言，通过两个主攻语种不同的专业翻译人员之间的协作，或者通过机器翻译系统的两次翻译来实现，首先将第一种少数民族语言实时交流信息转换为国家通用语言文字信息，接着再将国家通用语言文字版本转换为第二种少数民族语言版本。

(三) U—S—H 跨语言信息交流的支持途径

U—S—H 跨语言信息交流支持服务是指在用户与公共文化服务机构各类人力资源之间构建跨语言支持体系。公共文化服务机构人力资源分为多种类型，因为跨语言信息交流服务所支持的服务类型也分为多种，主要有以下几种情况。①公共文化服务机构跨语言业务咨询，主要是针对使用少数民族语言的用户向公共文化服务机构咨询服务人员提出问题，由咨询服务人员进行解答的情况。根据咨询申请的类型不同，跨语言服务咨询可以分为线下口语咨询、线下文字咨询、线上口语咨询和线上文字咨询共计四种情况。通常情况下，线上咨询可以在双语信息咨询平台上进行，用户录入的文字会被机器翻译系统自动转换成为国家通用语言文字，供咨询人员了解其问题，咨询人员的回复也会由系统转换成为对应的少数民族语言文字供用户阅读。需要说明的是，由于语言文字计算机翻译的复杂性，计算机系统自动转换的文字只是大致接近用户或者咨询服务人员的原意，甚至在语法上会有不通顺的情况，需要在阅读过程中自行做一些调整。线上口语咨询可以借助系统提供的语音识别软件先将其转换成为文字版，然后再将文字版翻译成为国家通用语言文字，在这个过程中同样会造成信息不完整和不准确等情况。鉴于自动化翻译技术精度较差，在技术系统支持之外，公共文化服务机构还应该提供人工翻译人员的支持，无论是线上还是线下咨询都可以请机构专业翻译人员帮助将用户提交的少数民族语言文字信息和口语信息翻译成国家通用语言文字版本，同时将咨询服务人员的回复从国家通用语言文字版本再翻译为少数语言文字版本。这项工作对机构翻译人员的水平要求很高，为了确保翻译质量，咨询服务过程尽量采用异步交流模式，以留给翻译人员更多思考和翻译的时间。②公共文化服务机构的跨语言用户教育服务。跨语言用户教育服务是指公共文化服务机构为只掌握了少数民族语言文字的用户所提供的服务项目。通常情况下，如果参加培训的学员当中有较多只能听懂少数民族语言用户，公共文化服务机构应该专门聘请具备少数民族语言文字使用能力的教师进行培训。如果学员中各类情况都有，则可以考虑为跨语言用户教育提供支持。与用户咨询服务类似，用户教育服务也可以分为线上教育和线下教育两种，线上跨语言教育相对容易组织，教师可以在使用国家通用语言文字进行授课的过程中，播放国家通用语言文字和少数民族语言文字双语对照版幻灯片文件，同时对教师课程讲授视频加双语字幕，以供只能听懂少数民族语言的用户学习。线下跨语言用户教育可以在授课过程中使用双语对照版的幻灯片文件，在师生交流环节可以请机构的专业翻译人员提供翻译服务。③公共文化服务机构的跨语言业务办理服务。公共文化服务机构涉及少量业务的办理工作，例如图书馆读者证的办理、图书的借书和还书服务、文化馆场地的租赁等业务。为了帮助只掌握了少数民族语言文字的用户办理业务，可以从线上和线下两个途径提供跨语言支持服务。如果业务在线上办理，公共文化服务机构可以提供在线双语表单，对于要采集的信息尽可能使用选择式采集，由用户根据所熟悉语言文字的提示进行勾选，两种版本文字提示选择是一致的。对于个人姓名等信息，系统可以按照身份证号码等主键信息从读者数据库当中去检索，从而获得用户关于业务申请的国家通用语言版本的全部信息。线下跨语言业务办理的用户表格也按照双语原则设计，信息采集由用户通过勾选完成。在部门非常重要业务办理的过程中，也可以要求机构专业翻译人员提供翻译服务。当然，U—S—H跨语言信息交流问题的最终解决还是要依赖机构人力资源和用户的双语化，如果机构所有工作人员具备双语交流能力，则用户无论使用的是国家通用语言文字还是少数民族语言文字都能为其提供高质量的服务。

（四）H—S—I跨语言信息交流的支持途径

H—S—I跨语言信息交流支持途径是指公共文化服务机构为其工作人员进行信息著录等操作提供的跨语言支持。为保证用户可以通过元数据了解不熟悉语言文字信息资源的内容，通常需要由工作人员对采集到的信息资源进行双语著录。如果工作人员不能直接识读少数民族语言文字，则该信息资源的双语著录工作就无法进行。因此，需要公共文化服务机构从技术和人力资源两个方面提供支持，可采取的措施主要有以下方面。①机构可以开发专用的跨语言信息抽取系统（Information Distraction），通过信息抽取算法，得到有关信息资源的主题等方面的信息。信息抽取是自然语言处理的前沿领域，可以辅助完成部分元数据项的自动采集工作，但是对于需要概括的元数据项只能由人工方式完成。②机构工作人员可以借助支持系统提供的双语翻译平台，将少数民族语言信息资源先转换成为国家通用语言文字版本，通过阅读和理解国家通用语言文字版本的内容，进行国家通用语言文字版本元数据的著录。接下来，将得到的国家通用语言文字版本元数据再通过双语翻译平台翻回少数民族语言文字版本。在上述过程中，由于工作人员不懂少数民族语言文字，可能会出现翻译结果不准确但又不能发现的情况。③要求公共文化服务机构专业翻译人员协助，对少数民族语言文字信息资源进行国家通用语言文字版本和少数民族语言文字版本的双语著录。

总之，社会信息交流通常是指不同认知主体（个人或组织）之间传递或交换信息的过程。从信息交流的角度来看，"多民族语言机构信息共享空间"主要由使用不同语言的用户群体、多语言信息资源、跨语言服务的支持体系和实体空间环境构成，各类要素相互协作共同构成多语言信息共享环境。多民族语言机构信息共享空间通过多种类型的跨语言信息交流的支持策略和手段，降低语言文字差异性对信息交流构成的障碍，使用户获得更好的信息服务体验。多民族语言信息交流过程中的语言障碍，从理论上说就属于信息发送方和接收方之间的"信息符号体系错位"现象,即信息交流的双方并未约定统一的符号系统或者其中一方无法识别和理解另外一方所使用的符号体系。如果要克服语言障碍,使信息交流得以顺利进行,需要借助公共文化服务机构的跨语言信息交流支持体系,其跨语言信息交流的支持路径分为 U—S—I、U—S—U、U—S—H 和 H—S—I 共计四种情况,每种路径对应多种支持方式。

第二节　多民族语言信息共享空间的动力机制分析

多民族语言信息共享空间是由各类要素相互作用而构成的完整系统,任何促进多民族语言信息共享的策略和方法都必须从系统的观点来分析,要看到管理措施和方法可能产生的多重影响。本节拟从图 5-1 所示的多民族语言信息共享空间的信息交流模型出发,研究各类要素之间的互动规律,分析可以提高体系信息共享程度的整体性策略,以及为了落实整体策略,机构、区域和国家层面上应当采取的策略框架。

一　多民族语言信息共享空间的系统动力学模型

为了更好地研究多民族语言信息共享空间各类要素之间的互动规律,本书拟从系统动力学(System Dynamics,SD)视角,建立系统动力学模型,通过模拟各要素之间的互动关系,来发现提升整体共享程度的各类策略。系统动力学又称系统动态学,是美国麻省理工学院的福瑞斯特教授(J.W. Forrester)于 1956 年提出的一种用于经济社会系统分析与模拟的理论和方法。系统动力学最初的研究对象是企业的库存管理,它通过建立企业要素之间的数量关系模型,在计算机当中用参数变化模拟进货策略对库存管理的影响,发现社会系统中存在的"非线性"规律,为企业决策和管理提供支持。后来,系统动力学的研究范围持续扩大,日本明治大学 Toshiro Shimada 教授将其应用于对股价的预测;在美国学者马斯(N. J Mass)等人的推动下成功应用于城市系统模拟,发展出"城市动力学"领域;在美国数十家公司甚至联合资助开展了历时 11 年之久的美国国家系统动力学模型的研发工作。1970年,罗马俱乐部资助福瑞斯特教授的研究团队开展有关世界模型的研究,发表了《世界动力学》《增长的极限》和《趋向均衡的世界》等著作。目前,系统动力学已经发展成为管理科学的主流研究方法之一,广泛应用几乎社会生活领域的各个行业，在工业生产、项目管理、软件开发、传染病控制、社会福利政策、交通流量管理等领域都可以看到系统动力学应用的成功案例。[①]目前，系统动力学在国内的应用主要集中在企业市场预测、经济社会发展预测、可持续发展决策、复杂性社会系统研究等领域。由于其在社会系统计算机模拟方面所具有的强大表现能力，系统动力学又被誉为"社会系统实验室"，以及"探索社会系统非线性规律的钥匙"等。系统动力学采用的是用系统性、整体性视角来观察和分析社会现象，研究的基本逻辑是"结构决定行为"，通过对社会系统当中各类要素及其互动关系的分析和模拟，发现系统整体呈现出来的非线性、反直观规律。系统动力学建模的第一步是发现系统当中各类要素之间的因果关系，绘制因果关系反馈图。通常情况下，要素之间的关系分为正反馈和负反馈两种。正反馈是指要素之间同向变化的情况，即一个要素的增长会带动另外一个要素的增长，或者一个要素的减少也会导致另外一个要素的减少。负反馈是指要素之间反向变化的情况，一个要素的增长会导致另外一个要素的减少，或者一个要素的减少会导致另外一个要素的增加。要素之间由反馈关系构成反馈环（Feedback Loop），其中正反馈环（Positive Feedback Loop）代表了促进系统发展的力量，负反馈环（Negative Feedback Loop）代表的是抑制系统发展的力量。通常情况下，当正反馈环作为主导性反馈环一段时间以后，系统中促进增长的要素就消耗殆尽，进而将主导权交给"负反馈环"，而当"负反馈环"占据主导地位较长时间，维持系统平衡的要素也会逐渐减少，系统又重归正反馈环控制。系统的整体行为正是在"正反馈环"和"负反馈环"此消彼长、交替控制系统当中得以前行的。按照系统动力学观点对图5-1所示的多民族语言信息共享空间信息交流模型建立系统动力学反馈模型的结果如图5-2所示。

图5-2中，多民族语言信息共享空间系统动力学反馈模型总体上由"中心反馈环"、"多语言用户反馈环"、"多语言工作人员反馈环"、"多语信息资源反馈环"和"双语翻译"中介因素共五部分组成，"多语言用户反馈环"、"多语言工作人员反馈环"和"多语言信息资源反馈环"是围绕"中心反馈环"运作的，判断系统是否实现总体最优的标志就是"多民族语言信息共享指数MLSI"的数值是否达到最大化。首先，为了使论证不失一般性，图5-2中对机构所掌握的服务资源和可以从机构外部共享的信息资源并没有做区分，只要是机构多民族语言信息共享空间能够访问到资源，都抽象成为

[①] 王其藩：《系统动力学》，上海财经大学出版社2009年版。

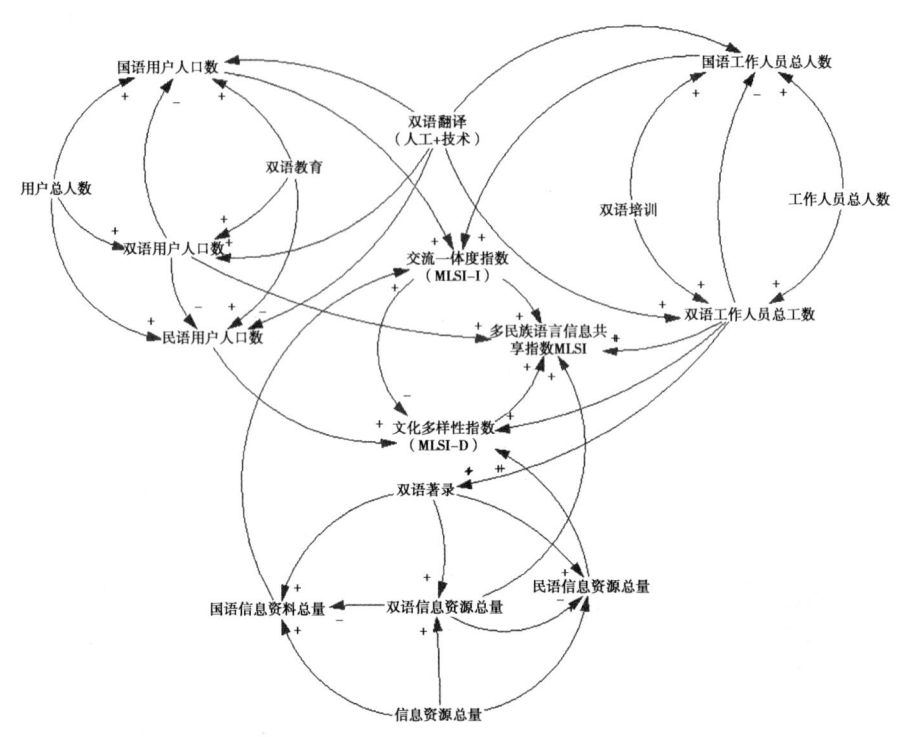

图 5-2 多民族语言信息共享空间的系统动力学反馈模型

机构的服务资源。其次，由于多民族语言信息共享空间在机构层面和区域层面上主要是双语信息共享空间的构建，因此模型只考虑双语信息资源跨语种共享的问题，跨区域、跨语言信息资源共享给问题并没有涉及。此外，多民族语言文字信息交流是一项非常复杂的工作，其中还涉及很多细节的差异性，例如有的用户只能掌握日常生活交流使用的少数民族语言口语交际能力，而对少数民族语言文字信息却无法识别；还有的用户可以识读少数民族语言文字信息资源，但是由于知识量有限，对于该信息资源所要表达的思想却不能理解，这就造成多民族语言信息交流建模的复杂性。为了便于研究，图 5-2 所示的多民族语言信息共享空间的要素反馈图进行了适度简化，即假定只要掌握了少数民族语言文字就可以进行沟通和交流，也可以阅读和理解该语种信息资源的内容。

图 5-2 中各功能块的内涵如下。①中心反馈环。系统中心反馈环主要由三个指数组成：多民族语言信息共享指数 MLSI（Multiple Language Information Sharing Index）是描述多民族语言信息共享空间跨语言信息共享程度的参数，它是由另外两个指数共同计算得出的；交流一体度指数（MLSI-I）是指多民

族语言信息共享空间的信息交流与国家整体的信息交流环境一致性的程度，通常情况下是指国家通用语言文字在公共文化服务机构当中的普及程度，如果机构当中使用国家通用语言的工作人员较多、信息资源以国家通用语言文字为主、用户以使用国家通用语言文字的人口居多，则"交流一体化指数"较高；"文化多样性指数"（MLSI-D）是描述民族地区公共文化机构所提供文化服务的多样性程度的指数，通常是以少数民族语言文字的使用情况来表征的，如果机构当中使用少数民族语言文字的工作人员较多，信息资源体系当中包含较多少数民族语言文字信息资源，用户使用少数民族语言文字人口较多，则相对国家整体文化环境其多样性程度较高。"交流一体度指数（MLSI-I）"与"文化多样性指数（MLSI-D）"两者是相互影响的两个变量，"交流一体度指数"数值越高，则"文化多样性指数"数值越低，相反"文化多样性指数"的升高导致"交流一体度指数"的降低，进而带来"多民族语言信息共享指数 MLSI"的降低。因此，多民族语言信息共享指数 MLSI 的最高值实际是"交流一体度指数"和"文化多样性指数"两者的最佳组合，使系统整体达到最优的点。图 5-2 的反馈图中，"双语用户总数"、"双语工作人员总数"和"双语信息资源总量"。三个变量可以直接引起"多民族语言信息共享指数"升高的。②多语言用户反馈环。图 5-2 中，民族地区公共文化服务机构的"用户总人数"分为"国语用户人口数"、"双语用户人口数"和"民语用户人口数"三种类型。其中，"国语用户人口数"指只能使用国家通用语言文字进行交流的用户人数，"民语用户人口数"指只能使用当地通用少数民族语言文字进行交流的用户人口数。"双语用户人口数"指可以同时使用国家通用语言文字和少数民族语言文字进行交流的用户人口数。"国语用户人口数"可以引起"交流一体度指数"升高，"民语用户人口数"可以引起"文化多样性指数"的升高，只有"双语用户人口数"可以直接引起"多民族语言信息指数 MLSI"的升高。对上述三类人口数造成直接影响的因素是区域双语教育的普及程度，通常情况下双语教育普及程度越高，区域内能够使用双语进行交流的人口数就越多，而只能使用少数民族语言或者只能使用国家通用语言文字的用户数量就越少。③多语言工作人员反馈环。由于只能使用少数民族语言文字的人口通常没有接受系统的双语教育，其进入公共文化服务机构担任工作人员的可能性不大，因此图 5-2 将公共文化服务机构的"工作人员总人数"分为"国语工作人员总人数"和"双语工作人员总人数"两类。与多语言用户反馈环类似，"国语工作人员总人数"是指公共文化服务机构当中只能使用国家通用语言文字作为沟通交流工具的工作人员总数，而"双语工作人员总人数"是指公共文化服务机构当中可以同时使用国家通用语言文字的工作人员总数。"国语工作人员总数"会引起"交流一体度指数"的提升，"双语工作人员总人数"会引起"多民族语言信息共享指数 MLSI"的提升。对"国语工作人员总人数"和"双语工作人员总人数"造成直接影响的是"双语培训"，双语培训力度的增大会造成"国语工作人员总人数"的下降和"双语工作人员总人数"的提升。④多语言信息资源反馈环。多语言信息资源反馈环当中将"信息资源总量"分为"国语信息资源总量"、"双语信息资源总量"和"民语信息资源总量"三类，其中"国语信息资源总量"是指只以国家通用语言文字为内容记录文字和元数据著录文字的信息资源的数量；"民语信息资源总量"是指以当地通用少数民族语言文字为内容记录文字和元数据著录文字的信息资源总量；"双语信息资源总量"是指无论信息资源内容是采用国家通用语言文字还是少数民族语言文字，都采用国家通用语言文字和少数民族语言文字两种文字作为著录文字，生成双语元数据。当然，由于双语著录工作量、公共文化服务机构双语人才储备等因素的限制，双语元数据的粒度和精度可以有所区别，例如通用语言文字信息资源数量庞大，可以只对关键字段进行著录，而少数民族语言信息资源数量相对较少，则可以进行高精度全面双语著录。无论采用哪种形式，只要信息资源的元数据当中使用了国家通用语言文字和当地通用的少数民族语言文字，我们都可以认其为双语信息资源。其中，"国语信息资源总量"会引起"交流一体度指数"的升高，"民语信息资源总量"会引起"文化多样性指数"的升高，只有"双语信息资源总量"可以直接引起"多民族语言信息共享指数 MLSI"的升高。多双语信息资源可以造成直接影响的因素是"双语著录"，而决定双语著录工作力度的因素是机构当中的"双语工作人员总数"。⑤"双语翻译"中介要素。双语翻译并不能直接构成完成的反馈环，但是可以与其他因素相结合，影响到其他反馈环当中各类要素的数量和配比。例如，"双语翻译"如果与"多语言用户反馈环相结合"，等于增加了"双语用户总人数"和减少了"国语用户总人数"和"民语用户总人数"。"双语翻译"如果与"多语言工作人员反馈环"相结合，则等于增加了"双语工作人员总人数"而降低了"民语工作人员总人数"。"双语翻译"要素不能直接与"多民语言信息资源反馈环"相结合，而是通过增加双语工作人员的数量或者提高其工作效率，间接带动双语信息资源数量的增加，并引起"国语信息资源总量"和"民语言信息资源总量"的减少。总之，多民族语言信息共享空间就是由多语言用户、多语言工作人员、多语言信息资源、双语翻译等因素相互作用、相互促进、相互制约而形成的动态、复杂性服务体系。

二 多民族语言信息共享空间信息生态的平衡机理

多民族语言信息共享空间的整体行为是在各类驱动因素共同作用下实现的，其具体的实现机理可以用系统动力学的"成长上限模型"（Limited Development Model）来解释（如图 5-3 所示）。成长上限模型认为，系统的发展是同时受到"助长因素"和"抑制因素"的制约，当"助长因素"取得主导权的时候，系统呈现的特征为"正反馈环"，表现为经济增长、产业发展、生物数量增多等。在"助长因素"发挥作用的过程中，"抑制因素"同样在影响系统，只不过其作用力没有超过"助长因素"而已，当"助长因素"和"抑制因素"可以相互抵消的时候，系统就处于停滞状态。等"抑制因素"超过了"助长因素"的时候，系统呈现的特征为"负反馈环"，外在表现就是经济衰退、产业微缩、生物数量减少等。

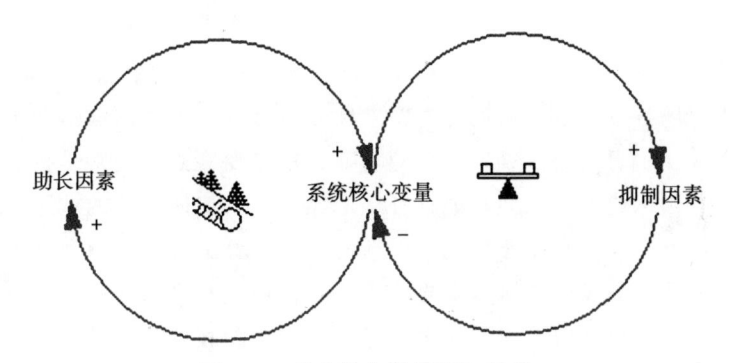

图 5-3 "成长上限模型"示意

在多民族语言信息共享空间的动力机制当中，同样存在着与上述"成长上限模型"类似的问题。在图 5-2 所示的多民族语言信息共享空间反馈图中，如果将"双语教育"、"双语培训"、"双语著录"都改为单一语言，则"双语翻译"环节就可以不需要。然而，机构只推行一种语言文字的信息服务会存在很大风险。例如，采用国家通用语言文字单语种信息服务的时候，"交流一体度指数（MLSI-I）"可以迅速提高，但与此同时，"文化多样性指数（MLSI-D）"则会迅速下降，作为判断系统整体输出关键指标的"多民族语言信息共享指数 MLSI"会随之下降。然而，如果民族地区不推行双语教育，不开展双语培训和双语著录等工作，则"文化多样性指数（MLSI-

D）"会快速提升，但是"交流一体度指数"则会同时下降，进而带动"多民族语言信息共享指数 MLSI"的下降。总之，多民族语言信息共享空间达到平衡状态的最佳途径就是全面推行双语，无论是用户和工作人员，如果能够同时掌握国家通用语言文字和当地通用的少数民族语言文字，信息资源可以按照双语原则进行著录，则公共文化服务中的沟通交流障碍出现的概率就会降低，这种可以兼顾"交流一体度指数（MLSI-I）"和"文化多样性指数（MLSI-D）"的状态就是系统达到的一种"平衡状态"。"多民族语言信息共享空间"就是试图寻找和维持这种"平衡态"，在少数民族语言文字具有较大社会影响力的民族自治区域，如果当地语言文字政策过于偏向国家通用语言文字或者当地通用的少数民族语言文字当中任何一种的时候，系统就会出现"失衡"，各民族人口之间的沟通交流渠道就会受到阻碍，甚至可能导致严重的社会问题，必须尽快退回到"双语"轨道上来。

上述观点还可以用信息生态学当中的"信息生态平衡"理论来解释。信息生态学（Information Ecology）是研究社会信息化条件下人、信息、技术和环境之间互动关系和演进规律的科学。用信息生态学的观点来分析多民族语言信息资源共享问题，就是在多民族语言信息共享空间的信息交流体系当中，寻找可以兼顾各方需求，实现各类要素优化组合、系统总体输出最优的那个"平衡点"。"信息生态平衡"是信息生态学的重要观点，通常是指信息生态系统当中各类构成要素之间功能互补、配比合理、整体优化的状态。多民族语言信息共享空间信息生态系统的平衡问题，主要是科学认识和处理国家通用语言文字和少数民族语言文字之间的关系，构建双语和谐共存的公共文化信息服务环境，可从以下三方面进行考虑。①功能互补。多民族语言信息共享空间要实现信息生态平衡，首先需要明确国家通用语言文字和少数民族语言文字的功能定位。国家通用语言文字是我国所有民族的公民都必须学习和掌握的语言文字，它不仅是汉族不同方言人口之间的共同语，也是汉族和各少数民族人口之间的族际共同语。少数民族语言文字是各少数民族在社会生活中使用的语言，它承担着少数民族文化传承，少数民族情感寄托等多重功能。在民族地区社会生活中，两种语言文字相互补充，相得益彰，共同构成少数民族语言生活的重要内容。②合理配比。合理配比是指在国家通用语言文字信息资源和少数民族语言信息资源管理过程中，需要参照当地人口比例等因素合理安排信息资源采集、双语著录等工作的要求。例如，如果当地少数民族人口占到社会成员的一定比例，公共文化服务机构在所能提供的信息资源服务就应该体现出来，尽量提供一定数量体现该民族传统文化的信息资源或者以该民族传统文字为信息记录语言的信息资源。③整体优化。整体优化是指多民族语言信息共享空间建设过程中，在兼顾各类要素平衡的前提下，追求系统整体性的发展。例如，按照双语原则，提高用户和工作人员的双语应用能力，在扩充国家通用语言文字信息资源规模的同时，尽可能同步提高当地少数民族语言文字信息资源的数量，培养国家通用语言文字和少数民族语言文字双语翻译人员，研究开发国家通用语言文字和少数民族语言文字双语机器翻译系统，使用户走进多民族语言信息共享空间的时候，能够从多个方面获取跨语言支持服务。总而言之，多民族语言信息共享空间信息生态系统平衡的关键就在于始终坚持双语原则，在维护国家通用语言文字法定地位的前提下，采取各种措施保障少数民族语言文字在公共文化服务领域的应用，创造多民族语言和谐共生的良好信息生态。

三　多民族语言信息资源跨语种共享的驱动路径

系统动力学反馈图当中的驱动要素是指不受其他要素影响、但是对其他要素构成影响的要素。从系统动力学反馈图来分析，驱动要素主要是构成反馈环的初始端要素。图5-2中，初始端要素主要有"用户总人数"、"工作人员总人数"、"信息资料总量"、"双语教育"、"双语培训"、"双语著录"和"双语翻译"共7个，而"用户总人数"、"工作人员总人数"、"信息资料总量"属于系统的初始条件，是系统运行过程中必须具备的参数，真正对系统运行可以造成重大影响的要素就剩下"双语教育"、"双语培训"、"双语著录"和"双语翻译"，每个要素在体系当中都拥有多重驱动路径，现对其驱动路径分析如下。

（一）双语教育的驱动路径

双语教育驱动多民族语言信息资源共享的路径主要有以下三条：路径1：双语教育—双语用户人口总数（+）—多民族语言信息共享指数MLSI（+）；路径2：双语教育—国语用户人口总数（+）—交流一体度指数MLSI-I（+）—多民族语言信息共享指数MLSI（+）；路径3：双语教育—民语用户人口总数（+）—文化多样性指数MLSI-D（+）—多民族语言信息共享指数MLSI（+）。路径1是直接影响多民族语言信息共享指数MLSI，路径2是针对只能使用少数民族语言的用户而言，通过提升其国家通用语言文字使用能力，带来交流一体化程度的增加，进而带来多民族语言信息共享指数MLSI的提升；路径3是针对只能使用国家通用语言文字的用户而言，通过提升这些用户对当地通用少数民族语言文字沟通交流能力，带来文化多样性指数的提升，最终影响多民族语言信息共享指数 MLSI 数字的增加。因此，我们可以发现双语教育是同时提升"交流一体度指数"和"文化多样指数"的重要驱动力量。

（二）双语培训的驱动路径

双语培训在多民族语言信息共享空间当中的驱动路径主要有两条：路径 1：双语培训—双语工作人员总数人（+）—多民族语言信息共享指数 MLSI（+）；路径 2：双语培训—国语工作人员总人数（+）—交流一体度指数 MLSI-I（+）—多民族语言信息共享指数 MLSI（+）。路径 1 属于通过双语培训直接提高多民族语言信息共享指数的情况，主要是对只掌握了国家通用语言文字的公共文化机构工作人员而言的，希望通过提高这部分人员的少数民族语言文字的沟通交流能力，使其直接可以为少数民族用户服务，从而提高空间整体信息资源共享能力；路径 2 主要针对少数民族工作人员当中国家通用语言文字交流能力较弱的工作人员，通过增强其国家通用语言文字的应用水平，提高空间信息交流一体化程度，进而增加多民族语言信息共享指数 MLSI 的数值。

（三）双语著录的驱动路径

双语著录是在多民族语言信息共享空间当中对国家通用语言文字信息资源和少数民族语言文字信息资源同时采用国家通用语言文字和少数民族语言文字进行元数据著录的管理措施。图 5-2 中双语著录的驱动路径主要有三条：路径 1：双语著录—双语信息资源总量（+）—多民族语言信息共享指数 MLSI（+）；路径 2：双语著录—国语信息资源总量（+）—交流一体度指数 MLSI-I（+）—多民族语言信息共享指数 MLSI（+）；路径 3：双语著录—民语信息资源总量（+）—文化多样指数 MLSI-D（+）—多民族语言信息共享指数 MLSI（+）。其中，路径 1 是直接通过双语著录驱动空间多民族语言信息资源共享程度的提高；路径 2 是针对少数民族语言信息资源而言的，对其进行双语著录之后就可以纳入国家统一的信息资源管理体系当中，从而提高交流的一体化程度；路径 3 是针对国家通用语言文字信息资源而言的，在民族地区公共文化服务机构当中，可以根据用户需求对国家通用语言文字信息资源进行关键元数据字段的双语著录，从而使只掌握了少数民族语言文字交流能力的少数民族用户可以了解国家通用语言文字信息资源的主题和内容，判断是不是对自己有用。路径 3 通过对国家通用语言文字信息资源部分字段实现双语著录，增加了信息交流的文化多样性程度，从而使空间多民族语言信息工作指数的数值得到提高。

（四）双语翻译的驱动路径

双语翻译是多民族语言信息共享空间当中非常关键的要素，可以对体系的其他要素构成驱动关系。这里的双语翻译并未做细致分类，既包括依靠人工方式进行的人工中介翻译，也包括依靠在线翻译系统进行的机器辅助翻译。双语翻译在多民族语言信息共享空间反馈图中的驱动路径主要有 6 条，分别是：路径 1：双语翻译—双语用户人口总数（+）—多民族语言信息共享指数 MLSI（+）；路径 2：双语翻译—国语用户人口总数（+）—交流一体度指数 MLSI-I（+）—多民族语言信息共享指数 MLSI（+）；路径 3：双语教育—民语用户人口总数（+）—文化多样性指数 MLSI-D（+）—多民族语言信息共享指数 MLSI（+）；（4）路径 4：双语翻译—双语工作人员总数人（+）—多民族语言信息共享指数 MLSI（+）；路径 5：双语培训—国语工作人员总人数（+）—交流一体度指数 MLSI-I（+）—多民族语言信息共享指数 MLSI（+）；路径 6：双语翻译—双语工作人员总数（+）—双语著录—双语信息资源总量（+）—多民族语言信息共享指数 MLSI（+）。其中，路径 1、路径 2 和路径 3 属于为用户提供跨语言翻译服务，使只掌握国家通用语言文字的用户可以识读少数民族语言信息资源或者与少数民族用户进行沟通，使只掌握少数民族语言文字的用户可以了解国家通用语言文字信息资源的内容或者与其他用户、工作人员进行沟通和交流。路径 4 和路径 5 为公共文化服务机构的工作人员提供跨语言支持，使其可以与使用少数民族语言文字的用户进行沟通或者了解少数民族语言信息资源的内容，以便进行双语著录等工作。路径 6 属于间接路径，有了双语翻译支持，信息资源的双语著录工作就可以顺利开展，从而使系统整体的多民族语言信息共享程度得到提高。

四 多民族语言信息资源跨语种共享的驱动策略

多民族语言信息资源是指以我国境内正在使用的国家通用语言文字和各少数民族地区通用的少数民族传统语言文字为信息记录和表达方式的信息资源。"多民族语言信息资源跨语种共享"是指在我国民族地区公共文化服务体系当中，通过教育、技术和管理等手段的综合应用，使全国各民族人口都可以用本民族传统语言文字或国家通用语言文字为工具，以较为低廉的成本、较为便捷的方式阅读和理解其他少数民族语言文字信息资源的所有活动。由于我国少数民族语言文字类型的丰富性，不同语种少数民族语言信息资源的管理需求也各不相同。多民族语言信息资源跨语种共享问题当前主要涉及使用人口较多、社会影响力较大的几种少数民族语言文字，例如藏语、蒙古语、维吾尔语、哈萨克语、柯尔克孜语、壮语、韩语等。绝大多数使用人口较少、社会影响力较弱的少数民族语言文字，当前亟须考虑的问题是如何采取措施进行科学保护与长久传承，而不是跨语种信息共享问题。

根据信息工程学原理，人是所有信息活动的主体（Subject），信息资源是人类认识和社会实践活动的客体（Object），多民族语言信息资源跨语种共享问题在本质上是不同类型的"主体（人）"如何与阅读和理解不同语言文字的"客体（信息资源）"并与其他主体之间进行有效沟通交流的过程。在上述过程中，如果主体所掌握的语言文字与客体呈现的语言文字完全一致，则可以直接完成认知过程。如果主体所掌握的语言文字与客体呈现的语言文字之间不一致，则需要借助机器翻译或者人工翻译等"中介环节"来完成。基于以上分析，多民族语言信息资源跨语种共享策略的分析框架如图5-4所示。

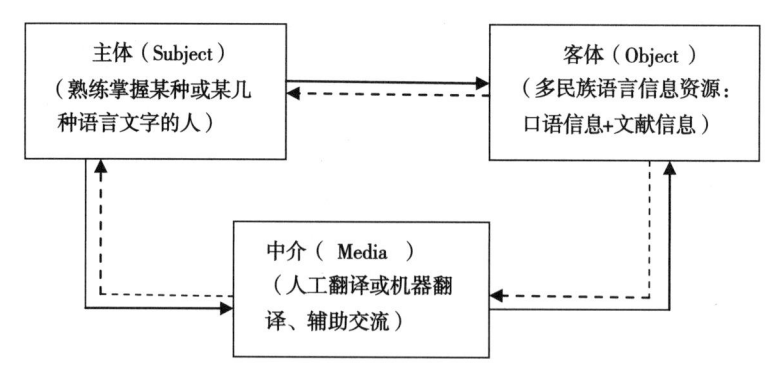

图5-4　多民族语言信息资源跨语种共享问题的分析框架

图5-4中，"主体"是指多民族语言信息共享空间当中熟练掌握了某种或某几种的语言文字应用能力的人，通常分为"多语言用户"和"多语言机构工作人员"两类群体。"客体"是指多民族语言信息共享空间当中所"共享"的对象，主要包括以各民族语言文字为记录文字的信息资源，已经由各民族用户或工作人员所表达出来的多民族语言口语信息。因此，多民族语言信息资源共享不仅包括文献信息资源的无障碍阅读和理解，人与人之间的无障碍沟通交流也是信息共享空间需要支持的重点功能。"中介"是在多民族语言信息共享空间当中为人与人之间、人与信息资源之间的跨语种沟通交流提供支持的人类资源或者技术资源，例如专业翻译人员、计算机辅助翻译系统、计算机辅助交流系统等。通过对多民族语言共享空间信息生态系统平衡机理和多民族语言信息资源跨语种共享驱动路径的分析，可以发现要在保护民族地区语言文化多样性

第五章　多民族语言信息共享空间的实现策略　271

的前提下，提高多民族语言信息共享的程度，核心策略是从主体、中介和客体三个方面推行"双语原则"，从双语教育、双语培训、双语著录和双语翻译等方面，将民族地区使用不同语言文字的用户联结为统一的整体。从驱动策略而言，就是要推行基于主体的双语教育（培训）策略、基于中介的双语（人力、机器）翻译策略和基于客体的双语著录（标注）策略。由前文分析可知，多民族语言信息共享空间的支持体系分为机构层、区域层和国家层三个层面，每个层面都面临不同的支持任务。根据上述对多民族语言信息资源跨语种共享三个角度驱动策略以及三个层面支持体系的划分，可以得到多民族语言信息共享空间实现策略的逻辑框架。为了体现国家、区域和机构政策体系和措施的战略一致性，此处将各类策略的论证顺序改为从宏观为微观、从外部到内部、从国家到机构，如图 5-5 所示。

策略框架	国家层策略（N）	区域层策略（R）	机构层策略（I）
基于主体的策略 （S:U用户 E职员）	NU-1民族地区双语教育制度的法律依据 NE-1民族地区干部双语培训制度的法律依据	RU-1 区域双语基础教育制度与实践 RE-1 区域干部双语培训制度与实践	IU-1 汉族用户民语培训 IU-2 民语用户强化培训 IE-1 双语工作人员招录 IE-2 工作人员双语培训 IE-3 双语志愿者招募
基于中介的策略 （M: HM人工中介；MM机器中介）	NHM-1 跨区域人才协作联盟 NMM 国家语言网格工程平台 NMM-1 多民族语言集成语料库 NMM-2 多民族语言本体模型	RHM-1 区域翻译人才网络 RM 国家语言网格工程节点 RM-1 区域双语对齐语料库 RM-2 区域双语本体模型	IHM-1 双语翻译人才配备 IMM-1 跨语言机器翻译 IMM-2 跨语言信息检索 IMM-3 跨语言信息抽取 IMM-4 跨语言自动文摘 IMM-5 跨语言辅助阅读 IMM-6 跨语言语音交互 IMM-7 跨语言自动问答
基于客体的策略 （O：DO文献；OO口语；EO环境）	NO-1 多民族语言信息资源知识标注规范	RO-1 区域信息资源双语著录规范	IDO-1 信息资源双语采集 IDO-2 信息资源双语著录 IDO-3 数字资源语义标注 IOO-1 语音资源双语提示 IEO-1 服务空间双语环境

图 5-5　多民族语言信息资源跨语种共享的策略框架

图 5-5 中，基于主体的驱动策略是围绕人员语言文字应用能力提高所开展的信息共享程度提升策略，基于中介的驱动策略就是围绕如何合理安排翻译人员和机器翻译系统在机构跨语言服务当中的应用提升整体服务能力的策略，基于客体的驱动策略就是如何实现信息资源的双语提示和统一标注等为用户利用信息提供多种选择的策略。这三大类型除了与公共文化服务机构、所在语言区域和国家这三个层级相互结合，多民族语言信息资源跨语种共享策略按照视角和层级被分为九种类型，分别是国家主体策略（NO 策略与 NE

策略)、国家中介策略（NHM 策略与 NMM 策略）、国家客体策略（NO 策略）、区域主体策略（RO 策略与 RE 策略）、区域中介策略（RNM 策略与 RM 策略）、区域客体策略（RO 策略）、机构主体策略（IO 策略与 IE 策略）、机构中介策略（IHM 策略与 IMM 策略）、机构客体策略（IDO、IOO 民 IEO 策略）。本章的第三节、第四节、第五节将分别从基于主体的策略、基于中介的策略和基于客体的策略三个方面介绍上述策略的主要内容。本章的第六节将会探讨公共文化服务机构如何灵活应用上述策略，在兼顾策略实现技术难度和成本大小等因素的情况下，通过多种策略的合理组合，用最少的投入最大化满足用户的跨语言服务需求。

第三节　多民族语言信息资源跨语种共享的主体策略

多民族语言信息资源跨语种共享的主体策略，就是以多民族语言信息共享空间当中各类人群语言文字应用能力的提升为主要目标的多民族语言信息资源跨语种共享驱动策略。多民族语言信息共享空间当中的人主要分为"用户"和"工作人员"两大类型，因此基于主体的多民族语言信息共享策略整体上可以分为面向用户的"用户双语能力提升策略"和面向公共文化服务机构工作人员的"职员双语能力提升策略"两种，前者主要是指在民族地区推行国家通用语言文字和当地通用少数民族语言文字两种语言文字的教育制度，后者主要是指在民族地区公共文化服务机构当中提倡和鼓励兼通国家通用语言文字和当地通用少数民族语言文字工作人员的人事制度。工作人员双语应用能力的提高可以通过在人员招录环节设置双语要求、开展针对工作人员的双语专业培训等，而用户双语能力的提升除了公共文化服务机构举办一些短时间的培训班以外，能够采取的措施却非常有限，用户双语水平的真正提高还是要依赖社会教育体系，尤其是在民族地区基础教育阶段就推行双语教育。本节在介绍全球范围内的双语现象和双语教育概况的基础上，分别从"面向用户"和"面向职员"两个角度探讨提升多民族语言信息共享空间主体双语应用能力的策略。

一　全球范围内的"双语现象"与"双语教育"概况

众多周知，全球目前 200 多个主权国家，绝大多数国家内部多族群、多语言、多文化并存，各族群之间相互学习对方的语言文字是一种自然的历史现象，语言学将其称为"兼语"。兼语最直接的动因就是社群之间相互沟通和交流的愿望，无论国家和政府的导向如何，不同社群之间部分成员兼用对方的语言文字是全球范围内普遍存在的现象。如果某一语言社群全部或者部分成员同时使用两种语言文字，这种兼语现象就被称为"双语"（bilingual）。"双语"是一种非常复杂的社会现象，可以根据两种语言文字之间的关系划分为多种类型：①①根据两种语言文字在双语现象当中的地位，可以分为平衡双语（Balanced bilingualism）现象和一方占据控制地位的单方占优双语现象（Dominant Bilingualism）。②根据另外一种语言的来源，划分为内生性双语现象（Endogenous Bilingualism）和外源性双语（Exogenous Bilingualism）现象。内生性双语现象主要是指地理上接近的不同社会族群出于沟通交流的目的而相互学习对方言出现的双语现象，例如我国的汉语和少数民族语言之间的双语现象就属于内生性的双语现象，是在汉族和其他少数民族在历史演进过程中出于经济和文化交流的目的而逐步发展形成的。外源性双语现象是指由于侵略、殖民等历史原因，造成当地居民同时使用本民族语言文字和侵略、殖民国家语言文字的双语现象，例如非洲很多以前的殖民国家在独立之后，仍然不得不以英语作为沟通交流的工具。③根据社群对语言和文化的认同关系，可以将双语现象划分为"双文化双语"、"基于第一语言的单文化双语"、"基于第二语言的移入文化双语"和"文化倒转双语"四种情况。"双文化双语"是指社群成员对于两种语言文字所代表的文化都高度认同，自认为同时属于两个文化社团的成员。"基于第一语言的单文化双语"是指社群成员高度接受第一语言所代表的文化，仅仅将第二语言作为沟通交流的工具。"基于第二语言的移入文化双语"通常是指移民群体放弃对第一语言文化的认同，转向第二语言文化的认同，自认为已经脱离第一文化社团进入到第二文化社团。"文化倒转双语"是指社群对于两种文化的认同都出现了危机，而出现的自我文化认同混乱的现象。少数民族文化与汉族文化都是中华民族文化体系之下的亚文化，我国民族地区双语教育的目的是培养同时对少数民族文化和中华民族文化都高度认同的双语、双文化人。

双语教育（Bilingual Education）是全球范围内多民族国家政府促进不同社会族群沟通与交流的普遍做法。②例如，瑞士联邦共和国是典型的多民族国家，居民使用德语、法语、意大利语和列托罗曼语四种语言。瑞士官方语

---

① 王洪玉：《少数民族双语教育的历史及发展研究》，硕士学位论文，西北师范大学，2003年。

② 哈经雄、滕星主编：《民族教育学通论》，教育科学出版社2011年版，第181页。

言是德语、法语和意大利语，瑞士的中小学学生在校期间必须学习三种国家官方语言，同时还要根据国际交流的需要学习英语。因此，瑞士居民掌握两种语言文字已经是非常普遍的现象。美国政府 1968 年出台《双语教育法案》规定第一语言不是英语的儿童，可以在初等教育阶段设立一个英语和其第一语言并用的过渡期，此后再逐步转向自由运用两种语言的阶段。1965 年，加拿大部分英裔居民为了提高子女的法语能力，提出了"浸没式（Immersion）双语教学计划"，在教育初期设置完全的法语教学环境，随着儿童法语能力的增长再逐步增加英语教学的比例。此外，一些国家在针对土著居民的教育体系当中推行了双语教育。例如，新西兰在 1974 年宣布毛利语和英语一样都是新西兰的国家语言，各中小学都必须开设毛利文化课程，举办毛利语研讨会和毛利语故事会等活动。尽管双语教育在西方国家推行得进程并不顺利，时常遭遇到反对者对教育质量、教育成本等方面的质疑和批评。但是，从全球范围内双语教育的发展趋势来看，双语教育为少数族群人口提供了平等的教育机会，使其可以在社会竞争中获得同等的发展机会，它有助于保持语言和文化的多样性，促进不同民族之间的相互了解与合作，培养社会成员对不同文化的开放心态和积极态度，因而是多民族国家增强内部凝聚力、维护国家稳定与统一的重要举措。

目前，从全球范围内来看，世界各国实行双语教育的模式主要有"过渡双语教育模式"、"保持双语教育模式"、"二元双语教育模式"、"浸没式双语教育模式"等。①过渡双语教育模式（Transitional Bilingual Education）又称为"替代双语教育模式"（Subtractive Bilingual Education），它是针对第一语言是非主流语言的儿童教育问题而提出的，是为提高儿童第二语言应用能力而设计的一种双语教育模式。按照过渡双语教学模式，教育机构会在儿童教育的初期主要以儿童的第一语言作为教学语言，以便儿童能够很好地适应学习生活，此后逐步减少第一语言教学的比例，直到最后完全过渡到第二语言教学模式上来。②保持双语教育模式是针对学生在学习第二语言的过程中第一语言应用能力有所退化的问题而专门设计的一种双语教育模式。保持双语教育模式要求教育机构在开展第二语言教育的同时，继续开设第一语言类的课程，以保持或者增强学生第一语言的应用水平。保持双语教育模式的通常做法是将语言、文化、艺术类课程采用第一语言讲授，而将数学、物理、生物等科技类课程用第二语言讲授。例如，加拿大的"遗产语言教育计划"（Heritage Language Education）就是在基础教育阶段的学校开设部分处于弱势地位的传统语言类课程，以减缓这些语言被遗忘的进程。③二元双语教育模式（Two-way Bilingual Education）是针对学生群体来自两个社群且人数基本相当的情况下所设计的双语教育模式。这种模式通常需要教师具备完全双语教学能力，但是照顾到两个群体学生的教育需求，会在教学过程中按照对等原则进行语言切换，例如每周一、三、五采用一种语言教学，每周二、四采取另外一种语言教学，下一周进行互换。这种模式有助于引导两个群体的学生相互学习对方的语言文字，有利于从基础教育阶段就建立两个族群之间的沟通和理解，因而是增进族群融合与团结的有效方法。④浸没式双语教育模式（Immersion Bilingual Education）。是由加拿大部分英裔居民为了使子女提升第二语言应用能力而提出的一种教育模式，美国在少数族群英语教学当中也借鉴了这种做法。所谓"浸没式双语教育"就是将儿童置身于另外一种语言环境，在不开设相应语言课程并提供辅助工具的情况下，激发儿童学习语言的潜能，通过自己的尝试和探索掌握第二语言。类似于将不会游泳的儿童扔进游泳池，在保障基本安全的前提下，由儿童自己通过挣扎和尝试而学会游泳。与加拿大的"浸没式双语教育"以培养儿童第二语言应用能力所不同的是，美国的"浸没式双语教育"的目的是通过第二语言教育，使学生逐步适应第二语言教育体系并放弃对第一语言的依赖。

值得注意的是，尽管世界各国对双语教育是保持语言文字多样性、增进族群之间沟通交流的有效途径这一点已经达成共识，然而在具体的执行模式上并没有可以普遍适用的通用做法，任何国家在双语教育领域取得的成功都是结合本国、本地区的实际情况，以及本国居民对双语教育的真实需求的基础上设计和发展出来的，都带有本国历史和传统文化的印记。西方国家在双语教育领域取得的成就对于我国民族地区双语教育模式设计具有一定的启示和参考意义，但是一定要看到教育模式背后巨大的文化差异，有选择性地予以借鉴和吸收，发展出真正适合中国国情的民族地区双语教育模式。

二 面向用户的双语基础教育与补充教育（NRI-U策略）

双语教育（Bilingual Education）是指以两种或者两种以上语言文字作为教学媒介用语的教学制度或者教学模式。我国民族地区用户双语教育制度涉及国家层面的双语教育法律、区域层面的双语基础教育和机构层面的双语用户培训、用户语言学习支持等方面。

（一）我国民族地区双语教育的法律依据

双语教育是我国民族地区基础教育的重要特色，推行双语教育是落实我国《宪法》《民族区域自治法》《教育法》和《国家通用语言文字法》等法律相关规定的具体举措。具体而言，与民族地区双语教育相关的法律条文主要有：①《中华人民共和国宪法》第一章第十九条规定："国家推广全国通用的普通话。"同时，《宪法》第四条又指出："各民族都有使用和发展自己的语言文字的自由，都有保持或者改革自己的风俗习惯的自由。"《中华人民共和国民族区域自治法》第三十七条规定："招收少数民族学生为主的学校（班级）和其他教育机构，有条件的应当采用少数民族文字的课本，并用少数民族语言讲课；并根据情况从小学低年级或者高年级开设汉语文课程，推广全国通用的普通话和规范汉字。"《中华人民共和国教育法》第一章第十二条规定："汉语言文字为学校及其他教育机构的基本教学语言文字。"、"少数民族学生为主的学校及其他教育机构，可以使用本民族或者当地民族通用的语言文字进行教学。""学校及其他教育机构进行教学，应当推广使用全国通用的普通话和规范字。"《国家通用语言文字法》第十条规定："学校及其他教育机构以普通话和规范汉字为基本的教育教学用语文字。"上述条款为民族地区双语教育的开展提供了法律依据，既保障了国家通用语言文字在民族地区推广，又保障了各少数民族地区根据实际情况采用本民族语言文字进行教学的权利。此外，各民族自治地方也通过地方立法或者制定上述国家法律执行办法的过程中，也制定了一些有关少数民族双语教育的法律法规。

（二）我国民族地区双语教育实施概况

我国民族地区少数民族语言教育自1949年中华人民共和国成立就开始起步，在全国民族语言文字工作大调查当中得到进一步发展，但是在1957年开始的"左倾"思潮之下遭受重创，1977年之后才逐渐恢复，到1980年之后迎来蓬勃发展的阶段。各民族地区20世纪80年代先后开展的双语教学实验主要有：西藏内地办学"藏汉双语"教学实验、朝鲜族儿童朝鲜语"浸没式"教学实验、东北三省蒙古族"蒙汉双语"教育实验、西藏本土"藏汉双语"教育实验、广西"壮汉双语"教学实验、云南德宏傣族景颇族自治州小学"双拼注提"双语教学实验、云南剑川县小学"白汉双语"教学实验、云南沧源县小学"佤汉双语"教学实验、云南丽江"纳西语汉语双语"教学实验、湖南湘西土家族苗族自治州"苗汉双语"教学实验、湖南通道侗族自治县小学"侗汉双语"教学实验、四川省凉山彝族自治州"彝汉双语"教学实

---

① 《法律专栏》，中华人民共和国中央人民政府官网，http：//www.gov.cn/zhengce/zc_fl.htm，2018年8月1日。

验等。① 同时，为了统一各语言区域少数民族语言文字教学工作，在教育部的主持下，内蒙古、新疆、青海、甘肃、辽宁、黑龙江、吉林、河北等省区联合成立了"八省区中小学蒙古文教材协作小组"；西藏、青海、甘肃、云南、四川等省区联合成立了"五省区中小学藏文教材协作小组"；吉林延边成立了"东北三省中小学朝鲜文教材协作小组"，结合各少数民族语言特点编写双语实验教材，并在实践中取得了显著的成效。根据国务院新闻办公室《中国的民族政策与各民族共同繁荣发展》白皮书中公布的数据，截至2007年，全国共有1万多所学校使用21个民族的29种文字开始双语教学，在校生达600多万人。②

新疆维吾尔自治区教育厅统计数据显示，截至2014年底，全疆累计建成农村双语幼儿园2500所，重点向南疆和农牧区倾斜，并以农村学前双语教育经费保障机制等扶贫举措，使新疆学前两年双语教育普及面由59%提高至89%，在园幼儿总数达到48万人，少数民族中小学生接受双语教育比例由34%提高到69%，全疆接受双语教育的幼儿及中小学生总数由99万人提高至200万人。③ 据中国西藏新闻网报道，西藏自治区所有农牧区和部分城镇小学实行藏汉语文同步教学，主要课程用藏语授课；中学阶段也同时用藏语和汉语授课，并在内地西藏班中学开设藏语文课；全区超过99%的学校实行双语教育，超过97%的学生接受双语教育，现已基本建立从学前到大学阶段的藏汉双语教育体系。④ 据《内蒙古日报》报道，内蒙古自治区的双语教育以民汉兼通为基本目标，从学前、中小学到高等学校各阶段有效衔接，覆盖教师培养、教材建设、教学过程、招生升学、就业服务等各个环节，形成完备的教育体系，目前全区有民族中小学502所，接受民汉双语教学的人数超过30万人。⑤ 据中国教育新闻网报道，广西壮族自治区政府出台《壮汉双语教育发展规划（2016—2020年）》，提出将建设10个壮汉双语教学示范基地，打造6个壮汉双语教育连片"三角区"，基本形成壮汉双语教育体系，进一步

---

① 王洪玉：《少数民族双语教育的历史及发展研究》，硕士学位论文，西北师范大学，2003年。
② 国务院新闻办：《中国的民族政策与各民族共同繁荣发展白皮书》，http：//www.china.com.cn/aboutchina/txt/2009-09/27/content_ 18613793. htm，2018年8月1日。
③ 阿依努尔：《新疆双语教育体系基本形成》，新华网，http：//news.xinhuanet.com/politics/2015-09/07/c_ 1116485967. htm，2015年9月27日。
④ 《西藏自治区超过99%的学校实行双语教育》，中国西藏新闻网，http：//www.chinatibetnews.com/xw/kjww/201507/t20150712_ 691806. html，2018年8月1日。
⑤ 赵越：《内蒙古自治区形成完备双语教育体系》，《内蒙古日报》2017年7月31日。

培养"壮汉兼通"的少数民族人才。2015年,广西共有35个县(市、区)实施壮汉双语教育教学,有壮汉双语学校158所,在校生9万多人。但在2010年,广西仅有壮汉双语学校69所,在校生2万多人。① 此外,青海省、云南省、四川省、贵州省、甘肃省等省区的少数民族自治地方也在积极推行儿童双语教育,并取得了显著成果。

我国民族地区幅员辽阔,各少数民族聚居区域地理环境、经济环境、文化环境各不相同,而且受制于少数民族语言是否具有文字、师资力量、教学资源等方面因素,民族地区双语教育呈现出高度多样性的特征,即使处于同一语言区域内部,各地的双语教学模式也可能有所差别。总体而言,我国民族地区双语教学模式可以分为"兼容型双语教育模式"、"过渡型双语教学模式"和"补充型双语教学模式"三大类型。

一是兼容型双语教育模式,这种模式主要适应于当地通用少数民族语言文字相对较为成熟,可供教学使用的教学资料数量充足,足以支持以少数民族语言文字进行现代科技文化知识学习任务的情况,例如藏语、蒙古语、维吾尔语、朝鲜语等少数民族语言就属于这类情况。采用"兼容型双语教学模式"的地区通常在学生基础教育阶段坚持使用国家通用语言文字和当地通用的少数民族语言两种语言文字进行授课,其目标是使学生在中学毕业时能够达到"民汉兼通"的双语应用水平。但是,各地区在执行"兼容型双语教学模式"的过程中,具体的操作办法也不尽相同,例如有的在少数民族人口聚居地区实行"以民族语为主导"的双语兼容模式,学生在低年级全部采用少数民族语言文字授课,到小学三四年级以后再陆续增加国家通用语言文字课程,此后少数民族语言课程和国家通用语言文字课程共同开设直至学生中学毕业,采取这种双语教学模式的主要是新疆的维吾尔族、哈萨克族等。此外,在一些汉语基础较好的民族地区或者城镇学校当中,兼容型双语教育模式是以国家通用语言文字教育为主导,以少数民族语言文字为辅助教学手段,只有部分课程采用少数民族语言文字进行教学。除了以上这两种极端的情况之外,绝大多数采用兼容型双语教学模式的地区整个基础教育阶段国家通用语言文字教学和少数民族语言文字教学相互配合,同时开设国家通用语言文字和少数民族语言文字课程,文科课程多采用少数民族语言文字教学,理科课程多采用国家通用语言文字教学,例如朝鲜族、蒙古族、哈萨克族、柯尔克

---

① 《广西加强壮汉双语教学培养少数民族人才》,中国教育新闻网,http://news.jyb.cn/basc/xw/201604/t20160427_ 658346.html,2018年8月1日。

孜族等民族的双语教学就采用这种模式。多民族语言信息共享空间所针对的民族地区双语教学模式，通常就是指这种使用人口较多、社会影响力较大、双语教学资源丰富、双语教学体制完整的少数民族语言，希望通过民族地区双语教育的发展，培养更多的"兼通民汉双语"用户，从而使其在公共文化服务机构接受服务时不会出现沟通交流障碍，可以非常容易地阅读和理解各民族语言文字信息资源，可以与公共文化服务机构的工作人员和其他用户进行顺畅交流。

二是过渡型双语教学模式。过渡型双语教学模式主要适用于少数民族语言文字发展相对不成熟、缺少足够的教学资源，或者有的少数民族语言只有口语教学却没有成熟文字的情况。这类少数民族语言教学通常可以起到传承文化、维系民族情感的作用。但是，由于这些语言文字使用人口相对较少，历史上留存下来的典籍或可供教学使用的资源较少，还有些少数民族语言只有口语、没有文字，要承担现代科技文化知识教学，缺乏足够的资源支持。因此，在双语教学过程中，通常是在小学阶段进行国家通用语言文字和少数民族语言文字的双语教学，到了中学阶段就完全过渡到国家通用语言文字教学模式上去了。各少数民族地区在具体过渡办法方面也没有统一的标准，有的少数民族语言文字课程结束较早，在小学三四年级就已经结束，而有的地区少数民族语言文字课程结束较晚，要到小学毕业才结束。我国部分少数民族地区在少数民族语言文字教育过渡到国家通用语言文字教育的模式的过程积累了一些典型的过渡模式，例如"宝塔式"、"两段式"和"三段式"等。"宝塔式"过渡模式是在小学一年级以少数民族语言文字课程为主，只开设一门国家通用语言文字课程，随着年级的增加，逐步减少当地少数民族语言文字类课程，增加国家通用语言文字类课程，到小学毕业时彻底完成由少数民族语言文字教育到国家通用语言文字教育的过渡。例如云南的傈僳族、傣族、景颇族等少数民族就采用这种过渡模式。"两段式"过渡模式是指将小学六年划分为两个阶段：第一阶段为小学一年级到小学三年级，属于双语教学阶段，同时开设少数民族语言课程和国家通用语言文字课程；第二阶段为小学四年级到小学六年级，不再开设少数民族语言文字类课程，只用少数民族语言辅助教学。采用"两段式"过渡模式的民族主要有云南省的傣族、佤族等。"三段式"过渡模式是指将学前教育和小学阶段划分为三个阶段：第一阶段为学前教育和小学一年级，全部采用少数民族语言文字教学；第二阶段为小学二年级到小学三年级，采用少数民族语言文字和国家通用语言文字双语对照版教材，同时使用少数民族语言和国家通用语言文字进行教学；第三阶段为小学四年级到小学六年级，全部采用国家通用语言文字教学，我国云南省沧源县部分小学使用这种双语教学过渡模式。总之，过渡型双语教学模式的教学目标是使学生能够在传承本民族传统文化的同时却不会受制于民族语言文字教育不健全对教育质量可能带来的影响，以少数民族语言维持民族情感，通过国家通用语言文字学习科学文化知识。

三是补充型双语教学模式。补充型双语教学模式是在基础教育之外的大中专院校当中，根据部分学生群体的需求，将少数民族语言教学作为国家通用语言文字教学的一种补充和辅助教学手段，例如开设少数民族语言文化类公共课、开设少数民族语言文字扫盲班等形式。按照我国民族地区双语教学体系的规划，少数民族语言文字双语教育通常只涉及基础教育阶段的双语教学，到了大中专院校就要过渡到国家通用语言文字教学模式上来。然而在实践中，大中专院校也会遇到对少数民族语言文化感兴趣的学生或者由于科学研究工作需要学习少数民族语言文字，这就需要组织讲座、培训等性质的辅助教学手段，满足学生学习少数民族语言文字的愿望。此外，在民族地区社会生活当中，政府为了面向各族群众普及科学文化知识，也会在基础双语教育之外采用双语教学方式。例如，新疆维吾尔自治区伊犁地区巩留县为切实达到各民族语言互通，结合本地语言交流的实际，拓展培训思路，丰富学习内容，在远程教育培训中采取汉、维、哈相结合的"双语教学"，并在实际培训中进行了广泛应用和探索。培训中各个站点利用远程教育课堂这一主渠道，鼓励广大党员干部群众在接受培训后用汉、维、哈三种语言进行提问和讨论，以提高大家的双语水平，便于优化学习的主动性，实现"课堂学、课下练、课后用"的良好学习氛围。① 贵州省远程办积极探索加强少数民族和边远地区干部群众远程教育工作的办法和机制，坚持以加大教学课件开发译制为突破口，因地制宜开发译制教学课件，积极采用"双语教学"等形式开展少数民族干部群众的教育培训。②

总之，我国少数民族的多样性、少数民族语言文字的多样性、民族地区经济社会发展状况的差异性决定了民族地区双语教育不可能有一种适用于所有环境的通用模式。我国各少数民族在双语教育领域所进行的探索和取得的成就都是在遵循国家民族工作、语言文字工作和教育工作基本方针的前提下，

---

① 《双语学习增强少数民族远程教育水平》，伊犁党建网，http：//yl. xjkunlun. cn/yjdt/yjdt/2011/2225326. htm，2018 年 8 月 1 日。

② 王玲：《贵州：双语教学提高少数民族地区远程教育水平》，《贵州日报》2010 年 8 月 17 日。

根据本地区、本民族甚至本机构的实际情况，逐步探索和发展起来的，可以说没有任何两个民族、任何两个地区的双语教学模式是完全一致的。要全面理解我国民族地区国家通用语言文字和少数民族语言文字双语教育体系，需要着重把握以下几点。第一，国家民族政策、语言政策和教育政策是民族地区双语教育的指导思想，是"民族双语教育之魂"。无论民族地区双语教育的具体形式如何变化，其最根本的宗旨还是要确保民族平等、民族团结、民族互助和各民族共同发展、共同繁荣的民族政策，要在维护国家通用语言文字法律地位的前提下，保障少数民族语言文字的传承和发展，通过民族双语教育培养兼通民汉双语，对本民族和中华民族都高度认同的"双语、双文化人"。第二，尊重教育发展规律和语言文字发展规律是民族地区双语教育取得成功的基本前提。在少数民族双语教育领域，必须认识到教育和语言文字都有它自身的发展规律，要尊重和利用这些规律，来实现培养"民汉兼通"双语人才的目标。任何人、任何社会组织，只要违背客观规律，必然会在民族地区双语教育过程中遭遇挫折。第三，在坚持政策原则不动摇的前提下，从本地区实际情况出发，因地制宜，不搞"一刀切"。我国民族地区经济社会发展的多样性和各少数民族语言文字的多样性决定了在双语教学过程中各自面临的矛盾和问题是不一样的，双语教学要达到的目标也不一样，不能用评价某一地区少数民族双语教育的标准去衡量和评价另外一个地区、另外一个少数民族双语教育的发展情况。必须认识到，在坚持国家民族政策、语言政策和教育政策大方针不变的前提下，任何适合当地少数民族双语教育需求的双语教学模式都可以尝试，只要适合当地的实际情况，有助于培养民汉兼通的双语人才，就是适合的双语教学模式。第四，要坚持语言教育和文化教育相结合，不仅培养"双语人"，还要培养"双文化人"。我国民族地区双语教育不仅仅是给少数民族学生增加一种沟通和交流的工具，更是让少数民族学生通过两种语言文字的学习，建立对本民族和中华民族的文化认同，认识到自己同时是这两种文化的传承人。与此同时，双语教学可以让学生在对比两种语言文化的过程中，建立一种更加开放和包容的心态，可以妥善处理由于文化冲突导致的一些误解。第五，我国民族地区双语教育的关键在于找到国家通用语言文字和少数民族语言文字教育的平衡点，建立双语和谐的教育生态，既要反对只强调国家通用语言文字教育的"语言融合主义"倾向，也要反对只强调少数民族语言教育的"语言民族主义"倾向，在兼顾语言文字多样性需求和沟通交流一体性需求的基础上，科学稳妥地推进我国民族地区双语教育，为民族地区双语和谐的社会生活奠定基础。

（三）公共文化机构用户双语培训的思路

公共文化服务机构的服务对象是当地各民族人口，其中既包括汉族，也包括其他少数民族。在民族地区基础教育领域双语教育的支持之下，少数民族用户阅读和理解国家通用语言文字文献以及使用国家通用语言文字与他人沟通交流的能力有了基本保障，跨语言信息服务的难度大大降低。然而，对于在没有在民族地区成长却在民族地区工作和生活的汉族用户而言，掌握当地通用的少数民族语言是其工作和生活的重要需求。目前，针对汉族用户少数民族语言文字学习需求的培训项目还相对较少，可以成为民族地区公共文化服务机构用户教育的重要内容。公共文化服务机构可以依托本机构的语言文字人才为用户开展语言文字应用能力讲座和培训，使汉族用户可以掌握在民族地区生活的日常用语和常见词汇等基础语言知识。在举办较为正式的培训班之外，公共文化服务机构还可以借助数字化学习资源和网络教学资源提高用户的语言文字能力，例如可以在官网提供少数民族语言文字学习教程或者国家通用语言文字学习高级教程，有需求的用户可以自行下载学习，有目的地提高某一方面的语言文字应用能力。在依靠本机构的力量进行双语培训之外，公共文化服务机构还可以与相关专业院校合作，联合开展语言文字类专业的继续教育项目，使有学习动力的用户可以相对完整地学习另外一种语言文字并获得学历的提升。与针对民族地区汉族用户少数民族语言文字应用能力提升需求不同的是，民族地区少数民族用户的培训重点是在通用语言能力的基础上，强化语言的专业应用水平，满足工作和学习过程中的特定语言文字应用需求。民族地区公共文化服务机构用户多语言应用水平的提高主要依靠区域双语教育体系，通过在学前教育和中小学阶段的双语训练，使其成为"兼通民汉"的双语人才，成为公共文化机构具有双语应用能力的用户。然而，毕竟基础教育面向的是公民的日常双语生活，对于一些专业领域的词汇和专题学习资源未必都能够涉及，在基础教育体系之外，公共文化服务也可以根据实际需求举办一些补充型的用户培训项目，开展与机构服务紧密相关的双语培训活动。例如，开设专门的信息管理类双语培训班，使学员了解图书馆、档案馆和博物馆当中国家通用语言文字专业术语在当地少数民族语言文字当中的正确表述，以便用户在查找资料时参考。再如，尽管基础教育阶段已经提供了少数民族语言和国家通用语言文字双语训练，学生也具备了双语应用的知识基础，但是可能在科技类文献写作、办公室应用文写作、法律类文书写作等与具体行业相结合的实际应用方面还存在欠缺，公共文化服务机构可以根据其需求开设相应的培训课程，以提高用户在这些方面的能力。

此外，可以根据用户在咨询服务中提出的语言文字类问题，进行分类整理以后，由机构的语言服务人员为用户举办专题讲座，提高用户的少数民族语言文字和国家通用语言文字的应用能力和水平。

三 面向工作人员的干部双语培训制度（NRI-E策略）

多民族语言信息共享空间涉及两类"主体"，一是作为服务接受者的用户，二是作为服务提供者的公共文化服务机构工作人员。实际上，只要两者当中的任何一方具备双语能力，在服务过程中就不会出现沟通交流完全被阻断的情况。因此，除了通过基础教育阶段的双语教育使用户具备双语交流能力之外，公共文化服务机构的工作人员同样需要具备双语服务能力，以应对为只能用少数民族语言文字进行交流的用户提供服务的挑战，同时满足少数民族语言文字进行双语著录过程中对工作人员语言文字能力的要求。对于政府等公共机构工作人员双语能力的要求，主要体现于我国民族地区的"双语干部"制度。虽然民族地区公共文化服务机构的工作具有专业性，与党政机关的工作还有一些区别，但是党政机关对干部双语能力的要求对于公共文化服务机构工作人员还是具有一定的参照意义。民族地区公共文化服务机构应该借鉴当地党政机关在双语干部培养和使用方面的制度和经验，探索适合行业特色的双语工作人员培养和管理制度。

（一）民族地区干部双语培训的法律和政策依据

《中华人民共和国民族区域自治法》是指导我国民族事务治理的基本法律制度，其中多个条款涉及少数民族语言文字的应用问题。例如，第二十一条规定："民族自治地方的自治机关在执行职务的时候，依照本民族自治地方自治条例的规定，使用当地通用的一种或者几种语言文字；同时使用几种通用的语言文字执行职务的，可以以实行区域自治的民族的语言文字为主。"第四十七条规定："民族自治地方的人民法院和人民检察院应当用当地通用的语言审理和检察案件，并合理配备通晓当地通用的少数民族语言文字的人员。对于不通晓当地通用的语言文字的诉讼参与人，应当为他们提供翻译。法律文书应当根据实际需要，使用当地通用的一种或者几种文字。保障各民族公民都有使用本民族语言文字进行诉讼的权利。"第四十九条规定："民族自治地方的自治机关教育和鼓励各民族的干部互相学习语言文字。汉族干部要学习当地少数民族的语言文字，少数民族干部在学习、使用本民族语言文字的同时，也要学习全国通用的普通话和规范文字。民族自治地方的国家工作人员，能够熟练使用两种以上当地通用的语言文字的，应当予以奖励。"①《中华人民共和国民族区域自治法》第四十九条明确提出，各民族干部要相互学习语言文字，汉族干部要学习少数民族语言文字，少数民族干部要学习国家通用语言文字，这是我国民族地区双语干部制度最根本的法律保障。2014年9月，习近平总书记在参加中央民族工作会议时指出："语言相通是人与人相通的重要环节。语言不通就难以沟通，不沟通就难以达成理解，就难以形成认同。在一些有关民族地区推行双语语教育，既要求少数民族学习国家通用语言，也要鼓励在民族地区生活的汉族群众学习少数民族语言。少数民族学好国家通用语言，对就业、接受现代科学文化知识、融入社会都有利。在民族地区当干部，少数民族干部要会讲汉语，汉族干部也要争取会讲少数民族语言，这要作为一个要求来提。不然，这个干部是当不好的，话都听不懂怎么做工作？"②这是国家领导人对民族地区汉族干部和少数民族干部的期望，也是对民族地区双语干部工作提出的明确要求。

(二) 民族地区干部双语培训制度的实践概况

近年以来，我国各民族自治地方政府先后制定了落实干部双语培训工作的实施方案，通过脱产培训、在岗学习、结对互学、实践锻炼、个人自学、远程教育等灵活多样的培训方式，提高基层干部的双语应用能力，取得了显著的效果。为了促进民族地区干部双语培训工作的开展，国家民族事务管理委员会专门制定了《国家民委双语人才培养基地管理办法》，在中央民族大学、西北民族大学、西南民族大学、云南民族大学等高校建立了双语人才培养基地，通过脱产培训方式为西藏、新疆等省区的基层法院、乡镇、社区等机构培养能够同时使用国家通用语言文字和少数民族语言文字的双语干部。为维护民族地区群众使用本民族语言文字参与诉讼的权利，最高人民法院党组积极贯彻中央有关精神和回应社会公众的关切，采取多种有效措施，切实加强西部少数民族地区法院的队伍建设，特别是加大少数民族双语法官培训工作力度。自2008年起，每年在国家法官学院举办一期少数民族法官培训班，专门培养少数民族法院的领导干部和审判业务骨干；向部分西部地区高院拨付培训经费，委托举办双语法官培训班；从2012年起，每年在国家法官

---

① 《中华人民共和国民族区域自治法》，1984年5月31日第六届全国人民代表大会第二次会议通过，2001年2月28日第九届全国人民代表大会常务委员会第二十次会议修正，http://www.gov.cn/test/2005-07/29/content_ 18338.htm。

② 转引自赵杰《新时期对推广双语的新要求：学习中央民族工作会议有关双语的指示精神》，《中国民族报》2014年12月19日。

学院举办一期藏区法官培训班,重点培养藏区法院的优秀法官。2009年,最高人民法院拨款50万元资助少数民族地区法院进行蒙汉、藏汉、维汉、哈汉双语法官培训教材的编译工作。目前,内蒙古、青海等法院的教材编写工作取得积极进展,部分教材已投入使用。最高人民法院积极推动蒙汉、藏汉、维(哈)汉等双语法官培训基地建设,2013年度经费预算中,首次以中央财政经费支持的形式,新增了"双语法官培训专项经费",专门拨款200万元用于开展少数民族双语法官培训,委托内蒙古、新疆、青海、西藏、四川、吉林六省(区)高院分别举办蒙汉、维(哈)汉、藏汉、朝汉双语法官培训班。① 西藏自治区区党委组织部将"双语"培训纳入各级党校村社负责人轮训的教学计划,采取灵活多样的教学方法,促进村基层少数民族干部汉语能力的提高;以近年来从高校毕业生、退伍军人中招录的乡镇公务员、基层事业单位工作人员为重点培训对象,通过举办夜校、"双休日班"、每周一课、结对帮学、口语测试等多种形式,积极推动基层干部"双语"学习;在驻寺、驻村干部培训班中,专门安排"双语"课程,提高驻寺、驻村干部的"双语"水平;在第七批援藏干部课堂中,专门安排了藏语口语教学内容,受到援藏干部的好评。② 新疆维吾尔自治区把双语能力过关作为选拔任用干部的基本条件,将双语能力培训纳入公务员初任培训当中,开通基层干部双语学习资源网站,采用多种形式鼓励基层干部相互学习语言文字,自治区还通过举办"基层干部双语口语能力大赛"的形式激发基层干部学习语言文字的热情。③ 青海省出台了《青海省藏区基层干部"双语"学习培训实施意见》,坚持举办基层干部藏语提高班、藏语口语强化班和藏语口语师资班三个省级示范班,对藏区基层骨干进行为期两个月的藏语口语、藏语书写、藏汉翻译和民族宗教政策理论等方面的教育培训。同时,指导各州根据地区差异分层培训,按类施教,采取课堂讲授、个人自学、以强带弱、结对帮教、下乡入户体验、参与基层便民中心实地服务等教学活动,促进基层干部双语学习和应用水平的提高。④

(三)公共文化服务机构双语工作人员的招录和使用

民族地区公共文化服务机构属于公共文化事业单位,其工作人员不属于

---

① 杨夏怡、高宣培:《少数民族双语法官培训工作综述》,《人民法院报》2013年11月18日。
② 冯骥:《西藏开展干部双语培训工作纪实》,《西藏日报》2015年3月12日。
③ 《新疆第二届基层干部双语口语大赛引发全球各族干部群众热议》,凤凰网,2016年5月10日。
④ 《青海整合培训资源促进干部能力提升》,中国共产党新闻网,2016年3月21日。

公务员，但可以参照公务员招录和聘用等办法进行管理。从建设多民族语言信息共享空间的现实需求考虑，民族地区公共文化服务机构在招录新职员时，应该结合工作岗位性质适度考虑就双语工作能力提出基本要求。公共文化服务机构双语工作人员招录可以分为"双语专业技术人才招录"和"双语服务工作人员"招录两种类型。双语专业技术岗位通常是研究馆员等为了满足对少数民族语言文化研究而设立的岗位，通常对人员知识文化水平和研究能力要求较高；双语服务工作人员主要是为满足公共文化服务机构用户接待工作而设立的工作岗位，对于工作人员的口语表达水平要求较高。公共文化服务机构双语专业人员招录可按照国家相关标准执行，例如《GB/T 228220—2011 公共图书馆服务规范》规定：少数民族地区公共图书馆要配备熟悉少数民族文字的专业技术人员；《GB 32929—2016 文化馆服务标准》规定：少数民族自治地区文化馆应配备熟悉少数民族语言文字的专业技术人员。公共文化服务机构双语工作人员的招录主要从相关院校少数民族语言文学类专业招录，这类专业旨在培养具备有关少数民族语言文学全面系统知识，能在少数民族教育文化部门及相关单位从事有关少数民族语、文字、文学、文献的教学、研究、编辑、翻译、新闻、文学创作等方面工作的少数民族语言文学高级专门人才，可以满足公共文化服务机构进行跨语言信息服务的需求。目前，国内有 20 余所大学开设了中国少数民族语言文学专业，包括中央民族大学、内蒙古大学、内蒙古师范大学、内蒙古民族大学、呼伦贝尔学院、赤峰学院、广西民族大学、西南民族大学、西昌学院、贵州民族大学、云南民族大学、西藏大学、西北民族大学、青海师范大学、青海民族大学、新疆师范大学、喀什师范学院、伊犁师范学院、延边大学、新疆大学等。在所需少数民族语言双语人才较多，而相关专业毕业生较少时，公共文化服务机构也可以与相关院校开展联合定向培养，根据机构需求设计培养方案，使毕业生的知识结构与机构需求相一致，可以尽快适应工作要求。公共文化服务机构用户接待岗位双语工作人员招录在专业背景符合要求的前提下，重点测试应聘者灵活使用国家通用语言和少数民族语言与各类用户群体进行沟通交流的能力，通常可以不要求少数民族语言文学类专业毕业，只要具有少数民族语言文字沟通能力即可。为了确保招录到高水平人才，也可以采取适度变通的方法，例如专业水平合格的工作人员，在其上岗前应该组织一定课时的双语培训，培训结束经过双语能力测试，达到合格水平才能正式上岗。民族地区公共文化服务机构要为双语人才建立良好的职业发展空间，为其充分发挥才能、促进机构跨语言服务能力的提升创造条件，并通过在职称、职务等方面的衔接，使双语人才能够在公共服务机构获得可持续发展的空间。

（四）公共文化服务机构工作人员的双语培训

除了在职员的招录环节对新进人员提出双语能力应用要求之外，对于在岗职员也要进行双语能力培训，以满足多民族语言信息共享空间建设对工作人员的要求。公共文化服务机构工作人员在岗培训的基本目标是使工作人员具备基本的跨语言服务能力，可以听懂当地通用少数民族语言的日常用语，会使用公共文化服务用户接待场合的常用少数民族语言表达方式，能够借助字典进行少数民族语言文字文献的标题和主题的概要翻译等工作。公共文化服务机构职工在职双语能力培训主要采取以个人自学为主、机构助学为辅的方式，通过发放少数民族语言文字学习教材、组织观看少数民族语言文字课程录像、举办少数民族语言文字能力研修班、双语学习经验交流和研讨等形式提高职工的双语工作能力。公共文化服务机构工作人员双语培训的形式可以灵活多样，只要符合双语培训规律，能够对实际工作有所帮助即可。例如，新疆维吾尔自治区库尔勒市图书馆的"干部职工双语小课堂"活动以学习日常会话以及与读者交流日常用语为主，同时在干部职工活动场所摆放流动小黑板，根据学习内容定时更新，帮助干部职工巩固学习成果。干部职工在"双语小课堂"中所学到的内容在日常工作生活沟通及与"结亲户"交流中用到，就会少一些障碍、多一些亲切，对更好地服务读者、增进民族感情和民族团结具有非常重要的意义。① 新疆维吾尔自治区莎车县图书馆为创造浓郁的"双语"氛围，积极组织全体职工在"共享工程"多媒体播放室，开展以"加强民族团结、构建和谐莎车"为主题的"双语"演讲比赛，将图书馆的"双语"学习推入一个新的阶段，激发了职工对"双语"学习的兴趣，提高了职工的"双语"口语对话能力，同时也加强职工间的团结。② 民族地区公共文化服务机构职工双语能力培训需要遵循语言文字教学规律，既不能过于悲观畏难，也不能急于求成。一方面，部分职工存在年龄较大、学习语言文字难度较大的实际困难，但是由于工作需要，还是应该积极主动地克服困难进行少数民族语言文字学习，而不是因为收效甚微就消极对待学习，甚至完全放弃学习。另一方面，也必须承认语言文字学习的长期性、复杂性，希

---

① 《学好亚克西，群众心更近——市图书馆干部职工双语小课堂开课了》，库尔勒市图书馆官网，http://www.xjlib.org/kel/fd181d87-ef4f-40ee-885f-a59880047356_1.html，2018年8月1日。

② 《莎车县图书馆开展"加强民族团结，构建和谐莎车"双语演讲比赛》，莎车县图书馆官网，http://www.xjlib.org/sc/d0cbf5c9-2b1a-405a-b016-9d5ee659808d_1.html，2018年8月1日。

望通过短期学习就全面掌握一门语言是行不通的，因此在课程设计上要循序渐进，同时也要注意通过调整教学内容，多安排一些与实际工作联系较为紧密的培训内容，使职工保持语言学习的热情，确保双语培训取得实效而不是半途而废。总之，针对公共文化服务机构工作人员的双语培训不能照搬儿童语言学习的成功经验，也不能直接使用中小学的教学材料，需要研究和总结成人第二语言学习的规律，有针对性地设计教学体系，开发教学资源。例如，成人学习普遍存在缺少整块时间的情况，可以采取教师引导与个人学习相结合的弹性培训方式，重点在于激发学员对于第二语言学习的兴趣，使其灵活安排时间，利用工作和生活中的碎片时间加强语言学习。

（五）公共文化服务机构双语志愿者的招募与使用

语言志愿者（Language Volunteer）是当前国际跨语言交流领域解决专业人才不足问题的一种补充办法，主要是在重大会议或者赛事活动举办期间，征集一些会使用小语种的志愿者为参会者提供服务。2017年1月，我国的云南省也在春运期间为解决少数民族群众旅行中的沟通交流需求而专门招募过900余名志愿提供服务。这项被称为"暖冬行为"的公益性活动是由共青团云南省委组织的，活动主办方通过《客运服务常用民族语翻译手册》将少数民族旅客在车站、列车、特别是高铁车站常问到的问题和回答用语编辑成教案，提供了白族、傣族、傈僳族、景颇族、纳西族、哈尼族、拉祜族等多种民族语言学习课件，志愿者经过培训以后就可以为上述少数民族旅客的出行提供导航服务。[①] 民族地区公共文化服务机构在多民族语言信息共享空间建设过程中，也可以根据工作需要，向社会招募双语服务志愿者，以弥补机构双语人才储备的不足。由于我国大多数民族地区都有较好的双语教育基础，群众当中也有很多少数民族语言文字和国家通用语言文字掌握程度都很好的人才，语言志愿者招募则给了这些人服务社会、展示才华的机会，因而是一件对双方都有利的双赢举措。当然，公共文化服务机构也应该考虑到双语志愿者的需求，给予他们一定的荣誉或者经济上的基本补偿，使双语志愿者能够成为公共文化服务领域的重要依靠力量。

总而言之，人始终是民族地区公共文化机构多民族语言信息共享空间建设当中最为重要的因素。多民族语言信息共享空间建设的根本原因就在于民族地区还存在相当数量只能使用国家通用语言文字或者当地通用少数民族语

[①] 马骞：《云南900余名志愿者上岗，多种少数民族语言及老缅泰语服务春运》，中国新闻网，2017年1月13日。

言文字中的一种语言文字进行交流的人口。可以预见，随着我国民族地区基础教育领域双语教学的持续开展，教育机构对双语教学规律的掌握和双语教学质量的提高，民族地区可以同时掌握国家通用语言文字和当地通用少数民族语言的"双语人口"的比例将会持续增长。与此同时，随着我国干部双语培训工作的推进，公共服务机构工作人员的双语应用能力也会持续提升。等"双语用户"占到社会成员的绝大多数，"双语工作人员"的比例占到机构工作人员的绝大多数的时候，国家通用语言文字和少数民族语言文字之间的沟通交流障碍将被基本消除，双语和谐相处、各民族人口顺畅交流的美好局面终将到来。在这一天到来之前，除了继续提高用户和工作人员双语应用能力之外，还必须借助人工翻译、机器翻译等中介手段，以及对信息资源的双语著录来缓解当前出现的跨语言沟通障碍。

第四节 多民族语言信息资源跨语种共享的中介策略

多民族语言信息资源跨语种共享的中介策略是指在多民族语言信息共享空间建设过程中，在"主体"和"客体"之外，依靠第三方的中介作用完成信息共享和沟通交流任务的信息共享策略。由于是从语言支持角度发挥中介的联通作用，也可以称为"语言中介策略"。语言中介的目的是将原本属于不同语言体系的人与人、人与信息联结起来，使其可以进行沟通交流。此处的"中介"分为两种情况：一是由专业翻译人员承担的中介工作；二是由机器翻译系统承担的辅助翻译工作。另外，作为中介处理对象的"客体"也可以分为两类型：一是以文字信息为主要表现形式的文献信息资源；二是以语音信息为主要表现形式的口语信息资源。因此，多民族语言信息资源跨语种共享策略在多民族语言信息共享空间当中的应用主要包括四种情况：文献信息资源的人工翻译、文献信息资源的机器辅助翻译、人际口语信息交流的人工翻译、人际口语信息交流的机器辅助翻译。为了实现将不同语言体系之下的人与信息建立联系，作为中介的人工翻译或者机器辅助翻译系统必须对两种不同的语言文字都具备识别和处理的能力，正是由于中介环节的存在，两个不同的语言系统才可以成为一个整体，而不是分离为互不相干的两个语言体系。本节拟从"人工翻译"和"机器翻译"两个视角分析多民族语言信息资源跨语种共享的中介策略，其中"人工翻译"部分在介绍我国少数民族语言文字翻译人才队伍建设现状的基础上，探讨我国民族地区公共文化服务机构双语翻译人才配备的策略,"机器翻译部分"主要探讨机构跨语言信息服务、区域语言资源整合与国家语言网格工程等内容。

一 公共文化服务机构双语翻译人才队伍建设

依靠翻译人员进行跨语言信息共享和交流都是绝大多数公共文化服务机构进行多民族语言信息共享空间建设会首先考虑的措施。对于民族地区公共文化服务机构而言,招募并设置一定数量的翻译人员是解决跨语言信息服务问题最为简单、快捷和有效的方法。相对于机器翻译系统和信息资源的双语著录,翻译人员是比较灵活的跨语言支持措施,它不需要机构此前做较多的技术和语言文字工作积累,只需要找到几位高水平的翻译人员,基本上就可以解决用户的跨语言阅读障碍问题。而且基于翻译人员的中介交流本身是一种人与人之间的口语交流,相对于人与机器之间的信息交流而言,更有亲和力,更容易被用户接受。翻译人员在提供服务的过程中,可以根据用户的需求灵活组织服务内容,能够更好地满足用户的信息需求。例如,用户在与翻译人员的接触过程中,最初可能是咨询某个术语的表达问题,翻译人员通过语言交谈可以更加准确地把握用户提出这个术语问题的真正动机,从而知道用户需要得到哪个方面的服务。这是机器翻译系统所无法做到的。因此,无论对公共文化服务机构还是对多语言用户而言,依靠双语翻译人员都是一种相对较为容易接受的跨语言服务方式。然而,依靠翻译人员提供跨语言信息服务也有一些缺点,最难克服的是缺乏高水平的少数民族语言翻译人才,即使找得到合适的人选,也难以保证其长期安心在公共文化服务机构从事基础性、重复性的用户翻译工作。当公共文化服务机构所有跨语言信息服务的重任全部依靠某几位翻译人员的时候,一旦其由于各种原因离职,整个机构的跨语言信息共享体系瞬间就完全崩溃。少数民族语言文字翻译人才队伍建设面临的危机和挑战,这是当前民族地区各类机构共同存在的普遍问题。

民族地区公共文化服务机构在为用户提供文化信息服务的时候涉及的跨语言翻译情境通常有两种。第一种是日常接待性翻译,主要通过与用户进行简单的口语沟通,明确用户的大致情况和进入公共文化服务机构的主要目的,并对后续服务做出安排。这类翻译在有着较好双语教育基础的民族地区比较容易实现,通常安排具有较好双语口语表达能力的少数民族工作人员就可以完成任务。第二种是专业性的翻译,主要内容是围绕少数民族文字的翻译进行的,例如翻译领导讲话、政府文件、重要著作等任务。专业性翻译通常需要有少数民族语言文字专业背景的人才能够胜任,而目前少数民族语言文字专业翻译领域高水平人才总体上较为缺乏，且工作面临诸多不利因素。中国民族语文翻译局的李续辉对我国少数民族语言文字专业翻译人才队伍情况进行调研后，认为部分地区和单位对少数民族语言文字翻译工作不重视，翻译工作弱化、老化、边缘化，一些地区的翻译工作处于无编制、无机构、无人员、无经费、无办公场所的状态；翻译工作侧重于赶时髦、图形式，任务来了应付一下，完成任务后放任自流，对翻译人才不重视、不投入、不培养；对本地区、本系统、本单位的现有翻译人才视而不见，使用不当，不仅造成翻译人才资源的浪费，而且压抑了现有人才的积极性、主动性、创造性。①

我国民族地区少数民族语言文字专业翻译人才队伍总体上可以分为三大阵营：一是以各级民族语言文字翻译局、民族语文工作委员会（编译局）等为代表的官方专职翻译人才队伍；二是民族地区其他机构内部自设的兼职少数民族语言文字翻译工作岗位；三是由民族地区少数民族语言文字翻译企业当中的专兼职翻译人员。中国民族语文翻译局（中心）是国家民族事务委员会直属文化事业单位，于1955年12月12日经周恩来总理批准在原"中央人民政府民族事务委员会翻译局"的基础上成立。此后由于工作需要几度更名，例如1978年称"中央马列著作毛泽东著作民族语文翻译局"；1990年改为"中央民族语文翻译中心"；1991年更名为"中国民族语文翻译中心"；自1993年起正式使用"中国民族语言翻译局"的名称至今。中国民族语文翻译局的主要职责是承担党和国家重要文件文献、法律法规和重大会议的民族语文翻译和同声传译工作，为党和国家及社会组织提供民族语文翻译服务；开展民族语文基础理论、翻译理论和有关特殊问题的研究，提出有关意见建议；开展民族语文新词术语规范化、标准化研究，提出民族语文新词术语标准建议；开展民族语文信息化研究，参与或承办民族语文信息化相关工作；联系民族语文翻译工作机构和民族语文翻译专家，承担民族语文翻译有关业务交流合作和业务培训工作；承办国家民委交办的其他事项。② 在国家民委及有关部委的大力支持下，中国民族语文翻译局（中心）一直致力于民族语文软件的研发与推广应用工作，部分成果已经在民族地区广泛应用。与中国民族语文翻译局承担类似功能的地方少数民族语言文字工作机构是各民族地区的民族语文工作委员会（简称"民语委"）及编译局等机构，例如新疆维

---

① 李续辉：《对少数民族语文翻译人才队伍建设的几点思考》，《西藏大学学报》2012年第4期。

② 《中央民族语文翻译局简介》，中央民族语文翻译局官网，http://www.mzywfy.org.cn/，2018年8月1日。

吾尔自治区于 2011 年 9 月成立的"新疆民族语文翻译局"，内蒙古自治区的"内蒙古民族语文工作委员会"、广西壮族自治区"少数民族语言文字工作委员会"、西藏自治区"藏语文工作委员会"、云南省"少数民族语言文字工作指导委员会"等机构，都是为同级地方政府提供少数民族语言文字翻译工作的专业机构，聚集了大量少数民族语言文字翻译领域的高级人才。例如西藏自治区藏语文工作委员会办公室（简称"藏语委办"）与"西藏自治区编译局"合署办公，其主要职责是承办自治区藏语文工作委员会的日常工作；宣传、贯彻、执行党和国家新时期民族语文方针政策；研究起草全区学习、使用和发展藏语文工作的地方性法规、条例、办法草案和重大方针政策的建议稿，并在获得区党委、区人大、区人民政府批准后监督实施；指导和监督检查全区学习、使用和发展藏语言文字工作；负责制定和审定藏语言文字及藏语言文字信息处理的规范和标准；承担藏语言文字新词术语的审定、推广工作；负责指导藏语文软件开发、推广应用工作；组织、开展藏语言文字以及翻译工作的理论研究；管理、监督全区社会使用藏语言文字的规范化工作；承担区党委、区人大、区人民政府交办的重要文件、材料、法律法规的藏语文翻译工作；指导全区藏语文翻译业务，承担藏语文翻译业务人员的培训工作；管理自治区翻译工作者协会，指导译协开展藏语文的翻译学术研究与合作交流工作；承担《藏语文工作》的编辑出版工作；承办自治区藏语文工作委员会交办的其他事项。在各级地方政府专职少数民族语言文字翻译机构以外，民族地区绝大多数的公共服务机构并没有专门负责翻译工作的机构，而是根据工作需要指定具有双语应用能力的秘书人员承担兼职翻译工作、请具有较高少数民族语言文字应用水平的人员进行审定的方式完成日常工作当中所需材料的翻译。这种工作模式较为灵活，但也存在翻译人员专业化程度不高、翻译质量难以得到保障等问题。此外，在新疆维吾尔自治区、内蒙古自治区、西藏自治区等少数民族语言文字翻译工作量较大的自治区内还有一定数量的从事少数民族语言文字翻译工作的企业，其业务范围主要是企业报表、研究报告、条幅展板等非政府文件类信息的少数民族语言文字翻译工作。在这些企业当中，有一批以专职或者兼职身份从事少数民族语言文字翻译工作的专业人才。

民族地区公共文化服务机构目前还没有专职从事少数民族语言文字翻译工作的专业人才，业务过程中涉及的少数民族语言文字翻译工作主要由具有一定翻译功底和翻译经验的工作人员来完成或者外包给区域内的其他专业翻译公司来完成。专业翻译人才的缺乏会导致公共文化服务机构在少数民族语言信息资源建设方面进展缓慢，无法采集和保存足够数量的少数民族语言信息资源，也无法对少数民族语言信息资源进行较为系统的整理和著录。此外，对于尚不具备国家通用语言文字应用能力的用户，通常只能以人工中介方式为其提供服务，还不能提供国家通用语言文字信息资源少数民族语言文字版本的目录信息服务。总之，从建设多民族语言信息共享空间的需求来看，民族地区公共文化服务机构应当采取措施保障少数民族语言文字翻译人才作用的发挥，按照"专业化"思想打造一支具有较高专业水平的专职翻译人才队伍。具体而言，可以从以下方面采取措施。第一，纠正和克服对少数民族语言文字翻译工作的片面认识，提高对少数民族语言文字翻译工作的重视程度。随着我国民族地区双语基础教育的推进，越来越多的普通民众已经具备双语交流能力，因此有人认为少数民族语言文字翻译工作的必要性正在逐渐减少，从事这项工作会越来越没有前途，这是造成少数民族语言文字翻译工作后备力量不足的重要因素。实际上，专业翻译工作与日常生活中的双语翻译还是有所区别的，会涉及更多的专业术语和对文化的理解，普通大众通常不具备专业领域的双语转换能力。正如汉族都可以说汉语，但还是需要专业的汉语言文学专业人才一样，民族地区双语教育的发展会减少跨语言沟通交流的障碍，但对专业化、高水平翻译人才的需求在任何时候都是需要的。第二，在公共文化服务机构当中增设专门的语言服务工作部门，设立专职的语言服务工作者岗位，例如在公共图书馆设立"民族语言服务中心"，下设民族语言服务岗、民族语言信息技术服务岗等专业工作岗位，鼓励对特定语种少数民族语言文字有着较为精深研究且对从事少数民族语言文字翻译工作有着浓厚兴趣的人员长期从事该领域工作，以提升少数民族语言文字翻译工作的专业化水平。第三，按照专业化思想，确立少数民族语言文字专业翻译人才的职业规范。明确少数民族语言文字翻译工作属于专业技术类工作，对职业准入提出学历和专业水平、工作经验等方面的基本要求。同时，按照专业技术类岗位的管理规范，为少数民族语言文字翻译职业设置不同的等级标准，鼓励从事这项工作的人员不断提升自身能力，追求更高的职业发展等级。第四，落实少数民族语言文字翻译工作者的职称待遇，使从事这项工作的人能够感受到职业自豪感。国家民委和各民族自治区已经在开展少数民族语言文字翻译系列职称的评审工作，符合条件的翻译人员可以申报翻译、副译审和译审等岗位职称。为此，一些省份还制定了针对少数民族语言文字工作者的优惠政策，例如云南省规定从事少数民族语言文字研究、翻译、编辑、播音的人员，申请专业技术职称评定免除外语考试。第五，推动少数民族语言翻译工作者协会的组建，通过定期组织翻译人员开展学术交流，使从事同一语种语言文字翻译的人员能够有较多相互沟通交流、切磋心得与钻研业务的机会。第六，开展跨机构、跨区域翻译人才的共享与协作。要发挥好"蒙八协"、"藏五协"等少数民族语言文字协作机构的作用，在同一语言区域内的少数民族语言文字翻译人才可以共同合作，完成一些规模较大的工作任务，同时可以在协作过程中相互学习、取长补短。此外，不同语言区域的翻译人员也可以相互协作，互相为对方翻译不熟悉的语言文字成果，实现互惠互利、合作共赢。例如，西藏自治区的藏文翻译人员可以为内蒙古自治区翻译藏文信息资源，反过来内蒙古自治区的翻译人员也可以为西藏自治区翻译蒙古文信息资源。第七，立足长远，制定少数民族语言文字翻译人才队伍建设的长远规划。例如，从保证少数民族语言文字翻译人才队伍可持续发展的角度，考虑与相关民族类专业院校开展少数民族语言文字翻译人才的定向培养，增强少数民族语言为翻译工作的职业吸引力等问题，确保少数民族语言文字翻译队伍后继有人。

二 多民族语言信息共享空间机器翻译技术支持

人类之所以可以通过语言文字进行沟通交流，是因为进行沟通交流的双方共享了一个庞大的语言知识系统，在这个知识系统支持之下，人们所表达出来的任何信息都只是位于这个知识系统表层的信息。因此，翻译人员完成两种语言文字信息转换的过程实际上是非常复杂的思维过程，他们需要将源语言信息（Source Language Information）进行词法、语法、语义等层面的分析，理解了其含义之后，再将其通过目标语言信息（Target Language Information）的词法、语法和语义规则进行重新表达后生成翻译结果。因此，翻译工作是极为消耗精力的复杂智力活动，要想完成准确、完整地传递目标语言所要表达的信息，翻译人员必须同时对两种语言的复杂知识系统都做到非常了解，而且要在翻译实践中积累丰富的经验，才有可能完成高质量的翻译工作。因此，高水平的翻译人才总是有限的，依靠人工翻译实现跨语言信息共享具有亲和力、互动性好、较为灵活等优点，但是不能所有的翻译场合都依靠专业翻译人员来完成。在面对大量重复性翻译任务，人的工作效率不足以快速完成翻译任务的时候，人们自然就会想到依靠计算机等技术手段替代专业翻译人员完成部分甚至全部的翻译工作，这就要用到机器翻译（Machine Translation，MT）技术。

机器翻译又称为计算机辅助翻译（Computer Aid Translation，CAT），它是应用语言学的一个分支学科,主要研究如何利用计算机按照一定的程序实现自然语言相互转换的原理和技术。西方国家机器翻译领域的研究可以追溯到20世纪30年代,1957年在美国语言学家乔姆斯基的形式语法理论的推动下经历了20多年的蓬勃发展,1970年之后研究陷入低谷,20世纪80年代之后随着语料库语言学的兴起逐渐恢复,目前正处于与人工智能融合发展的新阶段。中国的机器翻译研究起步于1957年,在经历了20世纪60年代及"文化大革命"期间中断之后,迎来了20世纪80年代的发展小高潮,在冯志伟等学者的推动下,先后完成汉法、汉英、汉日、汉俄、汉德等多种机器翻译系统实验,并在汉语语法树、概念层次网络(Hierarchical Networks of Concepts, HNC)、汉英双语语义知识库构造理论等方面取得突破。20世纪80年代以来,随着汉语信息处理技术的发展成熟,我国各少数民族语言文字信息处理技术也得到了飞速的发展。国家标准化部门先后制定并发布了蒙古文、藏文、维吾尔文、哈萨克文、朝鲜文、彝文、傣文等少数民族文字的计算机编码、字形和术语方面的国家标准。自1993年起为了适应互联网多语言信息处理提出的新要求,组织专家制定汉语和我国各少数民族语言文字国际编码Unicode标准。目前,蒙古文、藏文、维吾尔文、哈萨克文、柯尔克孜文、朝鲜文、彝文、满文等使用人口较多、社会影响力较大的少数民族语言文字均已收入国际标准《ISO/IEC 10646—2003通用多八位编码字符集》当中。在少数民族语言文字信息处理技术的发展过程中,藏文、蒙古文、维吾尔文等少数民族语言文字机器翻译技术也取得了一定的进展。

我国少数民族语言文字机器翻译技术目前主要集中于藏文、维吾尔文、蒙古文与国家通用语言文字的机器翻译方面。1995年,新疆大学电子工程系承担了国家自然科学基金项目"新疆民汉语机器翻译系统基础研究"和新疆维吾尔自治区科学基金项目"维俄英汉快译信息系统"的研究工作,开始了汉语与维吾尔语之间的机器翻译实验。[1] 1998年,青海师范大学陈玉忠、李延福等人完成的"汉藏科技机器翻译系统"通过技术鉴定,这是中国第一个计算机藏文翻译系统。[2] 1998年,内蒙古大学蒙古学学院、中国科学院计算技术研究所、北京大学计算语言学研究所等机构联合承担了"863"计划课题"面向政府文献的汉蒙机器辅助翻译系统",政府文件领域简单句翻译正

---

[1] 乌日力嘎:《西里尔蒙古文—汉文机器翻译系统的实现》,博士学位论文,内蒙古大学,2015年。

[2] 齐保和:《汉藏科技机器翻译系统通过鉴定》,《中国民族年鉴》,辽宁民族出版社2000年版,第508页。

确率达到70%以上。在此课题的基础上，2003年上述三家单位又联合承担了基于实例的"汉蒙机器翻译系统"。2004年，西北民族大学中国民族信息计算研究院的祁坤钰进行了机器翻译用现代藏语语义词典的设计开发工作。[①] 2006年，内蒙古大学蒙古学学院与中国科学院合肥智能机械研究所合作开发了"多民族语言农业知识处理平台"，其中嵌入了基于统计的蒙汉机器翻译系统。2004年，新疆大学电子工程系的哈力木拉等人获得新疆维吾尔自治区科技厅资助进行"计算机汉维辅助翻译系统研究"，申报的国家自然科学基金项目"面向维汉、汉维双语对齐语料库和短语库构建技术的研究"于2006年获得资助。2010年，西北民族大学中国民族信息技术研究院的江涛等人进行了"藏汉统计机器翻译技术研究及语料库开发"的研究工作。[②] 2012年，西藏大学现代教育技术中心承担的西藏自治区重点科研项目"基于短语的藏汉统计机器翻译关键技术研究"取得突破，在藏文现代公文领域分词的准确率达到了95%，项目标志性成果"阳光藏汉机器翻译系统"经过开放测试运行效果良好。[③] 2016年，由北京理工大学黄河燕教授主持的国家自然科学基金重点项目"基于本体的多策略民汉机器翻译研究"取得突破，对包括藏语、维语等民族语言在内的自然语言文本信息语言特征体系及知识本体构建、基于语言知识本体的语义计算框架及多知识一体化语言分析、基于语义本体的多策略民汉机器翻译模型等方面进行了研究，构建了大规模维藏语言资源、双语语料库与知识库，实现了基于本体的多策略藏汉、维汉机器翻译系统，并已在国家安全以及国防有关部门部署应用。[④] 此外，中国民族语文翻译局充分发挥自身优势，整合翻译资源，先后完成了蒙古文、藏文、维吾尔文、哈萨克文、朝鲜文、彝文、壮文七种民族语文电子词典及辅助翻译软件，蒙古文、藏文、维哈文、彝文Word表格自动转换软件，维吾尔文校对软件、哈萨克文校对软件、壮文校对软件，蒙古文正音正形编码转换软件、蒙古文编码转换软件、藏文编码转换软件、维哈柯文编码转换软件、哈萨克文与斯拉夫文编码转换软件、朝鲜文与韩文编码转换软件，汉文与七种民族文对照查询系统，Windows XP仿真Windows7软件；蒙（藏维哈朝彝壮）汉智能语音

[①] 祁坤钰：《机器翻译用现代藏语语义词典的设计研究》，《西北民族大学学报》2004年第9期。

[②] 《中国民族信息技术研究院科研项目》，http://www.nlit.edu.cn/contents/34/37.html，2018年8月1日。

[③] 晓勇：《阳光藏汉机器翻译系统应用效果良好》，《西藏科技》2015年第3期。

[④] 《"基于本体的多策略民汉机器翻译研究"项目研讨会举行》，北京大学理工大学计算机学院官网，http://cs.bit.edu.cn/xyxw/91974.htm，2018年8月1日。

翻译软件（Android 版和 iOS 版）、维吾尔文语音输入法（PC 版、Android 版和 iOS 版）、语音转写通（维汉）软件（PC 版、Android 版和 iOS 版）、民汉对话通软件（PC 版、Android 版和 iOS 版）、蒙（藏维哈朝彝）文手机输入法（Android 版和 iOS 版）等 34 款应用型民族语文软件的研发，并获得国家版权局颁发的《计算机软件著作权登记证书》。"彝文、壮文电子词典及辅助翻译软件"荣获 2012 年度"钱伟长中文信息处理科学技术奖"二等奖，2014 年中国民族语文翻译局被国家民委评为"民族语文软件研发基地"。此外，中国民族语文翻译局与东北大学自然语言处理实验室合作研发了汉蒙/蒙汉、汉藏/藏汉、汉维/维汉、汉哈/哈汉、汉朝/朝汉、汉彝/彝汉、汉壮/壮汉 7 个语种的智能翻译系统，与清华大学、新疆大学、北京捷通华声语音技术有限公司合作研发了维吾尔语、哈萨克语的语音识别和语音合成系统。① 目前，中国民族语文翻译局在其官方网站上开通了基于 Web 的在线智能翻译服务系统，用户只要提交待翻译文本就可以完成汉文与蒙古文、西里尔蒙文、藏文、现代维吾尔文、拉丁维吾尔文、哈萨克文、朝鲜文、彝文、壮文共 9 种少数民族文字之间的双向机器翻译，其界面如图 5-6 所示。

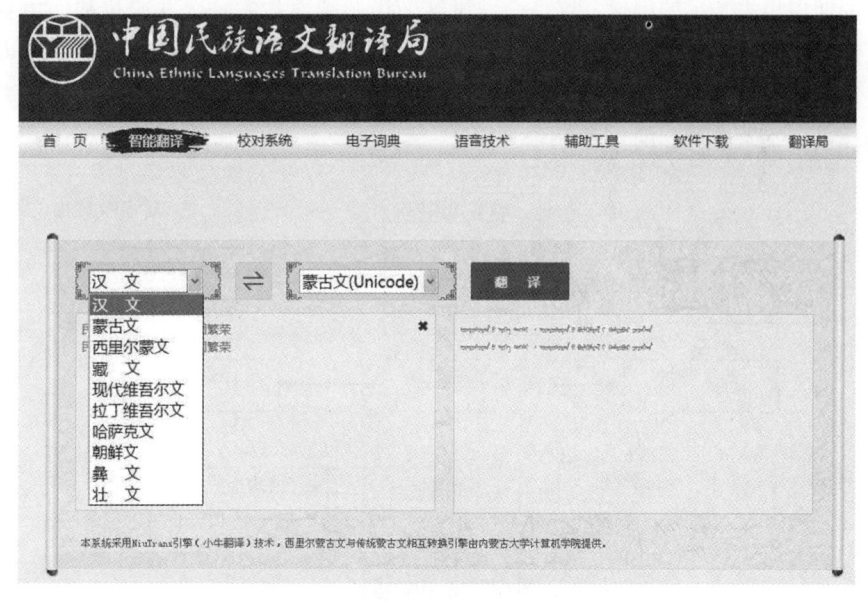

图 5-6 中国民族语言翻译局智能翻译系统

---

① 《中国民族语文翻译局简介》，中国民族语文翻译局官网，http://www.mzywfy.org.cn/，2018 年 8 月 1 日。

从目前能够收集到的资料来看，我国相关科研机构已经在少数民族语言文字与国家通用语言文字机器翻译领域做了大量工作，也取得了较为显著的成就，但是仍然存在很多值得注意的问题。首先，研究队伍相比从事国际语言机器翻译的人员而言明显过少，国内只有中国民族语文翻译局、内蒙古大学、新疆大学、西藏大学、青海师范大学、西北民族大学、清华大学、北京大学等机构的少数学者在关注少数民族语言文字机器翻译问题，而且研究队伍缺乏可持续性，这将是影响少数民族语言文字机器翻译技术发展的重要制约条件。其次，目前绝大多数研究停留在学术层面，应用性成果处在实验室阶段的较多，真正投入民族地区语言文字翻译工作当中的相对较少。再次，目前少数民族语言文字机器翻译领域的研究主要集中在藏文、蒙古文、维吾尔文三种文字，学术界对其他语种少数民族语言文字与国家通用语言文字之间的机器翻译问题暂时关注较少，达到应用水平的成果就更少。因此，民族地区公共文化服务机构如果要在服务系统当中加入少数民族语言机器翻译功能，可供选择的成熟技术系统相对较少。最后，与全球各个国家、各个语种机器翻译系统面临的问题一样，我国少数民族语言文字机器翻译系统同样面临翻译精度过低，与人们对机器翻译希望的期望相去甚远的困境。这是全球机器翻译领域面临的一个共同挑战，主要原因在于机器翻译系统目前所能够掌握的人类语言知识库还不足以支撑高精度机器翻译的程度，这一点可以从机器翻译系统的技术原理当中得出结论，机器翻译系统基本模型如图5-7所示。①

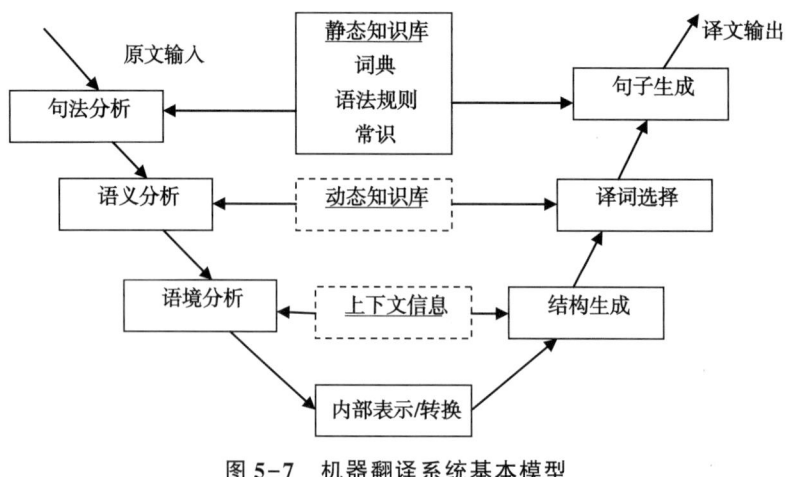

图 5-7 机器翻译系统基本模型

---

① 马庆妹：《句法研究入门》，商务印书馆1999年版。

由图5-7可知，机器翻译系统通常分为原文分析和译文表达两个阶段，其中句法分析主要以词典、语法规则和常识为基准，语义分析以动态知识库为基准，语境分析需要联系上下文才能进行处理。在人工翻译环境下，静态知识库、动态知识库和上下文信息都是存储在翻译人员的大脑中的，翻译过程中可以根据需要调取其中有用的部分完成目标语言结构生成、词汇选择等操作。然而，即使机器翻译技术发展到了今天，除了双语词典和语法规则比较容易用计算机程序实现之外，语言背后的动态知识库的构建仍然面临巨大的困难，要求计算机能够联系上下文信息做出智能翻译难度较大。近年来，随着语料库技术的发展，人们可以通过统计的方法从语料库中获取语言动态知识库的部分规律并应用于翻译实践，但是所能获得的规律总是有限的，因而基于一部分规则进行的翻译结果通常是不能令人满意的。此外，基于本体的机器翻译技术代表了智能机器翻译领域的潮流，基于领域知识本体的智能推理可以让机器翻译结合上下文语境选择合适的词汇，因而具有了智能翻译的特征。然而，高质量大规模知识本体的构建又是制约基于本体机器翻译技术的一个瓶颈，只有人类将领域知识用本体形式清晰表达的时候，机器翻译系统才能借助本体做准确的翻译推理。总之，目前机器翻译技术还远没有发展到实现双语高精度翻译的程度，从全球发展的态势来看，目前主要依赖于提高语料库的规模、构建更高精度的本体模型等措施，而且短期内实现根本性突破的难度较大。

总之，国家通用语言文字与少数民族语言文字之间的机器翻译技术仍然处于较低水平的发展阶段，对于在多民族语言信息共享空间当中如何应用少数民族语言文字机器翻译技术来改进用户服务，笔者认为应该把握以下原则。第一，机器翻译技术是解决跨语言信息交流问题的一种有效途径，在信息共享空间当中应用机器翻译技术可以让用户感受到现代信息科技的氛围，应该作为一种新的用户服务手段大胆尝试。第二，对于当前少数民族语言机器翻译技术的发展水平要有清晰而客观的认识，不能预先设定过高的目标，而是根据机器翻译技术当前水平设计与之匹配的低精度翻译项目。例如，在数字信息资源服务过程中，少数民族语言文字机器翻译技术可以应用于信息资源的概要浏览方面，即用户对信息资源的细节内容并不关心，只希望通过翻译大致了解信息资源的主题范围等信息。另外，尽管基于语篇的机器翻译精度还不能让用户满意，但是基于词语和短句的双语机器翻译的准确程度还相对较高，因而可以将机器翻译系统应用到用户主要借助短句进行翻译的跨语言服务情境当中。第三，不能因为机器翻译技术还不成熟就完全放弃对它的关注和应用，相对于人工翻译方式，机器翻译方式也有自己的优势。发展机器翻译技术的初衷是为了提高人类进行语言文字转换工作的效率，使此前必须依靠人工才能完成的工作可以基于技术系统自动完成。尽管机器翻译技术目前还不能达到成熟状态，但是它可以瞬间完成大量词汇的转换，可以给人工翻译提供基础的材料和框架，从客观上也在帮助翻译人员提高工作效率。因此，可以将机器翻译系统作为专业翻译人员的一种辅助翻译工具，由机器翻译系统快速完成初稿，再由专业翻译人员通过审阅和把关，最终形成合格的翻译成果，这种模式综合了机器翻译系统的效率优势和专业翻译人员的精度优势，因而是一种双赢的解决方案。第四，机器翻译技术是一个技术群，尽管最终的翻译结果还不足以让用户满意，但是其中的部分支撑技术可以应用到与之相关的其他领域，例如跨语言信息检索、跨语言辅助阅读和跨语言辅助交流等领域。因此，不能因为机器翻译技术总体翻译精度不高就否定从事这项研究的意义，为提高机器翻译精度所探索的技术和方法有可能在别的应用领域发挥更大作用。第五，任何造福人类的尖端技术都不是一蹴而就的，都经历了由简单到复杂、由不成熟逐渐走向成熟的漫长历程，机器翻译技术也不例外。民族地区公共文化机构在进行多民族语言信息共享空间建设的过程中，可以发挥区域语言资源集成带来的规模优势，通过建立超大规模双语语料库，对大规模语料库的知识挖掘、逐步提升跨语言信息检索的精度。

三　多民族语言信息共享空间跨语言信息管理技术支持

多民族语言信息共享空间是在多语言环境下运行，通常涉及两种或者两种以上的语言文字，为了有效管理使用不同语言文字生成的信息资源，需要应用多语言信息管理技术，例如跨语言信息检索、跨语言信息抽取、跨语言自动文摘等。其中，跨语言信息检索主要是为用户服务的，使其可以在多语言环境下找到所需要主题的信息资源，跨语言信息抽取、跨语言自动文摘则主要为多民族语言信息共享空间中的工作人员服务的，目的是提高工作人员的服务效率。

（一）跨语言信息检索（Cross Language Information Retrieval，CLIR）[①]

跨语言检索是指信息检索式的语言文字与信息资源所采用的语言文字分别属于两个不同的语言系统，需要跨越语言障碍，检索到所需的信息资源。

---

① 任成梅：《跨语言信息检索的发展与展望》，《图书情报工作》2006年第4期。

与机器翻译类似,跨语言信息检索也需要在检索式语言和信息资源语言之间建立语义映射体系,以便实现从一种语言文字向另外一种语言文字的转换。就目前而言,可用的语言资源通常有双语电子词典、双语对齐语料库、双语本体模型三种类型,而语言资源本身的质量对于机器翻译和跨语言信息检索系统的质量具有决定性影响,而每一种语言资源的构建都是需要耗费大量时间和精力才能完成的。根据跨语言信息检索系统的实现原理,通常可以分为五种类型的实现策略。第一种,提问式翻译法(Query Translation)。即通过机器翻译系统将提问式翻译为信息资源所使用的语言文字,然后按照单一语言信息检索的方法进行相关处理,向用户反馈检索结果。提问式翻译过程中还会涉及机器翻译所面临的词语分割、词义消歧、多义词选择等复杂问题,而且向用户反馈的结果是用户所不熟悉的语言文字,用户尽管知道信息主题是自己需要的,却看不懂其内容。第二种,文献翻译法(Document Translation)。文献翻译法采取的检索策略与提问式翻译法正好相反,它利用机器翻译手段对需要检索的所有文献进行翻译,将其转换为与提问式一样的语言文字,然后再按照单语言信息检索的规则进行检索。文献翻译法也会遇到机器翻译技术涉及的各类问题,而且工作量极大,尤其是在不明确检索范围的互联网检索当中难度就更大。因此,这种方法通常只适合对信息资源数量有限情况下的文献选择性检索。第三种,提问式—文献翻译法(Query-Document Translation)。提问式—文献翻译法是对提问式翻译法的改良,其前半部分的操作与提问式翻译法完全一致,也是先将提问式翻译成信息资源所使用语言,然后按照单一语言检索规则输出检索结果。此时,再启动机器翻译系统将返回信息资源的标题和主要信息翻译成检索式语言,以便用户了解信息资源的内容。第四种,中间语言翻译法(Triangulated Translation)。中间语言翻译法也叫"三角翻译法",它是将提问式语言和信息资源语言都翻译为第三方语言,然后利用第三方语言执行检索操作,并向用户反馈检索结果。中间语言翻译法特别适合多语言环境下的信息检索,如果信息资源所使用的语言文字有多种,分别执行文献翻译检索的工作量太大的情况下,将其全部转换为中间语言是一种较为经济和有效的办法。第五种,非翻译法(No Translation)。非翻译法是根据一定数量的双语文档实例训练,在两种语言元素之间建立语义关联关系,检索时不经过翻译过程直接选择另外一种语言的对应元素。非翻译法需要有大量双语文档实例做支撑,而且得到的结果也是一种低精度的近似翻译,适用于对检索结果要求不高的浏览式信息检索。多民族语言信息共享空间在进行跨语言信息服务时,可以灵活应用以上各类方法，实现国家通用语言文字和少数民族语言文字之间的跨语言信息检索。从上述方法各自的优缺点来看，多民族语言信息资源共享服务过程中较为适合的跨语言信息检索策略是"中间语言—文献翻译法"，即所有少数民族语言文字以国家通用语言文字为中间语言进行处理，跨语言检索时无论用户采用的提问式是哪种语言，都将其翻译为国家通用语言，同时将所有信息资源也翻译为国家通用语言，再按照国家通用语言文字单一信息检索规则提交检索结果。如果用户检索时使用的是少数民族语言文字，则还需要将检索结果的标题和重要元数据字段翻译为与检索式相一致的语言文字，以便用户通过浏览判断信息资源与其需求的匹配程度。

（二）跨语言信息抽取（Cross Language Information Extraction，CLIE）[①]

信息抽取是自然语言处理领域另外一个非常重要的研究课题。众所周知，高质量的信息检索是建立在高质量的元数据著录基础上的，在图书馆等信息服务机构当中，信息资源的元数据通常是要通过人工方式进行著录的，元数据著录越精细，信息检索的精度就越高。然而，在互联网检索等领域，面对海量信息资源的时候，依靠人工方式进行信息著录显然不可行，需要借助计算机方式进行自动著录或者采用计算机著录、人工确认的方法进行著录，信息资源元数据自动著录就要依靠信息抽取技术来完成。所谓信息抽取是从大量的信息资源当中抽取出核心属性的过程，其结果是将内容非常庞杂的信息资源提炼为少数的元数据项目，以便支持统一的信息检索。计算机信息抽取的实现一般依靠两种方法：一是人工规则法，由程序专家设定特定领域的信息抽取规则，计算机执行规则完成抽取，例如在分别抽取文档中的人物、时间、地点、事件的字段，通过浏览就可以大致知道该文档所叙述内容；二是实例训练法，通过给计算机一定数量的训练实例，让计算机找到文档与抽取结果之间的关系，进而可以对新文档按照类似规则进行处理。计算机信息抽取的对象涉及各种类型，除了少量结构化程度较高的文档之外，绝大多数属于毫无规律的自由文本，需要计算机根据信息抽取规则提取其中的关键信息。多民族语言信息共享空间当中的信息抽取技术应用不仅是同一语言文字的信息抽取，而且涉及跨语言信息抽取问题。例如，某信息资源库当中同时包含国家通用语言文字文档、藏文文档和蒙古文文档，需要通过跨语言信息抽取技术提炼出每篇文档的核心内容，并以用户熟悉的语言文字反馈给用户。上

[①] 陈龙：《基于深度分析的跨语言信息抽取研究》，硕士学位论文，大连理工大学，2016年。

述过程实际上是机器翻译技术与信息抽取技术的结合，可以通过两种不同的思路来实现：第一种，源文档翻译法，即在进行信息抽取操作之前，将所有的信息资源先翻译成国家通用语言文字版本，按照国家通用语言文字信息抽取的规则进行抽取，得到抽取结果之后，再根据用户要求决定是以国家通用语言文字版本提供服务，还是通过机器翻译系统将其转换为对应的少数民族语言文字。第二种，元数据翻译法，即计算机信息抽取按照不同语言文字版本的规则分别进行，得到的信息抽取结果也是对应的少数民族语言文字，然后根据需要将其全部转换成为国家通用语言文字版本，最后由用户选择按照国家通用语言文字版本提交阅读还是要选择此前已经完成的少数民族语言文字版本的抽取结果。总之，跨语言信息抽取在多民族语言信息共享空间跨语言信息服务当中有着非常广泛的应用，可以使用户在不用学习别的语言文字的前提下，迅速获取其他语种少数民族语言信息资源的核心信息。如果信息本身对用户而言非常重要，则可以提交给多民族语言信息共享空间的语言服务部门进行高精度翻译；如果内容不重要，也节省了用户进行信息查找所需付出的时间和精力。

（三）跨语言自动文摘（Translingual Automatic Summarization，TAS）[①]

计算机信息抽取是从信息资源当中抽取关键属性的过程，其结果是以结构化数据的方式呈现的，是通过若干个数据项的内容来体现信息资源的内容。与计算机信息抽取功能类似但方法不同的是，计算机自动文摘是从文档当中抽取核心内容自动生成一篇覆盖全文要点但是篇幅较短的文档，即自动生成长文档的摘要（Abstract）。自动文摘技术可以为用户提供信息资源全面、简洁的介绍，通过阅读摘要可以快速掌握信息资源的全貌，以便用户判断是否需要进一步研读其细节内容。自动文摘技术可以分为多种类型，按照其通用程度可以分为通用文摘和偏重文摘两种，按照文摘对象可以分为单文档文摘和多文档文摘，按照文档语言类型，可以分为单一语言文摘和多语言文摘。多民族语言信息共享空间当中的文摘属于多语言文摘，需要进行文摘的信息资源涉及多种语言文字，但最终提交的文摘成果只能是用户要求的语言文字。根据技术原理的不同，自动文摘技术可以分为四种类型。第一种，基于统计的自动文摘技术。基于统计的自动文摘技术将文本视为句子的线性序列，将句子视为词的线性序列，由计算机根据词频、标题、位置、句法结构、线索

[①] 朱荷香：《中文自动文摘系统的研究与实现》，硕士学位论文，南京师范大学，2008年。

词、指示性短语等要素自动计算词语的权值，再根据词语权值统计句子权值，进而得到全文当中权值最高句子的排序，将其中权值最高的语句按照原文顺序进程输出。第二种，基于理解的自动文摘技术。基于统计的自动文摘技术侧重于对信息资源表层信息的分析，而基于理解的自动文摘技术侧重于对信息资源内容信息的分析。需要结合对领域知识体系的理解，进行语法、语义和语用层面的综合分析，根据知识推理自动生成信息资源的摘要信息。基于理解的自动文摘技术关键在于构建信息资源内容模型，在实践中常见的模型主要有脚本、概念从属结构、框架和一阶谓词等。第三种，基于信息抽取的自动文摘技术。基于信息抽取的自动文摘技术是在信息抽取技术的基础上增加了文摘框架的概念，首先建立文档的文摘框架，对于其中可变部分通过信息抽取技术提取内容，最终合成完整的文档摘要。第四种，基于结构的自动文摘技术。基于结构的自动文摘技术认为高质量的文摘来源于对文档本身结构的深刻理解，因此在自动提取信息之前首先对文档的结构进行分析，例如将文档视为关联网络寻找其中的关键路径进行信息提取。多民族语言信息共享空间当中自动文摘技术要处理的是多语言文档，需要将其进行翻译和转换以后再进行文摘操作。与跨语言信息提取技术类似，跨语言自动文摘技术也需要确定在哪个时间点上执行机器翻译操作，主要有两种选择：第一种是在摘要之前将少数民族语言信息资源转换成为国家通用语言文字；第二种是先按照每种语言文字独立的规则进行摘要，最后将摘要结果统一翻译为国家通用语言文字。考虑到机器翻译当前精度不高，如果在摘要之前进行翻译，有可能对原文的内容造成较多的改变，甚至可能由于自动翻译造成语言不符合语法规则，无法进行语义推理等操作。因此，多民族语言信息共享空间当中的跨语言自动文摘技术以后翻译方式更加适宜。

四　多民族语言信息共享空间跨语言交互技术支持

跨语言信息管理为多民族语言信息共享空间当中多语言信息资源的组织与管理提供了部分技术支持，使信息资源可以满足为多语言用户服务的基础要求。除此之外，用户与信息资源之间、用户与用户之间、用户与工作人员之间的交互过程也需要得到多语言信息技术的支持。多民族语言信息共享空间当中的跨语言交互技术通常有跨语言辅助阅读技术、跨语言语音识别技术和跨语言问答系统等。多民族语言信息共享空间可以根据实际需求选择部分技术加以应用。

(一) 跨语言辅助阅读①

在多民族语言信息资源共享技术方面，研究人员一直寄希望于少数民族语言文字机器翻译（Machine Translation）技术的发展和成熟。然而，由于人类自然语言的复杂性，机器翻译的效果与人们的期望和需求还有较大的差距。受到市场规模、语料库规模、研究人员数量、经费支持力度等多种因素的制约，目前我国少数民族语言文字机器翻译技术整体上还处在初级阶段，研究成果也仅限于部分小型实验系统，无法满足广泛应用的需要。在机器翻译技术之外，发展面向读者现实需求的计算机辅助跨语言阅读体系就成为一种更为经济和现实的选择。"计算机辅助跨语言阅读"（Computer-Aided Cross-Languages Reading，CACLR）系统是我国民族地区政公共服务机构为只掌握了国家通用语言的服务对象所特别设计的跨语言阅读环境。在该环境中，用户可以用自己熟悉的国家通用语言文字作为工具，检索由各种少数民族语言文字生成的信息资源，阅读和概要理解这些信息资源的主题和内容，并可以根据系统自动生成的阅读建议，选择进行人工高精度翻译、概要浏览或者放弃阅读等操作。

计算机辅助跨语言阅读的关键是实现不同语种语言文字等价语素之间的语义转换，目前在机器翻译领域常用的技术手段主要有：机读双语词典（Machine-Read Bilingual Dictionary）、双语语料库（Bilingual Corpus）、多语言叙词表（Multilingual Thesauri）、多语言本体（Multilingual Ontology）等，这些方法主要是为实现语言文字的对等翻译而设计的，需要有专门的语言学知识作为基础，并且需要经过长期的积累和优化才能最终投入应用。我国少数民族语言文字机器翻译技术目前还处在初级阶段，能够支持机器翻译的技术资源非常少，为了实现少数民族语言信息资源跨语言辅助阅读需求，笔者以各少数民族语言文字双语词典为基础，提出了一种基于通用代码体系实现多语种信息语义转换的方法。"通用语义代码"（Universal Semantic Code，USC）是对"通用语义空间"（Universal Semantic Space）的一种形式化表述方式。这里的"通用语义空间"，是指人类社会的各种自然语言所描述的语义对象及其关系所构成的虚拟空间，是客观世界各类语义对象在人思维活动中映射的总和。"通用语义空间"与各种自然语言的"语义空间"之间是"表现"和"映射"关系：一方面，通用语义空间是一种观念意义上的空间，它无法

---

① 赵生辉：《少数民族语言信息资源辅助阅读系统架构设计》，《图书馆理论与实践》2016年第10期。

脱离自然语言空间而独立存在，通用语义空间的语义对象必须通过某种具体的自然语言才能展现出来，从而被人们理解；另一方面，任何一种自然语言本质上是对"通用语义空间"进行映射的结果，相当于以某种具体的自然语言所展现的"通用语义空间"视图。从"通用语义空间"视角看来，机器翻译方法实际上是实现"通用语言空间"不同语种"自然语言视图"的切换过程。那么，如果可以用代码表达通用语义空间的语义对象，并基于这一代码实现多个自然语言视图当中等价语素的语义关联，则可以非常方便地实现这些等价语素不同语种语义符号之间的切换，可以大大降低不同语种语言文字等价语素转换的难度和执行速度。综上所述，"通用语义代码"是一种为实现多语言信息交流而专门设计的人工编码体系，该体系独立于任何一种具体的自然语言，其存在主要是为多种自然语言同义语素的定位和关联提供逻辑基础，也是多种自然语言一体化信息检索和语义共享的逻辑中介，如图5-8所示。

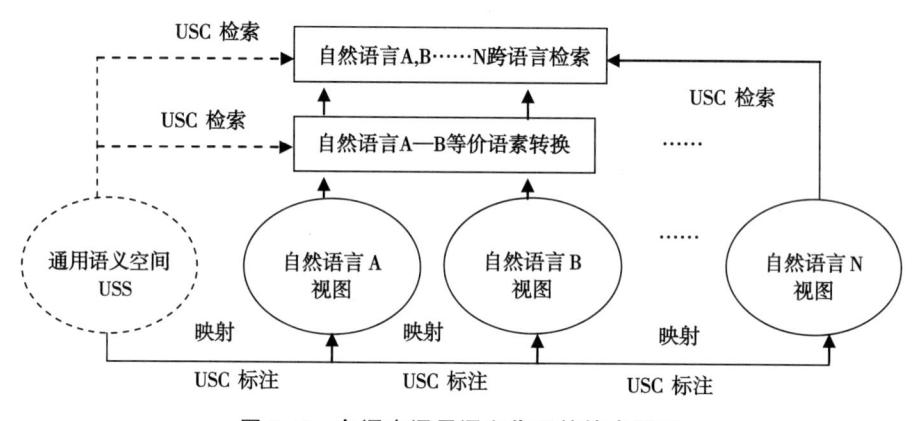

图 5-8　多语言通用语义代码的技术原理

"多民族语言通用语义代码体系"是专门针对我国多民族语言信息资源共享需求而设计的代码体系，是实现我国多民族语言信息资源语义转换的核心技术和基础资源。鉴于通用语义代码设计工作的复杂性和长期性，在研究初期可以根据需求对通用语义代码体系进行适度简化，例如通用语义编码主要针对等价词汇和常用等价例句，原则上不对语法现象进行编码，从而大大降低了编码体系构建工作的难度，本书将这种经过了适度简化的人工编码体系称为"多民族语言简化通用语义代码体系"（Simplified Universal Semantic Code System，SUSCS）。"通用语义代码"本身并没有任何特殊含义，其建构必须以某种具体的自然语言作为语义参照对象，结合我国语言文字工作的总体规划，多民族语言通用语义代码体系的构建应当以国家通用的汉语和规范汉字作为参照语言文字。因此，对少数民族语言信息资源进行"简化通用语义代码体系（SUSCS）"的标注，本质上是参照国家通用语言文字进行语义映射的过程，因而也是以国家通用语言文字为核心的多民族语言信息资源共享体系的实现方式。根据现实需求，我国多民族语言"简化通用语义代码体系"拟采用开放式结构设计，初期主要进行国家通用语言文字和蒙古语、藏语、维吾尔语、哈萨克语、柯尔克孜语、壮语、傣语、朝鲜语等使用人口较多、具有较大社会影响力的少数民族语言文字（少数民族语言的古代文字暂不在研究范畴）的统一编码，今后根据实际需要可以继续补充其他语种的少数民族语言文字。根据少数民族语言信息资源计算机辅助阅读的需求结构和技术原理，少数民族语言信息资源计算机辅助阅读系统的体系架构如图5-9所示。

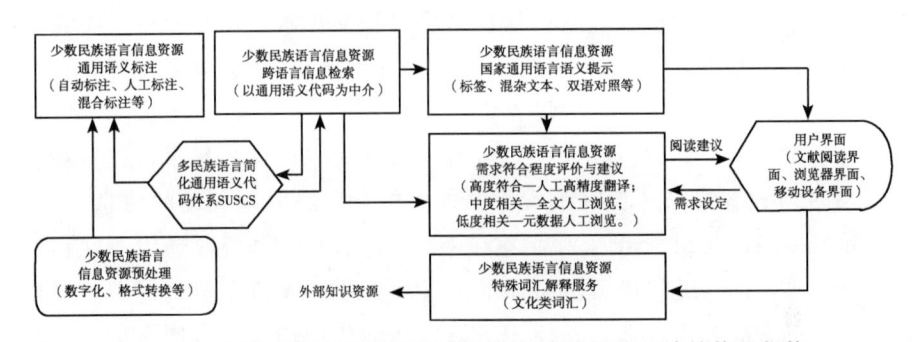

图 5-9 少数民族语言信息资源计算机辅助阅读系统的体系架构

图5-9中，CARS-IRMLC系统主要分为基础代码体系、预处理、阅读辅助、信息输出等环节，每个环节又细分为多个模块，主要内容如下。一是基础代码体系。SUCSC是少数民族语言信息资源计算机辅助阅读系统建设的关键，决定了整个体系建设的成败。鉴于通用语义代码设计工作的复杂性和长期性，本项目拟根据研究需求对通用语义代码体系进行适度简化，设计依据主要是国家通用语言与各语种少数民族语言的双语词典。参照国家通用语言文字词典建立基本代码体系，各少数民族语言的同义语素根据双语词典与通用语义代码进行关联，形成以国家通用语言为参照的多语言同义词表，同时选取部分常用同义句进行统一编码，原则上不对各类语言文字语法规则进行编码。需要说明的是，实验过程中所使用的"简化通用语义代码体系"是根据各类语言的高频词汇和例句制作的原型系统，目的是验证技术原理的可行性，在应用和推广之前还需要进行大规模补充完善

和持续进化。二是预处理功能。预处理是实现少数民族语言信息资源计算机辅助阅读的前提，主要包括技术性预处理和语义标注等工作。技术性预处理主要包括：① 对以纸质文档存在的少数民族语言信息资源进行数字化加工，结合文字识别技术和人工转录方法，将其转换为计算机可以处理的少数民族语言文本文件；② 为了保证多语种少数民族语言文字的正常显示，需要将各语种信息资源按照 GB18030 信息编码标准进行转换，以保证其兼容性；③ 为了便于进行信息处理，需要将各种应用软件产生的文本格式统一转换为 TXT 格式。通用语义代码标注是实现计算机辅助阅读的基础工作，主要通过三种方式完成：① 自动标注，由程序调用多语言通用语义代码体系完成自动标注，工作精度较低；② 人工标注，在标注程序辅助下由人工完成对语义的精确标注，工作速度较慢；③ 混合标注，由程序完成基础标注，人工方式进行确认和修改。三是阅读辅助功能。阅读辅助功能是系统的主要建设目标，包括跨语言检索、语义提示、用户建议、文化支持等部分，主要内容包括以下方面。①少数民族语言信息资源跨语言信息检索算法及实现。主要基于多民族语言简化通用语义代码体系，实现跨语言信息资源检索。例如，以国家通用语言文字为检索词，程序首先查找该检索词的 SUSCS 编码，然后在系统中查找所有标注为该编码的信息资源，而不论其采用的是何种语言文字。②少数民族语言信息资源通用语义提示功能的实现。国家通用语言语义提示是实现少数民族语言信息资源计算机辅助阅读的主要方式，基于查询 SUSCS 编码表当中的多语言同义语素关联表来实现，语义提示主要基于三种模式：标签提示模式，阅读过程中鼠标滑过的文字以标签形式实现其国家通用语言文字语义；混杂文本模式，文本当中的少数民族语言词语之后括号内显示其国家通用语言文字语义；双语对照模式，以段或篇为单位，分别显示少数民族语言文字和国家通用语言文字语义信息。③少数民族语言信息资源用户需求符合程度评价与建议功能实现。CARS-IRMLC 系统允许用户输入多个国家通用语言文字的关键词并设定其词频阈值，在进行跨语言检索过程中，自动计算上述数据，根据结果为用户提供阅读建议。系统可以提供的阅读决策主要有三类：高度符合：说明该信息资源对用户非常重要，建议用户将文本提交给专业的人工翻译人员进行高精度人工翻译；中度相关：说明该信息资源与用户需求有一定关联，但是需求强度还不足以达到阈值，建议用户逐一进行全文浏览以判断相关资源的取舍；低度相关：说明该信息资源主题与用户需求可能有一些联系，建议用户进行标题等元数据项的快速浏览以判断其取舍。

④少数民族语言信息资源辅助阅读文化支持功能的实现。文化支持功能属于在用户了解少数民族语言信息资源通用语义提示信息的基础上，为了帮助其准确理解相关文化类词汇的含义而提供的延伸性服务，其实现方式主要是建立各少数民族语言文字特殊术语词汇的解释性列表，提供该词汇与外部知识资源之间的链接，从而使其阅读时可以进行参考，帮助其理解术语的内涵和性质。四是用户界面。少数民族语言信息资源计算机辅助阅读系统用户界面设计。系统根据用户使用系统的不同情境设计三种种类的用户界面，分别是：文献阅读器界面，主要适用于图书馆、档案馆、博物馆等文献信息资源数量较多的机构提供少数民族语言信息资源服务时使用；网络浏览器界面，即少数民族语言网络信息资源阅读器插件，用户使用 Internet Explore 等网络浏览软件访问少数民族语言文字网页的时候，只要加载该插件即可进行国家通用语言语义提示，并给出网页的阅读建议；移动设备阅读器界面，根据移动通信设备显示信息的特点，设计符合用户使用习惯的辅助阅读界面，使用户可以远程接受公共信息机构的辅助阅读服务。CARS-IRMLC 系统主要是针对少数民族语言信息资源跨语言辅助阅读基本需求，基于计算机网络环境而设计的。在系统各项关键技术取得突破并基本成熟之后，笔者拟基于这些技术探索基于个人移动通信设备的少数民族语言信息资源辅助阅读系统，用户的移动通信设备装载了该系统，可以随时随地将看到的少数民族语言信息资源拍照并上传到系统，系统根据文字识别等技术进行预处理并基于 SUSCS 进行阅读辅助，给用户反馈通过国家通用语言文字语义并提供阅读建议。

（二）跨语言语音信息交互

语音信息交互以语音识别和语音合成技术为基础。自动语音识别（Automatic Speech Recognition，ASR）是一项综合了声学、语言学、数字信号处理、统计模式识别等多学科知识的综合性研究领域，它的基本目标是将人的语音信息通过计算机处理转换成为作为语音信息记音符号的文字。自动语音识别技术主要是基于模式匹配原理实现语音信息的识别。系统需要实现录入足够数量的初始语音识别训练用例，并对用例进行参数设定，使语音声学信息模型与对应的文字相互关联，再由系统对新增用例的声学模型进行识别，根据偏差程度进行参数调整，经过足够数量和足够时间的训练之后，系统就会建立对某一语言的声学模型，随着系统应用人数的增多，系统识别用例的数量也会不断增加，而系统声学识别模型的灵敏度也会持续增加，直到可以满足大多数情况下的识别需求时就可以投入大规模应用了。与语音识别相反的语音信息处理过程叫作语音合成（Speech Synthesis），它是将已经产生的文字信息按照特定人发音的声学信息模型合成为连续的语音信号，语音合成的结果是系统模仿发音人的语音特征进行对外交流。自动语音识别技术在实践中具有广泛的应用空间，在军事领域可以用声音信息驱动武器装备，在家庭当中可以用声音控制家用电器，在办公场合可以用语音录入代替键盘录入，大大提高工作效率。自动语音识别技术具有多种分类方法，根据识别对象的复杂程度可以分为孤立单词识别、连续语音识别和连续言语识别与理解等；根据发音人的特征，可以分为特定人语音识别、非特定人语音识别和多人语音识别；根据识别词汇量大小可以分为有限词汇量识别和无限词汇量识别等类型。多民族语言信息共享空间中的语音识别主要体现在跨语言语音信息识别和语音信息合成方面，它通过对交流双方的语音信息进行转换，使其可以按照另外一种语言文字的声音与对方进行交流，跨语言语音信息识别与合成的技术原理如图 5-10 所示。

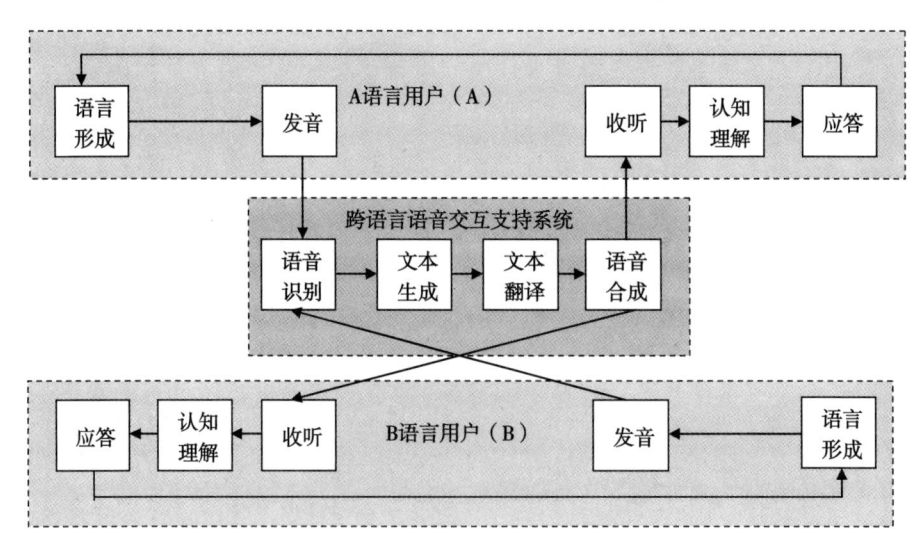

图 5-10　跨语言语音交互支持技术原理

资料来源：高雪：《语音识别技术在人际交互中的应用研究》，硕士学位论文，北方工业大学，2017 年。

图 5-10 中，用户 A 和用户 B 分别使用不同的语言文字，系统将自动语言识别技术、语音合成技术、机器翻译技术相结合，可以构建实现跨语言语音信息交互的数字化服务环境。用户 A 通过语音传达的信息经过语音识别之后转换为 A 语言的文本，机器翻译系统将 A 语言文本转换成为 B 语言文本，然

后再以语音合成方式转换成为 B 语言的语音信息提交给用户 B 收听。用户 B 接收到信息之后进行理解并用 B 语言语音信息进行应答,该信息通过语音识别环节生成 B 语言文本,B 语言文本借助机器翻译技术转换成为 A 语言文本,再通过 A 语言的语音合成技术产生 A 语言的语音信息,这样用户 A 就可以用 A 语言接收和理解用户 B 的应答信息了。当然,图 5-10 所示的跨语言语音交互技术所依赖的语音识别、语音合成和机器翻译技术都面临巨大的挑战,短期内还无法实现高精度的语音信息自动转换。语音识别技术对特定发音人和特定内容较为敏感,如果长期坚持训练,识别准确度可以达到 90% 以上;可是在真正的社会交流场合,面对不同发音人、交谈内容较为庞杂时,识别的准确度就会降低。机器翻译技术是在语音识别结果的基础上进行的,即使语音识别正确率很高,要实现两种语言文字高质量短时间自动翻译的难度还是不小,这样经过三重处理之后的合成语音信号就会在语法、词汇等方面存在多处问题,甚至会由于语言结构的问题导致对方无法理解。所以,跨语言语音交互作为多语言信息共享和交流的重要支撑性技术应该予以关注,并通过对语音识别、语音合成、机器翻译等技术的进一步优化,逐步提高跨语言语音信息转换的准确程度。

民族地区公共文化服务机构多民族语言信息共享空间建设过程中可以利用自动语音识别技术开发多种服务项目。例如,开发语音电子邮件系统,允许用户使用少数民族语言进行语音留言,系统自动识别之后为工作人员提供少数民族文字和国家通用语言文字版本的内容梗概,以便进行理解和回复。工作人员的回复可以使用国家通用语言文字的文本形式,由系统将文本转换成为对应少数民族文字的文本,再通过语音合成技术生成少数民族语言的语音信息供用户进行收听。再如,可以利用语音识别技术进行跨语言语音信息检索,如果用户使用某个短语的语音信息作为检索词,计算机系统可以在多民族语言信息共享空间虚拟层的语音资源库当中进行自动检索,将声学特征与用户检索语音特征相匹配的所有语音信息资源都列举出来,供用户进行收听。总之,语音信息交互技术在多民族语言信息共享空间当中具有广泛的应用,民族地区公共文化服务机构应该紧密追踪语音识别领域的技术进展,同时积极开展少数民族语言语音信息的识别,为开发出高质量的少数民族语言语音信息识别与合成系统奠定基础。

(三) 跨语言问答系统(Cross Languages Question & Answering,CLQA)[①]

跨语言问答系统是人机交互领域的重要研究课题,它是信息检索系统的

---

① 孔令玉:《国外跨语言自动问答系统研究综述》,《现代情报》2008 年第 10 期。

一种高级形式，允许用户用自然语言向系统提问，系统则根据用户提问搜集答案，并且以简洁、准确的自然语言将结果反馈给用户。相对于跨语言信息检索，跨语言问答系统必须增加三个极具挑战的自动处理任务：一是如何让计算机自动、准确理解用户提出的问题；二是如何将检索得到的结果进行分析和提炼，提交给用户与之匹配的答案；三是将检索到的准确答案翻译为用户提问所使用的语言文字。第一个问题需要借助语言学方法通过分词、自动语法标注等形式，让计算机明白用户输入的提问当中每个词的功能和作用，进而自动将问题转换成为检索式。第二个问题需要用到人工智能方法，通过设定答案模板、语义推理、答案评分等方式经过多轮对比最终确定答案。第三个问题需要借助机器翻译系统将答案翻译成用户能够理解的语言文字，且不能因为翻译原因导致答案不准确或者无法理解。这就是我们通常意义上所说的跨语言问答系统，多民族语言信息共享空间在虚拟层设置自动问答系统，可以减少用户信息检索的工作量，使其用最少的精力投入取得所需要的准确信息。在多语言环境下，自动问答系统允许用户使用自己熟悉的语言文字进行提问，系统会自动识别并以通用的语言作答，例如藏语作答，系统会以藏语反馈答案，即使初始答案是别的语种。在上述跨语言自动问答系统之外，有一种专门应用于特定领域沟通交流场合的"跨语言问答系统"，应该特别引起民族地区公共文化服务机构的重视。这种跨语言问答系统并不是基于信息检索技术的，而是根据特定领域跨语言沟通交流的需求，事先确定好沟通交流双方可能提出的问题和可能列出的答案，然后把问题和答案都以双语形式提供给沟通双方。由双方根据提示信息从中选择，每操作一步，系统会根据双方事先确定的语言，自动读出对方选择的答案，从而使沟通交流可以进行下去。由于所有的问题和答案都是经过事先精心设计的，用户只能从系统提供的问题当中进行提问，也只能从系统提供的答案当中选择作答，这种问答系统就属于"跨语言受限问答系统"（Cross Languages Limited Question & Answering，CLLQA）。跨语言受限问答系统是解决特定领域跨语言沟通交流问题而开发的一种支持软件，通常可以应用于购票、点餐、问路、旅游等场合。例如，如果只会使用少数民族语言文字的用户到餐厅吃饭，而服务员却只会说国家通用语言，此时可以借助跨语言受限问答系统进行沟通，服务员设定好对方使用的语言之后，选择询问是否点餐信息的国家通用语言文字版条目，系统自动转换成对方使用的语言并用语音信息读出，用户听到后选择的是少数民族语言版本，系统再提供双语版菜单供用户选择，而服务员端可以根据国家通用语言文字版本了解用户做出的选择。尽管这种沟通交流方式非常烦琐,但是在双方找不到合适的翻译人员作为中介的时候,这种借助双语问答系统的简单沟通交流方式也可以发挥重要作用,使双方的交流不至于因为语言文字的差异而完全被中断。

五 基于国家语言网格工程的多民族"语言资源"的建设与集成

多民族语言信息共享空间跨语言辅助交流中的信息检索、信息抽取、信息摘要、辅助阅读、语音交互和问答系统都要以双语机器翻译系统的实现为前提,而机器翻译成果的质量和精度却是由语言资源的质量来决定的。语言资源(Language Resources)通常存在两种理解:第一种是对语言资源的泛化理解,强调语言对社会发展的价值,即语言是一种资源,此时的语言资源就是指语言本身;第二种是计算语言学(Computing Linguistic)视角下的语言资源,认为语言资源是以数字生态保存的可以用来支持进行语言学研究和应用的所有语料、标注信息和软件工具的总和。本书所述的语言资料就是指第二种,即支持机器翻译和跨语言应用的相关数字信息的集合。计算语言学当中涉及的语言资源大体上可以分为四种类型:第一,支持双语同义词直接转换的数字"双语词典";第二,辅助完成词语位置调整的语法规则库;第三,支持大规模语言统计规律分析的"双语对齐语料库";第四,支持多语言语义推理的"多语言本体模型"等,每一种资源都在机器翻译领域发挥着重要的作用,是计算机实现双语自动翻译和转换的语义参照体系。

语言资源建设是一项极其耗时费力的基础性工作,仅以语料库建设为例就可见一斑。语料库(Corpus)是指为支持语言学研究和应用而收集和整理的大规模真实语言材料的合集。因此,作为语料库来源的语言材料不能是研究者自己主观形成的,必须是在社会交流场合真实发生和应用过的语言材料,例如政府公文、报刊文摘、电台录音和特定发音人语音信息记录等。这些通过各类渠道收集起来并通过数字化加工集成到一起的语料库叫作"生料库"。所谓"生料"就是还没有参照语言学规则进行标注和加工处理的语料。与之相对,如果已经完成原始语料的深度标注和加工,就可以称为"熟料库"。为了支持语言学研究和应用,研究者必须对"生料"进行极为复杂和烦琐的加工处理,通常可以分为以下层面的标注:第一层,语音信息的转写,即将语料当中的语音信息采用标注国际音标或者某种特定音标的方式记录下来;第二层,文字信息的转写,即将音标符号所代表的语音与特定语言的文字符号对应起来；第三层，词法信息标注，即按照语法规则对词语进行切分，分别对词语的词性、词义等进行标注；第四层，句法信息标注，按照语言学规则对于词在句子当中的主语、谓语、宾语等关系进行句法标注；第五层，语义信息标注，参照统一的语义信息标准规范对句子所要表达的信息内容进行标注；第六层，段落标注，按照统一规则进行段落的切分和每个段落相关属性的标注；第七层，篇章标注，对全文信息的整体性标注；第八层，关联信息的标注，对其他篇章或其他来源信息与语料的关系进行标注等。经过上述层次标注，原始语料就被赋予了众多的语言学标识，从而可以基于语料库进行对比分析、词典编撰等语言学研究，双语对齐语料库还可以用来支持跨语言机器翻译。由于语料库标注工作的专业性，即使现在已经有了一些辅助进行分词和标注的专用工具，这项工作主要还是要依靠人工来完成。通常情况下，要完成对一段"生料"的加工，付出的时间要数倍于语料语音信息的时间长度，也就是说一段5分钟左右的音频信息，研究人员要完成对它的完整标注可能至少要投入一个小时的时间。因此，语言资源库是造福区域所有机构和个人的公共基础设施建设工程，庞大的规模、巨大的工作量和需要大量语言学知识的支持等制约条件，决定了语言资料建设不能依靠民族地区的公共文化服务机构来自行承担，而必须建立语言资源共享的理念，依靠语言区域内的语言学研究机构和各类文化机构的语言文字工作者的共同努力来完成，公共文化服务机构信息共享空间建设只需要在区域双语云服务平台搭建各自的应用系统。

本书第四章提出的"国家语言网格工程"（National Language Grid Project）的建设倡议就是用来解决这个问题的。国家语言网格工程整体上采用"区域级分中心"和"国家级中心"两层架构，主要资源集中在"区域级分中心"，"国家级中心"负责实现跨区域的资源集成和需要全局协作的语言资源建设。根据我国少数民族语言文字的分布区域和国家语言网格工程的建设目标，建议"国家语言网格工程国家中心"设置在北京，由国家民族事务委员会的专门机构负责管理。同时，在全国设置六个分中心，分别是：位于内蒙古自治区呼和浩特市的"蒙古语语言资源分中心"，位于西藏自治区拉萨市的"藏语语言资源分中心"，位于新疆维吾尔自治区乌鲁木齐市的"维吾尔语、哈萨克语、柯尔克孜语语言资源分中心"，位于广西壮族自治区南宁市的"壮语语言资源分中心"，位于吉林省延边朝鲜族自治州延吉市的"朝鲜语语言资源分中心"，以及位于云南省昆明市的"其他少数民族语言资源分中心"。需要说明的是，上述分中心是针对语言区域而言的，与现有行政区域不一定完全对应,例如"藏语语言资源分中心"的辐射和覆盖范围除了西藏自治区全区以外,还涉及青海省、四川省、甘肃省、云南省的各个藏族自治地方。①

"国家语言网格工程"主要针对使用人口较多、有较大社会影响力和跨语言沟通交流需求的少数民族语言文字使用区域而言,总体上由"北京管理中心"和"呼和浩特分中心"、"乌鲁木齐分中心"、"拉萨分中心"、"南宁分中心"、"延吉分中心"和"昆明分中心"构成,其他具有较成熟语言文字体系愿意加入语言资源共享体系的少数民族语言使用区域也可以加入。除北京管理中心之外,各分中心的主要功能是建设所在区域少数民族语言文字和国家通用语言文字的语言资源。例如,"内蒙古分中心"主要负责"汉语/蒙古语"以及"蒙古语/汉语"双语电子词典、双语语法规则库、双语对齐语料库的建设与集成工作;"乌鲁木齐分中心"主要负责"汉语/维吾尔语"、"维吾尔语/汉语"、"汉语/哈萨克语"、"哈萨克语/汉语"、"汉语/柯尔克孜语"、"柯尔克孜语/汉语"双语电子词典、双语语法规则库和双语对齐语料库的建设与集成工作;"拉萨分中心"主要负责"汉语/藏语"以及"藏语/汉语"双语电子词典、双语语法规则库和双语对齐语料库的建设与集成工作;"南宁分中心"主要负责"汉语/壮语"以及"壮语/汉语"双语电子词典、双语语法规则库和双语对齐语料库的建设与集成工作;"延吉分中心"主要负责"汉语/朝鲜语"以及"朝鲜语/汉语"双语电子词典、双语语法规则库和双语对齐语料库的建设与集成工作;"昆明分中心"主要负责汉语与其他少数民族语言双语电子词典、双语语法规则库和双语对齐语料库的建设与集成工作。在各分中心建立完备的少数民族语言和国家通用语言文字双语资源体系之后,北京管理中心就可以基于网络实现多语种语言资源之间的整合与交换,满足各地用户跨语言区域进行信息共享的需求。近年来,多语言信息处理已经出现了明显的向着基于本体的智能信息处理方向发展的趋势,多语言本体在跨语言信息交流当中的作用将会越来越重要。由于本体更加注重语言之间的相互关联,采用各分中心分头建立双语本体模型再进行集成的方法可能导致语义关联关系的不统一,最好是由北京管理中心提出总体的设计构架,各区域分中心协同参与,共同设计完成更具整体性的通用本体模型。总之,国家语言网格工程的核心目标就是改变民族地区各类研究机构和应用机构分散进行双语语言资源开发存在的低效率、重复劳动、标注不规范、标

---

① 赵生辉:《数字纽带:中国少数民族语言电子文件集成管理的体系架构研究》,陕西师范大学出版社2004年版,第114页。

准不统一等问题，利用区域语言文字协作机构的力量，实现区域内语言资源的集成与联合开发，并向区域内各类机构提供语言资源的集成服务，使所在区域的公共文化服务机构及各类有跨语言应用需求的单位可以基于区域语言资源平台搭建自己的应用系统，大大降低跨语言信息应用系统开发的难度，缩短开发的周期，而且可以将主要精力集中在为用户提供高质量服务方面，不用再去关心跨语言服务功能实现的技术细节。此外，由于实现了区域内各类语言资料的集成，可以发挥语言资源的规模优势，使跨语言机器翻译的精度大幅度提高，进而带动以机器翻译技术为支撑的跨语言信息检索、跨语言性抽取、跨语言自动摘要、跨语言语音交互、跨语言自动问答等服务的准确程度，更好地满足用户的跨语言信息需求。国家语言网格工程涉及的语言资源建设与集成任务主要有以下方面。

（一）区域双语电子词典的建设与多语言集成

电子词典（Electronic Lexicons）是语言学术语，是指为支持语言学研究和跨语言应用而建立的数字词汇信息体系，是一种面向信息处理的软件程序而并非面向个人语言学习的电子设备。电子词典通常会参照由语言文字工作者完成并出版的纸质词典进行构建，也会根据构建电子词典的目的不同，增加部分标注和记录符号或者采用对机器翻译更有利的数据存储结构。电子词典是实现跨语言机器翻译最为基础的语义参照体系，机器翻译系统接收到待翻译文本之后，第一步进行的分词操作就是要基于电子词典来进行的。在多民族语言信息共享空间当中，电子词典可以实现两种语言文字表层信息的直接交换，即将源文本当中的每一个词汇或短语直接转换成为对应的另外一种语言文字的词汇。当然，在缺少语法分析和上下文分析的情况下，这种直接转换的准确度很低，尤其是在多义词的词义选择方面出错的概率很大。但是，作为支持机器翻译的基础资源，国家通用语言文字和区域少数民族语言文字之间的双语电子词典可以为跨语言信息交流的实现提供语义转换的基本工具，还是非常重要的基础语言资源。双语电子词典的构建应该通过两个方向进行：第一种是以国家通用语言文字词汇为基准，少数民族语言文字词汇参照国家通用语言文字进行语义对齐；第二种是以少数民族语言文字词汇为基准，国家通用语言文字词汇参照少数民族语言文字词汇进行语义对齐。这样对两个方向都建立了电子词典之后，就可以满足用户使用任何一种语言文字作为源语言提交翻译的需求。由于有已经出版的纸质词典为依据，电子词典的构建相对容易，唯一的困难是工作量较重，可以采用数字化扫描和识别等方式提高工作效率。电子词典的建立需要耗费研究机构的大量人力物力，因此一些机构会将其视为自有资产，不愿意与外界共享。区域语言文字协作机构应该做好协调与引导工作，鼓励区域内相关机构将自己完成的语言资源与外界进行分享，必要时根据需求情况可以给研发机构适度经济补偿。在各个机构建立起各自的双语电子词典之后，就可以满足本地对国家通用语言文字和少数民族语言文字表层信息转换的需要。如果涉及其他少数民族语言的信息共享问题，则需要国家语言网格工程北京管理中心在各个区域双语电子词典的基础上，以国家通用语言文字作为核心参照体系，构建多民族语言集成电子词典。其具体的构建思路是，以国家通用语言文字的词汇为核心，从各个区域双语电子词典当中查找对应的少数民族语言文字词义，并将所有语种相同词义的词汇建立关联，经过对所有词汇执行类似操作，最终达到多民族语言文字集成电子词典。

（二）区域各类语言的词法、句法规则工具库

机器翻译技术在其发展初期采用的是基于规则的理性主义方法，主要通过对各类语言词汇、句法建立语言模型的方法实现跨语种信息翻译。受到多方面因素的制约，这种方法进展缓慢也使机器翻译技术一度受到质疑而处于低谷。20世纪80年代以后，语料库语言学的兴起使机器翻译重新迎来生机，基于统计的经验主义方法逐步取代形式语言学方法成为机器翻译的主流方法。但是语料库语言学同样存在多种弊端，未来的发展趋势是将两者方法相互结合，以提高机器翻译的质量。因此，语言学家在形式语言学思想指导下建立的各类词法、句法规则及其相关工具在未来仍然有发挥作用的空间，将主要用于通过语言的微观分析提高翻译的精确程度。国家语言网格工程体系架构当中，各语言区域语言文字工作协作机构应该有意识地收集和积累各类机构在机器翻译领域提出的词法、句法和语义模型，为提升区域国家通用语言文字和少数民族语言文字机器翻译的精度做好准备。例如，区域少数民族语言文字分词模型与规范、少数民族文字词汇标注规范、少数民族语言句法树模型等。

（三）基于双语对齐语料库的多民族语言集成语料库

语料库（Corpus）是通过采集和加工大规模真实语言材料支持语言学研究和应用基础数字资源库，是基于统计的机器翻译技术必不可少的语言资源。根据语料涉及语言种类的不同，语料库可以分为单语种语料库（Monolingual Corpus）、双语语料库（Bilingual Corpus）和多语种语料库（Multilingual Corpus）。多民族语言信息共享空间涉及多种少数民族语言文字，从理论上讲应该建立多语言语料库，以满足任意两种语言文字跨语言翻译的需求。然而，

考虑到我国少数民族语言文字分布的分散性和跨语言信息共享需求的地域性特征，还是采用基于双语语料库进行集成的方式实现多种语言语料的共享更为妥当。因此，国家语言网格工程各少数民族语言分中心的主要任务是建设国家通用语言文字和当地通用少数民族语言文字双语对齐语料库，如图5-11所示。

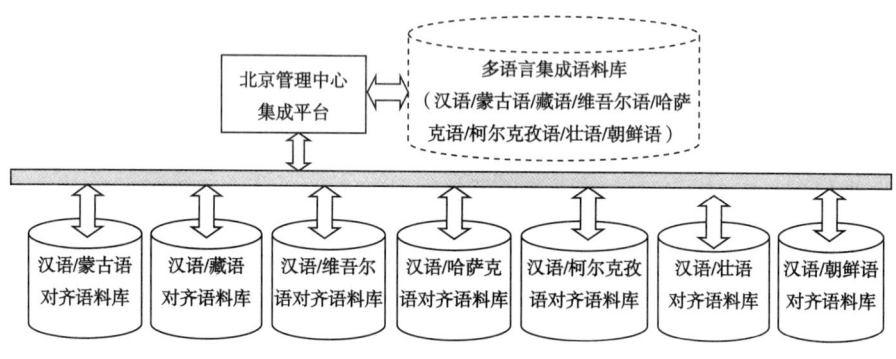

图 5-11　国家语言网格工程语料库集成原理

双语对齐语料库（Bilingual Aligned Corpus）是一种专门为支持机器翻译和词典编撰等功能而建立的语料库，其中采集和加工处理的语料主要来自双语对照译文，通过计算机对两种语言文字不同表述之间统计规律的自动分析，建立语言要素之间的对应关系模型，从而为机器翻译提供支持。双语对齐语料库需要采用两种方向进行分别对齐，例如国家通用语言文字和少数民族语言文字之间需要分别以其中一种语言为基准语言，另外一种语言为参照语言，分别建立对齐语料文本子库。在用户提交翻译需求时，系统会根据用户提交语言文字的种类而调用其中的一个子库。与双语电子词典一样，语料库的建设同样是非常艰巨的任务，需要长期的建设才能完成。因此，很多机构的语料库建成后并不对外开放，而是只提供给机构内部人员使用。从语料库发展的趋势来看，超大规模语料库的建成是机器翻译突破精度瓶颈的重要保障，区域语言文字工作协作机构应该通过统筹协调，让分散保存在各类机构内部的语料库合并成为超大规模语料库，并为所有参与机构开放。在区域双语对齐语料库的建设过程中，每个参与机构都向协作联盟平台开放自己开发的语料资源，同时可以从体系当中获取更大规模的语料资源以支持自己的研究和开发，实现互利共赢。在各类机构实现语料开放的同时，区域语言文字协作机构还应该就语料库的共享进行一些加工处理，例如统一各类语料的分词规范、词性标注规范、句法标注规范等，使用统一的标记符号进行语料的标注，以便进行基于全局的语料检索。在国家语言网格工程各分中心完成当地少数民族语言文字和国家通用语言文字双语对齐语料库之后，工程国家管理中心就可以基于各分中心提供的双语语料服务接口，利用计算机网络构建虚拟的多语言语料库接口，以满足跨区域少数民族语言信息资源共享对语料库的需求。图5-11中，国家语言网格工程各分中心的国家通用语言文字与少数民族语言文字双语对齐语料库通过计算机网络进行开放共享，北京管理中心集成平台不需要独立建设大型语料库系统，而是通过计算机程序实现对远程语料资源的虚拟调用，就像建成了一个超大规模语料库一样。采用这种"物理上分散，逻辑上集中"的分布式架构的另外一个优点是解决了绝大多数应用是本地双语应用的问题，可以较好地平衡本地双语服务需求与全局语料资源共享需求之间的矛盾。

（四）公共文化服务领域多民族语言集成本体的联合建模

本体（Ontology）是另外一种实现跨语言信息共享的语义参照体系，近年来基于本体的跨语言机器翻译已经成为计算语言学发展的一种潮流。所谓"本体"就是关于某一领域概念及其关系的明确、规范说明，它作为一种形式化的知识表达体系应该得到公众的认可。[①] 本体具有四个特征：第一，本体是反映特定领域知识结构的概念体系；第二，本体是经过精确定义的概念体系；第三，本体是形式化描述的概念体系；第四，本体是共享的概念体系。[②] 本体包含词表和逻辑声明两部分，词表中的术语应该是全部或者与某一学科领域相关，能够对学科领域做出详细表述；逻辑声明用来描述术语的含义或者术语间关系。根据本体所涉及的范围，通常可以将其划分为领域本体（Domain Ontology）和通用本体（Universal Ontology）两种类型，领域本体是面向某一具体学科领域或者社会活动领域的概念及属性的集合，它通常是在某个领域应用系统开发需要的推动之下建立的，为应用系统提供统一的语义参照体系。通用本体是具有普遍意义的概念集合，可以按照自上而下的原则进行逐层建模，也可以采用自下而上的方法先构建底层领域本体，再通过本体融合的方法将其集成为更大规模的本体。本体的建模通常有两种方法。第一种是自行建模，即从零开始按照规范的本体建模流程，依次完成领域关键概念抽取、概念关系表达、本体形式化编码、本体评价与进化等过程。这

---

① 邓仲华、赵又霖、黎春兰、汤平：《多语种叙词本体》，武汉大学出版社2011年版，第53页。

② 马文峰、杜小勇：《数字资源整合：理论、方法与应用》，北京图书馆出版社2007年版，第184页。

种方法主要适用于领域范畴相对较小、核心概念较少的小规模本体建模。虽然可以借助本体建模工具，但是要得到某领域较为全面且受到大众认可的本体模型也并非易事，建模人员需要投入大量的时间和精力。第二种是本体复用，即在现有经过大规模测试且在较大范围内被认可的本体模型的基础上经过修改生成新的本体，这种方法只需要考虑核心概念的差异性，在概念可以互换的情况下较为复杂的概念间关系则可以沿用之前的标注模式，从而大大降低本体建模的难度。因此，目前在大规模信息共享系统当中，本体建模首选的方法是本体复用，尽可能利用现有本体模型构造可以支持本机构应用的本体模型，而复用最多的本体是由美国普林斯顿大学所开发的 WordNet。WordNet 是一种专门针对英语词汇及其语义关系而构建的知识组织体系，它与电子词典的最大区别在于词语之间标注了语义联系，可以基于词网进行智能推理和精准检索。根据 WordNet 官方网站公布的数据，WordNet 3.0 当中已经收录词汇近 12 万条，短语 8 万余条，[①] 构建如此规模庞大的本体模型显然不是一般的机构能够胜任的，基于 WordNet 进行嫁接和改造已经成为世界许多国家的做法。例如，欧洲的 EuroWordNet、Multi WordNet，印度 Indo WordNet，以及我国的 HowNet 等，都是基于 WordNet 进行改造的结果。为了保证语义关系标注的规范性和一致性，笔者建议我国多民族语言集成本体的建模最好还是采用基于 WordNet 体系的本体复用路线，其建模原理如图 5-12 所示。

　　Euro WordNet 是全球发展较为成熟的大规模本体模型，尽管就语言关系而言，我国少数民族语言之间的关系与欧盟国家之间的语言关系有着本质的不同，但是其技术原理是类似的，我国多民族语言集成本体模型可以从 Euro WordNet 的体系架构中借鉴部分经验。根据 Euro WordNet 的技术原理，我国多民族语言集成本体模型可以在汉语词网 HowNet 的基础上，经过多语言映射，使其具备多语种版本，然后再通过中间语言索引（Inner Lingual Index，ILI）[②] 机制让多个语种的本体词网之间建立关联，从而可以支持跨语言信息检索和机器翻译。图 5-12 中，首先要基于汉语词网 HowNet 完成蒙古语词网（MongolianNet）、藏语词网（TibetanNet）、维吾尔语词网（UigurNet）、哈萨克语词网（KazakhNet）、柯尔克孜语词网（KirghizNet）、朝鲜语词网（Kore-

---

　　① "WordNet 3.0 Statistics", WordNet 官方网站, http：//wordnet.princeton.edu/wordnet/man/wnstats.7WN.html, 2018 年 8 月 1 日。
　　② 司莉、史雅丽：《以多语本体库为核心的跨语言信息检索映射技术研究进展——Euro WordNet 案例分析》，《图书情报工作》2016 年第 2 期。

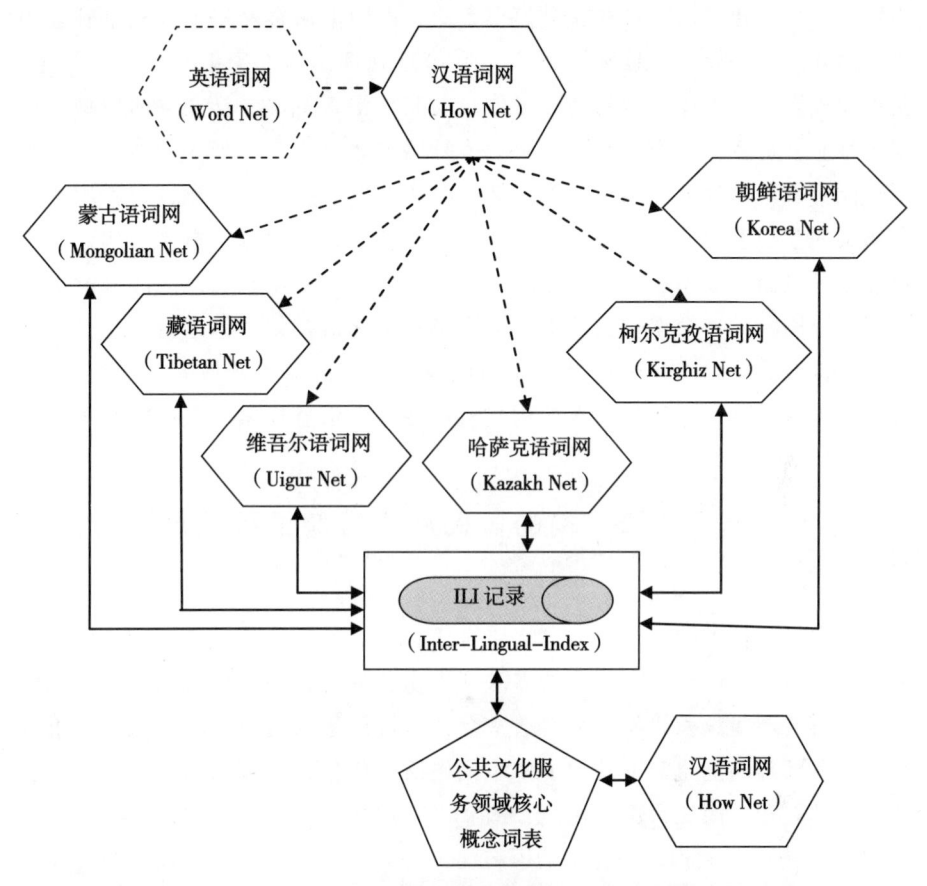

图 5-12　公共文化服务领域多民族语言集成本体模型的构建思路

aNet）的映射，使每一种语言的同义词汇之间都按照 HowNet 的标注规则进行语义关联。在此基础上，根据民族地区公共文化服务机构多民族语言信息共享空间建设的需求，使用国家通用语言文字构建"公共文化服务领域核心概念词表"，该词表可以覆盖我国民族地区公共文化服务领域的主要词汇，每个词语都由"中间语言索引"机制与其他本体词网建立关联，当用户输入某一语言的检索词的时候，系统会根据索引关系找到与之相关的其他语种的同义词汇，并且可以根据词汇的上下位关系，进行智能推理，从而给出的检索结果与用户的需求更加接近。多民族语言集成本体词网实现多语言映射的关键还是依靠内部的"中间语言索引"（ILI）机制，是多语言集成本体词网模型的中枢环节。鉴于多民族语言集成本体模型构建工作的体系性较强，由语言区域分别进行的单语言本体词网建模又不能体现与其他语言本体词网的语义关联，因此建议还是采取联合建模方式，由国家语言网格工程北京管理中心召集各少数民族语言区域的语言文字信息处理工作专家组成联合工作组，集中完成多语言本体模型的构建工作。与其他语言资源一样，本体模型的构建也是非常复杂的工作，而且采用本体复用方式转换为另外一种语言文字时不可能所有词语都可以顺利转换，必要时还要做一些修改增删，在复用大部分语义的基础上，使其余部分也符合本地语言的语法规则。本体的构建也不可能是一蹴而就的，在初始本体经过测试之后还要提交到实践部门进行更大范围的应用测试，根据在应用中反馈出来的问题对初始本体进行优化，最终使本体接近成熟状态，可以准确无误地为绝大多数应用领域提供语义参照、智能推理等服务，可以基于本体构建机器翻译、信息检索、人机交互等应用系统。

六 基于云计算架构的多民族语言跨语种信息处理服务体系

现代信息技术的支持使多民族语言信息共享空间跨语言信息交流的方式变得丰富多样，可以结合用户的需求开发出各种各样的跨语言服务项目。然而，语言资源建设积累的复杂性通常会超过民族地区基层公共文化服务机构技术服务部门的能力范围，为了使多民族语言信息共享空间的跨语言信息服务技术部署和应用变得更加便捷，国家语言网格工程建设过程过程中有必要采用"云计算"架构，把复杂的语料加工处理、跨语言翻译等操作封装在平台内部，只为公共文化服务机构提供跨语言应用的技术接口即可。这样，公共文化服务机构在规划和设计多民族语言信息共享空间的时候，就无须去考虑如何实现国家通用语言文字和本地少数民族语言文字之间的翻译和转换，只需要根据国家语言网格工程服务平台的接口规范进行少量参数设置即可。公共文化服务机构多民族语言信息共享空间运行过程中，无论是来自用户的跨语言信息检索需求，还是来自空间工作人员的跨语言信息摘要需求，都可以通过云计算平台的客户端提交给国家语言网格工程的云计算中心来完成，最后只需要将由后台云计算中心传来的处理结果显示在用户界面即可。上述过程采用了云计算架构当中的"平台即服务"（Platform as a Service，PaaS）模式，公共文化服务机构基于国家语言网格工程的云计算服务平台搭建各自的业务系统，按照服务流量向平台付费，购买语言文字翻译服务即可，再不用自己去动手进行复杂的机器翻译系统开发。在这种模式之下，跨语言服务会变得像自来水、公共用电和公用天然气服务一样，用户只需要按需购买并

第五章 多民族语言信息共享空间的实现策略　　323

付费即可，不用自己建设基础设施。基于国家语言网格工程云计算平台的跨语言信息处理服务的原理如图5-13所示。

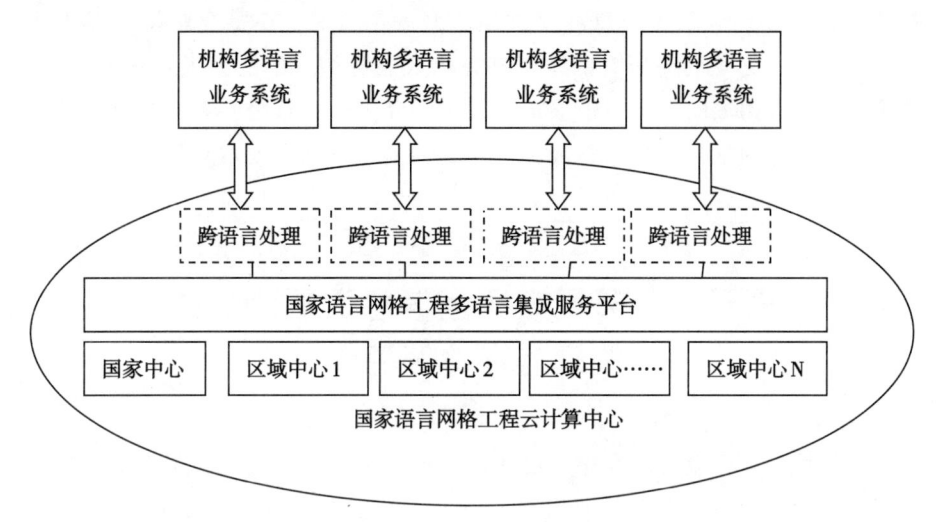

图5-13　基于云计算架构的多民族语言跨语种信息处理服务体系

我国民族地区经济社会发展相对滞后，受到多方面因素的制约，基层公共文化服务机构信息化基础设施建设水平普遍不高。如果要公共文化服务机构依靠自身的技术力量完成规模庞大的双语词典、双语对齐语料库、集成本体词网模型等语言资源的建设，几乎是难以完成的任务。因而，图5-13所示的基于云计算架构的跨语言信息处理服务将会为基层公共文化服务机构开展多语言信息服务提供强大的支撑，使其可以站在国家语言网格工程这个"巨人"的肩膀上搭建自己的多语言用户服务系统，多民族语言信息共享空间建设的整体水平可以得到迅速提高。

当然，民族地区公共文化服务机构在采用"基于中介的多民族语言信息资源跨语种策略"构建信息共享空间的过程中，也必须认识到技术会为多语言信息服务创造多种可能性，但是技术也不是万能的。尤其是在目前我国少数民族语言的支持性资源建设数量不足、整体水平滞后的情况下，短期内依靠技术力量实现信息资源的高精度跨语种翻译和转换尚面临着难以克服的瓶颈。因此，多民族语言信息共享空间建设过程中，必须坚持"人机互补，人机协同"的原则，发挥人工翻译服务的精准性优势和机器翻译服务的速度优势，在用户对翻译精度要求不高的服务场合尽量使用机器翻译，在要求实现精准翻译的场合则一定要采用人工方式字斟句酌，争取拿出"信、达、雅"皆备的翻译成果。在翻译精度要求中等的服务场合，则可以首先由机器翻译系统实现第一轮翻译，先完成两种语言符号体系的转换，第二轮再由人工方式进行逐字逐句审核校对，达到中等精度的翻译要求。此外，在按照"中介策略"设计多民族语言信息共享空间的服务项目时，还是要坚持"以人为本"的原则，必须明确所有的技术都是为人服务的，不能为了技术而技术，脱离民族地区用户的现实需求去追求技术的先进性。总之，多民族语言信息空间最终构建的是一个技术与人和谐相处的信息生态，人不断优化技术，技术则为人提供更好的服务，从而实现技术与人的共同发展。

第五节　多民族语言信息资源跨语种共享的客体策略

多民族语言信息共享空间是民族地区公共文化服务机构为用户专门设计的旨在实现人、技术和信息无障碍互动和交流的服务空间。其中，"主体"是进行信息管理活动或者接收信息服务的人，"中介"是为人的信息活动提供支持性服务的人或技术系统，"客体"是空间当中有待被人认知的一切对象，即信息资源。按照多民族语言信息共享空间定义当中对"信息资源"所做的广义界定，信息资源既包括通常所说的以文字符号体现的文献信息资源，也包括用户进入服务空间之后能够从视野当中看到的所有文字信息、听到的所有语音信息，包括起到服务引导作用的空间广播信息，服务提供者用口语表达的语音信息，以及与其他用户讨论和交谈时听到的语音信息，等等。总之，用户在多民族语言信息共享空间当中所能看到、听到的所有信息资源都可以纳入"客体"的范畴。基于客体的多民族语言信息资源跨语种共享策略就是从用户的视角出发，尽可能用双语形式向用户提交信息资源，使用户在进行认知活动时可以从中选择自己熟悉的语言文字，当看到不熟悉的语言文字所附带的另外一种可以看懂文字的注解时，能够知道那些符号所代表的意义，就不会产生信息交流完全阻断的"隔离感"。针对上述三种类型的信息资源，公共文化机构可以分别采用以下策略实现其"双语化"。第一种，文献信息资源的"双语化"。文献信息资源是多民族语言信息共享空间当中"客体"的主要类型，其中纸质文献信息资源可以从采集渠道入手实现双语保存或者对其进行双语著录，电子文献信息资源可以采用双语保存、双语著录和双语对照等方式提供给用户访问，还可以通过知识本体标注方式建立与其他语言文字之间的语义关联，理论上说可以切换到任何一种加入集成知识本体当中的语言文字视图。第二种，语音信息资源的"双语化"。这是针对以口语信息服务为主的报告会、学术讲座、文艺演出等形式的服务项目而言的，可以通过发放双语文字材料、双语对照版演示文稿、双语字幕等形式实现语音信息的双语化，用户可以通过阅读资料、观看演示文稿、字幕等形式了解演讲人或者表演者使用另外一种语言文字正在表达的内容，也是双语信息资源的一种具体实现形式。第三种，环境信息资源的双语化。环境信息资源主要通过双语标识系统和双语语音播报的方式来体现。当然，基于客体的多民族语言信息资源跨语种共享策略的重点还是文献信息资源的双语化呈现。本节重点讨论上述基于客体的多民族语言信息共享策略的实现方式。

一 多民族语言文献信息资源的双语采集原则

民族地区双语信息环境下，为了照顾使用不同语言文字读者的需求，部分信息资源会同时发布国家通用语言文字和少数民族语言文字两个版本，例如一些普发性的政府文件会同时以两种版本前后对照的方式对外发布。此外，为了让少数民族群众也能享受高质量的影视文化作品，我国相关机构会把部分原本使用国家通用语言文字的优质作品译制为少数民族语言文字版本。上述情况表明，民族地区多语言信息资源管理当中存在很多双语版本并存的情况，为了能够让用户从自己熟悉的语言文字当中选择一种进行阅读，可以将两种版本同时进行采集和保存。

多民族语言信息资源的双语采集，是指在信息资源采集过程中尽可能同时采集国家通用语言文字版本和当地通用的少数民族语言文字版本。采集过程中，需要对两种语言文字版本的来源进行确认，确保两种语言文字版本的内容完全一致，翻译基本准确，能够完整体现作者的原意，主要信息没有因为翻译而出现残缺和丢失的情况。通常情况下，国家通用语言文字版本和少数民族语言文字版本均出自同一出版机构或者同一作者的情况下，内容可信度较高，如果两种版本是不同机构提供的，则有必要对内容的对应性和完整性做重新鉴定。为了防止双语信息资源当中的任何一种版本发生遗失的情况，公共文化服务机构可以将采集到的双语信息资源按照同一单位进行保存，例如两本内容完全相同但语言文字不同的图书可以作为一整套进行保存，并在管理过程中随时注意确保两种版本的完整性。数字文献信息资源的双语实现形式较为丰富，可以在确保语言文字编码方案不冲突的情况下，将同一内容不同语言文字版本的信息资源按照先后顺序保存在同一计算机文件当中，也可以按照两个独立的文件分别保存，但在内容中互相嵌入另外一种文字版本的链接。由于数字信息资源的虚拟特性，只要同时具备了国家通用语言文字和少数民族语言文字两种版本的信息资源，在向用户提供服务时可以开发出丰富多样的实现方式，例如也可以按照双语对照原则，逐页分别采用双语形式进行对照保存，也可以根据信息资源内容的需要开发出逐行双语对照等方式，还可以按照语义提示方式，当用户鼠标在文字上滑动时，系统自动提示另外一种语言文字的语义信息。

当然，多民族语言信息资源双语采集的前提是公共文化服务机构能够同时找到两种语言文字版本的信息资源，而大多数情况下这个条件并不具备。对于一些只有当地少数民族语言文字版本的信息资源和只有国家通用语言文字版本的信息资源，公共文化服务机构还是要依靠其工作人员进一步进行加工处理，根据内容需要进行专门翻译或者双语著录，以确保用户在访问信息资源的时候，至少有一条途径了解该信息资源的内容和主题特征。此外，双语信息资源的存在也是构建双语对齐语料库的重要基础。

双语对齐语料库是进行跨语言机器翻译的重要语言资源，其基本原理就是对大规模双语对照文本建立对齐语料库，通过对同一内容不同语言文字语言元素的标注，发现两种语言文字转换的统计学规律，从而为实现双语机器翻译奠定基础。与国家通用语言文字相比，少数民族语言文字信息资源整体数量较少，如果有双语对照版本存在的话，要尽可能按照双语采集的方式同时采集和保存。这些高质量的双语对照文本将为双语机器翻译水平的提高提供重要的基础资源，所以应该尽可能进行双语采集。

二 多民族语言文献信息资源的双语著录规范

中国是统一的多民族国家，多语言、多文字是民族地区社会生活的普遍特征。语言文字的多样性在造就丰富多彩中华文化的同时，也给民族地区政府信息中心、图书馆、档案馆、博物馆等机构的信息资源管理工作带来一些特殊的挑战。多民族语言信息资源的双语著录（Bilingual Description）是针对只包含国家通用语言文字或者少数民族语言文字的信息资源而言的，是为了让信息资源可以被使用别的语言文字的用户了解而对其内容进行不同粒度等级元数据著录的策略，其原理如图 5-14 所示。

多民族语言信息资源的双语著录分为少数民族语言信息资源的双语著录和国家通用语言文字信息资源的双语著录两种情况，考虑到国家通用语言文字信息资源和少数民族语言信息资源数量的巨大差异所带来的双语著录工作量的巨大差异，为了保障民族地区公共文化服务机构内部的国家通用语言文

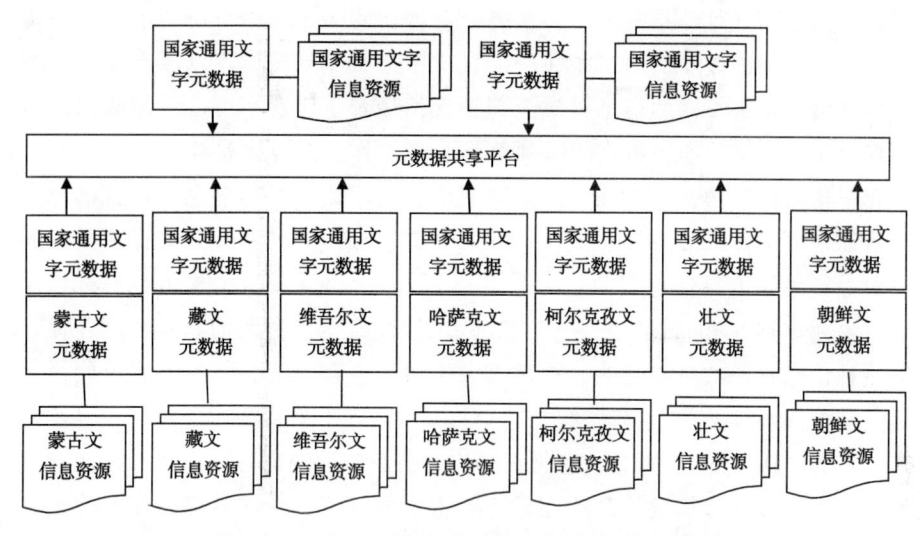

图 5-14 多民族语言信息资源双语著录的原理

字信息资源可以通过至少一种途径向只掌握当地少数民族语言文字的用户提供服务，双语著录的等级可以降为最低，即只针对题目、作者、主题词等基本字段进行著录。与之相对，少数民族语言信息资源的数量相对较少，完成单一信息资源双语著录的工作时间可以相对较长，因此公共文化服务机构的工作人员可以采取较为详尽的著录等级，对所有可以实现双语著录的条目全部进行双语著录。因此，多民族语言信息资源的双语著录主要的体现方式就是少数民族语言信息资源的双语著录。少数民族语言信息资源的双语著录是民族地区公共文化服务机构为了扩大少数民族语言信息资源的传播利用范围，而对其同时采用少数民族语言文字和国家通用语言文字两种文字进行著录的过程，图 5-14 中，各少数民族语言信息资源同时采用对应语种少数民族文字和国家通用文字进行双语著录，在体现各语种少数民族语言信息资源特色的同时，通过国家通用语言文字版本的元数据将其联系为同一个整体，使其具备在更大范围进行一体化检索的可能性。少数民族语言文字版本元数据体现著录文字与内容文字的一致性，是对信息资源内容特征和外部特征的表达和描述，国家通用语言文字版本元数据由少数民族语言文字版本元数据翻译而来，是实现信息资源一体化检索的必要工具，两者相互配合，共同维护少数民族语言信息资源的多元性和多民族语言信息资源集成共享的一体性特征。由于各语种信息资源元数据采用双语方式，理论上说使用图 5-14 当中的任何一种语言文字的主题词作为检索词都可以得到全局的检索结果。例如，使用藏文主题词进行信息检索时，系统会自动找到与该词语对应的国家通用语言文字主题词，进而使用国家通用语言文字进行全局检索，将所有属于该主题但是语言文字不同的信息资源全部提交给用户。因此，可以看出双语著录不仅仅是公共文化服务机构的一项信息管理工作，同时也是体现"中华民族多元一体架构"思想，构建以国家通用语言文字为核心的多民族语言信息资源跨语种共享体系的重要举措。在双语教育、机器翻译和人工翻译之外，通过对少数民族语言信息资源进行"双语著录"，建立少数民族语言信息资源的双语元数据（Metadata），是扩大少数民族语言信息资源的利用范围，促进各语种信息资源共享与交融，构建以国家通用语言文字为核心的多民族语言信息资源共享体系的重要途径。

著录（Description）是信息管理机构对信息资源的内容、载体和形成背景等方面的属性和特征进行系统性描述和记录的过程，在文献信息资源管理工作中体现为目录的编制。作为信息资源著录成果的元数据（或目录数据）既是供用户进行信息检索的基础资源，也是信息管理机构进行信息资源序化管理的主要依据。少数民族语言信息资源的双语著录是指民族地区公共信息机构对采集到的少数民族语言信息资源同时采用少数民族语言文字和国家通用语言文字两种语言进行著录的过程。少数民族语言信息资源实现双语著录之后，用户在检索系统中就可以通过国家通用语言文字作为检索语言，检索到同一主题多个语种的少数民族语言信息资源，再通过浏览缩小范围找到真正需要的信息资源，必要时结合人工翻译方式获得该信息资源的细节内容。迄今为止，国家颁布的信息资源管理相关标准当中对于少数民族语言信息资源的著录方式还缺乏较为细致的规定。国家标准《GB/T 3792.1—1983 文献著录总则》《GB/T 3792.2—2006 普通图书著录规则》《GB/T 3792.5—1985 档案著录规则》等标准只规定了少数民族文字文献著录时著录用文字必须规范化，需按照该民族文字的书写规则著录。由于缺乏对少数民族语言信息资源著录文字使用规则的明确规定，实践中各类机构大多按照自身理解进行不同类型的著录，著录格式、双语程度、表现形式不统一，不利于在更大的范围内进行信息资源整合与共享。因此，从促进多民族语言信息资源共享的战略需求出发，研究和制定《多民族语言信息资源双语著录规则》就成为促进少数民族语言信息资源管理工作科学化、规范化程度的重要需求。《多民族语言信息资源双语著录规则》国家标准旨在为我国民族地区图书馆、档案馆、博物馆等公共信息机构少数民族语言信息资源的规范化组织提供一整套进行双语著录的操作规范，为实现少数民族语言信息资源的一体化检索和共享奠定基础。《多民族语言信息资源双语著录规则》的内容主要包括双语著录规则的指导思想、双语著录数据结构规则、双语著录粒度等级规则、多语种少数民语言信息资源的双语著录规则、双语著录分类和主题标引规则、双语著录编码一致性控制规则、双语著录翻译质量控制规则、双语著录的自动化、双语著录成果的呈现等方面，每个方面都有需要进行探索和规范的若干问题，现围绕上述问题概要讨论如下。

（一）多民族语言信息资源双语著录规则的指导思想

以"中华民族多元一体格局"理论为指导，将"以国家通用语言文字为核心的多民族语言信息资源共享体系"作为目标模式，通过对各语种少数民族语言信息资源进行双语著录，在保障少数民族语言文字使用权和信息资源语言文字多样性的基础上，从语义层面上将各语种信息资源联结为统一的整体，支持面向全局的一体化信息检索和集成应用服务。

（二）多民族语言信息资源双语著录的元数据结构

少数民族语言信息资源的双语著录涉及图书馆、档案馆、博物馆等多种类型的信息资源，而每一种行业所采用的元数据结构都要遵循各自行业规范，元数据结构可能各不相同。本着信息资源整合的目的，双语著录不仅仅是通过著录文字的一体化实现信息资源的关联，还应该解决信息资源元数据结构的"异构"问题，在兼顾各类信息资源管理特殊需求的同时尽可能实现不同来源、不同格式、不同载体信息资源元数据目录格式的统一。为解决各种类型信息资源元数据结构不统一问题，可以考虑采用两种标准的双层元数据框架，少数民族语言元数据采用与信息资源属性一致的规范化著录框架，例如图书、档案、期刊、报纸、节目资料等使用少数民族文字、按照各自领域现有的规范化著录框架进行，国家通用语言文字元数据考虑采用 Doblin Core 作为通用元数据框架，以便实现多种类型信息资源的整合。Doblin Core 只需要对主题（Subject）、出版者（Publisher）、类型（Type）、描述（Description）、来源（Source）、权限（Rights）、语种（Language）等 15 个基本元素进行描述，与各领域元数据规范相比，著录工作量大幅度降低。当然，由于格式不一致，公共文化服务机构进行著录工作的人员需要从行业元数据当中寻找对应的元数据项并完成其内容的翻译，必要时可以通过计算机程序从少数民族语言文字元数据当中提取对应的字段后再交由工作人员翻译和著录。由于 Doblin Core 的 15 个著录项都是基础元数据项，通常行业元数据标准当中都包括了这 15 个数据元素，因而可以较为容易地实现元数据结构的转换。

（三）多民族语言信息资源双语著录的粒度等级

"粒度"即著录目标范围的大小，粒度越小，精度越高，需要进行的著录工作量就越大。多民族语言信息共享空间建设过程中，根据少数民族语言信息资源利用过程中的各类现实需求，设计出"简要著录级、基本著录级、详尽著录级"等不同的粒度等级供公共信息机构进行选择。通常情况下，题名、著者、主题词等全局著录项目是需要强制双语著录，章节、段落、词句等著录粒度可以根据信息资源类型进行选择。对于少数极为特殊的少数民族语言信息资源的最小粒度著录结果是形成该信息资源的双语对照版本。多民族语言信息共享空间当中所涉及的多民族语言信息资源双语著录过程中粒度和著录等级关系如图5-15所示。

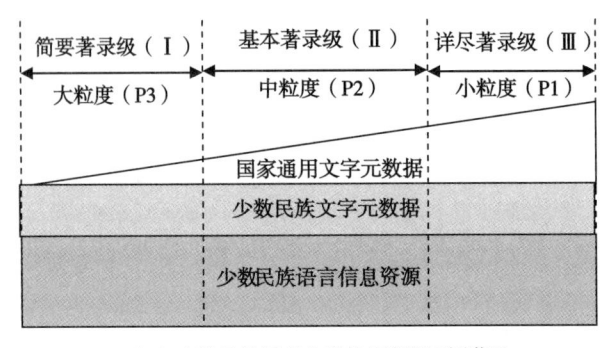

（a）少数民族语言文献信息资源双语著录

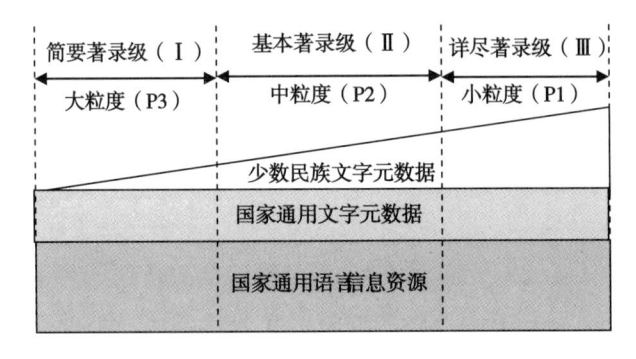

（b）国家通用语言文献文字信息资源双语著录

图5-15　多民族语言文献信息资源双语著录等级

图5-15中，多民族语言信息资源双语著录等级整体上分为"简要著录级（Ⅰ）"、"基本著录级（Ⅱ）"和"详尽著录级（Ⅲ）"，三个等级对应的粒度等级分别是"大粒度（P3）"、"中粒度（P2）"和"小粒度（P1）"，此处的粒度主要针对内容元数据项信息描述的精细化程度而言，大粒度是基于信息资源整体进行著录，中等粒度是面向信息资源内部结构进行

著录，小粒度则是基于信息资源的细节内容进行著录。上述三个等级的双语著录工作量依次增加，"简要著录级"只需要对全文的题名、作者、主题词等进行著录即可，内容描述元数据针对全文，不深入细节；"基本著录级"需要在简要著录等级的基础上增加其他必要的著录信息，按照中等粒度著录原则，内容描述元数据描述可以涉及全文的段落信息；"详尽著录级"则要求对所有能够描述的元数据信息尽可能著录，内容描述元数据甚至可以细化到文字的核心内容，包括重要观点与结论等。多民族语言信息资源双语著录等级每上升一级，用户在访问少数民族语言信息资源时所能看到的信息就越详细，就更有助于判断信息资源是否符合需求，然而与此同时，这也意味着公共文化服务机构为其付出的人工成本、时间成本都会直线增加。图5-15中，为了兼顾少数民族语言信息资源的有效管理和一体化共享需求，少数民族语言信息资源的元数据应该尽可能采用"详尽著录级（Ⅲ）"，尽可能通过双语元数据反映原文当中的主要内容信息。迫于工作量等因素的限制，国家通用语言文字信息资源的国家通用语言文字版元数据应该采用"详尽著录级（Ⅲ）"，而少数民族语言文字版本元数据应该采用"基本著录级（Ⅱ）"甚至"简要著录级（Ⅰ）"。图5-16描述了多民族语言信息资源双语著录的一般规律，绝大多数的少数民族语言信息资源可以根据工作量大小、机构双语著录人才的数量等因素，综合权衡确定多民族语言信息资源双语著录的等级。但是，在实践当中也存在特殊情况，尤其是当信息资源的内容非常重要、必须通过双语方式向用户提供服务的时候，则其元数据的国家通用语言文字版本和少数民族语言文字版本都必须按照最高的著录等级进行。总之，双语著录等级需要综合多种因素进行确定，其最终目的是尽可能采用较低的成本使用户的多语言需求得到最大化的满足。

（四）多语种少数民族语言信息资源的双语著录规则

针对同一信息资源当中包含两种以上少数民族语言文字的信息资源著录问题，需要区别信息资源的类型和结构特征，采用嵌入式著录、多版本关联等方式解决双语著录的规范化问题。例如，对同时包含藏文、蒙古文两种语言文字的信息资源进行著录时，可以考虑分别采用藏文和蒙古文著录基本信息，共享国家通用语言文字版本的著录信息。同时采用多种少数民族语言文字生成的信息资源的情况并不多见，还需要根据各语种信息内容所占比例不同来考虑，如果其中一种少数民族语言文字信息占到绝大部分比例，则应该以这种少数民族语言文字为基础进行双语著录，对其他少数民族语言文字的内容进行注释即可。

（五）多民族语言信息资源双语著录的分类和主题标引规则

由于目前信息资源管理领域用来进行分类标引和主题标引的"分类表"和"主题词表"大多数没有少数民族语言文字版本，在需要进行分类号和主题词著录双语著录的情况下，可以先进行少数民族语言信息资源其余元数据项目的著录，再根据国家通用语言文字版本的信息选择分类号和主题词，反向著录到少数民族语言著录数据当中。在条件成熟时，可以开发多语言分类表、多语言主题词表，以实现少数民族语言信息资源的准确标引。

（六）多民族语言信息资源双语著录编码一致性控制规则

在同一信息资源管理体系当中，保证国家通用语言文字和多民族语言文字计算机内码不发生冲突、不至于出现乱码现象，是实现跨语言信息资源共享的前提条件。我国政府标准化工作部门自20世纪80年代起陆续公布了汉字、蒙古文、朝鲜文、维吾尔文、藏文等计算机信息编码的国家标准，但当时是根据单机版应用需求设计的，各语种编码空间存在重合现象，如果同时采用相互冲突的编码方案，就会出现语言文字的乱码现象。为了保障编码方案的一致性，多民族语言信息共享空间必须采用能够同时收录多种文字的一体化编码方案。目前，国家通用语言文字和各少数民族语言文字的一体化编码标准主要有《GB18030 信息技术—中文信息编码字符集》和《GB13000 信息技术—通用多八位编码字符集（USC）》两种，前者是在汉字编码方案《GB2312 信息交换用汉字编码字符集》和《GBK 汉字内码扩展规范》的基础上增加各少数民族语言文字编码方案形成的，后者则是采纳国际通用编码标准 ISO 10646 而制定的国内标准，即 Unicode 标准。多民族语言信息资源管理需要在 GB13000 和 GB18030 两种类型编码方案当中进行综合权衡，选择最为稳妥的编码方案，确保少数民族语言信息资源所使用的编码标准与著录文字所使用的编码标准保持一致。根据目前各类编码方案被接受的情况来看，采用 GB13000 是大势所趋。

（七）多民族语言信息资源双语著录数据完整性控制规则

完整性是指少数民族语言信息资源著录当中，应当著录的所有项目都进行了著录，不存在关键信息缺失的情况，例如信息资源的标题、作者、主题词等信息就是属于关键著录信息，如果关键著录信息缺失，用户对信息资源的理解和把握就可能出现偏差。要保障多民族语言信息资源双语著录的完整性，需要著录系统中设定完整性判定规则，如果某一需要著录的项目没有内容，则不允许进行其余内容的保存并给出提示信息，只有需要著录的所有项目填写完整之后才可以进行保存。在人工方式著录时，应该由负责人进行完整性确认,如果发现重要信息没有著录,则退回著录人员进行补充,直至完全符合要求为止。

(八) 多民族语言信息资源双语著录翻译质量控制规则

多民族语言信息资源双语著录同时包含了对信息资源的描述和对描述结果的翻译双重任务,尤其是对著录结果的翻译任务要求工作人员必须同时掌握两种语言文字,能够使用国家通用语言文字或者少数民族语言文字准确描述信息资源的外部特征和内容特征。为了确保双语著录过程中的翻译质量,公共文化服务机构需要通过明确工作人员的专业背景、语言能力、素质要求,确保双语著录过程中工作人员可以胜著录需要,同时通过著录流程的标准化进行多重确认,确保产生的著录信息能够真实、完整地反映信息资源的特征。

(九) 多民族语言信息资源双语著录的自动化问题

由于信息资源著录工作本身的复杂性和跨语言翻译的难度等因素的限制,少数民族语言信息资源的双语著录不能完全依靠计算机系统自动完成,但是可以在其中的一些环节通过自动化处理来提高效率。例如,如果采用跨语言自动文摘技术,可以将少数民族语言信息资源的核心内容抽取出来,可以作为少数民族语言文字版本摘要项的内容,再将此摘要通过机器翻译技术转换成为国家通用语言文字版本,由人工方式对其逻辑和内容进行修正和完善之后,就可以作为国家通用语言文字版本的内容元数据来进行著录。此外,还有一些少数民族语言文字的专用校对软件,可以对少数民族文字著录结果从语法、词汇等方面进行校正。这些技术手段的应用可以提高人工著录的效率,加快人工双语著录的速度。

(十) 多民族语言文献信息资源双语著录成果的呈现方式

多民族语言信息共享空间建设过程中,在对少数民族语言信息资源和国家通用语言文字信息资源按照双语原则完成了元数据著录之后,就可以根据双语著录的成果设计出多种多样的双语服务方式。除了可以通过计算机进行双语信息检索和浏览之外,还可以根据用户需求增加其他方式,例如在少数民族语言图书中夹入国家通用语言文字版本的摘要卡片,在国家通用语言文字版本的图书中夹入少数民族语言文字版本的摘要卡片等,还可以根据需要制作国家通用语言文字与少数民族语言文字相互对照的内容提要卡片,如图5-16所示。

图5-16中,藏文图书只要提供了汉藏双语版的内容提要卡片,就可以为用户了解该书的内容提供一定的支持,尤其是没有掌握藏文的用户可以通过阅读国家通用语言文字版本的著录条目来大致了解图书馆的主题。限于著录

工作量虽然没有提供详尽版的内容描述，但至少为用户了解图书的主题提供了一条线索，信息沟通的渠道没有因为语言文字的差异性而被完全阻断。如果用户对图书的主题确实感兴趣，可以进一步向图书馆等机构的工作人员咨询，甚至在必要时可以申请对图书核心内容进行人工翻译。总之，正是因为公共文化服务机构的工作人员在双语著录工作方面所投入的大量努力，用户才会相对容易地进行少数民族语言信息资源的查找和利用。

图 5-16　藏汉双语对照图书内容提要卡片示例①

三　多民族语言数字文献资源"通用语义信息"的标注

多民族语言信息资源的深度共享必须依靠高质量的语义参照体系，其中最为重要的是要构建多民族语言通用本体模型。通常情况下，本体模型的构建可以采用重新建模和本体复用两种方式，前者需要根据我国多民族语言信息资源共享的实际需求从零开始构建公共文化领域的多语种通用本体模型，后者则需要借助汉语本体词网 HowNet 完成多语种本体的映射，通过内部语言接口机制实现多语种本体模型的集成应用。无论采用哪种方式构建的通用语义参照体系，都是将不同语种信息资源建立关联的一种方法，都是对"多民族语言通用语义空间"的一种模拟方式。多民族语言"通用语义空间"理论

---

①　西藏民族大学西藏文化特色数据库：《藏文图书》，http：//202.200.16.53：8000/xzmz/platform/search/detailView.htm？rsdaId=581467621268010，2018 年 8 月 1 日。

认为，人类的任何自然语言都是对这个世界进行描述的一种视角，在自然语言之外存在着多种语言文字所共有的通用语义空间，每一种自然语言语义空间都是对通用语义空间的一种映射，是通用语义空间的一个"视图"（View）。通用语义空间的内涵极其繁杂，到目前为止，知识本体模型是对"通用语义空间"最接近的一种模拟，基于本体的语义标注就是让多语种信息资源与通用语义空间建立关联的一种方式。在完成语义标注的信息资源当中，无论采用的是哪种语言文字，只要其语义信息是一致的，进行语义标注的代码就是一致的，就可以基于这个代码实现数字信息资源多种语言视图的浏览。上述原理应用到多民族语言信息共享空间的数字信息资源服务当中，如图 5-17 所示。

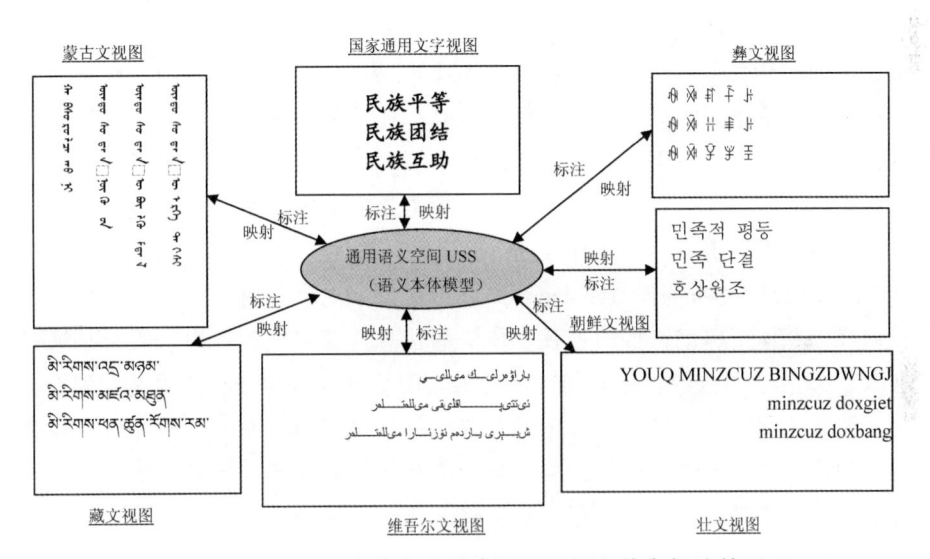

图 5-17　多民族语言数字文献资源通用语义信息标注的原理

图 5-17 中，首先需要完成少数民族语言信息资源通用语义信息的标注，嵌入了通用语义代码的数字信息资源可以通过计算机程序完成对多种语言文字界面的调用和切换，任由用户选择自己最熟悉的语言文字界面进行信息浏览。当然，由于机器翻译技术发展的制约，不是所有的语言视图都可以准确传达作者的原意，由源信息转换而来的其他语言文字界面的信息资源通常只能通过词汇和篇章结构大致判断其主题和内容。国家通用语言文字和各少数民族语言文字的信息内容完全一致，如果参照通用语义本体模型嵌入了通用语义代码，则通过相同的语义代码就为各语种信息资源之间建立了关联，可以根据需要将视图转换到另外一种语言文字界面。随着多民族语言通用本体

模型的进化以及机器翻译技术的改进，我国各民族语言文字数字信息资源的多视图切换将变得更为容易，目标语言信息和源语言信息之间的差距也会越来越小。因此，基于多民族语言通用本体模型的语义标注既是实现机器翻译的一种中介手段，也是实现文献信息资源多语化视图的客体多语化策略，是介于多民族语言信息资源跨语种共享"中介策略"和"客体策略"之间的一种复杂性跨语言解决策略。与之相对应，已经参照多民族语言通用本体模型完成词汇级语义标注的数字信息资源库则呈现出复杂的属性，它既是支持机器翻译的语料库，又是存储信息内容的知识资源库。多民族语言通用本体模型的构建不是任何少数民族语言区域语言文字协作组织可以单独完成的任务，必须在国家民族事务委员会少数民族语言文字管理机构的主持下，各少数民族语言文字使用区域的语言文字工作者、信息管理研究专家和计算机软件专家组成的团队联合攻关才能完成。在本体模型开发完成之后，为了保障多民族语言数字信息资源语义信息的深度共享，还需要国家标准化工作机构制定多民族语言数字信息资源语义标注的标准和规范，以保证各少数民族语言文字区域内的各类社会组织都遵循统一的标准进行著录，从而使多民族语言信息资源可以基于统一的标注符号进行跨语言转换。

语义标注（Semantic Annotation）是指在数字对象的内部或者外部嵌入某种语义参照体系标记符号的过程。传统的信息资源组织过程中，通常是通过嵌入"分类号"或者"主题词"的方式表明信息资源的分类和主题类别，在完成标注的同时，也将所有采用同一符号的信息资源联系到一起，可以根据用户的需求进行检索和调阅。与分类标引和主题标引不同的是，数字信息资源的语义标注是针对内容信息，要求将表达内容的词汇与表达其语义的本体模型之间建立关联，因此语义标注通常是一种大规模、细粒度的微观标注，即便非常简单的一句话，要进行完整语义标注的话也是非常复杂的过程，需要付出的工作量非常大。因此，如果分类标引和主题标引还可以通过人工方式进行的话，数字信息资源的语义标引则是人工方式难以完成的艰巨任务。目前，基于本体的语义信息技术发展过程中遇到的两个"瓶颈"，一个是高质量知识本体模型的构建与进化，另一个就是如何实现高效率、高精度自动化语义标引。少数民族语言文字信息资源的语义标引必须基于少数民族语言文字信息处理技术进行，通常情况下标引软件首先要将待标引对象抓取到临时库，再执行分词操作将连续的语句切分成独立的词，接着将一个个词语和多民族语言本体词网模型当中的词进行比对，找到对应的词之后再结合消歧算法找到该词对应的词义，最后在临时库的语句中嵌入语义标记，再将已经完成标注的内容保存到原文档当中,接下来进行下一句的标注。与机器翻译技术遇到的困难一样,计算机自动标注也面临着分词不准确、词义选择不准确等问题,而这类问题比机器翻译结果更难发现,必须借助专门的校对软件进行检测。总体而言,基于本体的少数民族语言文字信息资源语义标注代表了未来信息管理的大趋势,是多民族语言信息共享空间应该予以关注的方向,但是这项技术目前还远未成熟,还有众多的难题有待攻克和解决。

四 多民族语言语音信息资源的双语辅助呈现

多民族语言信息共享空间当中有待被用户进行认知的对象都属于"客体"的范畴,绝大多数情况下客体是指保存在公共文化机构的纸质或数字版本的文献信息资源,但是在图书馆的文化讲座、文化馆的文艺演出等服务项目当中,"客体"也可以是由人的语音作为载体的信息。多民族语言文献信息资源服务过程中,公共文化服务机构的工作人员可以提前进行双语著录、双语提要卡片制作、通用语义信息标注等准备工作,使用户进入信息共享空间之后就可以享受到双语信息资源服务。然而,多民族语言语音信息资源通常是以现场服务的形式来体现,除安排现场人工翻译之外,很难提前针对还没有产生的语音信息资源进行双语化处理。但是,在实践中还是有一些较为实用的方法可以提供辅助的,例如集体会议、学术讲座、文艺表演当中使用的双语演示文稿、双语字幕、双语文档资料等。双语演示文稿,俗称"双语PPT",多民语言信息共享空间双语PPT应用如图5-18所示。

双语PPT是演讲者为了使没有掌握演讲语言的听众可以理解,会在演讲过程中增加另外一门语言文字的解释作为辅助手段,尽管听众不能理解演讲者的语音信息,但是可以通过演示文稿理解其所讲的主要内容。多民族语言信息共享空间当中也可以借鉴这种方法,通过国家通用语言文字和少数民族语言文字双语对照PPT向用户传递信息。图5-18中PPT同时采用国家通用语言文字和哈萨克文两种文字表达同一内容,以便还没有掌握国家通用语言文字或者国家通用语言文字应用能力有限,需要借助本民族文字理解演讲内容的哈萨克族群众能够了解研究者所要表达的核心思想。此外,多民族语言信息共享空间在集体会议、文艺表演等服务过程中,也可以配合大屏幕视频的双语字幕方式进行表演者语音信息的双语化呈现,如图5-19所示。

图5-19所示的国家课程朝鲜文教材研究基地校"双语"教材建设现场会同时采用国家通用语言文字和朝鲜文两种语言文字的字幕作为演讲者讲话语音信息的辅助呈现方式,现场的听众即使不能听懂演讲者所说的内容,也

图 5-18　国家通用文字——哈萨克文双语 PPT 示例

图 5-19　国家通用语言文字——朝鲜文双语字幕示例
资料来源：《龙井市承办全国课程朝鲜文教材基地双语教材建设现场会》，龙井教育信息资源网，http://longjing.ybedu.net/show.aspx? cid = 44&id = 11353，2018 年 8 月 1 日。

可以从字幕当中了解到其讲话的主题和核心观点。当然，双语字幕通常也是要提前准备的，可以根据演讲者的讲话稿提前准备双语版字幕，对于会议现场即兴表达的内容，双语字幕一般不会涉及。为了弥补这种不足，组织者可以在活动结束之前采用双语方式现场做一些补充解释。此外，为了帮助用户更好地理解会议、讲座、文艺节目的内容，活动组织者可以提前将相关内容印制成为双语版的文档资料，在现场发放给参加活动的所有人员，供其根据需要选择其中的一种语言文字来阅读和了解活动过程中的主要内容。例如，国家通用文字和少数民族文字双语版会议手册、双语版讲座提纲、双语版演出节目单以及节目内容介绍等。

五　多民族语言信息共享空间双语环境的构建

除了文献信息资源和语音信息资源按照双语化原则进行组织和准备之外，用户在多民族语言信息共享空间当中还会接触到各种来自环境的文字和声音信息，从广义客体的视角来理解，它们都属于作为主体的人进行认知和理解的对象。因此，多民族语言信息共享空间应该为用户构建立体化的双语服务环境，使其随时随地能够得到跨语言服务支持，不会因为语言文字差异性而出现沟通障碍和沟通焦虑。例如，多民族语言信息共享空间应该建立完备的双语标识导航体系，使用户从进入信息共享空间开始，就可以得到关于空间结构和服务内容的双语介绍，每到一个服务分区，就可以看到相关的双语标识和服务提示，甚至包括电梯、洗手间的位置也可以用双语方式进行提示，相关内容本书第四章已经做过详细介绍，不再赘述。在文字导航体系之外，演讲厅、报告厅、文艺演出大厅等场合还会用到语音导航，例如提示观众保持安静、关闭手机等，这些语音导航信息也可以按照双语原则提供，即用国家通用语言文字和少数民族语言文字分别就相同内容各自表述一遍。在多民族语言信息共享空间的接待大厅，工作人员如果在无法确定用户使用哪种语言文字的情况下，要主动与其取得联系，也可以按照双语原则将打招呼的日常用语用两种语言各表述一次，由用户选择其比较擅长的语言文字进行交流。

总之，基于客体的多民族语言信息资源跨语种共享策略就是围绕公共文化服务机构所采集和保存的文献信息资源或者可以为用户提供的语音信息资源的双语化处理，解决国家通用语言文字和当地通用少数民族语言文字之间的跨语言信息沟通和交流问题的一种策略。相对于"主体策略"对区域双语基础教育体系的依赖，"中介策略"对区域语言资源集成服务体系的依赖，"客体策略"所需要的资源绝大多数是公共文化服务机构可以掌控的，因而是多民族语言信息共享空间建设必须考虑的实施策略。此外，相对于"中介策略"，"客体策略"并不要求实现对用户的实时跨语言信息服务支持，公共文化服务机构可以在较长的时间段内组织工作人员进行信息资源的双语著录等工作，比较符合图书馆、档案馆、博物馆等机构现有的组织文化和工作习惯，因而相对较为可行。

第六节　多民族语言信息资源跨语种共享的策略组合

马克思主义唯物辩证法认为，整体与部分是辩证统一的：一方面，整体由部分构成，部分是相对整体而言的，不存在离开整体单独存在的部分；另一方面，整体与部分之间相互制约、相互影响，当部分之间相互关系处理不当时，整体功能就小于各部分功能之和；当部分之间关系处于最优化状态时，整体功能就大于各部分之和，即通常所说的"1+1+1>3"现象。[①] 多民族语言信息资源跨语种共享策略可以从"纵向"和"横向"两个维度来分析。从纵向来看，多民族语言信息资源跨语种共享的"主体策略"、"中介策略"和"客体策略"与多民族语言信息共享空间依托单位"机构策略"之间也是部分与整体的关系。之所以要从三种不同的视角进行讨论，主要是为了更加清晰地看到多民族语言信息共享空间内部信息交流的驱动机制，分析从哪个方面调整政策措施，就可以带动空间信息共享程度的整体性提高。但是，现实当中的信息共享空间是作为一个整体存在的，是围绕用户需求综合运用各种服务手段提高服务质量的过程，不会纠结于某种措施属于"主体策略"还是"客体策略"。从横向来看，多民族语言信息资源跨语种共享策略可以分为"机构层策略（I）"、"区域层策略（R）"和"国家层策略（N）"三个层面，每个层面又涉及若干子策略，可以从信息共享空间建设需求出发进行纵向策略组合。因此，在对多民族语言信息共享空间三种类型的跨语言信息服务策略进行了逐一分析之后，本节将从多民族语言信息共享空间的整体视角，讨论多民族语言信息资源跨语种共享策略之间的相互关系及其组合的思路。

一　多民族语言信息资源跨语种共享策略的横向组合

从横向来看，多民族语言信息共享空间建设过程中涉及"基于主体的共

[①] 叶敦平主编：《马克思主义哲学原理》，高等教育出版社2003年版。

享策略"、"基于中介的共享策略"和"基于客体的共享策略",多民族语言信息资源跨语种共享的横向策略就是通过分析上述三大类型的策略之间的关系,确定公共文化服务机构在对待上述策略时应该采取的优先次序。为了简化问题,这里只关注机构层的主体策略、中介策略和客体策略。在多民族语言信息共享空间当中,"多语言用户"与"多民族语言信息资源"之间存在多种对应关系,如果用户的语言文字应用能力和信息资源所要求的语言文字应用能力不匹配,则可能出现沟通交流障碍。例如,用户看不懂用自己不熟悉的语言文字所撰写的书籍,听不懂用另外一种语言进行的学术讲座等。多民族语言信息共享空间的出现就是为了解决上述问题的,通常可以从"基于主体的策略"出发培育双语用户和双语工作人员;也可以从"基于中介的策略"出发建设专业翻译人员队伍,开发机器翻译系统以及相关应用;还可以从"基于客体的策略"出发,进行信息资源的双语著录或者双语提示。只要多民族语言信息共享空间跨语言信息服务的任何一种措施发挥了应有的功能,用户的跨语言信息共享需求就不会被完全阻断,就可以通过信息共享空间提供的线索逐步探索,找到完全符合需求的信息资源,或者可以部分地了解另外一种语言的语音信息资源所传达的信息。从理论上说,多民族语言信息共享空间三类跨语言服务策略之间是"并联关系"。所谓"并联",是指各类策略之间相互平等,同时可以相互替代。也就是说,任何一条多民族语言信息资源共享支持策略打通之后,都可以为用户阅读和访问多民族语言信息资源提供支持,用户的需求都可以得到部分满足。这种关系呈现出一种"多通道"结构,笔者将多民族语言信息共享的横向关系的分析模型称为"多通道模型"。为了便于研究,本节对图5-20中公共文化服务机构三大类型跨语言信息共享策略的具体措施分别予以编号,结果如下。①基于主体的多民族语言信息共享策略。IU-1汉族用户民语培训;IU-2民语用户强化培训;IE-1双语工作人员招录;IE-2工作人员双语培训;IE-3双语志愿者招募;②基于中介的多民族语言信息共享策略。IHM-1双语翻译人才配备;IMM-1跨语言机器翻译;IMM-2跨语言信息检索;IMM-3跨语言信息抽取;IMM-4跨语言自动文摘;IMM-5跨语言辅助阅读;IMM-6跨语言语音交互;IMM-7跨语言自动问答;③基于客体的多民族语言信息共享策略。IDO-1信息资源双语采集;IDO-2信息资源双语著录;IDO-3数字资源语义标注;IOO-1语音资源双语提示;IEO-1服务空间双语环境。上述各类信息共享促进措施之间的关系如图5-20所示:

根据"多通道模型"的原理,图5-20所示的多民族语言信息资源跨语

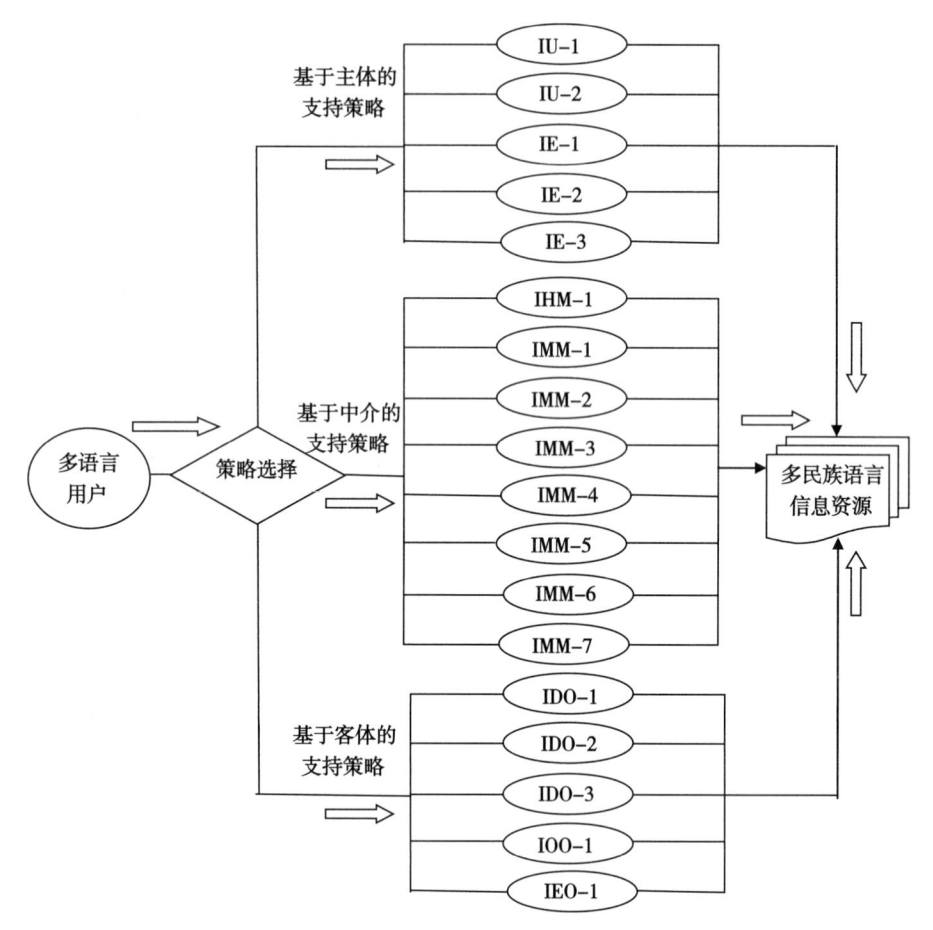

图 5-20　多民族语言信息资源共享策略的多通道模型

种共享策略之间的关系具有以下特征。①在具体的某一名用户和具体的某种信息资源之间，存在着多条实现信息资源共享的"通道"，每条通道都会针对跨语言信息交流当中的部分要素进行优化和支持，使用户与信息资源之间建立关联。②多民族语言信息共享空间所有跨语言信息共享支持通道之间存在横向的相互替代关系，也就是说如果用户可以通过其中的一种策略满足信息需求，别的通道即使存在对其也没有意义。例如，如果用户只是了解信息资源的主题，通过浏览双语元数据就已经达到目的了，没有必要再去使用机器翻译方式进行高精度的全文翻译。③多民族语言信息共享空间任何一条跨语言支持通道都同时存在优势与不足，没有任何一种跨语言支持措施能解决所有问题。从理论上说，如果图 5-20 当中的任何一种跨语言支持措施可以

100%满足用户的跨语言信息共享需求,则其他的服务方式都可以不存在。然而,迄今为止没有哪种跨语种服务支持的措施可以做到100%的支持,任何策略都是有利有弊的。例如,"基于主体的支持策略"能够从根本上解决问题,但是所需时间周期太长,基础教育领域培养一个真正合格的双语公民至少需要十年的时间;"基于中介的支持策略"可以发挥计算机技术的效率优势,能够在短时间内完成大量信息的翻译,但是受制于机器翻译的发展水平,翻译准确程度距离人们的期望值还有较大差距;"基于客体的支持策略"可以让用户有更多的选择,比较符合"面向用户"的信息共享空间建设理念,但是也存在工作量大,尤其是实现国家通用语言文字信息资源的少数民族语言文字版本著录所要付出的成本是惊人的。④用户在多条跨语言信息共享支持通道的选择方面通常遵循"阻力最小原则",即选择对其而言最容易理解和操作,不存在技术和文化"门槛"的支持方式。当然,对于不同类型的用户而言,"阻力"的概念也是因人而异的,有的用户会认为复杂的计算机系统对其构成阻力,有的用户则将需要排队、等待等行为视为阻力,有的用户将需要与其他人进行较多的语言沟通视为阻力,总体而言,用户倾向于选择对自己而言感觉较为轻松和自如的服务方式。⑤多民族语言信息共享空间各跨语言支持通道之间并不一定是"非此即彼"的竞争关系,还可以是相互补充、相互融合的协作关系。例如,机器翻译策略与人工翻译策略各有利弊,则可以将机器翻译应用于对翻译结果精度要求不高、但翻译工作量又很大的服务场合,而将人工翻译应用于翻译工作量较少的全文高精度翻译场合,还可以将两者方式相互结合,用机器翻译进行粗略翻译,用人工翻译方式进行检查和校对,以达到兼顾翻译质量和翻译速度的矛盾,实现整体性最优的效果。⑥用户在多民族语言信息共享空间当中选择的跨语言服务路径并不一定是单一和线性形态,而是呈现出多种多样的组合形态。用户类型的多样性和用户需求的多变性是公共文化服务机构按照"多通道模型"设计跨语言服务支持体系的根本原因。多民族语言信息共享空间是一种公共服务空间,服务对象覆盖到所在区域的所有公民群体,最大限度满足所有成员的需求是其职责所在。由于用户职业、年龄、文化程度、经济能力等多方面因素的影响,其信息需求和信息行为呈现出高度多样性特征,在跨语言服务支持措施的选择和偏好上具有多样性,而公共文化服务机构就应该尽可能通过多样性的服务满足不同群体的跨语言服务需求。此外,用户需求也不是一成不变的,会随着所需解决核心问题的不同,信息获取时限要求的不同等因素而出现变动,即使是同一位用户,也可能希望从多个支持通道获取服务,以达到将跨语言沟通交流障碍降到最低的目的。

多民族语言信息共享空间是公共文化服务机构为多语言用户设计和构建的语言无障碍动态服务体系，其跨语言信息共享策略的组合应该遵循信息共享空间的"面向用户、随需而变、动态适应"的核心理念，通过对内外部资源的合理调配，最大化满足用户的信息需求。"面向用户"要求多民族语言信息共享空间跨语言服务策略的组合始终以用户需求为导向，从用户的视角来审视和设计服务体系，不一定追求技术手段的先进性，只要用户能够在跨语言服务支持体系的帮助下顺利实现跨语言信息共享并在服务过程中具有良好的服务体验即可。"随需而变"要求多民族语言信息共享空间的跨语言服务支持策略不能只侧重于某一类策略或者某一种具体的跨语言服务措施，而是要尽可能准备多种后备选项，针对不同类型的用户或者同一用户在不同情境之下的服务需求合理搭配服务策略，以满足用户的需求。"动态适应"要求民族地区公共文化服务机构建设多民族语言信息共享空间要具有发展的眼光，随着时间推移和各类支持性要素的结构变化动态调整应对策略，使多民族语言信息共享空间的跨语言服务始终与新时间点上用户需求的变化相互匹配。按照上述原则，多民族语言信息资源跨语种共享策略的组合策略需要建立合理的服务调度模式，进行不同跨语言共享策略之间的搭配与组合。

尽管本章已经从基于中介的多民族语言信息资源共享策略进行了分析和论证，实际上如果从用户的角度去考虑问题，就会发现"基于中介的多民族语言信息共享策略"是一种非常不友好的服务策略。例如，图书馆对所有的少数民族语言文字图书并不进行双语著录等处理，但是为用户提供了可以手工查阅该文字的双语字典或者提供计算机工作站让用户自行运行翻译软件了解信息资源的内容。如果用户对图书所使用的语言文字一无所知，要自己动手查阅字典也并非易事。字典内容的排列也是有一定规律的，不了解这种语言文字的人在一开始可能连语言文字符号都会觉得特别陌生，更不要说去逐一查阅字典了。再比如，图书馆在对汉族用户开展少数民族语言文字培训时，如果给每个学员提供一台可以进行机器翻译的计算机，任课教师却只使用少数民族语言文字来讲授，演示文稿也只用少数民族文字而不是使用国家通用语言文字，用户肯定会觉得手足无措，无法理解教师所说的内容。因此，基于机器中介的多民族语言信息资源共享策略实际上是一种不适合直接面向用户的策略，这种策略最好是由工作人员使用，通过基于机器中介的策略对信息资源进行双语著录或者完成用户教育课程双语 PPT 课件资源，这样对用户而言就可以非常舒适地完成阅读和理解的过程。"基于人工中介的多民族语言信息共享策略"的服务过程也存在不便之处，主要原因是专业翻译人员数量毕竟有限，不可能所有用户服务都由专业翻译人员来提供翻译服务，由专业翻译人员通过用户教育、工作人员双语能力培训等方式来提高其双语能力才是真正解决问题的办法。通过以上分析可以得出结论，尽管基于中介的跨语言服务可以作为一种单独的服务向用户提供，但是最好将其与信息服务、沟通服务、业务服务等方式相融合，为用户创造更加简易便捷的服务界面，这就是通常所说的"服务封装"（Service Encapsulation）的思想。"封装"（Encapsulation）一词最早使用在电子产品生产当中，是通过集成方式将多个电子器件的功能组合成一个整体，用户不用关心模块内部的结构和技术细节，只需要根据其提供的接口参数设计自己的应用电路即可。在医学领域，封装是指将药物装入胶囊的过程，完成封装以后，病人就不用接触内部成分而只接触较为简单的外部界面即可实现吞服。因此，"封装"就是从用户角度出发，将复杂的内部过程对用户实现隐藏的过程，是"面向用户"思想的一种体现方式。服务领域与其类似，如果机器翻译、信息抽取、自动文摘等技术手段对用户而言具有一定难度，就不应该把这些技术服务直接提供给用户，而是要将这些技术手段融合到别的服务项目当中，让用户感受到跨语言服务的便捷，却不用关心所享受的服务在技术上是如何实现的，即完成服务的"封装"。"基于主体的多民族语言信息资源共享策略"、"基于中介的多民族语言信息资源共享策略"和"基于客体的多民族语言信息资源共享策略"之间的横向"封装"关系，如图5-21所示。

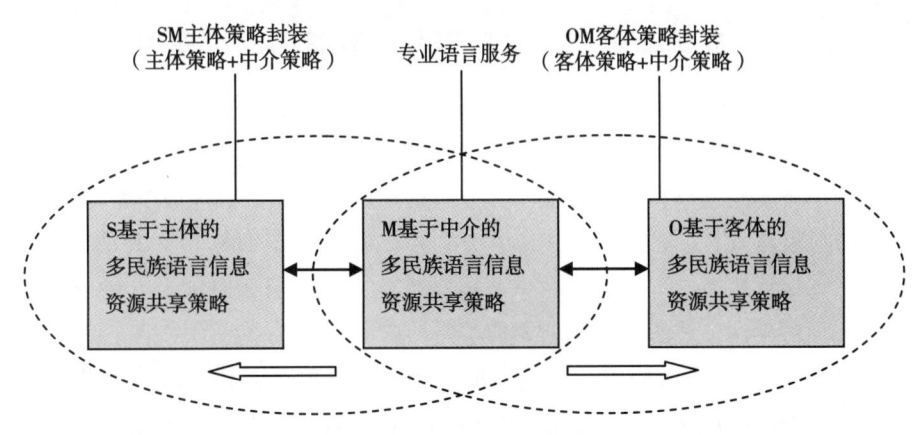

图 5-21 多民族语言信息资源跨共享策略的横向"封装"

图 5-21 中，尽管"基于中介的多民族语言信息资源共享策略"可以作为一种单独的语言服务出现，但是其发挥作用的主要模式是融入其他类型的

服务项目当中，为其他服务提供跨语言支持。例如"主体策略+中介策略"的封装策略就是利用公共文化服务机构的专业翻译人员、机器翻译系统等资源开设语言文字类培训服务课程，为用户和其他工作人员双语服务能力的提高做准备；"客体策略+中介策略"的封装策略就是利用公共文化服务机构的专业翻译人员、机器翻译系统等资源为实施文献信息资源的双语著录和语音信息资源的双语提示提供语言文字支持。在"主体策略+中介策略"的组合策略之下，机构工作人员和用户的双语能力得到提升，语言文字沟通障碍将会减少，需要专业翻译人员介入的服务场合也会减少。在"客体策略+中介策略"的封装组合策略之下，公共文化服务机构的文献信息资源都用实现双语著录，语音信息资源可以实现双语提示，可以按多种方式提供给用户，允许用户选择熟悉的语言文字进行识读和理解，跨语言沟通的途径都被打通。而且基于中介策略的翻译成果被作为信息资源的一部分保留下来，可以独立地存在而不受到专业翻译人员是否在场的制约，因此是一种融合了中介策略成果的客体策略。当然，将"基于中介的策略"以封装形式组合到"基于主体的策略"、"基于客体"的策略当中，并不是说"基于中介的策略"在整个体系当中不重要，恰恰相反，"基于中介的策略"构成跨语言信息共享的核心策略，整个多民族语言信息共享空间的实现都离不开中介策略的支持，只不过出于改善用户服务体验的目的，"基于中介的共享策略"不宜直接出现在用户服务界面当中，而是应该作为公共文化服务机构的关键支撑性资源隐藏在服务的"后台"发挥作用。

二 多民族语言信息资源跨语种共享策略的纵向组合

为了便于分析各类策略之间的关系，首先对图5-22所示的多民族语言信息资源跨语种共享策略加以梳理。从多民族语言信息共空间纵向关系分析的视角，笔者按照策略针对的层面将其分为机构层策略（I）、区域层策略（R）和国家层策略（N）三种类型，其中机构层策略涉及18种跨语言共享驱动措施，区域层策略涉及6种跨语言共享驱动措施，国家层策略涉及6种跨语言共享驱动措施。上述每个类型的驱动策略的内容如图5-22所示。

图5-22中，多民族语言信息资源跨语种共享策略总体上分为"机构层策略"、"区域层策略"和"国家层策略"三个层级。"机构层策略"是民族地区公共文化服务机构可以依靠自身所拥有的空间资源、信息资源、人力资源、语言资源和技术资源来推动，所有的要素都在机构内部，可供信息共享空间建设调配使用，因而是最容易实现的策略。"区域层策略"是少数民族

第五章　多民族语言信息共享空间的实现策略

国家层策略（N）

NU-1 民族地区双语教育制度的法律依据 NE-1 民族地区干部双语培训制度的法律依据	NHM-1 跨区域人才协作联盟 NMM　国家语言网格工程平台 NMM-1 多民族语言集成语料库 NMM-2 多民族语言本体模型	NO-1 多民族语言信息资源知识标注规范

区域层策略（R）

RU-1 区域双语基础教育制度与实践 RE-1 区域干部双语培训制度与实践	RHM-1 区域翻译人才网络 RM　国家语言网格工程节点 RM-1 区域双语对齐语料库 RM-2 区域双语本体模型	RO-1 区域信息资源双语著录规范

机构层策略（I）

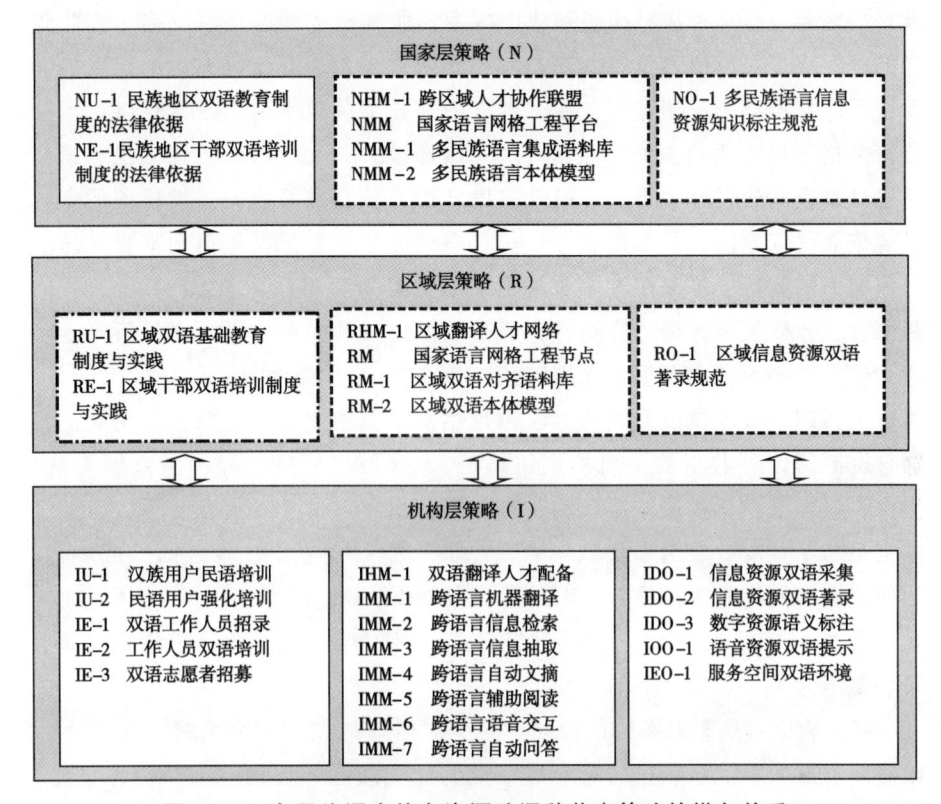

IU-1 汉族用户民语培训 IU-2 民语用户强化培训 IE-1 双语工作人员招录 IE-2 工作人员双语培训 IE-3 双语志愿者招募	IHM-1 双语翻译人才配备 IMM-1 跨语言机器翻译 IMM-2 跨语言信息检索 IMM-3 跨语言信息抽取 IMM-4 跨语言自动文摘 IMM-5 跨语言辅助阅读 IMM-6 跨语言语音交互 IMM-7 跨语言自动问答	IDO-1 信息资源双语采集 IDO-2 信息资源双语著录 IDO-3 数字资源语义标注 IOO-1 语音资源双语提示 IEO-1 服务空间双语环境

图 5-22　多民族语言信息资源跨语种共享策略的纵向关系

语言文字使用区域内进行语言文字应用协同而产生的跨行政层级的协作型组织，主要为民族地区公共文化服务机构提供双语用户和双语工作人员，并进行区域内部少数民族语言资料的积累与集成，制定与当地通用少数民族语言文字相关的标准和规范等。然而，迄今为止除了相关省区在少数民族语言文字术语审定、教材编写等方面有一些合作，建立了"蒙八协"、"藏五协"等协作机构之外，其余方面的跨行政层级协作基本都没有涉及。而且在区域双语教育和双语干部教育等工作当中，基本还是按照行政区划为单位贯彻和落实的，相关少数民族语言文字工作协作机构的作用发挥得非常有限。因此，多民族语言信息资源跨语种共享的"区域层策略"目前主要还是一种战略构想，是否得到实施还有待国家相关部门的战略决策。"国家层策略"主要涉及为全国各民族地区多民族语言信息共享空间建设提供法律和制度保障，承担跨区域语言文字人才共享和"多民族语言通用本体模型"开发、各语种数字信息资源语义信息标注规范的制定等任务，其中除了法律制度保障之外，其余的内容也是一种战略构想和建议方案，尤其是"国家语言网格工程"这样的国家级多民族语言信息共享基础设施建设工程，其建设方案的出台更是要经历非常严格的论证过程，在多个方面存在不确定性因素。尽管以"国家语言网格工程"为代表的外部支持对民族地区公共文化服务机构多民族语言信息共享空间建设至关重要，但是多民族语言信息共享空间建设任务的主体是要依靠民族地区公共文化服务机构自身的力量，如果能够得到来自区域和国家层面的支持，可以在人才资源共享、语言资源共享方面实现快速发展，跨语言服务质量会得到迅速提升；但是如果区域和国家层面的支持暂时还不能到位，则必须自力更生，利用跨语言服务支持方式之间的可替代性特征，通过灵活调整服务提供方式的方法满足用户的基本需求。总之，多民族语言信息资源跨语种共享的"机构层策略"、"区域层策略"和"国家层策略"当中，应当以"机构层策略"为重点，同时积极争取"区域层策略"和"国家层策略"的支持，为多民族语言信息共享空间建设创造良好的外部环境。为便于进行战略分析，笔者采用权值法为每种策略进行赋值，"机构层策略"赋值为3，代表核心策略；"区域层策略"赋值为2，代表重点策略；国家层策略赋值为1，代表一般策略。

多民族语言信息资源跨语种共享的"主体策略"、"中介策略"和"客体策略"在国家、区域和机构三个层面上的优先级是不同的。①"主体策略"的纵向层次结构分析。多民族语言信息资源跨语种共享的主体策略是为多民族语言信息共享空间建设提供高水平的双语人口，其实现必须依托各少数民族自治地方双语基础教育体系，需要相对较长的时间周期，因而必须依托于区域策略才能实现，尽管民族地区公共文化服务机构也可以从事一些补充性的双语教育和培训，但是对大规模双语人口的形成不会起到决定性作用。好在民族地区基础双语领域的双语教育是国家的一项基本教育政策，是各民族自治地方必须做好的工作，无论公共文化服务机构是否将主体策略纳入多民族语言信息共享空间战略体系当中，民族地区的教育机构都在为培养双语用户做着不懈的努力。国家层面的主体策略是为基础教育领域的双语教育和干部双语培训提供法律和制度支持，实际上我们的民族地区双语教育和双语干部培训等工作都是在国家《宪法》《民族区域自治法》《国家通用语言文字法》等法律和一系列政策文件的支持下进行的。因此，多民族语言信息资源跨语种共享主体策略的重点是"区域层策略"，赋值为3。机构层策略赋值为2，国家层策略赋值为1。②"中介策略"的纵向层次结构分析。多民族语言信息共享空间中介策略就是依靠人工翻译和机器翻译等手段提供跨语言信息服务的策略，机构层、区域层和国家层三个层面都涉及。在三个层级的中介措施都具备的情况下，基于双语对齐语料库的机器翻译系统及各类应用主要依托区域层策略进行，基于多民族语言通用本体模型的机器翻译系统及各类应用主要依托国家层策略进行，机构层策略是基于区域层策略、国家层策略而进行的，公共文化服务机构相当于服务的前台，而区域、国家层的支持体系相当于服务的后台。鉴于多民族语言文字信息处理技术的复杂性，这项工作主要应该依托区域语言文字协作机构和国家层面上的跨语言协作支持机构来完成，公共文化服务机构只要享受其提供的语言文字处理的"云计算服务"即可。可见，多民族语言信息资源跨语种共享"中介策略"的重点是"区域层策略"和"国家层策略"，赋值为3和2。"机构层策略"赋值为1。当然，在区域和国家层没有提供高质量跨语言服务技术支持之前，民族地区公共文化服务机构不得不依靠自身力量开发小规模跨语信息服务系统，提供一些低精度跨语言信息服务。③"客体策略"的纵向层次结构分析。客体策略就是围绕信息资源的多语种著录和程序降低跨语言信息共享难度的策略，由于信息资源的主体是保存在公共文化服务机构内部的，所需要进行的双语采集、双语著录和双语提示等管理措施都是在机构内部进行的，区域和国家层面上除制定必要的双语著录标准和语义信息标注规范之外，其余工作基本上不用干预。因此，多民族语言信息资源共享的"客体"策略的重点是"机构策略"，赋值为3。区域层策略赋值为2，国家层策略赋值为1。结合上述分析，多民族语言信息资源纵向共享策略的战略矩阵如图5-23所示。

图5-23中，多民族语言信息资源跨语种共享的策略矩阵根据所涉及的国家、区域和机构3个层级，以及主体、客体、中介3个维度，共分为9种策略，分别是国家主体策略（NS策略）、国家中介策略（NM策略）、国家客体策略（NO策略）、区域主体策略（RS策略）、区域中介策略（RM策略）、区域客体策略（RO策略）、机构主体策略（IS策略）、机构中介策略（IM策略）和机构客体策略（IO策略）。上述9种策略分别按照横向和纵向赋予1—3当中不同的权值，以代表纵向比较意义上的任务和责任的排序，最后根据横向与纵向赋值之和，确定公共文化服务机构信息共享空间建设过程中多民族语言信息资源跨语种共享策略的优先等级排序，具体数值如图5-23所示的战略矩阵。

根据9种策略的赋值之和，将其划分为5个等级，每个等级所包含的策略如图5-24所示。

图5-24中，多民族语言信息资源跨语种共享策略按照赋值大小划分为四

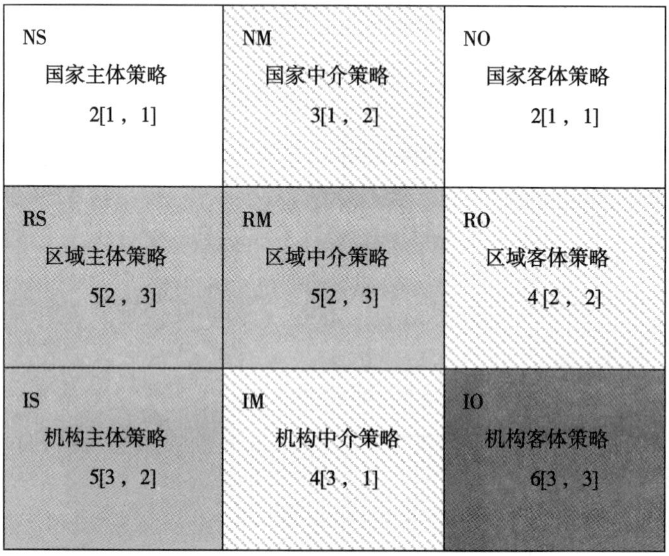

NS 国家主体策略 2[1，1]	NM 国家中介策略 3[1，2]	NO 国家客体策略 2[1，1]
RS 区域主体策略 5[2，3]	RM 区域中介策略 5[2，3]	RO 区域客体策略 4[2，2]
IS 机构主体策略 5[3，2]	IM 机构中介策略 4[3，1]	IO 机构客体策略 6[3，3]

图 5-23　多民族语言信息资源跨语种共享的策略矩阵

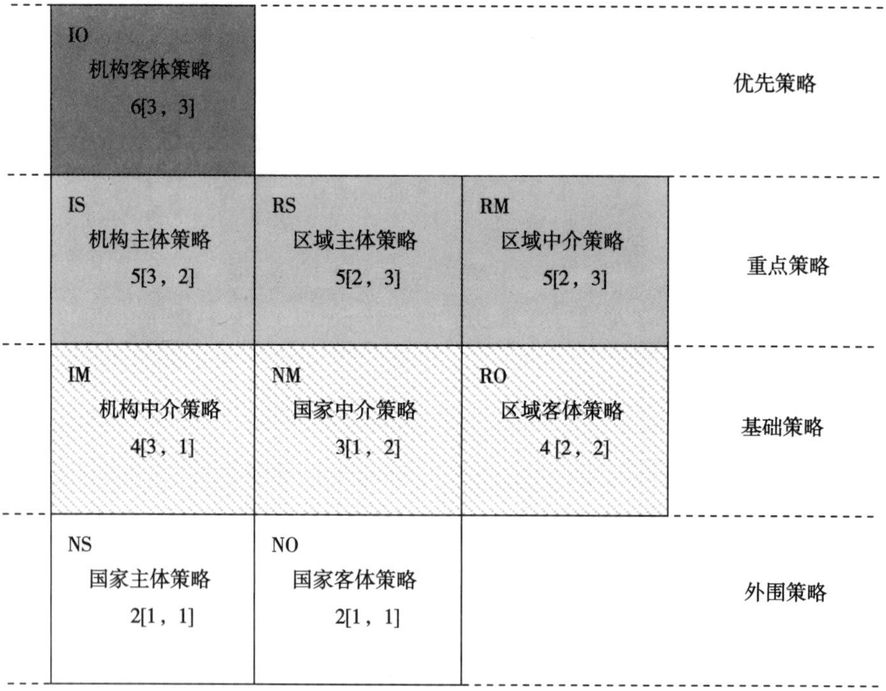

IO 机构客体策略 6[3，3]			优先策略
IS 机构主体策略 5[3，2]	RS 区域主体策略 5[2，3]	RM 区域中介策略 5[2，3]	重点策略
IM 机构中介策略 4[3，1]	NM 国家中介策略 3[1，2]	RO 区域客体策略 4[2，2]	基础策略
NS 国家主体策略 2[1，1]	NO 国家客体策略 2[1，1]		外围策略

图 5-24　多民族语言信息资源跨语种共享策略优先顺序

个等级。①优先策略,即"机构客体策略",主要通过公共文化服务机构内部文献信息资源的双语著录、语音信息资源的双语字幕、文字材料的双语对照等方式提高机构的跨语言信息共享能力。②重点策略,分为"机构主体策略"、"区域主体策略"和"区域中介策略"三类,对应的任务分别是加强区域基础教育领域的双语教育并由公共文化服务机构开展双语用户培训等形式的补充教育,对机构工作人员开展双语培训,以区域协作的方式共同完成当地少数民族语言文字与国家通用语言文字双语翻译的语言资源建设和相关应用开发。③基础策略,分为"机构中介策略"、"国家中介策略"和"区域客体策略"三种类型,主要任务包括基于机构自身力量进行语料库建设、开发各类跨语言应用系统等,启动"国家语言网格工程",开发多民族语言通用本体模型等工作,制定区域信息资源双语著录规范等文件。④外围策略,主要包括"国家主体策略"和"国家客体策略",主要任务是为多民族语言信息共享空间建设提供法律、制度和标准的支持,为多民族语言信息资源跨语种共享创造良好的环境。因此,多民族语言信息共享空间建设过程中机构应该首先把精力放在如何实现现有文献信息资源和语音信息资源的双语化提供方面,其次才是参与区域语言文字合作,尽可能从区域获得更多的技术和资源支持,再次是依靠自身力量进行跨语言技术开发,推动国家语言网格工程的实施,最后是从国家层面获取更多的制度支持。由此可见,图5-24所给出的是民族地区公共文化服务机构如何建设多民族语言信息共享空间的路线图,其中各类策略的赋值是从公共文化服务机构的视角进行的,赋值较低并不是说该策略不重要,而是意味着该策略并不是公共文化服务机构重点承担责任的建设任务。图5-24同时展示了多民族语言信息共享空间的范围由小到大、服务功能由简单到复杂的发展历程,图中所示的四种发展策略正好与多民族语言信息共享空间的功能的完备程度相对应,如图5-25所示。

图5-25中把民族地区公共文化服务机构多民族语言信息共享空间的建设历程分为"起步级 IIC-ELS"、"发展级 IIC-ELS"、"基础级 IIC-ELS"和"完备级 IIC-ELS"四个阶段,每个阶段的内涵如下。①"起步级"多民族语言信息共享空间,通常是民族地区公共文化服务机构开始意识到多语言信息服务的重要性,对机构各类信息资源开始进行双语著录,对空间环境进行双语标识等工作。②"发展级"多民族语言信息共享空间。通常是在"起步级"多民族语言信息共享空间的基础上,有目的地开展用户双语教育,同时通过向区域语言文字工作组织、研究机构和相关企业购买服务或者软件的方式提供国家通用语言文字和少数民族语言文字信息资源的双向机器翻译服务。

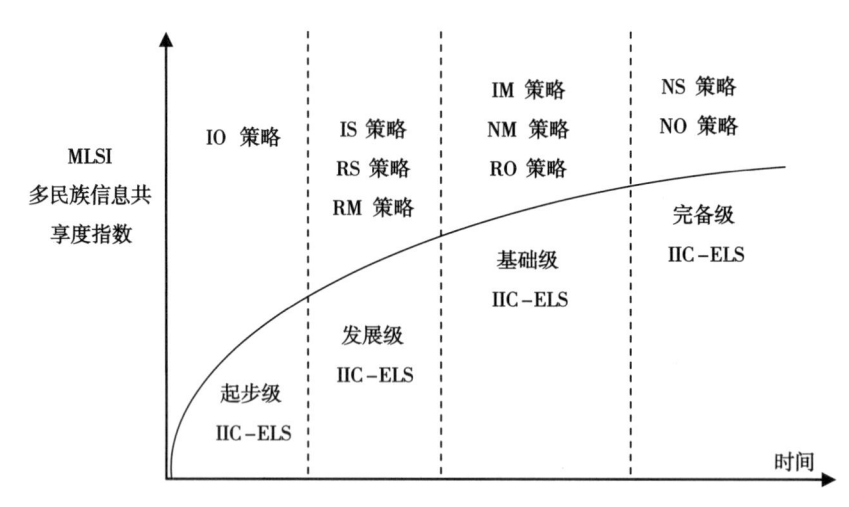

图 5-25　多民族语言信息共享空间发展阶段与策略组合

③ "基础级"多民族语言信息共享空间，在"起步级"、"发展级"多民族语言信息共享空间的基础上，积极开发机构内部的跨语言服务技术应用系统，并参与国家语言网格工程，通过远程平台可以共享其他少数民族语言区域的数字文化信息资源。④ "完备级"多民族语言信息共享空间，在"基础级"的基础上开始参与基于多民族语言本体的数字信息资源知识共享，多民族语言信息共享空间的所有规划功能全部实现。上述四个阶段当中，"起步级 IIC-ELS"主要依靠公共文化服务机构自身的力量进行建设，"发展级 IIC-ELS"在关注机构内部资源的同时开设向区域寻求支持；"基础级 IIC-ELS"在机构和区域资源的基础上寻求国家层面上的资源共享与支持；"完备级 IIC-ELS"则是在实现全局资源整合的基础上追求基于本体的多民族语言信息内容深度共享。

总之，多民族语言信息共享空间是一个由多种策略共同组成的有机整体，多民族语言信息资源跨语种共享的横向策略和纵向策略之间相互制约、相互补充，共同构成面向用户的语言无障碍交流环境和动态服务体系。多民族语言信息共享空间的用户需求是复杂多样的，因而多民族语言信息资源跨语种共享的策略组合方式也是多种多样的，不存在完全固定的策略组合模式和适用于所有机构的通用组合模式，究竟采用怎样的策略组合，取决于公共文化服务机构的性质和能够提供的服务资源，更取决于对用户需求及发展变化的深刻理解，按照"面向用户、随需而变、动态适应"的原则建设信息共享空间是指导民族地区公共文化服务机构选择服务策略的根本准则。

第七节　多民族语言信息资源跨语种共享的策略模拟

系统动力学（System Dynamics）是研究社会系统动态行为的计算机模拟方法，其基本原理是通过对现实系统内部结构的分析，将现实系统抽象为由若干反馈关系所构成的系统动力学模型，进而建立计算机流图和构造方程式，通过对各种参数的调整来模拟现实系统的各种政策变化。系统动力学建模的基本原理是"结构决定功能"，通过对系统各个组成部分及其相互关系的分析和模拟，观察系统的整体性行为和规律。在社会科学研究过中应用系统动力学方法，目的在于加深对系统内部反馈结构和系统外部行为之间的关系的认识，并通过计算机模拟发现改进和优化系统的最佳路径。系统动力学模型是研究实际问题的基础，它是对现实社会系统的简化和抽象，反映的是真实系统某些侧面或者某些关键属性，因此系统动力学所模拟的对象是由研究问题决定的，只要有助于分析和解决问题即可，并不追求与真实系统完全一致。本节应用系统动力学方法建立多民族语言信息共享空间的系统动力学模型，模拟各类信息共享促进策略对空间整体共享程度的影响，在较长的时间周期内观察各类策略的发展规律。需要说明的是，本节进行多民族语言信息共享政策计算机模拟的是为了说明各种类型跨语言支持策略之间的关系，目的是发现基本规律而不是对具体公共文化服务机构的真实模拟。

一　多民族语言信息共享空间的建模思路

准确地界定需要研究的核心问题，划清系统与外部环境的边界，是构建系统动力学模型的基本前提。多民族语言信息共享空间所要模拟的对象就是公共文化机构内部的用户、工作人员、信息资源、支持体系之间的互动关系，系统以公共文化机构为界限，区域和国家支持体系属于外部环境资源。为了分析多民族语言信息共享空间整体与部分之间的关系，将其用图5-26所示的框图表示。

图5-26中，多民族语言信息共享空间整体上分为"主体模块"、"客体模块"、"中介块模"和"多民族语言信息福利指数 IWI-ELS"模块，为了简化问题，将公共文化服务机构内部的专业翻译人员与工作人员合并为双语工作人员。其中，"主体模块"、"客体模块"和"中介模块"属于系统的三个组成部分，"多民族语言信息服务指数 IWI-ELS"是用来表征多民族语言信

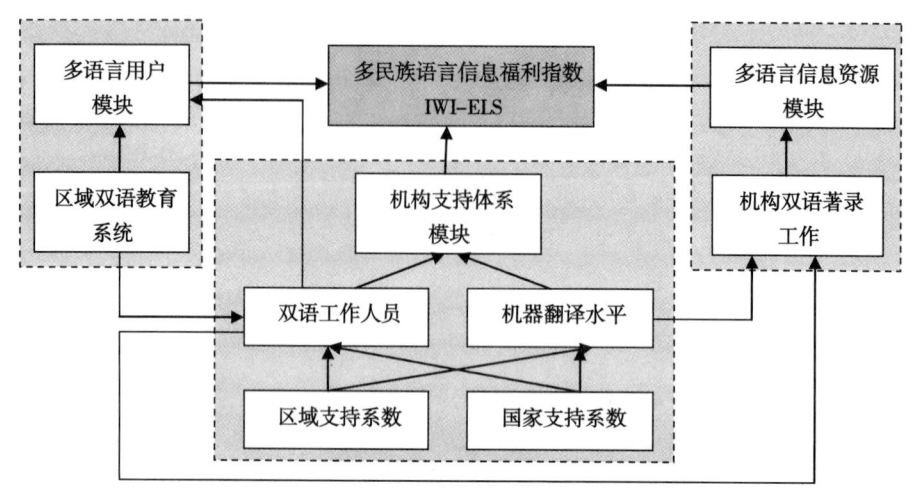

图 5-26　多民族语言信息共享空间的框图模型

息共享空间整体行为的变量。图 5-26 中各模块之间还存在着制约和影响关系，主要有以下方面：机构跨语言服务能力主要来自双语工作人员和机器翻译系统，这两个指标同时受到区域和国家支持系数的影响。其中，双语工作人员数量还受到区域双语教育体系发展程度的制约，我们通常认为区域双语基础教育发展水平较高时，从中选拔出双语能力俱佳的工作人员的概率才会高一些。双语工作人员数量直接影响到双语著录工作进度和机构用户的双语培训工作。此外，机构的双语著录还受到机器翻译发展水平的限制，一般情况下机器翻译技术发展越成熟，机构工作人员的双语著录才能速度更快，准确率更高。图 5-26 引入了"信息福利"（Information Welfare）的概念。"信息福利"是信息经济学术语，是指消费者所消费信息商品和服务的数量。由于信息是一种具有非排他性的特殊产品，一个人对信息的消费行为不会影响另外一个人对同一信息的消费，对于社会而言，整体的信息福利就是所有个人消费信息产品的总和。多民族语言信息共享空间当中的信息福利就是使用多种语言文字的用户所消费的多民族语言信息资源的总和。从信息资源配置角度而言，信息资源实现最大化共享，即所有人都可以平等地得到所有的信息量，社会信息福利就实现了最大化，即实现了信息经济学意义上的"帕累托最优"（Pareto Optimality）。[①] 然而，这样的理想状态在现实社会系统当中并不存在，受到法律、技术、经济、语言等方面因素的限制，信息资源的共享

---

① 马费成：《信息经济学》，武汉大学出版社 2012 年版。

第五章　多民族语言信息共享空间的实现策略　　355

还存在着诸多的障碍。多民族语言信息共享空间就是这样一种减少语言文字应用能力对信息资源共享制约作用的服务体系，其最终目标是让信息共享空间的所有用户能够得到机构内外的所有信息资源，信息福利实现最大化。

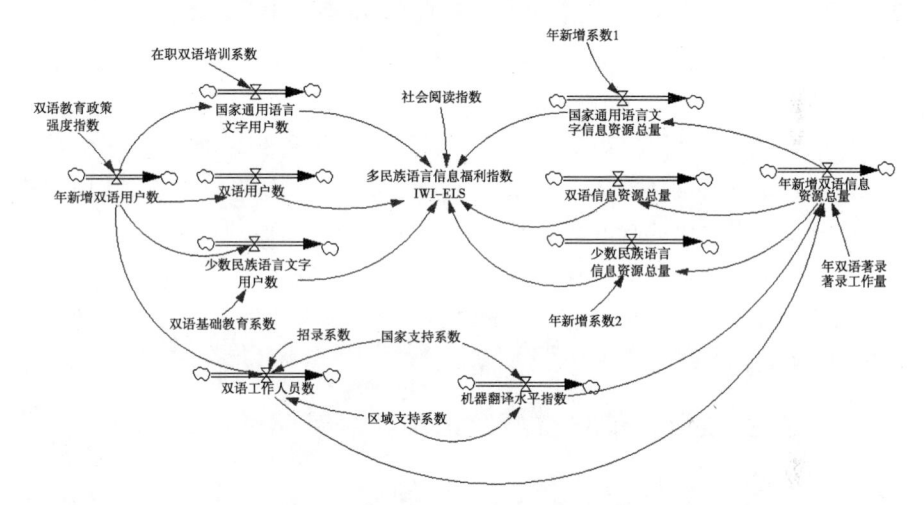

二　多民族语言信息共享空间的系统动力学模型

根据系统动力学模型的建模原理，图 5-2 所示的多民族语言信息共享空间的系统动力学反馈图模型，以及图 5-26 所示的框图模型，构建的多民族语言信息共享空间的系统动力学流图模型如图 5-27 所示。

图 5-27　多民族语言信息共享空间的系统动力学流图模型

图 5-27 所示的多民族语言信息共享空间的系统动力学流图模型整体上分为"多语言用户"、"多语言信息资源"和"双语支持体系"三个组成模块，各模块之间的相互关系按照图 5-26 的原则进行标注。其中的"国家通用语言文字用户"是指只能使用国家通用语言文字的用户，"少数民族语言文字用户"是指只能使用少数民族语言文字的用户；"国家通用语言文字信息资源"是指只采用国家通用语言文字书写和著录的信息资源，"少数民族语言文字信息资源"是指只采用当地通用少数民族语言文字进行书写和著录的信息资源。多民族语言信息资源共享的总体水平是以"多民族语言信息服务指数 IWI-ELS"来体现的，其取值由三部分进行加总计算：①国家通用语言文字用户数×（国家通用语言文字信息资源总量+双语信息资源总量）×社会阅读系数；②双语用户数×（国家通用语言文字信息资源总量+双语信息资源总量+少数民族语言信息资源总量）×社会阅读系数；③少数民族语言用户数×

(双语信息资源总量+少数民族语言信息资源总量)×社会阅读系数。其中，社会阅读系数是指用户在一年中阅读的信息资源数量占机构所有信息资源的比例，通常是大于 0 小于 1 的一个常数。"多民族语言信息服务指数 IWI-ELS"的数值越大，代表多民族语言信息共享空间内部的信息资源共享程度越高。由系统动力学流图分析可知，"双语用户"数量的增长对"多民族语言信息福利指数 IWI-ELS"影响很大，它的数值需要和机构所有信息资源的数量相乘；"双语信息资源"数量的增长对"多民族语言信息福利指数 IWI-ELS"的影响也很大，因为双语信息资源和"双语用户数"、"国家通用语言文字用户数"和"少数民族语言文字用户数"都要相乘。图中的"年新增双语著录工作量"是指由机构工作人员每年完成的双语著录工作量，鉴于机器翻译对其影响很难准确估计，则采用对照人工方式计算系数的方法来实现，假如该机构工作人员每年手工完成的双语著录工作量是 2G/年，而机器翻译发展指数就是机器翻译对人工著录工作的促进程度，如果指数是 2，则该机构实际评价每人完成的双语著录工作量是 4G。由流图原理可知，图 5-27 是一个典型的正反馈系统，随着人口当中双语人口比例的提高，信息资源当中双语信息资源比例的提高，整个系统的多民族语言信息福利指数也会随之得到整体性的提高。

三　多民族语言信息资源跨语种共享策略的模拟分析

系统动力学流图模拟需要有完整、可靠的参数估算体系做支撑，同时要对一些难以量化的要素进行折算。为了简化问题，笔者以图 5-27 中"多民族语言信息福利指数 IWI-ELS"的计算为例，列举表 5-1 所示的三种特殊情况下的参数计算方案，借以分析多民族语言信息共享策略之间的关系。

表 5-1　　　多民族语言信息福利指数计算（1K=1000）

方案	国家通用语言文字用户数（HN）	双语用户数（HB）	少数民族语言文字用户数（HM）	国家通用语言文字信息资源总量（IN）	双语信息资源总量（IB）	少数民族语言文字信息资源总量（IM）	社会阅读系数（IM）	多民族语言信息福利指数 IWI-ELS
无语言支持	30K	0	20K	20K	0	1K	0.01	$6.2 K^2$
组合策略	15K	25K	10K	10K	10.5K	0.5K	0.01	$9.5025 K^2$
主体策略	0	50K	0	20K	0	1K	0.01	$10.5 K^2$
客体策略	30K	0	20K	0	21K	0	0.01	$10.5 K^2$

表5-1选取了多民族语言信息共享空间当中跨语言服务体系的四种方案。方案1是公共文化服务机构没有提供任何的语言支持措施，国家通用语言文字用户阅读国家通用语言文字信息资源，少数民族语言用户阅读少数民族语言文字信息资源，在表5-1给定的参数下空间系统整体的信息服务指数是$6.2K^2$。方案2是组合策略，即用户中已经包含部分双语用户，同时信息资源当中也有部分已经完成了双语著录，在表5-1给定的参数之下空间系统的整体福利指数是$9.5025 K^2$，相比较而言已经有了较大幅度的提高。方案3是基于主体策略的极端情况，即所有的用户都已经具备双语阅读能力，而公共文化服务机构并没有对信息资源进行著录，在表5-1给定的参数之下空间系统的整体信息福利指数是$10.5K^2$，这个数据较没有采取任何跨语言服务支持措施的情况下信息福利的增长幅度更大。方案4是基于客体策略的极端情况，即区域没有开展双语教育，但是公共文化服务机构已经对所有的信息资源进行了双语著录，使信息资源具有被任何用户阅读的可能性，此时在表5-1给定的参数下空间系统的整体信息福利指数是$10.5K^2$。可见，在表5-1当中，$10.5K^2$已经是系统信息福利指数的极限值，系统已经实现了最优，如果此时同时采用"基于主体的策略"和"基于客体的策略"，即使所有用户都具备双语阅读能力，所有信息资源都以双语形式提供，则系统空间总体的信息福利指数仍然不会提高，因为用户通过自己阅读和通过双语对照版阅读对于社会信息福利指数来说都是一样的，特定用户阅读完某一信息资源之后，社会总体信息福利已经实现，再次阅读则福利指数不会增加。而在现实当中，无论是双语用户达到100%还是信息资源双语化程度达到100%，都是不可能实现的任务。即使所有用户都懂双语，但是双语应用能力还存在差异；即使所有信息资源都有双语著录，但是著录深度还是有差异。总之，多民族语言信息共享空间的信息福利指数就是呈现出向着极值无限靠近但是永远达不到极值的情况，如图5-28所示。

图5-28中，多民族语言信息共享空间信息福利指数的提升整体上呈现出一种前快后慢的规律，一般在信息共享空间建设初期会有非常明显的变化，但是随着跨语言信息共享体系当中比较容易任务的完成，真正要实现深度共享就会遇到越来越大的阻力，信息福利指数的增长就会放慢，呈现出一种缓慢增长的态势。根据以上推论，多民族语言信息共享空间当中，多民族语言信息福利指数的变化和演进呈现出如下规律。一是多民族语言信息共享空间信息福利指数（IWI-ELS）存在下限，该下限就是公共文化服务机构没有提供任何跨语言服务措施的情况下自发形成的状态，各类用户只阅读自己已熟

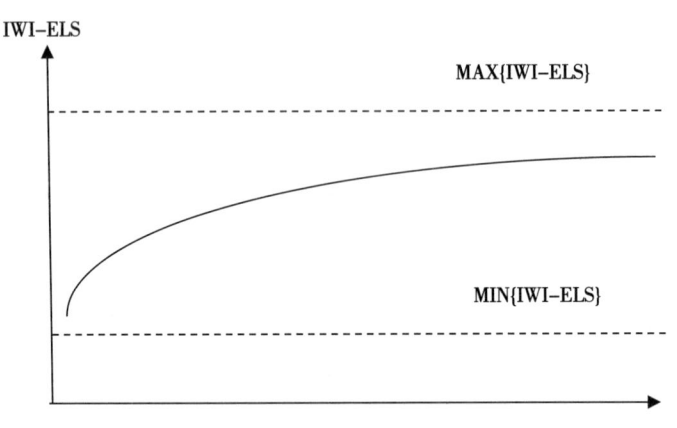

图 5-28 多民族语言信息共享空间信息福利指数的变化趋势

悉语言文字的信息资源。二是多民族语言信息共享空间信息福利字数（IWI-ELS）存在上限，这个上限就是用户可以阅读所有的信息资源，所有信息资源具备被各类用户阅读的可能性，此时信息福利指数到达该时间点上的极值。三是多民族信息共享空间当中的主体策略、客体策略就是通过增加用户阅读能力，提高信息资源的双语化程度，使空间系统信息福利指数由向着上限无限靠近的过程。四是当信息共享空间内信息福利指数接近上限值时，说明空间内各种语言文字信息交流已经基本没有障碍，跨语言信息交流问题基本解决。此时，要继续增加空间的社会服务指数，其一是要依靠增加用户的数量，其二是要继续增加公共文化服务机构内信息资源的总体规模。在增加了新的用户和新增了信息资源之后，需要继续按照多民族语言信息共享空间的要求开展用户双语培训或者进行信息资源的双语著录工作，从而实现多民族语言信息服务指数（IWI-ELS）的可持续增长。

第六章

多民族语言信息共享空间的建设规划

多民族语言信息共享空间（IIC-ELS）建设是复杂的系统工程，为了将相关理论和策略落实到实践当中，民族地区公共文化服务机构需要应用科学的方法，对外部用户需求和内部资源之间的关系进行梳理和分析，立足机构实际制定科学的多民族语言信息共享空间建设规划。与本书第三章所讨论的战略规划（Strategic Planning）主要关注多民族语言信息共享空间在国家民族事务治理体系和语言文字工作当中的战略定位不同，多民族语言信息共享空间的建设规划属于战术规划（Tactical Planning），即对民族地区公共文化服务机构如何实施多民族语言信息共享空间所做的整体性安排。本章主要讨论多民族语言信息共享空间建设规划的原理、过程、方法和结果等问题。

第一节 多民族语言信息共享空间建设规划的原理

多民族语言信息共享空间是信息共享空间的一种特殊类型，其建设模式符合信息共享空间规划与发展的一般规律，尤其是可以从国内外大量有关图书馆信息共享空间建设规划的理论和方法当中得到有益的启示。例如，图书馆信息共享空间领域的理论先驱美国北卡罗来纳大学的唐纳德·比格在其2006年出版的《信息共享空间手册》中提出了图书馆信息共享空间的五步骤规划模板，为图书馆进行信息共享空间的建设规划提出了一整套极具操作价值的方法。唐纳德·比格的信息共享空间规划模板将规划过程分为五个步骤。[①] 一是自我发现，主要通过转介分析、调查和小组焦点座谈会等形式收集用户和工作人员对目前图书馆信息服务的意见和建议，以确定图书馆实际

---

① Beagle, Donald Robert, Donald Russell Bailey and Barbara Gunter Tierney, *The Information Commons Handbook*. New York, N.Y.: Neal-Schuman Publishers, 2006.

服务与用户需求之间的差距。二是情境构建，主要通过想象的方式确定信息共享空间建成以后可能实现的服务场景，可以采用文字进行描述，也可以通过图表、动画等形式直观表现信息共享空间建成以后的愿景。三是勾画未来空间，根据情境描述的结构对服务情境可能的实现方案进行规划，例如绘制信息共享空间的功能分区图、楼层空间分布图等。四是组织校内访谈与咨询，主要通过召开信息共享空间建设方案讨论会或者通过各种方式向相关部门展示的方式征求各类意见和建议，获得校内各部分对信息共享空间建设的理解和支持。五是起草和撰写规划文档。根据建设规划结果，撰写图书馆信息共享空间的建设报告，对项目目标、愿景、建筑布局、功能设计、建设预算等方面的信息做全面介绍。美国研究型图书馆协会教学与研究项目部主任科瑞特·斯图尔（Crit Stuart）在2008年10月发表的《ARL学习共享空间化工具包》当中提出了学习共享空间规划的12项技术，分别是：调查与评论、学生和教师咨询小组、午餐会邀请、实地调查、焦点小组访谈、结构性访谈、录像访谈、设计实验、校内外专家、沙箱实验、学习空间监督委员会、报告卡和用后评估。[①] 我国学者盛兴军通过对外国多所大学图书馆信息共享空间建和规划过程的分析，将其总结为以下七个步骤：一是将IC实施计划纳入学校整体规划，成立顾问咨询委员会；二是组织信息共享空间规划组或者规划委员会，编制IC战略规划；三是采用调查、小组座谈、文化展示、情景模拟等对IC项目进行可行性论证；四是起草项目文件，形成IC规划方案；五是将项目文件提交给顾问咨询委员会广泛听取意见，并对方案进行修正和完善；六是签订IC建设协议，项目进入实施阶段；七是IC进入运营，实施组织、监督和各项评估。[②] 我国学者施发富提出在图书馆信息共享空间建设过程中，引入客户关系管理（Customer Relationship Management，CRM）的思想，将"以用户为导向"作为最高指导原则，从用户体验与归宿出发，通过制定战略、构建IC基本架构、建设与施工、开放与运行等阶段，构建一个"空间共用、资源共用、一站式学习和研究"的信息交流场所。[③] 此外，史淑英等学者应用整数规划算法对信息共享空间当中用户对各类社会使用率、使用时间

---

① Stuart, Crit, ARL learning Space Pre-Programming Tool Kit, http://www.libqual.org/documents/admin/Stuart_ 2008_ ARL%20Learning%20Space%20Tool%20Kit. pdf, 2008.

② 盛兴军：《国外信息共享空间规划实施的实证分析与理性审视》，《情报理论与工作》2009年第7期。

③ 施发富、许春曼：《基于CRM的信息共享空间建设研究》，《图书馆杂志》2009年第10期。

等数据进行了分析,提出了改进信息共享空间硬件环境的若干建议。① 上述研究主要从规划过程的视角分析了图书馆信息共享空间规划的步骤,对于我国图书馆信息共享空间的建设规划具有重要的指导和借鉴意义。

通过对国内外图书馆信息共享空间建设规划理论和方法的研究,本章对我国民族地区公共文化服务机构多民族语言信息共享空间建设规划涉及的各类要素梳理如下。一是空间规划和决策咨询机构。信息共享空间的建设规划需要成立专门的组织机构,其中决策咨询机构主要是以"多民族语言信息共享空间建设领导委员会"、"多民族语言信息共享空间建设领导小组"等组织形式出现的,机构的负责人一般就是公共文化服务机构的负责人,委员会成员包括与多民族语言信息共享空间建设相关的各类工作部门的负责人。规划机构是专门负责多民族语言信息共享空间建设规划的专业工作部门,通常需要由对机构核心业务较为了解同时又有信息化建设工作经验的专业人员作为负责人,成员由具有用户服务工作、语言文字工作、技术开发工作等工作背景的人员组成。二是空间服务愿景,即希望通过信息共享空间建设使图书馆服务水平达到的新目标,通常是指以创新的服务愿景和服务情境所代表的服务指标的变化。空间服务愿景的制定需要以围绕公共文化服务机构的核心职能与使命,以国家多民主要信息共享国家战略和信息共享空间基础理论为指导,结合对用户需求分析和机构内外部资源的梳理情况,经过综合考虑与权衡之后再决定。为了体现多民族语言信息共享空间建设的过程,可以根据不同的时间周期分别制定愿景,例如远期发展愿景、中长期发展愿景和当前建设愿景等。三是外部用户需求。几乎所有关于图书馆信息共享空间规划方法的研究当中都将用户需求作为重中之重,通过对用户需求的深刻理解来寻求信息共享空间服务改进的途径和机会。用户需求的分析是一项非常复杂的任务,有的需求可以直接通过用户调查和访谈获取,例如通过询问用户在服务过程中有什么不满意的地方就可以得出结论。然而,对于用户从未接触过的服务项目,很多人很难清晰描述其需求到底是什么,需要工作人员通过专门的方法予以引导和分析。用户需求具有动态性,会随着时间的推移而变化,原有需求满足之后又会产生新的需求,对此多民族语言信息共享空间规划机构应该有所预测,随着时间的推移推出新的服务项目。此外,公共文化服务机构的服务对象是社会大众,而不同社会群体的需求差别很大,需要采用科

---

① 史淑英等:《整数规划在信息共享空间硬件环境构建中的应用研究》,《现代情报》2010年第12期。

学的方法进行分析和了解，有针对性地予以满足。四是内外部资源状况，即需要考虑组织机构现有的资源状况以及可以通过各类外部渠道获取的资源状况，制定具有可行性的建设规划。公共文化服务机构的内部资源通常分为空间资源、人力资源、信息资源、语言文字和技术资源五类，机构需要对每一类资源进行梳理，摸清可以提供服务的"家底"。此外，还要视野向外，通过人力资源协作、购买服务、技术共享等手段从机构外部获取尽可能多的资源，为改进机构的服务质量奠定基础。五是空间建设方案，即民族地区公共文化服务机构为了达到多民族语言信息共享空间的服务绩效如何根据外部用户需求和内部资源状况制定具体的实施方案，主要包括服务项目的选择、服务功能的布局、各服务分区的功能定位、内部设计与布局、信息资源的采集与整合，各种软硬件设施的购置方案、信息共享空间各类团队构成与人员管理、项目资金预算与管理措施等。

  多民族语言信息共享空间的建设规划从本质上说就围绕信息共享空间的服务愿景进行外部需求和内部资源相互匹配的过程，最终的实施方案是在"服务愿景"、"用户需求"和"资源状况"三类要素之间通过反复协调、相互妥协而达成的共识。"服务愿景"是一种理想状态，代表了多民族语言信息共享空间可以实现的理想化的服务水平。但是，在现实当中推进多民族语言信息共享空间建设还要受到诸多内外部因素的制约，因而需要根据用户需求的特征和内外部资源的约束做出部分妥协，放弃一部分服务功能或者降低某些服务应该达到的水平。通常情况下，用户需求是要放在首位的，如果用户有需求而机构没有相应的资源，应该创造条件寻求资源来提供服务，但是用户需求的部分内容如果确实超出了机构服务能力的范围，则应当采取服务延后的办法，将该类服务作为一种未来的努力方向暂时不予提供，同时要做好用户协调工作，将不能提供服务的原因如实告知用户以获得用户的理解。例如，按照信息共享空间的发展趋势，为用户提供更多的互动和讨论空间应该是图书馆服务改进的重要思路，这个规律在高校图书馆应该是适用的，但是到了公共图书馆由于用户之间缺乏了解，对于讨论和交流的需求就会少一些，信息共享空间建设应该考虑到这种差异性。再如，用户对少数民族语言信息资源的高质量机器翻译系统有着明确的需求，但是以当前国内外机器翻译技术的发展水平来看暂时不具备实现的可能性，就只能采用低效率的人工翻译的方式来提供服务。根据以上分析，多民族语言信息共享空间建设规划过程中各类要素之间的关系如图6-1所示。

第六章 多民族语言信息共享空间的建设规划 363

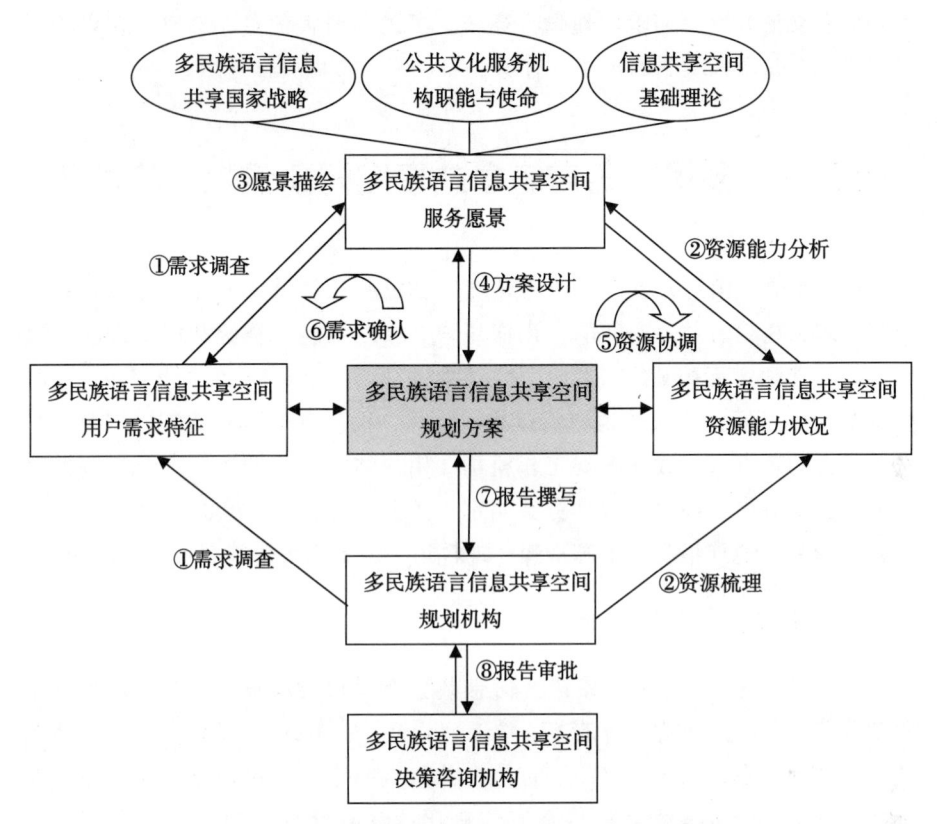

图 6-1 多民族语言信息共享空间建设规划原理

图 6-1 中，多民族语言信息共享空间的建设规划由专门的决策咨询机构授权"多民族语言信息共享空间规划机构"进行组织，规划机构通过收集用户需求和进行内部资源梳理制定多民族语言信息共享空间的服务愿景，再根据服务愿景制定多民族语言信息共享空间的初步建设方案。该方案需要重新提交用户进行第二轮用户需求调查和确认，根据调查结果再次确认用户的需求。在此过程中，需要根据用户需求对机构资源状况进行协调，只要是对用户而言非常重要的服务项目，机构就应该采取各种措施来提供配套的资源支持。经过多轮协调，最终拿出达成共识的建设方案提交决策咨询机构审批。在"服务愿景"、"用户需求"和"资源状况"之间寻求平衡是一门艺术，没有确定的规律可循，多民族语言信息共享空间的规划机构必须具有足够的耐心，要通过不厌其烦地与用户、相关服务提供部门进行沟通，最终在各类因素之间找到平衡，从而制定出既具有前瞻性，符合公共文化服务行业发展潮流，又立足实际，具有可操作性、可执行性，能够最大限度地满足用户跨

语言信息交流和共享需求的建设方案来。多民族语言信息共享空间建设规划过程中每个阶段需要进行的工作任务，将在下一节做具体介绍。

第二节　多民族语言信息共享空间建设规划的过程

多民族语言信息共享空间的建设规划是民族地区公共文化服务机构结合实际需求，将信息共享空间的"面向用户、空间共享、资源共用"理念和民族地区"多语言无障碍交流"的发展目标转换为机构具体实施方案的过程。根据图6-1所示的多民族语言信息共享空间建设规划的基本原理，需要经过选拔适合的负责人、成立各类工作机构、用户需求初步调查、内外部资源能力分析、服务愿景描绘、规划方案制定、外部资源协调、用户需求确认、规划报告撰写、规划报告审批等步骤，现将每个步骤的主要任务概要介绍如下。

一　选拔适合的负责人

合适的负责人对于多民族语言信息共享空间建设成败具有重要影响，是驱动公共文化服务机构服务改革、按照"以用户为中心"思想重构服务体系的核心推动力量。由于多民族语言信息共享空间也是借助信息技术手段驱动公共文化机构的服务创新，与企业信息化、政府信息化领域的首席信息官（Chief Information Officer，CIO）作用类似，负责人的选拔可以参照首席信息官的素质和能力标准进行，同时需要考虑民族地区多语言环境下的特殊需求。一般而言，多民族语言信息共享空间的负责人应该具有以下素养。①具有强烈的变革愿望，热衷于信息技术驱动的新型服务模式，愿意克服各类阻力为实现服务模式的信息化再造而努力，在工作面临困难时具有较强的抗压能力，能够坚定地推动组织朝着信息化服务模式发展。②对我国民族事务治理体系有着全面而深刻的理解，熟悉我国民族工作的大政方针和基本原则，对可能影响民族团结的事件和做法有较强的"政治敏感性"，能够妥善处理与民族事务治理相关的各类问题。③熟悉所在公共文化服务机构的业务，能够站在全局角度上认识机构各类业务流程之间的关系，能够理解各个环节当中业务之间的互动和制约关系，熟悉业务运行过程中容易出现问题的关键环节并且知道为解决问题应该采取的措施。④熟悉信息技术在公共文化服务机构的应用原理，知道基于计算机网络的信息服务系统的基本架构，知道管理信息系统开发的整个过程以及质量保障的措施，知道数字化信息系统运行过程中面临的风险因素以及如何应对。⑤有着较强的语言文字工作能力，最好具有国家通用语言文字和当地通用少数民族语言文字的双语应用能力，如果不具备至少要熟悉另外一种语言文字的特点和当前应用的现状，能够理解多民族语言环境下信息用户的需求特征和心理规律，知道提高多民族语言跨语言共享的基本思路。⑥具有较好的沟通协调能力，能够与信息共享空间建设相关的各类部门进行良好的沟通，能够妥善协调处理相关机构和人员在信息共享空间建设过程中的利益，确保项目建设能够顺利推进。多民族语言信息共享空间建设的领导者一般由公共文化服务机构排名第一的副职负责人担任，向正职领导人负责，在规划阶段担任规划工作机构的负责人，进入建设和运行阶段以后可以继续负责建设工作推进，可以成为监督委员会负责人以确保规划得到执行。

二 成立各类工作机构

多民族语言信息共享空间负责人确认以后，就需要成立专门的工作机构，在规划阶段主要涉及承担决策和咨询职能的"决策咨询委员会"和由各类专业技术人员组成的"规划工作小组"。"决策咨询委员会"是民族地区公共文化服务机构多民族语言信息共享空间建设的领导机构，负责与多民族语言信息共享空间建设相关的各类重大决策，同时也是协调和平衡各相关部门利益和关系的"战略协同机构"，建设方案在"决策咨询委员会"的论证和审批过程，同时也是各类相关机构之间相互沟通、相互协调、相互妥协最终达成共识的过程。多民族语言信息共享空间"决策咨询委员会"负责人一般由公共文化服务机构的正职领导人负责，成员为与信息共享空间建设相关的各类部门的负责人。"规划工作小组"是负责多民族语言信息共享空间建设规划工作的专门机构，也是民族地区公共文化服务机构内部成立的临时性工作机构，在规划工作完成之后一般就会解散。"规划工作小组"由多民族语言信息共享空间领导者担任负责人，从公共文化服务机构当中抽调部门专业技术人员组成工作团队。根据多民族语言信息共享空间建设规划工作的需要，大致由以下几类人员组成。①用户服务类人员，主要从与用户接触较多的服务部门抽调，对用户服务工作较为熟悉，懂得与用户进行交流的方法和技巧，较为擅长进行用户需求的分析和研判。②语言文字工作类人员，主要从语言服务工作部门抽调专业翻译工作者担任，对国家通用语言文字和少数民族语言文字都能熟练运用并进行相互翻译，同时能够理解语言文字信息工程相关原理，主要负责多民族语言信息共享空间建设规划中的语言文字工作。③信息技术类人员，主要从信息技术服务部门抽调，要求对计算机网络架构以及文献数字化加工处理和知识信息组织系统原理都比较熟悉，能够完成多民族语言信息共享空间虚拟层技术和运行服务体系的构建与设计。多民族语言信息共享空间"规划工作小组"人数不宜过多，通常以6—10人为佳，各类工作人员要对信息共享空间建设对公共文化服务机构创新发展的重要性达成共识，在工作中愿意协调配合，共同为公共文化服务机构的信息化转型而努力。

三 用户需求初步调查

用户需求初步调查是多民族语言信息共享空间建设规划的重点工作，通常要占到规划工作小组总体工作量的一半以上，也就是说多民族语言信息共享空间的建设规划本质上就是更加精细化理解用户需求结构及其变化规律的过程，对用户需求的把握程度决定了规划方案的科学化水平。要准确获取、清晰表达用户需求并不是一件容易的事情，一般情况下可以通过用户访谈、调查问卷等方式直接获取用户需求；也可以通过开展用户实验、用户行为分析、原型系统测试等方式获取用户对服务的反映，进而分析用户的态度和需求；还可以采取头脑风暴法、用户涂鸦分析法等方法激发用户对于服务的想象力，发现用户对服务的深层次需求。多民族语言信息共享空间的用户需求分析应该采用定量与定性相互结合的原则，在总体需求分析当中较多采用问卷分析法，而针对特定问题的分析当中较为适合采用深度访谈、专门设计的用户实验等方法。多民族语言信息共享空间用户需求调查需要注意结合民族地区公共文化服务的特点，尤其是在宗教文化氛围较为浓厚的地区开展工作，必须注意处理好公共文化服务与宗教文化之间的关系，充分尊重信教群众的信仰自由，注意开展用户调查的工作方法，防止出现不必要的矛盾和冲突。同时，公共文化服务机构要有战略意识，通过寻找和定义公共文化服务机构自身的服务特色，用高质量的服务吸引民众。有关多民族语言信息共享空间用户需求分析方法的细节将在本章第三节进行介绍。

四 内外部资源能力分析

多民族语言信息共享空间用户需求调查过程中，另外一个小组的工作人员可以着手进行内部资源的梳理，从而摸清公共文化服务机构的"家底"，明确机构在提供公共服务方面已有的优势和不足，为多民族语言信息共享空间的建设提供基础保障。按照本书第四章所做的分析，民族地区公共文化服务机构可以用来构建多民族语言信息共享空间的资源主要分为以下类别。

①建筑空间资源梳理。公共文化服务机构要对所拥有的所有建筑空间进行详细梳理，明确有哪些建筑可以使用，对建筑当中各个房间的大小面积和使用情况要进行详细统计，同时要在城建档案馆复印建筑的整套设计文件和施工图纸，以明确建筑各楼层的承重要求，承重关键点和承重墙的位置，以及建筑当中的水暖、电力、照明、通信线路的铺设情况，以便为多民族语言信息共享空间规划当中的建筑空间格局调整做好准备。②各类信息资源梳理。对公共文化服务机构所拥有的图书、期刊、报纸、报告等文献信息资源，文物、雕塑、字画等实物信息资源，数据库、文献库、图片库、视频库等数字信息资源进行全面梳理，建立信息资源的清单。尤其是要关注信息资源的语言文字情况，明确当前拥有的国家通用语言文字和少数民族语言文字信息资源的数量及其分布，以便为面向用户需求的信息资源布局调整做好准备。此外，还要关注公共文化服务机构内部各类引导标识、介绍展板的语言文字使用，明确公共文化服务机构服务环境当中各民族语言文字的使用情况。③人力资源梳理。要求在人事管理部门提供的机构人员基本人事信息的基础上，从多民族语言信息共享空间建设的需求出发，对公共文化服务机构各类工作人员的专业背景、学历文化水平、工作特长等信息进行全面梳理，必要时通过绘制机构人员的知识图谱来直观展示机构工作人员的总体知识结构和能力结构，为面向信息共享空间建设需要开展工作人员招募和在职培训等工作提供依据。④语言资源梳理。语言资源是指机构当中可以为跨语言信息交流提供支持的各类支持性要素，例如专职翻译人员的数量、能力情况，纸质版双语词典、语法词典的数量和版本情况，现有的双语语料库、双语翻译软件、翻译校对软件等数字语言资源的拥有情况，等等。在机构语言资源分析的基础上，可以对机构当前可以承担的跨语言信息处理工作能力做简单估算。例如，民族地区某图书馆拥有专职翻译人员3人，没有机器翻译设施，按照人工高质量翻译每天1000词的速度推算，每月大致可以翻译18000词，如果每条信息资源双语著录需要100词，则每月可以完成180条信息资源元数据著录的任务。机构月均双语信息处理能力在进行多民族语言信息共享空间的跨语言服务项目规划时是非常重要的参数，可以用来判断跨语言服务项目是否具有可行性。⑤技术资源梳理。技术资源是指为多民族语言信息共享空间提供基础技术服务的各类人员和设施，例如计算机网络通信设备情况和带宽参数，信息存储设备的梳理和存储空间大小、机构所拥有的扫描仪等数字化设备的数量和处理能力，以及机构内部的打印机、复印机、传真机、远程会议系统、视频会议系统等办公设备的拥有量和处理能力等。与用户需求调查相比，机构资源

梳理工作要相对容易一些，但是要得到各类资源和能力的准确估算数据，也需要规划人员反复核实和调查才可以完成，因此这两项工作需要平行开展，同时进行。通过对机构内部各类资源的梳理，就可以建立公共文化服务机构的"资源台账"，从而为使多民族语言信息共享空间的规划拥有明确的能力界限，以便为进行相关服务项目的搭配与组合提供依据。

五　服务愿景描绘

愿景（Vision）是对未来理想状态的一种形象化描述，代表了多民族语言信息共享空间建设的目标。愿景的表达有多种方式，例如：文字式，用文字来叙述某领域未来可以达到的状态；图画式，用绘图方式将未来的某个场景形象表达出来以便于他人理解；动画式，通过绘制计算机动画，展示未来某些服务活动的进行过程；视频式，通过拍摄影片的方式展示未来时刻某一领域可能的状态。多民族语言信息共享空间愿景的描绘受到公共文化服务机构自身职能与使命的驱动，需要体现公共文化机构在未来更好地服务社会的场景。愿景的制定分为远期愿景、中期愿景和当前愿景三个层次，其中远期愿景是最具理想化色彩的愿景，基本上可以不考虑机构资源条件的约束，而描绘出机构发展的未来场景。例如，在未来图书馆当中，用户可以戴上专用的阅读眼镜并对可理解语言进行设定以后，当看到自己不懂的少数民族语言文字时，眼镜就会自动与后台语言文字识别系统联系，将扫描的文字传输到国家语言网格工程云计算平台当中进行计算和翻译，将翻译结果投射到眼镜镜片上，这样随着用户翻阅书页，翻译的信息就不断地呈现出来。这就是一种服务愿景的描绘，通过这种类似"科幻"的愿景描绘，可以让公共文化服务机构的工作人员明确为多民族语言信息共享空间建设的美好前景，从而起到凝聚人心的作用。中期愿景可以根据国家多民族语言信息共享战略和信息共享空间建设的基础理论进行制定，相对而言要更加具体和可行一些，尤其是要将受到关键性资源约束无法实现的服务场景排除在外。例如，用户希望在信息共享空间当中看到涉密档案的内容，尽管从信息无障碍共享的角度来说也无可厚非，但是这样的愿景是违反国家法律的，是不可能实现的愿景。当前愿景是多民族语言信息共享空间建设在相对较短的时间周期内要实现的愿景，因而必须考虑到用户当前的现实需求和机构的资源约束情况，制定出相对较为可行的愿景。此时的愿景制定需要在"用户需求"和"资源条件"之间进行权衡，总体原则是"用户需求"优先于"资源条件"，也就是说如果用户对公共文化机构实现某一方面的服务表现出强烈的愿望，机构就应该竭尽所能去实现这个愿望，如果机构的资源条件不具备，则要想方设法创造条件，通过购买服务、人才协作、技术协作等方式使得该项服务从不可能成为可能，从而体现出多民族语言信息共享空间"面向用户"的本质特征。然而，在某些情况下，即使组织机构做了大量的协调工作，某些关键性条件还是不能予以满足，此时就只能暂时将该服务列入中期愿景。

六 规划方案制定

愿景是对多民族语言信息共享空间建设目标的粗线条勾勒，要将愿景落实到现实当中，需要经过将愿景转换为项目和严谨的测算，最终形成具有可行性的建设方案。例如，某图书馆多民族语言信息共享空间的当前愿景是"每一位进入信息共享空间的本地区用户都可以得到与其最擅长语言文字能力相一致的引导服务"。要将这个愿景实现，需要建立一个"服务引导区多语言服务体系"的项目，同时要对该项目实施的资源能力要求进行测算，例如该项目需要2名以上同时熟悉国家通用语言文字和当地通用少数民族语言文字的前台接待人员，且需要考虑一些特殊的情况。例如，西藏自治区的藏语口语具有"卫藏（拉萨话）"、"康巴（昌都话）"和"安多（青海藏区方言）"三种方言，不同方言之间文字基本相同但是口语差异大到无法直接交流。在这种情况下，如果公共文化机构提出要为所有的用户提供与其语言一致的服务，仅仅掌握一种藏语方言是不够的，如果机构工作人员暂时又不具备这个能力，则需要将招募新工作人员的计划列入方案设计当中。再比如，某文化馆提出的愿景是"可以让当地居民通过移动通信设备、以自己熟悉的语言文字在线观看文化馆举行的演出"，这样的愿景实现对文化馆的演出直播设备、网络通信带宽以及语言文字翻译能力都会提出较高的要求，可以新建一个"文艺演出在线多语言直播服务系统"的项目，并对其资源需求进行估算。例如需要估算类似的演出每年可以举办多少场，每场直播需要完成大致多少词的翻译工作量，进而得出每年该项目需要的语言文字转换工作量，再与文化馆现有的跨语言信息处理工作能力相比，就可以得出是否能满足需求的结论。如果不能满足需求，则要对如何提高机构语言文字能力给出建议方案，例如招录更多的专业翻译人员、通过向专门从事语言文字翻译工作的企业购买服务等。此外，多民族语言信息共享空间强调在实体建筑空间内的一体化信息服务，对于建筑空间的使用和划分也是建设方案制定必须考虑的问题。民族地区公共文化服务场所大多由于建筑年代久远，空间划分不合理，且没有考虑计算机网络架设对通信光缆等设备的敷设需求，如果在原有空间的基础上进行改造难度太大,则应该建议建设新的服务场馆。在将所有拟建设项目及其资源需求数据进行逐一估算之后,公共文化服务机构可以将总体建设方案的资源需求进行汇总,然后再与机构资源能力的总和进行对比,通常情况下资源需求会超出机构的能力范围,需要对列入方案的项目进行适当取舍。公共文化服务机构还需要对项目建设的优先度进行分类和排序,有些项目是无论基础条件如何都要建设的,则可以排序相对靠前;有些项目是条件允许时必须建设的,则紧随其后;有些项目是当前有需求,但是并不十分迫切,则可以排序靠后。在各类项目的排序确定之后,就可以交给另外一个小组进行资源协调工作了。经过资源协调可以满足条件的项目予以保留,经过协调确实仍然无法具备条件或是某些关键资源极为稀缺的项目,只好列入多民族语言信息共享空间建设二期工程,留待以后条件具备时再进行解决。

七 外部资源协调

外部资源协调就是在公共文化服务机构的某些资源不具备时,通过与上级机构、平级机构以及企业等其他各类相关社会组织的沟通协调,以资金注入、购买服务、人才共享、技术共享等手段增加机构内部的资源储量,使某些暂时不能满足资源能力要求的项目达到要求,从而可以列入正式的建设方案。外部资源协调通常涉及以下几类问题。①向上级主管机构申请项目经费,公共文化机构能够在多民族语言信息共享空间建设当中投入多少经费,对于可以建设多少项目、提供多少服务有着非常重大的影响。在资金投入有限时,公共文化服务机构通常是选择一些投入较少、见效较快的服务项目,而暂时放弃一些需要长期投资的项目,例如机构内部的双语语料库建设等。因此,通过向上级机构申请更多的经费注入是解决多民族语言信息共享空间建设资源约束的重要途径。②通过"外包"方式向企业购买服务。"外包"(Out Souring)是指专业机构通过购买服务方式把不属于本机构核心业务的工作剥离出去,从而使其可以专注于自身的专业工作,同时也避免重复建设造成的资源浪费。目前我国各类图书馆数字资源建设基本上是以购买专业公司的服务为主,自建数字信息资源库为辅,属于典型的"外包"模式。多民族语言信息共享空间建设过程中,公共文化服务机构可以外包的服务主要有语言类服务、技术类服务和信息资源数字化加工服务等。语言类服务可以交给专门的语言服务公司来承担,根据其每年完成的翻译工作量进行费用结算。技术类服务主要是计算机网络及各类应用系统的运行维护服务,公共文化服务机构缴纳服务费用,要求专业公司确保技术环境的正常运作。在图书馆类机构当中，如果想要完成大规模文献信息资源的数字化加工处理工作，以图书馆工作人员的力量通常是不够用的，此时可以将此类工作外包给专门从事此类业务的专业公司来承担，可以发挥企业的专业优势和规模优势，在短时间内就完成依靠机构自身力量需要数月才能完成的工作量。③通过人才共享方式突破机构的人才资源限制。人才瓶颈是多民族语言信息共享空间建设的重要制约因素，在机构内部相关专业技术人员数量不足时，可以通过多种方式与其他相关机构共享人才。例如，参与地区公共文化服务行业人才联盟，在为其他机构提供人力资源服务的同时，在自身业务发展过程中也可以寻求其他机构的人才支持。此外，还可以根据需要，适时推出志愿者招募等活动，通过实习生、志愿者等形式补充公共文化服务机构人力资源，解决多民族语言信息共享空间建设带来的人才缺口问题。④通过技术共享方式提高专业设备的利用率。例如，如果跨语言信息处理当中某类设备非常重要但是使用率较低，某地区同一行业的公共文化服务机构可以合作购置，通过参与机构轮流服务方式进行共享，在保障机构业务运作的同时为之付出的平均成本可以得到降低。

总之，外部资源协调就是通过外部资源弥补公共文化服务机构内部资源不足的问题，经过外部资源协调仍然无法达到要求的项目只好暂时搁置。

八 用户需求确认

经过外部资源协调之后，公共文化服务机构就可以结合建设方案当中各类项目的排序情况，拿出多民族语言信息共享空间的初步建设方案。该方案是经过了能力需求测算和外部资源协调以后的现实版方案，因而列入方案的各类服务项目从理论上说公共文化服务机构都有能力提供。为了保证多民族语言信息共享空间建设方案与用户需求的一致性，公共文化服务机构可以将建设方案再次提交给用户进行确认。用户需求确认可以采用多种方法，例如可以通过计算机网络将建设方案向社会大众公示，召开座谈会征求用户意见、对建设方案进行问卷调查等。用户需求确认过程中可能会出现建设方案与用户需求不符的情况，主要原因是规划工作人员对用户需求的理解和用户自身对需求的理解之间并不完全一致，工作人员认为非常重要的需求用户却不一定那样认为。出现了用户需求偏差以后，就需要进行进一步的用户调查，经过反复确认确实是工作人员理解有误，则应该及时调整规划方案，以确保多民族语言信息共享空间建成之后用户在其中能够真正有良好的服务体验。经过用户需求确认环节，经过对数据的定性和定量分析，确认多民族语言信息共享空间的建设方案确实符合用户预期，能够解决用户跨语言信息共享过程中的绝大多数问题，就可以对规划工作进行全面梳理和总结，准备撰写作为建设规划阶段工作成果的规划报告。

九　规划报告撰写

规划报告是多民族语言信息共享空间建设规划工作成果最主要的体现，需要就整个规划工作的过程和结果进行全面总结和介绍，内容包括多民族语言信息共享空间的建设规划工作的背景，规划工作的主要思路和实施过程，重点介绍通过规划以后得到的多民族语言信息共享空间的建设方案。例如，公共文化服务机构多民族语言信息共享空间建设的远期、中期和近期建设愿景是什么，为了实现近期愿景，多民族语言信息共享空间需要设立哪些服务分区，需要为用户提供哪些服务项目，同时需要附上这些项目的楼层规划图、平面分布图、工程总体预算、各类外部资源保障方案等。项目规划报告力求格式规范、逻辑清晰、表述准确，数据计算准确无误，能够概括多民族语言信息共享空间的全貌。

十　规划报告审批

多民族语言信息共享空间建设规划报告提交给"决策咨询委员会"进行审批的过程，也是公共文化服务机构各部门围绕空间建设方案进行利益博弈的过程，决策咨询委员会的成员会从各自所代表部门的立场上对方案进行评价，甚至会有较为激烈的冲突。此时，公共文化服务机构正职负责人作为决策咨询委员会主任应当发挥好协调作用，引导相关各方相互妥协，最终就项目建设方案达成一致意见。在此过程中，机构领导者对于创新的态度尤为重要，要防止多部门讨论最终形成的是比较保守的方案，无法体现信息共享空间在推动公共文化服务机构创新过程中的驱动作用。如果决策咨询委员会就某些建设内容的意见存在较大分歧，规划小组则要有针对性地进行专题调查，进一步完善空间的建设方案。如此经过多轮反复，最终形成一个既能体现信息共享空间本质特征，又能结合公共文化服务机构现实情况，相关各方都能理解和支持的合理建设方案。多民族语言信息共享空间规划报告撰写完成并提交给"决策咨询委员会"审批通过以后，规划工作小组的主要职能就全部履行完毕，可以解散或者转向其他工作。

总之，多民族语言信息共享空间建设方案规划的过程就是实现信息共享空间建设理念、用户需求特征和机构资源能力相互匹配的动态过程。正是由于有了建设多民族语言信息共享空间的驱动力量，公共文化服务机构才会走出传统服务的思维定式，开始建立基于信息技术、面向用户的新型服务模式，尤其是由服务项目带动的内部资源能力分析和外部资源协调工作，将会使公共文化服务机构进入持续扩充服务能力的正反馈机制，而当规划成果真正落实的时候，也是公共文化服务机构实现了整体性成长的时刻。

第三节　多民族语言信息共享空间建设规划的方法

多民族语言信息共享空间的建设规划没有固定的模式与方法，需要负责规划工作的人员结合公共文化服务机构的职能定位、用户群体的特征和机构所拥有的资源情况灵活选择规划方法，实现各类资源的最佳匹配。在此过程中，为了提高规划工作的严谨性，规划工作人员可以选择一些有效的方法或者工具来辅助问题思考和研究的过程。例如，用户需求调查过程中用到的座谈会法、问卷调查法、用户行为观察法、转介分析法、KANO-SPD 矩阵等；资源能力分析过程中的资源计划矩阵、雷达图等；服务愿景描绘过程中采用的头脑风暴法、原型系统法、哈曼模型法等；空间建设方案设计阶段用来确认项目建设优先度等级的 VDR 模型等。本节结合多民族语言信息共享空间建设规划工作，对上述方法的基本原理和应用情境作简要介绍。

一　用户需求调查方法

用户需求调查是进行多民族语言信息共享空间建设规划的核心任务之一，用户需求分析的结果是进行服务愿景描绘和空间规划方案制定的基本依据。为了全面深刻地理解用户在多民族语言信息共享空间当中的心智模式和信息需求，调查人员应该在调查过程中坚持定性与定量相结合的原则，根据调查对象的特点、调查的目的等原则选择不同的方法。在采用科学严谨的方法进行用户需求基础资料收集的基础上，多民族语言信息共享空间规划人员需要按照定性与定量相互结合的方法对资料进行分析处理，形成清晰、明确的用户需求分析报告。为了保障分析结果的科学性，还可以采用专家论证会法、德尔菲法等专家咨询方法，收集领域专家对于用户需求分析结果的意见。用户调查方法有很多种，此处重点列举其中的几种。

（一）用户座谈会

座谈会是一种由主持人引导下进行的非结构化用户需求征集的方式，通常邀请若干名具有代表性的用户参与座谈，主持人通过引导谈话、倾听发言和提出问题的方式与参会代表进行交流。为保证座谈会的效果，主持人必须事先就座谈内容拟定大致的提纲，对于座谈中向用户提出的问题以及提问的方式等进行仔细地推敲，同时对于座谈中可能出现的问题提前做出预测并准备好应对的方案。同时，座谈会组织者要对受邀对象进行仔细选择，最好选择对公共文化服务事务较为关注、对公共文化服务机构的服务有着较为深刻体验的用户参加。同时，也需要邀请部分不愿意到公共文化服务机构接受服务的用户，以了解他们不愿意参与公共文化服务的真实想法和心态。由于多民族语言信息共享空间建设的核心目的是为使用不同语言文字的用户提供信息交流和共享的环境，所以邀请的用户也应该符合多语言原则，例如只能用少数民族语言文字交流、只能使用国家通用语言文字交流和具有流利双语交流能力的用户都应该占到一定的比例。要组织这样的座谈会，对于主持人的语言文字能力是个巨大的挑战，通常需要其具有国家通用语言文字和少数民族语言文字的双语交流能力，如果不具备则应该配备专业翻译人员在现场进行语言文字翻译，以便各方都能理解对方的思想。用户座谈会一般适用于用户需求调查的初期，获取用户对公共文化服务机构服务水平的基本评价、不足之处和改进建议等信息的采集，通常获得的结果是定性和相对粗略的。

（二）用户访谈

用户访谈是捕捉用户需求的一种有效方法，通常是在用户座谈会之后，针对座谈会当中反映出来的部分问题，针对个别用户进行较为深度访问的一种方法。与座谈会方式一样，访谈人在进行访谈之前必须做好充分准备。对于被访谈人的基本情况做到非常了解，同时根据访谈目的设计一系列深度访谈的问题，引导被访谈人表达自己的认识和观点。成功的访谈必须围绕一个主线展开，不能由于访谈中的某个话题而导致主线偏离，也不能机械式提问导致被访谈人没有兴趣回答，而是要通过恰当的过渡使访谈人始终对问题保持兴趣，有表达的欲望。多民族语言信息共享空间在进行用户访谈时，需要注意被访谈人的特点，一般选择语言表达能力较强、能够清晰表达自己思想的用户进行深度访谈，根据用户的语言能力，可以使用国家通用语言文字，也可以使用当地通用的少数民族语言文字进行访谈。

（三）用户问卷调查

用户问卷调查是一种通过一系列结构化问题获取用户需求的有效方法，在社会调查领域有着广泛的应用。问卷调查法的关键在于用户问卷的科学设计，通常是根据调查者对某个问题的体系化理解而设计出若干个问题，问题的提问方式、选择项的设置等都要符合用户理解的习惯，不能使用户对问题的理解存在多种可能性，也不能让问题中存在引导因素，要确保问卷反映受测者的真实情况。问卷的问题不宜过多，一般不能超过30个问题，以免受测者注意力分散而出现随意选择行为。用户调查问卷设计出来以后，应该在小范围内进行调查测试，以验证问卷本身的有效性。问卷调查的过程要选择足够大的样本数，样本还必须有代表性，组织者在问卷调查过程中还要尽可能为被调查者所耗费的时间给予适当补偿，以确保其认真对待每一个选项。调查结束后，要及时剔除其中随意乱填、选项自我矛盾、多份问卷选择雷同等情况的问卷，在剩余问卷的基础上，再结合统计学规律进行结果分析。在民族地区进行问卷调查时，应该注意遵守该地区的法律和规定，如果必要，可以先将问卷提交给党委宣传部门审核后再进行调查。为了保证调查效果，多民族语言信息共享空间的用户问卷调查应该考虑到受测对象的广泛性和代表性，例如应该同时采用国家通用语言文字和少数民族语言文字对照版的问卷进行调查，以便各种语言文字应用能力的用户都能看懂调查问题，如实回答问卷上的问题。

（四）用户行为观察

用户观察法是指通过用户外在行为获取用户需求的一种间接用户需求分析方法。用户行为观察可以分为实验环境下的用户行为观察和非实验环境下的用户行为观察两种。实验环境用户行为观察是指使用户处于专门设置的实验环境中，按照要求完成一定的任务，处于实验室中的摄像设备会完整记录实验对象完成任务的过程，通过分析该过程得出实验结论。近年来图书馆用户行为研究有了很多新的方法，眼动实验（Eye Movement Experiment）就是其中的一种。眼动实验是采用眼动仪等视线捕捉设备跟踪人的视线变化的一种技术，它可以在不对用户造成任何干扰的情况下，记录用户目光在空间内的移动轨迹，从而为分析其关注焦点的变化提供依据。眼动实验可以应用于空间设计、图书设计、软件系统界面设计等方面，通过跟踪用户视线变化情况，理解用户的感受和兴趣变化，从而通过改进设计确保用户将关注焦点集中于核心服务业务上。信息检索实验是图书馆用户研究的重要内容，通过设计一定的信息检索实验条件，观察用户在检索过程中的行为变化，分析其检索心理和对检索系统的应用需求。非实验环境用户行为观察是在日常工作环境中观察和分析用户行为的一种方法，例如通过摄像头观察用户在图书馆的行为特征，通过数字资源服务系统后台服务器日志分析用户登录系统的时间规律，通过分析用户提交的检索词分析其关注点的变化规律等。非实验环境下的用户行为观察较为随意,适合用户需求的概要分析,而实验环境下的用户需求分析则主要针对特定问题开展用户需求的深度分析和精细化分析。多民族语言信息共享空间用户需求调查阶段可以根据实际需要灵活选取部分方法进行用户需求的辅助分析。

（五）转介行为分析

转介行为分析（Referral Behavior Analyze）是唐纳德·比格在图书馆信息共享空间建设规划当中提出的一种用户需求分析的辅助方法。所谓"转介"是指用户在图书馆寻求服务时,服务人员因资源不具备或者其他原因而将其介绍到另一位服务人员处接受服务的行为。"转介行为"虽然发生在图书馆工作人员之间,但是暴露出图书馆在用户服务流程方面存在的问题,通过对转介行为原因的追踪和分析,就可以获取用户关于此类服务的需求和期望等信息。例如,如果某项服务需要用户往返奔波于几个部门之间,只能说明机构的业务流程存在严重缺陷,需要按照以用户为导向的原则进行重新梳理和再造。多民族语言信息共享空间规划当中,需要对跨语言信息沟通服务过程中的转介行为给予高度关注,尽可能采取措施降低转介行为的发生概率。

（六）KANO-SPD 矩阵

多民族语言信息共享空间规划方案制定完成以后,在提交给决策咨询委员会进行审批之前,需要再次进行用户调查,以确认空间设计方案与用户需求的一致性,这项工作通常是以公示、用户座谈会等形式来实现的,也可以采用定量化程度较高的 KANO-SPD 矩阵进行用户需求的辅助分析。KANO-SPD 矩阵是笔者 2007 年提出的一种适用于公共机构用户需求分析的量化工具,其基本思路是借助于质量管理领域的 KANO 模型和 KANO 问卷调查,结合区域用户群体的大规模分析,进而识别不同需求项目对于群体用户而言的重要程度。KANO 模型的基本思想已经在本书第二章做了简要叙述,即用户需求可以分为基本型需求、期望型需求和兴奋型需求三类,基本型需求处于最底层,期望性需求处于中间层,兴奋型需求处于最高层,公共服务机构必须在满足用户基本需求的前提下,再设法满足期望型需求和兴奋型需求。某项服务对于某个用户个体而言究竟是属于基本型需求、期望型需求还是兴奋型需求,主要通过 KANO 问卷进行判断。KANO 问卷是一种以双向提问为主要特征的问卷调查形式,它会针对同一问题从正反两个方向提问,根据用户在两个方向上的选项的不同组合,判断此类服务对用户而言属于哪种类型。在通过 KANO 问卷进行大规模调查之后,就可以将结果按照群体特征进行分析。KANO-SPD 矩阵进行区域用户群体需求分析的原理如图 6-2 所示。

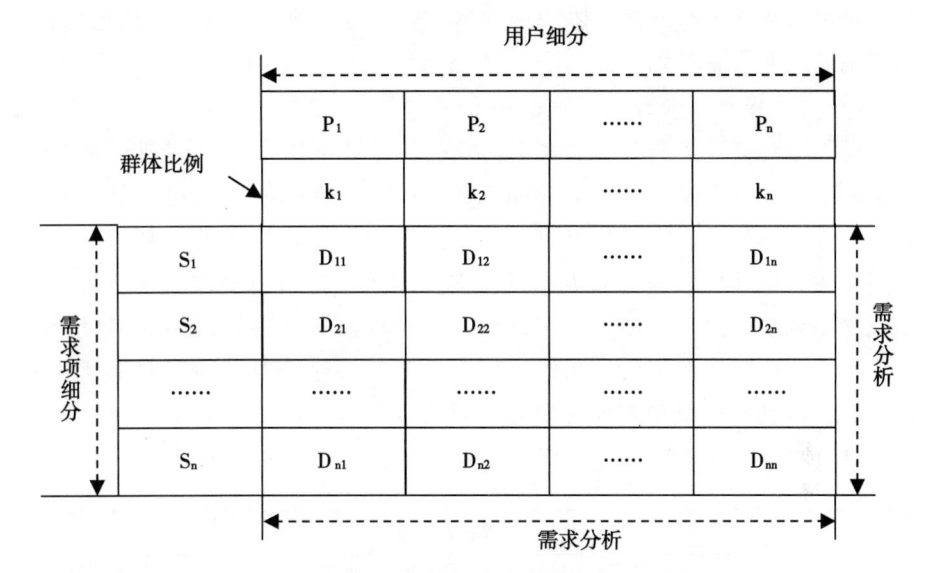

图 6-2　KANO-SPD 矩阵示意

资料来源：赵生辉：《政府电子化公共服务公众需求的分析模型研究》，硕士学位论文，电子科技大学，2007 年。

图 6-2 中，矩阵纵的行按照需求项进行细分，可以理解为多民族语言信息共享空间拟提供的服务项目或者提供服务时某项服务的属性特征，例如"在欢迎大厅安排双语服务人员"、"文献信息资源提供双语提要卡片"、"文艺演出采用双语大屏幕提示"等，这些问题按照 KANO 问卷的原则进行用户需求调查之后，继续按照群体特征进行分析，可以得出每一项服务究竟是基本型需求、期望型需求还是兴奋型需求，接着与用户群体占当地人口比例进行组合计算，得到每个服务项目对当地用户的总体需求等级，最后按照基本型需求、期望型需求和兴奋型需求的顺序将各类需求进行顺序排列，同时将同一类型的需求按照强度由高到低进行顺序排列，从而得到公共文化服务机构所面对的所在地区用户群体服务需求的总体结构，以便为多民族语言信息共享空间建设方案决策提供参考。

二　资源能力分析方法

资源能力分析是公共文化服务机构进行多民族语言信息共享空间建设规划的另外一项关键性工作，其目的是通过梳理了解机构现有的资源和能力状况，以便在愿景描绘和建设方案设计过程中用来判断拟新增项目是否具备可行性。资源能力分析的基础工作是建立机构的资源能力，以明确各类资源的拥有情况以及可能通过外部协调增加的空间。为了帮助规划人员梳理思路，可以借助以下思维辅助工具。

（一）资源计划矩阵

资源计划矩阵又叫"资源矩阵"，它是运筹学体系当中计划评审技术（Plan Evaluation and Review Technology, PERT）的一种图形化工具，主要是在工作分解的基础上，计算每一个工作环节对各类资源的消耗情况，进而得出项目整体资源消费数据，以便在计划执行过程中予以控制，防止由于资源不到位而出现的项目停工现象。资源计划矩阵也可以用在多民族语言信息共享空间资源能力分析阶段，通过对提议建设项目的资源消耗情况的核算，以判断组织是否具有实施该项目的资源和能力，为是否将该项目拟建计划提供基础数据支持。资源计划矩阵的结构如图6-3所示。

	资源需求量					项目备注
	空间资源	信息资源	人力资源	语言资源	技术资源	
资源限额						
项目1 项目2 项目3 …… 项目n						
资源小计						

图6-3 多民族语言信息共享空间的资源计划矩阵的结构

图6-3中，多民族语言信息共享空间的资源计划矩阵中公共文化服务机构所拥有和可以通过共享方式从外部增加的资源量加总之后，作为资源限额填入表格当中。每个提议建设项目对空间资源、信息资源、人力资源、语言资源、技术资源的要求都可以填写在表格当中，并对照各类资源的限额进行调整。总体原则是所有项目的单项资源消耗量总和等于或者小于公共文化服务机构的资源限额，为了达到这一要求，可以对项目进行调整，放弃一些资源消耗要求较高但是又不属于多民族语言信息共享空间核心服务功能的项目，或者对项目参数进行调整，缩小项目建设规模以达到减少资源消耗的目的。

图6-3所示的是一种辅助分析资源能力问题的思维工具，其成功应用的

关键在于对公共文化服务机构内部各类资源以及各项目资源消耗情况做出相对科学的估值。在实践当中，可以采用专家法进行辅助估值，例如，邀请多名进行对资源状况进行评价、给出评估值，选择其中的最高值、最低值和中位值，然后按照估值公式进行换算即可。例如，某图书馆在进行多民族语言信息共享空间建设规划时，需要估算某数字信息资源库的存储容量，专家经过预测之后预计最大容量 A＝200GB，最可能容量 B＝150GB；最小容量 C＝120GB，则按照估算公式 S＝A×1+B×4+C×1 进行估算，该项目存储空间容量大约 153GB。

（二）资源雷达图

雷达图又名戴布拉图（Debra Chart）、蜘蛛图，是一种用来进行多维度综合分析的常见图式，主要应用于财务分析领域。雷达图绘制中，首先需要对各个维度进行不同的标度计算，然后按照统一的比例将其画在同心圆当中，建立基本的坐标体系。接着，根据描述对象的不同，将其各个维度上的取值连接起来，形成一个封闭的多边形。如果对多个对象按照上述方法进行标注，则可以非常直观地看到不同测度对象之间的差异性。在多民族语言信息共享空间建设方案规划过程中，公共文化服务机构也可以采用这种方法来分析机构资源与需求之间的关系。资源能力描述矩阵需要对公共文化机构内部的空间资源、信息资源、人力资源、语言资源和技术资源进行梳理，明确各类资源的参数，并将其在雷达图中进行标注，如图6-4所示。

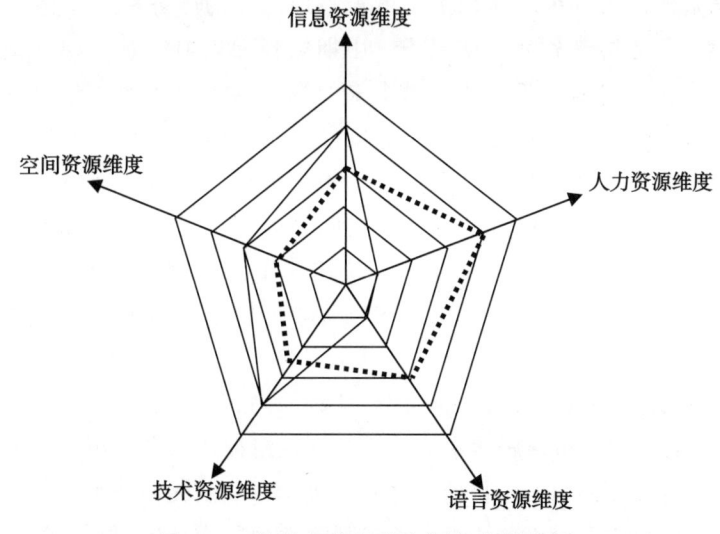

图6-4 公共文化机构资源能力雷达图

图6-4中，公共文化服务机构内部资源能力分为空间资源、信息资源、人力资源、语言资源和技术资源共五个维度，实线代表机构现有的能力，虚线代表多民族语言信息共享空间某服务项目的资源能力需求。可以看出，项目的资源能力需求与机构现有的资源能力水平并不能完全匹配，其中"信息资源"、"空间资源"和"技术资源"都能满足项目需求，但是在"人力资源"和"语言资源"方面存在较大差距。如果多民族语言信息共享空间资源能力分析过程中出现图6-4所示的情况，通常有两种解决的方案：第一，就是由于人力资源和语言资源不能满足需求而放弃该项目；第二，是采取外部资源协调的办法，与其他机构共享人力资源，或者将语言文字服务业务整体外包给专业公司承担，从而使机构的服务短板得以弥补，项目可以继续实施。需要注意的是，使用资源能力雷达图进行分析的时候，不能只关注数据，还要考虑项目的现实需求情况。例如，"空间资源"通常只是用机构可用建筑空间的总体面积来表达，并没有考虑房间结构等问题，如果某服务项目需要较大空间的房间而机构又没有，且无法通过建筑结构改造来实现，该项目要在原有建筑空间实施的难度较大，而这些问题在雷达图当中是体现不出来的。

三 服务愿景描绘方法

服务愿景描绘是指多民族语言信息共享空间的工作人员在用户需求分析和内部资源能力分析的基础上，就未来理想化的服务模式所做的一种规划和设想。服务愿景分为远期愿景、中期愿景和当前愿景三种类型，其中远期和中期愿景规划主要是通过对未来的合理想象完成的，与用户需求调查分析阶段的严谨细致相比，服务愿景描绘阶段的要求和约束可以相对少一些，用户规划工作人员可以充分发挥想象力，构想出多个层次的未来服务图景。但是，多民族语言信息共享空间当前愿景的规划就需要考虑到公共文化服务机构的现实制约条件，勾勒出一个相对容易实现的服务图景。多民族语言信息共享空间服务愿景描绘阶段可以用到的辅助工具主要有以下方面。

（一）头脑风暴法（Brain Storm）

头脑风暴来源于精神病学术语，原意是指精神病患者在短时间内出现的意识集中错乱爆发的状态，目前已经在管理学领域演化为一种促进创新思想形成的无限制自由式讨论的方法。头脑风暴法通常邀请5—10名领域专家参会，由主持人营造轻松自由的会议氛围，鼓励参会者充分表达思想，任何人只允许表达观点,不允许评价别人的观点,也不能打断别人的谈话。头脑风暴法在多民族语言信息共享空间服务愿景描绘阶段的应用需要把握几个核心原则。第一,自由畅想原则。允许参会者自由发挥,甚至可以提出一些与传统理解不一致的新奇观点。第二,以量求质原则。鼓励所有参会者多表达,对于同一问题分析的角度越多越好,随着视角和思路的拓展,问题也会逐渐引向深入。第三,延迟评判原则。无论参会者在会议上说了什么,作为主持人是否同意,所有的观点都要完整记录下来。会议现场讨论的任何问题没有对错之分,不需要做出现场评判,可以在会后通过分析梳理逐渐厘清问题的脉络,但是在会议过程中一定不能对参会者的思维造成引导和干扰。第四,求新求异原则。头脑风暴法的主要用意在于激发参会者的潜能和想象力,因此鼓励参会者表达与其他人不一样的观点,无论这些观点是否能够成立,都要留待会后再做评价。

(二) 原型系统法 (Prototype System)

原型系统法是信息工程学术语,是20世纪80年代以后发展起来的一种软件开发方法。早期计算机软件开发需要遵循结构化方法,按照战略规划、需求分析、系统设计、系统开发、系统运行等流程进行。结构化方法较为严谨但是缺乏灵活性,如果需求分析阶段没有考虑,到了系统开发后期已经是木已成舟、难以改变。原型法就是针对这种问题提出的另外一种计算机软件系统开发思路。原型法在进行系统开发之前先根据现有理解开发一个现实系统,将现实系统交给用户使用,根据用户对系统使用中发现问题的反馈意见,经过多轮修改和优化,最终开发出用户满意的应用系统来。多民族语言信息共享空间服务愿景描绘过程中也可以采用与原型系统法相似的方法,可以根据对社会生活领域各类相关信息化应用的观察,将其中的一些类似应用转移到对公共文化服务机构的信息化应用上来。例如商业公司使用的客户自动应答服务系统可以作为一种引导讨论的原型提出来,供参与规划的相关专家讨论,基于某现实版应用提出适合多民族语言信息共享空间服务特征的新型服务模式的构想。

(三) 哈曼模型法

哈曼模型是信息共享空间先驱唐纳德·比格在2006年出版的《信息共享空间手册》当中介绍的一种服务情境构建方法。"哈曼模型"是美国未来学家威利斯·哈曼 (Willis Harman) 提出的一种引导思维分析的图形工具,其原理是在一个矩形当中按照扇形扩散思想,逐层细分,从当前状态开始推导出未来的场景,由于哈曼模型绘制完成之后呈现出扇形扩散的形态,因而又被称为"哈曼扇形图",如图 6-5 所示。

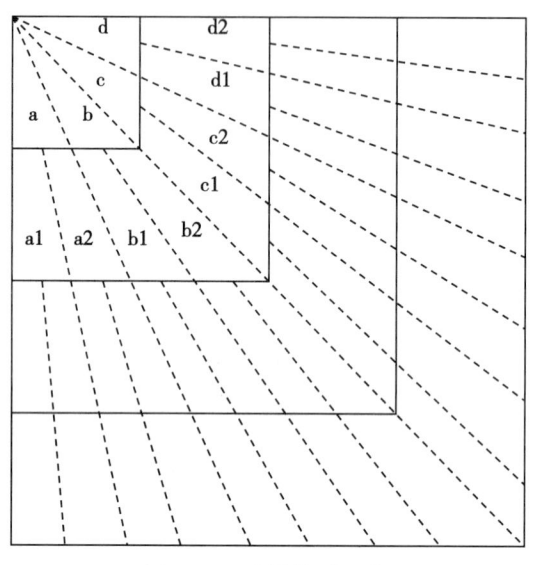

图 6-5 哈曼模型示意

资料来源:Harman, Willis. *An Incomplete Guide to the Future*. New York:Norton, W. W. & Company, Inc., 1976。

图 6-5 中,a、b、c、d 各自代表社会生活中当前某一方面的状态,a1、a2 代表随着时间的推移 a 可能出现的变化,通过两个方面的变化来体现,如此继续 a1 可以继续细分为 a11、a12,b、c、d 的变化原理与 a 相似。哈曼模型应用到多民族语言信息共享空间的建设规划当中,就是从公共文化服务机构当前的服务状态出发,预测未来可能出现的变化,并对其进行分解。接着,按照同样的原理,预测在变化之后的第二轮变化主要呈现什么特征,对可能出现的变化进行分解并记录。如此经过多轮分析,就可以建立一个由当前到未来各类服务变化状态的图谱,就可以预测每个领域未来的发展图景。例如,可以用哈曼模型来分析文化馆未来的发展场景,当前的现状是现场演出、不提供跨语言信息提示服务;到了第二阶段就可以细化为可以在线观看演出,同时提供简单字幕服务;到了第三阶段继续细化,在线演出过程中还可以对现场演出进行在线评价,可以给演职人员进行语音留言,可以提供较为完整的双语字幕服务,可以对演出人员的语音信息进行自动识别等。总之,哈曼模型就是这样一种沟通现在与未来的图形化思维辅助工具,对于多民族语言信息共享空间未来服务愿景描述具有一定的启示意义。

四 规划方案制定方法

规划方案制定是将多民族语言信息共享空间当前服务愿景转化为多民族语言信息共享空间建设方案的过程，通常可以由负责建设规划的工作人员根据用户需求的理解、机构资源能力情况和服务愿景描绘的成果加以综合分析，提出多民族语言信息共享空间建设的完整方案。在上述过程中，为了提高规划方案制定工作的体系化、严谨化程度，也可借助一些辅助工具和方法，例如 VDR（愿景—需求—资源）模型。VDR（Vision-Demand-Resources）模型是专门针对多民族语言信息共享空间规划方案制定阶段的项目方案选择问题提出的一种辅助分析的思维工具。VDR 分别代表愿景（Vision）、需求（Demand）和资源（Resources）。"愿景维度"就是公共文化服务机构根据多民族语言信息共享空间的相关理论应该提出的服务项目，"需求维度"就是用户认为应该提供的服务项目，"资源维度"就是公共文化服务机构现有资源和能力可以提供的服务。通常情况下，以上三个维度并不能完全重合，而是存在着差异性，这种差异性是进行多民族语言信息共享空间建设规划时需要重点关注的问题。多民族语言信息共享空间项目分类规划的 VDR 模型如图 6-6 所示。

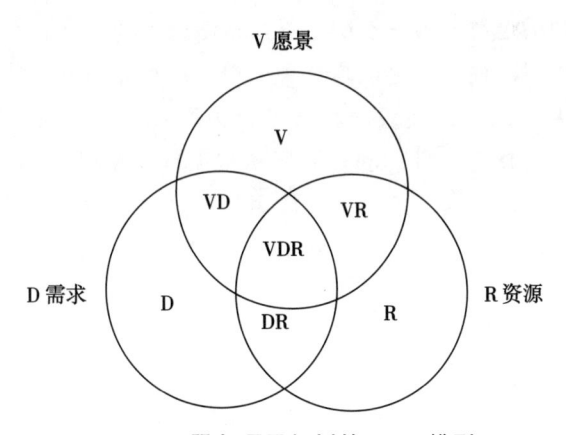

图 6-6 服务项目规划的 VDR 模型

图 6-6 中，根据愿景、需求和资源三个维度之间的匹配关系，可以将列入多民族语言信息共享空间建设项目初步清单当中的项目分为 3 个层级 7 种类型。第一层次，要素完备型建设项目，即 VDR 型项目，这类项目符合多民族语言信息共享空间的建设理念，用户对其有着明确的需求，组织机构现有的能力也足以为其提供各类资源保障，因此是属于较为理想类型的建设项目。

第二层次，单要素缺失型建设项目。这类项目又可以分为三种类型，分别是资源不足型项目（VD 型项目）、需求不足型项目（VR 型项目）和非核心业务性项目（DR 项目）。待确认项目在愿景、需求和资源方面只满足其中的两个，另外一个维度缺失，需要具体分析是否有通过协调措施进行补救的办法。资源不足型项目是公共文化服务机构必须尽最大努力予以争取的项目，这类项目符合信息共享空间发展潮流，用户也有明确需求，但是由于空间资源、信息资源、人力资源、语言资源、技术资源当中的某个资源暂时不具备，可能被搁置。需求不足型项目是指按照多民族语言信息共享空间的基础理论和发展趋势应该进行建设，但是由于信息素养、经济能力、文化传统等因素的制约，民族地区用户并不愿意参与此类服务。这类项目是非常典型的"花瓶型"项目，在进行多民族语言信息共享空间规划时要尽可能避免出现这种情况，如果决策咨询机构认为确实需要建设，也要辅以宣传和用户推广等活动，避免出现投入大笔资金却少人问津的情况。DR 型项目是指用户对该类项目存在明确需求，而且以机构自身的能力也能满足用户需求，只是该项目有可能不是公共文化服务机构的核心业务范畴，例如用户提出应该在公共图书馆举办小学生文化课补习班等需求。DR 型项目在决策过程中应该非常慎重，一般情况下应该按照各司其职的原则进行提供，但是要向用户做好解释工作，争取能够获得用户的理解。第三层次，双要素缺失型建设项目。双要素缺失型建设项目是指项目的提出与论证是从某个单一维度做出的，其他维度的因素暂未考虑。双要素缺失型建设项目又可分为愿景驱动型项目（V 型项目）、需求驱动型项目（D 型项目）和资源驱动型项目（R 型项目）三种类型。V 型项目是指项目提出仅仅考虑了多民族语言信息共享空间的需要，而该项目用户并没有表达出需求，公共文化服务机构也暂时不具备实施该项目的条件。V 型项目本质上属于"中期愿景"或者"远期愿景"的建设内容，之所以用户没有需求、机构暂时没有能力实施，主要是提出的时间点过于超前，应该随着民族地区经济社会发展进程，人口素质、经济能力、基础设施建设都得到提高以后再实施。D 型需求就是用户表达出的需求，但是不属于公共文化服务机构的核心业务范畴，且机构暂时也不具备提供的资源和能力条件。这类需求一般应该对用户需求进行引导，使其转向真正能够解决实际问题的部门。R 型项目是资源过于富集导致的结果，例如拥有过多的空闲建筑空间，拥有过多的富余工作人员，为了处理或者安置富余资源而提出的一些项目，由于项目缺乏周密调查研究，可能出现用户对项目没有需求且也不符合行业发展趋势。这类项目是要坚决予以叫停的，可以通过进一步分析争取将资源投入用户真正需要且符合公共文化行业发展新理念的项目当中去。当然，VDR 模型只是为多民族语言信息共享空间建设规划提供了一种进行项目分类的思路，一个具体的拟建项目到底属 VDR 模型当中的哪个层次、哪种类型，还要经过空间规划小组的评估和分析才能得出结论。此外，VDR 模型对于多民族语言信息共享空间项目规划的另外一个重要价值在于，它倡导"愿景、需求和资源"具备的服务项目设计思路，从而使规划人员在提出项目建设建议的时候从行业趋势、用户需求和资源能力三个维度进行综合权衡，将服务项目实施后的运行和用户参与风险尽可能降低。

总之，多民族语言信息共享空间的建设规划是一项同时具有科学性和创新性特征的复杂任务，既要求符合信息共享空间发展规律和公共文化服务机构的现实条件，同时也要大胆发挥想象力，提出能够从整体上推动公共文化服务创新的规划方案来。多民族语言信息共享空间规划过程中，可以结合公共文化服务机构的业务特征灵活选择规划方法和工具，但是所有的规划方法和工具都是辅助性的，能否更好地满足用户需求、使用户在信息共享空间获得良好的服务体验，是验证建设规划是否成功的最终标志。

第四节　多民族语言信息共享空间建设规划示例

多民族语言信息共享空间是信息共享空间理论在我国民族地区公共文化服务机构当中的应用，其特殊性在于继承"面向用户"、"资源共用"、"集成服务"等特征之外，还要解决语言文字多样性给信息共享和沟通交流带来的制约，构建多民族语言无障碍交流环境。本节按照"面向用户"的思路，针对多民族语言信息共享空间当中跨语言服务体系的规划问题，演示 KANO-SPD 矩阵在信息共享空间规划当中的应用过程。KANO-SPD 矩阵既是一种用来分析用户需求结构的方法，也是一种将用户需求转换成为规划方案的方法，它的构建原理本章第三节已经做了概要介绍，此处不再赘述。

一　IIC-ELS 跨语言服务体系备选方案

多民族语言信息共享空间跨语言服务功能备选方案可以在举行用户座谈会或者用户访谈等环节之后，根据跨语言信息服务体系构建的基本原理和用户反馈的需求信息综合确定，这个方案是作为用户需求测试用例来使用的，因此制定标准可以相对宽松，尽可能把可以实施的服务内容都容纳进去。参考本书第五章多民族语言信息共享空间信息交流模型相关内容，拟定跨语言服务功能方案如下：第一类，基于主体的跨语言信息服务，即通过提高用户语言问题应用能力提高跨语言信息共享程度策略，主要措施包括开设双语培训课程（S1）、少数民族语言文字信息处理技术课程（S2）、用户间双语协助与合作（S3）等；第二类，基于中介的跨语言信息服务，即通过人工中介或者机器系统中介方式实现用户与信息资源、用户与用户以及用户与空间工作人员之间的跨语言信息交互，主要服务措施包括：公共文化服务机构服务引导人员双语服务（S4）、专业翻译人员人工服务（S5）、双语自助应答系统（S6）、跨语言信息检索系统（S7）、双语自助机器翻译系统（S8）、其他少数民族语言翻译服务（S9）等；第三类，基于客体的跨语言信息服务，即通过提高文献信息、口语信息和环境信息的双语呈现程度来提高跨语言信息服务的能力，主要服务措施包括文献双语对照版本（S10）、文献双语目录服务（S11）、文献双语内容提要卡片服务（S12）、工作人员双语咨询服务（S13）、展览双语文字介绍服务（S14）、展览双语讲解服务（S15）、讲座双语演示文稿服务（S16）、文艺演出双语字幕服务（S17）、空间双语引导标识服务（S18）、空间双语广播服务（S19）、其他少数民族语言文字信息服务（S20）等。上述列举的服务是民族地区公共文化服务机构所共有的内容，具体实践中不同行业的跨语言服务方案可以根据需要从中进行选择，例如公共图书馆等机构如果没有文艺演出服务功能，可以不选择文艺演出双语字幕服务等内容，公共文化馆没有文献信息服务功能，也可以不选择文献双语目录等服务。IIC-ELS跨语言服务措施之间关系如表6-1所示。

表6-1　　　　　　　　IIC-ELS跨语言服务体系备选方案

服务策略	服务措施	编号
基于主体的策略	双语培训课程（少数民族语言或国家通用语言）	S1
	少数民族语言文字信息处理技术培训课程	S2
	用户间双语协助与合作	S3
基于中介的策略	公共文化服务机构服务引导人员双语服务	S4
	专业翻译人员人工服务	S5
	双语自助应答系统	S6
	跨语言信息检索系统	S7
	双语自助机器翻译系统	S8
	其他少数民族语言翻译服务	S9

续表

服务策略	服务措施	编号
基于客体的策略	文献双语对照版本	S10
	文献双语目录服务	S11
	文献双语内容提要卡片服务	S12
	工作人员双语咨询服务	S13
	展览双语文字介绍服务	S14
	展览双语讲解服务	S15
	讲座双语演示文稿服务	S16
	文艺演出双语字幕服务	S17
	空间双语引导标识服务	S18
	空间双语广播服务	S19
	其他少数民族语言文字信息服务	S20

表 6-1 所示的多民族语言信息共享空间跨语言服务体系涉及基于主体的策略、基于中介的策略和基于客体的策略三大类型，共计 20 种服务措施。这些服务措施成为后续的 KANO 问卷设计的重要依据。

二 KANO 问卷的设计与测度

KANO 问卷是基于同一指标对用户进行双向问题测试，根据其态度组合判断该指标对用户重要程度的用户需求测度方法。例如，针对西藏自治区某公共博物馆是否提供展览的双语文字介绍服务问题，可以设计如下的测试问题：①正向问题：如果我们博物馆在所有展览当中同时提供国家通用语言文字和藏文双语版的文字介绍，您对此有何感受？②反向问题：如果我们博物馆在展览中只能提供国家通用语言文字版的介绍信息，您对此有何感受？用户的感受信息可以用五个刻度的态度量表来测度，分别为：感到满意、必须这样、无所谓、可以忍受、感到不满。如果 KANO 问卷采用的是用户填写式问卷，一定要向用户解释清楚这五种态度的差别，以便其准确作答。为了提高用户态度测量的准确程度，最好由多名调查员通过交谈获得用户的反馈信息，经过辨识和推论之后，填写用户对该问题的态度选项。用户回答完同一个指标的正向、反向两个问题之后，调查员就可以通过查阅 KANO 问卷判定表的方式，找到用户态度对应的需求类型。KANO 判定如表 6-2 所示。

表 6-2　　　　　　　　　　　　KANO 判定

需求探测指标 || 对反向问题的态度					
^	^	感到满意	必须这样	无所谓	可以忍受	感到不满
对正向问题的态度	感到满意	Q	A	A	A	O
^	必须这样	R	I	I	I	M
^	无所谓	R	I	I	I	M
^	可以忍受	R	I	I	I	M
^	感到不满	R	R	R	R	Q
说明 || M＝基本需求；O＝拓展需求；A＝潜在需求；I＝无关特性；R＝反向结果；Q＝可疑结果					

资料来源：侯智：《基于 KANO 模型的用户需求重要度调整方法研究》，《计算机集成制造系统》2005 年第 7 期。

KANO 判定表是 KANO 模型的实践者经过大量案例测试所总结出来的用户需求判定工具，通常情况下可以直接引用其结论。KANO 判定表根据用户对正向问题、反向问题的态度组合，将其需求分为基本需求 M、拓展需求 O、潜在需求 A 和无关特性 I。例如，针对博物馆是否要提供国家通用语言文字和藏文双语文字介绍材料服务，用户对正向问题的回答是"感到满意"，对反向问题的回答是"无所谓"，则其在 KANO 判定中对应的需求类型是 A，即潜在需求。再如，用户对正向问题的回答是"必须这样"，对反向问题的回答是"感到不满"，则其需求类型属于 M，即基本需求。在用户对所有待测度指标的双向问题都回答完毕之后，就可以得到该用户的需求结构，哪些服务对其是基本需求，哪些服务是拓展需求，哪些服务属于潜在需求，哪些需求对其没有影响而属于无关特性。由于用户表达或者测度过程中对用户需求态度判定的误差，双向问题组合还可能出现两种特殊情况：一是服务越少满意度越高的反常结果 R；二是双向自相矛盾的结果 Q，这两类情况要在统计时予以剔除。

三　用户群体细分与调查分析

KANO 问卷是针对个体用户而言的，但是多民族语言信息共享空间面对的则是公共文化服务机构所在地区的社会工作，因而在更大的范围内进行用户需求测度才有意义。为了辅助基于群体的需求调研，可以根据不同的维度对用户需求进行细分，例如根据年龄划分成为四组：未成年人群体（0—16 岁）、青年人群体（17—40 岁）、中年人群体（41—60 岁）、老年人群体

(60岁以上)。此外,还可以根据用户语言能力划分为不同的群体,例如:第一类,国家通用语言文字用户群体,理论上又可以分为同时具有语言文字应用能力的用户群体、只有口语应用能力的用户群体;第二类,少数民族语言文字用户群体,也可以细分为同时掌握语言文字应用能力的用户群体和只有口语应用能力的用户群体;第三类,双语用户群体,分为同时具有两种语言文字应用能力的用户群体、掌握国家通用语言文字但只掌握少数民族语言口语的用户、掌握少数民族语言文字但只掌握国家通用语言口语的用户。如果将年龄和语言文字应用能力相互组合,还可以得到更为细致的用户群体划分方案。用户群体划分并没有固定的标准,主要根据调查分析的主要目的以及方便调查组织的角度进行。在完成用户群体细分之后,需要根据统计数据或者常识大致估算每个群体占用户总体的比例,以备KANO-SPD矩阵计算时将群体需求转换成为总体需求使用。

问卷调查样本选择方法对统计结果具有非常重要的影响,在实践中通常可以分为"选择样本法"和"随机样本法"两种方法。"选择样本法"的思路是"先分后总",实现对用户群体做好分组,有针对性地选择符合每个组别特征的用户进行问卷调查,再将分组结果进行汇总,以发现整体性的统计规律。"随机样本法"是事先并不对用户进行分组,大范围内发放问卷,在对结果进行统计分析时再根据样本特征进行分组统计。"随机样本法"虽然操作起来比较简单,但是存在样本代表性不足的问题,因而不适合在多民族语言信息共享空间用户需求调查过程中使用。为了保证用户需求调查的准确性,建议公共文化服务机构多民族语言信息共享空间建设的问卷调查采用"选择样本法",可以在调查之前就做好分组,多个组别可以同时并行开展调查工作。

按照各组别完成用户需求调查之后,工作人员就可以着手进行每个群体需求强度的计算工作。群体需求计算的方法是统计群体内部每个测度指标对应的基本需求(M)、拓展需求(O)、潜在需求(A)和无关特征(I)所占的比例,如果出现反向结果(R)和可疑结果(Q)则将其剔除,计算剩余四类需求特征所占比例。由于群体内部成员的相似性,通常情况下每种选择结果会呈现出一定的比例特征,其中选择人数所占比例最高的特征,就是这个群体相对测度指标的需求特征。例如,对于"图书馆文献双语内容提要卡片服务"某用户群体问卷统计占比是:M—62%,O—21%,A—9%,I—8%,则对于该群体而言,图书馆文献双语内容提要卡就属于基本需求,同时该需求的群体需求强度值在0—10的量表当中为6级。问卷分析中也可能出现某两个选项所占比例完全相同的情况，这就需要 M>O>A>I 的优先次序进行选择，例如当出现 O 和 A 的群体比例完全相同时，则优先将其认定为 O，即拓展需求。在每个测度指标群体需求类型和群体需求强度计算完成之后，接下来就可以在群体需求强度的基础上乘群体人口比例再乘 100 取整，从而将群体需求强度转换成为区域整体用户对该测度指标的需求强度。

四　KANO-SPD 矩阵的构建与计算

在群体需求识别完成之后，就可以基于各群体需求分析的结果以及群体人口比例系数来构建 KANO-SPD 矩阵。如果某公共文化服务机构开展的用户需求调查将用户分为 10 个群体，并从表 6-2 所示的跨语言服务体系备选方案当中选择了 10 个指标（S3、S4、S5、S6、S9、S12、S13、S18、S19、S20）进行用户需求测度，构建的 KANO-SPD 矩阵如图 6-7 所示。

	P1	P2	P3	P4	P5	P6	P7	P8	P9	P10
	11%	23%	3%	6%	12%	4%	17%	13%	2%	9%
S3	44I	138O	18I	42A	24A	28I	102M	52I	8I	45A	30I
S4	77M	207M	21I	30M	48M	12M	49I	78I	18I	72I	96M
S5	66I	115O	8I	42A	84O	12I	68O	78I	16A	54O	66O
S6	44M	115M	21A	48O	84M	16M	102I	104I	16I	54I	46I
S9	66I	138A	18I	30A	48I	32I	51O	52I	12I	45A	46I
S12	77M	184M	18O	30M	108M	12M	144I	52I	14A	54I	59M
S13	55M	92A	15I	42O	108A	32M	85O	39I	14I	54A	47A
S18	33M	92M	21I	18M	96M	20M	102O	39I	12I	63I	53M
S19	77I	207O	12I	36I	72I	28A	85O	117A	16O	72I	48O
S20	44I	161I	15I	24A	72I	32O	85A	78O	18M	63I	60I

图 6-7　KANO-SPD 矩阵在 IIC-ELS 规划中的应用

图 6-7 中公共文化服务机构的用户群体细分为 10 个，各群体人口占当地用户总人口的比例位于群体编号下方。图中，KANO-SPD 矩阵的行为每个群体进行 KANO 问卷调查之后计算的需求类型和强度值，群体强度值已经通过和人工比例系数相乘换算为群体相对区域用户总体的需求强度系数。将图中各群体需求强度按照同类合并原则进行加总之后，就可以得到区域用户对每一个测度指标的需求类型和强度值，再次按照强度之和各类型需求所占的比

例，选取其中比例最高的类型作为该需求相对区域整体用户的类型，然后将同一类型的需求按照强度从高到低排列，就可以得到相对区域总体用户而言各测度指标所代表的跨语言服务措施的重要程度。图6-7中，区域用户的基本需求组合为S4（公共文化服务机构服务引导人员双语服务）、S12（文献双语内容提要卡片服务）、S18（空间双语引导标识服务），拓展需求组合为S5（专业翻译人员人工服务）、S19（空间双语广播服务），潜在需求为S13（工作人员双语咨询服务），无关特性为S20（其他少数民族语言文字信息服务）、S6（双语自助应答系统服务）、S9（其他少数民族语言翻译服务）。

五　KANO-SPD矩阵分析结果的使用

按照KANO模型的基本原理，"基本型需求"是用户认为服务提供者必须提供的服务，是用户接受服务的"底线"，如果此类服务不能提供或者即使提供了服务质量也不能满足用户要求，用户就会产生强烈的不满。如果公共文化服务机构采用KANO-SPD矩阵进行用户需求调查的结果如图6-7所示，则S4（公共文化服务机构服务引导人员双语服务）、S12（文献双语内容提要卡片服务）、S18（空间双语引导标识服务），是必须提供的服务，应该列入多民族语言信息共享空间优先建设项目清单当中。尤其需要注意的是S4（公共文化服务机构服务引导人员双语服务）的需求强度是96，这就意味着当地用户当中96%的人认为这项服务是公共文化服务机构必须提供的基础服务，由此要引起规划者的高度重视。"拓展型"服务是用户希望能够提供的服务，如果提供了更好，不提供用户也能理解，因此S5（专业翻译人员人工服务）、S19（空间双语广播服务）应该根据公共文化服务机构的实际情况争取尽早建设。"潜在型服务需求"是用户当前还没有迫切需求的服务项目，如果提供了用户满意度更高，不提供也无所谓，因此S13（工作人员双语咨询服务）的实施可以暂缓。"无关特征"是服务提供者认为对用户很重要，而用户对此全无感觉，提供与否都无所谓的服务项目，因此S20（其他少数民族语言文字信息服务）、S6（双语自助应答系统服务）、S9（其他少数民族语言翻译服务）可以列入暂不建设项目清单。至此，该机构跨语言服务体系的建设思路就基本明确了。

KANO-SPD矩阵具有多方面的功能，除了辅助用户需求分析和服务体系的规划之外，还具有预测服务发展趋势、辅助进行用户研究等功能。按照KANO模型的基本原理，三大类型用户需求之间还呈现出依次迁移的规律，随着时间的推移，"潜在需求（A）"会变成"拓展需求（O）"，"拓展需求（O）"会变成"基本需求（M）"。因此，此处对于"基本需求（M）"、"拓展需求（O）"、"潜在需求（A）"和"无关特性（I）"的划分不仅是为公共文化服务机构进行多民族语言信息共享空间规划提供了项目的优先次序，同时也是对未来发展趋势的预测。公共文化机构应该仔细研究列入"潜在需求（A）"的那些测度指标，从中发现未来发展的规律，提前做好应对的准备和规划。如果在图6-7当中，将KANO-SPD矩阵再补充一行，按照列进行群体需求强度分析，就可以发现每个群体对于多民族语言信息共享空间的认识都是不同的，某种服务对于一个群体而言非常重要，对于另外一个群体而言却未必。KANO-SPD矩阵等于提供了一份不同社会群体需求特征的"清单"，可以提示公共文化服务机构按照群体细分原则提供具有个性化特征的服务项目。

综上所述，KANO-SPD矩阵是一种兼具用户需求分析和建设方案规划功能的思维辅助工具，它的核心价值在于实现"机构视图"和"用户视图"的匹配，将公共文化服务机构视野中的"IIC-ELS视图"与用户视野中的"IIC-ELS视图"进行对比，找到两者之间相互重合的部分，作为多民族语言信息共享空间建设的基础。当然，KANO-SPD是一种从用户视角出发进行多民族语言信息共享空间建设方案的规划工具，它并没有考虑到公共文化服务机构的资源能力约束问题，可以作为初步方案的规划工具，在此基础上再结合机构资源能力分析结果进行综合权衡，最终拿出切实可行的规划方案来。

第五节　多民族语言信息共享空间建设规划的成果

经过前期用户需求调查、资源能力分析、服务愿景描绘、建设方案制定等环节之后，与多民族语言信息共享空间建设规划相关的各类要素均已考虑到位，各相关机构就信息共享空间建设问题达成共识，多民族语言信息共享空间建设方案的雏形已经形成，就可以进入建设规划的收尾阶段，进行最终规划成果的撰写和准备。多民族语言信息共享空间建设规划的核心成果是空间规划报告，还可以包括空间分布图、建筑缩微模型和服务愿景视频等成果辅助展示的手段。

一　空间规划报告

规划报告是采取文字形式对多民族语言信息共享空间建设前期规划工作

的全面总结，需要用简洁清晰的语言，向决策咨询委员会展示公共文化服务机构多民族语言信息共享空间建设的背景、意义和思路。一份完整的多民族语言信息共享空间建设项目规划报告通常包括以下内容。①本机构核心业务发展及信息化建设基础和现状的综述，包括机构职能和分工、核心业务发展情况、信息化建设的历程回顾、信息化建设的现状分析等。②多民族语言信息共享空间建设的必要性分析，着重说明通过多民族语言信息共享空间建设驱动机构服务创新，促进区域多民族人口的交流、交往和交融等方面的独特价值。③多民族语言信息共享空间建设的目标体系，主要介绍多民族语言信息共享空间的远期发展目标、中期发展目标和当前建设目标，全面展示信息共享空间建设美好愿景。④多民族语言信息共享空间建设的总体思路，主要介绍信息共享空间的体系架构、服务层、实体层、虚拟层和支持层的主要构成和建设内容。针对多民族语言信息共享空间建设的特殊性，还应该着重强调机构解决跨语言信息交流和共享问题的核心思路、主要策略、主要措施等信息。⑤多民族语言信息共享空间建设的任务体系，对多民族语言信息共享空间建设各个方面的任务进行分解，将其划分为相对容易管理和控制的若干个项目，明确每个项目的建设的内容和要求。为了体现当前建设目标和长期愿景之间的关系，可以把多民族语言信息共享空间的建设任务划分为若干建设周期来进行，当前建设任务作为一期工程，其余任务可以依次纳入二期、三期等建设阶段的任务当中。作为信息共享空间的一种特殊类型，多民族语言信息共享空间建设任务中应该包括如何从基于主体策略、基于中介的策略和基于客体的策略三个视角，在信息共享空间中构建多民族语言信息无障碍交流环境的具体任务和措施。⑥多民族语言信息共享空间建设的具体实施方案，包括建筑楼层和服务分区的划分方案，每个分区设置的服务设施以及相关服务资源配置情况，等等。多民族语言信息共享空间建设规划报告当中最为核心的部分就是对空间功能结构的划分，这是将用户需求与机构资源能力相互匹配的结果，为民族地区多语言环境下的信息交流与共享提供支持是必须考虑的需求。⑦多民族语言信息共享空间建设的实施保障，对于多民族语言信息共享空间建设过程当中需要的人力、物力、财力等资源如何调配，项目建设质量如何保障等做出全面系统安排。

二 辅助展示手段

多民族语言信息共享空间建设规划辅助展示手段，主要包括空间分布图、空间效果图、建筑模型和服务情境展示动画视频等形式。①空间分布图。多民族语言信息共享空间的楼层分布图是规划报告之外另外一种能够集中展示建设规划成果的形式。具体而言，主要涉及以下类型的分布图：楼层分布图，即采用较为直观的方式展示所在建筑各楼层的功能分区情况，同时标注各楼层之间相互连通的楼梯、电梯、无障碍电梯等入口位置等信息；服务设施分布图，主要按楼层逐一展示各服务分区内的功能设置情况，例如楼层当中每个房间的编号和功能，服务引导区、信息服务分区、咨询服务分区、交流服务分区等功能分区的位置和建筑空间形态，打印机、复印机、计算机查询工作站等服务设施的位置分布，标注空间内是否提供无线信号等信息；重点服务空间的设施分布图，例如在公共图书馆当中，藏书所在书架的学科分布图、用户交流区便于开展交流的桌椅位置摆放分布图等。多民族语言信息共享空间规划方案中要求体现跨语言服务支持的元素，应该在每一个涉及双语服务支持的空间添加"双语服务标记"，意为用户进入空间后可以得到国家通用语言文字和少数民族语言文字的双语信息服务。②空间效果图。空间分布图大多采用二维图，可以展示信息共享空间当中各类服务分区和服务设施的分布情况，却无法直观感受经过整体再造之后的空间效果。为了弥补这种不足，建设规划小组可以采用效果图的形式，直观模拟重要建筑空间的总体风格和效果。例如，博物馆藏品展览区域的装饰、灯光、配图等展示效果可以提前在计算机当中合成，通过效果图判断是否能够符合设计者的意图。③建筑缩微模型。建筑模型是采用易于加工的材料依照建筑图纸或者设计构想，按照缩小的比例制作加工而成的样品。相比空间效果图，建筑模型更为直观，能够更加清晰地理解规划设计者最终的规划方案和设计意图。多民族语言信息共享空间的建筑模型主要适用于楼层服务设施分布图，可以通过模型看到各类服务分区的面积对比以及服务设施的配备情况。④服务情境动画或视频。为了增强多民族语言信息共享空间规划成果的感染力，规划工作人员可以通过制作专题动画或者视频的形式，通过更具亲和力的方式展示信息共享空间建成之后用户信息服务的创新模式和场景，使用户和决策委员会成员能够更加深刻地理解多民族语言信息共享空间建设的目标模式和美好前景。

总之，多民族语言信息共享空间建设规划的最终成果就是以空间规划报告为主体，空间分布图、空间效果图、建筑缩微模型、服务情境动画或视频等多种展示形式相互配合的方式来体现的。在实践当中，民族地区公共文化服务机构究竟采用哪种方式，取决于多民族语言信息共享空间决策咨询机构的要求和向用户群体征求意见等工作的需要。

第七章

多民族语言信息共享空间的评价体系

多民族语言信息共享空间是涉及多个层面的复杂性工程,为了全面系统地了解区域内公共文化服务机构多民族语言信息空间建设的总体情况,明确各类机构多民族语言信息共享空间建设所处的阶段和存在的问题,各级公共文化行政机构应该研究和制定多民族语言信息共享空间的评价标准和规范,定期组织相关评价活动,以起到"以评促改,以评促建"的目的。本章在介绍总体评价思路的基础上,从空间布局、资源能力、语言服务、信息服务四个方面分析多民族语言信息共享空间评价的内容以及综合上述评价的结果进行多民族语言信息共享空间服务等级评定的方法。

第一节 多民族语言信息共享空间测评模型的构建

评价是进行有效管理的基础活动,其目的在于通过对"输出"(Output)结果的了解和分析,发现体系内部结构存在的问题与不足,达到以"反馈"(Feedback)驱动"输入"(Input)环节并带动体系整体性变革的效果和作用。伴随着信息共享空间建设的进程,国外很多高校图书馆曾经组织过对信息共享空间的评价活动,其中最为常见的方法是进行用户满意度(Customer Satisfaction Index)测评和基于 LibQUAL+™ 量表的图书馆用户服务质量测评。[①] 用户满意度调查是一种简单易行的评价方式,主要通过问卷形式收集用户对服务的满意程度,然后做统计分析。LibQUAL+™ 量表是美国研究型图书馆学会在服务行业服务质量测度 SERVOUAL 量表的基础上发展而来的一种图书馆服务评价与分析工具,主要通过信息控制、服务影响、服务场所三个维度共

---

① 詹华清、介凤:《国外信息共享空间评价与研究实践》,《图书馆学研究》2010 年第 10 期。

计22个指标体系来测评图书馆的服务水平，其中绝大多数指标与信息共享空间所倡导的服务模式方向一致。

上述方法主要适用于发展较为成熟的服务体系评价，目的在于从用户视角发现当前服务体系当中存在的问题和缺陷，为进一步强化和完善服务体系提供参考。与图书馆信息共享空间不同的是，多民族语言信息共享空间在我国民族地区公共文化服务机构当中尚属新鲜事物，机构即使已经在提供部分类型的跨语言信息服务，但是总体而言还是缺乏体系化的规划和设计，难以从用户视角进行完整的评价和分析。因此，当前构建多民族语言信息共享空间评价体系的目的不是对已有信息共享空间进行发展水平评价，而是通过评价体系为民族地区各类公共文化服务机构建设多民族语言信息共享空间提供一整套建设标准和规范，使其对照评价体系进行信息共享空间的规划和设计，从而对多民族语言信息共享空间建设起到推动和引领的作用。构建评价体系的目的不同，因而在指标体系设计时采取的思路就有所不同，其中最为典型的差异性就在于多民族语言信息共享空间评价体系必须侧重于内部评价，要通过评价引导公共文化服务机构完善内部服务设施，提升服务能力，实现多民族语言信息共享空间的建设目标。此外，我国民族地区地域辽阔，不同地区经济社会发展水平差异很大，要求所有公共文化服务机构按照统一模式、统一标准建设完备的多民族语言信息共享空间是不现实的，而是应该承认地区差异、行业差异甚至机构之间的差异，允许公共文化服务机构选择与自身发展阶段相适应的信息共享空间服务水平。因此，多民族语言信息共享空间的评价体系必然要围绕信息共享空间服务成熟度进行构建。

多民族语言信息共享空间本质上是由信息技术应用驱动的以用户为导向的公共文化服务机构的服务创新活动，其服务成熟度与社会组织信息化成熟度具有紧密的联系。20世纪60年代以来，随着计算机在社会组织当中的应用，关于信息技术应用成熟度的研究也相继展开，出现了诺兰模型（Noland Model）、西诺特模型（Synott Model）、米切尔模型（Mische Model）、汉纳的信息技术扩散模型（Hanna Model）、软件能力成熟度模型（SW-CMM）、COBIT框架下的IT治理水平模型等有关组织信息化评价的理论模型。[①] 其中，最为典型的模型主要有"诺兰模型"和软件能力成熟度模型（SW-CMM）。"诺兰模型"是由美国信息系统学家理查德·诺兰（Richard Noland）提出的

---

① 李鹏：《医疗信息成熟度评价模型的构建》，《中国数字医学》2012年第8期。

信息系统进化的阶段模型,该模型认为任何社会组织的信息化发展过程都呈现出以阶段性为特征的规律,可以将其分为初始期、普及期、控制期、集成期、数据管理期和成熟期共六个阶段。初始期的特征是计算机开始在组织当中应用,但是只局限少数部门和少数个人;到了普及阶段,计算机的应用范围继续扩大,但是随之出现了很多管理问题;到了控制期,机构开始成立统一的IT管理部门,建立基于数据库的信息管理系统;集成期是将原本分散的信息系统整合起来,使数据可以共享;数据管理期是围绕数据的管理和分析构建IT服务体系;成熟期信息技术应用范围遍及整个组织,决策和管理基于信息系统进行,信息技术潜力得到充分挖掘。其中,前三个阶段以信息化设备的推广和普及为特征,属于技术管理阶段;后三个阶段主要围绕数据的分析和集成展开,属于网络环境下的内容管理阶段。在第三个阶段向第四个阶段过渡的过程中,可能存在着"断点"现象,如果不能实现由技术管理向着内容管理阶段的切换,机构的信息化建设将长期处于低水平状态。诺兰模型认为信息化发展阶段是不能跨越的,机构必须在明确所处阶段的基础上制定与之相适应的IT管理政策。软件能力成熟度模型(Capability Maturity Model for Software,SW-CMM)是美国国防部与卡耐基梅隆大学联合开发的一种用来判断软件能力水平的测评模型,该模型认为软件质量的提升是一个缓慢的增量变化过程,从简单到复杂可以分为初始级(Initial)、可重复级(Repeatable)、已定义级(Defined)、已管理级(Managed)和优化级(Optimizing)共五个等级。其他进行组织信息化水平评估的指标体系原理与诺兰模型类似,都是按照分级管理思想,将组织信息化水平划分为不同的服务等级,然后通过研究各类影响因素与信息化成熟度的制约关系,判断组织信息化建设水平的成熟状态并发现其中存在的问题。

参考诺兰模型和软件能力成熟度模型,本书提出"多民族语言信息共享空间服务成熟度模型"(IIC-ELS-CMM)的概念。多民族语言信息共享空间服务成熟度模型(IIC-ELS-CMM)是用来评价多民族语言信息共享空间用户服务完备程度和质量水平的等级测评体系。多民族语言信息共享空间的服务质量受到多方面因素的影响,可以通过以下四个维度进行衡量。①空间布局水平(BI),主要衡量公共文化服务机构所在建筑空间的大小及其内部结构设计是否按照面向用户的原则,是否合理考虑了各功能分区的特点,是否让用户感觉舒适。②资源能力水平(RI),主要衡量公共文化服务机构所拥有的信息资源、人力资源和技术资源情况,其中人力资源方面着重衡量机构管理人员、专业技术人员的比例和质量等情况。③语言支持力度（LI），主要针对多民族语言信息共享空间跨语言信息服务体系的建设情况，考核是否具有必要的语言资源，是否提供了必要的跨语言服务支持措施，其运行情况和服务质量等信息。④核心服务质量（SI），按照不同类型的公共文化服务机构，分别评价其服务的质量和用户满意度等情况。上述四个方面的评价体系当中，空间布局水平、资源能力水平、语言服务水平是支持性要素，核心服务质量是体现多民族语言信息共享空间整体水平的主要标志。将四个方面的结果进行加权综合以后，就可以得到多民族语言信息共享空间的发展成熟度指数，根据该指数的分布区间，就可以判断该机构 IIC-ELS 所处的服务等级。

服务等级（Service Level）是指基于不同的需求特征而对相同功能的产品或服务进行的分级或分类标识。划分服务等级的目的是适应用户群体的多样性挑战，使每个用户群体都可以接受与自身需求相互匹配的服务项目。① 多民族语言信息共享空间的建设要经历由简单到复杂再到成熟的发展历程，是成熟度持续增长和发展的过程。根据多民族语言信息共享空间的评价目的，可以将服务等级划分为五个等级：一是起步级 IIC-ELS，主要是指公共文化服务机构刚开始接触信息共享空间的服务理念，在某些方面能够体现面向用户的思想，但是总体上还没有成为体系，是多民族语言信息共空间发展的最低阶段；二是发展级 IIC-ELS 是指公共文化服务机构多民族语言信息共享空间进一步完善，服务设施和服务功能逐渐增多，但是仍有进一步完善和提高的空间；三是基础级 IIC-ELS，是指公共文化服务机构经过完整的规划和设计，初步具备了信息共享空间的特征，通过较为简单的方法建立了跨语言信息共享的支持体系；四是完备级 IIC-ELS 是指公共文化服务机构建立了完整的多民族语言信息共享和交流体系，但是整体运营水平有待继续提升；五是成熟级 IIC-ELS 是指公共文化服务机构建立了全方位的多民族语言信息共享和交流体系，进入空间的用户的信息需求和语言需求可以得到多方面的响应和满足，整体服务水平非常高。上述五个服务等级的划分，为多民族语言信息共享空间的评价提供了一个参考体系，既可以用来判断机构信息共享空间建设的现状，又可以用来指导没有建设多民族语言信息共享空间的机构启动项目规划，或者引导已经建有多民族语言信息共享空间但是水平不高、亟须整体性提升的机构改进其服务体系。综上所述，多民族语言信息共享空间评价体系的总体思路如图 7-1 所示。

---

① 朱立恩：《论服务等级与服务质量》，《质量管理》1995 年第 4 期。

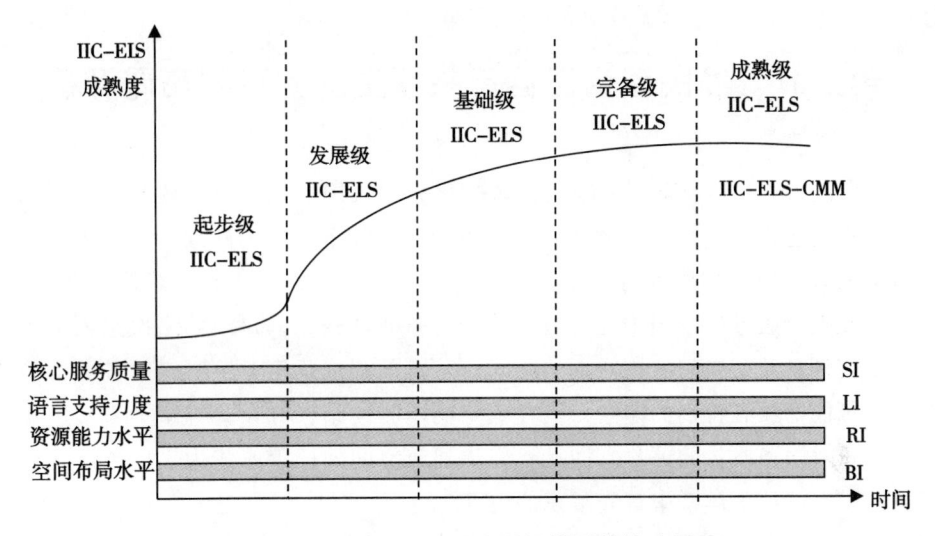

图 7-1　IIC-ELS-CMM 测评模型的构建思路

图 7-1 中，多民族语言信息共享空间的评价体系主要是围绕 IIC-ELS 成熟度指数 IIC-ELS-CMM 进行的，通对空间布局水平（BI）、资源能力水平（RI）、语言支持力度（LI）、核心服务质量（SI）四个维度的变量进行评测，综合计算多民族语言信息共享空间的成熟度指数 IIC-ELS-CMM 的数值，进而根据 IIC-ELS-CMM 所在的区间判断该公共文化服务机构多民族语言信息共享空间的发展水平，同时可以通过空间布局水平、资源能力水平、语言支持力度、核心服务质量四个方面的数值结构，判断机构多民族语言信息共享空间建设存在的问题和今后努力的主要方向。要构建完整的多民族语言信息共享空间服务能力成熟度评价体系，还需要解决以下几个方面的问题：第一，如何从空间布局水平、资源能力水平、语言支持力度、核心服务质量四个维度继续予以深化和细化，找到每个维度最具代表性的关键探测指标（Key Performance Indicator，KPI），并确定将探测指标的量纲数据转化为无量纲的测度数据的方法；第二，确定各类探测指标 KP 测度取值的具体方法，确保可以针对各类公共文化服务机构取得统一的数值；第三，确定对各类探测指标进行综合计算得到多民族语言信息共享空间服务成熟度指数 IIC-ELS-CMM 的具体算法，本章第二节至第六节将分别讨论上述问题。

第二节　多民族语言信息共享空间的空间布局评价

多民族语言信息共享空间是公共文化服务机构依托一定的建筑空间所构建起来的多语言综合服务体系，尽管由于信息技术元素的融入，空间内文化服务的方式较传统服务有所区别，但是作为容纳服务创新的"载体"，建筑空间在整个服务体系当中还是发挥着极为重要的作用。对于第一次进入多民族语言信息共享空间的用户而言，对于信息的集成程度、跨语言服务能力等指标可能都没有特别的印象，而建筑空间本身的结构和设计等却会直接影响到用户对服务质量的评价。因此，实体建筑空间的评价就成为多民族语言信息共享空间评价体系中首先考虑的内容。

我国公共文化服务领域的部分规范性文件对建筑空间的面积、比例和设计方面提出了具体的要求，其中有代表性的规范性文件主要包括《GB/T 28220—2011 公共图书馆服务规范》《GB 32939—2016 文化馆服务标准》《建标 108—2008 图书馆建设标准》《建标 103—2008 档案馆建设标准》《建标 136—2010 文化馆建设标准》《JGJ66—2015 博物馆建筑设计规范》等。例如《GB/T 28220—2011 公共图书馆服务规范》规定：公共图书馆建筑功能总体布局应遵循以读者服务为中心，与图书馆的管理方式和服务手段相适应，做到分区明确、布局合理、流线通畅、安全节能、朝向和通风良好。少年儿童阅览区应与成人阅览区分开，宜设置单独的出入口，有条件的可设室外少年儿童活动场地。视障阅览室宜设在图书馆本体建筑与社会公共通道之间的平行层。① 《GB/T 32939—2016 文化馆服务标准》规定：文化馆选址宜以"方便使用、安全环保"为原则，选择在人口集聚、位置适中、交通便捷、便于群众参与活动，环境及地质条件良好的地方。文化馆建筑的总平面布局应达到功能组织合理、动静分区明确、空间构成紧凑、日照通风良好。文化馆内外应当设立无障碍设施，室外有方便残疾人进出通道并确保畅通。群众文化活动用房使用面积比例不低于76%。② 这些规定也适用于信息共享空间的布局评价。

参照上述标准，多民族语言信息共享空间布局水平指标（BI）的测度以

---

① 国家质量监督检验检疫总局、国家标准化委员会：《GB/T 28220—2011 公共图书馆服务规范》，2011 年 12 月 30 日。

② 国家质量监督检验检疫总局、国家标准化委员会：《GB/T 32939—2016 文化馆服务标准》，2016 年 8 月 29 日。

10分制量表为参照，主要从以下五个方面进行评价。一是馆舍选址水平指标（BI-1）。本着便于开展公共文化服务的原则，通常应该位于人口集中、交通便利、位置适中、环境良好的地理位置。馆舍选址水平指标可以按10分制打分，通常只能采用专家法定性评价，由多名专家对选址情况打分后取平均数作为选址水平指标的评价分值。二是空间总体建筑面积指标（BI-2）。空间总体建筑面积由行业主管部门和建设主管部门根据公共文化服务机构所服务人口的数量以及服务半径等因素制定并通过《建标108—2008图书馆建设标准》《建标103—2008档案馆建设标准》《建标136—2010文化馆建设标准》《JGJ66—2015博物馆建筑设计规范》等规范性文件发布，是我国各类相关机构建筑设计的主要依据。多民族语言信息共享空间总体建筑面积指标就是用来衡量机构现有的建筑面积是否符合相关行业标准的规定，如果达标则获得全部分值，没有达标则按照实际建筑面积占标准面积的比例计算指标分值，例如某地公共文化馆实际面积占标准面积的60%，则空间总体建筑面积指标（BI-2）的分值为6分。三是空间功能布局水平指标（BI-3）。空间功能布局水平指标主要用来衡量多民族语言信息共享空间建筑内部结构的分割是否合理，可以继续细分为若干个三级指标，例如围绕机构核心服务进行设置的各类功能用房数量是否齐全（BI-3-1），功能用房面积比例是否符合国家标准（BI-3-2），各功能分区位置分配是否符合用户习惯（BI-3-3），各功能分区之间连接是否紧凑（BI-3-4），动区和静区是否明确分开（BI-3-5），通风和采光条件是否良好（BI-3-6），等等。空间功能布局水平指标当中除涉及是否符合国家相关标准的指标以外，其余指标主要依靠专家打分的方法进行，例如每个测度点都按照10分制量表，由专家从中选择打分。四是空间标识体系水平指标（BI-4）。空间标识体系就是衡量建筑空间内的标识引导符号是否能够有效帮助用户识别建筑结构，明确行动路线的水平，该指标也可以按照10分制打分。五是空间无障碍服务设施指标（BI-5），主要评价空间是否考虑到残疾人接受公共文化服务的需求，设置有无障碍电梯，盲文阅览室等服务设施。该项采用10分制打分，如果有此类设施则打10分，如果没有则不计分。上述5个方面共同构成多民族语言信息共享空间布局水平的评价指标，但是不同的人对上述五个方面重要程度的认识是不一样的，为了解决这种问题，可以采用专家法确定各指标的权重。例如邀请专家对每项指标的重要程度打分，根据分值计算平均数作为每项指标的权重。根据上述分析，多民族语言信息共享空间的空间布局水平指标（BI）的测度体系如表7-1所示。

表 7-1　　　　　　　IIC-ELS 空间布局水平评价体系

一级指标 （评价目标）	二级指标 （评价层面）	三级指标 （评价因子）	评价方法
BI 空间布局 水平指标	BI-1 馆舍选址水平指标	无	0—10 分专家评分
	BI-2 空间总体建筑面积指标	无	0—10 分专家评分
	BI-3 空间功能布局水平指标	BI-3-1 功能用房数量齐全	0—10 分专家评分
		BI-3-2 功能用房比例合理	0—10 分专家评分
		BI-3-3 功能用房位置合理	0—10 分专家评分
		BI-3-4 功能用房连接紧凑	0—10 分专家评分
		BI-3-5 功能用房动静分开	0—10 分专家评分
		BI-3-6 空间通风采光良好	0—10 分专家评分
	BI-4 空间标识体系水平指标	无	0—10 分专家评分
	BI-5 空间无障碍服务设施指标	无	0—10 分专家评分

第三节　多民族语言信息共享空间的资源能力评价

多民族语言信息共享空间资源能力评价是指对民族地区公共文化服务机构所拥有的人力资源、信息资源和技术资源情况进行评价。从理论上讲，建筑空间也是一种资源，由于本章第二节已经就该问题进行了详细讨论，此处不将其作为资源能力评价的对象。

多民族语言信息共享空间资源能力评价主要围绕人力资源、信息资源和技术资源三个方面的因素展开，相关内容在我国公共文化服务行业的规范性文件当中也有所体现。

一　人力资源水平指标（RI-1）

人力资源是公共文化服务机构开展各类公共文化服务活动的基础，是最为重要的资源。例如，《GB/T 28220—2011 公共图书馆服务规范》规定：公共图书馆应配备数量适宜的工作人员。具有相关学科背景的专业技术人员应占在编人员的75%以上，少数民族自治地区公共图书馆要配备熟悉少数民族语言文字的专业技术人员。公共图书馆工作人员数量的确定，应以所在区域服务人口数为依据。每服务人口10000—25000人应配备1名工作人员。各级公共图书馆所需的人员数量的配备，还应兼顾服务时间、馆舍规模、馆藏资源数量、年度读者服务量等因素。公共图书馆应导入志愿者服务机制，吸引更多图书馆工作人员和社会公众加入志愿者队伍。《GB/T 32939—2016 文化馆服务标准》规定：公共文化馆配备相应的专业技术人员，文化馆应当配备与其工作职责相适应的专业技术人员和管理人员。

文化馆应配置音乐、戏剧、舞蹈、美术、数字化服务等专业技术人员，根据工作需要配备非物质文化遗产有关专业技术人员。专业技术人员占全馆人员的比例：县级馆≥70%，地级馆≥65%，省级馆≥60%。少数民族自治地区文化馆要配备熟悉少数民族语言文字的专业技术人员。文化馆工作人员数量的确定，应以所在区域服务人口为依据。每万人应配备1名工作人员。每种门类所配备专业人员数应以当地群众需求作为参照。

根据人力资源水平评价的需求，多民族语言信息共享空间人力资源评价指标 RI-1 还可以继续细化，例如可以细分为以下三级指标。①人力资源总数指标（RI-1-1）主要用来衡量公共文化服务机构工作人员总人数是否达到国家标准，如果达标则计 10 分，低于国家标准则按照比例计算分数，超过国家标准则仍以 10 分计分，因为并不是工作人员数量越多越好，如果公共文化机构工作人员数量超过了国家标准的上限，可能出现人浮于事的负面问题。②人员结构合理性指标（RI-1-2）。机构人员结构是对照国家标准对专业技术人员和管理人员的情况进行综合分析，判断专业技术人员比例（RI-1-21）是否达到国家标准，如果达标则计 10 分，如果不达标则按照对应比例积分，如果超过国家标准则按照超过的比例计算积分。此外，还可以从人员年龄结构合理性指标（RI-1-22）、人员学历结构合理性指标（RI-1-23）、人员专业结构合理性指标（RI-1-24）、人员职称结构合理性指标（RI-1-25）等角度，对人员结构的合理性进行评价。此类指标由测评人员根据公共文化服务机构提供的人员结构报表进行判断，按照 1—10 分量表进行主观评价，最终对得到的评分结果进行平均。③机构人员能力指标（RI-1-3）。主要根据对测评机构人员工作业绩的了解，判断其整体能力在 0—10 分制量表当中所处的等级。机构人员能力指标又可以细化为三个指标：管理人员能力指标（RI-1-31）、专业技术人员能力指标（RI-1-32）、辅助性工作人员能力指标（RI-1-33）。总之，人力资源评价就是从公共文化服务机构人力资源总量、结构和能力三个维度对其进行评价，以得到受测评机构人力资源状况的相对评价结果。

二 信息资源水平指标（RI-2）

信息资源水平主要是指公共文化服务机构出于提供公共服务的目的而采集和保存的各类信息资源的数量和质量情况。按照信息资源的广义理解，它可以包括多种表现形式，最常见的信息资源是指以纸质或数字形式保存的图书、期刊、报纸、档案、数据库等文献信息资源。图书馆信息资源的主要类型是文献信息资源，除文献信息资源之外，博物馆收藏和保存的文物、纪念馆收集和展览的纪念物等都可以视为信息资源的具体体现方式。《GB/T 28220—2011 公共图书馆服务规范》对公共图书馆信息资源做了如下规定：公共图书馆馆藏文献包括印刷型文献、电子文献、缩微文献等。公共图书馆应在确保印刷型文献入藏的基础上，逐步增加电子文献的品种和数量，并根据当地读者和居住的外籍人员的需求，积极配置相应的外文文献。馆藏印刷型文献以图书、报刊合订本的册数计。省级馆、地级馆、县级馆的入藏总量应分别达到 135 万册、24 万册、4.5 万册以上，省、地、县级馆年人均新增藏量应分别达到 0.017 册、0.01 册、0.006 册以上。馆藏电子文献包括电子图书、电子报刊、视听资料等，以品种数计。省级馆、地级馆、县级馆的年入藏量分别应达到 9000 种、500 种、100 种以上。少数民族集聚地区的各级公共图书馆应承担该地区少数民族文字文献资料的收藏和服务的职能。其他地区各级公共图书馆也应收藏与本地少数民族状况相适应的少数民族语言文献。

根据多民族语言信息共享空间评价的需要，信息资源水平指标（RI-2）可以通过以下两个指标测评。一是机构信息资源总量指标（RI-2-1）。总量指标是对照国家相关标准，判断公共文化服务机构的信息资源总量是否达到要求的指标，例如将国家标准数量定为 10，达到标准则获得相应计分，低于国家标准数量按照所占比例进行计分，高于国家标准可以按照超过的比例增加计分。对于没有国家标准可以参照的，档案馆、博物馆、文化馆等机构可以根据同类型机构信息资源的平均总量情况进行估算，将评估值作为参照标准进行打分。二是机构信息资源质量指标（RI-2-2）。信息资源结构指标主要判断机构所收集和保存的信息资源的质量情况，可以通过信息资源多样性（RI-2-21）、信息资源特色化程度（RI-2-22）等方面的细化指标进行衡量。由于不同行业信息资源的差异性，各类机构也可以根据自身实际设计体现行业信息资源特色的指标体系，例如信息资源时效性（RI-2-23）、信息资源真实性（RI-2-24）、信息资源专业性（RI-2-25）等。由于信息资源在不同类型的信息共享空间当中重要程度不一样，进行信息资源水平评价时需要考虑到行业差异性，不能用图书馆的标准要求其他类型的机构。

三　技术资源水平指标（RI-3）

技术资源水平指标是指公共文化服务机构所拥有的为用户提供的技术设备及其先进程度、应用情况的评价指标。信息共享空间建设过程中，技术在公共文化服务中发挥的作用将会越来越重要，因而对于技术资源的评价就成为多民族语言信息共享空间评价体系的重要内容。《GB/T 28220—2011 公共图书馆服务规范》规定：公共图书馆应配备一定数量的计算机专供读者使用。各级政府应支持图书馆配备与经济和技术发展水平相适应的信息技术设备。有条件的可提供互联网无线网络接入服务。其中，省级馆计算机数量100台以上，供读者使用的计算机数量60台以上，在线公共检索目录OPAC（Online Public Access Catalogue）使用的计算机12台以上，市级馆计算机数量60台以上，供读者使用的计算机数量40台以上，在线公共检索目录OPAC使用计算机8台以上，县级馆使用计算机30台以上，供读者使用的计算机20台以上，在线公共检索目录使用计算机4台以上。信息节点指在馆内与局域网或互联网连接的计算机网络接口，阅览室的信息点设置应不少于阅览座位的30%，电子阅览室的信息点设置应多于阅览座位数。《GB/T 32939—2016文化馆服务标准》规定：文化馆应配备计算机、照相机、摄像机、录音录像设备以及公共数字文化服务设备等。文化馆应配备适合广场和室内舞台演出的灯光、音响等基本设备。文化馆应配备多媒体投影演示、视听播放、课桌椅、电教设备等能满足培训活动所需的设备。文化馆可根据当地文化特色和社会文化需求配备表演艺术、视觉艺术、民间工艺等开展艺术活动所需的相关设备。配备包括但不限于活动舞台、综合文化车、流动展览、娱乐器材、电影放映等设备。

多民族语言信息共享空间技术资源水平（RI-3）可以通过以下三级指标进行测评。一是技术设备总量指标（RI-3-1）。由于民族地区公共文化服务机构类型的多样性，对于各类设施和设备的数量要求也不完全一致，总体上可以分为通用设备和专用设备两大类。通用设备总量指标（RI-3-11）即对照行业标准或者参照相关标准，评价多民族语言信息共享空间是否达到国家标准规定的计算机设备数量和网络带宽参数。专用设备总量指标（RI-3-12）是衡量各类行业专用设备总量的评价指标，这类指标通常没有国家标准可查，可以参照行业惯例进行测算，以同类型公共文化服务机构的平均设备拥有量作为对照参数进行评价。如果达标则计分10分，没有达标或者超过标准则按照相应比例进行减分和加分操作。二是技术设备先进程度指标（RI-3-2）。技术设备先进程度指标主要判断多民族语言信息共享空间当中使用的各类技术设备的先进程度，该指标没有完全确定的标准可以对照，可以由评价专家根据对行业技术水平的了解情况进行主观评分，最后综合多位专家的结果作为最终评价分值。三是技术设备利用率指标（RI-3-3）。技术设备利用率是评价公共文化机构对所拥有的技术设备的使用情况，重点是发挥技术设备在公共文化服务当中的作用，而不是仅仅作为一种技术资源而存在。技术设备利用率需要通过查阅公共文化服务机构的技术设备使用记录来判断。技术设备利用率可以采用精细化指标进行推算，也可以由评价专家在阅读和了解各类设备使用记录的情况下，按照 0—10 分的量表体系进行主观评价。结合上述分析，多民族语言信息共享空间资源能力评价体系的构成如表 7-2 所示。

表 7-2　　　　　　　　IIC-ELS 资源能力水平的评价体系

一级指标 （评价目标）	二级指标 （评价层面）	三级指标 （评价因子）	细化指标 （评价因子）	评价方法
RI 空间资源能力指标	RI-1 人力资源水平	RI-1-1 人力资源总数指标		对照标准打分 超过不计分
		RI-1-2 人员结构合理性指标	RI-1-21 专业技术人员比例	0—10 分专家评分
			RI-1-22 人员年龄结构合理性	0—10 分专家评分
			RI-1-23 人员学历结构合理性	0—10 分专家评分
			RI-1-24 人员专业结构合理性	0—10 分专家评分
			RI-1-25 人员职称结构合理性	0—10 分专家评分
		RI-1-3 机构人员能力指标	RI-1-31 管理人员能力指标	0—10 分专家评分
			RI-1-32 专业技术人员能力指标	0—10 分专家评分
			RI-1-33 辅助性工作人员能力指标	0—10 分专家评分
	RI-2 信息资源水平	RI-2-1 机构信息资源总量指标		对照标准或者同级机构平均总量水平打分
		RI-2-2 机构信息资源质量指标	R2-2-21 信息资源多样性指标	可选指标 0—10 分专家评分
			R2-2-22 信息资源特色化程度指标	可选指标 0—10 分专家评分
			R2-2-23 信息资源时效性指标	可选指标 0—10 分专家评分
			R2-2-24 信息资源真实性指标	可选指标 0—10 分专家评分
			R2-2-25 信息资源专业性指标	可选指标 0—10 分专家评分
	RI-3 技术资源水平	RI-3-1 技术设备总量指标	RI-3-11 通用设备总量指标	对照标准或者同级机构平均总量水平打分
			RI-3-12 专用设备总量指标	对照标准或者同级机构平均总量水平打分
		RI-3-2 技术设备先进程度指标		0—10 分专家评分
		RI-3-3 技术设备利用率指标		0—10 分专家评分

需要说明的是，公共文化服务机构类型不同，因而涉及人力资源的类型、信息资源的类型和特点，所使用的设备类型和数量也就不同，在进行多民族语言信息共享空间资源能力评价时，不能简单照搬公共图书馆的评价体系，而是要结合行业特点对不同类型的机构的技术资源进行分别评价，在评价思路和框架一致的情况下，需要对细节部分进行适度取舍，使其符合行业特征。

第四节 多民族语言信息共享空间的语言支持评价

多民族语言信息共享空间是民族地区公共文化服务机构为用户提供的跨语言信息共享和交流体系，对语言文字应用能力不同的用户提供跨语言支持服务是多民族语言信息共享空间评价的核心内容之一。跨语言支持水平可以通过两个方面的要素水平来衡量：一是公共文化服务机构所拥有的语言资源的数量和水平；二是公共文化服务机构可以提供的语言服务的数量和质量。其中，语言资源又可以细分为专业翻译人员、数字语料库、数字多语言词典、本体模型等。根据前文所述，多民族语言信息共享空间跨语言服务体系的结构呈现出典型的多通道特征，可以从"基于主体的策略"、"基于中介的策略"和"基于客体的策略"三个方面提供不同的支持措施，而这三大类型的策略属于平行策略，理论上具有可替代性，然而在现实当中由于每种策略都无法提供100%的跨语言支持，需要根据用户需求灵活选取其中的几种措施加以组合。因此，多民族语言信息共享空间跨语言支持服务评价应该同时包括"基于主体的策略"、"基于中介的策略"和"基于客体的策略"，只是三种类型所占权重有所区别。例如，基于主体的策略主要承担者是民族地区基础教育体系，公共文化服务机构只承担补充性的培训工作，权重可以定为0.2；基于中介的策略主要由所在语言区域语言文字协作机构共同完成，公共文化服务机构只能参与其中的一部分，因而权重可以定为0.3；基于客体的策略是公共文化服务机构跨语言信息服务的核心内容，权重可以定为0.5。当然，上述权重仅仅是举例，实践当中可以结合专家法、德尔菲法等方法计算精确的权重。

综上所述，多民族语言信息共享空间语言支持力度指数（LI）可以通过以下四个测评指标进行评价。一是LI-1公共文化服务机构语言资源情况，细分为LI-1-1专业翻译人员数量及水平（LI-1-11专业翻译人员数量；LI-1-12专业翻译人员总体水平）、LI-1-2数字语言资源库数量及水平（LI-1-21数字语言资料库数量；LI-1-22 数字语言资料库水平），两者之间按照一定权重进行相乘加总。专业翻译人员数量参考同级、同类机构平均数量和水平进行评价，专业翻译人员水平参考人员学历、职称结构、工作业绩等情况进行综合评价。公共文化服务机构数字语言资源库根据有无进行计分，如果没有则不计分，如果有部分数字语言资源库则结合语料规模、标注深度等因素按照 0—10 分打分。二是 LI-2 公共文化服务机构跨语言服务情况、细分为 LI-2-1 主体策略服务情况、LI-2-2 中介策略服务情况、LI-2-3 客体策略服务情况。上述三种策略又可以细分为若干服务措施，例如基于主体的策略可以细分为 LI-2-11 双语培训课程（少数民族语言或国家通用语言）、LI-2-12 少数民族语言信息处理技术培训课程、LI-2-13 用户间双语协助与合作，每项措施由评价专家根据服务开展的情况进行打分，既要考虑服务的覆盖范围、参与的人数等数量因素，也要考虑服务提供的精细化程度，例如翻译的精度等因素进行综合评分，三类措施之间通过加权相乘的方式求和，如果某一项服务没有提供则该项没有分数。由于民族地区公共文化服务机构类型的多样性，在进行跨语言支持力度评价时，还要体现出行业的特殊性，例如文艺演出的双语字幕提示在图书馆、档案馆等机构就不涉及，而文献信息双语目录在文化馆等机构很少用到，需要从中选择适合的评价指标，甚至可以根据评价工作的需要，在通用指标体系的基础上增加一些体现机构特色的细化评价因子。多民族语言信息共享空间跨语言支持力度评价体系如表 7-3 所示。

表 7-3　　　　　　IIC-ELS 语言支持力度的评价体系

一级指标（评价目标）	二级指标（评价层面）	三级指标（评价因子）	细化指标（评价因子）	评价方法
LI 空间语言支持力度	LI-1 机构语言资源	LI-1-1 专业翻译人员	LI-1-11 专业翻译人员数量	参照行业平均水平 0—10 分专家评分
			LI-1-12 专业翻译人员总体水平	根据学历、职称、业绩等信息，0—10 分专家评分
		LI-1-2 数字语言资源库	LI-1-21 数字语言资源库数量	按照多语字典、语料库、本体库、语法库等积分
			LI-1-22 数字语言资源库水平	按照资源库规模、语料标注深度的因素进行评分
	LI-2 机构跨语言服务	LI-2-1 主体策略服务情况（权重：0.2）	LI-2-11 双语培训课程	综合服务参与人数、跨语言服务精度等因素，0—10 分专家评分
			LI-2-12 少数民族语言信息处理技术培训课程	综合服务参与人数、跨语言服务精度等因素，0—10 分专家评分
			LI-2-13 用户间双语协助与合作	综合服务参与人数、跨语言服务精度等因素，0—10 分专家评分

续表

一级指标 （评价目标）	二级指标 （评价层面）	三级指标 （评价因子）	细化指标 （评价因子）	评价方法
LI 空间 语言支持 力度	LI-2 机构跨语言 服务	LI-2-2 中介策略 服务情况 （权重：0.3）	LI-2-21 服务引导人员双语服务	综合服务参与人数、跨语言服务精度等因素，0—10分专家评分
			LI-2-22 专业翻译人员人工服务	综合服务参与人数、跨语言服务精度等因素，0—10分专家评分
			LI-2-23 双语自助应答系统	综合服务参与人数、跨语言服务精度等因素，0—10分专家评分
			LI-2-24 跨语言信息检索系统	综合服务参与人数、跨语言服务精度等因素，0—10分专家评分
			LI-2-25 双语自助翻译系统	综合服务参与人数、跨语言服务精度等因素，0—10分专家评分
			LI-2-26 其他少数民族语言翻译服务	综合服务参与人数、跨语言服务精度等因素，0—10分专家评分
		LI-2-3 客体策略 服务情况 （权重：0.5）	LI-2-31 文献双语对照版本	综合服务参与人数、跨语言服务精度等因素，0—10分专家评分
			LI-2-32 文献双语目录服务	综合服务参与人数、跨语言服务精度等因素，0—10分专家评分
			LI-2-33 文献双语内容提要卡片服务	综合服务参与人数、跨语言服务精度等因素，0—10分专家评分
			LI-2-34 工作人员双语咨询服务	综合服务参与人数、跨语言服务精度等因素，0—10分专家评分
			LI-2-35 展览双语文字介绍服务	综合服务参与人数、跨语言服务精度等因素，0—10分专家评分
			LI-2-36 展览双语讲解服务	综合服务参与人数、跨语言服务精度等因素，0—10分专家评分
			LI-2-37 讲座双语演示文稿服务	综合服务参与人数、跨语言服务精度等因素，0—10分专家评分
			LI-2-38 文艺演出双语字幕服务	综合服务参与人数、跨语言服务精度等因素，0—10分专家评分
			LI-2-39 空间双语引导标识服务	综合服务参与人数、跨语言服务精度等因素，0—10分专家评分
			LI-2-310 空间双语广播服务	综合服务参与人数、跨语言服务精度等因素，0—10分专家评分
			LI-2-311 其他少数民族语言文字信息服务	综合服务参与人数、跨语言服务精度等因素，0—10分专家评分

公共文化服务机构按照表7-3进行多民族语言信息共享空间跨语言服务支持力度评价时，可以事先选择符合行业特点的若干项通用服务，为每一项服务分配对应的权重，然后按照积分原则进行评价，得到机构所提供跨语言服务基本情况的判断。例如图书馆行业进行评价时，可以选择的通用服务类型主要包括：双语培训课程、少数民族语言信息技术培训课程、用户间双语协作、服务引导人员双语服务、专业翻译人员人工服务、双语自助应答系统、跨语言信息检索系统、双语自助翻译系统、其他少数民族语言文字翻译服务、文献双语对照版本、文献双语目录服务、文献双语内容提要卡片服务、工作人员双语参考咨询服务、空间双语引导标识服务、空间双语广播服务、其他少数民族语言文字信息服务共计16项基本服务，根据服务相对核心服务的关系，为不同的服务项目设定不同的权重，例如文献双语目录、文献双语内容提要的权重可以高一些，但是所有服务项目的权重之和要等于1。按照这种方式分配完权重之后，就可以逐项对照打分，没有的项目则不计分，最后将每项打分与权重相乘加总，得到一个0—10分的分数，作为机构语言服务指数（LI）的分值。

第五节　多民族语言信息共享空间的核心服务评价

多民族语言信息共享空间的建设主体是民族地区公共文化服务机构，可以分为公共图书馆、公共档案馆、公共博物馆、公共美术馆、公共纪念馆、公共文化馆等类型，每种类型的机构都在区域公共文化服务体系当中承担着独特的职能，例如公共图书馆主要提供图书、期刊、报纸和数字资源库等文献信息服务，公共档案馆主要提供档案等记录性文献信息服务，公共博物馆主要提供文物等实物信息资源的展出服务，公共美术馆主要展出字画、雕塑等艺术品信息资源的展出服务，公共纪念馆主要提供与主题相关的各类实物、图片等纪念信息服务，公共文化馆主要提供文艺演出、群众性文化活动等文化服务。上述各种类型的体现公共文化服务机构不可替代性价值的服务就属于其核心服务。

必须明确的是，公共文化服务机构建设多民族语言信息共享空间的主要目的并不是追赶潮流，而是希望通过信息共享空间建设，真正发挥现代信息技术在服务当中的整合作用，推动公共文化服务机构的改革创新，从根本上完成向着以用户为导向的公共文化服务体系的转型。因此，对公共文化服务机构核心服务质量的评价就成为多民族语言信息共享空间总体评价的核心内容。核心服务质量内涵非常广泛，尽管空间布局、资源能力、语言支持等要素是作为支持性要素出现的，但是它们当中存在的任何问题与缺陷都会在核心服务质量上集中表现出来。所以，在评价时间和资源有限时，负责评价的人员甚至可以不进行空间布局、资源能力、语言支持评价，只关注核心服务质量的变化情况。

我国公共图书馆、公共文化馆等文化服务领域相关行业标准对于核心服务的内容和衡量方法也做出了较为明确的规定。《GB/T 28220—2011 公共图书馆服务规范》规定：公共图书馆的基本服务是保障和满足公众的基本文化需求的服务，包括为读者免费提供多语种、多种载体的文献的借阅服务和一般性的咨询服务，组织各类读者活动以及其他公益性服务。公共图书馆应有固定的开放时间，双休日应对外开放，其中省级馆每周开放时间不少于64小时；地级馆每周开放时间不少于60小时；县级馆每周开放时间不少于56小时；各级独立建制的少年儿童图书馆每周开放时间不少于40小时。公共图书馆应通过流动站、流动车等形式，将文献外借服务和其他图书馆服务向社区、村镇等延伸，定期开展巡回流动服务。公共图书馆应利用互联网、手机等信息技术手段和载体，开展不受时空限制的网上书目检索、参考咨询、文献提供等远程网络信息服务。公共图书馆可为个人、企事业机构及政府部门提供多样化的、灵活的、有针对性的服务。《GB/T 32939—2016 文化馆服务标准》规定：文化馆实现无障碍、零门槛进入，公共空间设施场地实行免费开放，所提供基本服务项目全部免费。文化馆组织开展演出、展览等公益性群众文化展示活动，指导下级文化馆（站）群众文化业务工作，培训基层队伍和业余文艺骨干，辅导群众文艺作品创作，开展时政法制科普教育等服务，以及为保障基本职能实现提供的一些辅助性服务。馆内常设的基本服务项目不低于5项。年度组织文艺活动（含非物质文化遗产展示活动）不少于30次，其中综合性大型文化活动不少于3次。年度组织展览活动不少于4次。年度组织各类理论研讨活动和对外交流活动不少于2次。年度组织群众业余文艺创作和群众业余文艺作品推广活动1次。文化馆通过组织社会群众文化活动、建立基层服务点、流动车等形式，定期下基层辅导、演出、展览和指导基层群众文化活动，将文化馆的服务延伸到基层馆（站）和社区、村。文化馆应利用互联网等信息技术手段和载体，开展数字文化馆建设，实现信息服务，艺术鉴赏、展览，远程艺术培训和指导等数字化服务功能。文化馆、公共图书馆、博物馆、非物质文化遗产保护等社会各类公共文化机构开展多种形式的联合服务，如通过科普、文化资源共享等方式提升同一地区文化馆系统的整体形象和服务能力。

多民族语言信息共享空间核心服务的评价是涉及多个方面因素的复杂性任务，通常可以采用两种视角：第一种，服务提供者视角（Services Provider），即衡量公共文化服务机构在核心服务领域做了哪些工作，为用户提供了哪些类型的服务，服务的质量和水平如何等；第二种，服务接受者视角（Services Receiver），即衡量用户对公共文化服务机构的服务如何评价，是否从服务过程中感受到了尊重和满足，是否通过服务有所收获等。这两种评价视角各有利弊，在实践中如何选择取决于进行评价的主要目的。服务提供者视角下的公共文化服务质量评价能够对服务机构提供服务的全过程进行全面总结，能够客观地评价服务机构为用户服务所做的所有努力。然而，服务提供者的努力方向与用户需求并不总是完全一致的，实践当中存在服务机构投入巨资建设的服务系统却少人问津的情况，因此这种视角下的评价体系也存在一定的问题。服务接受者视角下的评价体系是服务评价的主流方向，图书馆行业所使用的LibQUAL+™量表和用户满意度测评就是采用这种视角。基于用户视角的评价体系能够较为真实地体现服务体系建设的最终目的，也符合信息共享空间"以用户需求驱动服务创新"的核心理念，因而应该作为多民族语言信息共享空间服务评价的核心内容。但是，在经济社会发展水平相对滞后的民族地区建设多民族语言信息共享空间，还承担着引领先进文化潮流的作用，要用现代科学文化引领社会文化潮流，最大限度降低宗教文化的负面影响，所以在总体上按照面向用户需求设计服务体系的同时，也需要适度超越用户需求以达到引领作用。本书认为，"服务提供者视角"和"服务接受者视角"共同构成多民族语言信息共享空间核心服务质量评价的内容，但是两种视角在不同的发展阶段重要性是不一样的，在多民族语言信息共享空间建设的起步期和发展期，由于各类服务体系尚未完全建立，此时的评价主要倾向于内部评价，目的是鼓励公共文化服务机构进行服务基础设施建设，完成信息共享空间实体层的优化。然而，等多民族语言信息共享空间建设进入"基础期"之后，基本服务体系已经建立，此时需要做的是基于现有资源，通过挖掘资源潜力寻求服务质量的提升，评价体系就应该兼顾内部评价和外部评价，同时关注服务提供者和服务接受者两个视角。随着多民族语言信息共享空间成熟度水平的继续提升，基础设施建设全部完成，应有的各类资源都已具备，公共文化服务机构需要做的是如何优化资源的配置方式，激发现有资源的潜力，此时就应该主要关注外部评价，通过对用户需求细微特征的把握提升服务质量。"服务提供者"视角和"服务接受者"视角在多民族语言信息共享空间核心服务质量评价当中的权重变化如图7-2所示。

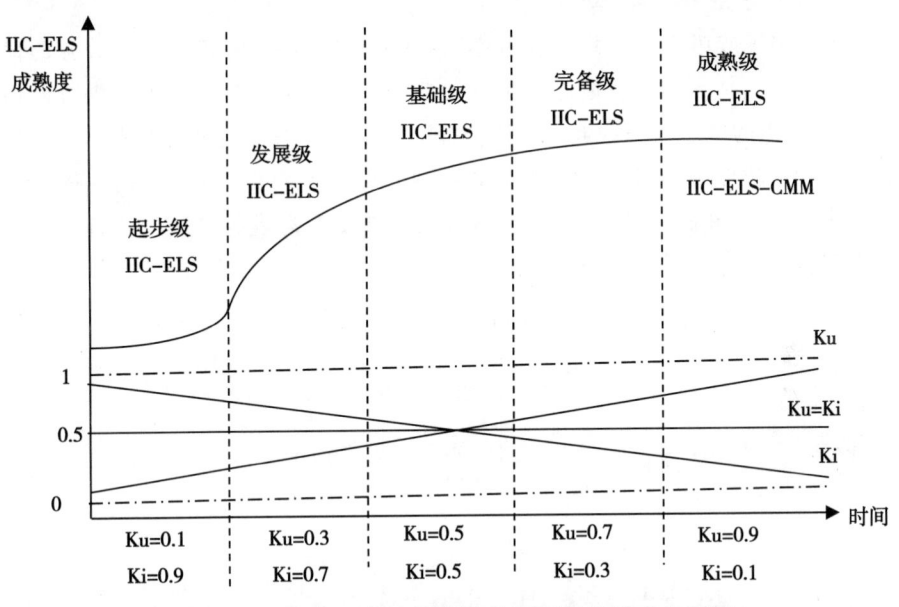

图 7-2　IIC-ELS核心服务内外部评价权重变化示意

图7-2中，多民族语言信息共享空间核心服务的评价可以同时采用用户导向的评价体系和机构导向的评价体系，但是面向用户的评价系数 Ku 和面向机构的评价系数 Ki 权重设定可以有多种方案（Ku+Ki=1）。如果是公共文化服务机构初次参加多民族语言信息共享空间发展水平的测评，还不知道其所处的确切发展阶段，可以将问题简化为 Ku=Ki=0.5，即两种评价导向的权重是一样的。如果公共文化服务机构此前已经进行过多民族语言信息共享空间的测评，已经获得了关于其所处阶段的明确划分，则可以对照所处的阶段进行权重组合方案的设定。例如，在多民族语言信息共享空间起步期的评价过程中可以采用 Ku=0.1，Ki=0.9；发展级 IIC-ELS 的 Ku=0.3，Ki=0.7；基础级 IIC-ELS 的 Ku=Ki=0.5；完备级 Ku=0.7，Ki=0.3；成熟级 Ku=0.9，Ki=0.1。实践当中还可以根据需要对上述参数进行微调，例如某公共文化服务机构信息共享空间此前的评定的成熟度等级是基础级，内外部组合评价的参数采用 Ku=Ki=0.5，但是由于多民族语言信息共享空间在评价之后又经历了一段时间的发展，理论上所成熟度有所提高，则可以将用户导向评价参数 Ku 修正为 0.55，相应地 Ki 参数修正为 0.45。因此，多民族语言信息共享空

间核心服务质量指标（SI）可以细分为机构服务提供（SI-1）和用户质量反馈（SI-2）两个二级指标，两个指标的权重分别为 Ku 和 Ki，其组合关系符合图 7-2 所示的变动规律。

由于多民族语言信息共享空间建设主体的多样性，对机构提供服务的评价不宜过于具体，而要采取相对更为概括的评价指标。参考美国埃森哲公司 2004 年提出的电子政务服务质量评价指标体系，本书将多民族语言信息共享空间机构提供服务（SI-1）的评价体系细分为服务广度（SI-1-1）、服务深度（SI-1-2）和服务频度（SI-1-3）三个维度，构建起多民族语言信息共享空间核心服务的评价的三维空间模型，如图 7-3 所示。

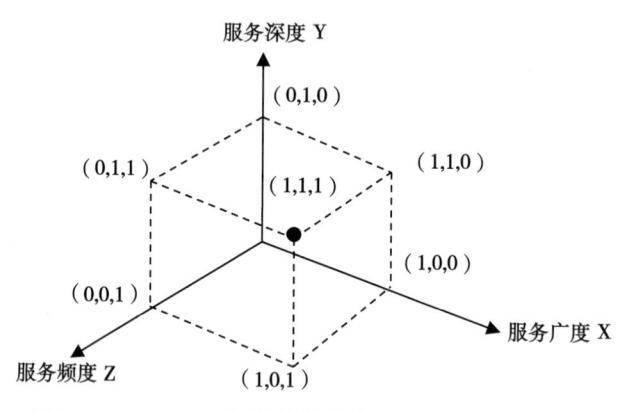

图 7-3　IIC-ELS 机构提供服务评价的三维空间模型

图 7-3 中，多民族语言信息共享空间的三维理论模型由服务广度（X）、服务深度（Y）和服务频度（Z）三个维度组成，每个维度的值在 0—1 之间波动，构成一个长宽高都等于 1 的三维指数空间。图中三个维度的衡量指标的内涵如下。一是服务广度。"服务广度"是指公共文化服务机构所提供服务覆盖面，通常以机构已经提供服务的种类与应该提供服务种类之间的比例来体现，取值介于 0 和 1 之间。例如《GB/T 32939—2016 文化馆服务标准》规定：公共文化馆提供的服务内容主要包括文艺活动、展览活动、理论研讨和对外交流活动、群众业余文艺创作和群众业余文艺作品推广、文艺团队下基层、文化艺术法律科普农技培训班、下级文化站人员培训辅导、建设基层文化活动基地等 8 项基本服务，如果某文化馆提供的服务属于其中的 6 种类型，则该机构服务广度指标为 0.75。公共图书馆、公共档案馆、公共博物馆等机构的服务广度值计算方法与之类似，衡量标准可以参照国家相关标准，也可以采用列举法从现有的服务当中列举该类机构应当提供的服务类型。二

是服务深度。服务深度是指某种类型的服务的精细化程度,例如民族地区公共图书馆的双语目录服务属于基本服务的一种,但是所提供的双语目录的精细化程度是不一样的,有的机构只提供了题名、作者、关键词等基本信息的双语对照目录,而有的机构则对文献信息资源的元数据进行了完整的翻译,甚至通过计算机文本自动摘要技术生成了双语对照版的内容框架信息。相对于前者,后者的精细化程度肯定更高,所以服务深度指数的取值就更高。对服务深度的判断必须依靠评测专家的主观判断,为了保障标准的一致性,可以在评测之前对于每一项服务对应的深度等级进行研究,以便评价过程中进行参照评分。服务深度的取值也是介于0和1之间,通常不会等于0也不会等于1。公共文化服务机构所提供的服务通常有多种类型,则服务深度值按照各类服务深度值的平均值计算;如果服务重要程度不同,可以通过加权方式进行调节。三是服务频度。服务频度是指公共文化服务机构所提供服务的时间或者次数与应该提供服务的时间或次数的比值。例如,《GB/T 28220—2011 公共图书馆服务规范》规定:公共图书馆应有固定的开放时,其中省级馆每周开放时间不少于64小时;地级馆每周开放时间不少于60小时;县级馆每周开放时间不少于56小时。如果某省级图书馆开放的时间数为每周56小时,则其服务频度值为0.875;某地级馆每周开放时间为54小时,其服务频度值为0.9,某县级馆每周开放时间为56小时,其服务频度值为1。《GB/T 32939—2016 文化馆服务标准》规定:公共文化馆的基本服务包括每年组织文艺活动(含非物质文化遗产展示活动)不少于30次,如果某文化馆当年组织的活动为27次,则其服务频度值为0.9。当然,服务频度可能出现高于标准的情况,为了计算方便,只要达标的指标全部记为1,不再按照比例增加指标数值。与服务深度值的计算类似,服务频度值的计算也需要对涉及的多项服务的深度值分别计算,将结果加权后计算其平均值作为机构服务频度值的取值。在获取了公共文化服务机构服务广度、深度和频度三个维度上的数值之后,就可以按照公式计算"机构服务提供指数(SI-1)"的数值了。机构服务提供指数(SI-1)的计算公式为:(公式7-1)SI-1 = $\sqrt{x^2+y^2+z^2}/\sqrt{1^2+1^2+1^2}$。机构服务提供指数用广度、深度、频度三个维度的取值构成的三维坐标点与坐标点(1,1,1)之间距离的比值来表示,代表该文化服务机构所提供服务的水平与标杆水平之间的距离。例如某民族地区某公共文化服务机构的服务水平在广度、深度和频度三个维度的取值分别为0.8,0.5,0.9,则其"机构服务提供指数"的数值为SI-1=0.75(保留两位小数)。再如,某公共文化服务机构的服务提供水平在三维空间模型当中的坐标是（0.4，0.2，0.6），则其"机构服务提供指数"带入公式7-1进行计算后的结果是SI-1=0.43（保留两位小数）。

用户质量反馈（SI-2）指标是从用户视角对公共文化服务机构服务质量进行的评价，可以结合图书馆、文化馆组织的用户满意度调查活动进行，也可以采用较为专业的LibQUAL+TM量表，设计出更为专业细致的问卷，对用户满意度进行调查。《GB/T 28220—2011 公共图书馆服务规范》对用户满意度调查的要求做了具体规划，例如读者满意度调查表中读者对图书馆满意度的选项为"满意"、"基本满意"和"不满意"三项。读者满意度以参与问卷调查的读者中选择"基本满意"和"满意"的人数占调查总人数的比例计。各级公共图书馆的读者满意度应在85%（含）以上。公共图书馆每年应进行一次读者满意度调查，可自行或委托相关机构向馆内读者随机发放读者满意度调查表。调查表发放数量，省、地、县级图书馆分别不少于500份、300份、100份，回收率不低于80%。公共图书馆应对回收的读者满意度调查表进行分析，针对薄弱环节提出整改意见。调查数据应系统整理，建档保存。《GB/T 32939—2016 文化馆服务标准》规定：文化馆内部应制定服务质量监控计划，并严格执行监控计划并记录，定期进行质量分析。文化馆应在显著位置设立意见箱，公开监督电话，开设网上投诉通道，建立馆长接待日，组建社会监督员队伍，定期召开公众座谈会。应准确、详细记录文化馆活动日志、重要工作日志和客户流量，忠实记录公众投诉事项和内容，及时处理事件和反馈处理结果，定期征集、统计、分析公众意见，改进服务工作。文化馆每年应进行不少于一次的公众满意度调查，满意度应不低于80%，接受上级部门对文化馆不定期的满意度调查的检查和监督。

用户质量反馈（SI-2）指标的计算取决于公共文化服务机构采用的是哪种用户质量的测评方法，如果采用的是LibQUAL+^{TM}量表进行分析，需要从信息控制、服务影响、图书馆场所三个方面选取22个项目进行评价，通过对数据进行综合计算，根据D和BESD指标的组合判断用户满意度，例如D≥0.31且BESD≥15.1%则认为用户对图书馆的服务质量感到满意；如果-0.3<D<0.3且-15%<BESD<15%则表明部分用户满意，可以继续寻求改进措施；如果D≤-0.31且BESD≤-15%，则表明用户对图书馆服务极度不满，需要重新对图书馆服务体系进行审视，并将改进工作作为高优先度的工作。由于机构核心服务SI指数采用0到1之间的数值来表示，如果机构采用LibQUAL+^{TM}量表，需要将数值对应区间进行调整，例如D变量的下限前移到-0.5并将改点作为0点，从而使D变量的取值区间变为0到1之间，0.2和

0.8 为判断服务满意度的两个关键点。采用同样的方式,将 BESD 的下限前移到 -50%,并将该点作为新的零点,这样 BESD 值的变化区间就变为 0 到 1 之间,0.35 和 0.65 是两个关键点。经过上述处理,LibQUAL+™量表用户满意度就可以变成 0—1 之间变化的量,就可以参与服务质量的总体评价了。如果公共文化服务机构采用的是常规的用户满意度调查问卷的方法,计算方法相对简单。例如针对服务项目的用户态度量表可以用数字 0 到 1 来表示,非常不满意为 0.1,不满意为 0.3,服务水平一般为 0.5,满意为 0.7,非常满意为 0.9。用户填写完问卷之后就可以计算出其对公共文化服务机构的满意度数值,然后再在更大的范围内进行统计分析,得出用户群体对公共文化服务机构服务质量的总体评价,由于问卷已经做了无量纲化处理,因此最终评价的结果也是在 0 到 1 之间变化,可以作为统一的参数进行公共文化服务机构核心服务的评价。

多民族语言信息共享空间"核心服务质量(SI)"可以通过"机构服务提供指标(SI-1)"和"用户质量反馈(SI-2)"的加权公式进行计算,SI=(SI-1)×Ki+(SI-2)×Ku 进行计算。例如,某公共文化服务机构多民族语言信息共享空间整体上处于基础级,机构服务提供指标 SI-1=0.6,用户质量反馈指标 SI-2=0.5,则机构核心服务质量指标 SI=0.6×0.5+0.5×0.5=0.55。结合上述分析,民族地区公共文化服务机构多民族语言信息共享空间核心服务质量评价体系如表 7-4 所示。

表 7-4　　　　　　IIC-ELS 核心服务质量的评价体系

一级指标 (评价目标)	二级指标 (评价层面)	三级指标 (评价因子)	细化指标 (评价因子)	评价方法
核心服务质量 SI	SI-1 机构服务提供 (权重 Ki)	SI-1-1 服务广度指标	服务的覆盖面	参照行业标准或者应有服务项目计算比例
		SI-1-2 服务深度指标	服务精细化程度	参照服务精细化程度进行逐项打分换算为总体深度
		SI-1-3 服务频度指标	服务规模、时间或次数	参照行业标准或惯例进行逐项打分换算为总体深度
	SI-2 用户质量反馈 (权重 Ku)	无	无	按照不同的测评方法,将用户满意度调查结果进行归一化处理

表 7-4 所列的多民族语言信息共享空间核心质量服务评价体系涉及 6 个基本参数,为了得到这 6 个参数的评价数值,评价人员需要付出大量的劳动,

尤其是在服务广度、服务深度、服务频度三个指标的测量过程中，需要根据每项服务的特征制定适合的评价方法。而用户质量反馈指数 SI-1 的测评更是一项具有高度专业性的任务，涉及因素众多，需要在专业理论指导下经过复杂的测评流程最终获得结果。因此，尽管核心服务质量评价指标数量较少，但它是多民族语言信息共享空间评价体系当中最为重要的组成部分，是多民族语言信息共享空间整体发展水平的集中体现，语言能力支持力度、资源能力水平和空间布局水平都是对核心服务质量提供支撑的外围因素。

第六节　多民族语言信息共享空间发展阶段的定位

在多民族语言信息共享空间的空间布局水平指标（BI）、资源能力水平指标（RI）、语言支持力度指标（LI）和核心服务质量指标（SI）都确定之后，就可以对这四个指标的权重进行确定，然后进行多民族语言信息共享空间服务成熟度指标 IIC-ELS-CMM 计算，计算公式为：IIC-ELS-CMM = BI×Kb+RI×Kr+LI×Kl+SI×Ks。上述四个核心指标是当中，布局水平指标（BI）、资源能力水平指标（RI）、语言支持力度指标（LI）都是支持性指标，核心服务质量指标（SI）为核心指标，因此在确定权重时应该体现出差异性，例如可以将核心服务质量指标（SI）的权重 Ks 设为 0.6，语言支持力度指标（LI）权重 Kl 设定为 0.15，资源能力水平指标权重 Kr 设定为 0.15，空间布局水平指标权重 Kb 设定为 0.1。当然，如果要采用更为精确的权重方案，可以通过专家法进行打分后取平均数，或者使用层次分析法 AHP 计算每个指标的权重值。

根据上述计算方法，假设某地区五个公共文化服务机构多民族语言信息共享空间评价过程中取得的数据如下：①机构 A：BI = 0.6，RI = 0.5，LI = 0.4，SI = 0.6；②机构 B：BI = 0.4，RI = 0.3L，LI = 0.2，SI = 0.5；③机构 C：BI = 0.7，RI = 0.8，LI = 0.6，SI = 0.7；④机构 D：BI = 0.8，RI = 0.8，LI = 0.7，SI = 0.8；（5）机构 E：BI = 0.1，RI = 0.2，LI = 0.1，SI = 0.3。按照计算公式，则其多民族语言信息共享空间服务成熟度指数的计算过程如下：①A 机构，IIC-ELS-CMM = 0.6×0.1+0.5×0.15+0.4×0.15+0.6×0.6 = 0.565；②B 机构，成熟度指数 IIC-ELS-CMM = 0.4×0.1+0.3×0.15+0.2×0.15+0.5×0.6 = 0.415；③C 机构，多民族语言信息共享空间服务成熟度指数 IIC-ELS-CMM = 0.7×0.1+0.8×0.15+0.6×0.15+0.7×0.6 = 0.700；④D 机构，IIC-ELS-CMM = 0.8×0.1+0.8×0.15+0.7×0.15+0.8×0.6 = 0.785；

⑤E 机构，信息共享空间服务成熟度 IIC-ELS-CMM = 0.1×0.1+0.2×0.15+0.1×0.15+0.3×0.6 = 0.235。显然，上述五个机构的多民族语言信息共享空间成熟度差异性很大，处于不同的发展阶段。根据本章第一节对多民族语言信息共享空间发展阶段的理解，将 IIC-ELS 服务成熟度指数划分为以下的五个发展阶段，如图7-4所示。

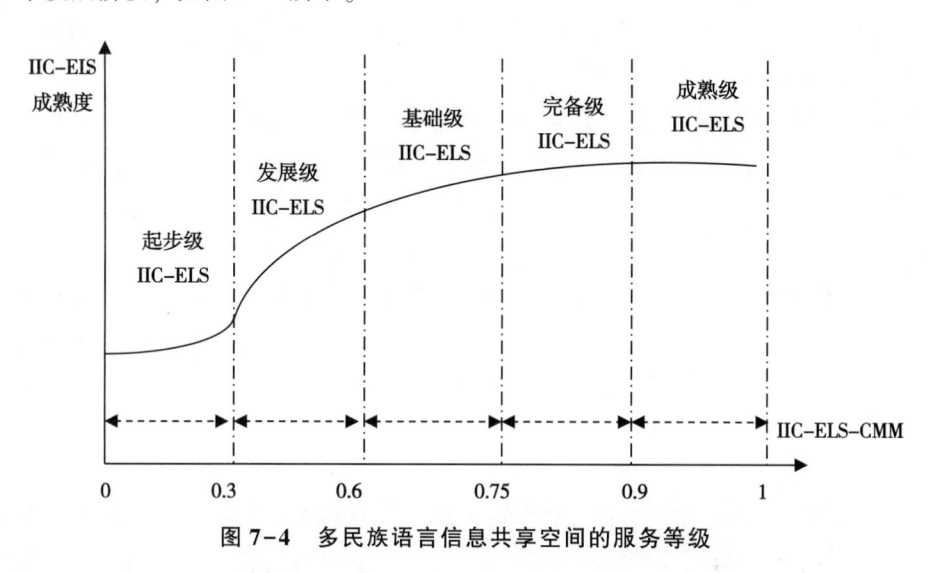

图7-4 多民族语言信息共享空间的服务等级

在图7-4中，多民族语言信息共享空间整体成熟度指数 IIC-ELS-CMM 的取值在0到1之间增长和变化，从低到高可以划分为以下的五个发展阶段：①起步级 IIC-ELS：$0 \leq$ IIC-ELS-CMM<0.3；②发展级 IIC-ELS：$0.3 \leq$ IIC-ELS-CMM<0.6；③基础级 IIC-ELS：$0.6 \leq$ IIC-ELS-CMM<0.75；④完备级 IIC-ELS：$0.75 \leq$ IIC-ELS-CMM<0.9；⑤成熟级 IIC-ELS：$0.9 \leq$ IIC-ELS-CMM<1。按照上述标准，机构 A、机构 B 都属于发展级 IIC-ELS，其重点任务是同时推进服务设施和服务体系建设，增加新的服务项目，提升现有服务项目的质量；机构 C 属于基础级 IIC-ELS，已经建立了相对完整的多民族语言信息共享空间体系，但是服务过程中尚存在较多的问题，还有较多的提升机会，需要进一步发挥现有资源的潜力，提升空间服务质量；机构 D 属于完备级 IIC-ELS，多民族语言信息共享空间建设初步取得成功，各类服务体系完备，服务质量得到有效控制，常规的服务质量问题都已得到解决，需要从深层次因素着手进行改革以推动空间服务质量的继续提升；机构 E 的 IIC-ELS-CMM 指数只有0.235，表明该机构整体服务水平处于较低的发展阶段，服务空间、服务资源、跨语言服务等方面的支持都非常有限，核心业务也仅

处于维持状态,迫切需要按照信息共享空间的原理对现有服务体系进行根本性的设计与变革。

除了对多民族语言信息共享空间所处发展阶段进行定位之外,IIC-ELS-CMM 模型还可以根据布局水平指标(BI)、资源能力水平指标(RI)、语言支持力度指标(LI)和核心服务质量指标(SI)的参数判断公共文化服务机构多民族语言信息共享空间建设存在的问题和今后努力改进的方向。例如,机构 B 的 IIC-ELS-CMM = 0.415;BI = 0.4;RI = 0.3;LI = 0.2;SI = 0.5。从数据分析来看,该机构的传统服务开展尚可,但是空间基础设施布局水平一般,资源能力较弱,而跨语言服务支持力度特别低,LI 指标只有 0.2。因此,如果该机构希望在短期内提升服务水平,就应该从提高跨语服务能力入手,提供双语引导服务,增加专业翻译人员数量,增加空间双语标识服务,同时对信息资源进行双语著录以便用户阅读和理解。在跨语言服务能力提高的基础上,该机构应该按照"面向用户"的原则,对整个服务体系进行重新规划和设计,增加信息技术在资源整合与服务整合当中的应用程度,从根本上提升机构进行公共文化服务的基础和能力。

本章所构建的 IIC-ELS-CMM 测评模型是一种衡量多民族语言信息共享空间发展水平的体系化方法和工具,它实现了"内部资源评估"与"外部服务评估"的相互融合、"资源数量评估"和"资源质量评估"的相互融合、"技术体系评价"和"服务体系评价"的相互融合,涉及多民族语言信息共享空间建设的方方面面,可以辅助民族地区公共文化服务机构进行服务体系的评价与分析,推动多民族语言信息共享空间向着正确的方向发展。当然,本章只是对 IIC-ELS-CMM 测评模型的一种概要性介绍,该模型要应用到实践当中,还需要根据评价核心目标的不同,结合所在行业的特点进行指标体系的选择和优化,开发出真正科学、严谨和适用的测评指标体系来。

第八章

多民族语言信息共享空间的应用领域

多民族语言信息共享空间是信息共享空间理论在我国民族地区公共文化服务体系的应用,其典型的应用领域主要包括公共图书馆、公共档案馆、公共博物馆、公共美术馆、公共纪念馆、公共文化馆等机构。作为多民族语言信息共享空间在不同行业的现实应用,上述各类机构需要遵循共同的理念和架构,但是由于机构核心业务的差异性,在诸多方面体现出各自的特殊性。本章分别讨论上述机构多民族语言信息共享空间的战略定位、体系架构的共性特征与个性特征以及各自的实施策略等问题。

第一节 公共图书馆 IIC-ELS

"信息共享空间"起源于互联网,但是作为一种机构综合服务空间来理解主要还是在图书馆领域。因此,多民族语言信息共享空间最为典型的应用领域就是民族地区公共图书馆。民族地区公共图书馆是搜集、整理、保管、利用书刊资料,为民族振兴和民族繁荣服务的科学、文化、教育机构,是我国图书馆事业的重要组成部分,它既有一般图书馆所固有的基本属性,又有少数民族特点所决定的特殊属性,既涉及图书馆工作规律,又涉及民族工作规律。[①] 民族地区公共图书馆相对一般图书馆的特殊性主要体现在以下方面:第一,民族地区公共图书馆的藏书结构要与当地用户人口结构相匹配,除了采集和保存国家通用语言文字图书资料之外,还要采集当地通用少数民族语言文字的信息资源,从馆藏方面体现出地方特色和民族特色;第二,民族地区公共图书馆的编目工作要体现出少数民族语言文字编目特色,要根据少数民族语言文字的书写习惯,设计符合地方特色的编目著录规则;第三,民族

---

① 刘瑞、包和平:《民族图书馆工作概论》,吉林省图书馆协会1993年版。

地区公共图书馆的读者群体呈现出多元化特征，不同民族的文化、不同的语言文字应用能力会带来用户阅读心理和信息需求的差异性，需要有针对性地予以满足；第四，民族地区地形地貌和人口分布特征，会给民族地区公共图书馆的流动服务工作带来很多不便，需要根据实际需求开发出多样化的图书流通服务形式；第五，民族地区公共图书馆所处的多元文化环境需要工作人员具有跨文化服务的意识和能力，既要熟悉国家民族工作的路线方针，又要尊重和欣赏不同的文化类型，通过多元文化服务带动当地文化的繁荣与发展。随着民地区信息化建设整体水平的提高，规划和建设公共图书馆多民族语言信息共享空间，是以现代信息技术驱动民族地区公共文化服务创新、提升民族地区公共文化服务水平的重要举措。

一 公共图书馆 IIC-ELS 的内涵分析

民族地区公共图书馆多民族语言信息共享空间（IIC-ELS）是支持多民族语言文献信息共享和交流的公共场所，遵循"开放共享、面向用户、资源集成、虚实交融、无障碍交流"的核心理念，通过对服务体系的重新规划与设计，为用户提供多语言文献信息服务并为用户在服务空间内的跨语言沟通交流提供支持。公共图书馆 IIC-ELS 坚持公益性服务原则，不能因为用户语言文字应用能力的差异将其拒之门外；公共图书馆 IIC-ELS 的实体服务空间、虚拟服务空间都必须以用户需求为导向进行设计，尽最大的努力使用户获得良好的服务体验；公共图书馆 IIC-ELS 利用信息技术实现机构各类资源的一站式集成，用户可以通过单一界面访问到各种类型、各种语言、保存在不同位置的文献信息资源；公共图书馆 IIC-ELS 是一个实体空间与虚拟空间高度融合的服务空间，实体设施与虚拟资源相互补充，相得益彰，共同构成用户良好服务环境的组成部分；公共图书馆 IIC-ELS 用信息技术拉近人与人之间的距离，通过各种辅助手段实现不同语言文字应用人群之间的沟通交流。总之，公共图书馆 IIC-ELS 就是为用户所构建的多语言无障碍交流环境和一站式集成服务体系。

二 公共图书馆 IIC-ELS 间的体系架构

公共图书馆的核心职能是文献信息服务，因而多民族语言信息共享空间属于"文字信息服务主导型 IIC-ELS"，体系架构整体上以"文献信息服务"为核心进行设计，分为服务层、实体层、虚拟层和支持层四个层面，每个层面主要内容如下。①服务层。公共图书馆 IIC-ELS 所提供的服务围绕图书馆核心职能展开，主要包括信息资源服务、信息咨询服务、信息传播服务、信息交流服务、用户教育服务等类型，以"信息资源服务"为主体，主要提供纸质和数字版本的图书、期刊、报纸等信息资源服务。②实体层。公共图书馆 IIC-ELS 实体空间根据用户需求进行设计，整体上可以分为服务引导区（服务台及接待大厅）、信息资源服务分区（开放阅览空间）、信息咨询服务分区（参考咨询服务）、信息传播服务分区（报告厅等）、信息交流服务分区（茶吧或咖啡吧等）、用户教育服务分区（培训教室等），在各分区当中穿插布置计算机、打印机和复印件等设施设备。③虚拟层。公共图书馆 IIC-ELS 虚拟空间为用户服务提供数字化支持，主要包括数字图书馆、特色资源库、虚拟参考咨询服务、网上报告厅、用户 BBS 论坛等功能。④支持层。公共图书馆 IIC-ELS 的支持层主要包括机构内部的组织制度与文化体系、所在区域的信息资源集成服务和国家层面上的跨地区信息资源共享与集成体系等。

三 公共图书馆 IIC-ELS 的语言服务

民族地区公共图书馆多民族语言信息共享空间必须为用户的跨语言信息共享和交流提供支持，在主体策略、中介策略和客体策略当中，以客体策略为主，辅以中介策略，开展主体策略的补充性服务；在多语言支持方面，以国家通用语言文字和当地通用少数民族语言文字跨语言交流支持为主，其他语言之间的跨语言交流支持主要依靠所在语言区域和国家层面语言文字工作协作组织来实现。公共图书馆 IIC-ELS 的跨语言服务体系可以采取的支持性措施主要包括以下方面。①基于客体的跨语言信息共享策略，主要包括双语信息资源的采集、信息资源的双语著录、信息资源双语提示卡片、讲座的双语 PPT 提示等方式。②基于中介的跨语言信息共享策略，主要包括服务引导人员双语服务、专业翻译人员服务、机器翻译系统应用服务、跨语言信息检索系统应用服务、计算机跨语言文摘系统服务等。③基于主体的跨语言信息共享策略，主要措施包括用户少数民族语言文字培训、工作人员双语能力培训等。由于语言文字教育工作的长期性需求，用户双语能力主要依赖民族地区基础教育体系来实现，图书馆所进行的用户和工作人员双语教育只是个补充手段。多民族语言信息共享空间各类跨语言服务措施之间呈现出"多通道结构"，民族地区公共图书馆可以根据用户需求和机构资源能力现状，选择其中的部分措施进行组合，为用户提供良好的语言支持环境。

四 公共图书馆 IIC-ELS 的实施建议

多民族语言信息共享空间建设是民族地区公共图书馆改善基础设施条件、

提高用户服务能力的重要机遇。民族地区公共图书馆推进多民族语言信息共享空间建设需要注意以下事项。①要从国家战略的高度认识多民族语言信息共享空间建设的重大社会意义。目前国内外信息共享空间研究主要聚焦在一些研究型大学图书馆，关注如何通过图书馆服务再造为科技和人文创新服务，很少有学者关注到公共图书馆对信息共享空间的建设需要。多民族语言信息共享空间秉承了信息共享空间的一系列核心理念，但是其重点并不是为科技创新服务，而是为多民族人口之间的信息共享和交流服务，为民族团结与融合的国家战略服务，是对民族地区经济社会发展有着重大影响的重要工作。因此，信息共享空间并不是研究型大学图书馆的专利，民族地区各级公共图书馆也可以实际需求规划和建设多民族语言信息共享空间。②超前规划，分步实施，渐进发展。民族地区经济社会发展条件对公共图书馆信息共享空间建设会造成一定的制约，但不是决定多民族语言信息共享空间建设成败的关键因素。我国边疆民族地区经济社会发展相对滞后，政府财政资金支持力度有限，客观上会给多民族语言信息共享空间建设带来不利影响，例如公共图书馆需要改建、扩建或者建设新馆都需要大笔的资金投入才可以进行。但是，多民族语言信息共享空间并不要求一步到位，而是与图书馆事业发展历程相适应，按照渐进发展路径予以实现。因此，民族地区公共图书馆可以按照建设规划的流程和方法，分别制定多民族语言信息共享空间的长远规划、中期规划和当前规划，确保信息共享空间建设处在同一战略体系当中，通过若干阶段的发展，逐步达到完备级 IIC-ELS 甚至成熟级 IIC-ELS 的服务水平。③以多民族语言信息共享空间建设驱动民族地区公共图书馆工作文化的变革。多民族语言信息共享空间的建设过程同时是民族地区公共图书馆服务文化变革的过程，需要公共图书馆的工作人员从根本上转变观念，认识到公共图书馆的"公共性"对服务工作的要求，牢固树立"为用户服务、为用户着想"的工作文化，为构建"面向用户"的文献信息资源服务体系提供文化支持。④在建设机构内部双语信息服务体系的同时，积极参与和推动区域公共图书馆之间的横向联合、图书馆行业与语言文字工作部门之间的战略协作，推动国家语言网格工程的规划和实施，为多民族语言信息共享空间建设创造良好的外部环境。其中，对于公共图书馆未来发展具有重大影响的工作是多机构联合进行多民族语言知识本体词网模型的联合开发，为实现图书馆信息服务由文献服务向着更深层次的知识服务提供基本的语义参照体系。在民族地区公共文化服务机构当中，公共图书馆行业联盟是最有可能在多民族语言通用语义知识参考体系开发当中取得突破的机构。

总之，信息共享空间在图书馆行业有广泛的理论和实践基础，理念与模式已经得到行业的接受与认可。公共图书馆 IIC-ELS 是多民族语言信息共享空间最具代表性的行业应用，是对多民族语言信息共享空间理论与实践成果的集中展示，其体系架构、实现策略和建设路径对于其他类型的公共文化服务机构 IIC-ELS 具有广泛的参考和借鉴意义。

第二节　公共档案馆 IIC-ELS

档案馆是我国专门负责档案接收、保存、管理和利用服务的专业机构，是承担社会记忆留存和传承功能的重要社会部门。按照档案馆接收档案的专业化程度，我国的档案馆总体上分为综合档案馆和专业档案馆两类：综合档案馆是按照行政层级划分的，负责接收和集中保管同一行政层级各类机构所产生的各类档案；专业档案馆是按照档案的专业性划分的，例如城建档案馆只接收与城镇建设相关的档案资料。《中华人民共和国档案法》第八条规定：中央和县级以上地方各级各类档案馆，是集中管理档案的文化事业机构，负责接收、收集、整理、保管和提供利用各分管范围内的档案。本节所述的"公共档案馆"并不是一种具体的档案馆设置方案，而是对所有具有公共属性档案馆的总称，即具有公共属性的档案馆。"公共属性"通常可以从以下角度理解。第一，档案馆在产权上并不属于任何私人机构和个人所有，是由公共财政资金支持建设且其日常运行和工作人员的报酬也主要来源于公共财政资金。第二，档案馆的服务对象不具备排他性。档案馆要为所在地区所有公民提供查档服务，不能因为公民性别、职业、健康状况等原因将其排除在外。第三，档案馆的服务具有权威性。在公民、企业或者其他社会组织因为历史问题出现纠纷时，档案馆的服务具有公正的"第三方"的作用，通过出具权威证据，为社会成员矛盾和问题的解决提供支持。从以上方面来看，我国各级政府设立的综合档案馆完全符合公共档案馆对"公共属性"的要求，从本质上说属于公共档案馆。

与图书馆有所不同的是，档案馆所接收和保存的对象是作为社会历史记录的档案，因而在管理和服务方面会与图书馆有较大的区别。第一，档案是在社会活动中直接生成的证据性材料，其数量是有限的，不可能像图书、期刊那样大规模复制和传播，通常只能供查档人在小范围内查阅。第二，档案的公开要遵循《档案法》的规定，通常要经历较长的封闭期之后才能对外公开。按照《档案法》的规定，不涉及国家安全或重大利益的经济、科学、技术、文化类档案，一般要在满 30 年之后向社会开放。第三，涉密档案的管理和保存要遵守国家保密法的规定，必须按照涉密信息管理的程序，在受控的条件下进行利用。受到上述因素的影响，我国部分综合档案馆的工作总体上呈现出"重存轻用"的倾向，工作人员服务意识淡薄，在对如何与用户进行良性互动方面采取的措施不多，这一点与公共图书馆的服务模式形成非常鲜明的反差。这种现象在我国民族地区综合档案馆更为突出，通过多民族语言信息共享空间建设提升民族地区公共档案馆的用户服务能力，是我国民族地区档案事业实现可持续发展的重要机遇。

一 公共档案馆 IIC-ELS 的内涵分析

多民族语言信息共享空间是民族地区公共档案馆为语言文字应用能力不同的各类用户群体所规划和建设的跨语言档案信息交流和服务体系。按照我国少数民族语言文字分布的规律，公共档案馆 IIC-ELS 主要为国家通用语言文字和少数民族语言文字之间的跨语言信息交流提供支持，既要为少数民族用户查阅国家通用语言文字档案提供支持，也要为在民族地区工作的汉族用户查阅少数民族语言文字档案提供支持。由于工作性质的特殊性，档案馆绝大部分的建筑空间是用来保存档案或者供工作人员进行档案管理和加工操作，真正对用户开放的区域通常只有"查档大厅"和"档案展览厅"等。为了提高工作的针对性，本节将档案馆多民族语言信息共享空间的范围做如下限定：①多民族语言信息共享空间的实体空间限定于档案馆对公众开放的建筑空间，各类只对工作人员开放的档案专业用房不在信息共享空间的范围内；②多民族语言信息共享空间的信息资源只包括依法对社会大众开放的档案，处于封闭期的档案或者涉密档案不在多民族语言信息共享空间的研究范畴。

公共档案馆多民族语言信息共享空间同样遵循 IIC-ELS 的"开放共享、面向用户、资源集成、虚实交融、无障碍交流"的核心理念，使用户在档案馆查档的过程中能够切实感受到便捷和高效。公共档案馆 IIC-ELS 的开放共享是指档案馆面向所有社会成员提供查档服务，甚至可以支持档案网站、数字档案馆、移动 App 的公开在线查档服务。公共档案馆 IIC-ELS 的面向用户是指档案馆对用户开放的区域要从用户的视角进行重新规划和设计，一切以方便用户为原则，优化空间结构和服务流程，尽最大的努力使用户感受到便捷和舒适。公共档案馆 IIC-ELS 的资源集成是指档案馆通过数字化技术实现馆藏各类载体档案的集成共享，甚至可以通过计算机网络访问到异地保存的档案信息资源，用户只要通过单一界面、一次性检索，所有相关档案的信息尽在眼前。公共档案馆IIC-ELS的虚实交融是指档案馆实体空间和虚拟空间相互融合，在实体空间可以通过计算机访问电子档案资源，在虚拟空间也可以利用实体空间的资源。公共档案馆IIC-ELS的无障碍交流是指进入公共档案馆查档的用户，无论是使用少数民族语言文字还是国家通用语言文字都能无差别地得到高质量的服务，不会因为语言文字差异性造成完全无法交流或者完全不能理解信息资源内容的情况。总之，公共档案馆IIC-ELS就是通过从用户视角对档案馆用户开放区域的人性化改造，使其从冷冰冰的查档机构，变成具有温馨和谐氛围，融合了现代科技元素的新型服务空间。

二 公共档案馆IIC-ELS的体系架构

公共档案馆多民族语言信息共享空间属于"文字信息主导型IIC-ELS"的范畴，只是空间共享的主要对象不是图书、期刊而是具有历史证据价值的档案。按照多民族语言信息共享空间的体系架构模型，公共档案馆IIC-ELS整体上分为服务层、实体层、虚拟层和支持层四个层面，每个层面设计的内容如下。①公共档案馆IIC-ELS的服务层。公共档案馆的核心职能是为社会提供档案信息服务，其IIC-ELS的服务层主要由信息资源服务、信息咨询服务、信息传播服务构成，也可以按照需求开展语言服务和技术服务。②公共档案馆IIC-ELS的实体层。按照服务功能的分类，公共档案管理IIC-ELS的实体空间可以划分为服务引导区（服务台及接待大厅）、"档案信息资源服务区（查档大厅）"、"档案信息咨询服务区（档案咨询室）"、"档案信息传播服务区（档案展览厅）"等服务分区，每个分区按照功能设置必要的设施和设备。例如，查档大厅可以改变传统装修风格，多采用布艺沙发等设施营造舒适的氛围。同时，为了便于用户进行档案的检索、复印、拍照等操作，查档大厅内应该设置信息检索台、复印机、照相机等设施，还可以根据需要安装必要的信息显示设备，以便显示保存在缩微胶片等载体上的档案信息。按照"面向用户"的思想，公共档案馆的档案接收范围应该不仅仅局限在同级党政机关的文书档案，还应该从为区域保存完整社会历史记忆的视角，综合考虑各类民生类档案信息资源的采集、保管和利用问题。③公共档案馆IIC-ELS的虚拟层。公共档案馆的虚拟层主要是由计算机网络所构建的虚拟档案信息共享空间，主要围绕公共档案馆的数字门户开发各类支持核心服务的数字化应用，例如网络查档软件、档案数字化阅读软件、档案在线咨询、网上档案信息展览等。公共档案馆IIC-ELS数字资源服务的设计也要围绕用户需求进行，服务界面和功能设置尽可能精细化，要使用户愿意长期使用。④公共档案馆 IIC-ELS 的支持层。公共档案馆 IIC-ELS 的支持层细分为机构支持层、区域支持层和国家支持层三个方面。机构支持层主要是支持信息共享空间建设的组织机构、管理制度和文化环境等。区域支持层是指从所在少数民族语言文字应用区域可以获取的档案信息资源共享、语言资源共享和应用等支持。国家支持层主要是对跨语言区域少数民族语言文字档案信息资源共享的支持。

三 公共档案馆 IIC-ELS 的语言服务

公共档案馆 IIC-ELS 的语言服务遵循多民族语言信息共享空间跨语言服务体系构建的总体思路，总体上分为基于主体的策略、基于中介的策略和基于客体的策略三大类型，每种策略都可以采取对应的措施。根据各类策略实施的难度、需要的时间等情况，总体上采取"客体策略为主，中介策略为辅，主体策略补充"的思路，各策略涉及的内容和任务如下。①基于客体的策略，主要通过档案信息资源的双语呈现方式提高信息资源的共享程度，主要做法包括双语档案联合归档、档案信息的双语著录、档案双语内容提要卡片等。根据档案馆所保存的各语种档案信息资源的比例情况，可以对少数民族语言档案信息资源进行较为详尽的双语元数据著录，而对数量较多的国家通用语言文字档案信息资源采取简化著录，只进行题名、作者等关键信息的双语著录，并可以根据需要在档案盒上粘贴内容提示卡片。②基于中介的策略就是通过人工翻译或者机器翻译方式提高档案馆跨语言信息共享水平。可以采取的措施主要包括设置专职翻译岗位、提供双语在线机器翻译服务、双语档案信息资源检索等服务，在机构不具备语言资源应用能力的情况下，可以通过购买专用软件或者服务的形式实现。③基于主体的策略，主要通过提高用户和工作人员的跨语言信息交流能力增强多民族语言信息共享水平。用户双语应用能力主要依托民族地区基础教育体系来实现，公共档案馆只能提供必要的补充，例如提供档案领域常用词汇的双语对照手册，在档案网站上提供双语学习课程资源下载等，由于档案馆工作的特殊性一般情况下不组织专门针对用户语言文字能力的培训班。档案馆工作人员双语能力提升可以采取脱产学习、在职培训等多种形式。根据多民族语言信息共享空间跨语言服务的"多通道模型"，上述三类策略各有利弊且存在部分可相互替代关系，公共档案馆在 IIC-ELS 实施过程中应当根据实际需要灵活组合，为用户提供多种可选择的跨语言服务。

四 公共档案馆 IIC-ELS 的实施建议

多民族语言信息共享空间的基础理论完全适用于公共档案馆多语言档案信息服务领域,可以为用户构建一个语言无障碍档案查阅和利用服务环境。根据档案工作的特殊性,公共档案馆推进多民族语言信息共享空间建设需要注意以下事项。①强化服务意识,深刻理解用户需求,真正养成从用户视角思考问题的习惯。公共档案馆实施多民族语言信息共享空间最大的困难不是来自空间再造,也不是数字档案资源建设,而是公共档案馆服务意识淡薄和不愿意尝试和改变的保守心态。在社会公共文化机构和行政机关附属机构之间,档案馆工作人员通常更愿意将自身定位于后者,因而对于用户服务领域的改革和创新动力不足。然而,信息共享空间的核心理念就是"以用户为导向",围绕用户需求规划和设计服务体系,对于相对封闭的档案馆服务文化而言,意味着思维习惯的巨大改变,需要档案馆领导和工作人员完成服务理念的转型。②基于数字档案馆建设推动多语言档案信息资源整合。档案馆多民族语言信息共享空间涉及多个层面的问题,但是集成服务环境的构建主要还是依靠一体化的数字资源体系。只要档案信息资源被整合到了一起,用户无论是到实体空间进行查档,还是通过计算机网络远程查档,都可以得到一致的高水平服务。民族地区档案信息化建设相对滞后,对现有档案进行数字化加工处理的面临数据量大、资金投入多的问题,但是从一体化集成档案信息服务的角度出发,这样的工作还是非常必要的。在数字档案馆建设过程中,可以基于机器翻译、自动文摘、信息提取等技术,完成对少数民族语言数字档案信息资源的双语著录工作,为档案馆 IIC-ELS 双语信息服务奠定基础。③按照"面向用户"的原则,启动公共档案馆用户服务空间再造工作。我国民族地区公共档案馆用户服务空间大多数延续了计划经济体制下档案馆的设计风格,与其作为公共档案信息服务机构的定位不匹配,让进入空间的用户会产生"距离感",建议按照信息共享空间的建设要求进行精细化规划与设计。作为公共档案信息服务场所,多民族语言信息共享空间内部装修不一定豪华,但是需要使用户具有亲近感和舒适感,因而需要对用户需求进行精细化的调查与分析,围绕用户需求改造查档大厅的结构,营造良好服务氛围。

总之,档案工作的特殊性决定了档案馆用户服务的相对封闭特征,应用多民族语言信息共享空间的"面向用户"、"无障碍交流"等理念对档案馆传统用户服务体系进行改造,对于提升档案馆用户服务能力具有重要意义。信息共享空间理论目前在档案馆领域还不普及,但是其基本原理和核心架构是完全适用于档案馆用户服务领域的,是民族地区公共档案馆实现服务创新的一种新思路。

第三节 公共博物馆 IIC-ELS

博物馆是专门进行人类物质文化实物及自然标本的征集、保藏、展示、研究并开展相关公益性活动的非营利性公共文化服务机构。我国的博物馆根据藏品的主题可以分为历史、军事、科技、民俗、艺术、医学等多种类型,其中数量最多的是由各级文物行政部门主管的历史文化博物馆。根据资金来源的不同,可以将博物馆分为公共博物馆和私人博物馆两种类型,其中公共博物馆主要依靠政府财政资金建立并维持运转,私人博物馆由私人机构或个人支持建立和运转。无论博物馆的资金来源如何,博物馆在我国都是一种非营利性机构,建立博物馆的根本目的在于教育、研究和欣赏,而不是追求利润。本节所述的公共博物馆就是指依靠各级财政基金支持建立并维持运转,面向所在地区社会大众提供公益性实物文化服务的场所。我国各民族地区丰富灿烂的文化为公共博物馆提供了大量的文物藏品,使社会大众有机会近距离领略藏品所体现的文化风采。

一 公共博物馆 IIC-ELS 的内涵分析

按照信息资源的广义理解,实物是一种特殊的信息资源,人们观察实物的过程同时也是获取信息的过程,因而信息共享空间理论对于博物馆同样适用。与其他地区博物馆有所不同的是,民族地区公共博物馆是在多语言环境下开展公共文化服务的,藏品本身可能包含少数民族语言文字,而作为服务对象的用户语言文字应用能力也呈现出不同特征,以用户需求为导向,构建多民族语言信息共享与交流体系是民族地区公共博物馆实现服务创新的重要策略,而这正是公共博物馆信息共享空间建设的核心任务。公共图书馆 IIC-ELS、公共档案馆 IIC-ELS 都属于"文字信息主导型 IIC-ELS",空间内共享和交流的主要对象是以图书、期刊、档案等形式体现的文献信息资源,信息的载体主要包括纸张和数字介质两种。公共博物馆 IIC-ELS 信息资源的主体是承载着文化信息的实物,用户正是通过对实物的观察,建立其对相关领域的直观认识。然而,在博物馆当中,仅有实物是不够的,要起到教育和文化作用,还必须借助对文物的文字介绍,例如该文物的名称、出土地点、所用材质、所属年代、文化意义等。此外,有的博物馆还会安排专业导游的介绍服务,通过导游人员的口语信息,增加用户对藏品的知识和理解。因此,博物馆当中需要共享的信息实际上并不是藏品本身,而是针对藏品的文字和口语介绍信息。公共博物馆多民族语言信息共享空间就是要建立一种符合用户使用习惯的空间环境和信息环境,一方面,在信息技术手段支持之下空间内信息资源实现整合与集成,可以按照虚实融合的方式向用户提供服务;另一方面,用户进入信息共享空间之后能够得到跨语言服务支持,只能使用少数民族语言文字的用户可以了解到藏品国家通用语言文字介绍信息的内容,只能使用国家通用语言文字的用户也可以了解藏品中涉及的少数民族语言文字信息的含义。而且空间内用户与用户、用户与工作人员之间也可以得到跨语言交流支持,使其可以通过自己熟悉的语言文字与他人进行基本的沟通交流。公共博物馆多民族语言信息共享空间是博物馆在多语言环境下为用户专门设计和构建的集成服务和无障碍交流体系,符合"开放共享、面向用户、资源集成、虚实交融、无障碍交流"的核心理念,主要体现在以下方面。①公共博物馆 IIC-ELS 的开放共享,是指民族地区公共博物馆必须为所在地区社会大众提供无差别的服务,在空间服务容量允许的情况下,允许各类用户进入空间接受服务。②公共博物馆 IIC-ELS 的面向用户,是指公共博物馆多民族语言信息共享空间按照用户需求进行规划和设计,空间划分和设施布局符合用户的使用习惯,服务细节设计体现了对用户心理的理解,能够让用户在空间中获得良好的服务体验。③公共博物馆 IIC-ELS 的资源集成,是指围绕"数字博物馆"建设,利用信息技术将机构的藏品和空间环境等信息整合起来,使用户可以通过计算机网络进行远程访问,同时将与藏品相关的所有文化进行集成,用户可以通过单一界面获取与某藏品相关的所有图书、论文、研究报告、影视作品等全部信息。④公共博物馆 IIC-ELS 的虚实交融是指在实体空间内采用信息技术手段融入了很多虚拟空间的元素,例如在某藏品陈列过程中,电子显示屏同时播放有关的纪录片信息。⑤公共博物馆 IIC-ELS 的无障碍交流。公共博物馆要为进入空间的用户提供跨语言交流服务,使其可以至少通过一种渠道跨越语言障碍,了解文献信息资源或者口语信息的大致含义,沟通交流不至于完全被阻断。总之,公共博物馆信息共享空间本质上是一种围绕实物信息资源所进行的文字信息资源、语音信息资源共享和交流体系,多民族语言信息共享空间理论完全适用于公共博物馆服务领域。

二 公共博物馆 IIC-ELS 的体系架构

按照多民族语言信息共享空间的体系架构模型,公共博物馆 IIC-ELS 整体上可以分为服务层、实体层、虚拟层和支持层四个部分,各部分相互配合,共同构成多民族语言文化实物信息资源的共享和沟通交流体系。公共博物馆IIC-ELS各部分的功能和建设内容如下。①公共博物馆IIC-ELS的服务层。公共博物馆IIC-ELS的服务层围绕博物馆核心职能,可以提供的服务功能有信息资源服务(实体信息资源展示服务)、信息咨询服务(文化信息咨询)、信息传播服务(文化信息讲解服务)、信息教育服务(用户培训讲座等)。②公共博物馆IIC-ELS的实体层。公共博物馆IIC-ELS的实体层是服务层的现实载体空间,覆盖到公共博物馆的所有用户服务区域,可以分为服务引导区(服务台及接待大厅)、信息服务分区(藏品展示陈列区)、信息咨询分区(信息咨询室)、信息传播分区(讲解员座席区)、信息教育分区(用户培训教室)等,其中以"藏品展示陈列区"为核心,其他各类服务分区是围绕核心分区提供支持性服务的。③公共博物馆IIC-ELS的虚拟层。公共博物馆IIC-ELS的虚拟层主要功能是"数字博物馆"系统,它可以将现实陈列展示厅的图像信息上传到网上,供用户进行虚拟参观。此外,基于数字博物馆系统,IIC-ELS层将整合与藏品相关的各类数字信息资源,使数字博物馆门户成为一站式查询和了解藏品相关背景信息的窗口。④公共博物馆IIC-ELS的支持层。公共博物馆IIC-ELS的支持层可以分为机构支持层、区域支持层和国家支持层三个层面,其中机构支持层是围绕博物馆服务功能实行的组织机构和管理体系;区域支持层主要支持当地同类机构信息资源共享,尤其是跨语言信息支持服务;国家支持层重点支持跨地区信息资源共享和跨地区少数民族语言文字之间翻译和转换。总之,公共博物馆多民族语言信息共享空间建设就是围绕如何为多语言用户提供更好的服务而对博物馆原有服务体系进行的改造或者优化,是推动民族地区公共博物馆服务创新的重要内容。

三 公共博物馆IIC-ELS的语言服务

民族地区公共博物馆要考虑到用户语言文字应用能力对博物馆服务可能造成的影响,尽最大的努力减少语言文字差异性对信息资源共享和交流造成的障碍。根据多民族语言信息共享空间跨语言服务体系的实现原理,通常可以从以下方面采取措施。①基于客体的跨语言信息共享策略。在博物馆藏品陈列展示区域的文字介绍部分,采用国家通用语言文字和当地通用少数民族语言两种文字进行。博物馆工作人员进行讲解时,要了解用户的语言文字应用能力情况,尽量使用与用户一致的语言文字进行讲解,如果用户当中同时有只能使用国家通用语言文字或者只能使用少数民族语言文字的用户,讲解时最好采用双语轮流方式进行。此外,在准备给用户发放的宣传资料时,也尽量采用双语方式。②基于中介的跨语言信息共享策略。在博物馆内设置专业的翻译人员岗位,为用户提供双语翻译服务。此外,在数字博物馆当中提供双语机器翻译系统,供用户随时进行不认识语言文字的查询和翻译等。③基于主体的跨语言信息共享策略。鉴于用户双语能力主要依靠区域基础教育阶段的双语教育来实现,博物馆只能提供必要的附加培训服务,例如根据用户要求进行历史文化领域双语词汇的学习或者在数字博物馆系统提供语言文字教育的在线课程视频服务链接等。上述三种策略当中,公共博物馆应该主要依靠基于客体的跨语言信息共享策略,致力于提高陈列展示过程中文字信息和口语信息的双语化程度。同时,根据需要提供部分基于中介的跨语言信息共享支持措施和基于主体的跨语言信息共享用户培训教育支持措施。

四 公共博物馆 IIC-ELS 的实施建议

公共博物馆是典型的公共文化服务机构,其服务具有公共属性,需要根据不同用户的语言文字应用能力提供多语言信息资源共享与交流服务。民族地区公共博物馆在实施多民族语言信息共享空间的过程中需要注意以下方面。①围绕"数字博物馆"系统开发与完善提高博物馆资源整合的力度。数字博物馆尽管是从计算机网络角度提出的博物馆在线应用服务,其最初的目的是希望用户可以通过计算机远程访问博物馆内部的场景信息。然而,数字博物馆具有强大的资源整合能力,它可以通过数字化方式将博物馆内部的各类资源进行有效整合,以单一界面提供给用户。如果在线资源整合成功了,意味着博物馆实体空间服务也可以借用这一体系,通过实体空间内的计算机等设施进行一站式服务,同时基于各类数字资源高度整合的优势,开发出各类形式的用户服务项目。因此,公共博物馆多民族语言信息共享空间的建设要高度重视"数字博物馆"建设,通过数字博物馆建设带动多民族语言信息共享空间虚拟层水平的提高。②以"双语讲解员"的选拔和培养作为民族地区公共博物馆 IIC-ELS 的重要任务。民族地区用户语言文字应用能力具有很大的差异性,有的少数民族语言只有口语没有文字,即使有文字的少数民族语言用户也不见得能够全部掌握,尤其是公共博物馆的文字信息会涉及很多专业术语,对于一般的群众具有一定的难度,而口语信息就不存在这个问题,无论少数民族用户是否掌握文字,均可以听懂当地少数民族语言的口语信息。此外,相对于文字信息而言,人的口语信息更有亲和力,用户也更容易接受一些。因此,民族地区公共博物馆多民族语言信息共享空间应该通过多种方式选拔和培养一批具有国家通用语言文字和少数民族语言文字双语应用能力的"双语讲解员",满足民族地区用户的跨语言信息交流需求。③应用多种现代信息技术,对陈列展示区的用户行为进行分析,挖掘用户需求。例如使用用户参观轨迹分析法,精细化分析用户的行走路线、在每个藏品前的停留时间,或者使用眼动分析法分析用户在空间目光焦点的变化情况,基于上述分析理解用户在空间内的参观心理,挖掘用户的需求信息,为藏品陈列布局策略的改进提供决策支持。④公共博物馆在 IIC-ELS 建设过程中按照平等协作、互惠互利原则,加强与图书馆、档案馆的横向合作,尤其是相关主题数字信息资源的共享程度,三类机构互通有无,博物馆为图书馆、档案馆的信息共享空间提供实物图片信息,图书馆、档案馆为博物馆信息共享空间提供藏品背景知识信息,通过数字化协作,使数字图书馆、数字档案馆和数字博物馆的数字资源得到扩充,服务功能得到强化。

总之,民族地区公共博物馆 IIC-ELS 是典型的"实物信息主导型 IIC-ELS",信息共享空间内部各类要素围绕实物信息资源、文字信息资源和语音信息资源的共享和交流实现优化配置,构建起虚实融合、多语融合的一站式集成服务体系和无障碍沟通交流体系。

第四节 公共美术馆 IIC-ELS

美术馆是博物馆的一种类型,即艺术品博物馆(Art Museum),它是专门进行艺术品征集、保存、研究、展示和交流的服务场所。人们在日常生活中能够见到的博物馆大多数属于历史博物馆,收藏和陈列展示的对象以文物为主,即人类历史上形成和遗留下来的文化见证实物。与历史博物馆有所不同的是,美术馆是以艺术性作为馆藏征集的主要标准,因而除了历史上遗留下来的部分具有艺术性的文物之外,绝大多数藏品是出自近代或者当代艺术家之手,体现出的是艺术品的创新价值。与博物馆一样,美术馆根据资金来源的不同也可以分为公共美术馆和私人美术馆两种类型,前者由政府财政资金支持建设且日常运行也依靠财政资金,为社会大众免费提供美术品参观服务;后者由个人或者私人机构出资建设,通常由出资人负责管理只对特定群体开放,又被称为"私人美术馆"。本节所述的公共美术馆就是指由政府文化行政机构批准,在财政资金支持下建设,为所在地方社会大众免费提供艺术品参观服务的公益性社会机构。公共美术馆主要开展以下活动项目:第一,举办各种类型的艺术展览、陈列、展示活动;第二,收藏名人名家美术、书法等造型艺术作品;第三,开展各种类型的艺术培训班、研习班;第四,组织、承办各艺术门类的学术研讨会、专题演讲会,组织绘画、书法、摄影评比、艺术沙龙活动。我国民族地区丰富的文化资源为美术创作提供了丰富的素材,也为公共美术馆提供了大量精美的艺术作品。顺应信息化发展的潮流,建设多民族语言信息空间,是推动民族地区公共美术馆服务创新的重要方式。

一 公共美术馆 IIC-ELS 的内涵分析

美术馆用户服务是以艺术品的收藏和展示为中心进行的,用户进入公共美术馆的主要目的是参观艺术作品,增长艺术知识,获得艺术享受。因此,与博物馆陈列展示区安排专职讲解员进行讲解不同的是,公共美术馆的陈列展示区通常要求环境特别安静,以便参观者能够静下心来咨询欣赏艺术作品。与此同时,在陈列展示区之外的用户交流区则要求提供较为宽松自由的环境,允许用户自由发表对艺术品的见解。如果从广义信息资源的角度来理解,字画、雕塑等美术作品也是一种信息的载体,承载着作者对艺术和社会的某种理解。为了帮助用户更好地理解艺术作品,公共美术馆通常需要在陈列的同时也提供相关的介绍信息,例如作品的名称、作者等信息。但是,与文物陈列不同的是,除对作者生平背景做较多介绍之外,对于艺术品的介绍信息通常非常简单,以防止对用户欣赏艺术品造成过多的干扰。在民族地区多语言环境下,这种艺术品的介绍信息要考虑到不同人群之间的跨语言理解问题,最好采用国家通用语言文字和少数民族语言文字双语对照方式予以提供。而在用户交流区,用户之间采用口语信息进行交流,如果双方使用的是对方都听不懂的语言文字,则交流难以持续,必须依靠翻译人员的语言中介服务才能维持交流。因此,多民族语言信息共享空间理论同样适用于我国民族地区公共美术馆用户服务体系的改造与优化。

公共美术馆 IIC-ELS 遵循多民族语言信息共享空间的核心理念,按照"开放共享、面向用户、资源集成、虚实交融、无障碍交流"的要求规划和建设美术馆用户服务体系,具体而言包括以下方面的内容。①公共美术馆 IIC-ELS 的开放共享,就是指公共美术馆作为社会公益性服务机构,必须对全体社会成员免费开放,不能以任何人为设置的外在条件限制部分社会群体进入公共美术馆欣赏艺术作品的权利。②公共美术馆 IIC-ELS 的面向用户,就是要求美术馆的空间布局和数字资源建设必须以用户需求为导向,要为用户参观和欣赏艺术作品营造良好的氛围,为用户参与艺术讨论提供方便,使用户在公共美术馆获得良好的艺术享受。③公共美术馆 IIC-ELS 的资源集成是指要借助现代信息技术,对美术馆的各类藏品进行数字化加工,并基于互联网进行集成共享,必要时用户可以通过单一界面就访问到美术馆展出的所有艺术品的信息,其核心任务是建设"数字美术馆"。④公共美术馆 IIC-ELS 的虚实交融是指美术馆要打造"网上"和"网下"两种服务空间,在通过实体空间提供艺术品展示服务的同时也可以通过网上数字美术馆提供远程服务。在服务提供过程中,实体空间服务与虚拟空间服务的界限并不是完全清晰的,而是一种相互融合、互为补充的关系。例如,用户在实体美术馆欣赏某一艺术作品的时候,也可以通过手机访问数字美术馆,获取更多的与该作品相关的背景知识和信息。⑤公共美术馆 IIC-ELS 的无障碍交流是针对民族地区多语言环境下的用户需求而设计的,可以为用户参观和欣赏艺术作品提供其熟悉的语言文字的介绍,并为用户参与艺术交流提供中介翻译服务。总之,多民族语言信息共享空间所提倡的以用户为导向进行服务体系数字化整合与改造的思想在民族地区公共美术馆同样适用。

二 公共美术馆 IIC-ELS 的体系架构

公共美术馆 IIC-ELS 总体上可以分为服务层、实体层、虚拟层、支持层四个层面的建设任务,每个层面涉及的具体内容如下。①公共美术馆 IIC-ELS 的服务层。公共美术馆多民族语言信息共享空间的核心服务功能是艺术作品的陈列展示,围绕该服务功能还可以开展艺术研讨、公民艺术教育等。根据多民族语言信息共享空间服务层的结构,可以分为:信息资源服务(艺术作品展示服务)、信息咨询服务(艺术品相关问题专家鉴定咨询等)、信息交流服务(用户正式艺术交流和非正式交流等)、信息教育服务(用户艺术素养培训等)。②公共美术馆 IIC-ELS 的实体层。公共美术馆多民族语言信息共享空间的实体建筑空间可以按照服务类型的不同,划分为不同的功能分区,例如可以划分为服务引导区(服务台及接待大厅)、信息资源服务分区(艺术作品陈列展示区)、信息资源服务分区(专家咨询与鉴定室)、信息交流服务分区(艺术理论研讨室、休闲茶吧或咖啡吧等)、信息教育服务分区(用户培训教室等)。公共美术馆的空间设计要做到动静分离,其中艺术品陈列展示区要尽可能做到无噪声,为此在建筑设计时就要考虑到隔音和降噪等功能性材料的使用。此外,根据需要在各个服务分区设置必要的计算机查询终端,允许用户通过触摸屏等方式与数字美术馆系统进行互动。③公共美术馆 IIC-ELS 的虚拟层。公共美术馆多民族语言信息共享空间的虚拟层主要围绕

"数字美术馆"进行架构,核心功能是提供美术馆艺术作品的网上虚拟战略,同时可以将 IIC-ELS 服务层的其他功能通过计算机网络来实现。例如,开展专家在线咨询服务、艺术作品专题 BBS 论坛、用户艺术素养在线培训课程等。此外,虚拟层服务的优势在于资源的整合,可以将与艺术品相关的各类图书、期刊、研究报告、影视作品、网络信息等集成到单一界面当中,以便用户建立对某个专题艺术品的全面深入了解。④公共美术馆 IIC-ELS 的支持层。公共美术馆的支持层分为机构支持层、区域支持层和国家支持层三个层面,机构支持层主要为多民族语言信息共享空间提供必要的组织、制度和文化支持;区域支持层主要为同一语言区域内各类公共文化服务机构提供统一的制度支持、语言文字支持、数字信息资源整合技术支持、人力资源共享支持等;国家层面的支持体系主要解决跨地区语言文字信息交流和共享问题,同时为信息共享空间提供法律和制度支持。

三 公共美术馆 IIC-ELS 的语言服务

民族地区公共美术馆要在多语言环境下为社会大众提供艺术品展示和交流服务,就要采取措施降低语言文字差异性带来的沟通交流障碍,为使用不同语言文字的用户提供多种类型的跨语言信息共享支持服务。作为一种特殊种类的博物馆,公共美术馆多民族语言信息共享空间的跨语言服务与博物馆有着相似之处,总体上按照"客体策略优先,中介策略辅助,主体策略补充"的原则设计多语言信息共享支持体系,具体内容主要包括。①基于客体的公共美术馆跨语言信息共享支持策略。主要通过提高艺术品陈列展示过程中的双语化程度来实现,例如艺术品介绍、作者生平介绍等信息采用国家通用语言文字和当地通用少数民族语言文字双语方式,空间内的引导标识系统、空间广播系统等采用双语方式。相对于图书馆和档案馆,博物馆、美术馆的藏品数量有限,双语著录方式更容易实现。②基于中介的公共美术馆跨语言信息共享支持策略。在美术馆服务引导区安排双语工作人员接待服务,安排专职语言翻译人员提供翻译服务,在空间内设置及其翻译系统供用户进行专业词汇双语翻译等。③基于主体的公共美术馆跨语言信息共享支持策略。基于主体的策略主要通过提高用户的双语应用能力来提高跨语言信息共享程度,对于公共美术馆而言可以根据用户需求开办艺术品欣赏领域的双语课程,在提高用户艺术鉴赏能力的同时也提高其国家通用语言文字和少数民族语言文字的应用能力。具体采用哪些类型的跨语言服务支持,需要公共美术馆根据用户需求和资源能力情况权衡确定。

四 公共美术馆 IIC-ELS 的实施建议

公共美术馆是为社会大众提供公共艺术品欣赏和交流服务的公共场所，在规划和建设多民族语言信息共享空间的过程中需要注意以下方面。①强化公共美术馆的"公共属性"，使其从为特定群体服务转向为社会大众服务。尽管欣赏艺术作品对用户的审美能力具有一定的要求，但这不能成为公共美术馆将用户群体只定位在美术工作者范围内的理由。公共美术馆要通过展览提高社会大众的艺术素养，只有通过与用户进行更多的互动和交流才能实现。②拥抱公共美术馆服务的信息化潮流，提高艺术品数字化加工和处理的能力，基于艺术作品的数字化资源，开发更多类型的用户服务项目。相对于数字图书馆、数字档案馆和数字博物馆，数字美术馆的发展相对滞后，应该借鉴上述信息化应用的成功经验，增强公共美术馆的在线服务能力。③按照"数字人文仓储"（Digital Humanities Repository，DHR）的思想，推动艺术品知识典藏库的建设。按照"数字人文"的思想，公共美术馆 IIC-ELS 所保存的艺术品数字资源不仅仅是对其形态的数字化扫描文件，更重要的是完成对艺术品所蕴藏的艺术知识的发掘和标注，使用户可以通过网上的艺术作品数字模型，完全了解该作品背后的历史文化知识或者其寓意、内涵等。为了避免过多的介绍信息对用户欣赏艺术作品可能造成的思维束缚，用户可以根据需要选择是否提供背景和细节信息的辅助介绍。④逐步改变以陈列展示为主的服务格局，增加用户文化交流在公共美术馆服务中的比重，通过举办与艺术相关的各类活动，推动用户围绕艺术领域话题进行的沟通交流，营造基于艺术作品陈列展示的文化艺术交流氛围，提高美术馆用户服务的"深度"。

总之，民族地区公共美术馆是为社会大众提供艺术作品征集、展示、交流和教育等公益性服务的非营利性机构，多民族语言信息共享空间建设将为美术馆按照"面向用户"原则进行服务体系整合与重塑提供理论参考，有助于提高民族地区社会大众的文化素养，有助于推动民族地区公共美术馆的服务创新，有助于促进民族地区各类人口围绕文化艺术品参观和欣赏进行的跨语言信息交流，有助于促进民族地区的社会和谐与发展。

第五节 公共纪念馆 IIC-ELS

纪念馆（Memorial Hall）是一种为纪念历史人物或者历史事件而专门建立

的相关物品和信息陈列展示场所。由于纪念馆也是以实物陈列展示为服务特征,也可以将纪念馆看作博物的一种特殊类型,即为纪念历史事件或历史人物而建立的博物馆(Memorial Museum)。因此,纪念馆与博物馆为社会大众提供公共文化服务的方式有很多相似之处,例如都是以实物藏品的陈列展示为主,都要对藏品进行文字介绍,都要配备专职的讲解人员等。但是,纪念馆与历史文化博物馆的社会功能还是有着明显的区别。第一,纪念馆的主要社会功能是宣传教育,使前来参观的用户增加对历史事件和历史人物的了解,从思想上受到教育和触动,因此通常由政府宣传部门负责管理;而历史文化博物馆的主要社会功能是历史文化知识的传播,使前来参观的用户增加对相关领域知识文化知识的了解,一般是由文物行政部门负责管理。第二,纪念馆通常会有明确的主题,例如某人物纪念馆、某战役纪念馆等;而历史文化博物馆则没有明确的主题,而是按照年代顺序进行布展。此外,纪念馆的布展是以主题为核心逻辑的,展品为主题服务,而博物馆布展是以藏品为核心逻辑的,主题是对藏品的文字性解释。第三,纪念馆在实物展品数量不足时,允许采用实物以仿制品或复制品的方式进行展示,而博物馆则追求藏品的真实性,通常不提供仿制品或复制品的展示。第四,纪念馆追求宣传效果,会使用较多的声光电等现代科技手段辅助展示,而这类具有新奇展示效果的技术在博物馆较少使用。

根据建设资金来源的不同,纪念馆可以分为公共纪念馆和私人纪念馆两种类型,前者通常是由政府宣传主管机构出资建设的,为所在地区所有机构和个人提供公开服务,后者则是由个人建设,根据出资人意愿可以对社会开放也可以只对特定人群开放。由于公共纪念馆具有"信息公地"(Information Commons)的属性,因而可以应用信息共享空间理论推动其管理和服务的创新。对于民族地区公共纪念馆而言,还必须考虑到民族地区语言文字多样性对陈列展示服务可能造成的影响,通过采取多种跨语言支持措施降低语言文字差异性造成的沟通交流障碍,即建设多民族语言信息共享空间(IIC-ELS)。

一 公共纪念馆 IIC-ELS 的内涵分析

民族地区公共纪念馆多民族语言信息共享空间是围绕特定纪念主题,融合实体空间资源和数字信息资源为用户构建的综合服务体系和无障碍交流环境。公共纪念馆 IIC-ELS 遵循多民族语言信息共享空间"开放共享、面向用户、资源集成、虚实交融、无障碍交流"的核心理念,通过各类资源的综合应用使用户获得更加良好的服务体验,具体内容包括以下方面。①公共纪念馆 IIC-ELS 的开放共享是指公共纪念馆作为社会公益性服务机构，应该为所在地区内外所有对纪念主题感兴趣的社会大众和组织机构开放，不能人为增加限制条件将一部分用户拒之门外。为了达到这个要求，公共纪念馆甚至需要考虑无障碍电梯、助听器等设备的使用，使愿意进馆接受服务的用户都可以得到平等的服务。②公共纪念馆 IIC-ELS 的面向用户是指公共纪念馆的陈列展示设计、数字化资源服务等项目均要围绕用户需求进行设计，例如保证参观路线的完整性、连贯性、便捷性，减少用户在展厅之间切换所需要付出的转场成本，网上纪念馆的界面设计和内容组织也以用户感受为主导方向，整体风格尽可能简洁方便。③公共纪念馆 IIC-ELS 的资源集成是指通过信息技术手段实现公共纪念馆内部资源的整合以及内部资源与互联网信息资源的整合，使用户可以通过单一界面访问与纪念主题相关的各类信息资源，例如某战役纪念馆的数字资源服务就同时可以提供与战役相关的图书、论文、报告、影视剧、文物、美术作品等多种类型的信息资源服务。④公共纪念馆 IIC-ELS 的虚实交融，是指公共纪念馆多民族语言信息共享空间的实体空间与虚拟空间相互交融，在实体空间可以访问和展示虚拟空间的数字资源，在虚拟空间可以远程查看实体空间的现状。⑤公共纪念馆 IIC-ELS 的无障碍交流是指信息共享空间当中提供了必要的跨语言服务支持措施，使用少数民族语言的用户可以在技术支持下了解国家通用语言文字信息资源的内容，使用国家通用语言文字的用户也可以通过跨语言支持手段了解少数民族语言信息资源的主题和内容概况。总之，民族地区公共纪念馆的服务特征决定了其按照用户需求进行服务组织的要求，因而可以成为 IIC-ELS 的典型应用领域。

二 公共纪念馆 IIC-ELS 的体系架构

民族地区公共纪念馆多民族语言信息共享空间的体系架构符合 IIC-ELS 的基本原理，整体上可以分为服务层、实体层、虚拟层和支持层四个层面，每个层面涉及的内容和建设任务如下。①公共纪念馆 IIC-ELS 的服务层。公共纪念馆的核心服务是以主题文字介绍、实物展示、影像作品播放、专职讲解人员解说等形式体现的多媒体信息资源服务，除此之外还可以开展用户咨询、用户交流、专题讲座等形式的服务。公共纪念馆 IIC-ELS 的服务层主要设置以下类型的服务：信息资源服务（主题陈列展示、专职讲解服务等）、信息咨询服务（主题信息咨询服务）、信息传播服务（主题演讲和报告等）、信息交流服务（用户非正式交流支持）。②公共纪念馆 IIC-ELS 的实体层。公共纪念馆实体层是围绕服务项目设计的服务分区，通常可以分为以下类型：

服务引导区（服务台及接待大厅）、信息资源服务分区（陈列展示大厅）、信息咨询服务分区（专家咨询室）、信息传播服务分区（报告厅）、信息交流服务分区（茶吧或咖啡吧）等。③公共纪念馆 IIC-ELS 的虚拟层。公共纪念馆 IIC-ELS 的虚拟层是通过计算机网络支持纪念馆核心业务的数字化应用系统，即"数字纪念馆"或者"网上纪念馆"，其服务功能主要有：网上陈列展示服务、在线专家交流服务、网上报告厅、用户 BBS 论坛等。此外，数字纪念馆要发挥信息技术的资源整合优势，实现对图书馆、档案馆、博物馆等机构相关主题数字信息资源的横向整合，为用户了解历史事件或者历史人物提供更多的资料。④公共纪念馆 IIC-ELS 的支持层。公共纪念馆多民族语言信息共享空间的支持层分为机构支持体系、区域支持体系和国家支持体系三个组成部分，机构支持体系就是公共纪念馆管理组织及其制度体系的建设，区域支持体系主要是从所在语言区域获得语言文字资源和服务支持，国家支持体系是从法律制度层面提供支持同时对于涉及跨语言区域的信息以共享和跨语言信息转换需求提供支持。总之，民族地区公共纪念馆多民族语言信息共享空间应具有完整的体系架构，各部分相互配合，共同构建多民族语言信息共享交流环境。

三 公共纪念馆 IIC-ELS 的语言服务

民族地区公共纪念馆要为语言文字应用能力各不相同的用户群体提供服务，因而多民族语言信息共享空间规划当中必须将跨语言信息共享和交流支持作为重要的功能予以考虑。公共纪念馆 IIC-ELS 的跨语言服务体系主要按照以下三种策略进行设计和提供。①基于客体的公共纪念馆 IIC-ELS 跨语言信息共享策略，主要通过实现纪念馆陈列展示的双语化来实现，在空间内各类标识信息采用国家通用语言文字和当地通用少数民族语言文字双语方式，尤其是主题文字介绍部分采用双语对照方式，用户可以从中选择自己熟悉的语言文字进行阅读。空间内如果需要播放音频、视频信息，也要按照双语原则提供字幕，以便用户观看字幕了解其内容。此外，公共纪念馆应该配备一定数量的双语讲解人员，如果参观者以少数民族居多，可以使用少数民族语言文字进行讲解。如果汉族和少数民族人口都有，则可以使用国家通用语言文字和少数民族语言文字双语交替方式进行讲解。②基于中介的公共纪念馆 IIC-ELS 跨语言信息共享策略。基于中介的策略主要通过人工翻译中介和机器翻译中介两种形式来实现，公共纪念馆可以配备一定数量的专职或者兼职翻译人员为用户进行翻译服务，在纪念馆用户服务引导区采用双语方式为前来参观的用户提供服务。同时，可以在涉及少数民族语言文字较多的陈列展示区提供常用词汇的双语机器翻译服务，允许用户通过自助方式查询不认识的词汇。③基于主体的公共纪念馆 IIC-ELS 跨语言信息共享策略。基于主体的策略主要通过对用户进行双语教育，增强其双语应用能力的方式，提高跨语言信息共享的程度。民族地区人口双语教育水平主要依靠基础教育体系来保障，公共纪念馆通常情况下不开展语言文字类培训课程，可以根据用户需求举办部分讲座，对于纪念馆主题相关的少数民族文字词汇进行介绍，也可以在网上纪念馆功能当中增加用户跨语言支持功能，通过添加课程链接方式，将少数民族语言文字培训课程提供给公共纪念馆的用户以供其自主学习。总体而言，公共纪念馆 IIC-ELS 跨语言体系以基于客体的策略为主，有选择地安排部分基于中介的策略，可根据用户需求决定是否提供主体策略服务。

四 公共纪念馆 IIC-ELS 的实施建议

公共纪念馆实施多民族语言信息共享空间建设主要注意以下方面。①将宣传教育功能融入知识文化服务当中，按照"以用户为中心"的理念进行公共纪念馆服务体系的规划与设计。与图书馆、博物馆等长期从事公共文化信息服务的机构相比，民族地区公共纪念馆的职能应当突出宣传教育功能，是一类以宣传教育为主、知识文化服务为辅的公共服务机构。然而，单纯的说教效果并不好，通过提供大量史实材料，让用户通过参观和学习得出结论，才可能从深层次改变用户的思想观念，因此公共纪念馆服务体系的组织要以丰富的展品和资料为主，尽量减少单纯理论说教的内容。②按照用户视角进行公共纪念馆陈列布展工作的精细化设计，通常要求达到以下标准：主题特征把握准确、基本格调清晰明了、空间构成和谐均衡、参观路线流畅通达、主题语言生动简练、亮点处理引人入胜、色彩构成紧扣主题、材料组合经济适用、灯光照明突出展品、展示设备完全美观、科技含量实用适宜、造价概算合情合理。① 总之，公共纪念馆陈列设计要庄重大方，既要突出主题，又要运用现代科技手段，体现现代特征。③以"网上纪念馆"为载体整合实体空间和虚拟空间的各类相关资源，使网上纪念馆成为特定主题知识文化资源的集成窗口和信息资源库。多民族语言信息共享空间虚拟空间服务不仅为用户远程访问实体空间的资源提供了方便，而且可以使与主题相关的信息资源集成到同一资源库当中，为用户通过单一界面查找与纪念馆主题相关的各类

---

① 俞乐宾：《纪念馆陈设策划》，白山出版社 2003 年版。

信息资源提供支持。④重视双语讲解员队伍的培养、选拔和培训一批同时可以使用国家通用语言和当地通用少数民族语言进行熟练讲解的双语讲解员,通过双语讲解服务使语言文字应用能力不同的用户都可以理解展览的内容。

总之,民族地区公共纪念馆是多民族语言信息共享空间另外一种类型的典型建设主体,多民族语言信息共享空间建设是按照"面向用户"的原则对主题展览进行精细化设计,并为用户跨语言"无障碍交流"提供支持的综合服务体系,是民族地区公共纪念馆顺应信息时代集成信息服务潮流进行主题展示服务创新的一种新模式。

第六节 公共文化馆 IIC-ELS

文化馆(Cultural Center)是我国县和县级以上的人民政府设立的,以组织群众文化活动、开展社会文化教育培训和基层群众文化辅导为主要职能的公益性文化事业机构,是广大群众进行文化艺术活动的重要场所。① 文化馆为满足公民群众文化需求面向社会提供的服务,包括组织群众文化活动、普及文化艺术知识、辅导基层文化骨干、开展社会文化教育培训以及非物质文化遗产保护等文化服务。与公共图书馆、档案馆所提供的文献信息资源服务不同,也与公共博物馆、公共美术馆、公共纪念馆提供的实物信息资源服务不同的是,文化馆所提供的是以群众文化活动为主要内容的信息服务,最核心的资源是文艺节目或者活动,而不是看得见、摸得着的图书、期刊、文物、艺术作品或者纪念物。文化馆的工作范围较为广泛,群众文化活动的类型也丰富多彩,也会涉及图书、期刊、艺术品等方面,但是文化馆内信息资源的主要存在形式是以人的口语信息来传播的,无论是主持人的台词、演员的表演还是观众的参与,都是以口语信息的形式存在的。作为一种特殊类型的信息共享空间,文化馆 IIC-ELS 的核心目标是为人与人之间的语音信息交流提供跨语言支持,其次才是文字信息资源和实物信息资源的共享。文化馆对应的英文翻译是 Cultural Center,即文化中心,而在我国只有政府出资设立的文化中心才能叫"文化馆",由私人机构建立的文化中心通常称为"文化交流中心"等。因此,我的"文化馆"一词已经包含了对其公共属性的确认,也

---

① 国家质量技术监督总局、国家标准化委员会:《GB 32939—2016 文化馆服务标准》2016 年 8 月 29 日。

就是说文化馆就是公共文化馆。为了保持与公共图书馆、公共博物馆等词语的一致性，本节将文化馆用"公共文化馆"的术语来表达，意在强调文化馆是社会公益性文化服务机构的本质属性。文化馆是另外一种类型的"信息公地"，多民族语言信息共享空间理论对我国民族地区公共文化馆的服务体系的改造、优化和创新具有重要的指导和借鉴意义。

一 公共文化馆 IIC-ELS 的内涵分析

公共文化馆多民族语言信息共享空间是为用户构建的多语言信息资源集成共享和服务体系，其内涵完全符合多民族语言信息共享空间"开放共享、面向用户、资源集成、虚实交融、无障碍沟通"的核心理念，主要体现在以下方面。①公共文化馆 II-ELS 的开放共享是指公共文化馆服务对象的广泛性。《GB32939 文化馆服务标准》规定：文化馆的服务对象包括所有公众。应注意开展少年儿童的文化艺术活动，并努力满足残疾人、老年人、城市低收入者、进城务工者、农村和边远地区公众的文化艺术需求。②公共文化馆 II-ELS 的面向用户是指公共文化馆的实体空间和虚拟空间的规划设计必须以用户需求为导向，尽可能满足用户在文化艺术活动当中的各类需求，使其在文化馆获得良好的服务体验，并愿意长期到文化馆参与活动。③公共文化馆 II-ELS 的资源集成是指文化馆应该通过数字化技术实现与文化活动相关各类信息资源的集成，尤其是要收集和保存尽可能多的文艺节目和活动的音频和视频资料，以便为策划群众性文化活动提供参考。公共文化馆 IIC-ELS 资源集成的另外一层含义是用户可以通过计算机网络远程访问文化馆的各类活动资源，实现了基于数字化平台的空间资源集成。④公共文化馆 II-ELS 的虚实交融是指公共文化馆实体空间服务与虚拟空间服务相互补充，相互融合的状态。例如，用户在演出大厅看节目的同时，可以通过手机访问数字文化馆页面，并对节目质量进行现场评价，这就是一种在实体空间融入了虚拟空间元素的服务模式。⑤公共文化馆 II-ELS 的无障碍交流是指用户在信息共享空间内部可以得到相应的跨语言服务支持，与外界的沟通交流不会因为语言文字的差异性而被完全阻断，例如通过看节目的大屏幕双语字幕理解演出内容，通过专业翻译人员的服务与演出人员进行跨语言交流，通过双语服务界面参与在线节目互动等。

二 公共文化馆 IIC-ELS 的体系架构

作为以口语信息交流为主要特征的信息共享空间，公共文化馆 IIC-ELS

的总体架构遵循多民族语言信息共享空间的一般规律，也会体现出自身的一些特殊性。公共文化馆多民族语言信息共享空间总体上分为服务层、实体层、虚拟层和支持层四个层面，每个层面设计的内容和建设任务如下。①公共文化馆 IIC-ELS 的服务层。文化馆的职能主要包括组织群众文化活动、普及文化艺术知识、辅导基层文化骨干、开展社会文化教育培训以及非物质文化遗产保护等文化服务等方面，按照多民族语言信息共享空间的分类，可以分为信息交流服务（群众文化互动）、信息传播服务（普及文化艺术知识）、信息教育服务（社会文化教育培训）、信息资源服务（非物质文化遗产资源建设）等方面。②公共文化馆 IIC-ELS 的实体层。根据 IIC-ELS 服务层的划分，公共文化馆实体层可以分为服务引导区（服务台及接待大厅）、信息交流服务分区（演出大厅、排练室）、信息传播服务分区（报告厅）、信息教育服务分区（文化教室、琴房、美术书法教室等）、信息资源服务分区（多媒体视听室、图书阅览室等）。每个服务分区根据其功能的不同，配备必要的服务设施和软硬件设备，保障其基本服务功能的实现。例如演出大厅必须配备节目演出需要的全套灯光、音响和舞台控制设备，琴房配备钢琴等乐器，多媒体视听室配备足够数量的计算机终端等。③公共文化馆 IIC-ELS 的虚拟层。公共文化馆虚拟层主要围绕"数字文化馆"设计各类虚拟服务功能，例如文艺演出在线直播功能、在线报告厅、在线培训、文化信息资源检索等服务。同时，可以根据需求设置在线互动功能，用户可以对演出节目进行在线评价并向文化馆提交节目建议等信息。④公共文化馆 IIC-ELS 的支持层。公共文化馆的支持层包括机构、区域和国家三个层面的支持体系，机构支持体系就是由文化馆管理、制度和文化体系支持面向用户的服务体系再造与变革，区域支持层主要是共享区域内相关信息资源、区域语言文字协作机构提供的跨语言服务，例如国家文化信息资源共享工程地区节点的各类数字信息资源，基于区域双语语料库的国家通用语言文字和少数民族语言文字在线翻译系统等；国家层面上的支持主要是来自法律和制度以及跨地区信息资源、语言资源共享。

三 公共文化馆 IIC-ELS 的语言服务

文化馆提供的公共文化服务以口语信息交流为主，无法全面推行以客体双语化呈现为特征的跨语言支持服务，因此可以推行"基于客体的跨语言共享策略"与"基于中介的跨语言共享策略"相结合，以"基于主体的跨语言共享策略"为补充的总体策略，具体内容如下。①基于客体的公共文化馆 IIC

-ELS 的跨语言服务。由于公共文化馆的核心服务不依赖于任何实物载体，无法通过双语著录的方式来提供跨语言支持，可以在文艺演出之前对节目台词进行双语翻译，演出过程中通过大屏幕双语字幕形式向观众提供服务。此外，对于公共文化馆的数字文化信息资源、图书资料等可以模仿图书馆的做法进行双语著录，以便使没有掌握该文字的用户通过目录信息大致了解信息资源的主题和内容。②基于中介的公共文化馆 IIC-ELS 的跨语言服务。基于中介的跨语言服务主要有两种方式：一是由专业翻译人员提供口语翻译服务，这种方式口语信息交流中发挥着重要的作用；二是通过机器翻译系统为用户提供跨语言翻译服务，例如在"数字文化馆"门户网站或者移动 App 当中增加国家通用语言文字和少数民族语言文字相互翻译服务。③基于主体的公共文化馆 IIC-ELS 的跨语言服务。基于主体的跨语言策略主要通过提高用户的双语应用能力来提升信息共享能力，主要的实现方式就是双语教育。公共文化馆可以将语言文字视为一种传承文化的手段，提供少数民族语言文字的培训课程。上述三种途径的跨语言服务策略还可以根据用户需求进行灵活组合，例如在节目演出过程中采用双语字幕，同时主持人也采用双语方式主持节目，在少数民族语言文字培训班当中鼓励使用在线机器翻译工具辅助学习等。

四　公共文化馆 IIC-ELS 的实施建议

公共文化馆作为公益性文化服务机构，完全具备多民族语言信息共享空间对建设主体要求的基本特征，可以借助多民族语言信息共享空间建设推动用户服务体系的整体性规划与再造，推动公共文化馆用户服务的发展和创新。我国民族地区公共文化馆多民族语言信息共享空间的规划与建设需要注意以下方面。①对照《GB32939 文化馆服务标准》的要求，对公共文化馆现有服务设施和服务项目进行全面梳理，尤其是要关注未达标的指标，采取多种措施尽可能使公共文化馆达到甚至超过国家标准的要求。在文化馆老建筑因为面积和结构等原因无法进行有效改造的情况下，可以积极争取当地政府部门支持，高起点规划，建设新的服务场馆。②高度重视人力资源建设，培养和打造高水平的文化服务人员队伍。公共文化馆为社会提供的群众性文化活动服务，其核心资源不像图书馆、档案馆和博物馆那样可以长期保存，而是以高水平的文艺工作者队伍来体现的。因此，公共文化馆信息共享空间的服务资源除了建筑空间和各类服务设施之外，更重要的资源是人才资源。民族地区公共文化馆应该树立人才资源意识，通过对机构所拥有和可以通过各种途径共享的人才资源的分析，制定地区公共文化人才队伍的可持续发展规划，确保公共文化馆核心服务的质量。③按照多民族语言信息共享空间的建设要求，培养一批具有双语能力的高素质文艺工作人员队伍。民族地区文化馆是要在多语言环境下开展工作的，除了在文化馆固定场所开展工作之外，还需要下基层进行文艺演出、培养和指导基层文化工作队伍。因此，掌握双语应用能力应该是民族地区文艺工作者拉近与群众距离，提供真正贴近群众的公共文化服务的重要保障。民族地区公共文化馆的工作人员应该将双语服务能力作为工作的一项基本技能来看待，可以从少数民族文艺工作者当中选拔具有双语服务能力的人员，也可以对汉族文艺工作者进行少数民族语言文字培训，最终打造一支高水平的双语服务队伍。

总之，民族地区文化馆是一种以口语信息交流为主要特征的公共文化服务机构，可以借助多民族语言信息共享理论进行服务体系的规划与建设，以用户需求为导向构建多语言无障碍信息共享和交流体系，其跨语言服务可以采用客体策略与中介策略相结合、主体策略为补充的思路进行构建和实施。

第九章

结　　语

从国家战略视角进行整体性思考，综合利用教育、技术和管理等手段消减与文字差异性带来的沟通交流障碍，推动多语言环境下的信息共享和交流，是我国民族地区公共文化服务机构服务创新的重要课题。本章在回顾多民族语言信息共享空间研究工作的基础上，提炼和梳理研究得出的主要结论，分析本课题研究的创新之处及其理论和实践意义，对我国推进多民族语言信息共享提出若干政策建议并对未来的研究方向进行展望。

第一节　研究结论

多民族语言信息共享空间（IIC-ELS）建设是构建我国多民族语言和谐社会生态、丰富中华民族多元一体格局实现形式的战略需求，是推动民族地区公共文化服务机构服务创新、促进民族地区信息公平和数字融合的重要举措。本书在我国民族事务治理和语言文字工作制度框架内，以民族地区公共文化服务机构"多民族语言信息共享空间"的规划与建设问题为主线，综合民族学、语言学、信息管理学、公共管理学等多学科理论和知识，围绕"什么是多民族语言信息共享空间"、"多民语言信息共空间如何构成"和"如何建设多民族语言信息共享空间"三个核心问题展开研究，系统论证了多民族语言信息共享空间的理论本质、战略定位、体系架构、实现策略、规划模型、评价体系、应用领域等基础问题，研究视角覆盖了战略、战术和执行三个层面，为我国民族地区公共文化服务机构围绕用户需求进行服务空间和服务体系再造，构建多民族语言信息无障碍共享和交流体系提供了新的理论视角和实践模式。本书的研究成果有助于降低跨民族、跨语言信息资源共享的难度，有助于促进各民族人口之间的交往、交流和交融，实施后对我国民族团结与融合的整体格局将产生深远影响。本书经过系统研究得出如下结论。

结论1：有关"什么是多民族语言信息共享空间"。本书经过研究认为，"多民族语言信息共享空间"是指我国民族地区的公共文化服务机构，在国家民族事务治理和语言文字工作的制度框架内，以所拥有或者以从区域、国家层面共享的空间资源、语言资源、信息资源、人力资源和技术资源为基础，通过教育、技术和管理等手段的组合应用，为使用不同民族语言和具有不同语言文字应用能力的服务对象所特别设计的多语种口语、文字信息辅助交流空间和动态协作服务体系。"多民族语言信息共享空间"是"信息共享空间"理论在我国民族地区公共文化服务领域的应用，是一种特殊类型的信息共享空间。多民族语言信息共享空间的本质特征主要体现在开放共享、面向用户、资源集成、虚实交融和无障碍交流五个方面。多民族语言信息共享空间有多种分类方法：根据空间范围的大小可分为"多民族语言广域信息共享（WIC-ELS）"、"区域双语信息共享空间（LBIC）"和"多民族语言机构信息共享空间（IIC-ELS）"三种类型；根据共享对象形式的差异性，可分为"文献信息主导型 IIC-ELS"、"实物信息主导型 IIC-ELS"和"口语信息主导型 IIC-ELS"；根据多民族语言信息共享空间实体空间的大小可分为"部门级 IC"、"机构级 IC"和"机构联合级 IC"，本书所述的"信息共享空间"是基于公共文化服务机构视角的"多民族语言机构信息共享空间"。多民族语言信息共享空间建设是推动民族地区公共文化服务机构服务创新，促进民族地区信息公平和数字融合的重要举措。多民族语言信息共享空间是支持少数民族相关学科科研人员跨语言信息获取和交流，与相关群体之间的科研协作，提升科学研究水平的现实需要。多民族语言信息共享空间建设是进一步巩固和加强民族团结，推进民族事务治理体系和治理能力现代化的迫切需要。多民族语言信息共享空间建设是构建多民族语言和谐社会生态，丰富中华民族多元一体格局实现形式的战略需求。

结论2：有关"多民族语言信息共享空间如何构成"。本书经过研究认为我国多民族语言信息管理的国家战略是"以国家通用语言文字为核心的多民族语言信息交流体系"，加强国家通用语言文字的推广和普及与促进少数民族语言文字信息资源的开发与利用是两项并行不悖的工作任务，需要同时兼顾、不可偏废。多民族语言机构信息共享空间是策应国家民族事务治理和多民族语言信息共享国家战略的重要举措，是构建"多民族语言广域信息共享空间"的最终落脚点。参照图书馆信息共享空间的架构模型，多民族语言信息共享空间的理论模型整体上分为"服务层"、"实体层"、"虚拟层"和"支持层"四个层面："服务层"是公共文化服务机构围绕用户的语言能力应用特征所构建的服务体系;"实体层"所关注的是用户进入多民族语言信息共享空间之后,能够不借助信息设备直接看到和感受到的建筑空间、服务设施、工作人员、纸质文献等实体资源;"虚拟层"是指用户借助计算机网络可以访问到的各类数字资源和可以享受到的各类在线服务;"支持层"是保障信息共享空间得以正常运行的各类外部要素的总和。与图书馆信息共享空间体系架构不同的是,多民族语言信息共享空间除了需要来自本机构的支持之外(支持层Ⅰ)还涉及所在语言区域(支持层Ⅱ)和国家层面上的共享和支持问题(支持层Ⅲ)。通过对多民族语言共享空间信息生态系统平衡机理和多民族语言信息资源跨语种共享驱动路径的分析,可以发现:要在保护民族地区语言文化多样性的前提下,提高多民族语言信息共享的程度,核心策略是从主体、中介和客体三个方面推行"双语原则",推行基于主体的双语教育(培训)策略、基于中介的双语(人力、机器)翻译策略和基于客体的双语著录(标注)策略,将民族地区使用不同语言文字的用户联结为统一的整体。多民族语言信息共享空间三类跨语言服务策略之间是"并联关系",各类策略之间相互平等、同时可以相互替代,呈现出一种"多通道"关系结构。多民族语言信息资源跨语种共享策略按照赋值大小划分为四个等级:优先策略即"机构客体策略";重点策略分为"区域主体策略"、"区域中介策略"和"机构主体策略"三类;基础策略分为"机构中介策略"、"国家中介策略"和"区域客体策略"三种类型;外围策略主要包括"国家主体策略"和"国家客体策略"。

结论3:有关"多民族语言信息共享空间如何建设"。多民族语言信息共享空间的建设规划属于战术规划,即对民族地区公共文化服务机构如何实施多民族语言信息共享空间所做的整体性安排。多民族语言信息共享空间的建设规划从本质上说就围绕信息共享空间的服务愿景进行外部需求和内部资源相互匹配的过程,最终的实施方案是在"服务愿景"、"用户需求"和"资源状况"三类要素之间通过反复协调、相互妥协而达成的共识。根据多民族语言信息共享空间建设规划的基本原理,需要经过选拔领导者、成立工作机构、用户需求调查、内外部资源梳理和能力估算、服务愿景设计、规划方案制定、外部资源协调、用户需求确认、规划报告撰写、规划报告审批等步骤。多民族语言信息共享空间建设规划常用的方法主要包括:用户需求调查过程中用到的座谈会法、问卷调查法、用户行为观察法、转介分析法、KANO-SPD矩阵等;资源能力分析过程中的资源计划矩阵、雷达图等;服务愿景描绘过程中采用的头脑风暴法、原型系统法、哈曼模型法等;空间建设方案设计阶段用来确认项目建设优先度等级的 VDR 模型等。KANO-SPD 矩阵是一种兼具用户需求分析和建设方案规划功能的思维辅助工具,它的核心价值在于实现"机构视图"和"用户视图"的匹配,将公共文化服务机构视野中的"IIC-ELS 视图"与用户视野中的"IIC-ELS 视图"进行比对,找到两者之间相互重合的部分,作为多民族语言信息共享空间建设的基础。多民族语言信息共享空间的评价体系以 IIC-ELS 成熟度指数 IIC-ELS-CMM 为核心进行的,通对空间布局水平(BI)、资源能力水平(RI)、语言支持力度(LI)、核心服务质量(SI)四个维度的变量进行评测,综合计算多民族语言信息共享空间的成熟度指数 IIC-ELS-CMM 的数值,进而根据 IIC-ELS-CMM 所在的区间判断该公共文化服务机构多民族语言信息共享空间的发展水平,同时可以通过空间布局水平、资源能力水平、语言支持力度、核心服务质量四个方面的数值结构,判断机构多民族语言信息共享空间建设存在的问题和今后努力的主要方向。多民族语言信息共享空间整体成熟度指数 IIC-ELS-CMM 的取值在 0 到 1 之间增长和变化,从低到高可以划分为以下的五个发展阶段:起步级 IIC-ELS:$0 \leqslant$ IIC-ELS-CMM<0.3;发展级 IIC-ELS:$0.3 \leqslant$ IIC-ELS-CMM<0.6;基础级 IIC-ELS:$0.6 \leqslant$ IIC-ELS-CMM<0.75;完备级 IIC-ELS:$0.75 \leqslant$ IIC-ELS-CMM<0.9;成熟级 IIC-ELS:$0.9 \leqslant$ IIC-ELS-CMM<1。多民族语言信息共享空间是信息共享空间理论在我国民族地区公共文化服务体系的应用,其典型的应用领域包括公共图书馆、公共档案馆、公共博物馆、公共美术馆、公共纪念馆、公共文化馆等机构。作为多民族语言信息共享空间在不同行业的现实应用,上述各类机构需要遵循共同的理念和架构,同时由于机构核心业务的差异性,在诸多方面体现出各自的特殊性。

第二节 创新之处

多民族语言信息共享空间是"信息共享空间"理论在我国民族地区公共文化服务机构服务创新当中的应用,是对"图书馆信息共享空间"研究范畴的拓展和深化。本书所做研究的创新之处主要体现在以下方面。

第一,提出"多民族语言信息共享空间(IIC-ELS)"的学术概念并对其理论本质进行了系统剖析。本书经过系统分析认为,"信息共享空间"的概念来源于互联网虚拟空间,在图书馆领域应用最为广泛,已经成为图书馆学研究的一个专门领域。但是,"信息共享空间"并不只适用于图书馆,而是适用于所有按照"面向用户"原则构建的、旨在实现数字资源服务与实体空间服务相互融合的公共服务场所。民族地区公共文化服务机构是在多语言环境下提供服务的，必须解决多语种信息资源和用户语言文字应用能力多样性给信息共享和沟通交流带来的影响，构建多民族语言信息无障碍共享和交流环境，即"多民族语言信息共享空间"。"多民族语言信息共享空间"是指导民族地区公共文化服务机构进行服务体系规划与再造的一种理论，其本质在于用户服务体系是否符合开放共享、面向用户、资源集成、虚实交融和无障碍交流五个方面的特征，与机构是否将其称为"多民族语言信息共享空间"无关。

第二，从国家战略视角进行了"多民族语言信息共享空间（IIC-ELS）"的功能定位，厘清了与"多民族语言广域信息共享空间（WIC-ELS）"和"区域双语信息共享空间（BIC-ELS）"的关系。本书经过分析认为，多民族语言信息共享空间的建设主体是民族地区公共文化服务机构，但是必须符合国家民族事务治理的制度框架，必须策应多民族语言信息共享的国家战略。为此，本书构建了"以国家通用语言文字为核心的多民族语言信息资源共享体系"的"项链模型"和体现该模型思想的"多民族语言广域信息共享空间"的体系架构模型，将我国多民族语言信息共享体系划分为机构级、区域级和国家级三个层面，其中机构级的"多民族语言信息共享空间"是基础，区域级和国家级都是支持体系，为机构级多民族语言信息共享空间提供语言文字信息处理服务和信息资源、人力资源共享服务。因此，多民族语言信息共享空间可以视为以公共文化服务机构为用户界面，在机构、区域和国家三个层面的空间资源、信息资源、人力资源、语言资源和技术资源的共同支持之下为用户构建的动态协作服务体系，用户只需要享受提供的服务而不用在意服务的提供过程。

第三，构建了多民族语言信息共享空间的体系架构模型并系统论证了每个模块的实现思路。与国内外大多数研究将信息共享空间的体系架构划分为实体层、虚拟层和支持层有所不同的是，本书认为实体层和虚拟层的划分只是为了研究方便，而任何一项具体服务的实施过程中必然同时要涉及实体空间和虚拟空间两个方面的问题，很多时候实体层与虚拟层相互交织，边界并不是那么清晰，因此本书所构建的多民族语言信息共享空间的体系架构模型增加了"服务层"，以体现通过服务实现"实体层"和"虚拟层"相互融合的思想。此外，图书馆信息共享空间的支持层通常只涉及机构本身，而多民族语言信息共享空间的支持层却要分为机构支持体系、区域支持体系和国家支持体系三个组成部分，在区域支持体系和国家支持体系不具备的情况下，机构多民族语言信息共享空间的功能和服务水平会受到一定的制约和影响。在多民族语言信息共享空间体系架构各模块的论证过程中，本书明确地将多民族语言信息共享空间的资源划分为空间资源、信息资源、人力资源、语言资源和技术资源共 5 种类型，将多民族语言信息共享空间的服务划分为信息服务、咨询服务、传播服务、教育服务、交流服务、业务服务、语言服务、技术服务共 8 种类型，各类公共文化服务机构的服务类型是基于上述 5 种资源而进行的若干种服务类型的组合，对于服务空间划分和虚拟服务系统功能设计都将产生重要影响。

第四，构建了多民族语言信息共享空间的"信息交流模型"、"系统动力学反馈模型"和"跨语种共享多通道策略模型"，分别从主体、中介、客体三个维度分析了实现跨语种信息资源共享策略及其组合策略。多民族语言信息共享空间是一个由多种策略共同组成的有机整体，多民族语言信息资源跨语种共享的横向策略和纵向策略之间相互制约、相互补充，共同构成面向用户的语言无障碍交流环境和动态服务体系。从信息交流模型的角度看，多民族语言信息交流过程中的语言障碍，本质上属于信息发送方和接收方之间的"信息符号体系错位"现象，要使信息交流得以顺利进行，需要借助公共文化服务机构的跨语言信息交流支持体系。多民族语言信息共享空间信息生态系统平衡的关键就在于始终坚持双语原则，在维护国家通用语言文字法定地位的前提下，采取各种措施保障少数民族语言文字在公共文化服务领域的应用，创造多民族语言和谐共生的良好信息生态。就驱动策略而言，就是要推行基于主体的双语教育（培训）策略、基于中介的双语（人力、机器）翻译策略和基于客体的双语著录（标注）策略。多民族语言信息共享空间建设过程中公共文化服务机构应该首先把精力放在如何实现现有文献信息资源和语音信息资源的双语化提供方面，其次才是参与区域语言文字合作，尽可能从区域获得更多的技术和资源支持，再次是依靠自身力量进行跨语言技术开发，推动国家语言网格工程的实施，最后是从国家层面获取更多的制度支持。

第五，构建了多民族语言信息共享空间服务项目建设规划规划专用的 VDR（愿景—需求—资源）模型，并探讨了 KANO-SPD 矩阵在多民族语言信息共享空间规划当中的应用问题。VDR 模型是专门针对多民族语言信息共享空间规划方案制定阶段的项目方案选择问题提出的一种辅助分析的思维工具。VDR 分布代表愿景（Vision）、需求（Demand）和资源（Resources）。根据愿景、需求和资源三个维度之间的匹配关系，可以将列入多民族语言信息共享空间建设项目初步清单当中的项目分为3个层级7种类型，倡导"愿景、需求和资源"具备的服务项目设计思路，从而使规划人员在提出项目建设建议的时候从行业趋势、用户需求和资源能力三个维度进行综合权衡，将服务项目实施后的运行和用户参与风险尽可能降低。KANO-SPD矩阵既是一种用来分析用户需求结构的方法，也是一种将用户需求转换成为规划方案的方法，它的核心价值在于实现"机构视图"和"用户视图"的匹配，将公共文化服务机构视野中的"IIC-ELS视图"与用户视野中的"IIC-ELS视图"进行比对，找到两者之间相互重合的部分，作为多民族语言信息共享空间建设的基础。

第六，构建了多民族语言信息共享空间服务成熟度的测评模型IIC-ELS-CMM。多民族语言信息共享空间的评价围绕成熟度指数IIC-ELS-CMM进行，通过对空间布局水平（BI）、资源能力水平（RI）、语言支持力度（LI）、核心服务质量（SI）四个维度的变量进行评测，综合计算多民族语言信息共享空间的成熟度指数IIC-ELS-CMM的数值，进而根据IIC-ELS-CMM所在的区间判断该公共文化服务机构多民族语言信息共享空间的发展水平，同时可以通过空间布局水平、资源能力水平、语言支持力度、核心服务质量四个方面的数值结构，判断机构多民族语言信息共享空间建设存在的问题和今后努力的主要方向。参考美国埃森哲公司2004年提出的电子政务服务质量评价指标体系，本书将多民族语言信息共享空间机构提供服务细分为服务广度、服务深度和服务频度三个方面：服务广度是指公共文化服务机构所提供服务的覆盖面，通常以机构已经提供服务的种类与应该提供服务种类之间的比例来体现；服务深度是指某种类型的服务的精细化程度；服务频度是指公共文化服务机构所提供服务的时间或者次数与应该提供服务的时间或次数的比值，服务成熟度就是计算三个维度坐标点与目标点距离之间的比值。根据多民族语言信息共享空间的评价目的，可以将IIC-ELS的发展阶段划分为五个等级：起步级IIC-ELS、发展级IIC-ELS、基础级IIC-ELS、完备级IIC-ELS和成熟级IIC-ELS。

第三节　政策建议

由本书第三章所做的战略规划可知，多民族语言信息共享空间的规划与建设不仅是民族地区公共文化服务机构内部事务，而且是涉及区域语言文字工作、国家语言文字网格基础设施建设、国家文化信息资源工程等多个层面、多种类型管理机构之间的互动与协作问题。为了丰富多民族语言信息共享空间服务项目的类型，提高其服务的质量和水平，对我国民族地区推进多民族语言信息共享空间建设建议如下。

第一，制定多民族语言信息共享的国家战略。"多民族语言信息共享空间"建设不仅涉及民族地区图书馆、档案馆、博物馆等公共文化服务机构，它与国家民族地区治理政策、国家语言文字工作管理政策、民族地区信息基础设施建设等问题息息相关，需要整合、协调众多的因素。这些任务是单一机构和个人无法完成的，需要国家民族事务管理机构、国家语言文字管理机构、国家教育行政部门、国家文化管理行政部门等共同协商，制定多民族语言信息共享的总体策略和政策框架。目前，尽管"以国家通用语言文字为核心的多民族语言信息资源共享体系"作为一种理论模型已经被学术界广泛接受，但是对这一战略的落实方式还缺乏较为系统的分析和论证，至今还没有通过国家政策制定机制上升到制度层面，有待国家民族事务委员、国家语言文字工作委员会、教育部语言文字信息司等机构对此问题引起重视，启动政策制定前的调研和论证程序。

第二，启动"国家语言网格工程"（National Language Grid Project, NLGP）的项目论证和规划。国家语言网格工程是为国家多民族语言信息资源共享提供集成语言资源服务的基础设施建设工程，项目采用分布式网络架构，由分布在各少数民族语言使用区域的双语信息处理中心联合起来，实现以国家通用语言文字为中介语言的多民族语言信息资源共享。国家语言网格工程按照"云计算"架构原理向所在区域的各类社会组织提供国家通用语言文字与当地通用少数民族语言文字的双向机器翻译和转换服务，从而使民族地区其他社会机构的多语言信息系统基于其平台进行搭建，不用从零开始分散建设数字语言资源。国家语言网格工程建成后，我国多民族语言数字信息资源共享将会基于统一的平台进行，各类社会组织建立的信息系统所生成的多语言信息资源也会给国家语言网格工程提供新的语料资源，随着语料资源数量和质量的同步提升，跨语言自动机器翻译的精度将会持续增加，基于内容的智能化跨语言信息检索将会成为可能。目前，国家语言网格工程还只是个技术构想，需要由中国民族语文翻译局等机构牵头进行项目科学性、可行性的总体论证并制定项目建设规划，争取通过政策制定程序得到国家层面的支持。

第三，筹备建立"国家语言网格工程数字化协作联盟"，构建与 IIC-ELS 建设相适应的多机构协同工作机制。多民族语言信息共享空间建设除涉及民族地区公共文化服务机构之外，还必须处理好"语言区域"和"行政区域"之间的关系，在较大的语言区域当中，需要实现与行政区域的协同与资源整合；在一些较小的语言区域，则需要根据自身实际制定符合实际需求的实现方案。同时，IIC-ELS建设需要公共文化服务机构与教育行政机关、文化行政机关、语言文字工作管理机构、民族事务管理机构、信息化主管机构之间进行紧密的联系与协作。建议作为国家语言网格工程的配套项目，启动国家"国家语言网格工程数字化协作联盟"的建设筹备工作。"国家语言网格工程数字化协作联盟"可采取"区域级联盟"和"国家级联盟"两级联盟的方式组建，相关各方本着平等自愿、互惠互利的原则开展协作，通过信息化手段促进我国通用语言文字和各语种少数民族语言文字之间的信息共享和交流，促进各民族人口之间的交往、交流和交融。

第四，坚定不移地在民族地区继续推行双语教育制度，改善民族地区公共文化服务机构IIC-ELS建设的外部制约条件。我国民族地区还有相当比例的人口只会使用少数民族传统语言而不能识别和理解国家通用语言文字信息资源。机器翻译、人工翻译、双语目录和双语文献主要是为了满足这部分人口的需求。如果民族地区双语教育持续开展，我国民族地区人口绝大部分可以同时使用少数民族语言文字和国家通用语言文字，则跨语言共享的需求会持续减弱，这一问题可以得到基本解决。因此，通过在基础教育领域推行双语教育，同时对在民族地区工作和生活的汉族干部开展少数民族语言文字培训，使绝大部分社会成员具有国家通用语言文字和少数民族语言文字的双语交流能力，是实现多民族语言信息共享的治本之策。可以预见，随着我国双语基础教育和在职人员双语培训制度的推行，若干年之后跨语言信息共享问题将不再突出，公民可以根据自己的意愿自由选择沟通交流的语言，双语目录和双语标识系统更大程度是以文化符号的形式出现。

第五，制定《多民族语言信息共享空间建设规范》，引导民族地区公共文化服务机构制定IIC-ELS建设规划。由国家语言网格工程数字化协作联盟机构共同起草制定《多民族语言信息共享空间建设规范》，为民族地区公共文化服务机构制定多民族语言信息共享空间的建设规划提供参考。民族地区公共文化服务机构多民族语言信息共享空间建设可以分为起步级、发展级、基础级、完备级和成熟级五个级别，公共文化服务机构在进行IIC-ELS建设规划时，可以采取"高标准规划、低起点建设、逐步推进"原则，明确IIC-ELS未来的目标模式，但是在起步阶段可以先选择一些短期内可以见效同时成本、技术难度相对较低的方式来提供跨语言支持。可以将面向用户的服务体系再造和跨语言信息服务的支持体系分开规划,在原实体空间、服务体系暂时难以进行根本性变革的情况下,可以通过为用户提供跨语言服务支持的措施,提升信息共享空间的服务质量,提高用户满意度。同时,对于跨语言教育培训等需要长期努力才能有明显收效的支持方式要做出中长期发展规划,通过长期积累最终实现跨语言交流能力的整体提升。机构的资源能力有限或者用户对高水平服务需求不足时,可以按照基础级的建设要求进行建设,优先发展投入较少、相对容易且用户需求度高的服务项目。

第六,研究制定"多民族语言信息共享空间评价标准和评估规范"。为了全面了解区域内公共文化服务机构多民族语言信息空间建设的总体情况,公共文化行政机构应该研究和制定多民族语言信息共享空间的评价标准和规范,通过对民族地区公共文化服务机构信息共享空间发展水平的评估,引导各相关机构按照指标体系的发展方向完善多民族语言信息共享空间建设,以达到"以评促改,以评促建"的目的。多民族语言信息共享空间的评价体系主要围绕 IIC-ELS 成熟度指数 IIC-ELS-CMM 进行,通对空间布局水平、资源能力水平、语言支持力度、核心服务质量四个维度的变量进行评测,综合计算多民族语言信息共享空间的成熟度指数 IIC-ELS-CMM 的数值,根据所在的区间判断该公共文化服务机构多民族语言信息共享空间的发展水平。

第四节 研究展望

多民族语言信息共享空间是一个涉及民族学、语言学、信息管理学、公共管理学等多个学科理论和知识的复杂性、交叉性研究领域,同时也是一个具有很强现实性的实践领域。尽管笔者已经在这一领域投入了大量的精力,完成了对多民族语言信息共享空间的理论梳理和实施策略的探讨,迄今所取得的成果仍然只是框架性的,对于很多具体策略的实施方式和技术细节暂时还没有涉及。本书的后续研究主要拟集中在以下方面。

第一,国家语言网格工程理论与实践。我国的"国家语言网格"是支持多民族语言信息共享的公共基础设施平台,是"以国家通用语言文字为核心"的多民族语言信息共享体系的实现方式,其核心思想是将各语种少数民族语言文字与国家通用语言文字的跨语言处理功能视为公共基础设施服务,允许用户在服务平台之上根据领域需求搭建各自的跨语言应用系统。课题组拟借鉴日本京都大学语言网格项目的成功经验,从国家战略层面进行整体性思考，提出并系统论证"国家语言网格工程"的核心原理、顶层架构和运行机制，为数字时代中华民族多元一体格局的技术实现提供理论支撑。

第二，多民族语言社会信息生态系统的平衡机理与控制策略。民族地区社会系统的矛盾和问题会通过信息生态系统反映和表现出来，维护信息生态系统平衡是保障民族地区社会稳定和发展的重要措施。课题组拟从信息生态学视角审视多民族语言广域共享空间的构成要素和互动规律，分析导致信息生态失衡的影响因素及其作用方式，从而找到控制多民族语言信息生态平衡的关键要素和维持平衡的主要策略。

第三，多民族语言环境下用户跨语言阅读的心智模型研究。心智模式是研究用户需求的重要方法，课题组拟对多语言环境下用户跨语言阅读行为开展实验研究，通过一系列的测试用例验证用户在多语言环境下阅读的心理特征，尤其是由大量低精度浏览型阅读到高精度聚焦型阅读之间的心理转换过程的规律和对提示信息的需求结构规律。课题组将根据实验研究结果，为确定少数民族语言信息资源的双语著录精度等级建立科学依据。

第四，多民族语言信息资源跨语种自动文摘技术。双语著录是解决多民族语言信息资源共享和交流最为有效的方法，但是人工双语著录效率较低，如果可以借助计算机对少数民族语言信息资源进行自动处理，快速生成另外一种语言文字的摘要信息，则可以有效解决低精度共享的问题。课题组拟通过实验方法研究跨语言自动摘要精度的阈值要求，探索可以使用最少的语言文字使全文主要信息不丢失的自动化跨语言摘要技术。

第五，多民族语言共享语义数字图书馆研究。按照语义网的思想实现多民族语言数字信息资源内容层面的深度整合，是多民族语言信息资源共享的发展趋势。课题组拟构建多民族语言通用本体模型，通过对各民族语言数字信息资源的统一语义标注使不同语言文字但含义相同的词汇建立关联，从而为基于语义的智能推理和信息检索提供支持。此外，面向用户需求的多民族语言数字图书馆用户界面设计也是研究的重要方面。

语言文字是沟通交流的工具，传承文明的载体，也是连接社会成员、维系共有精神空间的纽带。正如《圣经》中"巴别塔"的故事所讲述的那样，语言文字与社会发展息息相关，语言文字问题处理得好，可以万众一心，完成让人惊叹的伟大工程。在传统社会当中，语言文字"多元性"和"一体性"是相互矛盾的一对概念，随着信息社会的到来，信息技术的介入却为"多元性"和"一体性"的融合提供了更多的可能性。作为统一的多民族国家，保护和发展少数民族语言文字、推广国家通用语言文字是民族地区语言文字政策的两个方面，其融合模式就是构建以国家通用语言文字为核心的多民族语言信息资源共享体系，这是我国多民族语言信息共享国家战略的核心内容。多民族语言信息共享空间就是这样一种实现多民族语言信息资源共享和交流体系的理论，对于我国民族地区公共文化服务机构的服务创新具有重要的指导意义。目前，多民族语言信息共享空间的理论研究正处在起步阶段，相关理论成果已经引起民族地区公共文化服务机构的重视。我们期待随着多民族语言信息共享空间理论研究的深入和在民族地区传播范围的扩大，越来越多的公共文化服务机构开始应用该理论对用户服务体系进行重新规划和设计。我们也期待看到在多民族语言信息共享空间的促进下，各民族同胞和谐相处、无障碍交流、各民族文化交相辉映的美好愿景早日实现，让我们为这一天的到来携起手来，共同努力！

参考文献

一　著作类文献

程焕文、潘燕桃：《信息资源共享》，高等教育出版社 2009 年版。

戴庆厦等：《中国各民族文字与电脑信息处理》，中央民族学院出版社 1991 年版。

戴庆厦：《语言调查教程》，商务印书馆 2013 年版。

戴庆厦、赵小兵：《中国少数民族语言文字信息处理研究与发展》，民族出版社 2010 年版。

[美] 丹尼尔·毕克尔、美德·齐图尼：《多语自然语言处理：从原理到实践》，史晓东、陈毅东译，机械工业出版社 2015 年版。

邓仲华、赵又霖、黎春兰、汤平：《多语种叙词本体》，武汉大学出版社 2011 年版。

范俊军：《联合国教科文组织关于保护语言和文化多样性文件汇编》，民族出版社 2006 年版。

费孝通：《中华民族多元一体格局》，中央民族学院出版社 1989 年版。

傅荣校、叶鹰主编：《公共信息资源管理》，科学出版社 2011 年版。

国家民族事务委员会文化宣传司编：《构建多语和谐的社会语言生活》，民族出版社 2009 年版。

哈经雄、滕星主编：《民族教育学通论》，教育科学出版社 2011 年版。

胡昌平、胡潜、邓胜利：《信息服务与用户》，武汉大学出版社 2015 年版。

靖继鹏、马费成、张向先主编：《情报科学理论》，科学出版社 2009 年版。

李卓伟主编：《管理信息系统（第 2 版）》，中国铁道出版社 2014 年版。

李宇明：《中国少数民族语言文字规范化信息化报告》，民族出版社 2011 年版。

刘瑞、包和平主编:《民族图书馆工作概论》,吉林图书馆学会 1993 年版。

卢建波:《信息环境论》,书目文献出版社 1996 年版。

马费成:《信息管理学基础》,武汉大学出版社 2002 年版。

马费成:《信息经济学》,武汉大学出版社 2012 年版。

马费成:《数字信息资源规划、管理与利用研究》,经济科学出版社 2012 年版。

马文峰、杜小勇:《数字资源整合:理论、方法与应用》,北京图书馆出版社 2007 年版。

任树怀:《信息共享空间实现机制与策略研究》,上海人民出版社 2011 年版。

司有和:《行政信息管理学》,重庆大学出版社 2003 年版。

[美] 森吉兹·哈克塞弗（Gengiz Haksever）等:《服务经营管理学（第 2 版）》,顾宝炎、时启亮等译,中国人民大学出版社 2005 年版。

唐虹:《图书馆联盟协同管理研究》,湖南大学出版社 2007 年版。

王伟:《医药信息管理基础》,吉林大学出版社 2005 年版。

王其藩:《系统动力学》,上海财经大学出版社 2009 年版。

王克非等:《双语对应语料库研制与应用》,外语教学与研究出版社 2007 年版。

吴丹:《跨语言信息检索:翻译优化理论与技术》,科学技术文献出版社 2011 年版。

阳国华:《图书馆信息共享空间建设》,海洋出版社 2010 年版。

易绵竹、南振兴:《计算语言学》,上海外语教育出版社 2006 年版。

曾新红:《中文知识组织系统:语义描述、共建及共享服务》,化学工业出版社 2016 年版。

张铁山:《中国少数民族文献学基础教程》,中央民族大学出版社 2012 年版。

赵生辉:《数字纽带:中国少数民族语言电子文件集成管理的体系架构研究》,陕西师范大学出版社 2014 年版。

张政:《计算语言学与机器翻译导论》,外语教学与研究出版社 2010 年版。

张新时:《信息生态学研究》,科学出版社 1997 年版。

中国社会科学院民族研究所、国家民族事务委员会文化宣传司:《中国少数民族文字——民族文字工作四十年纪事》，中国藏学出版社1991年版。

中国社会科学院、香港城市大学语言资讯研究中心：《中国语言地图集》，商务印书馆2012年版。

二　中文论文文献

(一)　期刊论文

阿列克谢·科热米亚科夫：《欧洲区域或少数民族语言宪章：保护与促进语言与文化多样性十年记》，《国际博物馆》2008年第3期。

包和平、刘斌：《中国民族数字图书馆建设研究》，《图书情报工作》2003年第12期。

崔德志：《中国民族数字图书馆建设探讨》，《内蒙古民族大学学报》2014年第1期。

戴庆厦、何俊芳：《多元一体与中国少数民族语言》，《山西大学学报》2002年第4期。

戴庆厦：《构建我国多民族语言和谐的几个理论问题》，《2009年民族语言文字国际学术研讨会论文集》，民族出版社2009年版。

范俊军：《我国语言生态危机的若干问题》，《兰州大学学报》（社会科学版）2005年第6期。

郭晶、陈进：《IC^2：一种全新的大学图书馆服务模式》，《图书情报工作》2008年第8期。

韩海涛、谷乐阳：《公民艺术素养视角下的社会信息共享空间理论模型构建研究》，《农业图书情报学刊》2015年第1期。

侯智：《基于KANO模型的用户需求重要度调整方法》，《计算机集成制造系统》2005年第7期。

黄行：《中国少数民族社会语言生活的可持续发展》，《语言科学》2016年第7期。

贾立平：《众包翻译模式下的群体智慧》，《中国科技翻译》2016年第3期。

敬海新：《阿伦特的公共领域思想研究》，《攀登》2007年第1期。

金炳镐、肖锐、毕跃光：《论民族交往交流交融》，《新疆师范大学学报》（哲学社会科学版）2011年第1期。

孔令玉：《国外跨语言自动问答系统研究综述》，《现代情报》2008年第10期。

李鹏:《医疗信息成熟度评价模型的构建》,《中国数字医学》2012年第8期。

李续辉:《对少数民族语文翻译人才队伍建设的几点思考》,《西藏大学学报》2012年第4期。

林嘉新:《欧盟多语主义政策及其推行中的困境》,《西安电子科技大学学报》2013年第9期。

娄策群、桂晓苗、杨小溪:《我国信息生态学学科建设构想》,《情报科学》2013年第2期。

娄策群、赵桂琴:《信息生态平衡及其在构建和谐社会中的作用》,《情报科学》2004年第11期。

龙飞、杜昌钰:《构建少数民族资源管理系统的策略与框架研究》,《农业图书情报学刊》2011年第8期。

陆宝益:《Information Commons的结构及其模型研究》,《图书情报知识》2011年第5期。

祁坤钰:《机器翻译用现代藏语语义词典的设计研究》,《西北民族大学学报》2004年第9期。

任成梅:《跨语言信息检索的发展与展望》,《图书馆学研究》2006年第4期。

任树怀、盛兴军:《信息共享空间的理论模型与动力机制研究》,《中国图书馆学报》2008年第4期。

司莉、庄晓喆、贾欢:《近10年来国外多语言信息组织与检索研究进展与启示》,《中国图书馆学报》2015年第4期。

司莉、史雅丽:《以多语本体库为核心的跨语言信息检索映射技术研究进展——Euro WordNet案例分析》,《图书情报工作》2016年第2期。

尚国文、赵守辉:《语言景观研究的视角、理论与方法》,《外语教学与研究》2014年第3期。

尚建翠、房金宝、吉久明:《台湾师范大学图书馆SMILE共享空间解读》,《图书与情报》2008年第1期。

佘志虹、周宁:《论普通高校3G信息共享空间的构建》,《情报资料工作》2010年第5期。

施发富、许春曼:《基于CRM的信息共享空间建设研究》,《图书馆杂志》2009年第10期。

盛兴军、任树怀:《整合与变革:香港地区大学图书馆信息共享空间的发展与启示》,《图书情报工作》2009 年第 2 期。

盛兴军:《国外信息共享空间规划实施的实证分析与理性审视》,《情报理论与工作》2009 年第 7 期。

王世伟:《关于公共图书馆服务规范编制的若干问题》,《中国图书馆学报》2011 年第 3 期。

王岚霞等:《西部民族地区图书馆多元文化服务及其实现》,《情报资料工作》2010 年第 2 期。

吴丹:《交互式跨语言信息检索中用户行为研究》,《中国图书馆学报》2012 年第 3 期。

魏辅秩、周凤飞:《基于 SECI 模型的高校图书馆知识服务型信息共享空间 KSIC 研究》,《图书情报工作》2010 年第 5 期。

吴建中:《开放存取环境下的信息共享空间》,《国家图书馆学刊》2005 年第 3 期。

肖希明:《推进我国信息资源共享政策体系建设》,《情报资料工作》2005 年第 6 期。

谢瑶:《我国 211 高校信息共享空间建设现状与特色分析》,《图书馆学研究》2013 年第 8 期。

杨文建、李秦:《现代图书馆空间建设的原则、理论与趋势》,《国家图书馆学刊》2015 年第 5 期。

闫慧:《社群信息学:一个值得关注的领域》,《图书情报工作》2010 年第 2 期。

[美] 约翰·P. 巴洛:《网络空间独立宣言》,李旭、李晓武译,《清华法治论衡》2004 年第 1 期。

于伟艳:《试论民族地区数字图书馆建设的意义》,《黑龙江民族丛刊》2005 年第 3 期。

岳耀明、呼斯勒、白双成、郝喜凤:《多民族语言图书馆里系统的研究与设计》,《图书情报工作》2010 年第 9 期。

张力、肖平:《衣阿华大学"信息走廊"(IA) 的发展历程及其对 IC 发展的影响》,《图书馆杂志》2009 年第 5 期。

詹华清、介凤:《国外信息共享空间评价与研究实践》,《图书馆学研究》2010 年第 10 期。

赵生辉:《多民族语言信息共享空间的体系架构与构建策略研究》,《图书情报知识》2016 年第 2 期。

赵生辉：《少数民族语言信息资源跨语言辅助阅读系统架构设计》，《图书馆理论与实践》2016年第10期。

赵生辉：《多民族语言信息共享空间的体系架构与实现策略研究》，《图书情报知识》2016年第2期。

赵生辉：《中国少数民族语言信息资源跨语种共享策略研究》，《图书馆建设》2014年第2期。

赵生辉：《少数民族语言网络信息资源的保存体系研究》，《情报资料工作》2012年第2期。

赵生辉：《中国少数民族语言电子文件双语著录研究》，《兰台世界》2012年第1期。

赵生辉：《中国少数民族语言电子文件管理初探》，《档案学通讯》2011年第2期。

赵生辉：《中国少数民族语言数字信息分布式共享研究》，《情报资料工作》2011年第3期。

赵生辉：《墨卡托网络对少数民族语言档案信息资源管理的启示》，《档案》2011年第6期。

赵生辉：《少数民族语言电子文件的分类问题研究》，《兰台世界》2011年第11期。

赵生辉：《中国少数民族语言电子文件的信息编码标准研究》，《云南档案》2011年第9期。

赵生辉：《少数民族语言电子文件跨媒体信息共享策略研究》，《云南档案》2011年第11期。

赵生辉、朱学芳：《我国图书馆、档案馆、博物馆数字化协作框架D-LAM研究》，《情报资料工作》2013年第5期。

赵阳：《温哥华公共图书馆多元文化服务及启示》，《图书馆学刊》2013年第12期。

朱立恩：《论服务等级与服务质量》，《质量管理》1995年第4期。

（二）报纸论文

戴庆厦：《解决少数民族双语问题的最佳模式——两全其美，和谐发展》，《贵州民族报》2017年5月16日。

赵杰：《新时期对推广双语的新要求：学习中央民族工作会议有关双语的指示精神》，《中国民族报》2014年12月19日。

（三）学位论文

陈龙：《基于深度分析的跨语言信息抽取研究》，硕士学位论文，大连理工大学，2016 年。

高雪：《语音识别技术在人际交互中的应用研究》，硕士学位论文，北方工业大学，2017 年。

王戈非：《网络环境下我国高校图书馆信息共享空间构建研究》，硕士学位论文，辽宁师范大学，2008 年。

王洪玉：《少数民族双语教育的历史及发展研究》，硕士学位论文，西北师范大学，2003 年。

乌日力嘎：《西里尔蒙古文—汉文机器翻译系统的实现》，博士学位论文，内蒙古大学，2015 年。

赵生辉：《政府电子化公共服务公众需求分析模型研究》，硕士学位论文，电子科技大学，2007 年。

朱荷香：《中文自动文摘系统的研究与实现》，硕士学位论文，南京师范大学，2008 年。

三　外文文献

Toru Ishida. *Language Grid：Service - oriented Collective Intelligence for Language Resources Interoperability*，Springer-Verlag Berlin Heidelberg，2011.

Beagle Donald. Conceptualizing a Information Commons. *The Journal of Academic Librarianship*. No. 2，1999.

Beagle Donald Robert，Donald Russell Bailey and Barbara Gunter Tierney. *The information Commons Handbook*. New York：Neal-Schuman Pubblishers. 2006.

Margaret L. Johnson，Peter Lyman，Philip Tompkins. *Campus Strategies for Librarians and Electronic Information*. Elsevier. 1990.

四　电子文献

Alex Byrne，Promoting the global information commons：A statement by the International Federation of Library Associations and Institutions to WSIS Tunis PrepCom2，http：//www. itu. int/net/wsis/docs2/pc2/subcommittee/IFLA. pdf. 2018 年 8 月 1 日。

David Murray，Information Commons：A Directory of Innovative Services and Resources in Academic Libraries，http：ux. brookdalecc. edu/library/infocommons/ic_ home. html. 2018 年 8 月 1 日。

David Bollier，Why We Must Talk about the Information Commons，http：//

www. ala. org/offices/oitp/publications/infocommons0204/brollier，2018 年 8 月 1 日。

Seal，Robert A. ，The Information Commons：New Pathway to Digital Resources and Knowledge Management，http：//www/nlc. gov. cn/culc/cn/lwzj. htm. 2005，2018 年 8 月 1 日。

后 记

自 2014 年 6 月立项开始，国家哲学社会科学基金项目"多民族语言信息资源跨语种共享策略研究"（项目编号：14BTQ008）的研究工作已经持续了三年多时间。其间，正值我晋升正教授职称的关键时期，尽管一直在思考研究工作如何开展，也发表了几篇小论文，终究不敢贸然启动书稿的撰写任务。我知道，40 多万字的著作意味着巨大的工作量，意味着必须一个人悄无声息地默默耕耘至少一年多的时间，而在职称考核急需论文的情况下，这么做显然面临着巨大的风险。于是一边构思书稿目录，一边收集资料，转眼到了 2017 年。在职称晋升的巨大压力释放之后，终于可以将精力拉回到项目研究了。事与愿违的是，不请自来却推脱不掉的行政事务耗费了我大量的精力，书稿断断续续写到十多万字。遗憾的是，我又被告知 2017 年秋季学期仍是一个极度高压的学期，繁重的教学任务根本不会给课题研究留下任何空当。于是，我被逼入死角，要是在 2017 年的暑假再拿不出书稿，课题铁定要延期了。

于是，2017 年 7 月，我有点"悲壮"地赶赴青海省西宁市，在南山寺对面的一家宾馆住下，开始了我的闭关修炼之旅。不得不说，所谓"躲进小楼成一统"的境界只是一种理想状态。人毕竟是血肉之躯，在每天需要连续写作 10 小时的情况下，身体开始"抗议"，先是眼睛疼，看东西模糊，后来是牙疼，疼到让人彻夜难眠的地步。在咸阳时，我已经养成了"一跑解千愁"的习惯，凡是身体上的任何不适只要纵情奔跑 10 公里，大汗淋漓之后立即什么问题都没有了。于是，我在一天中午开始了奔跑，从住地沿着南山路一口气跑到南山公园的东南门，中间需要跨越几道非常陡峭的山坡。尽管跑步的过程中感觉非常好，回到宾馆之后身体又恢复了之前的状态。后来才知道，身体的不适与西宁的海拔高度有着紧密的联系，而我迎着陡峭的山路纵情奔跑的行为在当地人看来就是在"作死"。忍受着身体的不适继续写作，渐渐找回了那种思如泉涌、所向披靡的感觉，书稿的写作进展也很快，到 7 月底时已经写到30多万字。尽管因为家中有事，在8月初返回咸阳完成了书稿的剩余部分，但是这种在高压之下全神贯注地只做一件事情的经历还是非常值得回味。

当一个人独处的时候，脑海里会浮现出一些奇奇怪怪的想法，冒出一些莫名其妙的句子。在西宁的时候，我常常想到的一句话是"这辈子该你承受的苦难，一样都不能少"。人是一种奇怪的动物，会将"痛"和"快乐"这两种貌似相反的感受紧密联系在一起。只有经历了痛的磨炼，后边的"快乐"才会如此地纯粹和彻底，这种感觉和马拉松比赛真是像极了。当面对一个让人望而生畏的任务时，我们谁都会本能地担心和恐惧，在任务执行过程中，我们会感觉压力山大、几近崩溃，但是一旦任务完成，我们战胜了自己，刷新了自己的纪录时，所有的苦痛都烟消云散，剩下的只有满满的快乐和自信。挑战"大部头"著作的好处是，当你完成了一部"砖头"一般厚的作品时，回头再看那些几千字篇幅的小论文，顿时会有"一览众山小"之感，而这就是成长的感觉。2010年夏天，在西安电子科技大学阅报栏看到的有关山东作家张炜的通讯报道至今还是让人感到震撼。张炜在青年时代辞去挂职的副市长职位，闭关20年完成一部450余万字的小说《你在高原》，篇幅之巨令茅盾文学奖评委们无暇将书读完，却毫无异议地都投了赞成票。我们只看到张炜获得的荣誉，却很少有人愿意体会他为此付出的艰辛。以我十余年的科研工作经历来看，科研这碗饭虽然受到天赋的影响，但是对于绝大多数人而言还是投入和产出成正比的，比拼的是谁比谁更用功，那些圈子里人人羡慕的学术明星在学术领域所投入的时间和精力绝非我们这些庸常之人可比。

作为一整天劳作之后的休息和放松，最近养成了每天看一部国外电影的习惯。与冷冰冰的学术研究不同，电影会让人看待世界的目光更加柔软。例如，日本电影《澄沙之味》里，德江老人在煮豆沙时的一番话颇让人回味。与店长千太郎将煮豆沙视为辛苦的劳动不同，她在做同样的事情的时候，心态却极为不同。她会想象这些从地里远道而来的红豆是在赶赴一场约会，她甚至会对豆子说好好工作的话，仿佛豆子能够听懂一样。不一样的心态，做出的豆沙品质自然完全不同。近期在写书的过程中，我也时常会有这样的感觉，就是一部书实际上并不是材料的简单堆砌，它们都有自己的"生命逻辑"。真正结构严谨的著作应该像一个独特的生命体，每个部分都围绕整体功能发挥着独特的作用，如果删掉某一章节，书稿从逻辑上就残缺了。带着这种心态对待写作，会发现书稿似乎也会带有某种程度的"灵性"，当写作逻辑偏离主线的时候，会明显感觉到非常别扭，而回到主题上以后则会顺畅很多。有时候甚至会觉得，这个领域的规则和原理原本就在那里，我只是一个将它们梳理和挖掘出来的人而已。

  与此前所做的任何研究一样，我们在研究领域投入的精力越多，对问题思考和探索得更加深入，就越发感受到自己的无知。一部 40 多万字的著作貌似很长，实际上也只是对研究领域所做的概要梳理，深入下去似乎任何一个小问题都可以再写数万字的材料，今天所作的工作就是为今后继续探索埋下的伏笔。用我微信签名的一句话来总结就是：I may not be there yet, but I'm closer than I was yesterday. 在此，再次祝福自己，也祝福所有在坚守梦想、为梦想而战的人们！！！

赵生辉
2017 年 8 月 18 日